Neuere Geschichte der Pädagogik

Wolfgang Klafki

Geisteswissenschaftliche Pädagogik

Fünf Studienbriefe für die FernUniversität in Hagen

2. Auflage

Herausgegeben von Cathleen Grunert und Katja Ludwig

Springer VS

Wolfgang Klafki
Marburg, Deutschland

ISSN 2946-0387 ISSN 2946-0395 (electronic)
Neuere Geschichte der Pädagogik
ISBN 978-3-658-37171-5 ISBN 978-3-658-37172-2 (eBook)
https://doi.org/10.1007/978-3-658-37172-2

Die Deutsche Nationalbibliothek verzeichnet diese Publikation in der Deutschen Nationalbibliografie; detaillierte bibliografische Daten sind im Internet über http://dnb.d-nb.de abrufbar.

Planung/Lektorat: Stefanie Laux
Springer VS ist ein Imprint der eingetragenen Gesellschaft Springer Fachmedien Wiesbaden GmbH und ist ein Teil von Springer Nature.
Die Anschrift der Gesellschaft ist: Abraham-Lincoln-Str. 46, 65189 Wiesbaden, Germany

Inhalt

Vorwort zur 2. Auflage

Im hier vorliegenden Band werden die fünf Einheiten des Kurses „Geisteswissenschaftliche Pädagogik“[1], die Wolfgang Klafki für die FernUniversität in Hagen verfasst hat, inhaltlich unverändert veröffentlicht. Erstmals eingesetzt wurden vier dieser Kurseinheiten im Studienjahr 1978/79 im damaligen Diplomstudiengang Pädagogik. Die fünfte Kurseinheit zu den schulpädagogischen und didaktischen Aspekten der Geisteswissenschaftlichen Pädagogik erweiterte den Gesamtkurs der FernUniversität zum Studienjahr 2000/2001; die anderen Kurseinheiten blieben mit Ausnahme der Kurseinheit 1 über die Zeit unverändert. Die Kurseinheit 1 wurde 1990 um zeithistorische Einordnungen der Vertreter der Geisteswissenschaftlichen Pädagogik und ihrer Positionen im Verhältnis zum Nationalsozialismus erweitert (vgl. Punkt 5 der Einleitung) und wird hier auch in dieser erweiterten Fassung veröffentlicht.

Prof. Karl-Heinz-Dickopp, der damals den Lehrstuhl für Systematische Pädagogik an der FernUniversität in Hagen inne hatte, gewann mit Wolfgang Klafki einen Autor, der bereits durch seine Arbeit am „Funk-Kolleg Erziehungwissenschaft“ Erfahrungen mit den Besonderheiten der Erstellung von Kursmaterial für Studierende hatte (Klafki et al. 1970a, 1970b). Aus unseren Gesprächen mit Frau Christa Bast, die im Rahmen der hier vorliegenden Kurseinheiten die Redaktion übernommen hatte, ging hervor, dass Wolfgang Klafki die Vorlagen der FernUniversität zur Erstellung des Kursmaterials (Zentrum für Fernstudienentwicklung 1978) intensiv nutzen konnte. Damit geht dann auch einher, dass alle Inhalte – also auch z. B. sein Lebenslauf, die Beschreibung der Lernziele, die Formulierung der Aufgaben oder der Glossare – von Wolfgang Klafki selbst verfasst wurden. An manchen Stellen der Kurseinheiten verwendet er zwar Personalpronomen im Plural (z. B. wir oder unseres Erachtens), dies ist jedoch als stilistisches Mittel des Autors zu verstehen, da die Texte ohne Beteiligung Dritter entstanden sind.

1 Wolfgang Klafki kürzt Geisteswissenschaftliche Pädagogik in den Kurseinheiten in der Regel mit ‚GP‘ ab.

Grundsätzlich entspricht die Veröffentlichung der Kurseinheiten hier also – abgesehen von der Formatierung – den Originalen, da dies aus unserer Sicht auch am ehesten einen ‚unverfälschten' Zugang zu dieser historischen Quelle ermöglicht. Das bedeutet auch, dass die Rechtschreibung, aber auch die Platzierung z. B. der Glossare, Literaturverzeichnisse[2] und Inhaltsverzeichnisse wie in den gedruckten Versionen der Kurseinheiten beibehalten wurde, auch wenn wir ein Gesamtinhaltsverzeichnis zur einfacheren Übersicht ergänzt haben. Im Unterschied zur ersten Auflage ist es in dieser zweiten Auflage gelungen, die Marginalien wie im Original abzubilden. Dies schafft nicht nur eine stärkere Nähe zur ursprünglichen Publikation, sondern gewährt auch einen deutlich besseren Lesefluss im Vergleich zur ersten Auflage. An wenigen Stellen bleiben jedoch wie auch in der ersten Auflage notwendige Veränderungen im Vergleich zum Original bestehen. Dies betrifft vor allem Fotos, die im Original in der Kurseinheit 1 enthalten sind und deren Qualität für eine Wiederveröffentlichung nicht ausreichte[3]. Die Suche nach Bildern besserer Qualität, die die Personen in ähnlichen Lebensphasen abbilden, war jedoch erfolglos und führte zu der Entscheidung, auf den Abdruck an dieser Stelle zu verzichten. Im Falle editorischer Anmerkungen in den Kurseinheiten sind diese als gesonderte Fußnoten mit einem Asterisken (*) gekennzeichnet.

Insgesamt erscheinen uns die Kurseinheiten zur ‚Geisteswissenschaftlichen Pädagogik' für verschiedene Zielgruppen anregungsreich. Für Studierende, die auch im Ursprungskontext die AdressatInnen sind, liegt hier eine umfangreiche und didaktisch aufbereitete Einführung in eine der historisch bedeutsamen theoretischen Strömungen der Erziehungswissenschaft vor. Dafür stattet Wolfgang Klafki den Text mit vielen Beispielen und Erklärungen aus und integriert Aufgaben, die sowohl auf das Textverständnis als auch auf ein Reflektieren und Weiterdenken zielen. Kommentierte Literaturempfehlungen in den Kurseinheiten sollen die Studierenden bei der Auswahl entsprechender Literatur unterstützen, die ob des Mangels an Sekundärliteratur aus der Perspektive Wolfgang Klafkis auch für „Anfänger" (Kurseinheit 1, Kap. 1.2, S. 38) zu bearbeiten ist. Die Kurseinheiten sind gleichzeitig eine Orientierung für Studierende im Umgang mit wissenschaftlichen Texten. Intensiv führt Wolfgang Klafki dies etwa anhand der 1921 zuerst erschienenen Abhandlung „Das Wesen des pädagogischen Denkens" von Theodor Litt vor (Kurseinheit 2, Kap. 6.2) und zeigt in einzelnen kommentierten Argumentationsschritten, „wie man den Gedankengang eines Textes, seine zentralen Aussagen herausarbeiten und sich das Verfahren des Autors klarmachen kann" (Kurseinheit 2, Kap. 6.1.2, S. 151).

Anregungsreich ist der Text von Wolfgang Klafki in diesem Sinne nicht nur für Studierende, sondern kann auch für Lehrende im Kontext der Geisteswissenschaftli-

2 Die Literaturverzeichnisse sind zudem nicht immer einheitlich alphabetisch sortiert und ebenso nicht einheitlich formatiert. Auch dies haben wir – wie im Original – beibehalten.

3 Das betrifft ein Foto von Wolfgang Klafki selbst im Lebenslauf, Fotos der Hauptvertreter der Geisteswissenschaftlichen Pädagogik im Kap. 2.1 und ein Foto von Wilhelm Dilthey im Kap. 5.6.3.

chen Pädagogik nützlich sein, um die eigenen Seminare zu gestalten. Darüber hinaus können die Kurseinheiten als historischer Quellentext auch für WissenschaftlerInnen eine Auseinandersetzung mit Wolfgang Klafkis theoretischen Überlegungen ermöglichen und sie können zugleich eine Erkenntnisquelle zur Aufarbeitung der Positionen innerhalb der Geisteswissenschaftlichen Pädagogik sein, sind doch die Kurseinheiten mit vielen Originalquellen angereichert.

Bedanken möchten wir uns bei Heinz-Hermann Krüger als Ideengeber, bei der FernUniversität in Hagen für die Genehmigung der Veröffentlichung und bei Frau Stefanie Laux vom Springer Verlag für die gute Zusammenarbeit. Außerdem danken wir Frau Christa Bast und Herrn Prof. Heinz Stübig herzlich für die Hinweise und Gespräche zum Entstehungshintergrund der Kurseinheiten!

Halle im Februar 2022
Cathleen Grunert und Katja Ludwig

Wolfgang Klafki und die Geisteswissenschaftliche Pädagogik – eine Einleitung

Cathleen Grunert

1 Zur Relevanz und Aktualität des Fernstudienkurses

Der Kurs ‚Geisteswissenschaftliche Pädagogik' für die FernUniversität Hagen stellt gleichzeitig die erste systematisierte Darstellung der historischen Einbettung, der zentralen wissenschaftstheoretischen Prinzipien, der bearbeiteten Grundprobleme sowie der Leistungen und Wirkungen der Hauptvertreter der wissenschaftlichen Richtung in der Pädagogik dar, die unter dem von Erich Weniger geprägten Begriff ‚Geisteswissenschaftliche Pädagogik' zusammengefasst wird und die bis in die 1960er-Jahre hinein die wissenschaftliche Pädagogik dominierte. Bis zum Zeitpunkt der ersten Fassung der Kurseinheiten lagen kaum einführende Publikationen zum Themengebiet oder Gesamtdarstellungen von Vertretern der Geisteswissenschaftlichen Pädagogik selbst vor (vgl. Kurseinheit 1, Kap. 2.1). Insofern kommt mit der Erarbeitung dieses Kurses Wolfgang Klafki auch der Verdienst zu, erstmals den Versuch unternommen zu haben, die theoretischen Perspektiven auf Pädagogik als Wissenschaft und Handlungsfeld in den zentralen Arbeiten der Hauptvertreter der Geisteswissenschaftlichen Pädagogik systematisch auf ihre Gemeinsamkeiten und Unterschiede hin befragt und kritisch eingeordnet zu haben. Was dabei entstanden ist, ist eine „äußerst kenntnisreiche und fundierte Erörterung des wissenschafts-, erziehungs- und bildungstheoretischen Grundverständnisses der geisteswissenschaftlichen Pädagogik" (Matthes 2011, S. V f.), die entlang einer Darstellung, vergleichenden Interpretation und kritischen Diskussion von Auszügen aus den Originalschriften der Hauptvertreter der Geisteswissenschaftlichen Pädagogik Erich Weniger, Theodor Litt, Herman Nohl, Eduard Spranger und Wilhelm Flitner in ihren individuellen Ausprägungen erfolgt.

Warum aber dieses Buch, wenn der Einsatz der Texte als Kurseinheiten an einer deutschen Universität bereits mehr als 40 Jahre zurückliegt? Muss man sich heute noch damit beschäftigen, was künftigen Pädagog:innen ‚damals' vermittelt wurde? Sind wir nicht heute entschieden ‚weiter' in unserem Denken, was erziehungswissenschaftliche Theorieansätze und Konzepte pädagogischen Handelns betrifft? Ist die

W. Klafki, *Geisteswissenschaftliche Pädagogik*, Neuere Geschichte der Pädagogik,
https://doi.org/10.1007/978-3-658-37172-2_1

Geisteswissenschaftliche Pädagogik nicht ein ‚alter Hut', der inzwischen von anderen wissenschaftstheoretischen Entwürfen abgelöst wurde?

Wolfgang Klafki selbst würde dem entschieden widersprechen und gerade die Geisteswissenschaftliche Pädagogik lehrt uns, ihm in diesem Ansinnen zu folgen. So war Wolfgang Klafki, der selbst bei zwei der zentralen Vertreter der Geistwissenschaftlichen Pädagogik, Erich Weniger und Theodor Litt, studiert und dann im Jahr 1957 bei Erich Weniger promoviert hat, immer ein Verfechter der Anschlüsse und des Weiterdenkens, nicht der radikalen Absage an die Geisteswissenschaftliche Pädagogik, wie es vor dem Hintergrund zentraler Kritiken – wie sie durchaus auch Wolfgang Klafki vorbringt – in den 1960er- und 1970er-Jahren von einigen Autoren gefordert wurde (z. B. Lochner 1963; Brezinka 1971). Dieses Anschließen spiegelt sich nicht zuletzt im anerkennenden, aber dennoch kritischen Umgang mit den Schriften ihrer Vertreter wider, wie er sich auch in den Texten der hier vorliegenden Kurseinheiten zeigt und den Wolfgang Klafki zeitlebens gepflegt hat. Es war ihm immer ein Anliegen – auch wenn er als einer der Hauptvertreter der ersten Generation der sogenannten ‚Kritischen Erziehungswissenschaft' (zusammen mit Klaus Mollenhauer und Herwig Blankertz) zur Um- und Neuorientierung der Erziehungswissenschaft entscheidend beigetragen hat – zu betonen, dass dies ohne die vorausgegangenen Arbeiten der Vertreter der Geisteswissenschaftlichen Pädagogik gar nicht möglich gewesen wäre. Nicht zuletzt zeigt sich dies auch in der Festschrift für Erich Weniger „Geisteswissenschaftliche Pädagogik am Ausgang ihrer Epoche", die Wolfgang Klafki zusammen mit Ilse Dahmer im Jahre 1968 herausgegeben hat. Die eigene Position einer kritisch-konstruktiven Erziehungswissenschaft, die er kurz vor dem Verfassen der Kurseinheiten im Jahre 1976 in seiner aus zehn gesammelten Beiträgen bestehenden Monographie „Aspekte kritisch-konstruktiver Erziehungswissenschaft" (1976) dargestellt hat, entwickelte er gerade auch in der kritischen Auseinandersetzung mit den theoretischen und methodischen Denklinien im Kontext der Geisteswissenschaftlichen Pädagogik (ebd., S. 8).

Mit den Kurseinheiten verbindet Wolfgang Klafki deshalb auch das Ziel, „die These verständlich zu machen, daß die Geisteswissenschaftliche Pädagogik Fragestellungen und Erkenntnisse erarbeitet hat, die in die gegenwärtige Erziehungswissenschaft mit hineingenommen werden müssen, wenn wir nicht hinter einen schon einmal erreichten Erkenntnisstand zurückfallen wollen" (Kurseinheit 1, S. 27). Und auch später verortet er sich in einem Kreis von Personen, die „kritisch nach den Leistungen, aber auch nach den Grenzen" der Geisteswissenschaftlichen Pädagogik fragen und sich bemühen, „die Elemente dieser pädagogischen Richtung festzuhalten und weiter zu entwickeln, die sich auch bei kritischer Prüfung und im Lichte neuerer Entwicklungen [...] als fruchtbar erweisen" (Klafki 1998c, S. 17). Die Kurseinheiten in diesem Band zeugen sehr eindrücklich von dem Versuch einer kritischen und zugleich anerkennenden Auseinandersetzung mit den Leistungen der geisteswissenschaftlichen Denkrichtung in der und für die Pädagogik bzw. Erziehungswissenschaft. Immer wieder stellt Wolfgang Klafki Fragen zum Umgang mit deren Ideen: Für welche theoretischen, praktischen, aber auch empirischen Probleme können uns diese Ansätze heute noch Anregungen und Ideen geben? Wo können wir anschließen und vor dem Hintergrund aktueller gesellschaftlicher Bedingungen und Entwicklungen im Bildungssystem weiterdenken? Aber auch: Wo müssen wir Abstand nehmen und kritisch nach den Grenzen dieser wissenschaftstheoretischen Entwürfe fragen, wo sind wir heute schon ‚weiter'?

Dieses ‚Weiter' vermittelt gleichzeitig die Denkrichtung Klafkis selbst, da sie sich in einer Ziel- oder zumindest Wegbestimmung artikuliert. Weiter auf dem Weg wohin? Was wurde überwunden und wohin führt die Strecke? Ein ‚Weiter' oder die Sorge, „hinter einen schon einmal erreichten Erkenntnisstand" zurückzufallen (Kurseinheit 1, S. 27) benötigt zur Einordnung ein Ziel oder zumindest einen Maßstab, an dem das Woher und Wohin zu messen ist. Diesen findet Wolfgang Klafki in den 1970er-Jahren in der Vermittlung der geisteswissenschaftlichen Theoriekonzepte mit den Denkansätzen im Kontext der Kritischen Theorie, wie sie von Theodor W. Adorno und Max Horkheimer grundgelegt und von Jürgen Habermas weitergeführt wurden. Vor diesem Hintergrund wird für ihn eine Neuvermittlung der Grundintentionen der Geisteswissenschaftlichen Pädagogik, die Wolfgang Klafki als „historisch-hermeneutische Sinnerschließung der Erziehungswirklichkeit und des ihr verbundenen pädagogischen Denkens als Aufklärung und Entscheidungshilfe für eine am Prinzip der zu ermöglichenden Mündigkeit des jungen Menschen orientierte Praxis" (Klafki 1976, S. 8) fasst, mit ideologiekritischen, nach den gesellschaftlichen Bedingungen einer solchen pädagogischen Praxis fragenden und erfahrungswissenschaftlichen, die jeweilige ‚soziale Wirklichkeit' analysierenden, Verfahren notwendig. Diese beiden Vermittlungsdimensionen betont Wolfgang Klafki als zentrale Kritiken an der Geisteswissenschaftlichen Pädagogik auch in den Kurseinheiten, wenngleich forschungsmethodische Fragen im Verlauf der Kurseinheiten kaum eine Rolle spielen. In seinem eigenen Ansatz einer kritisch-konstruktiven Erziehungswissenschaft (1976) sind über diese Kritiken jedoch folgende Aspekte zentral geworden:

- Selbst- und Mitbestimmungs- sowie Solidaritätsfähigkeit werden für ihn zu zentralen Erziehungs- und Bildungszielen, die Mündigkeit und Emanzipation ermöglichen sollen;
- Erziehungswissenschaft muss nach den gesellschaftlichen Voraussetzungen und Bedingungen fragen, die diesen Erziehungs- und Bildungszielen im Wege stehen oder sie ermöglichen und gleichzeitig in Kooperation mit einer als gleichberechtigt entworfenen Praxis nach angemessenen Lösungen suchen;
- Erziehungswissenschaft, aber auch die pädagogische Praxis müssen sich deshalb ihrer Geschichtlichkeit und ihrer Einbettung in Gesellschaft, Kultur und Politik bewusst sein und diese in ihren Konsequenzen für Theoriebildung und praktisches Handeln, die sich an Mündigkeit und Emanzipation orientieren immer wieder kritisch prüfen;

- Erziehungswissenschaft muss sich mit historisch-hermeneutischen, erfahrungswissenschaftlichen und ideologiekritischen Ansätzen unterschiedlicher Methoden bedienen, die sich wechselseitig ergänzen.

In seinen Entwürfen einer kritisch-konstruktiven Erziehungswissenschaft sind dann auch im Weiterdenken von Grundthemen, wie der Geschichtlichkeit allen pädagogischen Denkens und Handelns, der relativen Autonomie der Pädagogik, dem Theorie-Praxis-Verhältnis oder bildungstheoretischen Fragen deutlich seine Auseinandersetzungen mit der Geisteswissenschaftlichen Pädagogik zu erkennen. Kein Bruch also – den er als „unhistorische Betrachtungsweise" (ebd., S. 8) abgelehnt hatte –, sondern ein konsequentes Weiterdenken bei aller notwendigen Kritik vor dem Hintergrund neu gesetzter Maßstäbe und gesellschaftlicher Verhältnisse. Die Kurseinheiten machen diesen Auseinandersetzungsprozess und das Bemühen darum deutlich, aufzuzeigen, dass die Geisteswissenschaftliche Pädagogik zu vielen pädagogischen Grundfragen Denkansätze entwickelt hat, die auch aktuell erziehungswissenschaftliche Perspektiven leiten oder die von ihren Vertretern nicht konsequent verfolgt und durchdrungen wurden und deshalb nicht grundsätzlich abgelehnt, sondern weitergedacht werden müssen. Dafür werden in den Kurseinheiten immer wieder Bilanzen gezogen, Fragen gestellt und Erklärungen gegeben und Studierende als Adressat:innen der Kurse in den Aufgabenstellungen selbst dazu aufgefordert, über eine Deskription des Gelesenen hinauszugehen und sich auch vor dem Hintergrund der eigenen Verortung in einer bestimmten historischen Zeit, die von spezifischen Bildungs- und Erziehungsverhältnissen geprägt ist, „kritisch-konstruktiv" mit eben diesen auseinanderzusetzen.

2 Das Wissenschaftsprogramm der Geisteswissenschaftlichen Pädagogik: drei Grundprinzipien zum Weiterdenken

Die Auswahl der Themen und der Aufbau der Kurseinheiten folgen insgesamt dem Ansinnen, sowohl einen systematischen Einblick in die Denklinien und Grundannahmen der zentralen Vertreter der Geisteswissenschaftlichen Pädagogik in ihren unterschiedlichen Facetten zu geben als auch die Studierenden für deren Anschlussmöglichkeiten und Grenzen für die aktuelle (d. h. damalige) Theoriebildung, auch im Kontext des eigenen Theoriegebäudes einer kritisch-konstruktiven Erziehungswissenschaft zu sensibilisieren, das Wolfgang Klafki selbst als „Weiterentwicklung der GP" verstanden haben wollte (Kurseinheit 1, S. 36; Klafki 1998c). Seine eigenen Theorieperspektiven, Anschlüsse und kritischen Einwände werden dafür systematisch integriert und spiegeln sich in den ausgewählten Beispielen, Kommentaren und Bearbeitungsaufgaben wider.

Für Wolfgang Klafki stellen dabei – das macht die Auswahl und Systematisierung der Themen in den Kurseinheiten deutlich – drei Grundprinzipien der Geisteswissenschaftlichen Pädagogik anschlussfähige Denkleistungen dar, die sich wechselseitig durchdringen: die wissenschaftstheoretischen Überlegungen zum Verhältnis von Theorie und Praxis, das Prinzip der Geschichtlichkeit und das Postulat der relativen Autonomie pädagogischen Denkens und Handelns (ähnlich: Klafki 1976; Braun/Stübig/Stübig 2018).

Ersteres stellt er in der Kurseinheit 2 ausführlicher anhand des wissenschaftstheoretischen Entwurfs von Theodor Litt sowie der *Theorie-Praxis-Verhältnisbestimmung* bei Erich Weniger dar. Gleichzeitig verweist Wolfgang Klafki aber auch darauf, dass für die Vertreter der Geisteswissenschaftlichen Pädagogik eine ähnliche Grundauffassung zu diesem „wissenschaftstheoretischen Kardinalproblem" (Kurseinheit 2, S. 175) kennzeichnend ist. Als besonders weiterführenden Ansatz, der über die Grundannahme Litts von der Pädagogik als einer Wissenschaft für die Praxis, die nicht ohne Normfragen auskommt, hinausgeht, stellt er in diesem Kontext Erich Wenigers analytische Trennung unterschiedlicher Ebenen von Theorie heraus (vgl. Weniger 1929b: 1952). Theorie und Praxis werden darin nicht als Gegensätze gedacht, sondern pädagogische Praxis ist immer auch theoriegeleitete Praxis, die sich an impliziten Annahmen und Vorurteilen über Erziehung (Theorien ersten Grades) sowie an pädagogischen Lehren und Programmen (Theorien zweiten Grades) orientiert. Wissenschaftliche Perspektiven auf pädagogische Praxis haben dann als Theorien dritten Grades oder ‚Theorien des Theoretikers' die Aufgabe, die pädagogische Praxis auf ihre impliziten Theorien hin zu befragen und deren Angemessenheit für das Erreichen des Ziels der Mündigkeit zu prüfen. Den Verweis Erich Wenigers auf die Unabhängigkeit der Praxis von der Theorie und den ‚Primat der Praxis' kennzeichnet Wolfgang Klafki dabei als oftmals missverstandenen, der nicht bedeutet, dass die Theorie „der Praxis immer nur aufklärend hinterherlaufen" kann. Vielmehr betont er, dass in den Ansätzen von Litt, Nohl und Weniger der Pädagogik durchaus auch die Rolle zukommen kann, Praxis anzuleiten und neue Wege zu suchen, dies jedoch nicht in Form von bindenden Normen, sondern von Orientierungsangeboten – eine Aufgabe, die sich nicht zuletzt in der Ausbildung pädagogischer Fachkräfte realisiert. Dieser Einwand deutet dann auch Wolfgang Klafkis eigene Perspektive an, die er in diesen Positionen bereits angelegt sieht und in der er von einem Wechselverhältnis ausgeht, in dem Theorie und Praxis als gleichberechtigte Partnerinnen auftreten und weder die Theorie der Praxis verbindliche Vorgaben machen kann, noch die Praxis einen Vorrang vor der Theorie besitzt und die Theorie „nur der Aufklärung der immer schon vorausgehenden Praxis" (1998b, o. S.) dient.

Da Wolfgang Klafki die pädagogische Praxis als eine spezifische Form gesellschaftlicher Praxis fasst, ist sie auch immer nur in ihrer historischen Gewordenheit und Wandelbarkeit zu begreifen. Insofern schließt Wolfgang Klafki an einen weiteren zentralen Denkansatz der Geisteswissenschaftlichen Pädagogik an: den der *Geschichtlichkeit allen pädagogischen Denkens und Handelns,* der auch heute noch als ein Grundprinzip erziehungswissenschaftlichen Denkens gelten kann (vgl. Krüger 2019). Dieses Prinzip verweist auf die grundlegende Notwendigkeit, nach den historischen

Wurzeln und Einflüssen zu fragen, will man die aktuellen Erziehungs- und Bildungsverhältnisse, die aktuelle pädagogische Handlungspraxis also, aber auch theoretische Konzepte und Ideen angemessen verstehen. Wolfgang Klafki erörtert dieses Prinzip der Geschichtlichkeit fokussiert in der Kurseinheit 3, jedoch taucht es auch in den anderen Kurseinheiten immer wieder sowohl als Grundgedanke als auch in den aufgenommenen Themen und eingenommenen Perspektiven als wichtiges und notwendiges Moment der Auseinandersetzung mit der Geisteswissenschaftlichen Pädagogik selbst auf. Die Einsicht in die Geschichtlichkeit oder Historizität von Erziehungszielen, -formen und -einrichtungen, aber auch Theorien und Methoden verweist nicht nur auf die Veränderbarkeit pädagogischen Denkens und Handelns, sondern auch auf die Abhängigkeit des Verstehens pädagogischer Zielbestimmungen und Handlungspraxen ebenso wie theoretischer Entwürfe von der Kenntnis ihrer Geschichte und des soziohistorischen Kontextes ihrer Entstehung und Entfaltung. Klafki formuliert deshalb als Anforderung an die Erziehungswissenschaft als pädagogische ‚Theorie dritten Grades', „den Theoretikern und den Praktikern deutlich zu machen, daß sie unter bestimmten historischen Bedingungen denken und handeln, daß in ihren Zielsetzungen und Verfahrensweisen historische Voraussetzungen stecken und daß sie historisch überholbar sind" (Kurseinheit 3, S. 208).

Dass er selbst als Vertreter der ‚Theoretiker' diese Aufgabe ernst nimmt, davon zeugen nicht nur die Kurseinheiten selbst, sondern auch die immer wieder in die Reflexionen der Theorieansätze aufgenommenen historischen Verortungen. Gleich zu Beginn – in der Kurseinheit 1 – erfolgt eine solche Einordnung als Diskussion der Einflussfaktoren auf die Arbeiten der Vertreter der Geisteswissenschaftlichen Pädagogik in vierfacher Perspektive: ‚mentalitätsgeschichtlich' als Einflüsse ihrer Milieueinbindungen und soziokulturellen Herkunft, die Klafki in der Kategorie des „gebildeten Bürgertums" (Kurseinheit 1, S. 72) zusammenfasst und ausführlich, anhand von sieben Merkmalen in ihren gesellschaftlichen, kulturellen und politischen Dimensionen kennzeichnet; als soziohistorische Einflüsse in den Zeiten ihrer Entstehung zum Ende des ersten Weltkriegs und ihrer Entwicklung über die Zeit der Weimarer Republik und des Nationalsozialismus (siehe ausführlicher Punkt 5 der Einleitung); als pädagogisch-praktische Einflüsse über die Programme und Leitvorstellungen insbesondere der Reformpädagogik, als deren Theoretiker sich vor allem Herman Nohl, aber auch Erich Weniger und Wilhelm Flitner verstanden, der Theodor Litt jedoch eher kritisch gegenüberstand; als theoretisch-wissenschaftliche Einflüsse, die über die Auseinandersetzung mit der Lebensphilosophie Wilhelm Diltheys in den Kurseinheiten einen breiteren Raum einnehmen (vgl. Kurseinheit 1 und 2), die aber auch durch andere Werke, z. B. Schleiermachers, Humboldts, Herders oder Kants, zu ergänzen wären.

Was über die Ausführungen Wolfgang Klafkis in den Kurseinheiten deutlich wird, ist, dass für ihn die Denkfigur der Geschichtlichkeit pädagogischen Denkens und Handelns eine zentrale ist, die aus dem Erbe der Geisteswissenschaftlichen Pädagogik bewahrt, aber konsequenter weitergedacht werden muss. Dieses Grundprinzip verweist nämlich nicht nur darauf, dass pädagogisches Denken und Handeln nur aus seiner Geschichte heraus verstanden werden kann, sondern fordert auch zur Analyse der Verflechtungen pädagogischer Praxis und Theoriebildung in die jeweils herrschenden gesellschaftlichen, kulturellen und politischen Verhältnisse auf – eine Herausforderung, der sich die Vertreter der Geisteswissenschaftlichen Pädagogik nur in ungenügendem Maße gestellt hatten und eine der zentralen Kritiken an diesem Wissenschaftsprogramm, die bereits in der Zeit der Weimarer Republik von Siegfried Bernfeld (1925), aber vor allem in den 1960er-Jahren durch die nächste Wissenschaftlergeneration, wie Wolfgang Klafki selbst oder auch Klaus Mollenhauer (1968: 1977) oder Herwig Blankertz (1969) geäußert wurde.

Wolfgang Klafki ist es aber in den Kurseinheiten immer wieder ein Anliegen, darauf hinzuweisen, dass der enge Zusammenhang von Pädagogik in Theorie und Praxis und anderen sozialen, politischen, wirtschaftlichen oder kulturellen Dimensionen von Gesellschaft sowohl im Grundprinzip der Geschichtlichkeit als auch in dem von den Vertretern der Geisteswissenschaftlichen Pädagogik in unterschiedlichen individuellen Ausprägung vertretenen *Postulat der relativen Autonomie der Pädagogik* bereits angelegt ist, auch wenn es ihnen dann nicht gelungen ist, dies in all seinen Konsequenzen für pädagogisches Handeln, pädagogische Theoriebildung und Forschung zu durchdringen und zu entfalten (vgl. auch Klafki 1976, S. 45 f.).

Gerade das Postulat der relativen Autonomie der Pädagogik verweist auf die Notwendigkeit, zwar den „eigenen Charakter und das eigene Wesen" (Nohl 1935: 2002, S. 156), die Eigenlogik der Erziehung herauszustellen, dabei jedoch die Einflüsse anderer gesellschaftlicher Mächte gerade nicht zu ignorieren. Pädagogisches Handeln wird damit als Vermittlungshandeln zwischen den Verpflichtungen auf das „subjektive Leben des Zöglings" (ebd., S. 160) und den Ansprüchen, die Kirche, Staat, Politik oder Wirtschaft an ihn stellen gefasst. Diese Ansprüche müssten, so Weniger (1929a: 1952), immer daraufhin befragt werden, welchen Bildungsgehalt im Hinblick auf das Ziel der Mündigkeit sie in sich tragen. In einem weiteren Verständnis ging es den Vertretern der Geisteswissenschaftlichen Pädagogik aber auch um eine relative Autonomie „in den pädagogischen Institutionen und der Selbständigkeit des Erzieherstandes und schließlich auf dem Gebiet der wissenschaftlichen Pädagogik" (Weniger 1929a: 1952). Entgegen häufiger Missverständnisse – vermutlich aufgrund der Formulierung bei Erich Weniger von der „Eigenständigkeit der Erziehung in Theorie und Praxis" (1952) – ging es dabei jedoch nicht um eine unabhängige Eigenständigkeit dieser Felder, sondern die Einschränkung des Relativen hebt gerade den „Tatbestand der Abhängigkeit" (Flitner 1950: 1983, S. 227) pädagogischen Handelns sowie von Pädagogik als Wissenschaft von den politischen, gesellschaftlichen und kulturellen Bedingungen der jeweiligen Zeit hervor. Mit dieser Denkfigur der relativen Autonomie, die die Pädagogik als eigenständige Kulturfunktion fasst, haben die Vertreter der Geisteswissenschaftlichen Pädagogik die „Etablierung der Pädagogik als Wissenschaft gegenüber anderen Wissenschaften und als eigenes professionelles Handlungsfeld" (vgl. Krüger 2019, S. 56) entscheidend mit vorangetrieben, jedoch „die Verflechtungen zwischen Gesellschaft und Erziehung nicht oder nicht zulänglich untersucht und damit den pädagogischen Praktikern kein angemessenes Verständnis dieser Verflechtungen vermittelt" (Kurseinheit 2, S. 192) – eine Aufgabe, die als zentrales Moment in Wolfgang Klafkis eigenem Ansatz einer kritisch-konstruktiven Erziehungswissenschaft gelten kann.

3 Das Wissenschaftsprogramm der Geisteswissenschaftlichen Pädagogik: Bildungstheorie, Schulpädagogik und Didaktik als thematische Anschlüsse

Neben diesen wissenschaftstheoretischen Grundprinzipien geraten im Weiteren in den Kurseinheiten vor allem die anthropologischen Überlegungen Herman Nohls und Wilhelm Flitners (Kurseinheit 3), die unterschiedlichen Perspektiven auf die Frage pädagogischer Zielbestimmungen im Kontext der Werturteilsproblematik von Wissenschaft sowie die bildungstheoretischen Ansätze der Vertreter der Geisteswissenschaftlichen Pädagogik fokussierter in den Blick (Kurseinheit 4). Gerade mit Letzteren hatte sich Wolfgang Klafki bereits intensiv in seiner Dissertation „Das pädagogische Problem des Elementaren und die Theorie der kategorialen Bildung" (1959) auseinandergesetzt und in diesem Kontext seine Konzeption einer „kategorialen Bildung" ausgearbeitet. Auf der Basis dieses Ansatzes wird die Kritik an den Entwürfen formaler und materialer Bildungstheorien, von denen Klafkis Ansatz ausgeht, dann auch für die Studierenden nachvollziehbar entfaltet und als Weiterführung und Differenzierung der bildungstheoretischen Überlegungen Wilhelm Flitners, Erich Wenigers, Eduard Sprangers, Theodor Litts und Herman Nohls gekennzeichnet (Kurseinheit 4).

Beispielhaft für die Arbeiten der Vertreter der Geisteswissenschaftlichen Pädagogik im Hinblick auf *konkretere pädagogische Zielsetzungen* setzt sich Wolfgang Klafki dann am Ende der Kurseinheit 4 intensiv mit der 1954 zuerst erschienenen Abhandlung „Die politische Selbsterziehung des deutschen Volkes" von Theodor Litt kritisch auseinander, die er auch als „Markstein in der Entwicklung der politischen Bildung in der Bundesrepublik" (Kurseinheit 4, S. 312) kennzeichnet. Ausgehend von dem Befund des Verlustes der Asymmetrie im Generationenverhältnis im Anschluss an die Zeit des Nationalsozialismus, wodurch eine Erziehung zum demokratischen Denken und Handeln allen Generationen gleichzeitig aufgegeben ist, fasst Litt Demokratie als notwendig permanenten Kampf um unterschiedliche gesellschaftliche Ordnungsvorstellungen. Diese Notwendigkeit anzuerkennen und nicht allein demokratische Verfahrensweisen zu kennen, macht dann in erster Linie die Aufgabe einer Erziehung zur Demokratie aus. Wolfgang Klafki kritisiert dabei vor allem die fehlende didaktische Umsetzung dieses Konzeptes, die Litt nicht mehr als Aufgabe einer Allgemeinen Pädagogik ansah. Mit diesem beispielhaften Einblick in konkretere Zielvorstellungen endet die Kurseinheit 4 im Jahre 1978.

Wie bereits erwähnt, wurde der Kurs im Jahre 2000 durch eine weitere Kurseinheit ergänzt. Wolfgang Klafki befragt – im Anschluss an die Feststellung, dass keiner der Vertreter der Geisteswissenschaftlichen Pädagogik eine „ausführliche Schultheorie" (Kurseinheit 5, S. 333) vorgelegt hat, die Schriften von Wilhelm Dilthey, Theodor Litt, Eduard Spranger und Erich Weniger auf ihre schultheoretischen Gehalte. Zudem erfolgt eine Auseinandersetzung mit den didaktischen Arbeiten Erich Wenigers, die Wolfgang Klafki als „die ausführlichste Interpretation der Didaktik Wenigers, die bisher vorgelegt worden ist" (ebd., S. 384) kennzeichnet und die an seine Arbeiten zum pädagogischen Werk Erich Wenigers aus dem Jahre 1959 anknüpft. Am Ende dieser Darstellung schätzt Wolfgang Klafki noch einmal kritisch ein, dass das „komplizierte Verhältnis von Gesellschaft und Staat" (Kurseinheit 5, S. 417) bei Weniger ungeklärt sei und es in seinen Arbeiten an einer „hinreichend differenzierten Analyse gesellschaftlich-politischer Verhältnisse und Machtkonstellationen" (Kurseinheit 4, S. 303) fehle. Seine didaktischen Entwürfe (zentral: Weniger 1952: 1971) lassen eine angemessene Berücksichtigung des Einflusses sozialer Fragen auf die Bildungsmöglichkeiten von Kindern und Jugendlichen, auf den Schulaufbau oder die Lehrplangestaltung (Kurseinheit 5, S. 420) vermissen, für die – so Klafki – im Jahre 1952 durchaus Befunde im Kontext sozialwissenschaftlicher Analysen vorgelegen hätten.

4 Das Wissenschaftsprogramm der Geisteswissenschaftlichen Pädagogik: der vergessene Blick auf die gesellschaftlichen Verhältnisse

In den Kurseinheiten des Fernstudienkurses wie auch in weiteren Arbeiten Wolfgang Klafkis wird immer wieder deutlich, dass er um Begründungen für dieses Versäumnis nicht nur Erich Wenigers, sondern der Geisteswissenschaftlichen Pädagogik als Ganzer ringt. Antworten, die bis heute darauf gefunden wurden, führen zwar ein Stück weg von den Kurseinheiten selbst und drücken sich auf zwei Ebenen aus, die in den vorliegenden Kurseinheiten zwar nicht ausbuchstabiert, aber doch immer wieder berührt werden: einer wissenschaftlich-methodischen und einer gesellschaftspolitischen.

a) Auf der Ebene von *Wissenschaftlichkeit und Methode* hatte bereits in den 1920er-Jahren Siegfried Bernfeld (1925: 1973) der Geisteswissenschaftlichen Pädagogik vorgeworfen, dass ihr „die allgemeine Bereitschaft [fehle, d. A.], in Erziehungsdingen wissenschaftlich zu denken" (ebd., S. 13) und das hieß für Bernfeld, die gesellschaftlichen und politischen Kräfte und Mächte, die in Bildungs- und Erziehungsprozessen wirksam sind, nicht auszublenden, sondern mit wissenschaftlichen, d. h. für ihn empirischen Mitteln in den Blick zu nehmen. Vehement hatte diese Kritik in den 1960er-Jahren vor allem auch Klaus Mollenhauer vertreten, der darauf formulierte, dass „die Tatsache, daß Erziehungsprozesse […] gesellschaftlich vermittelt sind, […] überhaupt nicht zum Gegenstand der Reflexion" wurde (1968: 1977, S. 24) und dass „diese Pädagogik sich strikt geweigert hat, die wissenschaftliche Empirie als Prüfinstanz ihrer Sätze in sich aufzunehmen" (ebd., S. 26). Wolfgang Klafki verweist in seinen Ausführungen in den unterschiedlichen Kurseinheiten zwar immer wieder auf diese Defizite in den Arbeiten der Vertreter der Geisteswissenschaftlichen Pädagogik und die Notwendigkeit, an diesen Punkten weiter- und anders zu denken, jedoch spielen Methodenfragen in den Kurseinheiten kaum eine Rolle. Zumindest in der Kurseinheit 1 betont Wolfgang Klafki, ähnlich wie in den Kritiken von Bernfeld und Mollenhauer, das „Fehlen einer methodisch abgesicherten empirischen Forschung" (Kurseinheit 1, S. 36) in der Geisteswissenschaftlichen Pädagogik.

Wie sind die Vertreter der Geisteswissenschaftlichen Pädagogik aber zu ihren Erkenntnissen gekommen, wenn nicht über Empirie? Im Mittelpunkt stand die über das Prinzip der Geschichtlichkeit geleitete Konzentration auf *historisch-hermeneutische Analysen* von pädagogischen Theorien, pädagogischen Programmen oder einzelnen Texten, wie Schulordnungen, Erfahrungsberichten oder Biographien. Über eine solche Herangehenswiese – so die Kritiker – lässt sich kaum die ‚Erziehungswirklichkeit' einfangen und wird eine Analyse aktueller gesellschaftspolitischer Verflechtungen und damit eine Untersuchung der Abhängigkeiten und Bedingungsstrukturen gegenwärtiger Erziehungsverhältnisse ebenso verhindert wie eine Absicherung der eigenen theoretischen Entwürfe (vgl. zur Autonomiethese: Tenorth 2003b, S. 113). Wolfgang Klafki leitet daraus die Notwendigkeit ab, das Methodenrepertoire der Erziehungswissenschaft konsequent um erfahrungswissenschaftliche, also empirische Verfahren wie auch ideologiekritische Perspektiven zu erweitern, die sich wechselseitig ergänzen müssen. Dies tut er ganz bewusst in Abgrenzung zu anderen Kritkern der Geisteswissenschaftlichen Pädagogik, wie etwa Wolfgang Brezinka (1971), die den historisch-hermeneutischen Ansatz als Methode gänzlich als unwissenschaftlich aus den Reihen der Erziehungswissenschaft verabschieden wollten. Wolfgang Klafki hat jedoch immer an diesem Ansatz festgehalten und für eine methodologisch aufgeklärte Verbindung mit erfahrungswissenschaftlichen und ideologiekritischen Ansätzen plädiert (vgl. z. B. Klafki 1971). Gleichzeitig hat er sich sowohl gegen rein additive Methodenkombinationen als auch einen andere Verfahren ablehnenden Methodenmonismus ausgesprochen (1998c, o. S.). Heute zählen jedoch – trotz nicht als beendet anzusehender ‚Grabenkämpfe' – hermeneutisch orientierte Verfahren, die sich auf ganz unterschiedliche Materialien beziehen und die mittlerweile in methodisch deutlich elaborierterer Form vorliegen als noch im Kontext der Geisteswissenschaftlichen Pädagogik zu den zentralen Verfahren, mittels derer Erziehungswissenschaft zu ihrem Wissen kommt. In den Kurseinheiten kommen jedoch die hermeneutischen Arbeiten der Vertreter der Geisteswissenschaftlichen Pädagogik nur am Rande vor und das hermeneutische Verfahren der Textauslegung wird nur in seiner ‚historischen Dimension' bei Dilthey relevant (vgl. Kurseinheit 2, S. 145 ff.). Die Notwendigkeit der Erweiterung des Methodenrepertoires der Geisteswissenschaftlichen Pädagogik wird aber in den weiteren Erörterungen, die sich auf ausgewählte inhaltliche Grundprobleme beziehen, mit denen sich die Vertreter der Geisteswissenschaftlichen Pädagogik auseinandergesetzt haben, von Wolfgang Klafki immer wieder aufgegriffen.

b) Auf der zweiten Ebene, der *gesellschaftspolitischen*, werden von Wolfgang Klafki im Text immer wieder Vermutungen angestellt, ob das Versäumnis, die Verwobenheit von Pädagogik mit anderen Dimensionen von Gesellschaft nicht angemessen berücksichtigt zu haben, auch mit den *gesellschaftspolitischen Haltungen* der Vertreter der Geisteswissenschaftlichen Pädagogik selbst zusammenhängen kann. So fragt er etwa, ob die Nichtberücksichtigung sozialwissenschaftlicher Befunde in Erich Wenigers schultheoretisch-didaktischen Arbeiten nicht auch darauf zurückzuführen ist, dass „Weniger den aus den 20er Jahren stammenden Gedanken einer ‚gegliederten Volksordnung' nie ganz aufgegeben hat" (Kurseinheit 5, S. 420), der einer Orientierung an der Idee der Chancengleichheit durchaus im Wege gestanden haben könnte.

In der Kurseinheit 2 von 1978 fragt Wolfgang Klafki dann auch, „ob in das pädagogische Bewußtsein [...] der geisteswissenschaftlichen Pädagogen selbst unerkannte gesellschaftliche Voraussetzungen eingegangen sind, nicht zuletzt Ausblendungen gesellschaftlicher Tatbestände, so daß diese pädagogische Theorie Elemente eines „falschen Bewußtseins" über gesellschaftliche Tatbestände (Herrschafts- und Abhängigkeitsverhältnisse) enthält, „Ideologie im strengen Sinne des Wortes" (ebd., S. 192). Eine Antwort hierauf gibt er jedoch nicht, sondern belässt es bei dieser Vermutung und dem Verweis auf das „nationale Moment" (ebd.) in der Geisteswissenschaftlichen Pädagogik. Dieses ‚nationale Moment' wird von ihm in der ersten Kurseinheit ausführlich in seiner Historie hergeleitet, indem die „vorwiegend nationale Grundeinstellung" (Kurseinheit 1, S. 74) des deutschen Bildungsbürgertums auf die gesellschaftspolitischen Bedingungen seit der Reichsgründung 1871 zurückgeführt wird. Das daraus erwachsene bildungsbürgerliche Milieu, zu dem Wolfgang Klafki die Väter, Lehrer und generell das Umfeld der Vertreter der Geisteswissenschaftlichen Pädagogik zählt, kennzeichnet er als entpolitisiert und die sozialen Ungleichheiten im Zuge der Industrialisierung nicht wahrnehmend. Der Frage, inwiefern diese ‚Grundeinstellungen' auch die pädagogischen Entwürfe der Vertreter der Geisteswissenschaftlichen Pädagogik beeinflusst haben[1] und inwiefern sie durchaus auch als Nährboden für eine, zumindest nicht immer eindeutig interpretierbare Haltung zum Nationalsozialismus und nationalsozialistischen Ideen gedient haben könnten, wird jedoch im Rahmen der Kurseinheiten nicht systematisch nachgegangen.

1 Klaus Mollenhauer verweist etwa in seinem Aufsatz „Pädagogik und Rationalität" von 1964, wenn auch zeit-historisch unbestimmt, darauf, dass sich die politischen Grundhaltungen in den Theorieentwürfen widerspiegeln: „Der progressive Gehalt, der für die Konzeption der Bildungstheorie von Rousseau bis Schleiermacher konstitutiv war, verschwand oder verblaßte allenfalls zu allgemeinen Kategorien des Bildungsprozesses. Die ursprünglich in den Bildungsbegriff investierte Rationalität wurde aufgegeben zugunsten einer Assoziation mit konservativ-bürgerlichen Ideologien." (Mollenhauer 1964: 1977, S. 66)

Im aktuellen wissenschaftlichen Diskurs werden jedoch Wolfgang Klafkis Vermutungen durchaus bestätigt. Mit Ausnahme von Theodor Litt – kann für die anderen Hauptvertreter der Geisteswissenschaftlichen Pädagogik gesagt werden, dass sie auch in ihren pädagogischen Entwürfen einem bildungsbürgerlichen Denken in einem strukturkonservativen Sinne verhaftet geblieben sind (Fuchs 2013; Himmelstein 2013) und darüber an einem eher ständisch geprägten Gesellschaftsbild, fern eines demokratischen Bewusstseins, festgehalten haben. Ebenso sind – wie auch Wolfgang Klafki dies in seiner Ergänzung der ersten Kurseinheit von 1990 aufzeigt – ihre Positionierungen zu nationalsozialistischen Ideen und zur NS-Politik durchaus ambivalent einzuschätzen. Dass Wolfgang Klafki hier dennoch auf der Ebene der Vermutung verbleibt und auch im Hinblick auf das Verhältnis von Geisteswissenschaftlicher Pädagogik und Nationalsozialismus zwar die Notwendigkeit der Aufarbeitung betont, aber eher zurückhaltend argumentiert, führt uns vom Ende der Kurseinheiten noch einmal zum Beginn und zu der Frage, wie mit den Kurseinheiten in ihrer eigenen Historizität umzugehen ist.

5 Exkurs: Geschichtlichkeit als Perspektive auf die Kurseinheiten

Geschichtlichkeit ist vor diesem Hintergrund auch eine Perspektive, die die Lektüre der vorliegenden Kurseinheiten leiten sollte. Waren die Kurseinheiten eins bis vier in ihren ersten Auflagen für das Studienjahr 1978/79 entworfen worden, so müssen sie auch vor dem Hintergrund des damaligen Kenntnis- und Diskussionsstandes zur Geisteswissenschaftlichen Pädagogik und ihren Vertretern gelesen werden. Der Umstand, dass die Kurseinheit 1 im Jahre 1990 überarbeitet und wesentlich um historische Einordnungen hinsichtlich der Positionierungen der Hauptvertreter der Geisteswissenschaftlichen Pädagogik zum Nationalsozialismus ergänzt wurde, während die anderen drei Kurseinheiten unbearbeitet blieben, lässt nach dem Grund für diesen Nachtrag fragen. In diesem Zuge muss man sich vergegenwärtigen, dass bis zum Ende der 1980er-Jahre kritische Auseinandersetzungen mit der Rolle der Vertreter der Geisteswissenschaftlichen Pädagogik im Nationalsozialismus weitestgehend ausgeblieben sind (als Ausnahme z. B. Lingelbach 1970). Heinz-Elmar Tenorth war hier einer der Ersten, die diese Debatte in der Erziehungswissenschaft in einem breiteren Rahmen angestoßen haben (Tenorth 1985, 1986, 1989). Wolfgang Klafki selbst äußert dazu 1992, dass er sich nicht erklären kann und auch andere AutorInnen ihm nicht erklären können, warum „das Thema erst jetzt, seit etwa 5 Jahren, so intensiv und so kontrovers erörtert wird" (Klafki 1998a, o. S.), hätte doch spätestens in der Phase der Bildungsreform und der Studentenbewegung in den 1960er- und 1970er-Jahren eine solche Auseinandersetzung nahegelegen (ebd.). In seinen eigenen Arbeiten ist sie, wie auch die Verweise in den Kurseinheiten der 1970er-Jahre sowie die spätere Ergänzung der Kurseinheit 1 zeigen, zwar immer wieder Thema gewesen, aber bis zu Beginn der 1990er-Jahre nicht systematisch erfolgt. Eine intensive Beschäftigung mit diesem Thema – insbesondere im Hinblick auf seinen Doktorvater Erich Weniger – stand für Wolfgang Klafki in dieser Zeit noch ganz am Anfang. Trotz der bereits in den 1960er-Jahren geäußerten zentralen Kritik an der Geisteswissenschaftlichen Pädagogik, Verflechtungen von Gesellschaft und Staat mit Erziehungs- und Bildungsverhältnissen nicht konsequent genug erkannt und analysiert zu haben, wurde diese Kritik aber auch von anderen Autoren der ‚Kritischen Erziehungswissenschaft', wie etwa Klaus Mollenhauer oder Herwig Blankertz, die bei den Vertretern der Geisteswissenschaftlichen Pädagogik ihre wissenschaftliche Karriere begonnen hatten, nicht systematisch auf die gesellschaftspolitischen Verflechtungen in den Denkansätzen der eigenen Lehrer übertragen[2].

Im Gegensatz dazu scheint dieses Thema in Wolfgang Klafkis Arbeiten immer wieder auf, hatte er dieses doch bereits 1967 in einer Abhandlung zu „Theodor Litts Stellung zur Weimarer Republik und seine Auseinandersetzung mit dem Nationalsozialismus" bearbeitet. Da Theodor Litt jedoch durchgängig als entschiedener Kritiker des Nationalsozialismus charakterisiert werden kann (vgl. Schwiedrzik 1997; Matthes 1998, 2012), kommen hier problematische oder zumindest ambivalente Aspekte der Positionierung der Vertreter der Geisteswissenschaftlichen Pädagogik zum Nationalsozialismus, wie sie mittlerweile – durchaus kontrovers (vgl. Matthes 2011) – vor allem für Erich Weniger (vgl. Beutler 1989; Ortmeyer 2008b, 2009) und Eduard Spranger (Himmelstein 2013; Ortmeyer 2008a, 2009), aber auch für Herman Nohl (Ortmeyer 2008c, 2009; Lingelbach 2000; Klafki/Brockmann 2002) herausgearbeitet worden sind, kaum in den Blick. Wolfgang Klafki hatte aber bereits im Zuge seiner Auseinandersetzung mit Theodor Litt die Notwendigkeit einer Aufarbeitung der Positionierung Eduard Sprangers zum Nationalsozialismus angemahnt (Klafki 1967: 1976, S. 250). Ebenso finden sich in der Kurseinheit 4 von 1978 kritische Perspektiven auf die politischen Grundhaltungen der Hauptvertreter der Geisteswissenschaftlichen Pädagogik, die sich vor 1933 nie ausdrücklich als Unterstützer einer demokratischen Staatsverfassung positioniert hatten. Auch hier hebt Wolfgang Klafki Eduard Spranger hervor, dessen Schriften in ihren „Leitformeln" (Kurseinheit 4, S. 302) durchaus eine begriffliche Nähe zum nationalsozialistischen Vokabular aufwiesen und der aufgrund seiner fehlenden Distanzierung vom Nationalsozialismus vor 1933 dem auch nichts entgegensetzte. Mittlerweile haben sich vor allem Klaus Himmelstein und Benjamin Ortmeyer in ihren Arbeiten intensiv mit Eduard Sprangers Rolle im Nationalsozialismus befasst (vgl. die Arbeiten von 1990 bis 2011 zusammenfassend: Himmelstein 2013; Ortmeyer 2008a, 2009) und deutlich gemacht,

2 Herwig Blankertz hat in seinem Band über die „Geschichte der Pädagogik" von 1982 zumindest deutlich gemacht, dass „kein Vertreter der geisteswissenschaftlichen Pädagogik [...] eine grundlegende Auseinandersetzung mit der nationalsozialistischen Erziehungstheorie und deren Verbindungslinien zur Pädagogischen Bewegung und zur geisteswissenschaftlichen Pädagogik geführt" hat (ebd., S. 261) und Klaus Mollenhauer verweist 1986 nur knapp auf die „Mehrdeutigkeit vieler Formeln, mit denen damals die zeitgemäßen Erziehungsaufgaben zusammengefasst wurden" und die „trotz aller politischer Integrität ihrer Verfasser [...] für die Barbarei mißbraucht wurden" (ebd., S. 170).

dass für Spranger die Haltung eines „nationalen Konservatismus“ (Himmelstein 2013, S. 30) kennzeichnend war, der sich bereits vor 1933 in einer über „Deutschheit“ (ebd. 1996) definierten Kulturidee in seinen bildungstheoretischen Arbeiten niederschlug und darüber durchaus anschlussfähig an nationalsozialistische Ideen war.

Wolfgang Klafki ist es aber dennoch an mehreren Stellen der Kurseinheiten wichtig zu betonen, dass ‚national‘ nicht zwingend mit ‚nationalsozialistisch‘ gleichgesetzt werden darf und, dass bei der Lektüre von Originalliteratur aus der Zeit vor 1933 die veränderte Bedeutung von Begriffen, wie ‚national‘ oder ‚Gemeinschaft‘ im Auge behalten werden muss, um nicht aus dem heutigen Verständnis heraus vorschnell unbegründete Urteile zu fällen. Vielmehr müssen Begriffe in ihrem „historischen und systematischen Bedeutungskomplex“ (1998a, o. S.) betrachtet werden oder wie Ulrich Hermann es 1990 ausdrückt, „Form und Intentionalität in den verschiedenen Epochen“ (Klafki 1990, S. 45) getrennt werden.

Wolfgang Klafki weist in den Kurseinheiten den Hauptvertretern der Geisteswissenschaftlichen Pädagogik über das gemeinsame ‚nationale Moment‘ hinaus, je unterschiedliche Positionierungen zum Nationalsozialismus zu. So wird in der Kurseinheit 1, wie in Klafkis Beitrag von 1967, vor allem Theodor Litt – in Übereinstimmung auch mit gegenwärtigen Einschätzungen (z. B. Schwiedrzik 1997; Matthes 2012) – als einziger Vertreter der Geisteswissenschaftlichen Pädagogik benannt, der „eindeutig und öffentlich Gegenpositionen zum Nationalsozialismus bezogen“ (ebd., S. 71) hat. Demgegenüber werden Eduard Spranger, Wilhelm Flitner und Herman Nohl als diejenigen charakterisiert, die zu Beginn „in illusionärer Verkennung“ (ebd.) der wahren Absichten des Nationalsozialismus noch an eine Vereinbarkeit mit ihren pädagogischen Ideen geglaubt, diese Hoffnung aber schnell fallengelassen haben. Zu dieser Einschätzung finden sich jedoch mittlerweile sehr unterschiedliche Perspektiven und Kontroversen, die darauf verweisen, dass eindeutige Zuordnungen kaum möglich und Interpretationen nur sehr schwer konsensual zu verhandeln sind (vgl. Tenorth 2003a; Ortmeyer 2009; Matthes 2011), erscheint doch das, was sich über unterschiedliche Textsorten, wie Zeitschriften- oder Buchbeiträge, Vorlesungsmanuskripte, Briefe, Schreiben an offizielle Stellen oder auch autobiographische Schriften in der Retrospektive, dokumentiert, häufig ambivalent und werden moralische Bewertungen oftmals nicht von notwendig ‚nüchternen‘ historischen Analysen getrennt.

Diese Kontroversen zeichneten sich bereits seit Mitte der 1980er-Jahre ab. Wolfgang Klafki hat sich dem nie entzogen, sondern sich seitdem auch immer wieder eingemischt. So moderierte er etwa die erste Podiumsdiskussion auf einem DGfE-Kongress zum Thema, in der sich in der Konsequenz der vorausgegangenen Diskussionen Vertreter:innen zweier ‚Lager‘ gegenübersaßen: diejenigen, die von einer Kontinuität und Anschlussfähigkeit des Denkens der Hauptvertreter der Geisteswissenschaftlichen Pädagogik von der Weimarerer Republik bis zum Nationalsozialismus ausgingen (Wolfgang Keim, Adalbert Rang, Karl-Christoph Lingelbach und Heinz Sünker) und diejenigen, die zwar auch die Affinitäten zu nationalsozialisatischen Theoremen und Denkansätzen betonten, die aber stärker auf die Ambivalenzen und Diskontinuitäten über die Zeit sowie auf notwendige Differenzierungen zwischen den Vertretern der Geisteswissenschaftlichen Pädagogik verwiesen (Heinz-Elmar Tenorth, Ulrich Herrmann, Gisela Miller-Kipp) (vgl. Klafki 1990; Kurseinheit 1, S. 88 ff.). Beide Perspektiven stellt Wolfgang Klafki in ihren Grundannahmen in der Kurseinheit 1 zwar vor, scheint sich aber nicht explizit auf die ein oder andere Seite schlagen zu wollen. Eher verbleibt er im Modus des Moderators und damit auf der Ebene der Deskription der als offen markierten Kontroverse. In kritisch-konstruktiver Manier verweist er dabei zum einen anerkennend auf die Verdienste der Vertreter der „Kontinuitätsthese, das Verhältnis von GP und Nationalsozialismus in der Bundesrepublik erstmalig und ohne falsche Rücksichten ins Blickfeld einer breiten Fachöffentlichkeit gerückt zu haben" (Kurseinheit 1, S. 91). Ebenso würdigt er die Forderung der ‚Gegenseite' nach differenzierter, individualisierter und zeitbezogener Analyse, stellt aber gleichzeitig die Frage, ob die „Vertreter der Diskontinuitätsthese" nicht den Anschein erwecken, „als wollten sie letztendlich doch die Bedeutung der Kontinuitätsmomente und damit der Versäumnisse, Verstrickungen und Fehldiagnosen innerhalb der GP herunterspielen?" (ebd.) Ohne diese Frage zu beantworten, formuliert Wolfgang Klafki die Forderung, die Arbeiten weiter fortzuführen und gründlich wissenschaftlich zu erörtern. Man merkt hier deutlich, dass Wolfgang Klafki die Notwendigkeit bewusst ist, das Verhältnis von Geisteswissenschaftlicher Pädagogik und Nationalsozialismus aufzuarbeiten, dass aber damit gleichzeitig große Schwierigkeiten verbunden sind, da dies nicht nur Fragen der historischen Analyse, sondern auch der disziplinären Erinnerungskultur berührt, wie sie Heinz-Elmar Tenorth als zwei verschiedene Ebenen des Umgangs mit der Vergangenheit markiert hat (Klafki 1990, S. 38).

In Wolfgang Klafkis eigenen Arbeiten zum Verhältnis der Vertreter der Geisteswissenschaftlichen Pädagogik zum Nationalsozialismus tritt dieses Spannungsverhältnis immer wieder hervor – insbesondere in Bezug auf Erich Weniger, seinen Doktorvater. Dessen Positionierung zum Nationalsozialismus bleibt nicht nur in den Kurseinheiten eigentümlich unbestimmt und dies obwohl er die im Jahre 1989 erschienene, durchaus umstrittene Abhandlung Kurt Beutlers zu den militärpädagogischen Arbeiten Erich Wenigers während und auch nach der NS-Zeit (später auch Beutler 1994, 1995; Siemsen 1997; Ortmeyer 2008b, 2009) durchaus zur Kenntnis genommen hat und sie, wenn auch knapp, in der Kurseinheit 1 erwähnt. Erich Weniger wird von Wolfgang Klafki in diesem Kapitel gemeinsam mit Theodor Litt in der Zeit vor 1933 als „Vernunftrepublikaner" eingestuft, der die demokratische Verfassung der Weimarer Republik zwar anerkannte, diese aber nicht aus Überzeugung, sondern um des deutschen Staates willen mittrug, und in Einheit mit Theodor Litt und Eduard Spranger als jemand gekennzeichnet, der „ohne i. e. S. d. W. aktiven Widerstand zu leisten, während des Zweiten Weltkrieges Kontakte zu konservativen bzw. militärischen Widerstandsgruppen aufgenommen" hat (Kurseinheit 1, S. 91). Dies ist sicher eine Perspektive, die nach heutigem Erkenntnisstand relativiert werden muss. Wolfgang Klafki hat erst 1998 dezidiert zu den Arbeiten Kurt Beutlers (1989, 1995) Stellung genommen und stellt darin – trotz seiner Kritik an der zu geringen Würdigung der Verdienste Wenigers, dem methodisch unsauberen Arbeiten sowie der in seinen Augen überzogenen Polemik – fest: „Wer, wie ich, diese militärpädagogischen Texte Wenigers und einige weitere aus der NS-Zeit bis vor wenigen Jahren als vermeintlich uninteressant übergangen und sie größtenteils erst durch Beutlers Buch motiviert gelesen hat oder jetzt erst zur Kenntnis nehmen wird, muß erschrocken sein" (Klafki 1998, S. 154). Auch in seinem 1992 in Japan erschienenen Text „Die gegenwärtigen Kontroversen in der deutschen Erziehungswissenschaft über das Verhältnis der Geisteswissenschaftlichen Pädagogik zum Nationalsozialismus" (Klafki 1998a) bleibt die Rolle Erich Wenigers im Gegensatz zur als ambivalent verorteten Position von Spranger, Nohl und Flitner deutlich unterbelichtet und wird vor allem Theodor Litt als Beispiel eingeführt, um einem Kollektivvorwurf gegenüber der Geisteswissenschaftlichen Pädagogik entgegenzuwirken. Im Jahre 2002 mischt sich Wolfgang Klafki mit einem eigenen systematischen Beitrag wieder fundiert in die Debatte ein. In einem mit Johanna Luise Brockmann verfassten Band über Herman Nohl, der auf umfangreichen Quellenmaterialien aus dem Nachlass von Herman Nohl und auch Erich Weniger basiert, setzte er sich historisch-analytisch vor allem mit dem Verhältnis von Herman Nohl zum Nationalsozialismus, aber auch mit den Arbeiten von Erich Weniger in dieser Zeit auseinander. Über die erstmalige, ausführliche Interpretation der Vorlesung Herman Nohls über „Die Grundlagen der nationalen Erziehung" aus dem Wintersemester 1933/34, wird hier die Annäherung Nohls an nationalsozialistische Ideen und Erziehungskonzepte in dieser Zeit nachgezeichnet und von den Autor:innen als „erschreckend" (ebd., S. 301) gekennzeichnet. Ebenso wird von Klafki und Brockmann das hohe Maß an „Anpassungsbereitschaft und Verleugnung der eigenen Auffassung" bei Erich Weniger als „enttäuschend" (ebd., S. 263) charakterisiert (kritisch zu diesem Band und seinen Interpretationen: Ortmeyer 2008c). Diese eher emotional anmutenden Einschätzungen, die sich auch in anderen Abhandlungen finden, lassen zumindest ahnen, wie schwierig es für Wolfgang Klafki gewesen sein muss, diese Erkenntnisse über seinen Lehrer und Doktorvater Erich Weniger anzunehmen und anzuerkennen. Die würdigende Anknüpfung an die Arbeiten Wenigers wurde sozusagen mit der Aufarbeitung der Verstrickungen Erich Wenigers in der NS-Zeit konfrontiert, so dass identitätsstiftende Erinnerungskultur und historische Sachanalyse in Widersprüche geraten mussten. Dennoch hat sich Wolfgang Klafki der seit Mitte der 1980er-Jahre vehement und kontrovers geführten Debatte um die Haltung der Vertreter der Geisteswissenschaftlichen Pädagogik zum Nationalsozialismus und darüber hinaus nicht entzogen, sondern sich auch mit eigenen systematischen Beiträgen immer wieder eingemischt. Historische Sachanalysen in dieser Hinsicht hat er immer wieder angemahnt und dabei gleichzeitig den Anspruch betont, differenziert, die zeithistorischen Bedingungen zu berücksichtigen sowie methodisch angemessen vorzugehen und dies von Polemiken und vorschnellen normativen Bewertungen zu trennen (vgl. Klafki 1998a). Dass ihm dies vor dem Hintergrund der eigenen Standortgebundenheit als ‚Schüler' eines der Vertreter der Geisteswissenschaftlichen Pädagogik nicht immer leicht gefallen sein muss, davon zeugt gerade auch sein Ringen um die Person Erich Weniger. Dabei spielt zwar auch das Thema Nationalsozialismus eine zentrale Rolle, aber ebenso die Erkenntnis, dass ausgemachte Widersprüche in den Denkansätzen Erich Wenigers, aber auch der anderen Vertreter der Geisteswissenschaftlichen Pädagogik vor allem auch darauf zurückzuführen sind, dass ihnen grundsätzlich eine demokratische Grundeinstellung fremd war. Für Wolfgang Klafki erzeugt gerade dieses Nichteintreten für freiheitlich-demokratische Strukturen einen Widerspruch, der insbesondere der Forderung nach einer relativen Autonomie der Pädagogik deutlich entgegensteht, die sich nur in einer solchen Gesellschaftsverfassung ernsthaft entfalten kann (vgl. Matthes 2011; Klafki/Brockmann 2002, S. 297). Gerade dafür ist Wolfgang Klafki zeitlebens eingetreten: nämlich über die Erziehungswissenschaft, „den Fortschritt einer freiheitlich-demokratischen Erziehungspraxis als Element eines entsprechenden gesellschaftlich-politischen Programms theoretisch und praktisch voranzutreiben oder mindestens mit zu ermöglichen“ (1976, S. 48).

6 Literaturverzeichnis

Bernfeld, Siegfried (1925: 1967): Sisyphos oder die Grenzen der Erziehung. Frankfurt a. M.: Suhrkamp.

Beutler, Kurt (1989): Deutsche Soldatenerziehung von Weimar bis Bonn. Erinnerunge an Erich Wenigers Militärpädagogik. In: Demokratische Erziehung 15, H. 7/8, S. 46–53.

Beutler, Kurt (1995): Geisteswissenschaftliche Pädagogik zwischen Politisierung und Militarisierung – Erich Weniger. Frankfurt a. M./Bern: Lang.

Beutler, Kurt (1994): Erich Weniger. Eine kritische Würdigung aus Anlass der 100. Wiederkehr seines Geburtstages am 11. September 1994. In: Pädagogik und Schulalltag 49, H. 3, S. 327–329.

Blankertz, Herwig (1969): Theorien und Modelle der Didaktik. München: Juventa.

Blankertz, Herwig (1982): Die Geschichte der Pädagogik. Von der Aufklärung bis zur Gegenwart. Wetzlar: Büchse der Pandora.

Braun, Karl-Heinz/Stübig, Frauke/Stübig, Heinz (Hrsg.) (2018): Erziehungswissenschaftliche Reflexion und pädagogisch-politisches Engagement. Wolfgang Klafki weiterdenken. Wiesbaden: VS.

Brezinka, Wolfgang (1971): Von der Pädagogik zur Erziehungswissenschaft. In: Zeitschrift für Pädagogik 17, H. 5, S. 683–708.

Dahmer, Ilse/Klafki, Wolfgang (Hrsg.) (1968): Geisteswissenschaftliche Pädagogik am Ausgang ihrer Epoche – Erich Weniger. Weinheim: Beltz 1968.

Flitner, Wilhelm (1950: 1983): Exkurs über pädagogische Bildung. In: Flitner, Wilhelm: Pädagogik. Gesammelte Schriften. Bd. 2. Paderborn: Schöning, S. 280–293.

Fuchs, Max (2013): Pädagogik und Moderne. Studien zu kulturellen Grundlagen der Erziehungswissenschaft. München: Herbert Utz.

Himmelstein, Klaus (1996): Eduard Sprangers Bildungsideal der „Deutschheit“ – Ein Beitrag zur Kontingenzbewältigung in der modernen Gesellschaft? In: Auernheimer, Georg/Gstettner, Peter (Red.): Pädagogik in multikulturellen Gesellschaften. Jahrbuch für Pädagogik. Frankfurt a. M.: Lang, S. 179–196.

Himmelstein, Klaus (2013): Das Konzept Deutschheit. Studien über Eduard Spranger. Frankfurt a. M.: Lang 2013.

Klafki, Wolfgang (1959): Das pädagogische Problem des Elementaren und die Theorie der kategorialen Bildung. Weinheim:Beltz.

Klafki, Wolfgang (1967): Theodor Litts Stellung zur Weimarer Republik und seine Auseinandersetzung mit dem Nationalsozialismus. Wiederabdruck in: Klafki (1976): Aspekte kritisch-konstruktiver Erziehungswissenschaft. Weinheim: Beltz, S. 219–252.

Klafki, Wolfgang (1971): Erziehungswissenschaft als kritisch-konstruktive Theorie: Hermeneutik – Empirie – Ideologiekritik. Heinrich Roth zum 65. Geburtstag gewidmet. In: Zeitschrift für Pädagogik 17, H.3, S. 351–385.

Klafki, Wolfgang (1976): Aspekte kritisch-konstruktiver Erziehungswissenschaft. Gesammelte Beiträge zur Theorie-Praxis-Diskussion. Weinheim: Beltz.

Klafki, Wolfgang (1990): Bericht über das Podium: „Pädagogik und Nationalsozialismus“. In: Benner, Dietrich (Hrsg.): Bilanz für die Zukunft: Aufgaben, Konzepte und Forschung in der Erziehungswissenschaft. Beiträge zum 12. Kongreß der Deutschen Gesellschaft für Erziehungswissenschaft vom 19. bis 21. März 1990 in der Universität Bielefeld. 25. Beiheft der Zeitschrift für Pädagogik. Weinheim: Beltz, S. 35–55.

Klafki, Wolfgang (1998a): Die gegenwärtigen Kontroversen in der deutschen Erziehungswissenschaft über das Verhältnis der Geisteswissenschaftlichen Pädagogik zum Nationalsozialismus. In: Klafki, Wolfgang: Erziehung – Humanität – Demokratie. Erziehungswissenschaft und Schule an der Wende zum 21. Jahrhundert. Neun Vorträge. Verfügbar unter: http://archiv.ub.uni-marburg.de/sonst/1998/0003/k10.html (Zugriff: 17. 09. 2018)

Klafki, Wolfgang (1998b): Die Geisteswissenschaftliche Pädagogik – Leistung, Grenzen, kritische Transformation. In: Klafki, Wolfgang: Erziehung – Humanität – Demokratie. Erziehungswissenschaft und Schule an der Wende zum 21. Jahrhundert. Neun Vorträge. Verfügbar unter: http://archiv.ub.uni-marburg.de/sonst/1998/0003/k03.html (Zugriff: 17. 09. 2018)

Klafki, Wolfgang (1998c): Grundzüge kritisch-konstruktiver Erziehungswissenschaft. In: Klafki, Wolfgang: Erziehung – Humanität – Demokratie. Erziehungswissenschaft und Schule an der Wende zum 21. Jahrhundert. Neun Vorträge. Verfügbar unter: http://archiv.ub.uni-marburg.de/sonst/1998/0003/k04.html (Zugriff: 17. 09. 2018).

Klafki, Wolfgang (1998): Zur Militärpädagogik Erich Wenigers. Ertrag und Problematik der Untersuchung Kurt Beutlers. In: Zeitschrift für Pädagogik 44, H.1, S. 149–160.

Klafki, Wolfgang/Brockmann, Johanna-Luise (2002): Geisteswissenschaftliche Pädagogik und Nationalsozialismus. Herman Nohl und seine ‚Göttinger Schule‘ 1932–1937. Eine individual- und gruppenbiographische, mentalitäts- und theoriegeschichtliche Untersuchung. Weinheim: Beltz.

Klafki, Wolfgang/Rückriem, Georg M./Wolf, Willi/Freudenstein, Reinhold/Beckmann, Hans-Karl/Lingelbach, Karl-Christoph/Iben, Gerd/Diederich, Jürgen (1970a): Erziehungswissenschaft. Eine Einführung in drei Bänden. Frankfurt a. M.: Fischer Taschenbuch Verlag.

Klafki, Wolfgang et al. (1970b): Funkkolleg Erziehungswissenschaft. Studien-Begleitbriefe. 2 Bände. Weinheim u. a.: Beltz.

Krüger, Heinz-Hermann (2019): Erziehungs- und Bilsungswissenschaft als Wissenschaftsdisziplin. Opladen: UTB Barbara Budrich.

Lingelbach, Karl-Christoph (1970): Erziehung und Erziehungstheorien im nationalsozialistischen Deutschland. Weinheim: Beltz.

Lingelbach, Karl Christoph (2000): Das Kind im Widerspruch Pädagogischen Denkens. In: Ders./Zimmer, Hasko (Hrsg.): Das Jahrhundert des Kindes? Frankfurt a.M: Lang, S. 133–159.

Litt, Theodor (1954): Die politische Selbsterziehung des deutschen Volkes. In: Schriftenreihe der Bundeszentrale für Heimatdienst, Heft 1.

Lochner, Rudolf (1963): Deutsche Erziehungswissenschaft. Prinzipiengeschichte und Grundlegung. Meisenheim a. G.: Hain.

Matthes, Eva (1998): Geisteswissenschaftliche Pädagogik nach der NS-Zeit: politische und pädagogische Verarbeitungsversuche. Bad Heilbrunn: Klinkhardt.

Matthes, Eva (2011): Geisteswissenschaftliche Pädagogik. Ein Lehrbuch. München: Oldenbourg.

Matthes, Eva (2012): Theodor Litt und die Deutsche Universität. In: Bildung und Erziehung 65, H. 2, S. 226–244.

Mollenhauer, Klaus (1964: 1977): Pädagogik und Rationalität. Zuerst in: Die Deutsche Schule. Zeitschrift für Erziehungswissenschaft, Bildungspolitik und pädagogische Praxis 56, H. 12, S. 665–676, Wiederabdruck in: Mollenhauer, Klaus (1977): Erziehung und Emanzipation. 7. Aufl., München: Juventa, S. 55–74.

Mollenhauer, Klaus (1968: 1977): Erziehung und Emanzipation. 7. Aufl., München: Juventa.

Mollenhauer, Klaus (1986): Umwege. Über Bildung, Kunst und Interaktion. Weinheim/München: Juventa.

Nohl, Herman (1935: 2002): Die pädagogische Bewegung in Deutschland und ihre Theorie. 11. Aufl., Frankfurt a. M.: Vittorio Klostermann.

Ortmeyer, Benjamin (2008a): Eduard Spranger und die NS-Zeit. Forschungsbericht. Frankfurter Beiträge zur Erziehungswissenschaft. Frankfurt a. M., verfügbar unter: https://forschungsstelle.files.wordpress.com/2012/06/ortmeyer_forschungsbericht_sprangerunddienszeit.pdf (Zugriff: 20. 09. 2018).

Ortmeyer, Benjamin (2008b): Erich Weniger und die NS-Zeit. Forschungsbericht. Frankfurter Beiträge zur Erziehungswissenschaft. Frankfurt a. M., verfügbar unter: https://forschungsstelle.files.wordpress.com/2012/06/ortmeyer_forschungsbericht_wenigerunddienszeit.pdf (Zugriff: 20. 09. 2018).

Ortmeyer, Benjamin (2008c): Hermann Nohl und die NS-Zeit. Forschungsbericht. Frankfurter Beiträge zur Erziehungswissenschaft. Frankfurt a. M., verfügbar unter: https://forschungsstelle.files.wordpress.com/2012/06/ortmeyer_forschungsbericht_nohlunddienszeit.pdf (Zugriff: 20. 09. 2018).

Ortmeyer, Benjamin (2009): Mythos und Pathos statt Logos und Ethos – Zu den Publikationen führender Erziehungswissenschaftler in der NS-Zeit: Eduard Spranger, Herman Nohl, Erich Weniger und Peter Petersen. Weinheim: Beltz.

Schwiedrzik, Wolfgang M. (1997): Lieber will ich Steine klopfen: der Philosoph und Pädagoge Theodor Litt in Leipzig 1933–1947. Leipzig: Universitätsverlag.

Siemsen, Barbara (1995): Der andere Weniger. Eine Untersuchung zu Erich Wenigers kaum beachteten Schriften. Frankfurt a. M./Bern: Lang.

Tenorth, Heinz-Elmar (1985): Zur deutschen Bildungsgeschichte 1918–1945. Probleme, Analysen und politisch-pädagogische Perspektiven. Köln/Wien.

Tenorth, Heinz-Elmar (1986): Deutsche Erziehungswissenschaft neunzehnhundertdreissig bis 1945. Aspekte ihre Strukturwandels. In: Zeitschrift für Pädagogik 32, H. 3, S. 299–321.

Tenorth, Heinz-Elmar (1989): Erziehung und Erziehungswissenschaft von 1930–1945. Über Kontroversen ihrer Analyse. In: Zeitschrift für Pädagogik 35, H. 2, S. 261–280.

Tenorth, Heinz-Elmar (2003a): Gefangen in der eigenen Tradition – Erziehungswissenschaft angesichts des Nationalsozialismus. Eine Sammelbesprechung neuerer Veröffentlichungen. In: Zeitschrift für Pädagogik 49, H. 5, S. 734–755.

Tenorth, Heinz-Elmar (2003b): Autonomie und Eigenlogik von Bildungseinrichtungen – ein pädagogisches Prinzip in historischer Perspektive. In: Füssel, Hans-Peter/Roeder, Peter M. (Hrsg.): Recht – Erziehung – Staat. Zur Genese einer Problemkonstellation und zur Programmatik ihrer zukünftigen Entwicklung. 47. Beiheft der Zeitschrift für Pädagogik. Weinheim: Beltz 2003, S. 106–119.

Weniger, Erich (1952: 1965): Didaktik als Bildungslehre. Teil 1: Theorie der Bildungsinhalte und des Lehrplans. 6./8. Aufl., Weinheim: Beltz.

Weniger, Erich (1929: 1952): Die Autonomie der Pädagogik. In: Ders.: Die Eigenständigkeit der Erziehung in Theorie und Praxis. Weinheim: Beltz, S. 71–87.

Weniger, Erich (1929: 1952): Theorie und Praxis in der Erziehung. In: Ders.: Die Eigenständigkeit der Erziehung in Theorie und Praxis. Weinheim: Beltz, S. 7–22.

Weniger, Erich (1952): Die Eigenständigkeit der Erziehung in Theorie und Praxis. Weinheim: Beltz.

Zentrum für Fernstudienentwicklung der FernUniversität in Hagen (1978): Kurze Anleitung zur Entwicklung und Gestaltung gedruckten Fernstudienmaterials. 3. Aufl., Hagen.

Einleitung

W. Klafki, *Geisteswissenschaftliche Pädagogik*, Neuere Geschichte der Pädagogik,
https://doi.org/10.1007/978-3-658-37172-2_2

Inhaltsverzeichnis zur Einleitung

Über den Autor dieses Kurses

Geburt:	1927 in Angerburg/Ostpreußen
Schulbesuch:	1934–1944 Grundschule und Oberschule in Angerburg (seit 1943 als Luftwaffenhelfer)
Luftwaffenhelfer und Reichsarbeitsdienst:	1943–1944 im Großraum Hamburg (Luftwaffenhelfer) bzw. in Ostpreußen (RAD-Dienst)
Wehrdienst:	seit Januar 1945; Verwundung im Samlamd/Ostpreußen im April 1945
Lazarettaufenthalt:	April 1945–1946 in Dänemark und Duderstadt
Erstes Studium:	Mai 1946 – März 1948 an der Pädagogischen Hochschule Hannover. – Erste Lehrerprüfung
Volksschullehrer:	April 1948 – April 1952 Volksschullehrer an ländlichen Volksschulen in Schaumburg/Lippe. – September 1951 Zweite Lehrerprüfung
Außerberufliche Aktivitäten:	Leitung einer Jugendgruppe
Zweites Studium:	SS 1952–SS 1957 Studium der Pädagogik, Philosophie und Germanistik (ergänzend: Geschichte, Kunstgeschichte, Soziologie, Psychologie) in Göttingen (Pädagogik vor allem bei Erich Weniger, Philosophie bei Joseph König, Germanistik bei Wolfgang Kayser) und Bonn SS 1953 und WS 1953/54; Pädagogik und Philosophie bes. bei Theodor Litt)
	Während des Studiums Leitung von Deutsch-Kursen an der Volkshochschule Göttingen
	Ab SS 1956 Pädagogischer Assistent an der PH Hannover
	1957 Promotion mit einer von Prof. Weniger betreuten Dissertation über „Das pädagogische Problem des Elementaren und die Theorie der kategorialen Bildung" (1. Aufl. Weinheim 1959, 3./4. Aufl. 1964)
Assistent und apl.-Dozent:	seit 1956 Päd. Assistent, seit 1960 apl.-Dozent an der PH Hannover
Heirat:	1957 mit Hildegard, geb. Ufer

Geburt unserer Kinder:	1958, 1959, 1961
Assistent und Oberassistent in Münster:	September 1961 – September 1963 Assistent und Oberassistent am Päd. Seminar der Universität Münster (Prof. Dr. Ernst Lichtenstein). – Arbeit an einer Habilitationsschrift Nebenamtlich Pädagogik – Unterricht an der Fachschule für Gymnastik in Hannover
Berufung nach Marburg:	September 1963 (vor Abschluß der Habilitation in Münster) Berufung auf eine Professur für Pädagogik an der Universität Marburg seit 1965 Mitherausgeber der Zeitschrift für Pädagogik
Einige bildungs- und wissenschaftspolitische Aktivitäten, die über den Rahmen von Lehr- und Forschungstätigkeit und hochschulpolitische und hochschulreformerische Bemühungen an der Universität Marburg hinausgehen:	1967–1969: Vorsitzender der Lehrplankommission für Hauptschulen in Nordrhein-Westfalen 1968–1971: Vorsitzender der Kommission zur Revision der Bildungspläne in Hessen (sog. „Große Hessische Curriculumkommission“) Aktivitäten im Rahmen der Gewerkschaft Erziehung und Wissenschaft 1966–1986: Mitglied des Vorstandes der Deutschen Gesellschaft für Erziehungswissenschaft (DGfE) 1979–1984: Vorsitzender der Ständigen Kommission „Schulpädagogik/Didaktik“ der DGfE 1986–1988: Vorsitzender der DGfE Mitglied der Gemeinnützigen Gesellschaft Gesamtschule (GGG)
Wissenschaftliche Arbeitsschwerpunkte:	Didaktik bzw. Curriculumtheorie. – Schultheorie und Schulforschung, insbesondere Gesamtschule und Grundschule. – Geschichte der pädagogischen Theorie und Praxis, insbesondere seit dem 18. Jahrhundert. – Wissenschaftstheorie und Systematik der Erziehungswissenschaft. – Pädagogische Handlungsforschung

Wichtigste Veröffentlichungen

Bücher

Das pädagogische Problem des Elementaren und die Theorie der kategorialen Bildung. 3./4. Aufl. Weinheim 1964

Studien zur Bildungstheorie und Didaktik. 10. Aufl. Weinheim 1975

Pestalozzis „Stanser Brief". 3. überarbeitete Aufl. 1975 in: Pestalozzi über seine Anstalt in Stans. Weinheim 1975

(Zus. mit W. Schulz und F. Kaufmann): Arbeitslehre in der Gesamtschule. 5. Aufl. Weinheim 1971

(Zus. mit A. Rang und H. Röhrs): Integrierte Gesamtschule und Comprehensive School. 2. Aufl. Braunschweig 1972

(Zus. mit G.M. Rückriem u.a.): Erziehungswissenschaft, 3 Bde. Frankfurt/M. 1970/71 und später (Funkkolleg)

(Zus. mit K.-Chr. Lingelbach und H.-W. Nicklas): Probleme der Curriculumentwicklung. 2. Aufl. Frankfurt/M. 1972

Aspekte kritisch konstruktiver Erziehungswissenschaft. (Aufsätze 1967–1975) Weinheim 1976

(Zus. mit U. Scheffer u.a.): Das „Marburger Grundschulprojekt". Hannover 1977

(Zus. mit G. Otto und W. Schulz): Didaktik und Praxis. Weinheim 1977

(Zusammen mit Koautoren): Schulnahe Curriculumentwicklung und Handlungsforschung. Weinheim 1982

Die Pädagogik Theodor Litts. Kronberg/Ts. 1982

Neue Studien zur Bildungstheorie und Didaktik. Weinheim 1985

(Herausgabe, Einleitung und Beitrag): Verführung, Distanzierung, Ernüchterung. Kindheit und Jugend im Nationalsozialismus. Weinheim 1988

Zahlreiche Aufsätze und Artikel in Sammelbänden, pädagogischen Fachzeitschriften und Lexika zu den oben genannten und weiteren Arbeitsschwerpunkten sowie Herausgabe und Einleitung von Sammelbänden und Textausgaben.

Studierhinweise

Wir geben einleitend vier Hinweise zum Studium dieses Kurses:

Erster Hinweis

Vom zweiten Studienbrief an sind in den Text kleine Aufgaben eingebaut worden. Sie sollen Ihnen eine aktive Mitarbeit ermöglichen, die über die Lektüre des Kurs-Textes hinausgeht: selbständige Interpretationsversuche anhand ausgewählter Textstellen, Formulierung weiterführender Fragen, Vergleiche u. ä.

Zweiter Hinweis

Das Thema dieses Kurses ist eine schon als *„historisch“* anzusprechende Richtung der Erziehungswissenschaft unseres Jahrhunderts, die aber in der Gegenwart noch stark nachwirkt; ein Ziel dieses Kurses ist es, die These verständlich zu machen, daß die Geisteswissenschaftliche Pädagogik Fragestellungen und Erkenntnisse erarbeitet hat, die in die gegenwärtige Erziehungswissenschaft mit hineingenommen werden müssen, wenn wir nicht hinter einen schon einmal erreichten Erkenntnisstand zurückfallen wollen.

Bevor nun aber solche Argumente anhand entsprechender Texte der Geisteswissenschaftlichen Pädagogik entwickelt werden können, müssen der realgeschichtliche und der theoriegeschichtliche Hintergrund dieser Richtung der Pädagogik in einem ausreichenden Maße dargestellt werden. Dem dient vor allem die erste Kurseinheit. Sofern Sie vor allem an aktuellen und systematischen erziehungswissenschaftlichen Problemen interessiert sind, stellen Sie sich bitte darauf ein, daß Ihnen die erste Kurseinheit sozusagen erst einmal einen „langen Atem“ abfordert.

Dritter Hinweis

Dieser Kurs stößt auf eine Schwierigkeit:

Es gibt bisher keine Gesamtdarstellung der Geisteswissenschaftlichen Pädagogik, auf die man als Ergänzung, Erweiterung und Kontrollmöglichkeit oder als Vorbereitung auf die Ausführungen in diesem Kurs hinweisen könnte. Begrenzte Teildarstellungen innerhalb von Veröffentlichungen mit umfassenderer Themenstellung werden im Literaturverzeichnis genannt (Wulf und Benner*).

Vierter Hinweis

Für eine produktive Auseinandersetzung mit dem Thema dieses Kurses ist es dringend zu wünschen, daß Sie wenigstens einige Originaltexte der GP kennenlernen – über jene Passagen hinaus, die in den Kurseinheiten 2, 3 und 4 zitiert werden. Entsprechende Literaturhinweise erfolgen innerhalb der einzelnen Kapitel dieses Kurses. Wahrscheinlich werden Sie jedoch einige Zeit brauchen, um sich an die Sprache zu

---

* Verwiesen wird hier auf Wulf 1977 und Benner 1978.

gewöhnen, in der die meisten Vertreter der GP vor 1933, aber auch noch nach 1945 ihre Gedankengänge formulieren. Werfen Sie die Flinte hier bitte nicht allzu schnell ins Korn!

Und weiter: So wünschenswert eine kritische Haltung des Lesers zu Texten ist: Man muß sich vor dem Vorurteil hüten, daß ein Text, dessen Sprache uns zunächst fremd, vielleicht „überhöht", „gefühlsbetont", „begrifflich unklar", „überholt" o. ä. erscheint, deshalb auch *inhaltlich* überholt sein muß. Ob das der Fall ist, kann erst geprüft werden, wenn man herausgearbeitet hat, was die betreffenden Autoren eigentlich *meinten,* welche Probleme es denn sind, die sie zur Sprache bringen wollten.

Schließlich: Beachten Sie bitte, daß Begriffe im Laufe der geschichtlichen Entwicklung ihre Bedeutung verändern können. Mit bestimmten Worten verbinden wir heute oft andere Bedeutungen oder Wertungen, als das in früheren geschichtlichen Phasen der Fall war.

► So rufen z. B. die Begriffe „national", „Nation", „Gemeinschaft" u. ä. bei vielen heutigen Menschen – infolge des Mißbrauchs dieser Worte in der Zeit des Nationalsozialismus – negative Vorstellungen und Wertungen hervor; z. B. wird das Wort „national" nicht selten mit „nationalistisch" gleichgesetzt.

Es muß zu schweren Fehldeutungen führen, wenn der Leser von Texten oder Textauszügen aus der GP sein heutiges Verständnis bestimmter Begriffe ungeprüft den Textautoren unterstellt. Versuchen Sie bitte, sich in dieser Hinsicht jeweils zu kontrollieren und beim Auftreten mehrdeutiger oder wertungsbesetzter oder uns heute vielleicht „hochtrabend" oder „altmodisch" vorkommender Begriffe („national", „Gemeinschaft", „Autorität", „Tradition", „pädagogische Liebe" usw.) die Frage erst einmal offenzuhalten:

Was meint der betreffende Autor an dieser Stelle mit diesem Wort oder Ausdruck?

Gliederung des Kurses

Der Kurs umfaßt außer diesem Einleitungsteil vier Kurseinheiten*.

1. Kurseinheit *Zur historischen Ortsbestimmung der geisteswissenschaftlichen Pädagogik (GP)*
Wirkungszeit, Gemeinsamkeiten und Differenzierungen innerhalb der GP, sozialgeschichtliche Einordnung, Bedeutung der Lebensphilosophie Diltheys für die GP

2. Kurseinheit *Wissenschaftstheoretische Grundlagen und Prinzipien der GP*
Diltheys Theorie der Geisteswissenschaften in ihrer Bedeutung für die Begründung der GP – Wissenschaftstheoretische Prinzipien der GP: Das Theorie-Praxis-Verhältnis in der Pädagogik, die Eigenart pädagogischen Denkens als „engagierter Reflexion", die „relative Eigenständigkeit" der Pädagogik in Theorie und Praxis

3. Kurseinheit *Wissenschaftstheoretische Prinzipien der GP (Fortsetzung) und inhaltliche Grundprobleme der Erziehung in der Sicht der GP (erster Teil)*
Das Prinzip der Geschichtlichkeit und die Frage nach dem Geltungsbereich erziehungswissenschaftlicher Aussagen – Pädagogisch-anthropologische Grundmodelle in der GP: Nohls Theorie des Schichtenaufbaus der menschlichen Seele und ihre pädagogische Bedeutung und Flitners „vier Sichtweisen" des Menschen und der Erziehung

4. Kurseinheit *Inhaltliche Grundprobleme der Erziehung in der Sicht der GP (zweiter Teil)*
Das Problem der Zielsetzung in der Pädagogik – bildungstheoretische Ansätze in der GP – Der Erziehungs- und Bildungsprozeß und der „pädagogische Bezug" – Überblick über Beiträge der GP zur Forschung und Theoriebildung in Teilbereichen der Erziehungswissenschaft bzw. des Erziehungswesens, die in diesem Kurs nicht ausführlicher behandelt werden konnten

* Die Kurseinheit 5 ist, wie im Vorwort erwähnt, erst später (2000) hinzugekommen.

Lernziele zum Gesamtkurs

Nach dem Durcharbeiten der vier Einheiten* dieses Kurses sollten Sie

- angeben können, in welchem Zeitraum sich die GP entwickelte,
- einige der Hauptvertreter der GP und einige wichtige erziehungswissenschaftliche Schriften oder Hauptarbeitsgebiete dieser Autoren nennen können,
- einige der allgemeinen politischen, gesellschaftlichen und kulturellen Vorgänge kennzeichnen können, die das Denken der Begründer der GP bestimmten, aber auch solche Gesichtspunkte und Prozesse, die – aus heutiger Perspektive gesehen – von den Begründern der GP nicht oder nur unzulänglich berücksichtigt worden sind,
- an einigen Beispielen Zusammenhänge zwischen Diltheys Lebensphilosophie und seiner Theorie der Geisteswissenschaften und der GP erläutern können,
- einige der wissenschaftstheoretischen Kennzeichen der GP erläutern können, z. B. ihre Auffassung vom Verhältnis zwischen pädagogischer Theorie und pädagogischer Praxis, den Gesichtspunkt der „Geschichtlichkeit" aller inhaltlichen pädagogischen Aussagen, Zielsetzungen, Einrichtungen usw.,
- einige der Grundbegriffe der GP erläutern können, z. B. die Begriffe „Pädagogischer Bezug", „Vorwegnahme" u. ä.,
- Beispiele für wichtige anthropologische Aussagen oder Modelle der GP erläutern können,
- Gesichtspunkte erläutern können, die Ihnen auf Grund der vorliegenden oder auf Grund Ihrer eigenen Kritik an der GP (bzw. dem, was Sie durch diesen Kurs über die GP gelernt haben) fragwürdig, unberücksichtigt bzw. zu wenig beachtet geblieben oder nachweisbar irrig zu sein scheinen,
- möglichst einen oder einige grundlegende Aufsätze oder Abschnitte aus Werken der GP so durchgearbeitet haben, daß sie den Gedankengang – ggf. mit Hilfe schriftlich fixierter Stichworte – anderen Studierenden entwickeln und u. U. kritisch dazu Stellung nehmen können.

* Die Kurseinheit 5 ist, wie im Vorwort erwähnt, erst später hinzugekommen.

Kurseinheit 1: Zur historischen Ortsbestimmung der geisteswissenschaftlichen Pädagogik

1 Einführung in die Kursthematik

1.1 Erste, kurze Erläuterung des Themas „Geisteswissenschaftliche Pädagogik"

Die GP, in die dieser Kurs in vier Kurseinheiten einführen soll, ist eine Richtung der Erziehungswissenschaft, die – im Anschluß an die sog. „Lebensphilosophie" des Berliner Philosophen Wilhelm Dilthey (1833–1911) und seine Theorie der Geisteswissenschaften – vor allem im Zeitraum zwischen 1918 und 1933 entwickelt und nach 1945 wieder aufgenommen und fortgeführt wurde. Von der Mitte der 20er Jahre bis 1933 und von 1945 bis etwa 1960 war die GP die einflußreichste Teilrichtung der Erziehungswissenschaft in Deutschland bzw. in der Bundesrepublik. Die Frage, wie weit sie auch in die Praxis hineingewirkt hat, etwa über die Ausbildung von Lehrern, Sozialpädagogen und Erwachsenenbildnern, wird an späterer Stelle erörtert werden.

Historische Einordnung der GP

▸ **Anmerkung zu den Begriffen „Pädagogik", „Pädagogisch", „Erziehungswissenschaft", „erziehungswissenschaftlich"**
Die eben genannten Begriffe, die im folgenden immer wieder verwendet werden müssen, werden in der Literatur und im mündlichen Sprachgebrauch meistens nicht ausdrücklich und scharf gegeneinander abgegrenzt. Es hätte keinen Sinn, hier präzise Definitionen einzuführen, mit denen Sie beim Lesen von Texten der GP wenig anfangen könnten, sofern die Begriffe dort anders verwendet werden. Daher werden an dieser Stelle nur erste Hinweise gegeben; welche der im folgenden aufgeführten Möglichkeiten, die Begriffe zu verstehen, zutreffen, läßt sich gewöhnlich nur aus dem Zusammenhang des jeweiligen Textes entnehmen.

Der Begriff *Pädagogik* tritt bei den Vertretern der „GP" in zweifacher Bedeutung auf: Zum einen können mit diesem Begriff das wissenschaftliche Nachdenken und Forschen und wissenschaftliche d. h. methodisch durchdachte Theorien über Erziehung i. w. S. d. W. (also einschließlich Lehre bzw. Unterricht und einschließlich aller Einrichtungen für Erziehung und Unterricht) gemeint sein. *„Päd-*

W. Klafki, *Geisteswissenschaftliche Pädagogik*, Neuere Geschichte der Pädagogik,
https://doi.org/10.1007/978-3-658-37172-2_3

agogik“ ist in diesem Sinne gleichbedeutend mit „*wissenschaftlicher Pädagogik*“ oder „*Pädagogik als Wissenschaft*“.

Zum anderen kann der Begriff „*Pädagogik*“ aber auch umfassender gemeint sein, nämlich so, daß er sowohl wissenschaftliche Forschung und Theoriebildung über Erziehungsprobleme als auch die Praxis der Erziehung meint.

In der Formel „GP“ ist jedoch zweifellos vor allem die erste Bedeutungsvariante gemeint, d. h. eine bestimmte Richtung der *Pädagogik als Wissenschaft*.

Das Adjektiv „*pädagogisch*“ kann grundsätzlich den weiten, doppelten Sinn der zweiten Bedeutungsvariante von „Pädagogik“ haben. Ob es im einzelnen Falle eher auf erziehungs*praktische* oder auf erziehungs*theoretische* Probleme zielt, kann nur anhand des jeweiligen Textes ermittelt werden. Man spricht z. B. von einer „pädagogischen“ im Unterschied von einer „rein juristischen“ Untersuchung der Schule; „pädagogisch“ wird hier also auf eine wissenschaftliche Arbeit bezogen. Es wird aber z. B. auch von „pädagogischen Berufen“ gesprochen; dann denkt man offensichtlich vorwiegend an die praktischen Tätigkeiten.

„*Erziehungswissenschaft*“ bzw. „*erziehungswissenschaftlich*“ sind im Vergleich mit den Worten „Pädagogik“ bzw. „pädagogisch“ die jüngeren Begriffe. Wenn sie auch bereits vereinzelt im 19. und in der ersten Hälfte des 20. Jahrhunderts auftreten, so beginnen sie sich doch erst in den letzten 10 bis 15 Jahren in größerem Umfang in der Bundesrepublik durchzusetzen. Diese Begriffe sind eindeutig auf *wissenschaftliche* Forschung und *wissenschaftliche* Theoriebildung bezogen und entsprechen insofern der ersten Bedeutungsvariante des Begriffes „Pädagogik“.

Im vorliegenden Kurs werden immer dann, wenn aus der Sicht des Autors von der wissenschaftlichen Erforschung und Theoriebildung über Erziehungsprobleme gesprochen wird, die Begriffe „*Erziehungswissenschaft*“ bzw. „*erziehungswissenschaftlich*“ verwendet; wenn hingegen der wissenschaftliche (theoretische) und der praktische Aspekt *zugleich* gemeint sind, wird das Adjektiv „*pädagogisch*“ benutzt.

1.2 Lohnt die ausführliche Beschäftigung mit der „Geisteswissenschaftlichen Pädagogik“ heute noch? – Zur Begründung der Zielsetzungen des Kurses

Zur Aktualität der GP – Zwei Aspekte

Wenn vorher gesagt wurde, daß die GP bis etwa 1960 die in der pädagogischen Theorie einflußreichste Teilrichtung der deutschen Erziehungswissenschaft in der Bundesrepublik war, so sollte damit *nicht* gesagt sein, daß es sich um eine inzwischen abgeschlossene, von heute aus gesehen *vergangene* Phase der pädagogischen Theorieentwicklung handle. Die Darstellung der GP in diesem Kurs erfolgt vielmehr unter dem Gesichtspunkt, daß diese Richtung nach wie vor ein *aktuelles* Thema darstellt. Diese Auffassung gründet sich vor allem auf zwei Tatbestände:

Erster Tatbestand
Grundgedanken zur *Methode erziehungswissenschaftlicher Forschung und Theoriebildung* und über ihre Voraussetzungen (vgl. später vor allem die Ausführungen zur „Hermeneutik"; ...) und *inhaltliche* Kernthesen dieser pädagogischen Richtung (z. B. über die Geschichtlichkeit der Erziehungstheorie und der Erziehungspraxis, über die Bedeutung des Verhältnisses zwischen Erziehern und Kindern und jungen Menschen, über die „relative Eigenständigkeit" der pädagogischen Theorie und der pädagogischen Praxis u. ä.) bestimmen, in dieser oder jener Modifikation, noch immer das pädagogische Denken und Handeln von Erziehungstheoretikern und Erziehungspraktikern in der Gegenwart. (Nach Meinung des Verfassers wäre es ein unbegründetes Vorurteil anzunehmen, solche Auffassungen seien „natürlich" unzeitgemäß, seien „überholte Ideologie" o. ä. Ob sie das wirklich sind, wird erst gründlich zu prüfen sein!)

Das Weiterwirken methodischer und inhaltlicher Grundgedanken der GP in der Gegenwart

Zweiter Tatbestand
Alle anderen, heute in der pädagogischen bzw. erziehungswissenschaftlichen Diskussion vertretenen Richtungen haben sich in der Auseinandersetzung mit der GP herausgebildet und klären ihre eigenen Positionen in erheblichem Maße nach wie vor durch die kritische Diskussion mit ihr. Vier Grundmöglichkeiten solcher Kritik und Auseinandersetzung sollen hier angedeutet werden:

Andere erziehungswissenschaftliche Positionen „profilieren" sich in der Kritik der GP

- Einige neuere Positionen in der Erziehungswissenschaft der Bundesrepublik wenden sich vor allem gegen bestimmte *inhaltliche* Grundvoraussetzungen oder Thesen der GP. Das gilt etwa für die in den 60er Jahren aufkommende „Pädagogik der Entsprechung" von Theodor Ballauff und Klaus Schaller, die vor allem den Bildungsbegriff und den mit ihm verbundenen Begriff des „Subjekts" bzw. des „Individuums" in der GP ablehnten (vgl. zur Weiterentwicklung der „Pädagogik der Entsprechung" zu einer „Pädagogik der Kommunikation" durch Klaus Schaller den entsprechenden Teil dieses Fernstudienkurses*).

Inhaltliche Kritik

GP – „Pädagogik der Entsprechung"

- Andere Positionen halten vor allem die *methodischen* Verfahrensweisen der GP für fragwürdig oder verfehlt oder gar für unwissenschaftlich oder mindestens für ergänzungsbedürftig. Diese eben genannten Möglichkeiten kritischer Stellungnahme tauchen in verschiedenen Spielarten der *„empirischen"* (erfahrungswissenschaftlichen) Erziehungswissenschaft auf[1], die sich meistens auf die Wissenschaftstheorie des „kritischen Rationalismus"[2] beruft.

Methodische Kritik

GP – „Pädagogik des kritischen Rationalismus"

---

* Gemeint ist Kapitel 5.5, Punkt 11.

1 vgl. z. B. Brezinka, W.: Von der Pädagogik zur Erziehungswissenschaft. Weinheim 1972². – Rössner, L.: Rationalistische Pädagogik. Stuttgart 1975 – von Cube, F.: Ist parteiliche Wissenschaft noch Wissenschaft? In: aus Politik und Zeitgeschichte, Beilage zur Wochenzeitung „das Parlament", B. 35/77 (3. 9. 1977), S. 3–13, bes. S. 6–7

2 vgl. z. B. Popper, K. R.: Die Logik der Sozialwissenschaften. In: Th. W. Adorno u. a.: Der Positivismusstreit in der deutschen Soziologie. Neuwied 1972, S. 103–123. – Albert, H.: Plädoyer für kritischen Rationalismus. München 1971

Gesellschaftstheoretische Kritik

- Eine dritte Grundmöglichkeit kritischer Abgrenzung besteht darin, die *gesellschaftstheoretischen* Voraussetzungen, die *Fragestellungen* und damit wiederum, unter neuen Aspekten (– neu im Vergleich zur Kritik der Vertreter der empirischen Erziehungswissenschaft bzw. des kritischen Rationalismus –), die *Methoden* der GP als unzulänglich oder als nur begrenzt tragfähig oder aber als verfehlt zu betrachten und dieser pädagogischen Richtung Programme oder ausgeführte Entwürfe einer Erziehungswissenschaft als (gesellschaftskritischer bzw. ideologiekritischer) *Sozialwissenschaft* gegenüberzustellen.[3]

Weiterentwicklung der GP zur kritisch-konstruktiven Erziehungstheorie

- Eine vierte Möglichkeit der Auseinandersetzung mit der GP liegt in einigen jüngeren Ansätzen vor: Auch hier werden mehrere der für die vorher genannten Abgrenzungsversuche charakteristischen Kritikpunkte aufgenommen und als Mängel oder Grenzen der GP betont, z. B. das Fehlen einer methodisch abgesicherten empirischen Forschung, die unzulängliche Untersuchung des Verhältnisses von wirtschaftlichen, gesellschaftlichen und politischen Prozessen und Verhältnissen zur Erziehungspraxis und Erziehungstheorie u. ä. Jedoch besteht hier die Auffassung, daß die GP in ihren inhaltlichen Aussagen, ihren Fragestellungen und ihrem methodischen Ansatz Wahrheitsmomente enthält, die nach wie vor als gültig nachgewiesen werden können und die daher in kritisch weiterentwickelter Form in ein neues, umfassendes Konzept der Erziehungswissenschaft eingebracht werden müssen (vgl. dazu das Literaturverzeichnis zum Gesamtkurs).

Zusammenfassend können wir feststellen:
Wer sich mit erziehungswissenschaftlichen Grundpositionen der Gegenwart, aber auch, wer sich mit Teilbereichen der heutigen Erziehungswissenschaft in der Bundesrepublik (und z. T. auch in der DDR) beschäftigt – z. B. mit der Schultheorie und der Didaktik bzw. der Curriculumtheorie oder mit sozialpädagogischen Problemen wie dem Kindergarten, mit der außerschulischen Jugendarbeit oder mit der Volkshochschule –, wird immer wieder auf Aussagen und Argumentationszusammenhänge stoßen, in denen auf die GP Bezug genommen wird. Grundkenntnisse über diese pädagogische Richtung, ihren Ansatz, ihre Ausprägung in der Zeit der Weimarer Republik, einige ihrer Hauptvarianten und ihre Entwicklung nach 1945 sind also zum einen notwendig, um *jene* Richtungen der gegenwärtigen Erziehungswissenschaft verstehen zu können, die ihrem Selbstverständnis nach Alternativ- oder Gegenpositionen sind.

Noch wichtiger ist die Beschäftigung mit der GP im Hinblick auf alle *jene* erziehungswissenschaftlichen Strömungen der Gegenwart, die sich in irgendeinem Grade um kritische Fortentwicklungen der GP oder einzelner ihrer Teile (z. B. der

---

3 vgl. z. B. Wellendorf, Fr.: Ansätze zur erziehungswissenschaftlichen Theoriebildung in der BRD. In: Goldschmidt, D. u. a.: Erziehungswissenschaft als Gesellschaftswissenschaft. Heidelberg 1969, S. 68–110, bes. S. 82–97. – Gamm, H.-J.: Das Ende der spätbürgerlichen Pädagogik. München 1972. – Gröll, J.: Erziehung im gesellschaftlichen Reproduktionsprozeß. Vorüberlegungen zur Erziehungstheorie in praktischer Absicht. Frankfurt/M. 1975

„geisteswissenschaftlichen Didaktik") bemühen und die solche Weiterentwicklungen in neue, umfassende Konzeptionen der Erziehungswissenschaft einzubringen versuchen. Solche Vorschläge sind in der Literatur unter Begriffen wie „Kritische Erziehungswissenschaft", „Emanzipatorische Erziehungswissenschaft", „Kritisch-konstruktive Erziehungswissenschaft" skizziert worden. Es ist natürlich kein Zufall, daß solche Ansätze vor allem von Erziehungswissenschaftlern vertreten werden, die aus der GP hervorgegangen sind, z. B. von Klaus Mollenhauer, Herwig Blankertz und dem Verfasser dieses Kurses.[4]

▸ **Anmerkung zu den Begriffen „kritisch" und „emanzipatorisch" im Zusammenhang der jüngeren Erziehungswissenschaft**
Auch diese Begriffe werden in der gegenwärtigen Diskussion nicht einheitlich verwendet. Sie werden sowohl von Vertretern solcher Positionen, die den Ansatz der GP für prinzipiell verfehlt oder überholt halten, darunter einigen sich als marxistisch verstehenden Autoren, als Kennzeichnung ihres eigenen erziehungswissenschaftlichen Ansatzes gebraucht, als auch von den oben genannten Erziehungswissenschaftlern, die sich um eine reflektierte Integration von Momenten der GP in neue Konzeptionen bemühen; aber auch Klaus Schaller bezeichnet die von ihm vertretene „Pädagogik der Kommunikation" als „kritische Erziehungswissenschaft" (vgl. Schaller, K.: Einführung in die kritische Erziehungswissenschaft. Darmstadt 1974).

Literaturverzeichnis zum Gesamtkurs*

Es ist schwierig, einführende Literatur zum Thema zu nennen: Weder haben Vertreter der GP selbst noch andere Autoren bisher eine Gesamtdarstellung oder eine Einführung in der GP vorgelegt. Am ehesten dürften z. Zt. Kapitel aus folgenden Büchern zum Zwecke einer Hinführung zum Thema und als Überblick geeignet sein:

Wulf, Chr.: Theorien und Konzepte der Erziehungswissenschaft. München 1977. 2. Kapitel: Die geisteswissenschaftliche Pädagogik, S. 15–59

Blankertz, H.: Die Geschichte der Pädagogik. Wetzlar 1982. Kapitel IV: Von Weimar nach Bonn, Hauptabschnitt: Wissenschaftliche Pädagogik, S. 258–304

4 Blankertz, H.: Pädagogik unter wissenschaftstheoretischer Kritik. In: Erziehungswissenschaft 1971 zwischen Herkunft und Zukunft der Gesellschaft, hrsg. von S. Oppolzer. Ratingen 1971, S. 20–33. – Ders.: Theorien und Modelle der Didaktik. München 1975[9]. – Mollenhauer, K.: Pädagogik und Rationalität. In: Mollenhauer, K.: Erziehung und Emanzipation. München 1968, S. 55–74. – Klafki, W.: Erziehungswissenschaft als kritisch-konstruktive Theorie. In: Klafki, W.: Aspekte kritisch-konstruktiver Erziehungswissenschaft. Weinheim 1976, S. 13–49

* Spezielle Literatur zu den einzelnen Kapiteln wird in den jeweiligen Kurseinheiten genannt.

Knapper und auf wenige Autoren (Nohl, Weniger, Flitner) beschränkt, fällt das entsprechende Kapitel in folgendem Buch aus:

Benner, D.: Hauptströmungen der Erziehungswissenschaft. Eine Systematik traditioneller und moderner Theorien. 2. erw. Aufl. München 1978. Kapitel C: Geisteswissenschaftliche Pädagogik, S. 203–230

Dilthey, Nohl, Litt, Spranger und Flitner werden im folgenden Werk in Einzelbeiträgen behandelt.

Scheuerl, H.: Klassiker der Pädagogik, Bd. II, München 1979

Als Einführung in Teilaspekte der GP sind die entsprechenden Abschnitte im Funkkolleg Erziehungswissenschaft geeignet:

Klafki, W./Rückriem, G. M./Wolf, W./Freudenstein, R./Beckmann, H.-K./Lingelbach, K.-Chr./Iben, G./Diedrich, J.: Erziehungswissenschaft. 3 Bände. Frankfurt/M. 1970/71 (und später). Vgl. das Stichwort „Geisteswissenschaftliche Pädagogik" im Gesamtregister zu allen drei Bänden. 3. Band, S. 337, 3. Spalte

Der Nachteil ist hier, daß die einzelnen Aussagen zur GP auf verschiedene systematische Kapitel verteilt sind.

Da Gesamtdarstellungen von seiten der GP fehlen und viele grundsätzliche und vor allem umfassendere Texte dieser erziehungswissenschaftlichen Richtung für den Anfänger schwer verständlich sein dürften, ist es zweckmäßig, sich in die GP anhand einiger kürzerer Beiträge zu bestimmten pädagogischen Problemen einzulesen. Dazu kann die Lektüre zweier oder mehrerer der im folgenden genannten Aufsätze von Vertretern der GP verhelfen:

Flitner, W.: Die Geisteswissenschaften und die pädagogische Aufgabe sowie: Stellung und Methode der Erziehungswissenschaft und Erziehungswirklichkeit. Röhrs, H. (Hrsg.), Frankfurt/M. 1964, S. 85–91 und S. 137–144

Litt, Th.: Die Bedeutung der pädagogischen Theorie für die Ausbildung des Lehrers (1947). In Litt, Th.: Führen oder Wachsenlassen. 13. Aufl. Stuttgart 1967, S. 110–126

Nohl, H.: Die Einheit der pädagogischen Bewegung (1926). In: Nohl, H.: Pädagogik aus dreißig Jahren. Frankfurt/M. 1949, S. 21–27

Spranger, E.: Die Bedeutung der wissenschaftlichen Pädagogik für das Volksleben. (1920) Jetzt in: Erziehungswissenschaft und Erziehungswirklichkeit. Röhrs, H. (Hrsg.), a. a. O., S. 9–23

Weniger, E.: Theorie und Praxis in der Erziehung (1929). In: Die Eigenständigkeit der Erziehung in Theorie und Praxis. Weinheim 1957, S. 7–22 oder in: Weniger, E.: Ausgewählte Schriften zur geisteswissenschaftlichen Pädagogik. Weinheim 1975, S. 29–44

Weniger, E.: Neue Erziehung und philosophische Bewegung in Deutschland (1929), a. a. O., S. 53–58 bzw. S. 45–50

Weniger, E.: Zur Geistesgeschichte und Soziologie der pädagogischen Fragestellung (1936). In: Weniger, E., Ausgewählte Schriften, a. a. O., S. 107–123

Spezielle Literatur zu den einzelnen Kapiteln wird in den Studieneinheiten 1–4 genannt.

Weiterführende Originalliteratur

Im Zeitraum zwischen 1929 und 1933 erschien das von H. Nohl und L. Pallat herausgegebene „Handbuch der Pädagogik" in fünf Bänden (Langensalza). In diesem Handbuch wurde der Versuch gemacht, die Ergebnisse der pädagogischen. Reformbewegung des ersten Jahrhundertdrittels, die eine entscheidende Quelle der GP war, und die bis dahin vorliegenden Resultate der Forschungs- und Theoriebildungsarbeit der GP vorläufig zusammenzufassen. Die von Nohl, Weniger und Flitner geschriebenen Teile dieses Handbuches sind später – z. T. überarbeitet und verändert – als selbständige Schriften erschienen; sie zählen seither zu den zentralen Werken der GP.

Band I des Handbuches (1933) behandelt „Die Theorie und die Entwicklung des Bildungswesens" (darin Nohls Erstfassung seiner „Theorie der Bildung")

Band II (1929): „Die biologischen, psychologischen und soziologischen Grundlagen der Pädagogik"

Band III (1930): „Allgemeine Didaktik und Erziehungslehre" (darin Wenigers Erstfassung seiner „Theorie der Bildungsinhalte und des Lehrplans" und Flitners „Theorie des pädagogischen Weges und Methodenlehre")

Band IV (1928): „Die Theorie der Schule und des Schulaufbaus"

Band V (1929): „Sozialpädagogik"

Ein Ergänzungsband (1933) enthält das Namen- und Sachregister zum Gesamtwerk.

Die erweiterte Fassung der Abhandlung Nohls aus dem „Handbuch der Pädagogik". Band I erschien 1949 in dritter Auflage unter dem Titel „Die pädagogische Bewegung in Deutschland und ihre Theorie" (240 S.). Auf dieses Werk wird später in diesem Kurs mehrfach Bezug genommen. Das gilt auch für die folgenden, als „weiterführend" anzusprechenden Grundtexte der GP:

Flitner, W.: Das Selbstverständnis der Erziehungswissenschaft in der Gegenwart. 2. Aufl., Heidelberg 1958 (42 S.)

Flitner, W.: Allgemeine Pädagogik (umgearbeiteter und erweiterter Text der Erstfassung „Systematische Pädagogik“, 1933), 13. Aufl. Stuttgart 1970 (178 S.)
Litt, Th.: Das Wesen des pädagogischen Denkens (ursprünglich 1921), jetzt im Anhang von Litt, Th.: Führen oder Wachsenlassen, 13. Aufl. Stuttgart 1967, S. 83–109

Inhaltsverzeichnis zur ersten Kurseinheit

Literaturverzeichnis

Zu den Kapiteln 2, 3 und 4

Wulf, Chr: Theorien und Konzepte der Erziehungswissenschaft. München 1977. insbes: 2. Kapitel: „Die geisteswissenschaftliche Pädagogik“, S. 15–59

Die im folgenden genannten Bücher und Aufsätze zur Biographie bzw. die Selbstbiographien stellen die Lebensgeschichten des betreffenden Pädagogen immer in größere geistes- und sozialgeschichtliche Zusammenhänge und in den Rahmen der Entwicklung der pädagogischen Theorie und des Erziehungswesens:

Blochmann, E.: Herman Nohl in der pädagogischen Bewegung seiner Zeit (1979–1960). Göttingen 1969

Bollnow, O. F.: Selbstdarstellung. In: Pädagogik in Selbstdarstellungen. Band I, L. J. Pongratz (Hrsg.), Hamburg 1976, S. 95–144

Flitner, W.: Selbstdarstellung. In: Pädagogik in Selbstdarstellungen. Band I, a. a. O., S. 146–197

Flitner, W.: Erinnerungen 1889–1945. Paderborn 1986

Lichtenstein, E.: Die letzte Vorkriegsgeneration in Deutschland und die hermeneutisch-pragmatische Pädagogik. ZfP (= Zeitschrift für Pädagogik), 5. Beiheft 1964, S. 5–33

Schwenk, B.: Erich Weniger, Leben und Werk. In: Geisteswissenschaftliche Pädagogik am Ausgang ihrer Epoche – Erich Weniger. Dahmer, I./Klafki, W. (Hrsg.), Weinheim 1968, S. 1–33

Spranger, E.: Kurze Selbstdarstellung. In: Eduard Spranger – sein Werk und sein Leben. Bahr, H. W./Wenke, H. (Hrsg.), Heidelberg 1964, S. 13–25

Spranger, E.: Fünf Jugendgenerationen 1900–1949. In: ders.: Pädagogische Perspektiven. 3. Aufl. Heidelberg 1955, S. 25–57

Spranger, E.: Ernst Troeltsch über Universitätspädagogik. In: Erkenntnis und Verantwortung. Festschrift für Theodor Litt. Derbolav, J./Nicolin, F. (Hrsg.), Düsseldorf 1960, S. 451–463

Klafki, W.: Die Pädagogik Theodor Litts. Kronberg 1982, I. Kapitel: Biographie und Werkgeschichte, S. 7–50 Klassiker der Pädagogik. Hrsg. v. H. Scheuerl. Band II. München 1979. Artikel über Nohl (G. Geissler), Litt (W. Klafki), Spranger (M. Löffelholz) und Flitner (H. Scheuerl)

Zur Einordnung der Gründergeneration der GP in größere politik-, sozial- und geistesgeschichtliche Zusammenhänge:

Beiträge aus: Wehler, H.-U. (Hrsg.): Moderne deutsche Sozialgeschichte. 3. Aufl., Köln 1973

Born, K. E.: Der soziale und wirtschaftliche Strukturwandel Deutschlands am Ende des 19. Jahrhunderts. a. a. O., S. 271–286

Sauer, W.: Das Problem des deutschen Nationalstaates. a. a. O., S. 407–436, bes. S. 423–436

Zorn, W.: Wirtschafts- und sozialgeschichtliche Zusammenhänge der deutschen Reichsgründungszeit 1850–1979. a. a. O., S. 254–270

Vondung, K. (Hrsg.): Das wilhelminische Bildungsbürgertum. Zur Sozialgeschichte seiner Ideen. Göttingen 1976

Des weiteren:

Mann, G.: Geschichte des 19. und 20. Jahrhunderts. Frankfurt/M. 1958:
- 7. Kapitel (Im neuen Reich 1871–1888; S. 389–472)
- 8. Kapitel (Kaiserzeit 1888–1914; S. 473–558)
- 9. Kapitel (Krieg 1914–1918; S. 559–649)
- 10. Kapitel (Weimar; S. 650–790)

Plessner, H.: Die verspätete Nation. Stuttgart 1959

Wehler, H.-U.: Das deutsche Kaiserreich 1871–1918. Göttingen 1973

Stürmer, M. (Hrsg.): Das kaiserliche Deutschland. Politik und Gesellschaft 1870–1918. Kronberg/Ts. 1977

Ringer, F. K.: Die Gelehrten. Der Niedergang der deutschen Mandarine 1890–1933. Stuttgart 1983

Zum 5. Kapitel

Einführende Werke:

Dilthey, W.: Die Philosophie des Lebens. Eine Auswahl aus seinen Schriften. besorgt von H. Nohl. Frankfurt/M. 1946, (100 S.)

Misch, G.: Vom Lebens- und Gedankenkreis Wilhelm Diltheys. Frankfurt/M. 1947 (56 S.)

Misch war Schüler und Mitarbeiter Diltheys und seit 1916 bis zur Emigration 1939 Professor der Philosophie in Göttingen.

Weiterführende Literatur

Dilthey, W.: Schriften zur Pädagogik. Besorgt von H. H. Groothoff und U. Herrmann. Paderborn 1971 (Hervorragend kommentierte, derzeit beste Ausgabe der pädagogischen Schriften Diltheys.)

Bollnow, O. F.: Dilthey. Eine Einführung in seine Philosophie. 3. Aufl. Stuttgart 1967

Dilthey, W.: Gesammelte Schriften. Band V: Die geistige Welt. Einleitung in die Philosophie des Lebens. Darin: Das Wesen der Philosophie (1907), S. 339–416

Diwald, H.: Wilhelm Dilthey. Erkenntnistheorie und Philosophie der Geschichte. Göttingen 1963

Zur Pädagogik Diltheys

Groothoff, H.-H.: Wilhelm Dilthey – Zur Erneuerung der Theorie der Bildung und des Bildungswesens. Hannover 1981

Herrmann, U.: Die Pädagogik Wilhelm Diltheys. Ihr wissenschaftstheoretischer Ansatz in Diltheys Theorie der Geisteswissenschaften. Göttingen 1971

Weitere Literaturhinweise finden sich im Text der vorliegenden Kurseinheit.

Glossar

Es werden nur solche Begriffe aufgeführt, die im Text des Studienbriefes nicht eingehender erläutert werden konnten.

Chauvinismus, chauvinistisch
nationaler Fanatismus, der auch die Unterdrückung fremder Völker nicht scheut (nach der Figur des Soldaten Chauvin in einem französischen Lustspiel von Th. und E. Cogniard, 1831)

Emanzipation (emanzipatorisch)
heute zentrale Begriffe solcher sozialwissenschaftlicher bzw. erziehungswissenschaftlicher Richtungen, die ein gesellschaftlich-fortschrittliches Erkenntnisinteresse verfolgen. In der römischen Antike bedeutete „emancipatio" die Entlassung des Sohnes aus der väterlichen Gewalt; es handelte sich also primär um einen juristischen Begriff. Seit dem 19. Jahrhundert erhält der Begriff in zunehmendem Maße eine gesellschaftlich-politische Bedeutung, und zwar im Zusammenhang mit der Aufhebung der Negersklaverei in Nordamerika, dem Kampf um rechtliche, gesellschaftliche und politische Gleichstellung der Juden in Europa, im Hinblick auf die Frauenbewegung und insbesondere in der Arbeiterbewegung und der sozialpolitischen Theorie (u.a. des Marxismus). Emanzipation meint seither die gewährte oder erkämpfte bzw. zu erkämpfende Befreiung von Menschengruppen aus der Abhängigkeit, der Unfreiheit, der Unterprivilegierung gegenüber anderen gesellschaftlichen Gruppen oder Institutionen, also das Streben nach Gleichberechtigung, gleichen Teilhabe- und Mitbestimmungsmöglichkeiten wirtschaftlicher, gesellschaftlicher, politischer, kultureller Art.

Im pädagogischen Zusammenhang meint „Emanzipation" bzw. „emanzipatorisch" die Orientierung pädagogischer Bemühungen – der Zielsetzungen, der inhaltlichen Auswahl, der Organisation der pädagogischen Institutionen, der Erziehungsverfahren usw. – am Ziel, Kinder und Jugendliche bzw. Erwachsene schrittweise zur Selbst- und Mitbestimmung und damit zum Einsatz gegen unbegründbare Einschränkungen von Selbst- und Mitbestimmung zu befähigen.

(vgl. Fischer, K.-G.: Artikel „Emanzipation" im Wörterbuch der Erziehung, hrsg. von Wulf, Chr., 2. Aufl., München 1976, S. 156–160; dort weitere Literaturangaben)

Emeritierung
Freistellung eines Hochschullehrers von seinen Lehrverpflichtungen an der Hochschule nach Erreichen der Altersgrenze (gewöhnlich 65. bzw. 67. Lebensjahr). Der „Emeritus" bzw. die „Emerita" behalten aber weiterhin das Recht, Lehrveranstaltungen an der betreffenden Hochschule abzuhalten, und es wird im allgemeinen erwartet, daß er bzw. sie weiter in der Forschung tätig bleibt. Daher war Emeritierung (im Unterschied zu der Pensionierung bei anderen Beamtenberufen) bisher nicht mit einer Verminderung des Gehaltes verbunden.

Existenzphilosophie (existenzphilosophisch)
eine auf den dänischen Theologen Søren Kierkegaard (1813–1855) zurückgehende, in den 20er Jahren unseres Jahrhunderts insbesondere von Karl Jaspers und Martin Heidegger entwickelte, aber bis heute hin z. B. auch in Frankreich (J. P. Sartre, A. Camus, G. Marcel) vertretene und in verschiedenen Spielarten auftretende Richtung der Philosophie. Sie sieht den Kern des philosophischen Denkens in der Reflexion auf Grund- und Grenzerfahrungen des menschlichen Lebens (Angst, Sorge, Not, Schuld usw.) und damit in der „Existenzerhellung", die dem einzelnen die Notwendigkeit verdeutlicht, „er selbst zu sein", Entscheidungen treffen, handeln zu müssen und für solche Entscheidungen einzustehen („Eigentlichkeit"). Existenzphilosophie fragt: Durch welche Bestimmungen muß das menschliche Sein, menschliche Existenz (im Unterschied vom tierischen Dasein) gekennzeichnet werden, damit Phänomene wie „Sorge", „Schuld", „Entscheidung", aber auch „Sprache", „technische Bewältigung der Realität" verstanden werden können? (Heidegger: Fundamentalontologie, d. h. grundlegende Theorie der menschlichen Existenzweise) Es werden Bestimmungen wie „Endlichkeit", „Zeitlichkeit", „Geschichtlichkeit", „Geworfen-Sein", „Sich-immer-schon-Voraussein" u. ä. entwickelt. Die Existenzphilosophie hat Teile der Pädagogik in der Bundesrepublik vor allem in der zweiten Hälfte der 50er Jahre beeinflußt. Von bleibender Bedeutung dürfte der aus dieser Phase stammende Versuch O. F. Bollnows sein, die Bedeutung der „unstetigen Formen der Erziehung" (Krise, Erweckung, Wagnis, Scheitern u. ä.) herauszuarbeiten (vgl. Bollnow, O. F.: Existenzphilosophie und Pädagogik. Stuttgart 1959).

Deutscher Idealismus
meist als zusammenfassende Bezeichnung für die Entwicklung der Philosophie von Kant (1724–1804) über Fichte (1762–1814) und Schelling (1775–1854) zu Hegel (1770–1831) und für künstlerische, weltanschauliche und pädagogische Positionen, die mit jenen philosophischen Ansätzen verwandt oder erheblich von ihnen beeinflußt waren (Schiller, Schleiermacher, W. v. Humboldt u. a.), verwendet (z. T. wird nur die nachkantische Philosophieentwicklung bis zu Hegel als „deutscher Idealismus" bezeichnet). – Im einzelnen zeigen die verschiedenen Vertreter und „Schulen" des deutschen Idealismus große Unterschiede. Als gemeinsamer Kerngedanke kann im vorliegenden Zusammenhang die Auffassung gelten, daß der Mensch seiner Möglichkeit und seiner Bestimmung nach als freies Vernunftwesen, als sich selbst bestimmendes Ich (oder Person) verstanden werden und sich selbst verstehen müsse und daß das Zentrum des Ich, der Person, nämlich der „Geist" (meist synonym für „Vernunft") eigenen „Gesetzmäßigkeiten" folgt bzw. in der Lage und dazu „bestimmt" ist, nur solchen „Gesetzmäßigkeiten" – Prinzipien, Ideen – zu folgen, die er selbst hervorgebracht hat bzw. die er als vernunftgemäß einzusehen vermag. Insofern wird z. B. Erkenntnis nicht als Abspiegelung einer „an sich" strukturierten Objektwelt, sondern als produktive geistige Leistung verstanden, die ohne apriorische (d. h. nicht aus der Erfahrung stammende, sondern Erfahrung überhaupt erst ermöglichende) Katego-

rien der menschlichen Vernunft gar nicht zustande käme (vgl. das Glossar-Stichwort „transzendental"), Kunst als eigengesetzliche Gestaltungsleistung des symbolschaffenden, sinnstiftenden menschlichen Geistes, moralisches Handeln als Selbstbestimmung nach Ideen und Prinzipien der „praktischen Vernunft", die Menschheitsgeschichte als sei es mindestens möglicher Fortschritt zur Freiheit.

Hermeneutik (hermeneutisch)

die wissenschaftliche Theorie von der Auslegung, der Interpretation von bedeutungs- bzw. sinnhaltigen menschlichen „Äußerungen", seien das nun „Vergegenständlichungen" („Objektivationen": Texte dichterischer, religiöser, politischer, juristischer, wissenschaftlicher Art usw.; Bilder; Schriftsysteme; Bauten; Plastiken; Symbole usw.) oder aktuelle Vollzugsformen wie die lebendige Sprache, das Praktizieren von Sitten und Gebräuchen, Interaktions- und Kommunikationsformen des menschlichen Alltagshandelns usw. – Ursprünglich im Bereich der Theologie angesichts des Problems der Bibelauslegung entstanden, entwickelte sich die Hermeneutik im Laufe des 19. Jahrhunderts der Zielsetzung nach zur allgemeinen (Wissenschafts-)Theorie der Wissenschaften von der menschlich-geschichtlichen Welt (Geistes- und Sozialwissenschaften; vgl. die Kapitel über Dilthey in diesem Kurs). Der Akzent konnte dabei entweder mehr auf die Entwicklung der hermeneutischen Verfahren (Methoden), die bei den Interpretationen zu befolgenden Regeln und Grundsätze gelegt werden oder mehr auf die Reflexion über die Bedingungen der Möglichkeit von Sinnverstehen.

Sofern man menschliche Existenz generell als einen Prozeß der Entwicklung, der Tradierung und der Veränderung von Auslegungen des Verhältnisses von „Mensch" und „Welt", von Sinngebungen des menschlichen Lebens betrachtet, kann Hermeneutik als Grundlagendisziplin der Philosophie überhaupt verstanden werden (Gadamer) (vgl. einführend und im Hinblick auf die Erziehungswissenschaft: Klafki, W.: Hermeneutische Verfahren in der Erziehungswissenschaft, in: Klafki, W. u. a.: Erziehungswissenschaft, Bd. 3 (Funkkolleg), Frankfurt/M. 1971 und später, S. 126 ff.).

Ideologie – Ideologiekritik

Das Wort „Ideologie" wird in zahlreichen Bedeutungsvarianten gebraucht. Im vorliegenden Zusammenhang ist immer die engere Bedeutung des Begriffs gemeint. I. wird verstanden als erweisbar falsches Bewußtsein über geschichtlich-gesellschaftliche Wirklichkeit, z. B. die Meinung, das dreigliedrige Schulsystem biete jedem jungen Menschen die gleichen Bildungschancen, Mädchen seien „von Natur aus" weniger als Jungen für Politik „begabt" usw. Ideologien entstehen unter dem Einfluß bestimmter ökonomisch-gesellschaftlicher Verhältnisse, und zwar – sofern es keine entgegenwirkende Aufklärung gibt – „notwendig". Die „Falschheit" ideologischen Bewußtseins beruht also nicht auf individuellen Irrtümern, sondern wird durch bestimmte gesellschaftliche Bedingungen hervorgerufen. Solche „Falschheit" kann darauf beruhen, daß eine einstmals zutreffende Auffassung über die gesellschaftliche Wirklichkeit festgehalten wird, obwohl sich die gesellschaftlichen Verhältnisse längst geändert haben. – Ideologien sichern und rechtfertigen (scheinbar) bestehende gesellschaftliche Machtverhältnisse, sie entsprechen bestimmten Interessen gesellschaftlich mächtiger bzw. privilegierter Gruppen, können aber auch von denen für vermeintlich wahr gehalten werden, die durch die betreffenden Verhältnisse benachteiligt oder unterdrückt werden; insofern sind Ideologien „entfremdetes Bewußtsein".

Ideologiekritik ist dementsprechend die Aufdeckung der Falschheit ideologischen Bewußtseins und seiner Entstehungsbedingungen. (vgl. Klafki, W.: Ideologiekritik und Erziehungswissenschaft, in: Klafki, W.: Aspekte kritisch-konstruktiver Erziehungswissenschaft, Weinheim 1976, S. 50–55. – Ders.: Ideologiekritik, in: Methoden erziehungswissenschaftlicher Forschung, hrsg. von E. Roth, Stuttgart 1977; dort weitere Literatur)

kognitiv
auf Erkenntnis bzw. die menschlichen Erkenntnismöglichkeiten bezogen (cognoscere = lateinisch: erkennen)

Kritischer Rationalismus
eine Richtung der Wissenschaftstheorie und darüber hinaus eine allgemein-philosophische Position, die z. T. auch Neopositivismus genannt wird und die vor allem von dem Wiener Philosophen Karl Raimund Popper (geb. 1902), der seit 1935 vor allem im englischen Sprachraum, insbesondere an der Londoner Universität, lehrte, begründet wurde. Ihr namhaftester Vertreter in der Bundesrepublik ist heute der Mannheimer Wissenschaftstheoretiker Hans Albert. – Der kritische Rationalismus versteht sich als Überwindung des älteren wissenschafts- und erkenntnistheoretischen Positivismus, der davon ausging, daß das menschliche Erkenntnisbemühen in einer „unvoreingenommenen" Wahrnehmung, in primären Sinnesdaten, einen sicheren Ausgangspunkt haben, von dem aus man induktiv (vom Einzelnen zum Allgemeinen fortschreitend) zu generell gültigen Aussagen kommen könne. Die „rationale Methode" der Erkenntnis im Sinne des kritischen Rationalismus besteht dagegen – hier nimmt er Grundgedanken der Erkenntnistheorie Kants in modifizierter Form auf – darin, daß der Mensch theoretische Annahmen über Wirklichkeit, Hypothesen (gleichsam „theoretische Netze") entwirft, die er dann durch empirische Forschung überprüft. Da nie alle unter eine Hypothese fallenden Sachverhalte tatsächlich überprüft werden können, ist eine Bestätigung (Verifikation) einer Hypothese im strengen Sinne des Wortes nie möglich. Deshalb versteht der kritische Rationalismus empirische Überprüfung einer Hypothese oder eines Gefüges hypothetischer Aussagen (einer „Theorie") nicht als Verifikation, sondern als Falsifikation, d. h. als Versuch einer Widerlegung der betreffenden Hypothese(n). Eine Hypothese bzw. eine Theorie gilt solange als akzeptabel, wie sie nicht falsifiziert ist. – Was als empirisches Faktum (z. B. welche Art von Beobachtungsdaten oder experimentellen Befunden) zur möglichen Falsifikation einer Hypothese betrachtet wird, ist Gegenstand

ständig neu herzustellender, intersubjektiver Übereinkunft durch rationale Diskussion in der jeweiligen Forschergemeinschaft (z. B. der Physiker, der Historiker, der Wirtschaftswissenschaftler usw.). – Abgesehen von der grundsätzlichen Wertvoraussetzung, daß rationale Erkenntnis der Wirklichkeit (im oben skizzierten Sinne) wünschenswert ist, hält der kritische Rationalismus intersubjektive, *„wertfreie Erkenntnis“* (als unabschließbaren Prozeß) für möglich; sie ist die zentrale Aufgabe der Wissenschaft. Aus der Wissenschaft müssen jedoch alle wertenden Aussagen ausgeschlossen werden. Wissenschaftlich diskutierbar ist nur, was prinzipiell falsifizierbar ist (Abgrenzungskriterium). Falsifizierbar sind aber nur Aussagen über Wirklichkeit, nicht Wertungen. – Alle skizzierten Grundannahmen gelten nach Auffassung des kritischen Rationalismus für *alle* Wissenschaften, also für Naturwissenschaften ebenso wie für Geistes- und Sozialwissenschaften. Sehr viele Naturwissenschaftler, aber auch Geistes- und Sozialwissenschaftler in der Bundesrepublik verstehen ihre wissenschaftliche Arbeit heute – ausdrücklich oder der Sache nach – im Sinne der Wissenschaftsauffassung des kritischen Rationalismus. In der Erziehungswissenschaft vertreten Wolfgang Brezinka, Lutz Rossner, Felix von Cube, Joseph Klauer u. a. diese Position (vgl. den Artikel „Positivismus – kritischer Rationalismus“ von H. Albert im Wörterbuch der Erziehung, hrsg. von Wulf, Chr., 2. Aufl., München 1976, S. 466–470; dort weitere Literaturangaben).

national-konservativ
seit dem Ende des 19. Jahrhunderts und in der Weimarer Zeit eine politische Einstellung, die die Betonung der Einheit des Deutschen Reiches, den Stolz auf die eigene Geschichte und die Leistungen deutscher Kultur mit dem Interesse daran verbindet, die überkommenen gesellschaftlich-innenpolitischen Machtverhältnisse, die soziale Schichtung, das im 19. Jahrhundert entwickelte Bildungssystem usw. zu erhalten. (conservare = lat.: bewahren, erhalten)

national-liberal
seit dem zweiten Drittel des 19. Jahrhunderts Bezeichnung einer politischen Einstellung, die die Forderung bzw. Bejahung der nationalen Einheit und der deutschen Kulturentwicklung mit der Forderung nach Spielräumen für die Initiativen einzelner in Wirtschaft, Weltanschauung, Kultur und Gesellschaft verbindet und daher gegen staatliche, kirchliche o. a. Einschränkungen von Freiheitsrechten eintritt (Pressefreiheit, Glaubensfreiheit, Wissenschaftsfreiheit, Versammlungsfreiheit, wirtschaftliche Handlungsfreiheit usw.; liber = lat.: frei). Da liberale Positionen in diesem Sinne voraussetzen, daß die Erweiterung und die rechtliche Absicherung von Freiräumen jedem einzelnen zugute kommt, da also innerhalb dieser Position nicht gefragt wird, ob bestimmte ökonomische und gesellschaftliche Rahmenbedingungen, die sich geschichtlich entwickelt haben, ggf. so geartet sind, daß jene erstrebten Freiheiten vorwiegend den Angehörigen bestimmter gesellschaftlicher Gruppen zugute kommen und von ihnen genutzt werden können, von großen anderen, ökonomisch und da-

mit auch gesellschaftlich abhängigen Gruppen, insbesondere der Arbeiterschaft, aber nicht, weil erst eine Änderung ihrer ökonomisch-sozialen Lage ihnen die reale Wahrnehmung solcher Freiheiten erlauben würde, deshalb wenden sich liberale Bestrebungen damals (und weitgehend auch noch heute) entschieden gegen Forderungen, die auf eine politische, ggf. durch den Staat zu organisierende Umwandlung der gesellschaftlichen Verhältnisse im Sinne des Gleichheitsprinzips abzielen.

Neuhumanismus (einschließlich Neuhumanistisches Gymnasium)
Bezeichnung für eine etwa seit der Mitte des 18. Jahrhunderts bis 1820/30 sich entwickelnde und dann bis in das 20. Jahrhundert weiterwirkende geistige Strömung, die seit etwa 1770 vielfach in enge Beziehung zur literarisch-wissenschaftlichphilosophischen und weltanschaulichen Bewegung vom Sturm und Drang zur Deutschen Klassik trat (z. B. bei Herder, Schiller, Goethe, Hölderlin). Der Neuhumanismus entwickelte sich zunächst innerhalb der klassischen Altertumswissenschaften (J. J. Winkelmann, J. M. Gesner, A. Ernesti, Chr. G. Heyne, Fr. A. Wolf), und zwar als Wiederentdeckung der griechischen Antike, die nun als vorbildhaftes Modell der Ausbildung einer Kultur und einer in sich geschlossenen Form der Selbstgestaltung und Selbstdarstellung des Menschen gedeutet wurde. Durch die Vorrangstellung der griechischen Antike und die Verbindung mit Bemühungen um die am griechischen Vorbild zu orientierende Entwicklung einer deutschen Nationalkultur unterscheidet sich der Neuhumanismus – der Begriff ist erst von Fr. Paulsen in seiner „Geschichte des gelehrten Unterrichts" (erste Aufl. 1885) geprägt worden – vom sog. „alten Humanismus" des 15./16. Jahrhunderts (als einer vor allem um eine Neuinterpretation der römischen Antike konzentrierte, eine Synthese so verstandener Humanität mit dem Christentum anstrebenden Gelehrtenbewegung). – Im Neuhumanismus wird die Leitvorstellung des in der Auseinandersetzung vor allem mit den Schöpfungen der griechischen Antike allseitig und harmonisch gebildeten, weltoffenen, vor allem aber in sich selbst gegründeten und um die Ausbildung einer kultivierten „Innerlichkeit" bemühten Menschen („Individualität") entwickelt, das sog. „neuhumanistische Bildungsideal".

Im Bildungswesen ist der Neuhumanismus zunächst vor allem durch das Wirken Wilhelm von Humboldts, der 1809/10 Leiter der Sektion des Kultus und des Unterrichts im preußischen Innenministerium (die Sektion ist die Vorläuferin des späteren Kultusministeriums) war, und durch gleichgesinnte Mitarbeiter (Süvern u. a.) wirksam geworden: zum einen durch die Gründung der Universität Berlin (1810), die zum ersten Mal der Philosophischen Fakultät als Ort wissenschaftlicher, philosophisch reflektierter Bildung die Zentralstellung in der Universität zusprach und damit zum Modell der Universitätsentwicklung des 19. Jahrhunderts wurde; zum anderen durch die Begründung des sog. „Neuhumanistischen Gymnasiums" mit der Zentralstellung der alten Sprachen (später meist abkürzend „Humanistisches Gymnasium" genannt). Allerdings sind Humboldts Leitvorstellungen, die keineswegs auf einen extremen Vorrang der antiken Sprachen, vor allem nicht des Lateinischen, sondern auf ein ausgewogenes Verhältnis von Sprachbildung (alte, neue Fremdsprachen und Deutsch), Mathematik und Realien abzielten, mit liberalen und republikanischen politischen Ideen verbunden waren und das Gymnasium in den Zusammenhang der Neuordnung eines horizontal gestuften, nationalen Bildungswesens einordneten, nie realisiert worden. Die seit der Restaurationszeit (ab 1815) beobachtbare Entwicklung des „Humanistischen Gymnasiums" (Lehrplan mit einseitiger Betonung vor allem des Lateinischen, daneben des Griechischen) als vermeintlich unpolitischer, in Wahrheit politisch-konservativer Schule des gehobenen Bürgertums bzw. des Intellektuellen- und Beamtennachwuchses für einen monarchischen Obrigkeitsstaat mit scharfer, nicht zuletzt sozialer Abgrenzung gegenüber Realschule und Volksschule, entsprach nicht den Bildungsvorstellungen Humboldts (vgl. Blankertz, H.: Humanität – Humanismus – Neuhumanismus, Artikel in: Wulf, Chr. (Hrsg.): Wörterbuch der Erziehung, 2. Aufl., München 1976, S. 297–301; dort weitere Literaturhinweise).

Phänomenologie (phänomenologisch)

Der Begriff „Phänomenologie" läßt sich besonders schwer in Kürze erläutern, weil er in der allgemeinen Philosophie und in der Wissenschaftstheorie in sehr unterschiedlichen Bedeutungen verwendet wird. Sieht man von der Verwendung im Titel von Hegels „Phänomenologie des Geistes" ab, so bezeichnet „Phänomenologie" einen von Edmund Husserl (1859–1938) begründeten philosophischen Ansatz, der sich zunächst an der Devise „Zu den Sachen selbst" orientierte und „Phänomene" unvoreingenommen zu beschreiben versuchte, also nicht bereits unter dem Gesichtspunkt bestimmter Theorien, Voraannahmen experimenteller Anordnungen. Dabei wurden als „Phänomene" von Anfang an nicht nur „objektive Sachverhalte", sondern die Art und Weise, wie uns Sachverhalte (z. B. Wahrnehmungen von Gegenständen, eine Melodie, ein Gefühl usw.) im Bewußtsein ursprünglich „gegeben" sind, verstanden. Husserl hat die Methode der Herausarbeitung des „wesentlichen" solcher Bewußtseins-Gegebenheiten über verschiedene Stufen hinweg entwickelt, seine Schüler und Anhänger haben diese Anstöße insbesondere seit den 20er Jahren unseres Jahrhunderts aufgenommen, weiterentwickelt und in verschiedenen Sachbereichen (Ästhetik und Kunstwissenschaften, Wertphilosophie bzw. Ethik, Religionswissenschaft, Psychologie, Soziologie usw.) fruchtbar zu machen versucht. Dabei wurde die Phänomenbeschreibung und -analyse z. T. als auf bewußtseinsunabhängige „Seinsstrukturen" (z. B. ein als „an sich" geltend angenommenes „Reich der Werte") gerichtet verstanden oder aber – wie beim späten Husserl selbst – als neue Form der Transzendentalphilosophie (vgl. das Glossarstichwort „transzendental"), also auf die im erkennenden, wertenden, urteilenden, anschauenden Subjekt aufweisbaren Bedingungen und Strukturen seines Bewußtseins.

Wo sich erziehungswissenschaftliche Ansätze als „phänomenologisch" verstanden bzw. verstehen, ist die Beziehung zur philosophischen Phänomenologie bzw. zu ihren verschiedenen Richtungen und die wissenschaftstheoretische Selbstklärung, was jeweils mit dem „phänomenologischen Verfahren", mit „Beschreibung" bzw. mit

„phänomenologischer Analyse“, „Wesensschau“ usw. gemeint ist, unscharf geblieben. – In den ausgehenden 50er und den beginnenden 60er Jahren fand in der deutschen Erziehungswissenschaft M. J. Langevelds Pädagogik, deren Methodik der Verfasser als „phänomenologisch“ bezeichnete, lebhaftes Interesse (vgl. Langeveld, M. J.: Einführung in die Pädagogik. 2. Aufl. Stuttgart 1961). – Wenn O. F. Bollnow die Ausbildung der „phänomenologischen Methode“ in der Erziehungswissenschaft fordert und Beispiele für ihre Bedeutung entwickelt, so meint er damit eine von den in der „natürlichen“, der „Umgangssprache“ vorliegenden Wortbedeutungen ausgehende Besinnung auf die pädagogische und zugleich die allgemeinmenschliche Bedeutung von Grundphänomenen wie „Vertrauen“, „Dankbarkeit“, „Gehorsam“, „Fröhlichkeit“, „Geduld“, „Hoffnung“, „Güte“, „Atmosphäre“ usw. (vgl. Bollnow, O. F.: Die pädagogische Atmosphäre. Heidelberg 1964. – Ders.: Die Fruchtbarkeit der phänomenologischen Methode, in: Bollnow, O. F.: Krise und neuer Anfang, Heidelberg 1966, S. 139–141).

Psychoanalyse
eine etwa im Zeitraum zwischen 1895 und 1920 von dem Wiener Nervenarzt Sigmund Freud begründete, ursprünglich rein psychotherapeutische Theorie und Praxis, die dann von Freud und seinen Schülern und Nachfolgern zu einer umfassenden allgemein-psychologischen Theorie und schließlich auch zu einer Kulturtheorie ausgebaut wurde. – Die zentrale theoretische Annahme dieser psychologischen Schule ist die These, daß die psychischen Prozesse des Menschen letztlich von zwei Grundtrieben bestimmt werden. Der eine dieser Grundtriebe ist der Trieb, Lust zu erfahren. Dieser Trieb bzw. die in ihm wirksame Energie wird auch als Libido oder als Sexualität bezeichnet. „Sexualität“ muß also in einem weiteren Sinne verstanden werden, als in der Umgangssprache. – Der zweite Grundtrieb, den Freud erst etwa seit 1920 als selbständigen seelischen Antrieb annahm, ist der Aggressions- oder Zerstörungs- bzw. Todestrieb.

Nach der psychoanalytischen Theorie erscheinen alle psychischen Vorgänge im Menschen und ihre Ausdrucksformen – unsere Vorstellungen und Träume, unsere Antriebe und Motivationen, dieses oder jenes zu tun oder zu unterlassen, unsere Verhaltensformen, unsere Reaktionen und Handlungen – als Auswirkungen, als Modifikationen jener beiden Grundtriebe. Zu diesen Auswirkungen gehören auch alle unbewußten Formen, diese Antriebe zu verdrängen, in der Form von Ängsten, von schlechten Launen, von Ersatzbefriedigungen, als Flucht in eine Krankheit usw., und zwar gilt diese Deutung der seelischen Vorgänge nicht nur für das Individuum, sondern auch für alle psychischen Prozesse, die sich innerhalb von Menschengruppen oder Menschenmassen abspielen können. Auch die produktiven gesellschaftlichen und kulturellen Tätigkeiten und Werke des Menschen werden von der Psychoanalyse als verfeinerte, durch die jeweiligen geschichtlichen Verhältnisse mitgeprägte Ausdrucksformen der Grundtriebe des Menschen gedeutet. So werden z. B. Dichtung oder Wissenschaft als kulturell umgeformte Ausprägungen der Libido oder Sexualität interpretiert. Solche Umsetzungen des ursprünglich direkt auf Befriedigung gerichteten Triebes, Lust zu erfahren, in die Lust an kulturellen Leistungen, wird mit dem Fachterminus „Sublimierung" (Verfeinerung) bezeichnet. – Die Psychoanalyse nimmt an und belegt in vielen ihrer Forschungsergebnisse, daß sehr tiefgreifende, weitgehend unbewußte seelische Prozesse schon in frühester Kindheit vor sich gehen, daß die Befriedigungen oder die Versagungen der frühkindlichen Formen der Libido, der frühkindlichen Sexualität, also des Strebens nach lustvoller Ausübung des Liebestriebes in der Beziehung zu den Kontaktpersonen, insbesondere zur Mutter, von entscheidender Bedeutung für die gesamte weitere seelische Entwicklung des Menschen sind.

Auf die Pädagogik hat die Psychoanalyse zuerst in den 20er Jahren im deutschsprachigen Raum einzuwirken begonnen; sie gewann dann besonders in den USA im Zeitraum etwa zwischen 1930 und 1950 starken Einfluß auf Erziehungstheorie und Erziehungspraxis. In der Bundesrepublik hat die Erziehungswissenschaft erst seit Mitte der 60er Jahre, insbesondere seit der Studentenbewegung, wieder intensiver auf die Psychoanalyse, nicht zuletzt auch auf ihre späten sozialpsychologischen Ausprägungen (z. B. bei Erich Fromm) Bezug genommen (so vor allem in der Theorie und Praxis der Kleinkind- und Vorschulerziehung, in der Pädagogik der Verhaltensstörungen und der Heil- und Sonderpädagogik, in der Sexualpädagogik, in der Analyse von Beziehungen zwischen Erziehern und Kindern bzw. Jugendlichen) (vgl. Freud, S.: Einführung in die Psychoanalyse für Pädagogen. 3. Aufl. Stuttgart 1956. – Rehm, W.: Die psychoanalytische Erziehungslehre. München 1968).

Sozialisation

heute ein Grundbegriff verschiedener Sozialwissenschaften und auch der Erziehungswissenschaft. Die zahlreichen Bedeutungsvarianten des Begriffs lassen sich auf drei unterschiedlich weite Grundbedeutungen zurückführen:

Erste, weiteste Bedeutung: „Sozialisation" meint hier jenen (lebenslangen) Prozeß, in dem Kinder, Jugendliche und Erwachsene unter dem Einfluß bestimmter historisch-gesellschaftlich-kultureller Verhältnisse (der „Sozialisationsfaktoren") in eine Gesellschaft, ihre Normen, Verhaltensweisen, Rollenvorstellungen, Einrichtungen „hineinwachsen", den für die betreffende Gesellschaft typischen „Sozialcharakter" ausbilden und damit Mitglieder dieser Gesellschaft bzw. – im negativen Extremfalle – abweichend, straffällig, drogensüchtig o. ä. („mißlingende Sozialisation") werden. Als Sozialisationsfaktoren gelten in diesem Verständnis alle auf den Menschen einwirkenden gesellschaftlichen Einrichtungen und Prozesse, also familiäre Erziehung, Altersgruppen, Medien, Schulen, Berufsbildungseinrichtungen, gesellschaftliche Verhaltensnormen und -erwartungen usw. „Sozialisation" umfaßt in diesem weitesten Verständnis sowohl bewußt und gezielt ausgeübte Einwirkungen (also auch erzieherische Maßnahmen bzw. die dadurch ausgelösten Prozesse) als auch alle durch nicht gezielte, „funktionale" Einflüsse ausgelösten Vorgänge. Erziehung ist dann *eine,* nämlich die bewußt und gezielt eingesetzte Form der Sozialisation.

Zweite Bedeutungsvariante: „Sozialisation“ meint hier nur die *nicht* von Menschen *bewußt* und *gezielt* in pädagogischer Absicht erfolgenden Einwirkungen bzw. die dadurch ausgelösten Formungsvorgänge.

Dritte Bedeutungsvariante: Hier wird der Begriff noch enger gefaßt als im zweiten Falle. Er bezieht sich nur auf einen Teil der in der zweiten Variante gemeinten Prozesse, nämlich nur auf jene, durch die ein in einer Gesellschaft aufwachsender Mensch gesellschaftliche Verhaltensnormen und Rollenvorstellungen übernimmt und sich ihnen entsprechend zu verhalten lernt. Davon unterscheidet man bei Verwendung der dritten Bedeutungsvariante einesteils den Bereich der „Kultur“ bzw. der „Enkulturation“, d. h. der Aneignung von wissenschaftlichen, künstlerischen, religiösen bzw. weltanschaulichen Inhalten, Wertvorstellungen, Rezeptions- und Handlungsfähigkeiten, andernteils die Dimension der „Personalisation“; damit ist ein Prozeß gemeint, in dem der junge Mensch Selbstverantwortlichkeit, eigene Entscheidungsfähigkeit, Kritikfähigkeit gewinnt, also die Möglichkeit, vorgegebene gesellschaftliche Normen und Rollenerwartungen sowie kulturelle Überlieferungen individuell zu variieren, verändern, ggf. sich gegen sie richten zu können.

Am häufigsten trifft man in der gegenwärtigen pädagogischen Diskussion auf die erste und zweite Bedeutungsvariante.

transzendental

seit Kant ein Fachbegriff der Philosophie. Kants Philosophie wird auch als „Transzendentalphilosophie“ bezeichnet. Der Begriff meint *nicht* Aussagen über Transzendenz, über die Wirklichkeit hinausgreifende Spekulation o. ä., sondern zielt auf Voraussetzungen menschlicher Erkenntnis, auf die „Bedingungen der Möglichkeit von Erkenntnis“, soweit solche Bedingungen als in der menschlichen Erkenntnisfähigkeit „angelegt“ gedacht werden müssen. Der Begriff „transzendental“ meint also Ergebnisse von Reflexionsvorgängen, die unter der Frage erfolgen: Welche Voraussetzungen muß man als im menschlichen Bewußtsein gegeben annehmen, um verstehen zu können, daß Erkenntnis – z. B. von Naturvorgängen – überhaupt möglich ist? Kant deutete z. B. Grundkategorien menschlicher Erkenntnis wie „Ursache und Wirkung“, „Ganzes und Teil“ usw. als transzendentale Voraussetzungen, d. h. als Grundbegriffe, die nicht erst aus der Erkenntnis von konkreter Wirklichkeit gewonnen werden, sondern durch die Erkenntnis konkreter Wirklichkeit überhaupt erst möglich wird. Eine weitere „transzendentale Voraussetzung“ menschlicher Erkenntnis (aber auch menschlicher Verantwortlichkeit, des Sich-erinnern-Könnens, des Etwas-versprechen-Könnens u. ä.) ist das Ich-Bewußtsein, die Selbigkeit des Ich, d. h. der reflexiv einsehbare Sachverhalt, daß ich z. B. weder etwas als gültige Erkenntnis betrachten könnte (z. B. daß Wasser unter bestimmten Bedingungen bei 100° Celsius zu kochen beginnt) noch, daß ich jemandem etwa ein Versprechen geben könnte, wenn ich nicht voraussetzen würde, daß ich als Erkennender oder als einer, der heute ein Versprechen abgibt, morgen noch mit mir identisch sein werde. – In der modernen Philosophie wird der Begriff „transzendental“ z. T. – so z. B. bei J. Habermas oder

K. O. Apel – zur Bezeichnung des gleichen Problems (also auf Bedingungen der Möglichkeit von Erkenntnis bzw. weiteren menschlichen Aktivitätsformen gerichtet) verwendet, jedoch ohne daß man an der Auffassung Kants festhält, daß „transzendentale" Voraussetzungen als geschichtlichem und damit auch gesellschaftlichem Wandel entzogen verstanden werden müßten.

(Den gleichen Sachverhalt meint der Begriff „apriori" bzw. „apriorisch", d. h.: aller Erfahrung vorausgehend, jedoch nicht in einem zeitlichen Sinne, sondern im Sinne einer einsehbaren Voraussetzung aller Erfahrung.)

Lernziele

Nach dem Studium dieser Kurseinheit sollten Sie in der Lage sein,

- die Wirkungszeit der GP anzugeben,
- einige der Hauptvertreter der GP, insbesondere ihrer „Begründergeneration", sowie ihre berufliche Tätigkeit und ihre Wirkungsorte zu nennen,
- den Begriff „Wirkung" einer Richtung der Erziehungswissenschaft bzw. eines Erziehungswissenschaftlers zu erläutern und zu differenzieren,
- einige Kennzeichen der sozialen Gruppe, der die Begründer der GP zuzurechnen sind, und damit Merkmale des Bewußtseinshorizontes, den diese Autoren in den ersten drei bis vier Jahrzehnten ihres Lebens ausbildeten, zu erläutern,
- die Bedeutung, die die Erfahrung des Ersten Weltkrieges und des Weltkriegsendes für die Begründer der GP hatten, zu kennzeichnen,
- einige Bestimmungen des Begriffs „Lebensphilosophie" im Sinne Wilhelm Diltheys anzugeben,
- auszuführen, wieweit Ihnen die vorausgreifenden Hinweise dieser Kurseinheit auf die Bedeutung der Lebensphilosophie Diltheys für die GP verständlich geworden sind und wo das nicht der Fall ist,
- zu formulieren, welche Ausführungen der Kurseinheit Ihnen unklar geblieben sind, wo Sie offene Fragen oder kritische Einwände haben, welche Erwartungen Sie an die folgenden Kurseinheiten richten, mit welchen Gesichtspunkten Sie sich – wenn Sie Zeit haben oder hätten und entsprechende Studienhinweise erhielten – gern eingehender auseinandersetzen würden.

2 Zweite, genauere Kennzeichnung der Geisteswissenschaftlichen Pädagogik

2.1 Die Hauptvertreter der Geisteswissenschaftlichen Pädagogik seit den 20er Jahren unseres Jahrhunderts und deren Schüler und Nachfolger

Wenn eingangs gesagt wurde, daß die GP eine Richtung der Erziehungswissenschaft darstellt, die vor allem im Zeitraum zwischen 1918 und 1933 entwickelt und nach 1945 wieder aufgenommen und vorgeführt wurde und die von der Mitte der 20er Jahre bis 1933 und von 1945 bis etwa 1960 die einflußreichste Teilrichtung der Erziehungswissenschaft in Deutschland bzw. in der Bundesrepublik war, so sollen im folgenden Abschnitt zunächst die Begründer der GP benannt werden, um dann anhand eines „Stammbaums" einige ihrer Schüler und deren Wirkungsorte zu kennzeichnen. Damit soll auf der Ebene von Namen, Daten und Wirkungsorten eine rahmenhafte Vorstellung von der chronologischen Entwicklung der GP und ihrer Ausbreitung vermittelt werden. **Die Begründer der GP**

▸ Der Rückgriff auf Wilhelm Dilthey (1833–1911), der die Begründer der GP direkt oder indirekt entscheidend beeinflußt hat, erfolgt in einem späteren Abschnitt des Kurses (vgl. Kap. 5).

Als die entscheidenden Begründer der GP in der Zeit der Weimarer Republik sind besonders fünf Personen zu nennen, die die wissenschaftliche Disziplin „Pädagogik" – z. T. zugleich mit Philosophie und Psychologie – an deutschen Universitäten oder Pädagogischen Akademien (den Vorläufern der Pädagogischen Hochschulen) vertraten:

Hermann Nohl (1879–1960), ab 1907 Dozent für Philosophie an der Universität Jena, (1915–1918 Soldat), seit 1920–1937 Professor für Pädagogik und Philosophie an der Universität Göttingen, (Amtsenthebung) und 1945–1949 (Emeritierung).

W. Klafki, *Geisteswissenschaftliche Pädagogik*, Neuere Geschichte der Pädagogik,
https://doi.org/10.1007/978-3-658-37172-2_4

Theodor Litt (1880–1962), 1919 Professor für Philosophie und Pädagogik an der Universität Bonn, 1920–1937 (vorzeitige Emeritierung), Professor für Philosophie und Pädagogik an der Universität Leipzig (als Nachfolger Eduard Sprangers), 1945 Wiederaufnahme der Lehrtätigkeit in Leipzig, 1947–1962 (ab 1955 als Emeritus) Professor für Philosophie und Pädagogik an der Universität Bonn.

Eduard Spranger (1882–1963), 1911 Professor für Philosophie und Pädagogik an der Universität Leipzig, 1920–1945 an der Universität Berlin, 1946–1952 an der Universität Tübingen.

Wilhelm Flitner (1889–1990), 1914 und 1919–1926 Studienrat in Jena, ab 1919 gleichzeitig Leiter der dortigen Volkshochschule, 1926 a. o. Professor für Pädagogik an der Pädagogischen Akademie Kiel, 1927–1957 (Emeritierung) Professor für Erziehungswissenschaft an der Universität Hamburg.

Erich Weniger (1893–1961), 1922 Studienassessor in Göttingen, 1923–1927 Assistent bei Prof. Nohl am Pädagogischen Seminar der Universität Göttingen, 1929–1930 Professor für Pädagogik und Philosophie an der Pädagogischen Akademie Kiel, 1930–1932 Professor für Pädagogik und Philosophie an der Pädagogischen Akademie in Altona, gleichzeitig a. o. Professor an der Universität Kiel, 1932 Professor an der pädagogischen Akademie Frankfurt/M., ab 1933 zwangsbeurlaubt, 1938–1939 Studienrat in Frankfurt/M., 1945 Professor für Pädagogik an der Pädagogischen Hochschule Göttingen, 1949–1961 Professor für Pädagogik an der Universität Göttingen.

- Eine ausführliche Darstellung müßte auch den Dilthey-Schüler Max Frischeisen-Köhler (geb. 1878) berücksichtigen. Sein früher Tod (1923) verhinderte jedoch eine größere Wirkung auf die Entwicklung der GP. Sein pädagogisches Hauptwerk ist das Buch „Bildung und Weltanschauung. Eine Einführung in die pädagogischen Theorien" (Charlottenburg 1921). Weitere pädagogisch wesentliche Abhandlungen sind zusammengefaßt in dem von H. Nohl herausgegebenen Band: M. Frischeisen-Köhler. Philosophie und Pädagogik. Kleine pädagogische Texte, Heft 20, Langensalza o. J.

Nohl, Litt und Spranger hatten – über Flitner und Weniger hinaus – bereits in den 20er Jahren eine erhebliche Zahl akademischer Schüler, die z. T., meistens seit den letzten Jahren der Weimarer Republik, als Professoren an Pädagogischen Akademien in der Lehrerbildung, der Schulverwaltung, der praktischen Sozialarbeit oder der Ausbildung von Sozialpädagogen und in der Erwachsenenbildung tätig waren.

GP im Nationalsozialismus

Nach der nationalsozialistischen Machtergreifung wurden die geisteswissenschaftlichen Pädagogen als „liberal" oder „liberalistisch" oder als „demokratisch" abgelehnt, und die Vertreter dieser erziehungswissenschaftlichen Richtung wurden in ihrer Wirksamkeit in zunehmendem Maße eingeschränkt. Dafür einige Beispiele:

Nohl wurde 1937 von den Nationalsozialisten seines Amtes enthoben und vorzeitig emeritiert, Litt beantragte im gleichen Jahre nach wachsenden Spannungen mit der nationalsozialistischen Kulturbürokratie seine vorzeitige Emeritierung. Weniger war bereits im Mai 1933 als Professor aus dem Amt zwangsbeurlaubt worden, die Nohl-Schülerin Elisabeth Blochmann mußte (als Halbjüdin) 1934 nach England emigrieren.

Es darf allerdings nicht verschwiegen werden, daß nicht alle Vertreter der GP von Anfang an die Unvereinbarkeit der Grundgedanken dieser pädagogischen Richtung mit dem Nationalsozialismus erkannten und deutlich zum Ausdruck brachten. Im Abschnitt 4.3 wird das Thema „GP und Nationalsozialismus“ noch einmal ausführlicher mit Bezug auf aktuelle Kontroversen zur Sprache kommen.

GP im Nachkriegsdeutschland

Nach 1945 konnte die Gründergeneration der GP – Nohl, Litt und Spranger – und die erste Schülergeneration (E. Weniger, W. Flitner, E. Geissler, O. F. Bollnow, Elisabeth Blochmann, H. Wenke, A. Reble u. v. a. m.) ihre akademische Lehrtätigkeit im Sinne der GP wieder aufnehmen oder erstmalig beginnen. Ihre Lehrtätigkeit führte zur Herausbildung einer zweiten Schülergeneration, deren Angehörige wiederum in der pädagogischen Praxis, im Bereich der Fachschulen und Fachhochschulen für Sozialpädagogik, in der Erwachsenenbildung und vor allem im Bereich der Lehrerausbildung an Pädagogischen Hochschulen und Universitäten und der Ausbildung des Hochschullehrernachwuchses tätig wurden. Seit etwa 1960 vollzogen die meisten Angehörigen dieser zweiten Schülergeneration dann jenen schon erwähnten Veränderungsprozeß mit und bestimmten ihn z. T. maßgeblich, der dazu führte, daß heute nirgends mehr GP in den Grenzen der Gründergeneration betrieben wird, wohl aber in jenem bereits früher skizzierten Sinne, demgemäß Fragestellungen und methodische Ansätze in weiterentwickelter Form in ein umfassenderes Verständnis der Pädagogik bzw. der Erziehungswissenschaft eingebracht werden.

Das Schaubild auf der folgenden Seite soll beispielhaft an einer keineswegs vollständigen Reihe von Namen und durch die Angabe von Wirkungszeit und Wirkungsort der genannten Personen Schülerbeziehungen und Ausbreitung der GP in Deutschland bzw. in der Bundesrepublik andeuten. In der Skizze wurde darauf verzichtet, auch das Weiterwirken der GP über die zweite Schülergeneration hinaus anzudeuten.

Anmerkungen zum „Stammbaum" der Geisteswissenschaftlichen Pädagogik

1) ———— Zeichen für direkte Schüler- oder Mitarbeiterbeziehungen
   ············ Zeichen für starke, jedoch indirekte Einwirkungen
   Wenn Namen, ohne durch Symbole direkt verbunden zu sein, untereinander aufgeführt werden, so geschieht das aus Raumgründen, nicht, um damit eine zeitliche Abfolge anzudeuten. So haben die in dem Stammbaum genannten Weniger-Schüler weitgehend gleichzeitig – innerhalb des Zeitraumes zwischen 1951 und 1961 – das Universitätsstudium absolviert und sind etwa ab 1964–1967 selbst im Hochschul- und Fachhochschulbereich beruflich tätig geworden.
2) Die starke Wirkung insbesondere der Gründer- und der ersten Schülergeneration der GP erklärt sich u. a. auch dadurch, daß bis zur Mitte der 60er Jahre an Universitäten, Pädagogischen Hochschulen und Fachhochschulen meistens nur ein oder zwei Lehrstühle für Pädagogik (z. T. verbunden mit Philosophie und/oder Psychologie) vorhanden waren.
3) Die in diesem „Stammbaum" enthaltenen Namensnennungen erheben keinen Anspruch auf Vollständigkeit. Die Auswahl erfolgte unter dem Gesichtspunkt, welche Autoren durch Publikationen, die der GP zuzurechnen sind oder ihr nahestehen, und/oder durch Herausgabe von Handbüchern, Lexika oder Zeitschriften, in denen die GP oder ihre Nachwirkungen eine erhebliche Rolle spielen, über ihre Wirkungsorte hinaus in pädagogischen Fachkreisen bekannt geworden sind. Auch dieses Kriterium eröffnete noch einen Interpretationsspielraum.
   Die erste Zahl unter dem Namen kennzeichnet das Geburtsjahr, eine etwaige zweite das Todesjahr.
   Darunter werden jeweils die wichtigsten Wirkungsorte und das Jahr genannt, in dem der Betreffende seine Tätigkeit dort begann.
   Emeritierungsjahre wurden nicht aufgeführt.

Abkürzungen

DJI	= Deutsches Jugendinstitut München
FU	= Freie Universität (Berlin)
GH	= Gesamthochschule
HdB	= Hochschule der Bundeswehr
HfBK	= Hochschule für Bildende Kunst
MPI	= Max-Planck-Institut für Bildungsforschung Berlin
PA	= Pädagogische Akademie
PH	= Pädagogische Hochschule
U	= Universität
Stud-Sem	= Studienseminar

Stammbaum der geisteswissenschaftlichen Pädagogik

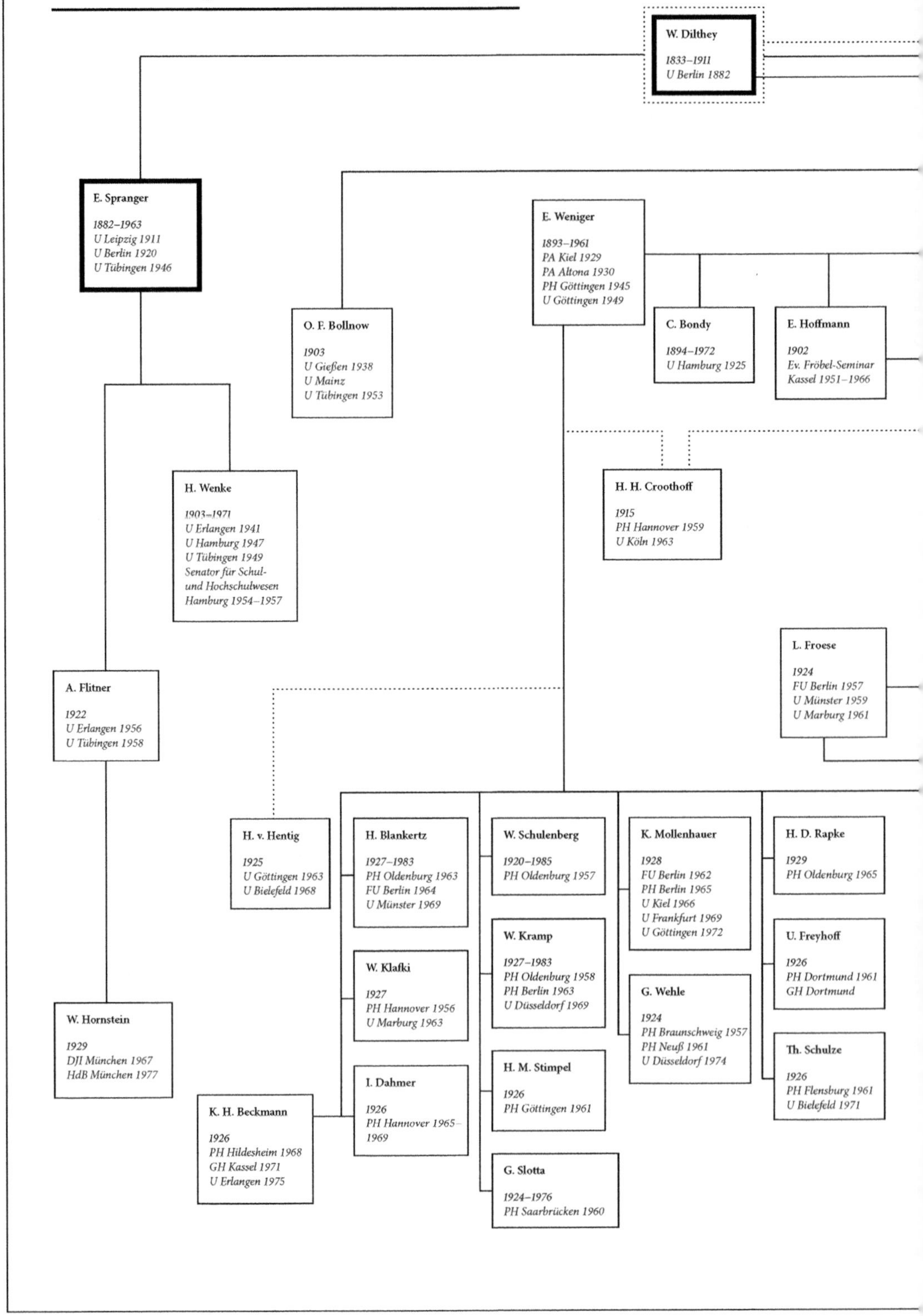

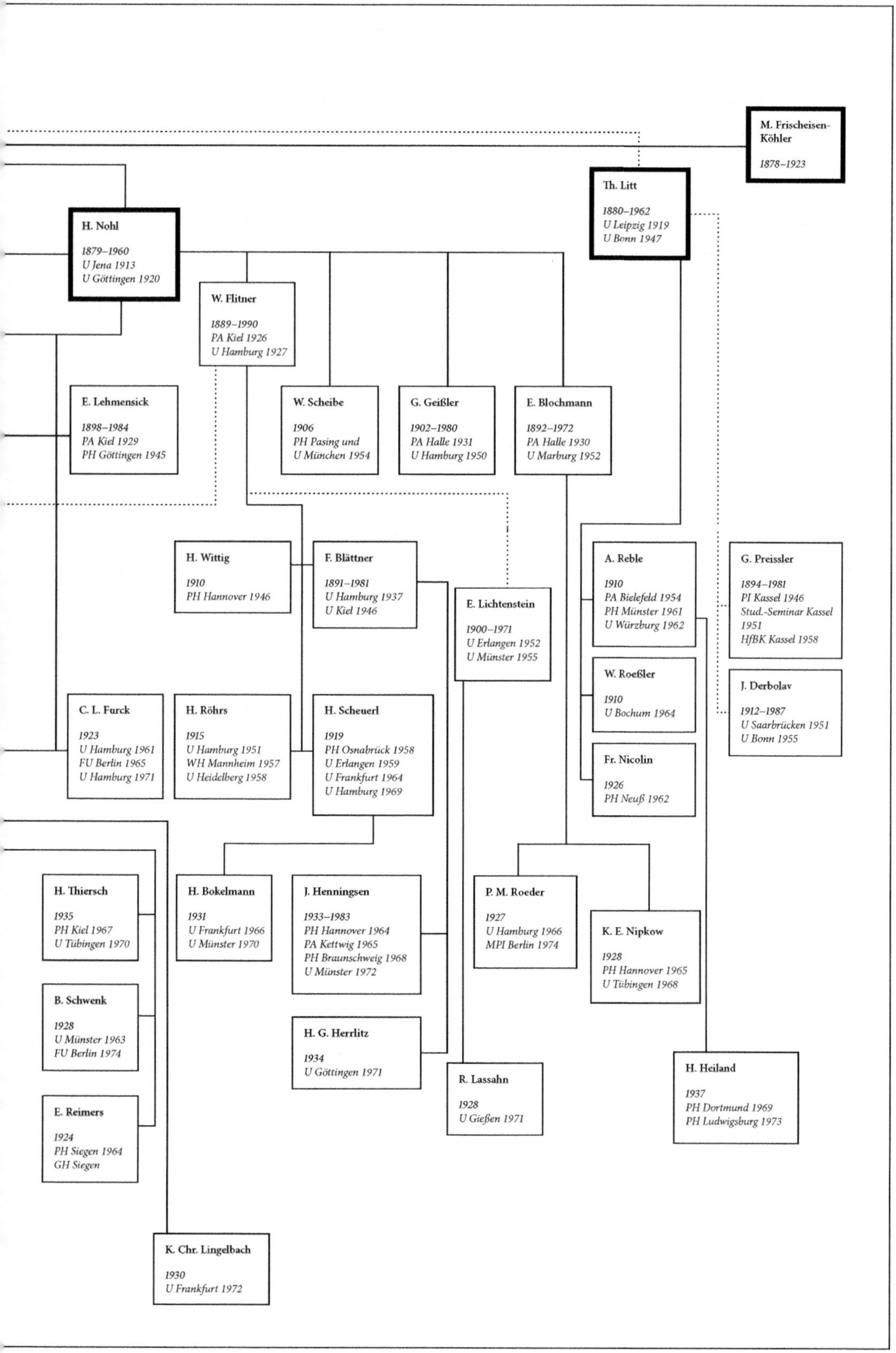
M. Frischeisen-Köhler
1878–1923
Th. Litt
1880–1962
U Leipzig 1919
U Bonn 1947
H. Nohl
1879–1960
U Jena 1913
U Göttingen 1920
W. Flitner
1889–1990
PA Kiel 1926
U Hamburg 1927
E. Lehmensick
1898–1984
PA Kiel 1929
PH Göttingen 1945
W. Scheibe
1906
PH Pasing und
U München 1954
G. Geißler
1902–1980
PA Halle 1931
U Hamburg 1950
E. Blochmann
1892–1972
PA Halle 1930
U Marburg 1952
H. Wittig
1910
PH Hannover 1946
F. Blättner
1891–1981
U Hamburg 1937
U Kiel 1946
E. Lichtenstein
1900–1971
U Erlangen 1952
U Münster 1955
A. Reble
1910
PA Bielefeld 1954
PH Münster 1961
U Würzburg 1962
G. Preissler
1894–1981
PI Kassel 1946
Stud.-Seminar Kassel
1951
HfBK Kassel 1958
W. Roeßler
1910
U Bochum 1964
J. Derbolav
1912–1987
U Saarbrücken 1951
U Bonn 1955
C. L. Furck
1923
U Hamburg 1961
FU Berlin 1965
U Hamburg 1971
H. Röhrs
1915
U Hamburg 1951
WH Mannheim 1957
U Heidelberg 1958
H. Scheuerl
1919
PH Osnabrück 1958
U Erlangen 1959
U Frankfurt 1964
U Hamburg 1969
Fr. Nicolin
1926
PH Neuß 1962
H. Thiersch
1935
PH Kiel 1967
U Tübingen 1970
H. Bokelmann
1931
U Frankfurt 1966
U Münster 1970
J. Henningsen
1933–1983
PH Hannover 1964
PA Kettwig 1965
PH Braunschweig 1968
U Münster 1972
P. M. Roeder
1927
U Hamburg 1966
MPI Berlin 1974
K. E. Nipkow
1928
PH Hannover 1965
U Tübingen 1968
B. Schwenk
1928
U Münster 1963
FU Berlin 1974
H. G. Herrlitz
1934
U Göttingen 1971
R. Lassahn
1928
U Gießen 1971
H. Heiland
1937
PH Dortmund 1969
PH Ludwigsburg 1973
E. Reimers
1924
PH Siegen 1964
GH Siegen
K. Chr. Lingelbach
1930
U Frankfurt 1972

2.2 Ergänzende Erläuterungen zu bisherigen Aussagen über die Geisteswissenschaftliche Pädagogik und Hinweise auf entsprechende spätere Abschnitte dieser Kurseinheit

An diesem jetzt erreichten Punkte dieser Kurseinheit sind ergänzende Erläuterungen zu vorausgehenden Aussagen und Vorverweise auf weitere, notwendige Differenzierungen, die an späteren Stellen dieser Kurseinheit erfolgen werden, zweckmäßig. Denn die bisherigen Ausführungen zur GP mußten mehrfach noch so allgemein bleiben, daß sie im Hinblick auf spätere Abschnitte dieses Kurses Mißverständnisse hervorrufen könnten.

Mindestens vier Ergänzungen sind unverzichtbar:

Erstens muß die Aussage kommentiert werden, daß die GP sich in der Zeit von 1933 zur einflußreichsten Teilströmung der deutschen Erziehungswissenschaft entwickelt und diese Bedeutung in den ersten anderthalb Jahrzehnten nach 1945 wiedergewonnen habe. Welche anderen, konkurrierenden Strömungen gab es in der wissenschaftlichen bzw. theoretischen Pädagogik in jener Entwicklungs- und Wirkungsphase der GP im deutschen Sprachraum?

Zweitens wurde bisher von der GP immer so gesprochen, als handle es sich dabei um eine durchweg *einheitliche* erziehungswissenschaftliche Richtung. Hier ist zu fragen: Wieweit trifft diese Vorstellung zu und wie bedeutsam sind Unterschiede *innerhalb* dieser pädagogischen Richtung?

Diese beiden Fragen lassen sich hinreichend erst nach den Informationen der Kapitel 3 (Die Begründer der GP als Angehörige der letzten Vorkriegsgeneration des deutschen Bürgertums), 4 (Die engagierte Hinwendung Nohls, Sprangers, Litts, Flitners und Wenigers zur Pädagogik unter dem Eindruck des Ersten Weltkrieges, die Bedeutung der Reformpädagogik und das Verhältnis zum Nationalsozialismus) und 5 (Rückblende: Die Bedeutung der Lebensphilosophie und der Theorie der Geisteswissenschaften Wilhelm Diltheys für die Begründung der GP) erörtern.

Eine *dritte* Frage richtet sich auf das Verhältnis der GP zum Nationalsozialismus vor und nach 1933. Das Problem ist seit einigen Jahren in der deutschen Erziehungswissenschaft Thema scharfer Auseinandersetzungen. In den Grenzen dieser Kurseinheit werde ich auf diese Kontroverse im Abschnitt 4.3 eingehen.

Zu einer *vierten* Frage, die die bisherige Darstellung aufwirft, kann man bereits an diesem Punkte der Kurseinheit in thesenartiger Form Stellung nehmen: Es geht um die notwendige Aufschlüsselung der Begriffe „Wirkungen“ bzw. „Einflüsse“.

2.3 Zur Differenzierung der Begriffe „Wirkungen" bzw. „Einflüsse"

Was ist gemeint, wenn vorher und im folgenden vom „Einfluß", von „Wirkungen" der GP bzw. einzelner ihrer Vertreter gesprochen wurde oder gesprochen werden wird? Es ist sinnvoll, zunächst theoretisch *fünf mögliche Einflußebenen* zu unterscheiden:

„Einflüsse", „Wirkungen" können sich richten:

Fünf mögliche Einflussebenen

- auf die erzieherische Praxis innerhalb und außerhalb pädagogischer Einrichtungen, also auf die konkrete Tätigkeit von Eltern, Lehrern, Sozialpädagogen, Erwachsenenbildnern (erste Wirkungsebene),
- auf pädagogische Institutionen, d. h. Einrichtungen, die zur Wahrnehmung pädagogischer Aufgaben geschaffen werden, also z. B. Kindergärten oder Schulen oder Erziehungsheime oder Erziehungsberatungsstellen oder Einrichtungen der Erwachsenenbildung usw., und zwar kann es sich um „Einflüsse" bzw. „Wirkungen" auf einzelne solcher Einrichtungen oder auf Teilsysteme (z. B. die Organisation aller Einrichtungen der Vorschulerziehung oder auf eine bestimmte Schulform) oder aber auf den Gesamtkomplex des Erziehungs- und Bildungswesens in einem Staate handeln (zweite Wirkungsebene),
- auf die Ausbildung von Lehrern, Sozialpädagogen usw. (dritte Wirkungsebene),
- auf pädagogische Programme i. w. S. d. W., also z. B. auf die pädagogisch bedeutsame staatliche Gesetzgebung, auf pädagogische Pläne von Regierungen, Parteien, reformwilligen Pädagogengruppen usw. (vierte Wirkungsebene),
- auf die Erziehungswissenschaft bzw. die Forschung und die Theorieentwicklung von Erziehungswissenschaftlern (fünfte Wirkungsebene).

Dieses Schema gilt nicht nur für die spezielle Frage nach Wirkungen der GP, sondern für das Problem möglicher Wirkungen *jeder* pädagogischen Theorie. In der Wirklichkeit lassen sich etwaige Einflüsse einer Theorie nicht schematisch nach den fünf genannten Ebenen trennen. Der Aufriß vermittelt jedoch eine hilfreiche Differenzierung der Fragestellung. Denn es kann sein, daß eine erziehungswissenschaftliche Theorie ausschließlich oder vorwiegend auf einer oder wenigen Ebenen wirksam wird, z. B. nur auf der Ebene der Erziehungswissenschaft oder pädagogischen Programmatik; ohne die empfohlene Differenzierung läge der Fehlschluß nahe anzunehmen, sie hätte auch die pädagogische Praxis beeinflußt.

Der auf S. 62/63 dargestellte „Stammbaum" der GP verweist z. B. zunächst nur auf Fortwirkungen der von den Begründern der GP entwickelten Theorien bzw. Theorieansätze auf der fünften Wirkungsebene, und zwar auf die wissenschaftlichen Schüler, indirekt auch auf der dritten Wirkungsebene, insofern diese Schüler größtenteils beruflich in der akademischen Ausbildung von zukünftigen Lehrern, Sozialpädagogen usf. tätig waren oder sind.

Die Frage nach Wirkungen der GP wird in verschiedenen Kapiteln angesprochen werden.

3 Die Begründer der Geisteswissenschaftlichen Pädagogik als Angehörige der letzten Vorkriegsgeneration des deutschen Bürgertums

Pädagogische Praxis ist immer verflochten und bedingt oder mindestens *mitbedingt* durch die jeweiligen wirtschaftlichen, sozialen, politischen, kulturellen Verhältnisse und Prozesse. Aber das gleiche gilt auch für die Entwicklung und die Wirkung pädagogischer *Theorien*. Es wird später noch davon zu sprechen sein, daß die GP diese Zusammenhänge einerseits selbst betont hat, daß und warum sie diesen Gesichtspunkt aber nicht mit der notwendigen Konsequenz verfolgt hat (vgl. Kurseinheit 2).

Die gesellschaftliche Bedingtheit pädagogischer Theorie und Praxis

Für eine Darstellung der GP folgt aus jener Erkenntnis, daß einige der umfassenden wirtschaftlichen, gesellschaftlichen, politischen und kulturellen Zusammenhänge und Prozesse wenigstens knapp skizziert werden müssen, innerhalb derer sich diese Richtung der Pädagogik entwickelte. Und zwar soll es zunächst vor allem darum gehen, jenen sozialen Standort und jene Sichtweise zu kennzeichnen, von denen aus die Begründer der GP (Nohl, Litt und Spranger sowie Flitner und Weniger als die wichtigsten Vertreter der ersten Schülergeneration) ihre Theorieansätze entwickelten. Es müssen also wichtige wirtschaftliche, politische, gesellschaftliche und kulturelle Einflüsse, unter denen sich das Denken jener Erziehungswissenschaftler ausbildete und ggf. veränderte, deutlich werden; gleichzeitig lassen sich aus der historischen Rückschau dann die Grenzen der Sichtweise jener Autoren aufweisen. Man kann die doppelte Leitfrage dieses Abschnitts auch so formulieren:

Welches sind die entscheidenden Sozialisationsfaktoren, unter denen die Begründer der GP aufwachsen, ihre schulische und akademische Ausbildung erfahren und ihren Eintritt in die Berufsarbeit vollziehen?

Die historisch-gesellschaftliche Eingebundenheit der Vertreter der GP

Gibt es – aus der historischen Rückschau gesehen, die immer *mehr* wissen kann als die Zeitgenossen der zu untersuchenden Phase wissen konnten – wichtige historische Sachverhalte und Zusammenhänge, die in das Bewußtsein der Begründer der GP nicht oder nur verkürzt eingegangen sind?

Die Entwicklung soll in diesem Abschnitt bis zu jener Phase verfolgt werden, in der die genannte Pädagogengruppe die Ausarbeitung ihrer pädagogischen Theorie

W. Klafki, *Geisteswissenschaftliche Pädagogik*, Neuere Geschichte der Pädagogik,
https://doi.org/10.1007/978-3-658-37172-2_5

begann. Die Überschrift dieses Abschnitts deutet an, daß der in dieser Hinsicht entscheidende Zeitpunkt das Ende des ersten Weltkrieges war. Bei allen Autoren fällt die Entscheidung, die Pädagogik zu ihrem Hauptarbeitsgebiet zu machen oder sie mindestens, wie bei Litt, parallel zur Philosophie mit gleicher Intensität zu betreiben, unter dem Eindruck des Weltkriegsendes.

Frischeisen-Köhler (geb. 1878), Nohl (1879), Litt (1880) und Spranger (1882) waren Angehörige einer Altersgruppe, die Spranger einmal als „letzte Vorkriegsgeneration" bezeichnet hat. Auch den etwa zehn Jahre jüngeren W. Flitner (1889) kann man noch dieser Generation zuzählen, E. Weniger (1893) nur noch bedingt, da seine Schulzeit zwar *vor* dem Ersten Weltkrieg lag, Studienzeit und Berufseintritt aber erst nach 1918 erfolgten.

Der Begriff „Generation" bezeichnet hier nicht nur einen rein chronologischen Sachverhalt, also die Tatsache der nah beieinander liegenden Geburtsdaten, sondern den Tatbestand, daß die gemeinten Personen in ihrer Entwicklung – mindestens der Kindheits- und Jugendentwicklung und ihrer Ausbildung – ähnlichen historischen Einflüssen unterlagen, einen in wesentlichen Punkten verwandten Sozialisationsprozeß durchliefen.

Der Begriff „Gebildetes Bürgertum"

Die Ähnlichkeit dieses Sozialisationsprozesses erklärt sich im vorliegenden Falle dadurch, daß die späteren Begründer der GP bzw. deren Eltern einer bestimmten sozialen Gruppe zugehören, die mit dem Begriff „Gebildetes Bürgertum" (Bildungsbürgertum) – in einem zunächst rein beschreibenden, nicht bereits wertenden oder gar abwertenden Sinne – angedeutet werden kann. Der Begriff „Gebildetes Bürgertum" soll im folgenden im Hinblick auf die letzten Jahrzehnte des 19. Jahrhunderts und die Zeit bis zum Ersten Weltkrieg durch 7 Merkmale gekennzeichnet werden. Allgemeine Aussagen über diese soziale Gruppe werden im folgenden jeweils am Beispiel der uns besonders interessierenden Teilgruppe verdeutlicht werden.

Erstes Merkmal

1. Merkmal: Elternhaus und berufliche Stellung der Väter

Das „gebildete Bürgertum" jener Zeit wird vor allem durch Angehörige bestimmter Berufe repräsentiert. Es sind Berufe, die größtenteils akademische Vorbildung erfordern und die vorwiegend durch intellektuelle Tätigkeiten charakterisiert sind: Gymnasiallehrer, Universitätsprofessoren, die protestantische Geistlichkeit, Juristen und höhere Verwaltungsbeamte, Ärzte, Schriftsteller und Journalisten. Im Hinblick auf die uns interessierenden Personen ergibt sich: Die Väter H. Nohls und Th. Litts waren Gymnasialprofessoren, Weniger stammte aus einem protestantischen Pfarrhaus, Flitner war der Sohn eines Eisenbahnbeamten, der das Lehrerseminar absolviert, aber keine Anstellung als Lehrer gefunden hatte. Sprangers Vater war selbständiger Kaufmann (Spielwaren). Insofern gehörten Flitners und Sprangers Väter nicht jenen oben genannten, für das „Bildungsbürgertum" typischen Berufsgruppen an. Die biographischen Selbstzeugnisse beider zeigen jedoch eindeutig, daß die kulturelle Atmosphäre ihrer Elternhäuser, ihres außerfamiliären Erfahrungsmilieus und ihres schulischen Bildungsganges durchaus die des Bildungsbürgertums war.

Zweites Merkmal

2. Merkmal: Welt- und Kulturvorstellungen

Das gebildete Bürgertum des ausgehenden 19. und beginnenden 20. Jahrhunderts ist in seinen Wert- und Kulturvorstellungen, seinem Lebensstil und seinem moralischen Bewußtsein entscheidend durch Gedanken des deutschen Idealismus der Jahrzehnte vor und nach 1800, insbesondere in der Ausprägung als Neuhumanismus, bestimmt. Damit sind vor allem zwei Momente gemeint:

- einmal eine Lebenseinstellung, die in der kulturellen Ausbildung der menschlichen Persönlichkeit, in der Orientierung an den Leitideen der inneren Freiheit, der Vielseitigkeit, eines harmonischen Verhältnisses zwischen den verschiedenen Seiten der Person – vor allem Intellektualität und Emotionalität – den Sinn der menschlichen Existenz sieht;
- zum anderen eine Einstellung, die diese Ausbildung der eigenen Person in Kommunikation mit gleichgesinnten Menschen als eine moralische Aufgabe, als Pflicht ansieht. Berufstätigkeit wird als ein wichtiger Faktor einer solchen Persönlichkeitsbildung betrachtet, und insbesondere in der Berufsauffassung wird der moralische Kern dieser Lebensauffassung deutlich. – Dieses Charakteristikum tritt auch in den Biographien Nohls, Litts, Sprangers, Flitners und Wenigers unverkennbar zutage: einerseits in Aussagen über ihr Verhältnis zu ihren Vätern, andererseits in ihren Texten zur Erziehungsproblematik und in ihrem persönlichen Stil als Lehrer bzw. als Hochschullehrer, der manche moralisch-autoritativen Züge trug; man konnte von einem „geistigen Preußentum" sprechen.

Beeinflussende philosophisch-kulturelle Richtungen

Das inhaltliche Zentrum bilden die Philosophie und die Dichtung[5] (z. T. auch die Musik) und das Spektrum der Lebensanschauungen jener Epoche, die philosophisch-weltanschaulich von Herder über Kant, Fichte und Humboldt bis zu Hegel reicht, literarisch von Lessing über den Sturm und Drang, Schiller und Goethe bis zu Hölderlin, Kleist und z. T. zur Romantik (musikalisch von Haydn über Mozart und Beethoven bis zu Schubert und Schumann, rückwärts aber auch bis zu Bach und Händel). Vorwiegend aus der Sicht des damit angedeuteten geisteswissenschaftlichen Zusammenhanges sehen die Begründer der GP auch vorangehende Epochen der abendländischen Geistesgeschichte, so vor allem die Antike, die – ähnlich wie bei Winkelmann,

5 Dichtung wird im Verständnis des „gebildeten Bürgertums" nicht nur als ästhetisches Spiel gedeutet, sondern als eine Form, in der sich menschliches Welt- und Selbstverständnis, die Auseinandersetzung mit den Fragen nach Sinn und Aufgaben menschlicher Existenz ausdrückt.

Herder oder Humboldt – als Beispiel menschlicher Größe und Humanität, eines philosophisch reflektierten Lebensverständnisses gedeutet wird. Sokrates und Plato erscheinen in dieser Sichtweise als Vorläufer des Idealismus. Das Moment des Tragischen, wie es etwa die antiken Tragödien bestimmt, tritt in dieser Sichtweise in den Hintergrund. Zweifellos handelte es sich um ein idealisiertes Bild der Antike, reale ökonomisch-politische Voraussetzungen der griechischen Kulturentwicklung, wie etwa die Sklavenhaltung, blieben aus diesem Bilde ganz ausgeblendet.

Unter den Begründern der GP nimmt W. Flitner insofern eine Sonderstellung ein, als für ihn auch das Mittelalter in den für sein Denken wesentlichen Zusammenhang der abendländischen Geistes- und Gesittungsgeschichte hineingehört.

Die wichtigsten Vermittlungsinstanzen einer solchen Kultur- und Lebenseinstellung waren das Elternhaus und das Humanistische Gymnasium.

Die vorangehenden allgemeinen Aussagen über die Bedeutung des skizzierten Kulturzusammenhanges für die Bildung der Lebenseinstellung und des Bewußtseins der uns interessierenden Personengruppe sollen durch zwei Belege gestützt werden.

▸ Der erste Beleg ist biographischer Art. In der Nohl-Biographie seiner Schülerin Elisabeth Blochmann (Hermann Nohl in der pädagogischen Bewegung seiner Zeit. Göttingen 1969) heißt es auf den Seiten 17, 18 und 19 zunächst in Zitaten aus Nohls Aufzeichnungen: Unser Vater „hat uns zugänglich gemacht, was in seinen Mitteln stand und hat sich wie wenige Väter seinen Kindern gewidmet … Unsere Wohnstube – so hieß sie – hatte etwas von der Wohnstube Pestalozzis … Er ließ uns (gemeint ist nach dem Tode seiner ersten Frau) fleißig im Hause helfen, Tisch decken und abräumen, Messer putzen und Stiefel wichsen, Kartoffeln schälen und Bohnen schnipseln, Fußboden wischen und einkaufen, und alles mußte mit großer Schnelligkeit geschehen. Auch allerhand Handfertigkeiten mußte ich lernen, auch solche, die eigentlich mädchenhafte sind, wie Nähen und Sticken … Auf seinen Ruf mußten wir springen. Sehr viel wurde gesungen, und ich saß gern hinter dem Klavier, wenn er seine Sonaten spielte. Abends wurde vorgelesen. Die Freude am Buch hat er früh in mir geweckt, und sie ist der jugendliche Beginn der Gelehrsamkeit. Er war da durchaus großzügig, sowohl in dem, was er mich lesen ließ, als in dem Ausmaß an Büchern, die er mir schenkte, und ich hatte früh das Gefühl, ‚eine Bibliothek' zu besitzen …" „Das Schönste, was er uns mitgab, war die Idylle seiner Häuslichkeit … Die idyllische Lebensform, die uns Deutschen stets neben der faustischen einhergeht, war bewußt die seine der Garten, ein gutes Buch, seine liebe Frau (das ist die zweite Frau) und die Kinder … das gemütliche Vorlesen abends nach dem Essen, ein paar Freunde … und das Wandern durch die Natur …" „Bei aller Sorge für Frau und Kinder, die eigentlich immer mehr für sie tat als von ihnen verlangte, … war er doch unbedingt Herr in seinem Haus. Wie waren wir als Kinder auf sein ‚st' dressiert, mit dem er uns aus den größten Entfernungen heranholen konnte. Als ich während der Studienzeit in einem Streitgespräch mit ihm über Ibsen einmal zu dreist wurde, hieß es ,Solange Du die Beine unter meinen Tisch streckst, habe ich hier zu sagen!'" – E. Blochmann ergänzt: Das Lesen wurde früh seine (Nohls) große Leidenschaft, die der Vater ... klug unterstützte. Das väterliche Klavierspiel war daneben ein wichtiger Faktor im häuslichen Leben. „Die Beethoven-Sonaten, Schumann und Schubert sind mir von daher wie Urlaut vertraut geworden." (Nohl)

- Der zweite Beleg ist von anderer Art. Man kann die Bedeutung jener frühen und dann immer erneuten Auseinandersetzung mit der deutschen Philosophie und Literatur der Jahrzehnte zwischen etwa 1770 und 1830 für die Begründer der GP auch an dem Umfang ablesen, in dem sie sich später in ihren philosophischen und geisteswissenschaftlichen Arbeiten mit Denkern und Dichtern jener Epoche beschäftigten. Bei den folgenden Hinweisen werden die i. e. S. d. W. pädagogischen Arbeiten unserer Autoren jenes Zeitraums der Wende vom 18. zum 19. Jahrhundert, mit denen sich die geisteswissenschaftlichen Pädagogen bei der Entwicklung ihrer pädagogischen Theorie immer wieder auseinandergesetzt haben (bes. Pestalozzi, Herbart, Schleiermacher und Fröbel), zunächst ausgespart.

Die folgende Aufzählung charakteristischer Buchtitel dient nicht dem Zweck, daß Sie sich die genannten Titel einprägen sollen, sondern ausschließlich zur Konkretisierung der vorangehenden Aussagen.

Eduard Spranger

Wilhelm von Humboldt und die Humanitätsidee. Berlin 1909.
Wilhelm von Humboldt und die Reform des Bildungswesens. Berlin 1910.
Schillers Geistesart, gespiegelt in seinen philosophischen Schriften und Gedichten. Berlin 1941.
Goethes Weltanschauung (Reden und Aufsätze). Berlin 1942, 2. Aufl. Stuttgart 1946.

Hermann Nohl

Edition und Einleitung zu: Herders Werke in Auswahl. Berlin 1905.
Edition: Hegels theologische Jugendschriften. Tübingen 1907.
Schiller: Frankfurt/M. 1954.

Theodor Litt

Kant und Herder als Deuter der geistigen Welt. Leipzig 1930, 2. verbesserte Aufl. Heidelberg 1949.
Die Befreiung des geschichtlichen Bewußtseins durch J. G. Herder. Leipzig 1942.
Die Geschichte und das Übergeschichtliche (Rede zum Goethejahr). Hamburg 1949.
Goethes Naturanschauung und die exakte Naturwissenschaft, in: Litt: Naturwissenschaft und Menschenbildung. 2. Aufl. Heidelberg 1954.
Hegel. Versuch einer kritischen Erneuerung. Heidelberg 1953.

Wilhelm Flitner

Goethe im Spätwerk. Glaube, Weltsicht, Ethos. Hamburg 1947, 2. Aufl. Bremen 1957.

Europäische Gattung. Ursprung und Aufbau abendländischer Lebensformen. Zürich 1961. – Neufassung: Die Geschichte der abendländischen Lebensformen. München 1967.

Erich Weniger

Goethe und die Generale der Freiheitskriege. Geist, Bildung und Soldatentum. 2. erw. Aufl. Stuttgart 1959.

Rehberg und Stein (= Freiherr vom Stein). 1922, 1925.

Drittes Merkmal

3. Merkmal: Das gebildete Bürgertum im gesellschaftlichen Sozialgefüge

Als weiteres Charakteristikum wird hier auf den sozialen Ort der Gruppe des gebildeten Bürgertums im größeren gesellschaftlichen Zusammenhang an der Wende vom 19. zum 20. Jahrhundert hingewiesen. Zunächst soll dieser „soziale Ort“ mit Hilfe einer Sozialstrukturskizze angedeutet werden:

► *Zur Erläuterung der Sozialstrukturskizze**
Unter den Entwicklungstendenzen im angegebenen Zeitraum sind in der Skizze nur die beiden wichtigsten hervorgehoben worden: Die Gesamtbewegung vom Land zur Stadt und das Anwachsen der Industriearbeiterschaft im Zuge der ökonomisch-technisch-industriellen Entwicklung, wobei der Zuwachs vor allem aus den Gruppen der Landarbeiter, der Kleinbauern, der Handwerker und Gesellen stammte.

Die Umrandung des „gebildeten Bürgertums“ soll nicht nur formal die uns besonders interessierende Gruppe herausheben, sondern vor allem ihren eigentümlich abgehobenen Ort innerhalb der Gesamtgesellschaft kennzeichnen. Was die Formulierung „abgehobener Ort“ besagen soll, läßt sich vor allem negativ bestimmen:

- *Das „gebildete Bürgertum“ gehört nicht zu den ökonomisch einflußreichen Gruppen (dem Großgrundbesitz, der Großindustrie, den Großbanken und dem Großhandel).*
- *Es gehört jedoch auch nicht zu den ökonomisch gänzlich abhängigen, den lohnabhängigen Gruppen, die von den ökonomischen Entwicklungen des sich entfaltenden Industrie-Kapitalismus, den sich anbahnenden Monopolbildungen, der immer stärkeren Verlagerung von agrarischer und handwerklicher Produktion*

* In der Originalfassung findet sich folgende Erläuterung zur Abbildung in Form einer Marginalie, die wir hier aus Gründen der Übersichtlichkeit nicht als Marginalie gesetzt haben: Die Prozentzahlen links am Rand sind Schätzungen des Verfassers auf der Basis sozialgeschichtlicher Literatur (vgl. u. a. H. U. Wehler (Hrsg.): Moderne deutsche Sozialgeschichte Köln/Berlin 1966); sie beziehen sich jeweils auf die *ganze* daneben stehende Spalte.

zu städtisch-industrieller Produktion und den damit verbundenen Krisen direkt betroffen sind.

- *Die Angehörigen des „gebildeten Bürgertums" üben größtenteils nicht direkte staatliche Funktionen aus. Vielmehr sind die meisten Angehörigen dieser sozialen Gruppe beruflich in Bereichen tätig, die mindestens so lange relativ frei von politischen Eingriffen und Reglementierung bleiben, wie sich die Intellektuellen nicht ausdrücklich kritisch oder gar aktiv gegen die bestehenden politisch-ökonomisch-gesellschaftlichen Verhältnisse richteten. – Bedient man sich an dieser Stelle eines Grundmodells der marxistischen Gesellschaftstheorie, so läßt sich feststellen, daß das „gebildete Bürgertum" des Zeitraums zwischen 1870 und 1914/18 vorwiegend im Bereich des gesellschaftlichen Überbaus tätig war, und zwar größenteils in den Teilbezirken des Überbaus, die der gesellschaftlichen Basis, der materiellen Produktion, am fernsten standen: im Bereich von Wissenschaft, Unterricht, Kunstschaffen, Religion, Gesundheitswesen u. ä.*

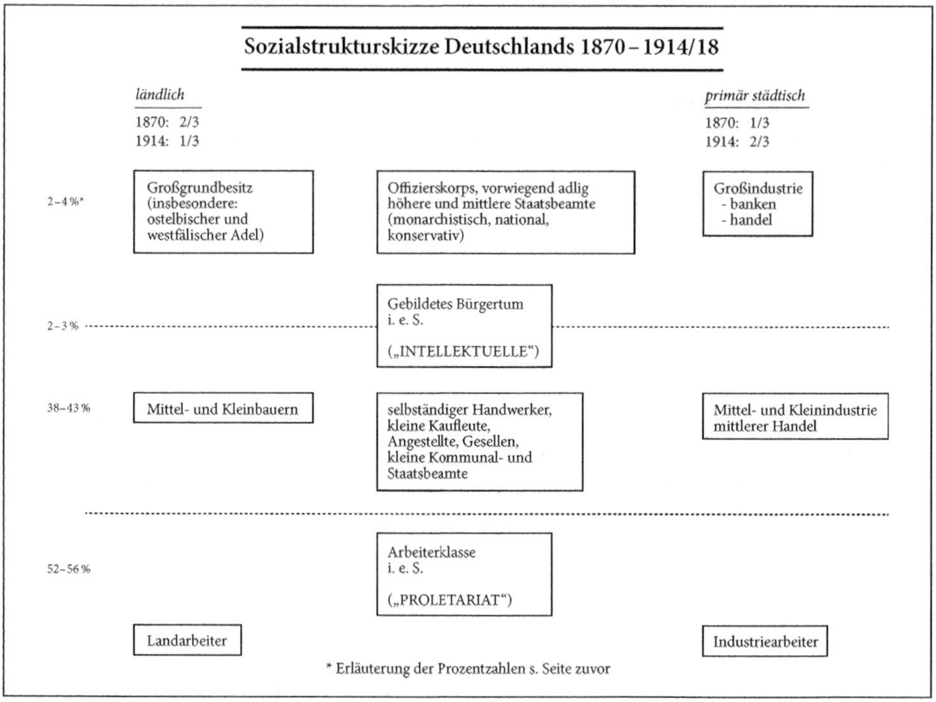

Sozialstrukturskizze Deutschlands 1870–1914/18

Für eine gesellschaftliche Gruppe, die objektiv eine solche relativ „abgehobene" Stellung innerhalb der Gesellschaft innehat, ist es von zentraler Bedeutung, ob sie ein differenziertes, gesellschaftlich-politisches Bewußtsein von ihrem sozialen Ort hat und ob sie daher ihr wissenschaftliches, kulturelles, pädagogisches Wirken als Handeln mit politisch-gesellschaftlichen Folgen oder aber fälschlich als „unpolitisch“, „politik- bzw. gesellschaftsfrei“ versteht. Vom überwiegenden Teil des Bildungsbürgertums zwischen 1870 und 1918 (und weitgehend auch darüber hinaus) wird man *nicht* sagen können, daß es sich seiner politisch-gesellschaftlichen Stellung und Funktion bewußt war. Selbst wo Angehörige dieser Gruppe ausdrücklich politisch Stellung bezogen, überschritten sie – von Teilgruppen abgesehen – nicht jene Spannbreite, die man durch die Pole „national-konservativ“ und „national-liberal“ andeuten kann. Konsequent demokratische bzw. parlamentarisch-sozialistische Positionen, die auf eine gleichberechtigte Mitbestimmungsmöglichkeit *aller* Bevölkerungsgruppen über politisch-gesellschaftliche Verhältnisse gerichtet gewesen waren, gab es im „gebildeten Bürgertum“ jener Zeit nur in Ausnahmefällen.

Viertes Merkmal

4. Merkmal: Wirtschaftliche Situation des Bildungsbürgertums

Die wirtschaftliche Situation des gebildeten Bürgertums wird man für die Mehrzahl – bei deutlichen Unterschieden im einzelnen – durch die Formel „bescheidener Wohlstand“ kennzeichnen können. Damit ist eine gesicherte Existenz gemeint, die z. B. die Teilnahme am Kulturleben der Zeit (Theater, Konzert, private Bibliothek) erlaubte, und eine Wohnsituation, die es gestattete, den Kindern etwa vom Pubertätsalter an ein eigenes Zimmer zur Verfügung zu stellen. – Keineswegs kann jedoch, gerade auch im Hinblick auf die uns interessierende Teilgruppe, von „bürgerlichem Reichtum“ gesprochen werden.

Fünftes Merkmal

5. Merkmal: Das Sozialprestige des Bildungsbürgertums

Das „gebildete Bürgertum“ genoß bei den übrigen gesellschaftlichen Gruppen ein hohes Ansehen, hatte ein ausgeprägtes soziales Prestige. Es galt als Repräsentant deutscher Kultur, d. h. vor allem deutscher Wissenschaft und Kunst, die ja erst seit dem Zeitraum zwischen 1770 und 1830 europäische und z. T. Weltgeltung erlangt hatte.

Sechstes Merkmal

6. Merkmal: Das Nationalbewußtsein des Bildungsbürgertums

Schon in den bisher genannten Bestimmungen ist ein Moment benannt worden, das nun gesondert hervorgehoben werden muß: die vorwiegend *nationale* Grundeinstellung des gebildeten Bürgertums, d. h. ein betontes Bewußtsein nationaler Eigenart, Nationalstolz im Sinne des Bewußtseins, Angehöriger einer großen, politisch geeinten und kulturell anerkannten Nation zu sein. Keinesfalls darf man diese Kennzeichnung im Sinne von „nationalsozialistischer“ und „chauvinistischer“ oder gar präfaschistischer Einstellung mißverstehen!

Das Nationalbewußtsein des gebildeten Bürgertums schloß die Anerkennung des Wertes und des Eigenrechts anderer Nationen und Kulturen ein!

Diese nationale Einstellung verband sich nun entweder mit einer konservativen politischen Grundauffassung – in dem Sinne, daß die politische Machtstellung des Kaisers, die starke Stellung des Adels, die Rechtmäßigkeit der innerhalb des Reiches geltenden Herrschaftsformen (Königreiche wie Preußen und Bayern, Großherzogtümer, Herzogtümer und Grafschaften) bejaht wurde und man das bis dahin erreichte, sehr begrenzte Maß von verfassungsmäßigen Rechten der Bürger und der Landtage bzw. des Reichstags für ausreichend hielt; oder sie verband sich mit liberalen Einstellungen, d. h. hier der Auffassung, die verfassungsmäßigen Bürgerrechte, vor allem die Wahlrechte und die Entscheidungs- und Kontrollbefugnisse des Reichstags und der Landtage mußten erheblich erweitert werden.

Auf ein betont nationales Bewußtsein stößt man auch in den Schriften der Begründer der GP sowohl vor dem Ende des ersten Weltkrieges als auch in der Zeit der Weimarer Republik, und dieses Merkmal ist auch ein wesentliches Moment ihrer pädagogischen Ideen.

Die nationale Grundeinstellung war in den Jahrzehnten vor und nach dem ersten Weltkrieg nicht etwa ein besonderes Kennzeichen des gebildeten Bürgertums, sie bestimmte vielmehr die Haltung des größten Teils der Bevölkerung. Auch große Teile der Arbeiterschaft und die „Sozialistische Arbeiterpartei Deutschlands" (die Vorläuferin der heutigen Sozialdemokratischen Partei) waren, mindestens im letzten Jahrzehnt vor 1914, national (noch einmal: nicht „nationalsozialistisch") eingestellt.

Um die verbreitete „Selbstverständlichkeit" nationaler Einstellung, die uns heute fremd geworden ist, zu verstehen, schalten wir an dieser Stelle einen knappen Exkurs mit erklärenden Hinweisen ein.

Exkurs zum sechsten Merkmal

Deutschland hat – im Unterschied zu anderen west- und nordeuropäischen Staaten (England, Frankreich, Belgien, Niederlande, skandinavische Staaten) – seine nationale Einheit verspätet, nämlich erst 1871 erreicht, und zwar als kleindeutsche Lösung ohne Österreich. Diese Einigung war das Ergebnis siegreicher Kriege Preußens gegen Dänemark (1864), Österreich (1866) und Frankreich (1870/71). Diese nationale Einigung erfolgte also unter der Vorherrschaft des größten und mächtigsten konservativ-monarchischen Teilstaates Preußens. Damit hatte der nationale Gedanke aber im Verhältnis zu seiner früheren Bedeutung eine entscheidende Veränderung erfahren:

Seit Beginn des 19. Jahrhunderts, vor allem seit den „Befreiungskriegen" gegen die Herrschaft Napoleons über deutsche Territorien, und bis in die Mitte der 60er Jahre des Jahrhunderts war der Gedanke der Nation, der politischen und kulturellen Einheit Deutschlands nicht etwa ein Leitgedanke der Politik der konservativen deutschen Monarchien, also auch nicht Preußens, und der sie stützenden gesellschaftlichen Gruppen und Institutionen des Land- und Militäradels, der höheren Beamtenschaft und weitgehend auch der Kirchen, gewesen. Der nationale Gedanke war bis dahin vielmehr vorwiegend mit zwei politischen Bestrebungen verbunden, die auf *Einschränkung* der Macht der konservativen Monarchien und auf eine Überwindung feudaler Privilegien (vor allem des Adels) gerichtet waren und von Gruppen des aufstrebenden Bürgertums getragen wurden (wobei solche Bestrebungen meist noch nicht mit konsequenten Demokratisierungsvorstellungen gleichgesetzt werden dürfen). Träger des „nationalen Gedankens" waren zum einen *jene* bürgerlichen Gruppen, die an der Entwicklung von Handel und Industrie im Sinne eines liberalen Kapitalismus interessiert waren. Für ihre Interessen bildeten die überkommenen feudalen oder halbfeudalen Produktions- und Herrschaftsverhältnisse in den vielen deutschen Klein- und Mittelstaaten Hindernisse der wirtschaftlichen Entwicklung: verschiedene Währungen, Zollschranken, Mangel an durchgehenden, leistungsfähigen Verkehrswegen und -mitteln, Einschränkung der Freizügigkeit des Handels, der Errichtung von Fabriken, der Berufswahl u. ä. All das waren Schranken für den Einsatz von Kapital dort, wo es gewinnträchtig angelegt werden und man Arbeitskräfte und/oder Absatzmärkte zu finden hoffen konnte.

Die Überwindung solcher Schranken war in der Sichtweise dieser Gruppen des ökonomisch aufstrebenden Bürgertums (die von der Gruppe des „Bildungsbürgertums" unterschieden werden müssen) an die Abschaffung des Klein- und Mittelstaatensystems und seiner Folgen gebunden. Die geforderte „nationale Einheit" wurde hier also vor allem als *politisch-ökonomische* Einheit und Liberalisierung verstanden. Den konservativen Gruppen galten solche Forderungen notwendigerweise als revolutionär, sie wurden bekämpft. Bismarck war – als preußischer Großgrundbesitzer – bis in die Mitte der 60er Jahre hinein in diesem Sinne ein entschiedener Gegner nationaler Einheitsbestrebungen!

Die andere Gruppe innerhalb des Bürgertums, die bis zur Gründung des 2. Deutschen Reiches 1871 *gegen* die herrschenden politischen Mächte den Gedanken der nationalen Einheit vertraten, waren – sozialgeschichtlich gesehen – die Vorläufer jenes „gebildeten Bürgertums" der Jahrzehnte vor und nach 1900, aus dem die Begründer der GP hervorgingen. Diese zweite Gruppe des Bürgertums im ersten und zweiten Drittel des 19. Jahrhunderts – man konnte sie abkürzend „Intellektuelle" nennen – trat z. T. in Verbindung mit dem ökonomisch aufstrebenden Teil des Bürgertums, z. T. unabhängig davon für die Erweiterung von Bürgerrechten in den Verfassungen, für eine Stärkung der Parlamente bzw. Landtage gegenüber den Regierungen, für Mitwirkungsrechte in den Städten und Gemeinden, für Meinungs- und Glaubensfreiheit, für wissenschaftliche und künstlerische Betätigungsfreiheit ein. Auch diesen Gruppen schienen die überkommenen Herrschaftsverhältnisse eines der entscheidenden Hemmnisse für die Verwirklichung ihrer Forderungen zu sein, und daher verband sich ihr Eintreten für politisch-kulturelle liberale Ideen mit der Forderung nach Herstellung der nationalen Einheit und der Einrichtung einer parlamentarischen Volksvertretung für das ganze Deutschland mit weitreichenden Mitentscheidungs- und Kontrollrechten.

Die entscheidenden Wortführer der Revolution von 1840 und des ersten, kurzlebigen deutschen Parlaments (Frankfurter Paulskirchen-Parlament) gehörten vorwiegend den beiden vorher gekennzeichneten Gruppen des Bürgertums, vor allem aber der zuletzt genannten Gruppierung an („Professoren-" und „Juristenparlament").

Zusammenfassend kann man feststellen: Der nationale Gedanke war bis kurz vor der Reichsgründung 1870/71 mit wirtschaftlichen und kulturellen Liberalisierungsbestrebungen verbunden, er war „republikanisch", d.h. hier auf verfassungsmäßige Beschränkung der Rechte der Monarchen und auf Abbau feudaler Privilegien gerichtet und bei seinen konsequentesten Vertretern tendenziell demokratisch.

Die Reichsgründung 1870/71 erfolgte nicht unter solchen Leitideen, sondern, wie bereits betont, unter Führung der stärksten monarchisch-konservativen Macht in Deutschland (Preußen), deren König nun zugleich deutscher Kaiser und dessen Ministerpräsident Kanzler des neuen Reiches wurde. Die nationale Einigung war also keineswegs jene, für die das liberale Bürgertum, insbesondere sein politisch-kulturell engagierter Flügel, gekämpft hatte. 1871 bezeichnete nicht den Beginn eines liberalen, tendenziell republikanischen nationalen Rechts- und Kulturstaates, sondern den Übergang zu einem monarchisch-autoritär organisierten nationalen Machtstaat. Der Gedanke des Nationalen verlor damit seine oppositionelle Funktion gegen obrigkeitsstaatliche Verhältnisse und Tendenzen.

Soweit die einstigen Anhänger des ursprünglich liberalen Nationalgedankens und die nach 1871 heranwachsende Generation diesen Bedeutungs- und Funktionswandel des „nationalen Prinzips" verkannten, konnten sie meinen, die zentralen politischen Zielsetzungen, für die die „national Eingestellten" seit Beginn des 19. Jahrhunderts eingetreten waren, seien 1871 erfüllt worden. Man konnte diesem Irrtum freilich nur verfallen, wenn das mit dem nationalen Ziel einst untrennbar verbundene zweite Ziel, die Durchsetzung liberal-republikanischer Verhältnisse, vergessen wurde oder wenn man der Illusion verfiel, solche Ziele würden sich im Rahmen des deutschen Kaiserreiches verwirklichen lassen oder gar allmählich „von selbst" ergeben

Der vorher skizzierte, weithin verkannte Bedeutungswandel des nationalen Gedankens ist wohl eine der entscheidenden Ursachen für einen Prozeß, der (ähnlich wie schon in der Restaurationszeit nach 1815 und dann wieder nach 1848) in den Jahrzehnten nach 1871 zu beobachten ist: die „Entpolitisierung" der ursprünglich „fortschrittlichen", liberalen, tendenziell republikanisch eingestellten Gruppen des Bürgertums, nicht zuletzt des „Bildungsbürgertums". Mit dieser Feststellung ist die Brücke zu den uns interessierenden Angehörigen der „letzten Vorweltkriegsgeneration" geschlagen: Soweit ich sehe, wachsen Spranger, Nohl und Litt bis weit in ihr 4. Lebensjahrzehnt, Flitner und Weniger bis zum Beginn bzw. der Mitte ihres 3. Lebensjahrzehnts im geistigen Einflußfeld eines weitgehend „entpolitisierten" Bildungsbürgertums ihrer Familien, ihrer Väter und Lehrer, ihres Freundes-, Bekannten- und Verwandtenkreises, der Schulen und Universitäten auf.

Dieser dominierende Zug soll hier durch wenige selbstbiographische Aussagen Eduard Sprangers veranschaulicht werden. In einer „kurzen Selbstdarstellung" vom Jahre 1961 heißt es: „Mitten im belebtesten Zentrum des damaligen Berlin als einziges Kind meiner Eltern aufwachsend, konnte ich ein reiches Phantasieleben führen, umgeben von den Schätzen eines Spielzeugladens … An äußeren Eindrücken waren maßgebend der alte Kaiser, Bismarck, die zur Parade marschierenden farbenreichen Regimenter, das ganze kaiserliche, künstlerische, altbürgerliche Berlin der Vor-Kurfürstendammzeit" (gemeint ist das Berlin vor der Weimarer Zeit, W. Kl.) (vgl. Eduard Spranger, sein Werk und sein Leben, hrsg. von H. W. Bahr und H. Wenke, Heidelberg 1964, S. 13) und in einem Aufsatz über „Fünf Jugendgenerationen 1900–1949" sagt Spranger über die Jugend *seiner*, der „letzten Vorkriegsgeneration": „Eigentliche Kulturprobleme hatten wir nicht. Das Gesamtleben unseres Volkes und unseres Staates schien den Bürgerlichen in guter Ordnung zu sein. Wir wollten ernsthaft Wissenschaft treiben und hatten Vertrauen zur bestehenden Wissenschaft" (in: E. Spranger: Pädagogische Perspektive, 3. Aufl. Heidelberg 1955, S. 27).

Siebentes Merkmal

7. Merkmal: Die industrielle Entwicklung

Auch die jetzt zu erläuternde Bestimmung klang bereits im Vorangehenden mehrfach an. Sie ist negativer Art: Es soll hier auf eine ökonomisch-gesellschaftlich-politische Entwicklung hingewiesen werden, die von größter historischer Tragweite war, die aber in das Bewußtsein jenes gebildeten Bürgertums und der uns besonders interessierenden Personengruppe bis in den Ersten Weltkrieg hinein nicht oder kaum eingegangen ist.

In der zweiten Hälfte des 19. Jahrhunderts beschleunigt sich – im Vergleich mit England und Frankreich verspätet – die industrielle Entwicklung, vor allem nach 1871; die ersten Jahre nach der Gründung des zweiten deutschen Reiches werden in der Wirtschaftsgeschichte Deutschlands oft als die „Gründerjahre" bezeichnet. – Parallel vollzog sich in den Jahrzehnten vor und nach 1900 eine starke Vermehrung der Gesamtbevölkerung, die Schwergewichtsverlagerung „vom Land zur Stadt" (vgl. die Sozialstrukturskizze auf S. 73) und die rasche Zunahme der Industriearbeiterschaft: Bei etwa 50 Millionen Einwohnern gibt es 1895 in Deutschland etwa 6 Millionen Industriearbeiter, 1907 8 1/2 Millionen. Rechnet man die Familienangehörigen dieser Arbeitskräfte hinzu, so ergeben sich etwa 40 % der Gesamtbevölkerung, zusammen mit den etwa 15 % Landarbeiterfamilien etwa 55 %.

Beginnende Organisation der Arbeiterschaft

Der gesellschaftliche und politische Organisationsprozeß der Arbeiterschaft setzte vor allem nach 1840 ein. Einerseits entstehen verschiedene Gewerkschaften, andererseits entwickelt sich die spätere Sozialdemokratische Partei bzw. die „Sozialistische Arbeiterpartei Deutschlands" auf dem Wege über drei Hauptstationen:

- 1863 Gründung des „Allgemeinen Deutschen Arbeitervereins" (Ferdinand Lassalle).
- 1869 Gründung der „Sozialdemokratischen Arbeiterpartei" (Wilhelm Liebknecht und August Bebel).
- 1875 Vereinigung zur „Sozialistischen Arbeiterpartei Deutschlands".

Ihr kontinuierliches Anwachsen konnte durch das „Sozialistengesetz" (1870–1890), das die Partei zwar nicht verbot, aber ihre Wirksamkeit (Versammlungen, Werbung, Publizistik) einschränkte, wohl gebremst, aber langfristig nicht verhindert werden. Ab 1912 stellte die „Sozialistische Arbeiterpartei Deutschlands" im Deutschen Reichstag die stärkste Einzelfraktion, obgleich sie nur etwa die Hälfte aller Stimmen der Arbeiterschaft auf sich vereinigte.

Dieser Prozeß löste nun auf der Seite aller nichtsozialistischen Gruppen und Parteien einen charakteristischen Konsolidierungsprozeß aus: 1848 noch hatten die Liberalen und solche Gruppen, die man als Vorläufer der Sozialdemokratie betrachten kann, zusammen gegen den Monarchismus der deutschen Klein- und Mittelstaaten gekämpft. Ab 1866 und verstärkt nach 1871 machte die Mehrheit der einstigen Liberalen, die „Nationalliberalen", jedoch weitgehend ihren Frieden mit Bismarck bzw. dem neuen Kaiserreich. Angesichts der erstarkenden Sozialdemokratie wurden in den folgenden 30–40 Jahren auch weitere Interessengegensätze zwischen den nichtsozialistischen Gruppen abgeschwächt, nicht nur zwischen Liberalen und Konservativen, sondern vor allem auch zwischen Großgrundbesitz und Großindustrie, zwischen Großindustrie und -handel einerseits und Klein- und Mittelindustrie andererseits. Das „nationale Motiv" verband sich jetzt zunehmend mit einer anti-sozialdemokratischen Einstellung, obwohl die deutschen Sozialdemokraten jener Zeit keineswegs als anti-national bezeichnet werden können: Der Gedanke der internationalen Solidarität der Arbeiterklasse war zwar antikapitalistisch (seit der Jahrhundertwende mit einer zunehmend auf schrittweise Revision, nicht auf revolutionären Umsturz gerichteten Zielsetzung), aber er konnte sich durchaus mit der Bejahung des Gedankens nationaler Einheit und einer national geprägten deutschen Kultur verbinden. – Hat das „gebildete Bürgertum" jene fundamentalen ökonomisch-gesellschaftlich-politischen Prozesse seit der zweiten Hälfte des 19. Jahrhunderts, die „soziale Frage" im Sinne des Aufkommens und der demokratischen Ansprüche und Ziele der Arbeiterschaft, die der sich entwickelnde Kapitalismus hervorgebracht hatte, wahrgenommen, durchdacht, dazu politisch reflektiert Stellung bezogen? Die Antwort muß für die Mehrheit dieser sozialen Gruppe lauten: Nein. Und dieses Urteil gilt, wenn ich recht sehe, auch für die Entwicklung der uns interessierenden Personengruppe der späteren Begründer der GP innerhalb ihres Sozialisationsraumes, mindestens bis in den Ersten Weltkrieg hinein. Es sei hier noch einmal an die Selbstaussage Eduard Sprangers, die m. E. als im wesentlichen repräsentativ gelten kann, erinnert. „Das Gesamtleben unseres Volkes und unseres Staates schien den Bürgerlichen in guter Ordnung zu sein."

Die mangelhafte Einsicht des Bildungsbürgertums in die sozialen Probleme der Zeit

4 Die engagierte Hinwendung Nohls, Sprangers, Litts, Flitners und Wenigers zur Pädagogik unter dem Eindruck des Ersten Weltkrieges

4.1 Die Bedeutung der Weltkriegserfahrung

Schon an früherer Stelle wurde vorausgreifend betont, daß die entschiedene Hinwendung Nohls, Sprangers, Litts, Flitners und Wenigers zur Pädagogik, ihr Entschluß, die wissenschaftliche, gleichwohl praxisorientierte Beschäftigung mit Erziehungsproblemen zum Mittelpunkt oder mindestens zu einem der Brennpunkte ihrer zukünftigen beruflichen Tätigkeit zu machen, unter dem Eindruck des Ersten Weltkrieges und vor allem des Weltkriegsendes erfolgte.

Begrenzte Bedeutung der Pädagogik vor dem Ersten Weltkrieg bei den späteren Begründern der GP

Allerdings traten pädagogische Probleme nicht erst zu diesem Zeitpunkt in ihren Gesichtskreis: Schon Sprangers Leipziger Professur betraf Philosophie und Pädagogik, und in seinen frühen Humboldt-Arbeiten stand einerseits das Bildungsverständnis und andererseits die Frage der Bildungsorganisation im beginnenden 19. Jahrhundert im Mittelpunkt. Auch Nohl hatte bereits vor dem Ersten Weltkrieg als Philosophiedozent in Jena eine pädagogische Vorlesung gehalten, und er veröffentlichte 1915 zwei pädagogische Aufsätze.[6] In Flitners Dissertation über einen Jenaer Studentenbund des ausgehenden 18. Jahrhunderts (1913)[7] bildeten Fragen der Selbstbildung einen wichtigen Aspekt, überdies mußten Flitner und Litt sich als Gymnasiallehrer natürlich mit praktisch-pädagogischen Fragen auseinandersetzen.

Aber bei keinem der Genannten stand das Problem der Pädagogik als Wissenschaft bereits vor 1917/18 im Zentrum ihres Denkens, und die Idee, eine Neubegründung der Pädagogik in Angriff zu nehmen, klang allenfalls bei Nohl gelegentlich als mögliche Zukunftsaufgabe an.

Weltkriegserfahrung

Wir zitieren zunächst zwei beispielhafte Belege für die engagierte Hinwendung Nohls und Litts zur Pädagogik unter dem Einfluß des Weltkrieges:

---

6 „Die pädagogischen Gegensätze" und „Das Verhältnis der Generationen", wieder abgedruckt in H. Nohl: Pädagogische Aufsätze. 2. Aufl. Langensalza 1929, S. 100–110 und S. 111–120.

7 W. Flitner: August Ludwig Hülsen und der Bund der freien Männer. Jena 1913.

W. Klafki, *Geisteswissenschaftliche Pädagogik*, Neuere Geschichte der Pädagogik,
https://doi.org/10.1007/978-3-658-37172-2_6

- H. Nohl: Aus dem Vorwort zur Aufsatzsammlung „Pädagogische und politische Aufsätze“, das Nohl im November 1918 noch als Soldat schrieb: „Ich möchte mir mit diesem Büchlein ... einen ersten Grund legen für die Tätigkeit, an die ich nach meiner Rückkehr ... meine besten Kräfte wenden möchte, die pädagogische Arbeit. Es gibt kein anderes Heilmittel für das Unglück unseres Volkes als die neue Erziehung seiner Jugend zu froher, tapferer, schöpferischer Leistung“ (vgl. die Titel „Pädagogische Aufsätze“, Langensalza 1929, „Vorwort zur ersten Auflage“).

- Theodor Litt sagt in einem Brief an Paul Oestreich (abgedruckt in der Zeitschrift „Die neue Erziehung“, 6. Jahrgang, H. 8, 1924, S. 369), seine Veröffentlichungen ließen folgendes klar erkennen „daß die letzte Wurzel und das treibende Motiv meines gesamten kulturphilosophischen und pädagogischen Denkens in nichts anderem zu suchen sei, als in der tiefen Erschütterung, die Anblick und Miterleben des seit 1914 dahinrasenden Völkerschicksals in mir hervorgerufen hat“.

Es muß nun gefragt werden, welche Erfahrungen und Erkenntnisse es waren, die bei Nohl, Litt, Spranger, Flitner und Weniger seit den letzten Jahren des Ersten Weltkrieges oder unmittelbar danach jene entschiedene Zuwendung zur Pädagogik auslösten, die zur Entwicklung der GP und ihren starken Auswirkungen führte. Zugleich muß sich das Interesse aber auf die Frage richten, ob dieses neue und verstärkte pädagogische Engagement auch mit Veränderungen des allgemeinen politisch-gesellschaftlich-kulturellen Bewußtseins der fraglichen Gruppe einherging (vgl. dazu noch einmal das siebente Merkmal im vorangehenden Abschnitt).

Der begrenzte Raum und weitgehend auch die Quellenlage erlauben es nicht, diesen Vorgang hier im einzelnen nachzuzeichnen. Nur für Nohl enthält der entsprechende Abschnitt der Biographie von E. Blochmann bereits wichtige Vorarbeiten (vgl. E. Blochmann: H. Nohl in der pädagogischen Bewegung seiner Zeit. Göttingen 1969, Kapitel: „Der Erste Weltkrieg und sein Ende“, S. 70–88). – Insofern sind die folgenden Aussagen als Vermutung einzustufen, die gründlicher Überprüfung bedürften. Unter diesem Vorbehalt kann man jene vorher gestellten Fragen unter drei Gesichtspunkten beantworten:

Grenzen der historischen Situationsanalyse nach dem Ersten Weltkrieg bei den Begründern der GP

1) Die nationale (nicht nationalistische!) Grundeinstellung hat sich als solche nicht prinzipiell verändert. Da sie bei unseren Autoren immer mit der Anerkennung der nationalen Eigenart anderer Völker und ihrer Kulturen verbunden gewesen war, war sie weder vor noch nach dem Ersten Weltkrieg in Gefahr, chauvinistisch zu werden.
2) Auch nach dem Kriegsende vermißt man bei den uns interessierenden Autoren grundsätzlichere historisch-politische Analysen der Weltkriegsursachen, Analysen, die diesen Krieg als Konflikt zwischen den imperialistischen Tendenzen verschiedener Staaten und Staatengruppen,
   - Industrie- und Kolonialmächte wie England, Frankreich und Deutschland,

- Agrarstaaten wie Rußland,
- Vielvölkerstaaten wie Österreich und die Türkei, die gegenüber den auf Verselbständigung drängenden Teilvölkern ihre Herrschaft aufrecht zu erhalten versuchten,

zu verstehen versucht und in diesem Zusammenhang die große Bedeutung wirtschaftlicher Interessen ins Auge gefaßt hätten.

3) Wenn Nohl, Litt, Spranger, Flitner und Weniger die Situation nach 1918 dennoch als eine Krisensituation betrachteten, auf die sie insbesondere pädagogisch (im Sinne einer praxisbezogenen pädagogischen Theorie) zu antworten beabsichtigten, so bezieht sich dieses Krisenbewußtsein vor allem auf unmittelbar ins Auge springende Spannungen und Konflikte. Man sieht nun, daß die Vorstellung von der Einheit des deutschen Volkes und der nationalen Kultur, sofern damit Wirklichkeit beschrieben werden sollte, eine Fiktion gewesen war. Man erkennt vielmehr, daß die Gesellschaft in soziale Gruppen zerspalten ist, daß es weitreichende soziale Ungleichheit gibt, daß sich die unterschiedlichen Interessenlagen der sozialen Gruppen in den Kämpfen der politischen Parteien widerspiegeln, daß es eine für alle Deutschen gemeinsame Kultur, an der alle in weitgehend ähnlicher Weise hätten teilnehmen können, nicht gibt und daß der alte Obrigkeitsstaat keineswegs der Ausdruck einer übergreifenden nationalen Gemeinsamkeit gewesen war. Vor allem erkennt man die bisherige Unterprivilegierung breiter sozialer Schichten hinsichtlich der Teilhabe an Kultur und Bildung. Aber man stößt auch hier über das Registrieren solcher Erscheinungen nicht zu einer hinreichend gründlichen Analyse wirtschaftlicher, gesellschaftlicher und politischer Ursachen (mindestens: *möglicher* Ursachen) jener Tatbestände vor. Die Krise sollte primär durch eine geistig-kulturelle Erneuerung bewältigt werden, durch Volkserziehung in einem umfassenden Sinne des Wortes, durch Entwicklung eines neuen Volks-, Kultur- und Lebensideals, das die Scheidung zwischen Gebildeten und Ungebildeten überwinden und an dem alle nach Maßgabe ihrer Fähigkeiten und ihres Interesses teilhaben sollten. Von diesem Kern geistig-kultureller Erneuerung durch Erziehung aus hoffte man dann auch, die gesellschaftlichen und wirtschaftlichen Widersprüche und Interessengegensätze und die krassen Ungleichheiten schrittweise beseitigen zu können.

Es ist also nicht so, wie es in der Kritik an der GP bisweilen behauptet wird, daß ihre Begründer die Notwendigkeit wirtschaftlicher, gesellschaftlicher und politischer Veränderungen überhaupt nicht gesehen hätten. Richtig ist jedoch, daß sie die fundamentale Bedeutung wirtschaftlicher, gesellschaftlicher und politischer Zusammenhänge und die Notwendigkeit, gerade im Sinne auch ihrer pädagogischen Zielvorstellungen grundlegende Demokratisierungsprozesse zu fordern und sich dafür einzusetzen, sie also politisch zu erkämpfen und eine Reform der Erziehung in diesen größeren Zusammenhang hineinzustellen, nicht erkannt haben.

Vorgriff auf die Zeit nach dem Zweiten Weltkrieg

Im Vorblick auf die weitere Entwicklung sei bereits an dieser Stelle betont: Die eben angesprochenen Erkenntnisgrenzen hat die GP auch in der Folgezeit bis 1933 sowie in der Zeit von 1945 bis gegen Ende der 50er Jahre nur in begrenzten Ansätzen überwunden. Relativ am weitesten sind in dieser Hinsicht Theodor Litt und Erich Weniger vorgestoßen, vor allem in ihren Beiträgen zur politischen Bildung insbesondere nach 1945 (vgl. die 4. Kurseinheit).

4.2 Geisteswissenschaftliche Pädagogik und Reformpädagogik

Bedeutung der Reformpädagogik für die Entwicklung der GP

Zentrale Bedeutung für die Ausgestaltung der GP in der Phase zwischen 1917 und 1933 gewann der Tatbestand, daß in dieser Zeit die „Reformpädagogik" (auch „Pädagogische Bewegung" genannt), ihre Blütezeit erreichte. – Die Begriffe „Reformpädagogik" oder „Pädagogische Bewegung" sind Sammelbezeichnungen für eine erhebliche Anzahl pädagogischer Programme, Gruppen, „Schulen" und damit verbundener praktischer Aktivitäten, die sich seit den letzten Jahren des 19. Jahrhunderts entwickelten. In jeweils unterschiedlichem Umfang und verschiedenen Interpretationen gingen in diese reformpädagogischen Bestrebungen starke Anregungen aus gesellschaftlichen, kulturellen und politischen Bewegungen des ausgehenden 19. und des beginnenden 20. Jahrhunderts ein: aus der „Kulturkritik" (Nietzsche, Lagarde, Langbehn u. a.), der Frauenbewegung, der „sozialen Bewegung" eher bürgerlicher und z. T. entschieden christlicher Prägung, der Arbeiterbewegung und verschiedener Varianten des Sozialismus, schließlich mancher „lebensreformerischer" Ansätze. – Die meisten reformpädagogischen Programme und Gruppen konzentrierten sich vorwiegend auf bestimmte pädagogische Problemfelder und brachten sie – jeweils differenziert nach unterschiedlichen Richtungen – z. T. erstmalig in großem Maßstabe ins öffentliche bzw. politische Bewußtsein, bauten neue pädagogische Arbeitsbereiche bzw. Institutionen auf oder erreichten, daß der Staat, die Kommunen, bereits bestehende oder neu sich bildende „freie Träger" (Kirche, gesellschaftliche Organisationen, Verbände) entsprechend aktiv wurden; das gilt etwa für die „Volkshochschulbewegung" oder die „Sozialpädagogische Bewegung" (die die Kindergartenpädagogik mitumfaßte). Andere Teilströmungen der Reformpädagogik zielten vor allem auf mehr oder minder weitreichende Veränderungen überkommener pädagogischer Institutionen, hier ist vor allem die Schule zu nennen, auf deren Reform sich besonders viele, z. T. kooperierende, z. T. konkurrierende Ansätze richteten: die Landerziehungsheimbewegung und die Kunsterziehungsbewegung, die „Pädagogik vom Kinde aus" und die „Arbeitsschulbewegung" (die wiederum mehrere Teilströmungen umfaßte), die „Lebensgemeinschaftsschulbewegung", die „Ganzheitspädagogik", die Erlebnispädagogik und die „Gesamtunterrichtsbewegung", weiterhin die Waldorfschulbewegung und die demokratisch-sozialistisch orientierte Gruppe der „Entschiedenen Schulreformer" um Paul Oestreich, die das Konzept der „Elastischen Einheitsschule" und – als Zukunftsperspektive – die „Produktionsschule" entwickelte, darüber hinaus aber auch Reformvorstellungen für die Sozialpädagogik und die Erwachsenenbildung vertrat.

Kritik der Reformpädagogik an der traditionellen Erziehungs- und Bildungspraxis

Wie unterschiedlich die verschiedenen Richtungen der Reformpädagogik im einzelnen auch sein mochten, gemeinsam war ihnen die Gegnerschaft gegen die dominierenden Tendenzen des überkommenen instituionalisierten Erziehungs- und Bildungswesens und auch der nicht-instituionalisierten Erziehung: den autoritären Erziehungsstil, die vorherrschende Vorstellung vom jungen Menschen als zu disziplinierendem, zu kontrollierendem, zu rezeptivem Lernen anzuhaltendem Zögling; den Mangel an Anregungen und Hilfen zur Entwicklung von Selbständigkeit und Selbsttätigkeit; die Vernachlässigung der Freisetzung und Ermutigung zu Kreativität, zu eigenem Denken und Handeln; auf die Schule bezogen: die einseitige Betonung kognitiver Lehranforderungen, m. a. W.: die Vernachlässigung der emotionalen Bedürfnisse und der praktischen Interessen und Fähigkeiten der Kinder, die lebensferne, Kindern und Jugendlichen nicht gemäße Inhaltlichkeit des vorwaltenden Unterrichts, den Mangel an „Schulleben", die Verkennung der Bedeutung sozialer Beziehungen, eines kind- und jugendgemäßen „Gemeinschaftslebens".

Als Inkarnation all solcher Defizite erschien – in schulpädagogischer Perspektive – die „alte Schule", die autoritäre „Lern- und Paukschule", und als theoretische Entsprechung galt den schulpädagogisch engagierten Reformern die Pädagogik der Herbartianer (die oft fälschlich mit der Herbarts gleichgesetzt wurde). Die Reformpädagogik hat, je stärker sie bis zum Ersten Weltkrieg und vor allem in der Weimarer Republik zum Zuge kam und im pädagogischen Bewußtsein von Erziehern und Lehrern sowie in der pädagogisch interessierten Öffentlichkeit Widerhall fand, den Niedergang des Herbartianismus besiegelt.

Praktisches Engagement einiger Vertreter der GP in der Reformpädagogik

Einige der Vertreter der GP waren an reformpädagogischen Initiativen direkt beteiligt, so Nohl, Weniger und Flitner an der Volkshochschulbewegung, Nohl und Weniger außerdem an der „Sozialpädagogischen Bewegung".

Der Bezug der pädagogischen Theorie der GP zur Reformpädagogik

Im vorliegenden Zusammenhang ist aber vor allem der Tatbestand von Bedeutung, daß die GP sich in ihrer pädagogischen Theoriearbeit im großem Umfang auf die Reformpädagogik bezog, dies freilich in unterschiedlichem Ausmaß und mit unterschiedlicher Zielrichtung: Die sogenannte „Göttinger Richtung" der GP, die von Nohl begründet wurde und der sich dann Weniger und Flitner anschlossen, verstand sich sogar primär als Theorie der „pädagogischen Bewegung". Das bedeutete sie identifizierte sich mit den zentralen Motiven dieser Bewegung, wollte ihr aus diesem Engagement heraus aber zugleich zu einem wissenschaftlich reflektierten Selbstverständnis verhelfen, indem sie die historischen Zusammenhänge, in denen die Reformpädagogik stand, herauszuarbeiten, die aktuellen Wirkungsbedingungen aufzuklären, die programmatischen Begriffe („Selbsttätigkeit", „Ganzheit", „Arbeit" als pädagogische Kategorie, „Erlebnis" usw.) zu präzisieren, die internen Kontroversen aufzuhellen und ggf. aufzulösen versuchte. Im Unterschied zu Nohl, Weniger und Flitner stand Litt wesentlichen Leitvorstellungen der Reformpädagogik eher kritisch gegenüber und war bestrebt, dieser Bewegung als Theoretiker zu einer realistischeren

Selbsteinschätzung und damit zu selbstkritischer Reduktion ihrer (seiner Auffassung nach) vielfach übersteigerten Reformansprüche zu verhelfen. Sprangers Stellung zur Reformpädagogik ist m. E. vielschichtiger. Wie sehr er ihr in mancher Hinsicht aber verbunden war, zeigt z. B. seine originelle „Psychologie des Jugendalters" (Erstauflage 1924), die in der Folgezeit breiteste Wirkung erzielte (1932: 16. Aufl.) und nach 1945 mehrfach wieder aufgelegt wurde (1963: 27. Auflage!). Das Bild des (männlichen) Jugendlichen, das Spranger in diesem Werk, das als pädagogische Psychologie angelegt ist, zeichnet, trägt weithin die – freilich idealisierten – Züge des typischen Jugendlichen der frühen Jugendbewegung.

Literaturhinweise zur Reformpädagogik und zum Verhältnis der GP zu ihr

Die deutsche Reformpädagogik, hrsg. von Wilhelm Flitner und Gerhard Kudritzki. Quellentexte mit Einleitung und ausführlichen Anmerkungen durch die Herausgeber sowie bibliographischen Hinweisen. Bd. 1: Die Pioniere der Pädagogischen Bewegung. Düsseldorf 1961. – Bd. 2: Ausbau und Selbstkritik. Düsseldorf 1962.

Die Reformpädagogik des Auslands, hrsg. von Hermann Röhrs. Quellentexte mit Einleitung und Anmerkungen durch den Herausgeber sowie Bibliographie. Düsseldorf 1965.

Wolfgang Scheibe: Die Reformpädagogische Bewegung. 7. Aufl. Weinheim 1980.

Hermann Röhrs: Die Reformpädagogik. 2. Aufl. Hannover 1983.

Weiterführend:

Jürgen Oelkers: Reformpädagogik. Eine kritische Dogmengeschichte. Weinheim/München 1989.

Zur Bedeutung der Reformpädagogik aus der Sicht der „Göttinger Schule" der GP:

Hermann Nohl: Die pädagogische Bewegung und ihre Theorie. Langensalza 1933. 4. Aufl. Frankfurt/M 1957. 1. Teil, S. 3–102.

Zur Fortführung der Reformpädagogik in der Gegenwart:

Hermann Röhrs (Hrsg.): Die Schulen der Reformpädagogik heute. Düsseldorf 1986.

4.3 Geisteswissenschaftliche Pädagogik und Nationalsozialismus – Hinweis auf ein Kontroverse

In diesem Abschnitt soll auf eine komplizierte Frage aufmerksam gemacht werden, die seit 1985/86 diskutiert wird, vor allem aber seit 1988 zu scharfen Kontroversen in der Erziehungswissenschaft der Bundesrepublik geführt hat. Es geht dabei um das Verhältnis der Vertreter der GP zum Nationalsozialismus. In erheblichem Maße überschneidet sich diese Diskussion mit entsprechenden Auseinandersetzungen über die Frage, wie sich einzelne „Schulen" und Vertreter der Reformpädagogik zum aufkommenden Faschismus und seiner extremsten Form, dem deutschen Nationalsozialismus vor 1933 gestellt und wie sie im Jahre 1933 sowie in den folgenden Jahren auf das nationalsozialistische Herrschaftssystem reagiert haben. Hier gibt es seit 1988 besonders scharf geführte Debatten über die Position Peter Petersens. Da Petersen sich aber als Erziehungswissenschaftler weder selbst zur GP gezählt hat noch von den Vertretern der GP dazugerechnet worden ist, wiewohl sie sein Schulkonzept, die Jenaplan-Schule als Lebensgemeinschaftsschule, als einen der bedeutendsten schulpädagogi- **Parallele zur Kontroverse über Petersen** schen Ansätze der Reformbewegung gewürdigt haben, wird die Petersen-Diskussion im folgenden nicht ausdrücklich einbezogen.

Im folgenden knüpfen wir an die knappen Informationen im Abschnitt 2.1. an.

Zwei Kontroverspositionen zur Frage GP und Nationalsozialismus

In der Auseinandersetzung um „GP und Nationalsozialismus" stehen sich derzeit zwei Kontroverspositionen in einem z.T. leidenschaftlich geführten Disput gegenüber, darüber hinaus gibt es wichtige Beiträge von Autoren, die sich nicht generell der einen oder der anderen Position zuordnen lassen; hier ist vor allem Karl-Christoph Lingelbach zu nennen.

Die Grundtendenzen der beiden Kontroverspositionen können hier nur in knapper und vereinfachender Reduktion gekennzeichnet werden.

Die erste Position

Affinität zwischen Elementen der GP und der NS-Programmatik

Distanz-Momente

Spranger und Flitner zur „Machtübernahme" 1933

Wenigers Militärpädagogik

Die erste Position, die vor allem von Wolfgang Keim, Adalbert Rang, Heinrich Kupffer und Kurt Beutler vertreten wird, betont, daß man weitgehende Ähnlichkeiten, wenn nicht gar Identitäten zwischen politisch und pädagogisch wichtigen Elementen im Denken „der" GP in den 20er und 30er Jahren, mindestens bei einigen ihrer Repräsentanten einerseits und Kernelementen der nationalsozialistischen Programmatik bzw. Ideologie andererseits aufweisen könne: etwa das Gemeinschafts- bzw. Volksgemeinschafts-Ideologem, die Übersteigerung des Nationalgedankens und den Großmachtanspruch Deutschlands, die Ablehnung der parlamentarischen Demokratie, mindestens ihrer Ausprägung in der Weimarer Republik, die Vorstellung von der Notwendigkeit starker, zentralistischer politischer Führung bzw. die Hoffnung auf einen Einheit stiftenden politischen Führer, die entschieden antisozialistische bzw. militant antikommunistische Einstellung. Solche Affinitäten – Ähnlichkeiten, Anfälligkeiten, Teil-Identitäten – hatten mindestens in der Übergangsphase von der Weimarer Republik zur NS-Herrschaft letztlich das Übergewicht im Verhältnis zu den in der GP *auch* vorhandenen, eher distanzierenden bzw. kritischen Momenten gegenüber dem Nationalsozialismus gewonnen: der Betonung rechtsstaatlicher Prinzipien, der Forderung nach Gewährleistung individueller Gewissensfreiheit und nach der Freiheit wissenschaftlichen Forschens und Lehrens, der Warnung vor umfassender Politisierung, einheitlicher Formierung und Militarisierung der Jugenderziehung, dem Bekenntnis zu christlichen und/oder humanistischen Traditionen usf. So werde auch erklärbar, warum namhafte Repräsentanten der GP, nämlich Spranger und Flitner, die nationalsozialistische Machtübernahme im Jahre 1933 mindestens zunächst, trotz gewisser Vorbehalte, offen begrüßt hatten, mochten sie sich bald danach auch – explizit oder de facto – zunehmend deutlicher von Maßnahmen und Tendenzen der nun praktizierten NS-Politik distanzieren. – Was Erich Weniger betrifft, so hat insbesondere Kurt Beutler die Militärpädagogik, die Weniger in der NS-Zeit nach seiner durch die naionalsozialistische Kulturbürokratie verfügten Entlassung aus dem Hochschullehreramt entwickelte, unter dem Gesichtspunkt ihrer Funktionen bzw. ihrer Funktionalisierbarkeit für die Integration des Militärs in das nationalsozialistische Herrschaftssystem und die Politik der Kriegsvorbereitung und der späteren Kriegsführung kritisch untersucht.

Es muß hervorgehoben werden, daß auch die Verfechter der jetzt behandelten Positionen weder alle noch einzelne der hier berücksichtigten Vertreter der GP hinsichtlich der Zeit vor oder nach 1933 als „Nationalsozialisten" oder „Faschisten" betrachten. Trotzdem seien sie bzw. einige von ihnen zufolge der o. g. Affinitäten und der partiellen Übereinstimmungen, anders formuliert: mangels eindeutiger Distanzierung vom Nationalsozialismus zu partiellen Wegbereitern und – mindestens zu Beginn der nationalsozialistischen Herrschaftsperiode – zu partiellen Rechtfertigern wesentlicher Elemente der nationalsozialistischen Erziehungspolitik geworden.

Das Resümee der Kritik dieser Gruppe lautet hinsichtlich der Frage, wie das Verhältnis der theoretischen und praktischen Pädagogik in Deutschland vor 1933 zu bestimmen sei, soweit sie politische Bedeutung hatte und durch die GP zwar nicht allein, aber doch *auch* repräsentiert wurde: Letzten Endes überwogen Momente der Kontinuität zwischen den beiden Perioden. Insofern sei es ein Irrtum oder eine Verschleierung der tatsächlichen Sachlage, wenn das Jahr 1933 erziehungsgeschichtlich und erziehungstheorie-geschichtlich als ein genereller, abrupter historischer Bruch interpretiert würde. Die NS-Zeit dürfte auch in pädagogischer Sicht nicht als „einmalige Konstellation" und als Phase der „Unpädagogik" aus dem geschichtlichen Zusammenhang herausgelöst werden.

Die Kontinuitätsthese

Bei einigen Vertretern dieser Position trifft man darüber hinaus auf die These, jene Kontinuität habe auch nach 1945 in der Pädagogik der Bundesrepublik in personeller und in positioneller Hinsicht vielfach eine meist unterschwellige Fortführung erfahren.

Die zweite Position

Die Gegenposition, die vor allem durch Heinz-Elmar Tenorth und Ulrich Herrmann vertreten wird, erkennt voll an, daß es innerhalb des pädagogischen Werkes einiger Vertreter der GP deutliche Affinitäten zu faschistischen bzw. nationalsozialistischen Theoremen gäbe, z. T. in der Substanz, z. T. eher auf der Erscheinungsebene des benutzten Vokabulars („Nationale Einheit", „Volksgemeinschaft", „Führung" u. a.). Aber diese Autoren wenden sich gegen die nach ihrer Einschätzung vorschnell verallgemeinernden Aussagen und Deutungstendenzen der zuerst genannten Autorengruppe. Unzulässige Verallgemeinerungen erfolgten in zweifacher Hinsicht:

Kritik an unzulässigen Verallgemeinerungen der ersten Position

A. Zum einen beziehen sie sich auf die Auslegung der Positionen einzelner Autoren der GP, deren in der Tat problematische Aussagen zu bestimmten Zeitpunkten – insbesondere in den ersten Monaten nach der Machtübernahme der Nationalsozialisten im Jahre 1933 – als symptomatisch für „die" politische und „die" vermeintlich damit konforme pädagogische Position der betreffenden Personen gedeutet wurde; im besonderen Maße gilt diese Gegenkritik im Hinblick auf Wilhelm Flitner, in begrenztem Maße auch auf Eduard Spranger: Diese beiden Autoren haben im März 1933 in Aufsätzen in der von ihnen (zusammen mit Aloys Fischer, Hermann Nohl und Theodor Litt) herausgegebenen, damals führenden pädagogischen Zeitschrift „Die Erziehung" (8. Jahrg. 1933, S. 401 ff bzw. 408 ff) Beiträge veröffentlicht, die – wenngleich mit partiell kritischen Vorbehalten – hoffnungsvolle Zustimmung zum „nationalen Umbruch" zum Ausdruck brachten.

Übereinstimmung zwischen beiden Positionen

Differenzen

Vorwurf: Mangelnde Differenzierung

Keineswegs sollen nun – so Herrmann und Tenorth – die heute unbezweifelbare Verkennung der wahren Absichten des Nationalsozialismus, die in beiden Aufsätzen zum Ausdruck kommt, der Mangel an differenziertem politisch-gesellschaftstheoretischem, gar ideologiekritischem Bewußtsein in Frage gestellt werden. Aber man vermisse bei den Vertretern der Gegenposition die Bereitschaft, sich eiliger Generalisierungen zu enthalten und in genaue historisch-hermeneutische Text- und Situationsanalysen einzutreten. Am vorliegenden Exempel verdeutlicht:

Beispiele

Es werde nicht gründlich geprüft, ob die Bedeutung von Begriffen wie „Volksgemeinschaft", „Führertum", „nationale Wiedergeburt" oder „Nationalbildung" u. ä. bei Spranger und Flitner tatsächlich mit dem Sinn der gleichen Worte im Sprachgebrauch der Nationalsozialisten übereinstimmte.

Ebenso wenig werde unterschieden zwischen dem, was wir heute, aus der Rückschau auf die Entwicklung des NS-Regimes, über seine Realität und die durch es verübten Verbrechen und Verhehrungen, wissen, und der – gewiß illusionären – Vorstellung von den Absichten des Nationalsozialismus und den Möglichkeiten innerhalb seines Herrschaftssystems, auf die Spranger und Flitner am Anfang der nationalsozialistischen Periode in ihren tendenziell positiven Voten setzten.

Die erheblichen Unterschiede in den Aufsätzen von Flitner und Spranger wurden in der Einschätzung seitens der zuerst skizzierten Position eingeebnet. Insbesondere werde verkannt, daß Flitners Beitrag in wesentlichen Punkten eine Distanzierung und implizite Kritik gegenüber Sprangers Aufsatz erkennen lasse. Sprangers Beitrag kritisiert Herrmann kaum weniger scharf als etwa Keim oder Rang. Es sei die Stellungnahme eines ‚konservativen deutschnationalen Bildungsbürgers', „dem Gedankenkreis und der Mentalität des wilhelminischen Kaiserreichs verpflichtet", eines Autors, der sich „in einer sprachlich-vulgarisierenden ‚Geist-Metaphysik'" ergehe, „nicht gewillt oder nicht in der Lage zu bedenken, was seine Äußerungen – die sich ja durchaus im Sinne pro-nationalsozialistischer Gesinnung und Option verstehen lassen – praktisch bedeuten"; es handele sich um „vage Vorurteile und wabernde Wunschvorstellungen" (Herrmann 1988, S. 288).

Vorwurf: Unzulässige Verallgemeinerung

B. Die zweite, unzulässige Verallgemeinerungstendenz bestehe darin, kritische Aussagen, die für bestimmte Zeitpunkte und bestimmte Autoren zutreffen, unvermittelt auf „die" GP auszudehnen. Besonders deutlich sei die Unhaltbarkeit solcher Generalisierungen im Hinblick auf Theodor Litt, der vor und nach 1933 offene Kritik an zentralen Elementen der NS-Ideologie (Rassentheorie und Geschichtstheorie) geübt habe, sich schon vor 1933 durch hochschulpolitische Aktivitäten und Äußerungen als Gegner des Nationalsozialismus erwiesen und der sich nach seiner Emeritierung 1937, die er aufgrund sich zuspitzender Kontroversen mit der NS-Kulturbürokratie beantragte, bissige Kritik durch Parteigänger des Nationalsozialismus zugezogen habe.

Die (vorläufige) Summe der Erkenntnisse der zweiten Autorengruppe kann man m. E. folgendermaßen zusammenfassen: Die in diesem Kurs vorwiegend behandelten Repräsentanten der GP sind als Erziehungswissenschaftler und als politisch verantwortliche Bürger vor 1933 nicht konsequente Vertreter unmißverständlich demokratischer Positionen gewesen; Litt und Weniger konnten jedoch als „Vernunftrepublikaner“ gelten. Theodor Litt habe, aus liberal-konservativer Grundeinstellung heraus, eindeutig und öffentlich Gegenpositionen zum Nationalsozialismus bezogen. Flitner und Spranger, begrenzt auch Nohl hingegen haben, wenngleich in sehr unterschiedlichen Ausprägungen, zu Beginn der nationalsozialistischen Herrschaftsperiode in illusionärer Verkennung der wahren Absichten des Nationalsozialismus und der ihn tragenden oder sich ihm anpassenden gesellschaftlichen Gruppen zeitweilig an die Vereinbarkeit mancher ihrer eigenen pädagogischen und politischen Vorstellungen mit dem Nationalsozialismus bzw. an ihre Fortführbarkeit im NS-Herrschaftsbereich geglaubt. Diese Illusionen haben sie jedoch sehr bald verloren. Zum Teil haben sie, ohne i. e. S. d. W. aktiven Widerstand zu leisten, während des Zweiten Weltkrieges Kontakte zu konservativen bzw. militärischen Widerstandsgruppen aufgenommen (Litt, Spranger, Weniger).

Die Diskontinuitätsthese

Insgesamt dominieren im Verhältnis zwischen den Perioden vor und nach 1933 nach Einschätzung dieser zweiten Position eindeutig die *diskontinuierlichen* Momente.

So gut begründet die Forderung nun auch ist, das komplizierte, in sich hochdifferenzierte Verhältnis von Kontinuitätsmomenten und Diskontinuitätsmomenten zwischen der von der GP maßgeblich mitgestalteten Pädagogik in der Weimarer Republik einerseits und der Pädagogik im Nationalsozialismus andererseits in sehr genauen Analysen aufzuschlüsseln, ein Verhältnis, das bei den einzelnen, hier berücksichtigten (und weiteren) Vertretern der GP überdies jeweils individuell unterschiedlich gelagert ist und sich im Zuge der Erfahrung mit der Wirklichkeit des nationalsozialistischen Regimes gewandelt hat: Mit Karl-Christoph Lingelbach wird man die Frage stellen müssen: Tendieren die Vertreter der Diskontinuitätsthese – motiviert durch ihre Kritik am mangelnden wissenschaftlichen Differenzierungsgrad der Gegenposition – nicht häufig dazu oder erwecken sie durch ihre Formulierungen nicht mehrfach den Anschein, als wollten sie letztlich doch die Bedeutung der Kontinuitätsmomente und damit der Versäumnisse, Verstrickungen und Fehldiagnosen innerhalb der GP herunterspielen?

In jedem Falle bleibt es ein Verdienst der politisch und moralisch hochengagierten Vertreter der Kontinuitätsthese, das Verhältnis von GP und Nationalsozialismus in der Bundesrepublik erstmalig und ohne falsche Rücksichten ins Blickfeld einer breiten Fachöffentlichkeit gerückt zu haben. Das Problem bedarf weiterer, gründlicher wissenschaftlicher Erforschung und offener Erörterung.

Literaturhinweise:

Ulrich Herrmann, Jürgen Oelkers (Hrsg.): Pädagogik und Nationalsozialismus. (Weinheim/Basel 1988 = 22. Beiheft der Zeitschrift für Pädagogik.) – Als Buch Weinheim/Basel 1989.

Ulrich Herrmann: Geschichtsdeutung als Disziplinpolitik? Anmerkungen zur Kontroverse über das Verhältnis von Pädagogik und Nationalsozialismus. In: Die Deutsche Schule 1989, H. 3, S. 366–376.

Wolfgang Keim: Pädagogen und Pädagogik im Nationalsozialismus – Ein unerledigtes Problem der Erziehungswissenschaft. Frankfurt/M. 1988.

Wolfgang Keim: Pädagogik und Nationalsozialismus. Zwischenbilanz einer Auseinandersetzung innerhalb der bundesdeutschen Erziehungswissenschaft. In: Neue Sammlung 1989, H. 2, S. 186–208.

Hans-Uwe Otto, Heinz Sünker (Hrsg.): Soziale Arbeit und Faschismus. Bielefeld 1986 (darin u. a. Adalbert Rang = Reaktionen auf den Nationalsozialismus in der Zeitschrift „Die Erziehung" im Frühjahr 1933, S. 35–54).

Heinz-Elmar Tenorth: Deutsche Erziehungswissenschaft 1930–1945. Aspekte ihres Strukturwandels. In: Zeitschrift für Pädagogik 1986, S. 290–321.

Heinz-Elmar Tenorth: Zur deutschen Bildungsgeschichte 1918–1945. Köln/Wien 1985.

Heinz-Elmar Tenorth: Falsche Fronten. In: demokratische Erziehung 1987, S. 28–32.

Kurt Beutler: Deutsche Soldatenerziehung von Weimar bis Bonn. Erinnerung an Erich Wenigers Militärpädagogik. In: pad. extra/demokratische Erziehung 1989, H. 7/8, S. 47–83.

Peter Zedler, Eckart König (Hrsg.): Ansätze und Studien zur Rekonstruktion pädagogischer Wissenschaftsgeschichte. Weinheim 1989. Darin u. a. Beiträge zum Thema „Geisteswissenschaftliche Pädagogik und Nationalsozialismus" von A. Rang und U. Herrmann.

Karl-Christoph Lingelbach: Erziehung und Erziehungstheorien im nationalsozialistischen Deutschland. Überarbeitete und ergänzte 2. Aufl. Frankfurt/M. 1987.

Karl-Christoph Lingelbach: Unkritische Bildungstheorie als sozialwissenschaftlicher Fortschritt? In: Zeitschrift für Pädagogik 1988, S. 519–534.

Achim Leschinsky: Einen Schritt vorwärts, zwei Schritte zurück? Kritische Überlegungen zum Umgang der Erziehungswissenschaft mit der Vergangenheit In: Neue Sammlung 1989, H. 2, S. 209–225.

5 Rückblende: Die Bedeutung der Lebensphilosophie und der Theorie der Geisteswissenschaften Wilhelm Diltheys für die Begründung der Geisteswissenschaftlichen Pädagogik

5.1 Vorbemerkungen

In den bisherigen Ausführungen ist bereits mehrfach auf die große Bedeutung hingewiesen worden, die das Werk des Berliner Philosophen Wilhelm Dilthey (1833–1911) für die GP gehabt hat. Man konnte – von dem in diesem Kurs verwendeten Sprachgebrauch abweichend – bei rein theoriegeschichtlicher Betrachtungsweise durchaus Dilthey und nicht erst Nohl, Spranger, Litt, Flitner und Weniger als „Begründer" der GP bezeichnen. Der Sprachgebrauch in *diesem* Kurs stützt sich auf die Tatsache, daß erst die von uns genannten Wissenschaftler

- erstens den Ansatz der GP für verschiedene Teilbereiche (z. B. Theorie oder Schule, Theorie des Unterrichts, Sozialpädagogik, Erwachsenenbildung) und für die wesentlichen Grundprobleme der Erziehung (z. B. das Verhältnis von Erziehern zu Kindern und Jugendlichen, das Problem der Strafe, das Problem der Unterrichtsmethode usw.) ausgearbeitet und z. T. systematische Gesamtkonzepte entworfen haben (H. Nohl: Die pädagogische Bewegung in Deutschland und ihre Theorie, erste Aufl. 1933. – W. Flitner: Systematische Pädagogik, 1933: Neufassung: Allgemeine Pädagogik, 1950),
- zweitens ihre pädagogischen Konzeptionen zu breiterer Wirkung zu bringen vermochten (vgl. dazu die Erläuterungen zu den Begriffen „Wirkung" bzw. „Einfluß" unter 2.3).

Wilhelm Dilthey lebte von 1833–1911. Er studierte in den 50er Jahren des 19. Jahrhunderts in Heidelberg und Berlin Theologie und Philosophie sowie Literaturwissenschaft und Geschichte, und zwar u. a. bei namhaften Wissenschaftlern wie Theodor Mommsen und Friedrich Ranke (Geschichte), Jakob Grimm (Sprach- und Literaturwissenschaft), August Boeckh (Klassische Altertumswissenschaften). – Nach dem theologischen und philologischen Staatsexamen war er 1856–1858 als Lehrer in Ber-

W. Klafki, *Geisteswissenschaftliche Pädagogik*, Neuere Geschichte der Pädagogik,
https://doi.org/10.1007/978-3-658-37172-2_7

lin tätig. Nach der Promotion in Philosophie (über Schleiermachers Ethik) und der Habilitation (1864) war er Privatdozent für Philosophie und später Professor in Basel, Kiel und Breslau. Von 1882–1911 lehrte er als Professor für Philosophie an der Universität Berlin.

Diltheys Denkansätze wurden durch direkte Einflüsse und indirekt, durch seine Schriften, für die „Begründer der geisteswissenschaftlichen Pädagogik" bedeutsam:

Die „Dilthey-Schule"

Frischeisen-Köhler und Nohl waren akademische Schüler Diltheys und promovierten bei ihm, Nohl stand mehrere Jahre in einer Funktion, die wir heute die eines Assistenten nennen würden (etwa 1901–1906), in engstem Arbeitskontakt zu ihm. Auch Spranger studierte ab 1900 mehrere Semester intensiv bei Dilthey, löste sich dann zeitweilig von ihm, nahm aber nach seiner Promotion (1905) wieder enge wissenschaftliche Verbindungen zu ihm auf. – Daß Litt während seiner Berliner Studiensemester (1900–1901) bei Dilthey gehört hat, ist wahrscheinlich, aber nicht belegt; die entscheidende Bedeutung hatte für ihn seit etwa 1917 die Auseinandersetzung mit Diltheys philosophischen bzw. wissenschaftstheoretischen Werken – Flitner und Weniger wurden die entscheidenden Impulse zur Beschäftigung mit Diltheys Theorie der Geisteswissenschaften durch Nohl vermittelt.

Im folgenden kann natürlich weder eine umfassende Darstellung der Lebensphilosophie Diltheys noch seiner Theorie der Geisteswissenschaften entwickelt werden. Es wird vielmehr versucht, einige der Fragestellungen zu umreißen, um die es in Diltheys Philosophie, die er selbst als „Lebensphilosophie" bezeichnete, und in seiner eng mit der Philosophie verknüpften Theorie der Geisteswissenschaften ging. Da die inhaltliche Darstellung der GP in diesem Kurs überdies noch vor uns liegt, kann die Bedeutung der Dilthey'schen Denkansätze für diese Richtung der Pädagogik einstweilen nur in vorausgreifenden Hinweisen angedeutet werden.

Zunächst ist hervorzuheben, daß etliche Arbeiten Diltheys nicht vor seinem Tode veröffentlicht wurden, andere nur in kleinen Auflagenzahlen und z. T. als Privatdrucke oder in entlegenen Zeitschriften. Dieser Tatbestand und der oft nur vorläufige, bruchstückartige Charakter vieler Beiträge Diltheys erklärt wohl in erheblichem Maße, daß seine Denkansätze relativ spät, im wesentlichen erst nach dem Ersten Weltkrieg wirksam wurden. Eine Gesamtausgabe seiner Werke wurde erst ab 1914 begonnen, und zwar durch einige seiner direkten oder indirekten Schüler. Diese Edition ist bis heute noch nicht abgeschlossen, der vorläufig letzte, 14. Band erschien 1966. (W. Dilthey: Gesammelte Schriften, ursprünglich Leipzig, jetzt Stuttgart/Göttingen ab 1962, Bd. I–XII und XIV)

Um die bisher sehr allgemeinen und formalen Aussagen über Diltheys Werk zu konkretisieren, ist es sinnvoll, sich zunächst einen Überblick über die Schwerpunkte seiner wissenschaftlichen Arbeit zu verschaffen. Man kann das Gesamtwerk in fünf Arbeitsbereiche gliedern, die sich allerdings vielfach überlappen. Jeweils werden Hinweise auf entsprechende Werke hinzugefügt. (Wenn nur Bandnummern genannt werden, handelt es sich immer um die Gesammelten Schriften.)

Das Werk Wilhelm Diltheys

1) *Studien zur allgemeinen Geistesgeschichte,* die in der Sicht Diltheys Philosophiegeschichte, Literatur-, Kunst- und Musikgeschichte sowie politische Theoriegeschichte umfaßt.

Beispiele

Band II enthält u.a. die Abhandlungen: Auffassung und Analyse des Menschen im 15. und 16. Jahrhundert – Aus der Zeit der Spinoza-Studien Goethes – Die Funktion der Anthropologie in der Kultur des 16. und 17. Jahrhunderts.

Band III: Friedrich der Große und die deutsche Aufklärung – Das 18. Jahrhundert und die geschichtliche Welt.

Band IV: Die Jugendgeschichte Hegels und andere Abhandlungen zur Geschichte des Deutschen Idealismus.

Band XII: Schieiermachers politische Gesinnung und Wirksamkeit – Das allgemeine Landrecht (in Preußen) – Die Reorganisation des preußischen Staates.

Außerhalb der Gesamtausgabe erschienen die Sammelbände: Das Erlebnis und die Dichtung: Lessing, Goethe, Novalis und Hölderlin (1905) – Von deutscher Dichtung und Musik, hrsg. von H. Nohl und G. Misch, Leipzig 1932, zweite Aufl. Stuttgart/Göttingen 1957 – Die große Phantasiedichtung und andere Studien zur vergleichenden Literaturgeschichte, hrsg. von H. Nohl, Göttingen 1954.

2) *Studien zur Geschichte und zur Theorie der Geisteswissenschaften,* wobei der Begriff „Geisteswissenschaften“ für Dilthey auch *die* Disziplinen umfaßte, die wir heute „Sozialwissenschaften“ nennen würden. Der Begriff umspannt also alle Wissenschaften von der menschlich-geschichtlichen Welt: Geschichte, Literaturwissenschaft, Sprachwissenschaft, Soziologie, Staatswissenschaften (Politologie), Rechtswissenschaften, Psychologie und Pädagogik. Dilthey geht es in diesen Arbeiten um eine Begründung der Geisteswissenschaften. „Begründung“ heißt hier nicht, daß er meinte, diese Disziplinen müßten als Wissenschaften erst entwickelt werden. Sie lagen vielmehr größtenteils – mit Ausnahme einer geisteswissenschaftlichen Psychologie und einer GP – in mehr oder minder ausgebauter Form bereits vor. „Begründung“ heißt hier: Es geht Dilthey um eine *Wissenschaftstheorie der Geisteswissenschaften,* um die Klärung ihres spezifischen Wissenschaftscharakters im Vergleich und im Unterschied zu den Naturwissenschaften, um die Grundstrukturen, das Gemeinsame ihrer methodischen Verfahren, m.a.W. um „Hermeneutik“ bzw. eine „Theorie der Hermeneutik“ (als Theorie der Erschließung von Sinnzusammenhängen).

Die wesentlichen Beiträge finden sich in Band I: Einleitung in die Geisteswissenschaften (erstmalig 1883 erschienen, in der Gesamtausgabe Leipzig 1922, 5 Aufl. Stuttgart/Göttingen 1962) und Band VIII: Der Aufbau der geschichtlichen Welt in den Geisteswissenschaften (Arbeiten der Jahre 1907–1910, zuerst Leipzig 1927, jetzt 4. Aufl. Stuttgart/Göttingen 1962).

Zwischenbemerkung:
Als 3. und 4. Arbeitsgebiet werden zwei Arbeitsfelder genannt, die eigentlich Teilbereiche des unter 2. genannten Schwerpunktes sind. Wenn sie hier gesondert aufgeführt werden, so deshalb, weil sie jene einzelnen Disziplinen betreffen, die es zur Zeit Diltheys als historisch ansetzende Geisteswissenschaften in seinem Sinne nicht oder allenfalls in Ansätzen gab. Er hielt eine entsprechende Entwicklung dieser Disziplinen aber für dringend notwendig und hat für ihren Aufbau wesentliche Beiträge geleistet.

3) *Arbeiten zur Begründung einer geisteswissenschaftlichen, hermeneutisch (sinnverstehend) arbeitenden Psychologie*
Dilthey verstand eine solche Psychologie z. T. als Ergänzung zu der sich in seiner Zeit stark entwickelnden naturwissenschaftlichen Psychologie, z. T. jedoch auch als Gegenposition.

Die wichtigste Abhandlung zu diesem Themenkreis findet sich in Band V (Leipzig 1924, 4. Aufl. Stuttgart/Göttingen 1964, S. 139–240) „Ideen über eine beschreibende und zergliedernde Psychologie" (zuerst 1894).

4) *Untersuchungen zur Geschichte der Pädagogik und zur Begründung und inhaltlichen Ausarbeitung einer geisteswissenschaftlichen Pädagogik*

Die wichtigsten pädagogischen Beiträge finden sich in Band VI, vor allem aber in Band IX, hrsg. von O. F. Bollnow: Pädagogik. Geschichte und Grundlinien des Systems, Leipzig 1934 (!), 3. Aufl. Stuttgart/Göttingen 1961.

5) *Arbeiten zur Sinnbestimmung der Philosophie:* Philosophie als „Lebensphilosophie" und als „Weltanschauungslehre" (d. h. hier als eine Theorie der Grundmöglichkeiten menschlicher Selbst- und Weltdeutung)

vgl. besonders Band VIII: Weltanschauungslehre. Arbeiten zur Philosophie der Philosophie. Leipzig 1931, 3. Aufl. Stuttgart/Göttingen 1962.

Im folgenden geht es nicht um Erläuterungen zu allen vorher genannten Schwerpunkten. Vielmehr sollen einige der von Dilthey aufgeworfenen Grundfragen und Sichtweisen skizziert werden, die für die Entwicklung der GP bedeutsam geworden sind. Dabei muß es auf den ersten Blick Erstaunen auslösen, daß gerade der unter

4. genannte Arbeitsschwerpunkt, Diltheys Beiträge zur Entwicklung der GP, zunächst weitgehend ausgespart bleibt. Dafür gibt es zwei Gründe:

Diltheys Bedeutung für die GP

Erstens wird auf einzelne Teilaspekte der pädagogischen Arbeiten Diltheys an späteren Stellen dieses Kurses zurückgegriffen werden, wenn es bei der Darstellung der Entwicklung der GP seit der Weimarer Zeit notwendig erscheint, soweit sich die von uns als „Begründer der geisteswissenschaftlichen Pädagogik" bezeichneten Wissenschaftler auf Dilthey beziehen.

Zweitens: Für den Aufbau der GP seit den 20er Jahren unseres Jahrhunderts sind nicht so sehr Diltheys spezielle Arbeiten zur Pädagogik wirksam geworden, sondern viel stärker seine generellen Auffassungen vom Sinn der Philosophie und seine Theorie der Geisteswissenschaften. Der wichtigste Grund dafür liegt in dem Tatbestand, daß bis zu den 20er Jahren die entscheidenden Manuskripte Diltheys zur Pädagogik noch gar nicht veröffentlicht waren: Der Band IX der Gesamtausgabe erschien erst 1934! In den 20er Jahren lag, neben kleineren Aufsätzen, nur die Abhandlung Diltheys „Über die Möglichkeit einer allgemeingültigen pädagogischen Wissenschaft" aus dem Jahre 1888 vor. Gerade diese Schrift kann aber nicht oder nur sehr begrenzt als Ausführung des Programms einer geisteswissenschaftlichen, historisch ansetzenden Pädagogik verstanden werden. So erklärt es sich denn auch, daß Nohl in seinem pädagogischen Hauptwerk „Die pädagogische Bewegung in Deutschland und ihre Theorie" (zuerst 1933) diese frühe Dilthey-Abhandlung eben dahingehend kritisiert, daß sie der späteren Auffassung Diltheys von der Eigenart der Geisteswissenschaften (vgl. bes. Band VII) noch nicht entspreche.

▸ **Literaturhinweis:**
Die gründlichste neuere Darstellung der Pädagogik Diltheys liegt in dem Buch von Ulrich Herrmann: Die Pädagogik Wilhelm Diltheys (ihr wissenschaftstheoretischer Ansatz in Diltheys Theorie der Geisteswissenschaften). Göttingen 1971, vor.

5.2 Diltheys Auffassung der Philosophie als Lebensphilosophie

In Diltheys Begriff „Lebensphilosophie“ deutet sich eine bestimmte Auffassung vom Wesen und der Aufgabe der Philosophie an: sie soll im folgenden durch vier Bestimmungen gekennzeichnet werden:

ZUR ERSTEN UND ZWEITEN BESTIMMUNG

Der Begriff der Lebensphilosophie

Zunächst soll versucht werden, dem Verständnis des Begriffes „Lebensphilosophie“ durch eine negative Abgrenzung näherzukommen. Philosophie ist in Diltheys Sicht keine selbstgenügsame Denkbeschäftigung, d.h. keine denkerische Betätigung des Menschen oder bestimmter Menschengruppen, die vom Gesamtzusammenhang des menschlichen Lebens, von geschichtlichen, genauer: politischen, gesellschaftlichen, kulturellen Prozessen und Zusammenhängen abgehoben wäre, die „rein um der Theorie willen“ betrieben würde. Sie ist vielmehr in ihrem Ursprung – einem sich ständig erneuernden Ursprung – und damit in ihrem Kern Reflexion über menschliche Lebenspraxis und Lebenserfahrung, über Erfahrungen, die Menschen als Individuen und als gesellschaftlich-kulturelle Wesen in ihrer Lebenspraxis machen.

- **Begriffliche Anmerkung**
  Wenn Dilthey vom Menschen als kulturellem Wesen spricht, dann sind damit immer jene Aspekte mitgemeint, die wir heute als „gesellschaftlich“ bezeichnen.

„Philosophie als Reflexion über menschliche Lebenspraxis und Lebenserfahrung“ – diese vorher gebrauchte Formulierung will nun nicht etwa besagen, daß jene Lebenspraxis als solche völlig theorielos sei, daß die philosophische Reflexion sozusagen „von außen“ oder „von oben“ an die Lebenspraxis herangetragen würde: Lebenspraxis und -erfahrung sind keineswegs absolut theorielos, geistlos, purer Lebensdrang, physisches Überlebenwollen. Vielmehr sind in menschlicher Lebenspraxis immer schon Momente von Theorie, Denken, Vorstellen, Besinnen enthalten, aber zunächst eingebunden in einen komplexen, d.h. hier: mehr als nur theoretischen Gesamtzusammenhang, also verbunden mit Interessen, Wünschen, Ängsten, Hoffnungen, Gefühlen, Willensantrieben. Und zwar gilt das wiederum sowohl für Individuen als auch für größere soziale Gruppen, etwa Völker, Nationen, Kulturkreise. Dabei ist diese Redeweise von „Individuen *und* größeren sozialen Gruppen“ eigentlich Diltheys Auffassung nach unangemessen: Wenn er von „Individuen“ oder „Personen“ spricht, dann faßt er sie nicht als außerhalb sozialer und kultureller Zusammenhänge stehend auf. Individuen sind vielmehr immer schon gesellschaftlich-kulturell vermittelt, sie werden zu Individuen nur unter dem Einfluß und in Auseinandersetzung *mit* und *in* bestimmten Gesellschaften und Kulturen. Das freilich heißt nun nicht, daß Individuen *nichts anderes* als Prägungsprodukte bestimmter gesellschaftlich-kultureller Verhältnisse seien. Vielmehr können gesellschaftliche Bedingungen und kulturelle Einflüsse gerade Selbständigkeit, Kreativität, schöpferische Möglichkeiten, Ausbildung von menschlicher Einmaligkeit („Individualität") freisetzen, und gerade dieser Prozeß und die Rückwirkung der so freigesetzten Individualität auf Gesellschaft und Kultur und deren Entwicklung, die sich bei den großen historischen und kulturellen Personen – bedeutenden Politikern, Künstlern, Wissenschaftlern etwa – besonders prägnant zeigt, stand im Mittelpunkt von Diltheys Interesse.

Leben als Ausgangspunkt und Gegenstand der Philosophie

Wir kehren noch einmal zu der Aussage zurück: In der Lebenspraxis und -erfahrung seien immer schon Theorieelemente enthalten. Diltheys Verständnis der Philosophie besagt: Der primäre Gesamtzusammenhang menschlicher Lebenspraxis und Lebenserfahrung ist der *Ausgangspunkt* und in gewisser Weise auch der *Gegenstand* der Philosophie bzw. des Philosophierens. Philosophie geht also im Kern aus Fragen, Schwierigkeiten, Problemen, Widersprüchen dieser Lebenspraxis hervor und macht sie sich zum Thema.

Beispiele

Zwei Beispiele für den Ursprung philosophischer Fragen in der Lebenserfahrung

Man muß sich das zunächst ganz konkret verdeutlichen, das wird hier an einfachen Beispielen versucht:

Wir erleben z. B., daß uns Dinge, die wir bisher als mit identischen, konstanten Eigenschaften versehen wahrgenommen hatten – z. B. mit einer bestimmten Farbe – plötzlich andersfarbig erscheinen, etwa, weil sich die Beleuchtung geändert hat. Oder wir erleben, daß wir die gleiche Flüssigkeit einmal als kühl, einmal als warm empfinden, je nachdem, ob wir sie mit warmen oder kalten Händen prüfen.

Anhand solcher oder ähnlicher Erfahrungen kann die Frage aufspringen: Wie sind die Dinge und ihre Eigenschaften nun wirklich? Sind solche Eigenschaften überhaupt das, als was wir sie zunächst betrachten, konstante Qualitäten? Sind sie nur Beziehungen, Relationen? Muß das dann aber nicht auch für die Dinge gelten? Sind sie vielleicht nicht das, als was wir sie zunächst wahrnehmen, sozusagen feste Substanzen, sondern „sind" sie sozusagen nur Schnittpunkt von Beziehungen? – Und weiter. Kann es überhaupt gesicherte Erkenntnis geben? Worauf beruht der Anspruch, daß das, was wir Erkenntnis nennen, nicht bloß subjektive Meinung ist?

Kurzum: Solche letztlich in der Lebenserfahrung begründeten Fragen sind der Ursprung dessen, was in der Philosophie „Erkenntnistheorie" genannt wird.

Noch ein anderes Beispiel: Wir erfahren in uns Strebungen, Wünsche, Bedürfnisse, z. B. danach, uns auszuruhen, eigenen Interessen nachzugehen, zu genießen usw. Wir erfahren vielleicht gleichzeitig, daß ein anderer uns um Hilfe bittet.

Spannungen dieser Art können die Frage auslösen: Warum soll ich eigentlich helfen? Warum soll „Hilfe-Erteilen" als Norm, als sittliches Prinzip gelten? Ist mein individuelles Bedürfnis grundsätzlich den Ansprüchen anderer untergeordnet? Worin sind solche sittlichen Ansprüche an den Menschen überhaupt begründet? usw. – Fragen dieser Art können der Ursprung dessen sein, was in der Philosophie unter dem Titel „Ethik“ oder „Moralphilosophie“ durchdacht wird.

Geschichtlichkeit des Lebens und der philosophischen Probleme

Aus dem Ursprung des Philosophierens im „Leben“ folgt für Dilthey: Der geschichtliche Wandel des philosophischen Denkens, der dieses Denken bestimmenden Fragen und der Lösungsversuche hängt nicht primär oder ausschließlich von einer autonomen (eigengesetzlichen) Entwicklung des philosophischen Denkens ab, sondern steht im Zusammenhang mit dem geschichtlichen Wandel jenes Zusammenhanges von Lebenspraxis und Lebenserfahrung der in gesellschaftlich-kulturellen Beziehung stehenden Menschen, also mit dem historischen Wandel der menschlichen Lebensprobleme.

Weitere Formen der Auseinandersetzung mit Lebensproblemen neben der Philosophie

Nun ist die Philosophie für Dilthey nicht die einzige Form, in der Menschen sich über ihr konkretes Alltagshandeln hinaus mit Lebensproblemen auseinandersetzen: Auf solche Fragen wie die nach dem Sinn und der Geltung von Normen und Werten, nach der Bedeutung von Konflikten, von Leiden und Enttäuschungen, nach Liebe und Tod, nach Glück, nach Spannungen zwischen Individuum und Gesellschaft usw. sind auch andere Aktivitäten des Menschen bezogen: Dichtung, bildende Kunst, Musik, Religionen, Weltanschauungen und mindestens ein Teil der Wissenschaften, nämlich die Wissenschaften vom Menschen und von der Gesellschaft und ihrer Geschichte, in Diltheys Terminologie: die Geisteswissenschaften.

Auch für diese Aktivitäten gilt nach Dilthey jener Grundsatz des Bezogenseins auf vorgängige Lebenspraxis und -erfahrung als ihr Ursprung und ihr Gegenstand. Insofern stehen für ihn Philosophie, Weltanschauungssysteme, Kunst und die Wissenschaften von der menschlich-geschichtlichen Welt in engstem Zusammenhang. Sie sind durchweg Formen der Auseinandersetzung mit Lebensproblemen, wenn auch auf je unterschiedliche Weise, die es in wissenschaftstheoretischer Reflexion zu klären gilt.

Das Spezifische der Philosophie

Das Spezifische der Philosophie liegt darin, daß sie weder – wie Dichtung bzw. bildende Kunst – in Symbolen und Bildern auf solche Lebensfragen zu antworten versucht noch auch – wie die Einzelwissenschaften – in direktem Bezug auf Teilaspekte dieser menschlich-geschichtlichen Wirklichkeit, sondern daß sie sich *reflektierend* auf Kunst, Weltanschauung, Einzelwissenschaften, menschliche Lebenspraxis bezieht mit der Frage: Wie sind solche menschlichen Aktivitäten und Hervorbringungen möglich? Was ist das eigentlich, was wir meinen, wenn wir bestimmte menschliche Schöpfungen als „Kunst“ bezeichnen? Und was meinen wir eigentlich, wenn wir bestimmte Aussagenzusammenhänge als Wissenschaft bezeichnen und damit den Anspruch erheben, damit mehr als subjektive Meinungen zum Ausdruck zu bringen, vielmehr überprüfbare Erkenntnis? Wie ist der darin steckende Anspruch begründbar? Und ist dieser Anspruch der prinzipiell gleiche, wenn es um Aussagen über die menschlich-geschichtliche Wirklichkeit geht? Oder gibt es hier prinzipielle Unterschiede?

Philosophie ist also zwar letztlich auf menschliche Lebensprobleme gerichtet, aber nach Diltheys Auffassung sozusagen indirekt, reflexiv, nämlich so, daß sie nach den Gründen, den Strukturen, der Geltung primärer Formen der Antwort auf menschliche Lebensprobleme fragt. Sie fragt, wie Kant formuliert hat, nach den „Bedingungen der Möglichkeiten …" (Kant nannte diese Fragestellung „transzendental").

Im Sinne Diltheys muß Philosophie aber darüber hinaus auch fragen, welche Funktion jene Hervorbringungen des Menschen, die „Objektivationen des menschlichen Geistes" (also: einzelwissenschaftliche Erkenntnis, Kunst, Moralsysteme usw.) und welche Funktion die Philosophie selbst im Gesamtzusammenhang des geistig-geschichtlich-gesellschaftlichen Lebens hat.

Die Rolle der Philosophie im Gesamtzusammenhang des Lebens

Wir können als *erste und zweite Bestimmung* festhalten:
Der Begriff „Lebensphilosophie" umfaßt die vorher skizzierten beiden Aspekte der Verbindung der Philosophie mit dem Leben, d. h. mit dem Insgesamt menschlicher, individueller und gesellschaftlicher Aktivitäten und Erfahrungen: zum einen weist er auf das *Hervorgehen,* das Motiviertwerden philosophischen Fragens und Denkens durch Lebensprobleme hin (erste Bestimmung), zum anderen weist er auf die *Rückwirkung* des so aufgefaßten philosophischen Fragens und Denkens auf den sich weiter entwickelnden Lebensprozeß hin (zweite Bestimmung).

ZUR DRITTEN BESTIMMUNG

Diltheys Philosophie ist – jedenfalls ihrem Programm nach – eine ausgesprochene säkulare, weltliche, diesseitige, un-methaphysische Philosophie. Das heißt nun keineswegs, daß Dilthey etwa Glaubenssysteme, Religionen, metaphysische Systeme usw. aus seinen Forschungen ausgeklammert hätte. Religionen, Weltanschauungen, metaphysische Systeme sind für ihn vielmehr wesentliche Ausdrucksformen des „Lebens", die historisch größte Bedeutung und Wirkung gehabt haben. Insofern sind sie durchgehend Gegenstand seiner geisteswissenschaftlichen Forschungen und seines Philosophierens gewesen. Wenn Diltheys Lebensphilosophie von ihm selbst als säkular, diesseitig, un-metaphysisch verstanden wird, dann ist damit folgendes gemeint: Er will in seinem Philosophieren keine metaphysischen Voraussetzungen machen,

Der säkulare Charakter der Dilthey'schen Philosophie

- etwa in der Art, daß er die Frage nach dem Sinn des menschlichen Lebens christlich als gläubige Ergebung in den Willen Gottes oder spezifisch protestantisch als Freigesetztsein des Menschen für seine verantwortliche Tätigkeit in der Welt durch den Glauben an Gott und die Erlösung durch Christus interpretiert,
- oder etwa so, daß er die Geltung sittlicher Normen oder bestimmter Staatsformen letztlich auf metaphysische Setzungen, z. B. göttliche Gebote oder ein zeitlos geltendes Wertsystem, zurückführt,

- oder daß er etwa die Frage, wie es denn möglich sei, daß menschliche Subjekte Erkenntnis über außerhalb ihrer selbst existierende Gegenstände oder Zusammenhänge gewinnen können, durch Voraussetzungen von der Art zu erklären versucht, es müsse so etwas wie eine durch göttliche Schöpfung gestiftete primäre Entsprechung zwischen dem menschlichen Erkenntnisvermögen und der außermenschlichen Natur geben.

Auch diese Hinweise könnten noch mißverstanden werden: Dilthey ist als Philosoph nicht Atheist in dem Sinne, daß er etwa beweisen oder die Annahme begründen wollte, es gäbe Gott nicht. Vielmehr will er sich als Philosoph aller Aussagen über eine absolute Geltung von Glaubensaussagen bzw. metaphysischen Annahmen enthalten.

Noch einmal: Das säkulare Prinzip seines Philosophierens besagt nur, daß *er selbst* bei der Beantwortung philosophischer Fragen nicht auf irgendwelche metaphysischen Setzungen zurückgreifen will. Vielmehr betont er immer, die Einzelwissenschaften und die Philosophie müßten das Leben „aus sich selbst heraus" aufzuklären und zu interpretieren versuchen. Das bedeutet dann z. B. hinsichtlich bestimmter historischer Glaubensbewegungen oder des Wirksamwerdens bestimmter Weltanschauungen: Dilthey will durch geistesgeschichtliche Forschung verständlich machen, aus welchen geschichtlichen Situationen heraus, aus welchen menschlich-individuellen und gesellschaftlichen Erfahrungen und Krisen heraus in einer bestimmten historischen Epoche z. B. die evangelische Glaubenslehre entsteht und wirksam wird oder z. B. Platons Ideenlehre oder Hegels System usw. *Philosophisch* geht es darum zu begreifen, mit welchen Kategorien in Glaubenslehren oder metaphysischen Systemen oder in philosophischen Systemen z. B. das Verhältnis von Mensch und Welt, Individuum und Gesellschaft usf. interpretiert wird, wie „Geschichte" verstanden wird, zusammengefaßt: wie eine bestimmte Glaubenslehre oder Metaphysik oder Philosophie die Sichtweise von Mensch und Welt prägt, wie ihre „Welt-Anschauung" beschaffen ist.

Wir können als dritte Bestimmung festhalten:
Der Begriff „Lebensphilosophie" weist auf die Absicht hin, die eigenen Aussagen dieser Philosophie auf innerweltliche Argumente und Begründungen zu beschränken, also selbst nicht auf metaphysische oder religiöse Voraussetzungen zurückzugreifen.

ZUR VIERTEN BESTIMMUNG

Die vierte Bestimmung des Begriffes „Lebensphilosophie" ist bereits mehrfach angeklungen, sie braucht hier nur noch ausdrücklich hervorgehoben zu werden; sie ist jedoch nicht weniger fundamental für Diltheys Begriff der Lebensphilosophie als die zuvor genannten Bestimmungen: Der Begriff „Lebensphilosophie" ist für Dilthey unauflöslich mit der Erkenntnis oder vorsichtiger: mit der Grundhypothese von der durchgehenden *Geschichtlichkeit* der gesamten menschlichen Existenz, von Individuum und Gesellschaft bzw. Kultur, d. h. also auch: der menschlichen Vernunft und auch der philosophischen Erkenntnis verbunden. Dilthey vertritt die Kernhypothese von der Endlichkeit, d. h.: der Überholbarkeit aller einzelwissenschaftlichen Erkenntnisse, aller metaphysischen und Glaubenssysteme, aller Moralsysteme, aller ästhetischen Wertungskriterien und auch aller philosophischen Aussagen.

Geschichtlichkeit der menschlichen Existenz und der Lebensphilosophie

Konsequenterweise mußte er diese Generalhypothese dann auch auf sein eigenes Philosophieren anwenden.[8]

5.3 Was bedeutet Diltheys Auffassung von der Philosophie als Lebensphilosophie für die Geisteswissenschaftliche Pädagogik?

Die vorher herausgearbeiteten vier Charakteristika des Dilthey'schen Begriffs „Lebensphilosophie"

Die vier Charakteristika der Dilthey'schen Lebensphilosophie

- Ursprung aus dem Leben
- Rückwirkung auf das Leben
- Weltlichkeitsprinzip
- Geschichtlichkeit

gelten nach Dilthey nicht nur für die Philosophie, sondern auch für alle Einzelwissenschaften, insbesondere für die Wissenschaften von der geistig geschichtlich-gesellschaftlichen Welt (= Geisteswissenschaften). Besonderes Gewicht haben diese Prinzipien aber in *solchen* Geisteswissenschaften, die in einem besonders engen Verhältnis zur Philosophie stehen. Zu diesen Disziplinen gehörte nach Diltheys Auffassung auch die Pädagogik, die freilich als Geisteswissenschaft erst aufgebaut werden mußte, wiewohl Dilthey etwa bei Schleiermacher (1768–1834) bereits Ansätze zu einer solchen Entwicklung erkannte. Der besonders enge Bezug der Pädagogik zur Philosophie ergibt sich daraus, daß Pädagogik – als Wissenschaft von einer bestimmten, zielorientierten Weise menschlichen Handelns – sich notwendigerweise immer um ein generelles Verständnis des Menschen, des menschlichen Entwicklungs- und Bildungsprozesses, der Beziehung von Individuum und Kultur bzw. Gesellschaft usw. bemühen muß, daß sie ihre pädagogischen Zielsetzungen und Handlungsweisen be-

8 Ginge es hier um eine philosophisch-systematische Erörterung, so wäre an dieser Stelle die Frage aufzuwerfen, ob und inwiefern sich das Geschichtlichkeitsprinzip auch innerhalb des Philosophierens selbst logisch konsequent durchhalten läßt. Was für Folgerungen ergeben sich, wenn man die These von der Geschichtlichkeit der menschlichen Erkenntnis auf eben diese These selbst anwendet? Muß da nicht die Möglichkeit eingestanden werden, daß auch die These selbst noch überholbar sein könnte, ggf. durch ihr Gegenteil? Diesem Argument ließe sich dann allerdings wiederum die Geschichtlichkeitsthese entgegenstellen. Gerät man hier in einen unauflösbaren Zirkel?

gründen oder mindestens nach der Stringenz vorgefundener Ziel- oder Handlungsbegründung fragen muß, daß sie z.B. dort, wo sie kognitive Lernprozesse untersuchen oder dafür Vorschläge machen will, immer schon einen Begriff dessen, was denn menschliche Erkenntnis ist, voraussetzt usw. D.h.: Im Problemfeld der Pädagogik stecken überall philosophische Voraussetzungen, die nicht übergangen werden können, wenn Pädagogik das erzieherische Handlungsfeld aufklären und zu rationaler Begründung pädagogischer Praxis beitragen will.

Die Beantwortung der Frage nach der Bedeutung der Dilthey'schen Lebensphilosophie für die GP

Fragen wir nun nach der Bedeutung der Dilthey'schen Lebensphilosophie für die Entwicklung der Geisteswissenschaftlichen Pädagogik seit den 20er Jahren unseres Jahrhunderts, so läßt sich feststellen: Die Begründer der GP wurden in der Begegnung und Auseinandersetzung mit Diltheys Sichtweise der Philosophie als Lebensphilosophie und seiner Auffassung von Geisteswissenschaften entscheidend geprägt (was nicht bedeutet, daß sie sich in ihrer weiteren Entwicklung ausschließlich rezeptiv oder unkritisch gegenüber Diltheys Position verhalten hätten).

Diltheys Einfluß wurde vor allem in der Form folgender Prinzipien für die Entwicklung der GP wirksam:

1) Wie Philosophie im Sinne Diltheys (als „Lebensphilosophie") aus der Lebenspraxis, aus Lebenserfahrungen und Lebenskrisen von Menschen im gesellschaftlich-kulturellen Zusammenhang hervorgeht, so muß pädagogische Theorie (Pädagogik als Wissenschaft) analog als immer wieder neu aus der pädagogischen Praxis und der pädagogischen Erfahrung hervorgehend verstanden werden, einer pädagogischen Praxis, die ihrerseits in umfassenderen kulturell-gesellschaftlichen Zusammenhängen steht.
2) Wie das letztlich aus dem Leben heraus motivierte Philosophieren auf das Leben zurückwirkt und es verändert (oder doch verändern kann), indem Leben nun *reflektiertes* Leben werden kann, so kann (und sollte) pädagogische Theorie auf die pädagogische Praxis aufklärend zurückwirken.
3) Wie Lebensphilosophie auf religiöse oder metaphysische Voraussetzungen verzichten muß, wenn sie nicht dogmatisch werden will, so kann auch pädagogische Theorie nicht von irgendwelchen als gültig vorausgesetzten Ziel- und Wertsystemen oder von Glaubenssetzungen ausgehen, sondern muß *als Wissenschaft* aus der geschichtlichen Erfahrung heraus erarbeitet werden.
4) Auch für die GP gilt, daß sie ihren „Gegenstand" – pädagogisches Handeln, pädagogische Institutionen, vorwissenschaftliche und wissenschaftliche pädagogische Theorien und damit sich selbst – als geschichtlich begreifen und die Aufklärung eben dieser Geschichtlichkeit als eine ihrer Hauptaufgaben wahrnehmen muß.

5.4 Zur Frage nach den Gemeinsamkeiten und den Differenzierungen innerhalb der Geisteswissenschaftlichen Pädagogik

Im vorangehenden Abschnitt 5.3 habe ich – auf einer noch recht allgemeinen Aussageebene – vier Grundprinzipien benannt, die Nohl, Spranger, Litt, Flitner und Weniger als die wichtigsten Repräsentanten der GP in der Zeit der Weimarer Republik und in den ersten anderthalb Jahrzehnten nach 1945 von Dilthey übernommen und ihrer Arbeit am Auf- und Ausbau der GP zugrundegelegt haben. Damit sind zwar nicht alle, aber m. E. die wichtigsten Gemeinsamkeiten benannt, die es erlauben, Dilthey und die genannten Autoren hinsichtlich ihres pädagogischen Ansatzes von anderen theoretischen Grundpositionen in der Pädagogik des ausgehenden 19. Jahrhunderts und in den ersten sechs Jahrzehnten unseres Jahrhunderts unter den Begriff „Geisteswissenschaftliche Pädagogik" zusammenzufassen (Alternativpositionen in der theoretischen Pädagogik des genannten Zeitraums sind einesteils im Abschnitt 5. bereits skizziert worden; diese Hinweise werden im Abschnitt 5.5 ergänzt werden).

Es könnte aber eine unangemessene Vorstellung von der Einheitlichkeit der GP entstehen, wenn nun nicht auch mit Nachdruck unterstrichen würde, daß es im Rahmen jener gemeinsamen wissenschaftlichen Grundüberzeugung in der GP ein recht breites Spektrum von Unterschieden gegeben hat. Dieser Tatbestand spricht dagegen, die GP als *eine* pädagogische bzw. erziehungswissenschaftliche „Schule" zu bezeichnen. Allenfalls trifft diese Bezeichnung auf eine Teilgruppe zu, nämlich die sogenannte „Göttinger Schule" (Nohl, Flitner und Weniger und einen Teil ihrer Schüler), und selbst in dieser Hinsicht ist der Terminus „Schule" nur unter Vorbehalt zu akzeptieren.

Fragt man nun nach der genaueren Bestimmung weiterer Gemeinsamkeiten und nach den Unterschieden innerhalb der GP, so ist festzustellen: In erheblichem Umfang ist dieser Fragenkomplex noch nicht gründlich untersucht worden. Soweit aber in der Sekundärliteratur dazu Aussagen vorliegen, sind sie vielfach uneinheitlich bzw. kontrovers. Es kann sich also in diesem Abschnitt nur um beispielhafte Hinweise auf das Problem handeln, nicht aber um einen auch nur annähernd vollständigen Aufriß abgesicherter Ergebnisse.

Zunächst muß die Problemstellung in zwei Hauptaspekte aufgegliedert werden:

- Zum einen ist – über die in 5.3 aufgewiesenen Grundprinzipien hinausgehend – nach dem Verhältnis der an Dilthey anknüpfenden Vertreter der GP zu Diltheys Werk – seiner Lebensphilosophie, seiner Theorie der Geisteswissenschaften und seiner Pädagogik – zu fragen. (A)
- Zum anderen geht es um Gemeinsamkeiten und Unterschiede im Vergleich des pädagogischen Werkes der fünf genannten Dilthey-Nachfolger, ggf. auch weiterer Vertreter der GP dieser Generation und ihrer Schüler. (B)

ZU A: UNTERSCHIEDE IM VERHÄLTNIS ZU DILTHEYS WERK

Hinsichtlich dieser zuerst genannten Frage sind die Forschungslücken besonders schwerwiegend. Das dürfte in einer doppelten Schwierigkeit begründet sein:

Erstens ist es umstritten, ob es sich bei Diltheys Beiträgen zur Pädagogik – sowohl der von ihm ausdrücklich als solche bezeichneten wie auch der innerhalb seiner philosophischen Werke enthaltenen, pädagogisch relevanten Aussagen – insgesamt um Elemente eines einheitlichen, in einer kontinuierlichen Denkentwicklung erarbeiteten, wenngleich nie systematisch abgeschlossenen Konzepts handelt oder ob zwischen der Abhandlung „Über die Möglichkeit einer allgemeingültigen pädagogischen Wissenschaft" vom Jahre 1888, den „Grundlinien eines Systems der Pädagogik" in den zwischen 1884 und 1894 entstandenen „Pädagogischen Vorlesungen" und den späten Arbeiten Diltheys zur Theorie der Geisteswissenschaften (bis 1910) wesentliche Unterschiede bestehen.

Zweitens hat sich keiner der an Dilthey anknüpfenden Vertreter der GP umfassend und systematisch zum Verhältnis seines eigenen pädagogischen Denkens zu Diltheys pädagogischen bzw. pädagogisch relevanten Arbeiten geäußert. Oft erfolgen die Hinweise auf Dilthey nur in recht allgemeiner Form oder auf bestimmte Problemaspekte begrenzt. Verallgemeinernde Aussagen darüber, ob etwa Nohl und Weniger, wie es auf den ersten Blick erscheinen könnte, direkter an Dilthey anknüpfen als etwa Flitner oder Litt, erweisen sich bei genauerer Betrachtung als unhaltbar. Um es an drei Beispielen anzudeuten: In Nohls „Pädagogische Menschenkunde" („Charakter und Schicksal") sind wesentliche Elemente der Psychologie bzw. Anthropologie Diltheys eingegangen. Aber der gleiche Autor hält Diltheys Begründungsversuch einer wissenschaftlichen Pädagogik in der Abhandlung „Über die Möglichkeit einer allgemeingültigen Pädagogik" für mißlungen und durch die späteren Arbeiten Diltheys zur Methodologie der Geisteswissenschaften für überholt. – Flitners Sichtweise der Zielproblematik in der Erziehung und seine pädagogische Anthropologie (vgl. die Kurseinheit 3, S. 238–249) ist, wenn ich recht sehe, wesentlich stärker von christlich-protestantischen Traditionen bestimmt als die entsprechenden Auffassungen Diltheys. Aber Flitners Verständnis der wissenschaftlichen Pädagogik als „hermeneutisch-pragmatischer" Disziplin dürfte der Auffassung des späten Dilthey von der methodischen Struktur wissenschaftlicher Pädagogik sehr nahestehen. – Litts Betonung der Geschichtlichkeit aller konkret-inhaltlichen ethischen bzw. pädagogischen Zielbestimmungen entspricht der Auffassung Diltheys. Aber hinsichtlich der wissenschaftstheoretischen Reflexion über den Geltungscharakter dieser Aussage über die Geschichtlichkeit weist Litt Dilthey denkerische Inkonsequenz nach: denn diese Aussage erhebt implizit – und zwar notwendigerweise und mit Recht – den Anspruch, überhistorisch-allgemeingültig zu sein. Überdies hat Litt auch hinsichtlich anderer Dimensionen der Philosophie Diltheys, insbesondere seiner Lebensphilosophie, kritische Differenzierungen und z. T. Distanzierungen zur Geltung gebracht.

Über solche, hier in einigen Beispielen angesprochenen Differenzierungen hinaus ist bei der Frage nach dem Verhältnis der zwischen 1880 und dem Anfang der 90er Jahre des 19. Jahrhunderts geborenen Vertreter der GP zu Dilthey generell der allgemein-politische und der pädagogische Epocheneinschnitt zu bedenken. Zwar wachsen Nohl und seine Generationsgenossen noch in der Vorweltkriegsphase im Horizont wilhelminischer Bürgerlichkeit auf (vgl. Abschnitt 3 dieser Kurseinheit); aber den Ersten Weltkrieg und sein Ende erfahren sie alle als historischen Einschnitt, als Ende einer geschichtlichen Ära. Und weiter: Die Entwicklung des pädagogischen Denkens der genannten Autoren ist – anders als das Diltheys – in starkem Maße, wenn auch in z. T. unterschiedlicher Sichtweise, von dem Faktum bestimmt, daß sich seit der Jahrhundertwende und vor allem nach 1918 die Reformpädagogik in einer Anzahl spannungsreicher Ausprägungen entwickelte und zur Stellungnahme herausforderte (vgl. Abschnitt 4.2 dieser Kurseinheit).

ZU B. UNTERSCHIEDE ZWISCHEN DEN VERTRETERN DER GP NACH DILTHEY

Ein Beispielbereich für Differenzierungen *innerhalb* der an Dilthey anschließenden Vertreter der GP, die in diesem Kurs vor allem in ihren Hauptvertretern vorgestellt wird, ist bereits im Abschnitt 4.2 zur Sprache gekommen: ihre unterschiedliche Stellungnahme zur Reformpädagogik. Hier soll noch ein zweites Beispiel skizziert werden.

Als ein für Diltheys Lebensphilosophie und seine Auffassung von den Geisteswissenschaften (den „Wissenschaften von den Systemen der Gesellschaft und Kultur") zentrales Kennzeichen ist in Abschnitt 5.2 das Prinzip der Geschichtlichkeit hervorgehoben worden. Weiterhin wurde betont, daß die GP dieses Grundprinzip aufgenommen und weitergedacht hat. Auf dem Boden dieser Gemeinsamkeit jedoch sind innerhalb der fünf wichtigsten Vertreter der GP deutliche Unterschiede hinsichtlich der Konsequenzen zu beobachten, die aus jener basalen Erkenntnis gezogen werden. Man kann nämlich die Erkenntnis, daß alle konkreten, *inhaltlichen* Bestimmungen der Erziehungspraxis und der Erziehungstheorie – vor allem die Ziele der Erziehung, ihre Inhalte, ihre Institutionen, ihre Methoden – geschichtlichem Wandel unterworfen sind, durchaus unterschiedlich auslegen, vor allem im Hinblick auf ihre Bedeutung für die jeweilige Gegenwart und die Zukunft. Sehr vereinfacht lassen sich zwei Grundmöglichkeiten kennzeichnen: Man kann aus der Erkenntnis, daß die Gesellschaft und die Kultur, die Wirtschaftsordnungen und die staatlichen Regelungen, das Erziehungssystem, die Lebensformen der Menschen, die dominierenden Normen und Zielsetzungen usw. durch geschichtliche Handlungen der Menschen zustandegekommen und immer wieder verändert worden sind, für die Gegenwart und die Zukunft die Konsequenz ziehen, das geschichtlich Gewordene und Überlieferte möglichst weitgehend zu bewahren, nur sehr behutsam zu verändern, tradierte Wertungen, Ordnungen, Lebensformen weiterhin als im wesentlichen gültige Modelle zu betrachten und sich, wenn auch mit begrenzten Veränderungen, an ihnen zu orien-

1. Interpretationsmöglichkeit: konservative Variante

tieren. Diese Auslegung des Gedankens der Geschichtlichkeit könnte man als *konservative Variante* bezeichnen.

Man kann aber Geschichtlichkeit auch mit vorwiegend entgegengesetzter Tendenz verstehen: Sie wird dann eher unter dem Aspekt der Veränderbarkeit, der Freisetzung von unreflektierten Traditionen, der Möglichkeit zur Neu- und Umgestaltung ausgelegt, und in den geschichtlich vorausliegenden Phasen tritt dann eher *das* in den Blick, was die umgestaltenden Aktivitäten, die Entwicklung *neuer* Möglichkeiten und Perspektiven geschichtlicher Phasen und Bewegungen gegenüber der ihnen vorausgehenden Geschichte ausmacht. Diese Auslegung kann man als *progressive Auslegungsvariante* des Prinzips der Geschichtlichkeit bezeichnen.

2. Interpretationsmöglichkeit: progressive Variante

Unter den Vertretern der GP finden wir die beiden eben angedeuteten Möglichkeiten wieder; beachten Sie aber bitte, daß hier von *tendenziellen Ausprägungen* gesprochen wird, nicht von einer Zuordnung zu zwei gegensätzlichen Extremgruppen. In diesem Sinne kann man Eduard Sprangers und Wilhelm Flitners Pädagogik eher einer konservativen Tendenz zuordnen, wesentliche Teile der Pädagogik Herman Nohls und Erich Wenigers eher einer progressiven Tendenz. – Solche Zuordnungen gelten allerdings grundsätzlich nur in den Grenzen, die der GP in ihrer Entwicklung bis zum Anfang der 60er Jahre generell zu eigen waren. Auch davon wird noch zu sprechen sein.

Zuordnung einiger Vertreter der GP

Weitere Positionsunterschiede zwischen Vertretern der GP nach Dilthey werden in den Kurseinheiten 2, 3 und 4 deutlich werden.

Am Ende dieses Abschnitts ist eine Erinnerung am Platze: Mußte an früherer Stelle davor gewarnt werden, die GP als in allen wesentlichen Fragen durchgehend einheitliche „Schule“ anzusehen, so ist nun zu betonen, daß es nicht minder irrig wäre, nach den Ausführungen dieses Abschnitts die Bedeutung der trotz aller Differenzierungen gegebenen fundamentalen Gemeinsamkeiten zwischen den Vertretern der GP aus dem Auge zu verlieren.

5.5 Hinweise auf andere erziehungswissenschaftliche Richtungen vor 1933 und nach 1945

Im Abschnitt 5.3 sind die für Diltheys Denkentwicklung wichtigsten Strömungen der Philosophie und der Entwicklung in den Einzelwissenschaften, von denen er seine Position abgrenzte, gekennzeichnet worden, sofern sie für die Pädagogik wichtig waren. In ähnlicher Weise fragen wir nun – im Vorgriff auf die folgenden Kurseinheiten – nach Ansätzen in der Pädagogik, die im Entwicklungs- und Wirkungszeitraum der GP nach Dilthey in Deutschland auftraten, sei es, daß die Vertreter der GP sich auf solche Positionen bezogen haben, sei es, daß es sich eher um beziehungsloses Nebeneinander gehandelt hat. Allerdings können hier schon aus Raumgründen nur knappe Hinweise und weiterführende Literaturempfehlungen gegeben werden. Dabei ist jeweils darauf zu achten,

- ob es sich um eine Weiterführung der schon im Zusammenhang mit Diltheys Denkentwicklung genannten Alternativ- oder Kontroverspositionen handelt oder um neu aufkommende Denkrichtungen oder
- ob die fraglichen Ansätze im wesentlichen erst nach dem Ersten Weltkrieg bis 1933 oder nach 1945 oder in beiden Phasen wirksam wurden.

1) Zunächst ist an folgenden Sachverhalt zu erinnern: Bereits im Abschnitt 5.3 wurde darauf hingewiesen, daß die GP nach Dilthey im Hinblick auf positivistische, am Modell der Methodik der exakten Naturwissenschaften orientierte Richtungen pädagogischer Psychologie und der experimentellen Pädagogik, die in den 20er Jahren in etlichen Varianten fortentwickelt wurden, nach wie vor Diltheys Grundposition vertreten hat: Sie wandte sich entschieden gegen alle Tendenzen, naturwissenschaftlich orientierte Empirie zum *generellen* Orientierungsmaßstab für die Weiterentwicklung der Pädagogik und der pädagogischen Psychologie zu erklären, erkannte jedoch das begrenzte Recht dieses Ansatzes an, soweit es sich um die Erforschung elementarer Lernvorgänge (Gedächtnisentwicklung, Gewöhnung, physiologische Bedingungen oder Störungen geistiger Entwicklungsprozesse u. ä.) bzw. um darauf gerichtete pädagogische Hilfen handelte (z. B. Übung).

Stellungnahme der GP zur positivistischen Psychologie und zur experimentellen Pädagogik

Einen weiter gefaßten Begriff von Empirie, den die GP schon in den 20er Jahren vor allem in der Auseinandersetzung mit entsprechenden Ansätzen in den Sozialwissenschaften hatte gewinnen können, hat sie in dieser Zeit nicht entwickelt, und die Frage nach der Möglichkeit und Notwendigkeit einer empirischen Erziehungsforschung, die über die Untersuchung der oben genannten Elementarphänomene hinausreicht, wie sie seit der Mitte der 20er Jahre Peter Petersen und Else Müller-Petersen mit ihrer „Pädagogischen Tatsachenforschung" nahelegten, hat sie bis zum Ende der Weimarer Republik und zunächst auch nach 1945 nicht aufgeworfen oder aufgegriffen. Erst seit dem Ende der 50er Jahre deuten sich hier auch in der GP neue Perspektiven an, etwa bei Wilhelm Flitner in den entsprechenden Passagen seiner Schriften „Das Selbstverständnis der Erziehungswissenschaft in der Gegenwart" (2. Aufl. Heidelberg 1958, bes. S. 28 f) oder „Der Standort der Erziehungswissenschaft – Eine Studie über die Sozialfunktion der Wissenschaften und der Pädagogik" (Hannover 1964), aber auch in von Erich Weniger betreuten Dissertationen wie der von Wolfgang Schulenberg über „Ansatz und Wirksamkeit der Erwachsenenbildung" (Stuttgart 1957) oder von Gunter Slotta über „Pädagogische Tatsachenforschung Peter und Else Petersens" (Weinheim 1962).

Versäumnisse der GP im Hinblick auf die Entwicklung empirisch-pädagogischer Forschung

Begrenzte Ansätze seit den späten 50er Jahren

2) Daß die Frontstellung Diltheys gegenüber allen „dogmatischen", unhistorisch-normativen pädagogischen Systemen auch von den geisteswissenschaftlichen Pädagogen der Folgezeit übernommen worden ist, wurde schon im Abschnitt 5.3 unterstrichen. Dort ist auch bereits darauf verwiesen worden, daß es solche pädagogischen Zielkonzeptionen weiterhin gab, insbesondere im katholischen Denkraum in Fortbildung der Ansätze Otto Willmanns vor 1933 und nach 1945 durch

Wendung gegen normative Pädagogiken

eine erhebliche Anzahl von Autoren, unter denen Göttler und Eggersdörfer zu den namhaftesten gehören. Die GP hat sich mit solchen und anderen normativen pädagogischen Systemen aber kaum direkt und im Detail auseinandergesetzt, sondern vorwiegend auf einer generellen wissenschaftstheoretischen Ebene. Dabei betonte sie zum einen, daß nicht etwa die individuelle Entscheidung für bestimmte Normen oder die Bemühung darum, sie im Erziehungsprozeß pädagogisch zur Geltung zu bringen, illegitim sein, wohl aber, daß der Anspruch absoluter, überhistorischer Verbindlichkeit nicht begründet werden könne; zum anderen, daß der häufig vertretene Anspruch nachweisbar nicht eingelöst werden kann, von solchen, für allgemeingültig gehaltenen Ziel-Normen aus Inhalte, Organisationsformen, Methoden der Erziehung im strengen Sinnes des Wortes „abzuleiten".

Pädagogik des Neukantianismus

3) Für die ersten drei Jahrzehnte unseres Jahrhunderts ist, als Alternativposition zur GP, auch auf pädagogische Theorien des Neukantianismus hinzuweisen. Mit dem Begriff „Neukantianismus" wird eine Richtung der Philosophie bezeichnet, die sich seit dem letzten Jahrzehnt des 19. Jahrhunderts bis in die 20er Jahre unseres Jahrhunderts hinein – vor allem im Gegenzug zu positivistischen Philosophien – auf Kants Philosophie bezog. Der Neukantianismus verfolgte das Ziel, Kants „Kritizismus" – die Konzentration des philosophischen Denkens auf die Grundfrage nach den Bedingungen der Möglichkeit von Erkenntnis, des sittlich guten Wollens und ästhetischen Urteilens – „radikal" weiterzudenken im Sinne der philosophischen Begründung allgemeingültiger Prinzipien für Erkenntnis, Sittlichkeit („praktische Vernunft") und ästhetisches Werten.

Richtungen des Neukantianismus

Der Neukantianismus differenzierte sich bald, so vor allem in die „Marburger Richtung" (Hermann Cohen, Paul Natorp), die „Südwestdeutsche Schule" (Wilhelm Windelband und Heinrich Rickert) sowie weitere eigenständige Varianten wie die Richard Hönigswalds.

Pädagogik als Prinzipienwissenschaft

Mehrere Neukantianer wandten sich auch pädagogischen Problemen zu in der Absicht, Pädagogik als Prinzipienwissenschaft zu begründen, d. h. aus den als zeitlos-allgemeingültig betrachteten Grunderkenntnissen („Ideen") der systematischen Philosophie pädagogische Prinzipien abzuleiten, also z. B. aus der philosophischen Einsicht, daß Erkenntnis grundsätzlich als vom Individuum selbst vollzogener kognitiver Akt vollzogen werden müsse (nicht aber von anderen übernommen bzw. übermittelt werden könne), das pädagogische Prinzip abzuleiten, daß Erkenntnisbildung im Unterricht den Schüler grundsätzlich als selbständiges Erkenntnissubjekt anzusprechen habe. – Einige der neukantianischen Philosophen, die auch pädagogische Werke vorgelegt haben, sind nun jedoch über diese Ebene prinzipienwissenschaftlicher Reflexionen weit hinausgegangen und haben pädagogische Theorien entwickelt, in denen konkrete Zielbestimmungen, Forderungen an die Gestaltung von Lehrplänen und Bildungsinstitutionen und Vorschläge zur Methodik von Erziehung und Unterricht mit dem Anspruch vertreten wurden, daß es sich durchweg um Postulate handele, die strikt aus den allgemeinsten Prinzipien abgeleitet wären und demgemäß ebenso allgemeine Verbindlichkeit wie jene beanspruchen dürften. Der bekannteste Versuch dieser Art ist der „Sozialidealismus“ (1920) bzw. die „Sozialpädagogik“ (1899, 6. Aufl. 1925) Paul Natorps (1854–1924), wobei „Sozialpädagogik“ hier nicht im inzwischen üblichen Sinne als Sammelbezeichnung für bestimmte pädagogische Arbeitsfelder bzw. ihre Theorie gemeint ist, sondern das Prinzip bezeichnet, daß jede legitimierbare Erziehung sich an der Idee der Vermittlung, der anzustrebenden Einheit von Individuum und Gemeinschaft zu orientieren habe.

Wieweit die Pädagogik Natorps oder pädagogische Konzepte anderer Neukantianer (etwa Bruno Bauchs oder Richard Hönigswalds, 1875–1947) auch die Ebene praktischer Wirksamkeit erreicht haben, ist bisher nicht untersucht worden. – Unter den Hauptvertretern der GP hat sich, soweit ich sehe, nur Theodor Litt in seiner Schrift „Die Philosophie der Gegenwart und ihr Einfluß auf das Bildungsideal“ (Berlin 1925, 3. Aufl. 1930) eingehender und kritisch mit dem Anspruch der Neukantianer auseinandergesetzt, konkrete pädagogische Folgerungen aus zeitlosen, philosophischen bzw. erziehungsphilosophischen Prinzipien ableiten zu können. Er kritisiert solche Versuche als undialektischen „Logizismus“ und einseitige Gegenposition zu positivistischen Begründungsversuchen der Pädagogik und setzt beiden Positionen eine dialektische Lösung entgegen, mit der er ausdrücklich auch über Syntheseversuche lebensphilosophischer Herkunft hinausgeht, die er als mißlungen betrachtet (vgl. Herwig Blankertz: Der Begriff der Pädagogik im Neukantianismus. Weinheim 1959 und das Glossarstichwort „Neukantianer – Neukantianismus“ in der Kurseinheit 2 dieses Kurses).

Litts Kritik am „Logizismus“ neukantianischer Pädagogik

4) Nach 1945 ist – explizit als Gegenposition zur GP – von Alfred Petzelt (1886–1965) – eine „transzendentalkritische Pädagogik“ entwickelt worden.[9] Sie beruht auf einer originellen Kombination von Grundgedanken des philosophischen und pädagogischen Neukantianismus und Elementen einer am katholischen Christentum orientierten Persönlichkeits- und Soziallehre. Dieser Ansatz wird bis in die Gegenwart hinein von einer Reihe von Petzelt-Schülern in verschiedenen Ausprägungen fortgeführt (Marian Heitger, Wolfgang Fischer, Jörg Ruhloff, Dieter-Jürgen Löwisch), wobei die Verknüpfung der prinzipientheoretischen Frage nach der überhistorisch gültigen Begründbarkeit erzieherischen Handelns mit einer christlich-katholischen pädagogischen Ziellehre und Anthropologie weitgehend gelockert oder aufgegeben erscheint (vgl. Marian Heitger: Vom Selbstverständnis transzendentalphilosophischer Pädagogik. In: H. Röhrs/H. Scheuerl (Hrsg.): Richtungsstreit in der Erziehungswissenschaft und pädagogische Verständigung. Wilhelm Flitner zur Vollendung seines 100. Lebensjahres am 20. 8. 1989 gewidmet. Frankfurt/Bern/New York/Paris 1989, S. 161–172).

Alfred Petzelts „transzendentalkritische Pädagogik“

9 Zum Begriff „transzendental“ vgl. das Glossarstichwort in dieser Kurseinheit.

Ansätze zu psychoanalytischer Pädagogik

5) Schon in den 20er Jahren unseres Jahrhunderts hat es Vorstöße zur Entwicklung psychoanalytischer Pädagogik bzw. Bemühungen, psychoanalytische Erkenntnisse und Theoreme in die Pädagogik einzubringen, gegeben. (Zu einigen Grundgedanken der „klassischen" Psychoanalyse vgl. das entsprechende Glossar-Stichwort dieser Kurseinheit.) So erschienen bereits 1921 Siegfried Bernfelds Bericht „Kinderheim Baumgarten", in dessen pädagogischem Konzept psychoanalytische Erkenntnisse grundlegende Bedeutung haben, 1925 August Aichhorns Buch „Verwahrloste Jugend – Die Psychoanalyse in der Fürsorgeerziehung" (9. Aufl. 1977), 1920 Anna Freuds „Psychoanalyse für Pädagogen" (5. Aufl. 1971) und seit 1926 die „Zeitschrift für psychoanalytische Pädagogik" (bis 1937). Gleichwohl fanden diese Ansätze nur in begrenztem Umfang Eingang in die „etablierte" wissenschaftliche Pädagogik der Zeit und – von einzelnen Versuchen abgesehen – wohl noch weniger in die Erziehungspraxis. Beides gilt weitgehend auch für die ersten zwei Jahrzehnte nach 1945. Jedoch gehören Vertreter der GP zu jenen Erziehungswissenschaftlern, die relativ früh einige Impulse aus der Psychoanalyse bzw. aus psychoanalytisch orientierter Pädagogik aufgenommen haben oder mindestens in eine Diskussion mit solchen Ansätzen eingetreten sind. Das gilt, jedoch in dominant kritischer Perspektive, zum einen für Eduard Spranger, und zwar bezogen auf die Abschnitte zum Problemkreis „Jugend – Erotik – Sexualität" in seiner „Psychologie des Jugendalters" (zuerst 1925; Abschnitte 4, 5 und 6). Zum anderen ist auf Hermann Nohl hinzuweisen, der psychoanalytische Erkenntnisse zum einen in seine pädagogische Anthropologie, insbesondere seine Theorie von den „Schichten der menschlichen Seele" (vgl. Kurseinheit 3, Abschnitt 8.2.2.1, S. 229 ff.) und zum anderen in Beiträge zur Sozialpädagogik integriert hat (vgl. die entsprechenden Aufsätze in seinem Sammelband „Pädagogik aus dreißig Jahren", Frankfurt/M. 1949, vor allem „Gedanken für die Erziehungstätigkeit des Einzelnen von Freud und Adler", 1926, und „Die Pädagogik der Verwahrlosten", 1924), wenngleich Nohl sich gegen die Monomanie mancher Anhänger der Psychoanalyse wandte.

Sprangers und Nohls Stellungnahme

Entscheidende Durchbrüche ins allgemeine pädagogische Bewußtsein hat die Psychoanalyse und ihre Übersetzung in pädagogische Zusammenhänge aber erst seit der Studentenbewegung der ausgehenden 60er Jahre erlangt, also zu einer Zeit, als die GP ihre Dominanz in der Erziehungswissenschaft der Bundesrepublik bereits verloren hatte (vgl. Luise Wagner-Winterhager: Psychoanalytische Pädagogik in ihren Anfängen. In: neue Praxis 1988, S. 111–119. – Reinhard Fatke: Psychoanalytische Beiträge zu einer Schultheorie. Eine Erinnerung an verdrängte Anstöße. In: Die Deutsche Schule 1986, S. 4–15).

Sozialistische Erziehungstheorien bzw. -programme

6) Weiterhin ist auf verschiedene Varianten sozialistischer Erziehungstheorien bzw. Erziehungsprogramme hinzuweisen. Paul Oestreich und der Bund der Entschiedenen Schulreformer sind schon im Zusammenhang des Abschnitts 4.2 im Rahmen der reformpädagogischen Bewegung genannt worden. Verwandte Intentionen auf dem Hintergrund einer links-sozialdemokratischen politischen Grundorientie-

rung vertraten u. a. Kurt Löwenstein, einer der Sprecher der sozialistischen „Kinderfeundebewegung", Desiderius Breitenstein, Otto F. Kanitz, Otto Rühle, Anna Siemsen und Siegried Kawerau. Den anderen Flügel sozialistischer Erziehungsprogrammatik bilden die entschieden kommunistisch orientierten Autoren, so vor allem Clara Zetkin, Edwin Hoernle und Fritz Ausländer. Eine originelle Verknüpfung von sozialistischen und psychoanalytischen Elementen entwickelte bis zur Mitte der 20er Jahre der Freud-Schüler Siegfried Bernfeld, und zwar zunächst in Gestalt einer zionistischen Erziehungskonzeption im Vorgriff auf den erhofften Aufbau eines sozialistischen Staates Israel („Kinderheim Baumgarten", 1921; „Sisyphos oder die Grenzen der Erziehung", 1925; Neuaufl. Frankfurt 1967). In der zweiten Hälfte der 20er Jahre wurde Bernfeld immer radikaler zum Propagator einer diktatorisch-kommunistischen Massenerziehung.

Siegfried Bernfeld

Innerhalb der GP ist es vor allem Hermann Nohl gewesen, der die Impulse sozialistischer Erziehungstheorie und -programmatik, soweit sie die pädagogische Theorie und die pädagogische Praxis nicht nur zum Mittel der Politik instrumentalisieren wollten, als wesentliche Momente der reformpädagogischen Bewegung positiv gewürdigt hat, besonders im Hinblick auf die Einheitsschulbewegung, die Entwicklung der Arbeitsschul-Idee und die Entfaltung der Sozialpädagogik (vgl. H. Nohl: Die pädagogische Bewegung in Deutschland und ihre Theorie, 3. Aufl. Frankfurt/M. 1949, S. 46 ff, S. 74, S. 80 f, und speziell die sozialpädagogischen Fragen gewidmeten Aufsätze in Nohls Sammelband „Pädagogik aus 30 Jahren", Frankfurt/M. 1949.) – Die Möglichkeit aber, in gründlicher Auseinandersetzung mit solchen Ansätzen ein differenziertes gesellschaftstheoretisches Bewußtsein zu entwickeln und den Zusammenhängen zwischen Politik, Gesellschaft, Erziehung und Erziehungstheorie – nicht zuletzt der Bedeutung gesellschaftlicher Rahmenbedingungen und ihres Niederschlages in den Erziehungsinstitutionen (vgl. Bernfeld: Sisyphos oder die Grenzen der Erziehung) – in analytisch-kritischen Realanalysen nachzugehen, hat Nohl sowenig wie andere Vertreter der GP wahrgenommen. – Die „Wiederentdeckung" und Wiederaufnahme sozialistischer Erziehungsprogramme und die Würdigung der Bedeutung des „frühen" Bernfeld (einschließlich seines Sisyphos-Buches), die seit dem Ende der 60er Jahre in der westdeutschen Pädagogik erfolgte, lag bereits jenseits der „Epoche" der GP.

Nohls Würdigung sozialistischer Erziehungstheorien und -programme

7) Als Vorläufer bzw. Wegbereiter faschistischer Erziehungstheorien ist auf Ernst Krieck hinzuweisen. In dieser Funktion ist er offenbar auch von der GP erst nach seinem ausdrücklichen Bekenntnis zum Nationalsozialismus um 1933 erkannt worden. Krieck deutete Erziehung primär als „funktionale" und erst sekundär als bewußte, „intentionale" Prägung der nachwachsenden Generation zu einem bestimmten „Menschentypus" durch angeblich dominant rassisch determinierte „Gemeinschaften" – Völker, Nationen, Gruppen (vgl. E. Krieck: Menschenformung. Leipzig 1925. – Ders.: Grundriß der Erziehungswissenschaft. Leipzig 1927). Alfred Baeumler, der in der NS-Zeit in noch ausgeprägterem Maße als Krieck Re-

präsentant nationalsozialistischer Erziehungsprogrammatik wurde, ist vor 1933 noch nicht als Erziehungstheoretiker hervorgetreten (zu Krieck und Baeumler vgl. Karl-Christoph Lingelbach: Erziehung und Erziehungstheorien im nationalsozialistischen Deutschland. 2. überarb. und erw. Aufl. Frankfurt/M. 1987, S. 65–94 und S. 162–202).

Für die ersten anderthalb Jahrzehnte nach 1945 sind – über die Positionen hinaus, auf deren Nach- und Weiterwirken in der erziehungswissenschaftlichen Diskussion nach dem Zweiten Weltkrieg bereits hingewiesen wurde – noch einige Ansätze zu nennen, die in einem jeweils unterschiedlichen Verhältnis zur späten GP standen.

Martin Bubers Prinzip des Dialogischen

8) Erhebliche Bedeutung für die Weiterentwicklung eines zentralen Momentes der GP hat nach dem Ende des Zweiten Weltkrieges der Grundgedanke der seit den 20er Jahren entwickelten Philosophie und Erziehungstheorie des jüdischen Religionsphilosophen und Pädagogen Martin Buber (1878–1965) gehabt. Dieser Gedanke besagt, daß das Spezifikum und die Grundbedingung menschlicher, „humaner" Existenz im „dialogischen Prinzip" bestehe, d. h. der erfahrenen und praktizierten Anerkennung des Angewiesenseins jedes Menschen auf zwischenmenschliche Beziehungen, auf ICH-DU-Beziehungen (und für Buber grundsätzlich auch der analogen Mensch-Gott-Beziehung). Buber begriff demgemäß auch die „pädagogische Beziehung" als eine spezifische Ausprägung des Dialogischen. – Die Vertreter der GP, explizit Litt, Weniger und Flitner, haben diese Auslegung nach 1945 als eine Vertiefung ihrer Bemühungen um die Interpretation des „pädagogischen Bezuges" gewürdigt und rezipiert.

► **Literaturhinweis:**
Martin Buber: Reden über Erziehung. Heidelberg 1953. – Ders.: Dialogisches Leben. Gesammelte philosophische und pädagogische Schriften. Zürich 1957. – Zum Verhältnis der GP zu Buber und hinsichtlich entsprechender Belegstellen vgl. den von mir verfaßten Fernstudienkurs: „Der Erziehungs-/Bildungsprozeß und das Problem der pädagogischen Methoden in der Sicht der Geisteswissenschaftlichen Pädagogik", Kurseinheit 1: Das pädagogische Verhältnis/der pädagogische Bezug als Grundvoraussetzung pädagogischer Methoden. Hagen 1982, S. 64 f.

Existenzphilosophie und Pädagogik O. F. Bollnow

9) Nach 1945 hat es Versuche gegeben, existenzphilosophische Sichtweisen und Theoreme auf pädagogische Fragestellungen zu beziehen. Hier ist vor allem Otto Friedrich Bollnow hervorzuheben, der einerseits stark von Dilthey und der Pädagogik Nohls beeinflußt ist und sich in erheblichem Umfang der GP zurechnet, andererseits an perspektivischen Erweiterungen der GP gearbeitet hat. U. a. hat er im Anschluß an die frühe Existenzphilosophie das herkömmliche Spektrum der von der Pädagogik untersuchten und in der pädagogischen Praxis Einwirkung bzw. der entsprechenden Vollzugsformen auf seiten der zu Erziehenden durch

den Aufweis der Bedeutung „unstetiger Formen" und Situationen der Erziehung (Krise, Erweckung, Begegnung, Wagnis und Scheitern u. a.) ergänzt (vgl. O. F. Bollnow: Existenzphilosophie und Pädagogik. Stuttgart 1959, siehe auch das Glossarstichwort „Existenzphilosophie" in dieser Kurseinheit).* **Unstetige Formen und Situationen in der Erziehung**

10) Ein weiterer Ansatz ergab sich aus Bemühungen, in Anknüpfung an die (frühe) philosophische Phänomenologie (Edmund Husserl und seine Schule) neue Sicht- und Verfahrensweisen in die Pädagogik einzuführen oder sogar als grundlegend zu erklären; dadurch sollte es möglich werden, pädagogisch bedeutsame Phänomene bzw. Situationen möglichst „unvoreingenommen" zu beschreiben bzw. zu analysieren, sie gleichsam „von sich aus" zur Sprache zu bringen und dann durch ein bestimmtes Abstraktionsverfahren („Wesensschau") zu allgemeinen Strukturerkenntnissen vorzudringen. Bis zum Ende der 60er Jahre war es besonders der Holländer Jan Martinus Langeveld, der eine „phänomenologische Pädagogik" entwickelte und in das Gespräch mit Vertretern der GP einbrachte. **Phänomenologische Pädagogik** **J. M. Langeveld**

► **Literaturhinweis:**
J. M. Langeveld: Einführung in die Pädagogik. Stuttgart 1951; 2., neu bearb. Aufl. 1961. – Ders.: Studien zur Anthropologie des Kindes. Tübingen 1956. – vgl. das Glossarstichwort „Phänomenologie" in dieser Kurseinheit.

Wieweit spätere, im letzten Jahrzehnt intensivierte Bemühungen, die sich ebenfalls als „phänomenologisch" verstehen (Wilfried Lippitz, Käte Meyer-Drawe u. a.), methodisch noch mit Langevelds frühen Ansätzen übereinstimmen oder – in Anknüpfung an den späten Husserl und neuere Entwicklungen der Phänomenologie (Alfred Schütz u. a.) – ein prinzipiell verändertes Konzept von Phänomenologie verfolgen (Rückgriff auf die vorwissenschaftliche menschliche Erfahrung in „Lebenswelten"; Situationsgebundenheit und Horizonthaftigkeit menschlicher Erfahrung; Berücksichtigung der Leibgebundenheit von Erfahrung und Erkenntnis usf.), kann hier nicht erörtert werden.

11) Schließlich ist, in der Begrenzung auf den Zeitraum bis zum Beginn der 60er Jahre, die „Pädagogik der Entsprechung" bzw. der „Sachlichkeit und Mitmenschlichkeit" von Theodor Ballauff und Klaus Schaller zu nennen. Ballauffs Position war (und ist) stark von der Spätphilosophie Heideggers beeinflußt, Schallers pädagogischer Ansatz wesentlich sowohl von seiner Deutung der Philosophie und der Pädagogik des Comenius als auch von Bubers Theorie des Dialogischen, beides verbunden mit Momenten der Konzeption Ballauffs. Ballauff und Schaller verstehen ihre Ansätze als Alternativpositionen zur GP, deren angeblich einseitige Subjektbezogenheit sie kritisieren. Später hat für Schaller die Rezeption neuerer Kom- **Pädagogik der Entsprechung**

* Dieser Satz, dem offensichtlich eine Formulierung fehlt, die den Verweis auf die Praxis ergänzt, ist so auch im Original enthalten.

munikationstheorien zunehmende Bedeutung gewonnen. Seine heutige Position bezeichnet er als „Kritisch-kommunikative Pädagogik".

▶ **Literaturhinweis:**

Theodor Ballauff: Pädagogik als Bildungslehre. 2. Aufl. Weinheim 1989. – Klaus Schaller: Einführung in die kommunikative Pädagogik. Ein Studienbuch. Freiburg 1978. – Ders.: Die kritisch-kommunikative Pädagogik. In: Westermanns Pädagogische Beiträge 1984, S. 78–82. – Ders.: „Kritisch-kommunikative Pädagogik". In: H. Röhrs/H. Scheuerl (Hrsg.): Richtungsstreit in der Erziehungswissenschaft und pädagogische Verständigung. Wilhelm Flitner zur Vollendung seines 100. Lebensjahres am 20.8.1989 gewidmet. Frankfurt/Bern/New York/Paris 1989, S. 173–185.

Kurseinheit 2: Wissenschaftstheoretische Grundlagen und Prinzipien der geisteswissenschaftlichen Pädagogik

Inhaltsverzeichnis zur Kurseinheit 2

Literaturverzeichnis zum Kapitel 5.6

Einführende Literatur

Da die umfangreichen, gleichwohl fragmentarisch gebliebenen Dilthey-Texte zur Theorie der Geisteswissenschaften als schwierig angesprochen werden müssen, empfiehlt es sich, mit begrenzten Textauszügen zu beginnen. Dafür eignen sich:

Dilthey, W.: Die Philosophie des Lebens. Eine Auswahl aus seinen Schriften, 1867–1910, hrsg. von Nohl, H., Heppenheim 1946. Darin: S. 37–41 und S. 48–95 sowie das Nachwort des Herausgebers, S. 95–98.

Dilthey, W.: Schriften zur Pädagogik. Besorgt von Groothoff, H.-H. und Herrmann, U., Paderborn 1971, Teil B, Abschnitt „Leben und Geisteswissenschaften" (Textauszüge), S. 289–297.

Die umfangreicheren Originaltexte Diltheys zur Theorie der Geisteswissenschaften finden sich in folgenden Bänden:

Dilthey, W.: Gesammelte Schriften, Band I: Einleitung in die Geisteswissenschaften. Versuch einer Grundlegung für das Studium der Gesellschaft und der Geschichte (zuerst 1885). 5. Aufl. Stuttgart/Göttingen 1962.

Dilthey, W.: Gesammelte Schriften, Band VII: Der Aufbau der geschichtlichen Welt in den Geisteswissenschaften (enthält die entscheidenden Schriften der Spätphase 1905–1910). 3. Aufl. Stuttgart/Göttingen 1961. – Darin vor allem Teil II „Der Aufbau der geschichtlichen Welt in den Geisteswissenschaften", S. 79–188 und Teil III „Fortsetzung zum Aufbau der geschichtlichen Welt in den Geisteswissenschaften, Entwürfe zur Kritik der historischen Vernunft", S. 191–291.

Zur Einführung geeignete Sekundärliteratur

Bollnow, O. F.: Dilthey. Eine Einführung in seine Philosophie. 3. Aufl. Stuttgart 1967.

Herrmann, U.: Die Pädagogik Wilhelm Diltheys. Göttingen 1971. Darin: II. Teil: Das Problem der Geisteswissenschaften im Werk Wilhelm Diltheys, S. 60–96.

Zum Kapitel 6 – in diesem Kapitel ausdrücklich behandelte Literatur

Flitner, W.: Das Selbstverständnis der Erziehungswissenschaft in der Gegenwart. 2. Aufl. Heidelberg 1958.

Flitner, W.: Allgemeine Pädagogik. 14. Aufl. Stuttgart 1975. Darin: Die pädagogische Wissenschaft, S. 13–23.

Litt, Th.: „Das Wesen des pädagogischen Denkens" (zuerst 1921) und „Die Bedeutung der pädagogischen Theorie für die Ausbildung des Lehrers" (zuerst 1947), in: Litt, Th.: Führen oder Wachsenlassen. 13. Aufl. Stuttgart 1967, S. 83–109 und 110–126 – Die Abhandlung über „Das Wesen …" ist wieder abgedruckt in dem Sammelband „Erziehungswissenschaft und Erziehungswirklichkeit", hrsg. von Röhrs, H., Frankfurt/M. 1964, S. 58–82, Anmerkungen S. 420.

Nohl, H.: Die pädagogische Bewegung in Deutschland und ihre Theorie. 3. Aufl. Frankfurt/M. 1949. Abschnitte „Die Möglichkeit einer allgemeingültigen Theorie" und „Die Autonomie der Pädagogik", S. 105–123 und 124–145.

Spranger, W.: Die Bedeutung der wissenschaftlichen Pädagogik für das Volksleben (zuerst 1928). Wiederabdruck in: Erziehungswissenschaft und Erziehungswirklichkeit, hrsg. von Röhrs, H., Frankfurt/M. 1964, S. 9–24.

Weniger, E.: „Theorie und Praxis in der Erziehung" und „Die Autonomie der Pädagogik". Beide Aufsätze in Weniger, E.: Die Eigenständigkeit der Erziehung in Theorie und Praxis. Weinheim 1957, S. 7–22 und S. 71–87 oder in Weniger, E.: Ausgewählte Schriften zur GP, hrsg. von Schönig, B., Weinheim 1975, S. 29–44 und S. 11–28.

Weiterführende und Sekundärliteratur

Bartels, K.: Die Pädagogik Hermann Nohls. Weinheim 1968, bes. S. 107–167.

Bohnsack, F./Rückriem, G.M.: Pädagogische Autonomie und gesellschaftlicher Fortschritt. Weinheim 1969.

Dahmer, I.: Theorie und Praxis. In: Geisteswissenschaftliche Pädagogik am Ausgang ihrer Epoche – Erich Weniger, hrsg. von Dahmer, I. und Klafki, W., Weinheim 1967, S. 35–80.

Finckh, H.-J.: Der Begriff der ‚Deutschen Bewegung' und seine Bedeutung für die Pädagogik H. Nohls. Frankfurt/M./Bern 1977.

Geissler, G.: Die Autonomie der Pädagogik. Göttinger Studien zur Pädagogik, hrsg. von Nohl, H., 13. Heft, Langens 1929.

Lassahn, R.: Das Selbstverständnis der Pädagogik Th. Litts. Pädagogik als Geisteswissenschaft. Ratingen 1968, bes. I. Teil „Methodologische Reflexion", S. 9–54.

Nohl, H.: Die Deutsche Bewegung. Vorlesungen und Aufsätze zur Geistesgeschichte von 1770–1830, hrsg. von Bollnow, O. F. und Rodi, F., Göttingen 1970.

Sayler, W.M.: Das Verhältnis von Theorie und Praxis in der Pädagogik. München/Basel 1968, bes. 4. und 5. Kapitel, S. 133–236.

Schiess, G.: Die Diskussion über die Autonomie der Pädagogik. Weinheim 1973.

Da im Text dieser und der beiden folgenden Studieneinheiten häufig auf den Zusammenhang zwischen der GP und der „Reformpädagogik" (synonym: „pädagogische Bewegung") im ersten Drittel unseres Jahrhunderts verwiesen wird, nennen wir folgende Darstellungen bzw. Textsammlungen zur Reformpädagogik:

Flitner, W./Kudritzki, G. (Hrsg.): Die deutsche Reformpädagogik. 2. Bde. München/Düsseldorf 1961 u. 1962.

Nohl, H.: Die pädagogische Bewegung und ihre Theorie. 3. Aufl. Frankfurt/M. 1949. Darin: Die pädagogische Bewegung, S. 3–102.

Scheibe, W.: Die reformpädagogische Bewegung 1900–1932. Eine einführende Darstellung. Weinheim 1969.

Glossar

Anthropologie
Lehre vom Menschen (anthropos = griechisch: Der Mensch – logos = u. a. Lehre, Darstellung) – Der Begriff kann auf sehr verschiedene Arten der Forschung bzw. der Reflexion über den Menschen bezogen werden. Der Anwendungsspielraum reicht von naturwissenschaftlicher Forschung und Theoriebildung über die Besonderheiten des Lebewesens „Mensch" im Vergleich mit und im Unterschied von den Tieren bis zur „philosophischen Anthropologie", d. h. der Reflexion über generelle Bestimmungen menschlicher Existenz wie „Sprachlichkeit", „Geschichtlichkeit", „Reflexionsfähigkeit" usw.

Antinomie
griech., wörtlich: Gegen-Gesetzlichkeit; meistens im Sinne einander ausschließender Gegensätze gemeint, z. T. auch allgemeiner im Sinne von „Widersprüchlichkeit" zunächst einander entgegengesetzter Positionen, die aber miteinander vermittelt, im Sinne einer übergreifenden Position oder Wahrheit zur Synthese geführt werden können.

apriori (auch a priori)
vgl. Glossarstichwort „transzendental" in der ersten Kurseinheit

Autonomie
aus dem Griechischen entlehntes Fremdwort: Fähigkeit oder Recht, sich selbst zu bestimmen

Hermeneutik, hermeneutische Spirale, hermeneutischer Zirkel
vgl. Glossarstichwort „Hermeneutik (hermeneutisch)" in der ersten Kurseinheit und S. 133–148 dieser Kurseinheit

historisches Bewußtsein, „historische Schule"
vgl. diese Kurseinheit, S. 129–130

emotional
gefühlsmäßig, auf Gefühle bezogen

Hypothese
systematisch entwickelte, ggf. aus bisherigen Forschungen oder aus einer Theorie abgeleitete wissenschaftliche Vermutung, die mit Hilfe methodischer Verfahrensweisen (z. B. empirische Datenerhebung und -verarbeitung; historische Quellenanalyse usw.) auf ihre Richtigkeit oder Falschheit überprüft werden kann

Ideologisch
vgl. Glossarstichwort „Ideologie, Ideologiekritik“ in der ersten Kurseinheit

Intuition
(lat. intueri = genau hinsehen, in etwas hineinschauen) Bezeichnung für die angenommene Möglichkeit, unmittelbare, d. h. nicht erst durch theoretische Vorannahmen, Hypothesen, begriffliche Bearbeitung vermittelte Wahrheitserkenntnis zu gewinnen durch direktes „Schauen“, Erfassen, Ein-Sehen von Wahrheiten

Immanente Interpretation
Auslegung des Bedeutungszusammenhanges eines Textes oder einer Reihe von Texten, die sich – mindestens zunächst – darauf konzentriert, den in dem betreffenden Text bzw. den betreffenden Texten selbst bzw. aus ihnen heraus zu ermittelnden Sinn, den Zusammenhang aller Einzelaussagen mit dem gesamten Text herauszuarbeiten. Immanente Interpretation fragt also: Was sagt der Text als solcher? Sie fragt zunächst nicht nach biographischen Daten des Autors oder der Autoren, nicht nach historischen Voraussetzungen und gesellschaftlichen Zusammenhängen, nach Aufnahmebedingungen bei den Lesern von Texten usw., soweit solche Aspekte nicht in den betreffenden Texten selbst zur Sprache kommen. – Selbstverständlich schließt „immanente Interpretation“ eines Textes nicht aus, daß der Interpret in einem nächsten Schritt zu einer textübergreifenden Interpretation unter Rückgriff auf Quellen und Daten, die der betreffende Text nicht enthält, fortschreitet.

kritischer Rationalismus
vgl. das entsprechende Glossarstichwort zur ersten Kurseinheit

Kybernetik, kybernetisch
(von griech.: kybernetes = Steuermann, Leiter, Lenker, Lotse) Theorie bzw. Wissenschaft von Steuerungs- oder Regelungsprozessen bzw. Selbststeuerungsprozessen in verschiedenen Bereichen, etwa in der organischen Welt, in der Technik, in der Erziehung usw. Solche Steuerungsprozesse werden von der Kybernetik als Vorgänge der Verarbeitung von „Informationen“ verstanden. Die jeweiligen Regelungs-(Steuerungs-)systeme vermitteln zwischen Soll-Werten (z. B. „Fortpflanzung“ einer Tiergattung, Schutz des Auges vor Verletzung, Zimmertemperatur soll 20° betragen usw.) und Ist-Werten (z. B. in diesem Raum beträgt die Temperatur 15°). Sie setzen Mechanismen in Gang, durch die Soll-Werte erreicht werden. – In der „kybernetischen Pädagogik“ werden alle Erziehungs- bzw. Bildungs- oder Lernprozesse als Regelungsprozesse verstanden, durch die Menschen ihr Ist-Verhalten im Sinne von Soll-Werten verändern, und zwar durch Verarbeitung von „Informationen“. Die kybernetische Pädagogik sucht folglich nach optimalen Informationseingabe- und -verarbeitungssystemen (z. B. programmiertes Lernen, Lehrmaschinen usw.). – In der Bundesrepublik vertreten z. Zt. vor allem Helmar Frank und Felix von Cube diese Richtung (vgl.

Frank, H.: Kybernetische Grundlagen der Pädagogik. 2. Aufl. Baden-Baden 1969 – v. Cube, F.: Kybernetische Grundlage des Lernens und Lehrens. 2. Aufl. Stuttgart 1968)

Methodologie
vgl. diese Kurseinheit, S. 150, Anmerkung 2

Moment, das
Im Hinblick auf Zusammenhänge der geistig-geschichtlichen Wirklichkeit bezeichnet der Begriff „das Moment", den zuerst Hegel als philosophisches Fachwort einführte, „Teile", „Elemente", „Faktoren" eines Ganzen. Während Worte wie „Teil", „Element", „Faktor" aber meistens mit der Vorstellung verbunden sind, dabei handle es sich um feststehende, klar voneinander abgrenzbare, isolierbare Partikel größerer Einheiten, soll mit dem Wort „das Moment" (von lat. movere = bewegen) darauf hingewiesen werden, daß die damit gemeinten „Teile" dynamisch und wandelbar sind, daß sie mit dem jeweiligen Ganzen (einem Satz, einem Text, einem gesellschaftlichen System, einer Theorie usw.) in einem wechselseitigen Bedingungsverhältnis stehen, demgemäß jede Veränderung des Ganzen eine Veränderung aller seiner Momente, aber auch jede Veränderung eines Moments eine Veränderung aller anderen Momente und damit des Ganzen zur Folge hat. „Momente" in diesem Sinne sind keine real isolierbaren Sachverhalte, sondern theoretisch aus komplexen Zusammenhängen herausgelöste Aspekte. Der Begriff „*das* Moment" muß also auch deutlich von dem zeitlichen Begriff „*der* Moment" unterschieden werden.

Neukantianer – Neukantianismus
eine Strömung in der deutschen Philosophie etwa im Zeitraum zwischen 1880 und 1930, die – im Gegenzug gegen den Positivismus des 19. Jahrhunderts (vgl. dazu das Glossarstichwort „kritischer Rationalismus" in der ersten Studieneinheit) – eine Wiederbelebung der Philosophie Kants vollzog und die ihr eigenes Philosophieren als Weiterführung und „Radikalisierung" von Denkansätzen Kants verstand. So wird „Wirklichkeit" in der Wissenschaftstheorie bzw. Erkenntnistheorie der Neukantianer, vor allem in der sog. „Marburger Richtung" des Neukantianismus (H. Cohen und P. Natorp) – entschiedener noch als bei Kant – als ein durch den menschlichen Verstand, vermöge seiner apriorischen Kategorien, konstituierter Zusammenhang verstanden, nicht aber als Abspiegelung einer vom Subjekt unabhängigen „Realität an sich" oder als bloße Zusammenfassung von Sinnesdaten. Im Bereich der Ethik, der Geschichts- und Kulturtheorie versuchte insbesondere der sog. „südwestdeutsche oder badische Neukantianismus" (W. Windelband und H. Rickert) den Nachweis zu führen, daß es zeitlos geltende Werte gibt, die die Bedingung der Möglichkeit von Kultur und von verantwortlichem, ethisch beurteilbarem menschlichem Handeln und entsprechenden Erkenntnisbemühungen in den Geisteswissenschaften sind (vgl. zum Begriff apriori das Stichwort „transzendental" im Glossar der ersten Kurseinheit).

In der Pädagogik ist der Neukantianismus vor allem in den 20-ger Jahren durch Paul Natorp wirksam geworden, der aus seiner Philosophie ein pädagogisches System abzuleiten versuchte, das er „Sozialpädagogik“ (Titel seines Hauptwerkes, zuerst 1899) bzw. „Sozialidealismus“ nannte. – In der Gegenwart zeigt insbesondere die sog. „transzendental-kritische Pädagogik“, die im Anschluß an A. Petzelt vor allem von M. Heitger, W. Fischer und J. Ruhloff vertreten wird, das Weiterwirken von Denkmotiven des Neukantianismus. – vgl. u. a. Heitger, M. (Hrsg.): Pädagogische Grundprobleme in transzendentalkritischer Sicht. Bad Heilbrunn 1969.

Politische Ökonomie
Wissenschaft von den Zusammenhängen zwischen der wirtschaftlichen Produktion, der Verteilung und dem Konsum und den gesellschaftlichen und politischen Verhältnissen. In der marxistischen Gesellschaftstheorie hat die politische Ökonomie (Politökonomie) eine grundlegende Bedeutung, und zwar sowohl im Hinblick auf die historische Analyse und Kritik des Kapitalismus als auch hinsichtlich der Grundlegung sozialistischer Politik.

posthum
nach dem Tode

Primat, der oder das
Vorrang

Reformpädagogik
sinnentsprechend mit „pädagogischer Bewegung“, vgl. 2. Kurseinheit, S. 179 f.

Sekundärliteratur
Im Unterschied von Quellen und sog. Primärliteratur, in der Autoren eine Theorie bzw. eine neue Argumentation entwickeln oder Ergebnisse eigener Forschung vortragen, bezeichnet der Ausdruck „Sekundärliteratur“ solche Veröffentlichungen, in denen *über* Primärliteratur bzw. ihre Aussagen und Ergebnisse berichtet wird. Texte der GP, in denen ihre Vertreter ihre Theorie oder Teilbeiträge dazu vortragen, sind also „Primärliteratur“, Texte *über* die GP „Sekundärliteratur“.

sozio-kulturell
in den Sozialwissenschaften, insbesondere in der Sozialisationstheorie und seit 10 bis 15 Jahren auch in der Erziehungswissenschaft häufig gebrauchter Terminus (Fachbegriff), der auf den Zusammenhang zwischen gesellschaftlichen Bedingungen und (im engeren Sinne des Wortes) „kulturellen“ Erscheinungen und Prozessen (d. h. allen nicht direkt auf Produktion und Verbrauch bezogenen menschlichen Hervorbringungen und Aktivitäten) hinweist. Man spricht etwa vom „sozio-kulturellen Milieu“ oder den „sozio-kulturellen Bedingungen“, in denen oder unter denen ein Kind

aufwächst, und meint damit miteinander zusammenhängende Faktoren wie die materiellen Lebensbedingungen (Einkommen der Eltern, Wohnsituation, Lebensstandard) einer Familie, die durch die Arbeit bzw. den Beruf des Vaters bzw. der Eltern bedingt sind, den Sprachstil, in dem die Familienmitglieder oder auch die betreffende Altersgruppe miteinander kommunizieren, die Erwartungen der Eltern gegenüber den Kindern, die Spiel-, Lese-, Musik-, Beschäftigungs-Anregungen, die die Kinder erhalten, ihren außerschulischen Erfahrungszusammenhang usw.

Wissenschaftstheorie
vgl. diese Kurseinheit, S. 130–133 und S. 150

Lernziele

Nach dem Studium dieser Kurseinheit sollten Sie in der Lage sein,

- einige Grundaussagen der Theorie der Geisteswissenschaften Wilhelm Diltheys sinngemäß zu formulieren und an Beispielen zu erläutern,
- den Begriff „Wissenschaftstheorie“ bzw. „wissenschaftstheoretisch“ zu umschreiben,
- den Argumentationsgang der Abhandlung Litts über „Das Wesen des pädagogischen Denkens“ mit Hilfe von Stichworten zu referieren,
- den Begriff „réflexion engagée“ (engagierte Reflexion) im Sinne Wilhelm Flitners zu umschreiben,
- die drei Grade oder Stufen der pädagogischen Theoriebildung im Sinne Erich Wenigers zu erläutern,
- nach einem Vergleich der Ausführungen über Litt, Flitner und Weniger einige zusammenfassende Aussagen über das Verhältnis von Theorie und Praxis in der Pädagogik in der Sicht der drei genannten Autoren zu machen,
- den Begriff „relative Eigenständigkeit“ der Erziehung im Sinne der GP kurz zu interpretieren, d. h. anzugeben, was er
  a) im Hinblick auf die pädagogische Praxis,
  b) im Hinblick auf die pädagogische Theorie
  bedeutet,
- zu formulieren, welche Ausführungen der Kurseinheit Ihnen unklar geblieben sind, wo Sie offene Fragen oder kritische Einwände haben, welche Erwartungen Sie an die folgenden Kurseinheiten richten, mit welchen Gesichtspunkten Sie sich – wenn Sie Zeit haben oder hätten und entsprechende Studienhinweise erhielten – gern eingehender auseinandersetzen würden.

5.6 Diltheys Theorie der Geisteswissenschaften in ihrer Bedeutung für die Entwicklung der Geisteswissenschaftlichen Pädagogik

Um die Bedeutung der von Dilthey entwickelten Ansätze zu einer Theorie der Geisteswissenschaften für die Entwicklung der GP verständlich machen zu können, müssen zunächst zwei wissenschaftsgeschichtliche Tatbestände skizziert werden:

- zum einen die Entwicklung der Geisteswissenschaften bis zur Wirkungszeit Diltheys,
- z. a. der damalige Stand der Wissenschaftstheorie.

▶ **Literaturhinweis**
Die wichtigsten, allerdings meist recht schwierigen Abhandlungen und Entwürfe Diltheys zum Problemkreis einer Theorie der Geisteswissenschaften sind vor allem in folgenden Bänden der gesammelten Schriften zu finden:

Band I:	Einleitung in die Geisteswissenschaften. Versuch einer Grundlegung für das Studium der Gesellschaft und der Geschichte. (Zuerst 1883) 5. Aufl. Stuttgart/Göttingen 1962.
Band VII:	Der Aufbau der geschichtlichen Welt in den Geisteswissenschaften (enthält die entscheidenden Schriften der Spätphase 1905–1910). 3. Aufl. Stuttgart/Göttingen 1961.

5.6.1 Die Situation der Geisteswissenschaften zur Zeit Diltheys

Als Dilthey etwa seit 1870 am Thema einer Theorie bzw. einer Grundlegung (gleichbedeutend mit „Begründung") der Geisteswissenschaften zu arbeiten beginnt (vgl. zum Sinn des Begriffes „Grundlegung" bzw. „Begründung" noch einmal die Erläuterungen in der ersten Kurseinheit auf S. 95), hat diese Gruppe von Wissenschaften bereits einen hohen Entwicklungsstand und einen erheblichen Umfang erreicht. Als Geisteswissenschaften betrachtet Dilthey alle Disziplinen, die ihre „Gegenstände als *historische* Zusammenhänge, Werke, Handlungen, Einrichtungen, Entwicklungen verstehen".

Die „historische Schule" und die Anfänge der Geisteswissenschaften

Solche Wissenschaften gibt es im wesentlichen erst seit Beginn des 19. Jahrhunderts, und man spricht im Hinblick auf die Herausbildung der geschichtlichen Sichtweise in den ersten zwei bis drei Jahrzehnten des 19. Jahrhunderts damals und heute zusammenfassend oft von der „historischen Schule", die sich insbesondere in Deutschland bildete, oder auch von der Entwicklung des „historischen Bewußtseins". Diese Entwicklung, die sich seit dieser Zeit in einer ganzen Reihe von Einzelwissenschaften zeigt, ist vor allem durch Johann Gottfried Herders geschichtsphilosophische Ideen seit den letzten Jahrzehnten des 18. Jahrhunderts vorbereitet und dann durch einige Kreise der deutschen Romantik fortgesetzt worden. In diesem Zusammenhang entstehen überhaupt erst die Geschichtswissenschaften, die Literatur-, Kunst- und Musikwissenschaft und die neueren Sprachwissenschaften als historisch arbeitende Disziplinen, gleichzeitig erfahren bereits bestehende Wissenschaften eine entscheidende Erweiterung und Änderung ihrer Betrachtungsweise:

- *In der Rechtswissenschaft z. B. wird die Problematik des Rechts erstmalig als eine grundsätzlich historische Problematik betrachtet. Man spricht dementsprechend von der „historischen Schule in der deutschen Rechtswissenschaft." – Es entstehen die Disziplinen der Religionsgeschichte, die historische Bibelforschung und – etwas später – die historische Jesus-Forschung, weiterhin Disziplinen wie die Wirtschaftsgeschichte und die historische Staatswissenschaft, aber auch die historische Altertumswissenschaft, die einerseits mit durch die Antikebegeisterung der deutschen Klassik und des Neuhumanismus angeregt wurde, andererseits eben jenes idealisierende und harmonisierende Bild der Antike, wie es noch Humboldt oder auch Schiller gezeichnet hatten, schrittweise auflösten.*

Diese Hinweise auf die Entstehung historisch arbeitender Geisteswissenschaften seit Beginn des 19. Jahrhunderts müssen hier genügen. Um die Jahrhundertmitte haben viele dieser historischen Wissenschaften bereits methodisch und inhaltlich einen hohen Stand erreicht, die Verfahren der Quellenkritik und der Textanalyse sind ziemlich differenziert ausgearbeitet.

Es ist bereits an früherer Stelle gesagt worden, daß Dilthey in seinem Studium in Heidelberg und Berlin im Jahrzehnt zwischen 1850 und 1860 einige dieser Wissenschaften studierte und einigen ihrer bedeutenden Vertretern begegnete.

5.6.2 Die Situation der Wissenschaftstheorie bis zu Diltheys Wirkungszeit

Die vorher angedeutete, starke Entwicklung der historischen Geisteswissenschaften hatte bis zum letzten Drittel des 19. Jahrhunderts in der Philosophie, vor allem in der Wissenschaftstheorie, keine entsprechende Berücksichtigung erfahren. Als Modell wissenschaftlichen Denkens galten in der Wissenschaftstheorie bis zu Diltheys wissenschaftstheoretischen Bemühungen fast durchweg die Mathematik und die Naturwissenschaften, und zwar im Sinne jener theoretischen Begründung, die Kant ihnen im ausgehenden 18. Jahrhundert gegeben hatte; „Begründung" ist hier wieder im Sinne einer nachträglichen Deutung der Erkenntnisfundamente der Wissenschaften zu verstehen.

Natürlich können wir hier nicht ausführlich auf Kants Erkenntnis- und Wissenschaftstheorie eingehen. Einige knappe Hinweise sind jedoch notwendig, um Diltheys Ansatz verständlich machen zu können.

Zunächst: Wir haben die Doppelformel „Kants Erkenntnis- bzw. Wissenschaftstheorie" benutzt, weil wissenschaftliche Erkenntnis für Kant das Modell für menschliche Wirklichkeitserkenntnis überhaupt darstellt. Darüberhinaus muß der vorher erwähnte Tatbestand festgehalten werden, daß Kants Begriff von Erkenntnis bzw. wissenschaftlicher Erkenntnis am Modell naturwissenschaftlicher und mathematischer Erkenntnis orientiert ist. Dies wiederum ist Ausdruck der Tatsache, daß es zu der Zeit, als Kant seine Erkenntnistheorie (Wissenschaftstheorie) ausarbeitete, nämlich vor allem im Jahrzehnt zwischen 1780 und 1790, Geisteswissenschaften als wissenschaftliche Disziplinen im vorher angesprochenen Sinne noch nicht gab.

Einige Merkmale der Kantischen Erkenntnis- und Wissenschaftstheorie

Kants zentrale erkenntnis- bzw. wissenschaftstheoretische Schrift ist die „Kritik der reinen Vernunft" (erste Auflage 1781).

► *„Kritik" ist hier nicht im üblichen, heutigen Verständnis, als Formulierung von Einwänden, von begründetem Widerspruch gegen irgendeine Position zu verstehen, sondern im ursprünglichen Sinne des griechischen Wortes „krinein", nämlich als: sichten, scheiden, urteilen, beurteilen, deuten, auslegen. „Kritik" könnte man übersetzen als „Beurteilung von Leistung und Grenze ..." – hier: des menschlichen Erkenntnisvermögens. „Erkenntnis" aber ist im Sinne von überprüfbaren, verallgemeinerbaren Aussagen gemeint.*

Die Kernthese der Kantischen Erkenntnistheorie

In der Formel „Kritik der *reinen* Vernunft" steckt nun in gewisser Weise schon die Kernthese der Kantischen Erkenntnistheorie: die These nämlich, daß in aller menschlichen Erkenntnis Elemente stecken, die nicht aus der Erfahrung, sondern die aus der Vernunft selbst stammen, die „apriori" sind. Gemeint sind Elemente, die die Vernunft in den Prozeß der Erkenntnisgewinnung einbringt, Elemente, die Erkenntnis überhaupt erst möglich machen.

Ein kleines Beispiel

Wenn wir es als eine physikalische Erkenntnis betrachten, daß Wasser unter dem Luftdruck von 760 Millibar bei 100° Celsius zu verdampfen beginnt, dann stecken in solcher Erkenntnis gewiß Anteile, die wir nur durch Vermittlung über unsere Sinne – Gesichtssinn, Temperaturgefühl – oder mit Hilfe vom Menschen erfundener „Apparate", die einen Teil unserer Sinnesempfindungen ersetzen (Thermometer), gewinnen können. Aber die mathematische Formulierung, auf der der Anspruch von Objektivität, Überprüfbarkeit beruht, und der Gedanke, daß die Erhitzung die „Ursache" des Verdampfens (als der „Wirkung") ist – diese Gedanken können nicht aus Sinnesdaten abgelesen werden, sondern sie werden – so kann man in einer ersten, vorläufigen Formulierung sagen – von der menschlichen Vernunft an die sinnlichen Wahrnehmungen herangetragen. Durch diese Gedanken werden die Sinnesdaten nach Kant überhaupt erst in geordnete Zusammenhänge gebracht, werden Voraussagen (z. B., daß unter gleichen Bedingungen beim Wirksamwerden gleicher Ursachen gleiche Wirkungen eintreten werden) und „Anwendungen" solcher Erkenntnisse möglich.

Die apriorischen „Kategorien" als transzendentale Voraussetzung von Erkenntnis

Kant hat nun ein System von Grundbegriffen – er nennt sie „Kategorien" – herausgearbeitet, die seiner Theorie nach nicht aus der sinnlichen Empfindung, sondern aus der Vernunft stammen. Sie gehören zu den entscheidenden „Bedingungen der Möglichkeit von Erfahrung" (Erfahrung ist hier im Sinne von objektivierbarer Erkenntnis gemeint). Diese Kategorien nennt Kant auch „reine" Verstandesbegriffe. Zu diesen Kategorien gehören „Ursache" und „Wirkung", „Ding" und „Eigenschaft" (oder „Substanz" und „Prädikat"), „Einheit" – „Vielfalt" – „Allheit", „Dasein" – „Möglichkeit" – „Notwendigkeit".

In unserem Zusammenhang müssen diese Hinweise auf Kants Erkenntnis- bzw. Wissenschaftstheorie genügen. Sie bedürfen nur noch folgender Ergänzung: In der Erkenntnis- und Wissenschaftstheorie in Deutschland dominierte bis zu Diltheys Wirkungszeit die eben skizzierte Auffassung Kants, die das Modell exakt-naturwissenschaftlicher Erkenntnis zum Grundmuster *aller* objektiven menschlichen Erkenntnis erklärt.

Diltheys Ziel: die Entwicklung einer Wissenschaftstheorie der Geisteswissenschaften („Kritik der historischen Vernunft")

Schon zu Beginn seiner Arbeit an wissenschaftstheoretischen Problemen stellt Dilthey nun kritisch fest: In dieser Theorie kommen die seit Beginn des 19. Jahrhunderts entwickelten Geisteswissenschaften überhaupt nicht vor. Dilthey verfolgt dagegen die Hypothese: Diese Erkenntnis- und Wissenschaftstheorie ist mindestens einseitig. Sie erfaßt allenfalls einen Teil menschlicher Erkenntnis, nämlich Naturerkenntnis und Mathematik als ein formales Symbolsystem, sie erfaßt aber *nicht* die Erkenntnis von der menschlich-geschichtlichen Welt.

Angesichts der bereits reich entfalteten Geisteswissenschaften und ihrer praktischen gesellschaftlichen Bedeutung für das politische, wirtschaftliche, rechtliche, religiöse, kulturelle Leben stellt sich Dilthey nun bereits sehr früh in seiner philosophischen Entwicklung die anspruchsvolle Aufgabe, für die Geisteswissenschaften in analoger Weise *das* zu leisten, was Kant für die Mathematik und die Naturwissenschaften geleistet hatte: Dilthey wollte die wissenschaftstheoretische Begründung der Geisteswissenschaften entwickeln, also klären, worin deren Wissenschaftlichkeit besteht, wie geisteswissenschaftliche Erkenntnis möglich ist. In Entsprechung zu Kants Kritik der reinen Vernunft hat er selbst diese Aufgabe mehrfach als „Kritik der historischen Vernunft" bezeichnet, im gleichen Sinne spricht er von einer „Theorie der Geisteswissenschaften" oder der „Begründung der Geisteswissenschaften"[1].

Wenn wir uns im folgenden einigen Grundgedanken der Dilthey'schen Theorie der Geisteswissenschaften zuwenden, so muß zunächst noch einmal daran erinnert werden, daß Dilthey seine Bemühungen nicht zu einem systematischen Abschluß gebracht hat. Auch die späten Arbeiten (Band VII) sind Fragmente geblieben. Sie sind z. T. schwer interpretierbar und nicht ohne innere Spannungen. – Im ganzen zeichnet sich eine deutliche Entwicklung von den frühen Ansätzen (Band I), in denen Dilthey

Der fragmentarische Charakter der Bemühungen Diltheys

1 Daß Dilthey später häufiger Zweifel äußerte, ob Kants Theorie nicht auch hinsichtlich der naturwissenschaftlichen Erkenntnis irrig sei, kann für unseren Zusammenhang unberücksichtigt bleiben.

zu einer Grundlegung der Geisteswissenschaften durch eine neue psychologische Theorie neigte, zu den späteren Schriften ab, in der er die Grundlegung durch eine Theorie der Hermeneutik, des historischen Verstehens sucht. Aber auch in diesen späteren Arbeiten finden sich noch Einsprengsel jener frühen psychologischen Ansätze. Da für die Entwicklung der GP jedoch vor allem die Ansätze des späten Dilthey entscheidend geworden sind, konzentrieren wir uns im folgenden auf sie.

5.6.3 Wissenschaftstheoretische Charakteristika der Geisteswissenschaften in der Sicht Diltheys

In ähnlicher Weise wie bei der Erläuterung des Dilthey'schen Verständnisses der „Lebensphilosophie" sollen im folgenden einige wesentliche Bestimmungen der Geisteswissenschaften im Sinne des späten Dilthey erläutert werden. Daß sich auch hier starke Vereinfachungen nicht vermeiden lassen, sei vorweg betont. Ohne Anspruch auf Vollständigkeit werden im folgenden acht Grundbestimmungen erläutert, die später für die GP wesentlich geworden sind. Es ist fast selbstverständlich, daß sie auch für Diltheys eigene Pädagogik, jedenfalls die späten Beiträge, grundlegend geworden sind. Da diese Arbeiten aber, wie bereits früher betont, in ihren wichtigsten Teilen erst posthum (1934) im Band IX der Gesammelten Schriften publiziert wurden, wird hier nicht ausdrücklich auf sie Bezug genommen.

Acht Grundbestimmungen der Theorie der Geisteswissenschaften

ERSTE BESTIMMUNG:

Sie bezieht sich auf den *Gegenstand* der Geisteswissenschaften und das Verhältnis von Erkenntnis*subjekt* und Erkenntnis*objekt*(-gegenstand). Der zentrale Ausgangsgedanke könnte auf den ersten Blick fast trivial erscheinen, er ist es indessen keineswegs, was sich später an den Folgerungen zeigen wird. Dilthey betont: In den Naturwissenschaften stellt sich der erkennende Mensch einer außermenschlichen, einer vom Menschen nicht hervorgebrachten Wirklichkeit gegenüber, der „Natur". Das gilt auch dann, wenn sich die Erkenntnis auf die menschliche „Natur", auf sein physisches Dasein richtet; auch dieses bringt der Mensch ja nicht eigentlich selbst hervor. (So ist z. B. der Zeugungsakt nicht „Hervorbringen" im eigentlichen Sinne des Wortes, sondern das Auslösen eines Naturvorganges, der dann wieder nach einer nicht vom Menschen hervorgebrachten Gesetzmäßigkeit abläuft.) Der naturerkennende Mensch als Erkenntnis*subjekt* und die Natur als Erkenntnis*objekt* sind, so könnte man Diltheys Gedanken auch ausdrücken, *qualitativ prinzipiell unterschieden*. Genau das gilt in den Geisteswissenschaften jedoch nicht. Der erkennende Mensch als Erkenntnis*subjekt* richtet sich in seinem Erkenntnisbemühen hier auf die menschliche, genauer: die menschlich-gesellschaftlichgeschichtliche Wirklichkeit, also auf eine von Menschen hervorgebrachte Welt, auf seinesgleichen und auf sich selbst. Erkenntnis*subjekt* und Erkenntnisobjekt sind hier also *qualitativ gleich*. In einer bildhaften Kurzformel kann man sich den Unterschied verdeutlichen.

▶ *Vergleichen Sie hierzu bitte die Abbildung auf der folgenden Seite.*

ZWEITE BESTIMMUNG:

Sie richtet sich auf das Erkenntnis*verfahren* und das *Ziel* der Erkenntnis in den Geisteswissenschaften. Auch hier versucht Dilthey meistens, das Spezifische der Geisteswissenschaften durch Vergleich mit dem Erkenntnisverfahren und dem Erkenntnisziel der Naturwissenschaften herauszuarbeiten.

Die Naturwissenschaften streben danach, Natur – genauer: Naturvorgänge, Naturprozesse – zu *erklären*, d. h.: gesetzmäßige Zusammenhänge zwischen verschiedenen Naturelementen zu ermitteln und allgemeingültig, nach Möglichkeit mathematisch zu formulieren. Im Sinne des damaligen Selbstverständnisses der Naturwissenschaften bezeichnet Dilthey jene gesetzmäßigen Zusammenhänge auch als Ursache-Wirkungsbeziehungen. Solche Ursache-Wirkungsbeziehungen herauszuarbeiten ist also das zentrale Erkenntnisziel der Naturwissenschaften.

▶ *Es ändert m. E. nichts Prinzipielles an dieser Bestimmung, wenn man im Sinne der modernen Naturwissenschaften auf die Kategorien von „Ursache" und „Wirkung" weitgehend verzichtet und eher von gesetzmäßigen bzw. statistischen Beziehungen zwischen verschiedenen Naturelementen oder -vorgängen spricht, die in den Naturwissenschaften ermittelt werden sollen, m. a. W.: durch die Naturvorgänge „erklärt" werden sollen.*

Erklären ↔ Verstehen

Naturwissenschaft ↔ Geisteswissenschaft

Nach Dilthey geht es in den Geisteswissenschaften *nicht* darum, die geistig-geschichtliche Welt im gleichen oder in einem analogen Sinne wie die außermenschliche Natur zu „erklären", also auf möglichst allgemeingültige Ursache-Wirkungszusammenhänge bzw. Gesetzmäßigkeiten hin zu untersuchen. In den Geisteswissenschaften geht es nach Dilthey darum, *die geistig-geschichtliche Welt zu verstehen*. „Verstehen" ist das Grundverfahren der Geisteswissenschaften.

▶ *Die Auslegung des Begriffes „Verstehen" ist nun – obwohl Dilthey ihn als Grundbegriff verwendet – keineswegs einfach. Dilthey hat selbst immer wieder um eine Präzisierung dieses Begriffs gerungen, ohne daß er mit den Ergebnissen voll zufrieden gewesen wäre, und die Vielzahl von Arbeiten über Diltheys Verstehensbegriff ist ein Anzeichen für die angedeutete Schwierigkeit.*

Man trifft den Kern des Verstehens-Begriffs beim späten Dilthey wohl, wenn man formuliert: Das Verstehen als das zentrale Verfahren und als das Erkenntnisziel der

Erkenntnissubjekt und Erkenntnisobjekt in den Naturwissenschaften

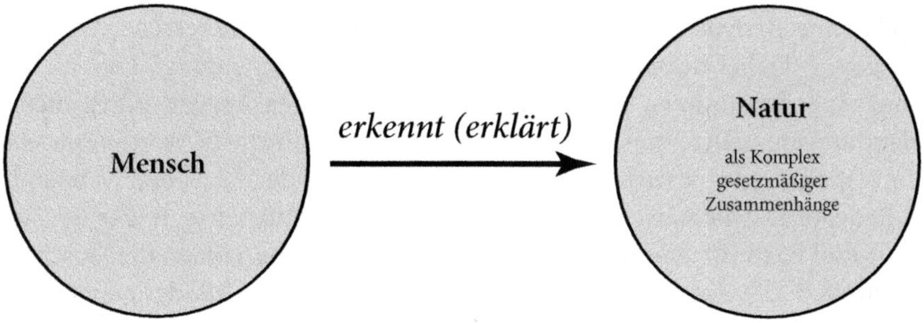

Erkenntnissubjekt und Erkenntnisobjekt in den Geisteswissenschaften

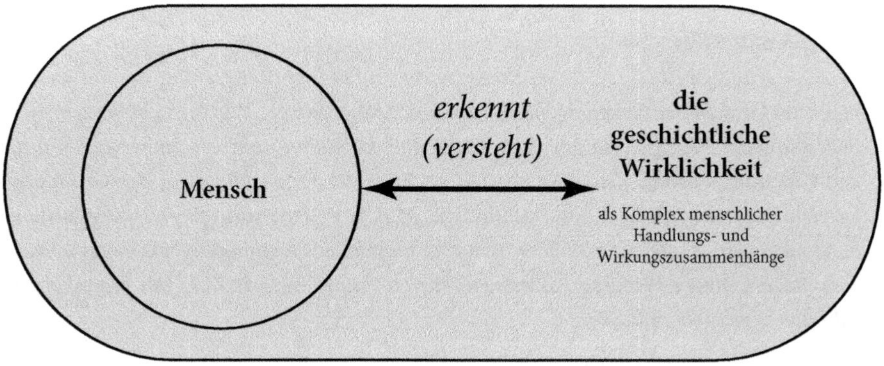

Geisteswissenschaften richtet sich auf das überprüfbare Herausarbeiten von Bedeutungs- bzw. Sinnzusammenhängen und von Bedeutungs- bzw. sinnhaltigen Wirkungszusammenhängen der menschlich-gesellschaftlich-geschichtlichen Welt („Bedeutung“ und „Sinn“ werden hier synonym verwendet). Diese Bedeutungs- bzw. Sinnzusammenhänge und bedeutungs(sinn-)haltigen Wirkungszusammenhänge sind *nicht* außermenschliche „Gesetzmäßigkeiten“, sondern vom Menschen selbst hervorgebrachte Bedeutungen, Sinngebungen, Wirkungen, Interessen, Strebungen, Beziehungen. – Dabei dürfen die Begriffe „Sinn“ bzw. „Bedeutung“ hier nicht sogleich mit einer bestimmten positiven Wertung verbunden werden. Auch menschliche Handlungen, Einrichtungen, Bestrebungen, die man unter Wertungsgesichtspunkten kritisiert oder verurteilt, haben im hier zugrundezulegenden Verständnis „Sinn“, „Bedeutung“, die wissenschaftlich geklärt werden müssen: z. B. der Antisemitismus vor und nach 1933, der Stalinismus in einer bestimmten Phase der Geschichte der Sowjetunion, die Rassendiskriminierung in Südafrika und Rhodesien usw.

Beispiele

Wir machen uns die von Dilthey gemeinte (u. E. nach wie vor zutreffende) allgemeine Geltung dieser Ziel- und Verfahrensbestimmung der Geisteswissenschaften an einigen Beispielen deutlich, ohne uns dabei ausschließlich an Beispiele binden zu müssen, die schon Dilthey hätte nennen können.

Hinweis: Achten Sie im folgenden bitte vor allem auf die vorher genannten Kernbegriffe „Bedeutung“, „Sinn bzw. Bedeutungs- oder Sinnzusammenhänge“, „Wirkungszusammenhänge“, „Verstehen“.

ERSTES BEISPIEL:
In einem früheren Abschnitt dieses Kurses wurde auf die zentrale Stellung des nationalen Elements im Denken der Gründergeneration der GP hingewiesen. Wir versuchten, den Sinn, die Bedeutung der Begriffe „Nation“ bzw. „national“ zu klären, und wir gingen dabei u. a. auf den Bedeutungswandel dieser Kategorien im Zuge der Entwicklung vor der Gründung des zweiten Deutschen Reiches und nachher ein. M. a. W.: Hier wurde ein Wirkungszusammenhang zwischen der Reichsgründung und dem Wandel des Nationalbegriffs angesprochen. Es ging darum, diesen Wirkungszusammenhang zu verstehen, d. h. hier: ihn gedanklich nachvollziehbar werden zu lassen.

ZWEITES BEISPIEL:
Wenn die sog. zeitgeschichtliche Forschung z. B. die Krise der Weimarer Republik und die Machtergreifung des Nationalsozialismus zu erforschen versucht, dann bemüht sie sich u. a. zu ermitteln, welche Bedeutung die Wirtschaftskrise seit dem Ende der 30-ger Jahre für die politische Einstellung und das Wählerverhalten ökonomisch gefährdeter Gruppen des Kleinbürgertums gehabt hat. Politische Einstellung und Wählerverhalten – das sind menschliche Verhaltensweisen, die man im Sinne Diltheys mit der Kategorie „Sinngebung“, „Bedeutungs-

setzung" zu fassen versuchen kann: Die gemeinten gesellschaftlichen Gruppen sprechen den wirtschaftlichen Vorgängen eine bestimmte, für sie negative Bedeutung, einen negativen Sinn, eine negative Wirkung für ihre gesellschaftliche Existenz zu, und große Teile deuten später den Nationalsozialismus als eine politische Bewegung, die ihren Interessen, ihren Motiven vermeintlich entspricht. – Wiederum sind es also – auf abstraktester, allgemeinster Ebene ausgedrückt – Bedeutungs-, Sinn-, Wirkungszusammenhänge menschlich-gesellschaftlich-geschichtlicher Art, die es zu verstehen gilt, die den Forschungsgegenstand, das Forschungsproblem der Geschichtsforschung ausmachen.

DRITTES BEISPIEL:
Wählt man Beispiele aus den deutschen oder fremdsprachlichen Literaturwissenschaften, so zeigt sich auch hier, daß die Forschung sich auf Sinn- bzw. Bedeutungszusammenhänge bzw. auf bedeutungshaltige Wirkungszusammenhänge richtet: Die Interpretation eines Textes – etwa eines literarischen Textes – richtet sich u. a. (als immanente Interpretation) darauf, den Sinn, die Aussageintention herauszuarbeiten, und sie muß dabei u. a. zeigen, in welchem Sinnzusammenhang die einzelnen Elemente des Textes zueinander stehen und auf den Aussagezusammenhang bezogen sind: Was leisten z. B. in diesem Gedicht der Reim, die Sprachbilder, die Versformen usw.? – In rezeptionsgeschichtlicher Perspektive kann dann z. B. hinsichtlich Goethes Werther gefragt werden: Aus welcher gesellschaftlichen und kulturellen Zeitsituation heraus kann verstehbar, nachvollziehbar gemacht werden, daß der Werther in bestimmten Gruppen des bürgerlichen Literaturpublikums eine so starke Wirkung auslösen konnte, jene Werther-Mode und Werther-Leidenschaft der Jahre nach 1774? – Und welcher historische Deutungs- und Bedeutungszusammenhang liegt eigentlich vor, wenn vor wenigen Jahren ein Autor in der DDR, Ulrich Plenzdorf, das Werther-Thema wieder aufnimmt und in den Sinnzusammenhang eines neuen literarischen Textes, seines Romans „Die neuen Leiden des jungen W." – einbaut?

VIERTES BEISPIEL:
Dieses Beispiel weist auf die Sprachwissenschaften (Linguistiken) hin: Wenn in der Sprachwissenschaft z. B. das grammatische System einer Sprache (oder in vergleichender Perspektive: die grammatischen Systeme verschiedener Sprachen) untersucht werden, dann geht es u. a. darum, die Funktion bestimmter Wortarten (etwa der Verben oder Adjektive) oder bestimmter grammatischer Formen – z. B. der englischen Verlaufsform – zu klären, d. h. verstehbar zu machen: Was leisten Adjektive unter bestimmten Voraussetzungen innerhalb menschlicher Kommunikation z. B. in der deutschen Sprache, welche Sinnstruktur wird in der englischen Verlaufsform ausgedrückt, und in welchem Sinnzusammenhang steht diese syntaktische Form mit den anderen Zeitformen des Englischen usw.

Aufgabe 1

Suchen Sie aus Ihren Interessengebieten bitte weitere Beispiele unter der Fragestellung: Lassen sich Problemstellungen in den Geistes- und Sozialwissenschaften (– erinnern Sie sich bitte, daß der Begriff „Geisteswissenschaften“ für Dilthey die Sozialwissenschaften mitumfaßte! –) als Frage nach Sinn- bzw. Bedeutungszusammenhängen und nach sinn- bzw. bedeutungshaltigen Wirkungszusammenhängen auffassen? Versuchen Sie bitte, mindestens eine solche Problemstellung in Analogie zu unseren Beispielen auszuformulieren.

Nun sind die Begriffe „Sinn“, „Bedeutung“, „sinn- bzw. bedeutungshaltiger Wirkungszusammenhang“ und „Verstehen“ zunächst sehr allgemeine, abstrakte Termini. Dilthey hat sich, wie bereits betont, immer erneut um ihre weitere Auslegung in einer Theorie des wissenschaftlichen Verstehens der geistig-gesellschaftlich-geschichtlichen Welt bemüht. Er nahm als Bezeichnung für diesen Aufgabenkreis einen Begriff auf, der seit Beginn des 19. Jahrhunderts schon in ähnlichem Sinne gebraucht wurde, nämlich den Begriff der „*Hermeneutik*“, verstanden als Theorie wissenschaftlichen Verstehens von Sinn- bzw. Bedeutungs- und Wirkungszusammenhängen. Man kann Hermeneutik in diesem Sinne auch als die Wissenschaftstheorie geisteswissenschaftlichen Verstehens bezeichnen.

Hermeneutik als die Wissenschaftstheorie der Geisteswissenschaft

DRITTE BESTIMMUNG:

Fragt man, in welcher Weise uns Sinn-Bedeutungszusammenhänge und bedeutungshaltige Wirkungszusammenhänge der geistiggeschichtlichen Welt eigentlich „gegeben“ sind, wie sie sich uns „zeigen“, wie wir „auf sie kommen“, woran sie aufgewiesen werden können, so besagt Diltheys Auffassung: Sie sind überhaupt nicht direkt greifbar, erkennbar, sondern immer nur über vergegenständlichte Ausdrucksformen der geistigen Aktivität des Menschen – wobei unter „geistig“ hier generell *alle* spezifisch menschlichen, mehr als naturhaft-triebhaften Aktivitäten verstanden werden müssen. Noch einmal: Das, was die Geisteswissenschaften erkennen wollen, ist immer nur indirekt zugänglich, über Äußerungsformen, „Objektivationen“ (d. h. also: Vergegenständlichungen, Verlautbarungen) des menschlichen Geistes: Texte, sprachliche Äußerungen, Rechtsordnungen, Kunstwerke, Bauten, Institutionen und ihre geschriebenen und ungeschriebenen Ordnungen, Bräuche, Sitten, zielorientierte Handlungen usw. usw. Bedeutungs- bzw. Sinnzusammenhänge und bedeutungshaltige Wirkungszusammenhänge können also nur über solche Objektivationen erschlossen werden, aber es gilt auch das Umgekehrte: Wir verstehen menschliche Objektivationen als solche überhaupt nur, soweit wir sie als Ausdruck menschlicher Sinn- und Bedeutungsgebung und bedeutungshaltiger Wirkungszusammenhänge auszulegen vermögen.

Gegenstand der Geisteswissenschaft sind die „Objektivationen“

VIERTE BESTIMMUNG:

Diese Bestimmung ist schon im Zusammenhang der Erläuterung des Dilthey'schen Begriffes „Lebensphilosophie" zur Sprache gekommen. Sie lautet: Die Bedeutungs-, Sinn- und Wirkungszusammenhänge, die die Geisteswissenschaften anhand von Objektivationen verstehbar machen wollen, sind *geschichtlich,* d.h. jeweils unter bestimmten Bedingungen entstanden und damit grundsätzlich wandelbar. In ihnen steckt immer schon Geschichte, und sie müssen jeweils u.a. von dieser ihrer Geschichte her in ihrem Gewordensein, besser: in ihrem Von-Menschen-Hervorgebracht-Sein aufgeschlüsselt werden. Eben das ist *ein,* wenn nicht das zentrale Moment des Verstehens.

Objektivationen sind geschichtlich bedingt

FÜNFTE BESTIMMUNG:

Sie schließt unmittelbar an die vorangehende Bestimmung an. Auch ihr kommt wissenschaftstheoretisch größte Bedeutung zu, sie wirft aber für die Begründung der Wissenschaften besonders schwierige Probleme auf: Wenn man die Bestimmung der Geschichtlichkeit des Menschen und der von ihm hervorgebrachten geistig-gesellschaftlichen Wirklichkeit konsequent ernstnimmt, so folgt daraus, daß nicht nur die in den Geisteswissenschaften *zu erkennende (zu verstehende) Wirklichkeit* geschichtlich ist, sondern auch *der Erkennende selbst,* der Geisteswissenschaftler mit seinen Fragestellungen, Sichtweisen, Kategorien. Der hier vorliegende Zusammenhang wird jedoch erst angemessen zur Sprache gebracht, wenn man sich klarmacht, daß hier die Geschichte des „Erkenntnisobjekts" und die „Geschichte des Erkenntnissubjekts" nicht zwei unabhängig voneinander ablaufende Prozesse sind, sondern im Grunde eine und dieselbe Geschichte oder mindestens zwei aufs engste miteinander verflochtene Aspekte *einer* Geschichte. Das geisteswissenschaftliche Erkenntnissubjekt ist in eben jene Geschichte seiner Erkenntnisobjekte einbezogen, die es wissenschaftlich erkennen („verstehen") will. Die Geschichte des Erkenntnisobjekts umgreift also in gewisser Weise das erkennende Subjekt. Besonders prägnant wird das dort deutlich, wo z.B. die Geschichte der eigenen Nation, der eigenen Sprache, der eigenen Kultur oder Religion, des eigenen Gesellschaftssystems Gegenstand geisteswissenschaftlicher Forschung ist. Der deutsche Faschismusforscher z.B. erforscht eben im strengsten Sinne des Wortes einen Zusammenhang, in dem er in gewisser Weise immer noch darinnensteht, durch den er selbst geprägt ist. Oder nehmen Sie diesen Kurs: Als Autor auf meiner Seite und als Leser auf Ihrer Seite beschäftigen wir uns mit einem geschichtlichen Zusammenhang, der das heutige pädagogische Denken, aus dessen Horizont heraus wir die geisteswissenschaftliche Pädagogik verstehen wollen, mitgeprägt hat. – Aber auch dort, wo es sich um die Erforschung sog. fremder Kulturen, Sprachen oder Gesellschaftssysteme handelt, gibt es so etwas wie einen welt-

Die geschichtliche Bedingtheit des erkennenden (verstehenden) Subjekts

und menschheitsgeschichtlichen Zusammenhang, der Erkenntnisobjekt und Erkenntnissubjekt miteinander verbindet.

Warum sich an den eben angesprochenen Sachverhalt besonders schwierige Fragen für die Geisteswissenschaften hinsichtlich ihrer Wissenschaftlichkeit knüpfen, liegt auf der Hand: Wie ist überprüfbare Erkenntnis möglich, wenn der Erkennende in dem Zusammenhang, den er erkennen will, immer auch darinnen steht und von ihm beeinflußt wird?

SECHSTE BESTIMMUNG:

Diese Bestimmung knüpft an das zweite und dritte Charakteristikum an (Verstehen als Weg und Ziel geisteswissenschaftlicher Erkenntnis ist immer Verstehen von Objektivationen, von Ausdrucksformen geistiger Aktivität des Menschen).

▸ **Lesehinweis:**
Lesen Sie die entsprechenden Abschnitte ggf. erst noch einmal durch, bevor Sie weiterarbeiten: S. 134–138.

Dilthey erkennt, daß das Verstehen der Bedeutung von menschlichen Objektivationen (sprachlichen Äußerungen, Kunstwerken, Verfassungen, Kriegserklärungen, Friedensschlüssen, Parteiprogrammen, politischen Handlungen, revolutionären Aktionen bestimmter sozialer Gruppen und Klassen, geschichtlichen Entwicklungen, Erziehungsprogrammen, pädagogischen Institutionen usw. usw.) nur mit Hilfe von Grundbegriffen, von Kategorien möglich ist. Auf den ersten Blick scheint das eine Analogie zu Kants erkenntnistheoretischer Aussage zu sein, daß Erkenntnis nur möglich ist mit Hilfe von Verstandeskategorien, daß solche Kategorien zu den konstitutiven (d. h. begründenden, unverzichtbaren) Bedingungen der menschlichen Erkenntnis gehören.

Kategorien des historischen Verstehens

Dilthey hat kein System der nach seiner Auffassung für die Geisteswissenschaften zentralen Kategorien ausgearbeitet, er hat jedoch mehrfach eine Reihe solcher Kategorien in relativ lockerer Aufzählung – mehr im Sinne vorläufiger Hinweise als in dem eines systematisch-durchgearbeiteten Katalogs – genannt, und er hat in seinen eigenen geistesgeschichtlichen Studien u. a. mit solchen Kategorien gearbeitet. Wir nennen einige dieser Kategorien – z. T. sind darunter solche, die in den vorangehenden Ausführungen über Dilthey immer schon benutzt wurden:

- Bedeutung, Bedeutsamkeit
  Diese Kategorien hat Dilthey immer wieder besonders hervorgehoben, sie z. T. als erste oder zentrale Kategorien der Geisteswissenschaften bezeichnet.
- Wirkungszusammenhang
- „Bestimmtheit der Einzelexistenz“ = Individualität

- Historische Entwicklung
- Schaffen bzw. Gestalten – als zielorientierte Aktivitäten verstanden, die u.a. dadurch gekennzeichnet sind, daß der schaffende Mensch nicht instinkthaft agiert, sondern das Ziel seines Handelns in der Phantasie bereits gedanklich vorwegnimmt und sein Handeln eben an einer solchen vorweggenommenen Zielvorstellung orientiert und fortlaufend korrigiert.
- Das Ganze und seine Teile und die Wechselwirkung zwischen Ganzem und Teilen (Momenten).
  Die Klammer soll darauf hinweisen, daß Dilthey in diesem Zusammenhang statt „Teil" oft den Begriff „Moment" gebraucht. Dieser Begriff ist nicht zeitlich (der Moment) zu verstehen, sondern meint einen „Faktor", der nur innerhalb eines Gesamtzusammenhanges richtig verstanden werden kann und der andererseits für den betreffenden Gesamtzusammenhang mitbestimmend ist (das Moment). **vgl. Glossarbeitrag: „Moment", S. 125**

- Struktur – als Bezeichnung von Regelmäßigkeiten in der Beziehung von Teilen (Momenten) zu einem jeweiligen historischen Ganzen. In diesem Sinn wird etwa von der Struktur eines gesellschaftlichen Systems, eines Romans, eines Bauwerks, eines Rechtssystems, eines pädagogischen Institutionensystems (z.B. eines Schulwesens), eines Lehrplans usw. gesprochen.

  Dilthey verfolgte den Gedanken, daß eine ausgearbeitete Theorie der Geisteswissenschaften und in ihr des geisteswissenschaftlichen Verstehens – anders formuliert: eine ausgearbeitete Hermeneutik – das allen Geisteswissenschaften gemeinsame System von Grundbegriffen herausarbeiten müßte. Man versteht Dilthey sicher richtig, wenn man folgende Zusatzannahme einführt: Ein solches System kann nur entwickelt werden in Zusammenarbeit mit gleichzeitigen Bemühungen, in den einzelnen Geisteswissenschaften die fachspezifische Ausprägung solcher Kategorien zu klären, also z.B. den spezifischen Sinn der allgemeinen Kategorie des „Schaffens" oder „Gestaltens" im literarischen Bereich, im politischen Handeln, im pädagogischen Handeln usw.

Die Systematik von Grundbegriffen (Kategorien) als Aufgabe der Hermeneutik

Hinsichtlich der Auffassung Diltheys von den Kategorien der Geisteswissenschaften muß nun ein entscheidender Gesichtspunkt ergänzt werden: Während Kant die von ihm benannten Kategorien als a priori, als *vor* aller Erfahrung, d.h.: nicht *aus* ihr, sondern *aus* der menschlichen Vernunft selbst stammend bezeichnete, betont Dilthey, daß die Kategorien der Geisteswissenschaften *nicht* apriorisch seien, daß sie selbst „aus dem Leben" stammen. Er nennt sie daher auch „Lebenskategorien". Was soll damit gesagt sein? Die genannten Kategorien sind nach Dilthey schon in der vorwissenschaftlichen Erfahrung, d.h. im praktischen Lebensvollzug der Menschen wirksam. Die Geisteswissenschaften schaffen ihre Kategorien als Wissenschaften nicht völlig neu, um sie dann sozusagen „von außen" an das geschichtliche Leben der Menschen, der Gesellschaft, der historischen Objektivationen heranzutragen, son-

Die Vorgegebenheit der „Kategorien" im vorwissenschaftlichen „Leben"

dern sie präzisieren, machen bewußt, entwickeln weiter, bringen in reflektierten Zusammenhang, was im vor- oder außerwissenschaftlichen Leben immer schon von Menschen praktisch gedacht, im Lebensvollzug gehandhabt wird. „Verstehen", d. h. Bemühen um die Erfassung des Sinnes, der Bedeutung von Lebensäußerungen (Objektivation) ist also nach Dilthey eine elementare Aktivität jedes menschlichen Lebens.

- *Indem wir unsere Sprache lernen, lernen wir immer schon „zu verstehen". Indem wir in die Normen einer Kultur bzw. Gesellschaft „hineinwachsen", indem wir eine fremde Sprache zu erlernen versuchen, indem wir über unsere Lebenserfahrungen in Beziehung zu anderen Menschen nachdenken usw. usw., operieren wir, wenn auch unreflektiert, immer schon mit Grundbegriffen wie „Sinn" oder „Bedeutung", mit der Beziehung zwischen Einzelheiten (Momenten) und größeren Zusammenhängen (Ganzheiten), mit der Voraussetzung von Regelmäßigkeiten (Strukturen) usw., also mit jenen Kategorien, mit denen – in bewußter und präzisierter Form – die Geisteswissenschaften arbeiten, jenen Kategorien, die dann auf einer allgemeinen Reflexionsstufe, in der Wissenschaftstheorie der Geisteswissenschaften, in ihren generellsten Charakteristika und ihrer Erkenntnisfunktion durchdacht werden.*

Wenn Sie an die erste Bestimmung der Geisteswissenschaften nach Dilthey – qualitative Gleichheit von Erkenntnissubjekt und Erkenntnisobjekt – zurückdenken, so erkennen Sie: Auch diese Bestimmung ist letztlich eine Konsequenz des Tatbestandes, der in der ersten Bestimmung zur Sprache gebracht wurde.

SIEBTE BESTIMMUNG:

In der vorigen Bestimmung klang bereits ein weiterer Gesichtspunkt an, der jetzt noch einmal ausführlicher hervorgehoben werden soll: Es geht um das Verhältnis des Besonderen und des Allgemeinen in der geisteswissenschaftlichen Erkenntnis.

In manchen Sekundärinterpretationen der Dilthey'schen Theorie der Geisteswissenschaften ist die Auffassung vertreten worden, Dilthey habe den Unterschied zwischen Naturwissenschaften und Geisteswissenschaften u. a. dahingehend bestimmt, die Naturwissenschaften zielten auf die Erkenntnis des Allgemeinen – genauer: allgemeiner gesetzmäßiger Zusammenhänge – ab, die Geisteswissenschaften aber ausschließlich auf die Erkenntnis des Besonderen, auf jeweils einmalige geschichtliche Individuen, Objektivationen, Werke, Vorgänge, Entwicklungen.

Aber diese Deutung trifft Diltheys Auffassung nur sehr begrenzt, sie verabsolutiert eine Teilwahrheit. Richtig ist an jener Deutung, daß nach Dilthey das Einzelne, genauer: das historisch Besondere, die „Individualität" (von einzelnen Menschen, aber auch von Menschengruppen, von Kulturen, Zeitaltern usw.) ein Gewicht hat, für das es in den Naturwissenschaften keine Entsprechnung gibt. In der Tat ist nach

Dilthey die Erkenntnis (das Verstehen) des Besonderen in den Geisteswissenschaften *eines* der Erkenntnisziele: Hier soll z. B. das Spezifische einer bestimmten historischen Epoche, einer bestimmten historischen Entwicklung – der Entstehung der USA oder der Sowjetunion oder des Nationalsozialismus, *dieser* bestimmten Rechtsordnung, *dieser* historischen Persönlichkeit, *dieser* politischen Partei, *dieser* bestimmten Sprache, *dieser* bestimmten pädagogischen Bewegung usw. – erkannt werden. Für diese Erkenntnisintention gibt es nach Dilthey in den Naturwissenschaften kein Analogon, keine Entsprechung. Denn dort interessiert das Einzelne nie als solches, in seiner einmaligen Besonderheit, sondern immer nur als Fall, d. h. als prinzipiell auswechselbares Exempel allgemeiner Gesetzmäßigkeiten bzw. als Exemplar einer Gattung, einer Art (z. B. in der Biologie).

Die Erkenntnis des „Besonderen", „Einmaligen" als ein Aspekt der Geisteswissenschaften

Diese Betonung der Tatsache, daß das Verstehen des Besonderen eines der zentralen Erkenntnisziele der Geisteswissenschaften ist, ist aber nur eine Teilwahrheit. Denn erstens muß betont werden – davon war in der sechsten Bestimmung die Rede –, daß auch eine solche Erfassung des Besonderen nur unter Zuhilfenahme allgemeiner Begriffe möglich ist. Um es noch einmal an einem Beispiel zu unterstreichen: Die Kategorie der Individualität, die auf das je Besondere hinweist, ist ja – als Kategorie – selbst ein allgemeiner Begriff.

Ebenso wesentlich ist aber ein Zweites: Nach Dilthey geht es in den Geisteswissenschaften durchaus nicht nur um die Erfassung des je Einmaligen, Besonderen, sondern durchaus auch um die Erkenntnis von Regelmäßigkeiten, „Allgemeinheiten", wobei zunächst offengelassen werden muß, wieweit jeweils der Umfang der Geltung solcher Allgemeinheiten reicht.

Die Erkenntnis von „Regelmäßigkeiten" als ein weiterer Aspekt der Geisteswissenschaften

Auf solche Regelmäßigkeiten, Allgemeinheiten weist z. B. die Grundkategorie der „Struktur" hin. Ein anderes Indiz dafür, daß Dilthey neben der Erkenntnis von Individuellem die Erkenntnis von Regelmäßigkeiten als ein zentrales Erkenntnisziel der Geisteswissenschaften ansah, ist die Bedeutung des Typus-Begriffs in seinen eigenen geistesgeschichtlichen Arbeiten und in seinen Ansätzen zu einer Theorie der Geisteswissenschaften.

„Struktur" und „Typus" als Kategorien zur Erfassung des Allgemeinen

▸ *Eigentümlicherweise hat Dilthey dort, wo er Aufzählungen der „Kategorien des Lebens" bzw. der Geisteswissenschaften gibt, den Begriff „Typus" nicht genannt. Im übrigen operiert er aber sehr häufig mit diesem Begriff, und die Art, wie er das tut, zeigt, daß dieser Terminus der Sache nach als eine weitere „Lebenskategorie" bzw. Grundkategorie aller Geisteswissenschaften betrachtet werden muß.*

So arbeitete Dilthey selbst z. B. an der Herausarbeitung von Typen der Weltanschauung. Und wenn er, wie viele andere geisteswissenschaftliche Forscher, sich um die Kennzeichnung bestimmter Epochen der politischen, der Literatur- und Musikgeschichte, der Geschichte der Erziehung und des pädagogischen Denkens usf. bemühte (Epochen wie Renaissance, Barock, Sturm und Drang, Klassik, Romantik usw.), so handelt es sich ebenfalls um „Typen", die jeweils einen Komplex charakteristischer allgemeiner Merkmale einer Vielzahl von einzelnen Menschen, Werken, Vorgängen, Einrichtungen, Bestrebungen bezeichnen sollen.

► *Ginge es hier um eine ausführliche Analyse der Begriffe, mit denen z. Zt. Diltheys, aber auch heute in den Geistes- und Sozialwissenschaften gearbeitet wird, so würde man wahrscheinlich zeigen können, daß ein sehr großer Teil dieser Begriffe den Charakter von Typus-Begriffen hat: Wenn ich recht sehe, gilt das nicht nur für weitere Epochenbegriffe, denen man für die Sozialwissenschaften (im heutigen Sinne des Wortes) Termini wie „Feudalismus", „Kapitalismus", „Sozialismus" usw. an die Seite stellen könnte; es gilt auch für Begriffe wie „Revolution" als ein politisch erkämpfter Umbruch in Herrschaftsverhältnissen, „Restauration", „Planwirtschaftssysteme", „Marktwirtschaft", usw. oder für literaturtheoretische Gattungsbegriffe wie „Lyrik", „Epik", „Dramatik" oder schulorganisatorische Begriffe wie „mehrgliedrige Schulsysteme", „Gesamtschulsysteme" usw. usw.*

Der Zusammenhang von Allgemeinem und Besonderem als das zentrale Erkenntnisproblem

Es wurde bisher davon gesprochen, daß Dilthey „neben" der Erkenntnisbemühung um das Individuelle, Besondere in der geistig-geschichtlich-gesellschaftlichen Welt nicht minder die Erkenntnis von Regelmäßigkeiten, von Allgemeinem als Erkenntnisziel der Geisteswissenschaften betont habe. Diese Redeweise ist jedoch noch vordergründig, weil sie die Vorstellung eines additiven Verhältnisses zweier Erkenntniszielsetzungen hervorruft. Den Kern der Diltheyschen Auffassung von der Aufgabe der Geisteswissenschaften trifft man erst, wenn man unterstreicht, daß für ihn das zentrale Erkenntnisproblem dieser Wissenschaften gerade der Zusammenhang, die Wechselwirkung, die wechselseitige Bedingtheit von Besonderem und Allgemeinem in der geistig-geschichtlich-gesellschaftlichen Wirklichkeit war.

In Beispielen gesprochen: Gerade

- *wie sich etwa die typischen (allgemeinen) Prozesse der Entwicklung des modernen Staates in Mittel- und Westeuropa seit dem 17. und 18. Jahrhundert in Preußen in besonderer Weise ausprägen im Verhältnis etwa zu Frankreich oder England oder Österreich,*
- *wie sich ein allgemeines Problem sprachlicher Fassung von Wirklichkeit (– das etwa da vorliegt, wo Tätigkeiten und Vorgänge, die in der Zeit ablaufen, sprachlich ausgedrückt werden sollen) im System der Verben und Verbformen (Zeitformen) je besonders im Deutschen oder im Englischen oder im Griechischen oder in Eskimo- oder Indianersprachen ausprägt,*

gerade solche Fragen bezeichnen die zentralen Erkenntnisprobleme der Geisteswissenschaften im Verständnis Diltheys. Damit wird zugleich deutlich, warum in Diltheys Theorie die Methode des Vergleichs eine wesentliche Rolle spielen mußte.

ACHTE BESTIMMUNG:

Auch diese Bestimmung der Geisteswissenschaften steckte implizit schon in den vorher behandelten Aspekten darinnen. Es handelt sich um ein Gefüge von zwei Zusammenhängen, die die geisteswissenschaftliche Erkenntnisweise, das Verstehen, charakterisieren, nämlich

- das Verhältnis von Ganzem und Teil (Moment) und
- das Verhältnis zwischen dem Vorverständnis des Erkennenden und seinem Erkenntnisresultat.

Dilthey selbst hat das Problem, wie andere Hermeneutiker vor ihm auch, unter dem Stichwort des „hermeneutischen Zirkels" behandelt.

▶ *Um ein naheliegendes Mißverständnis sogleich, wenn auch zunächst nur formal, auszuschalten: Mit „hermeneutischem Zirkel" ist bei Dilthey nicht so etwas wie ein logischer „Zirkelschluß" gemeint oder ein fatales Dilemma, aus dem es keinen Ausweg gibt, ein unaufhebbarer Widerspruch oder ähnliches. – Im folgenden werde ich deutlich zu machen versuchen, daß der Begriff die Sache eigentlich nicht trifft und durch den der „hermeneutischen Spirale" ersetzt werden sollte.*

Begriff und Bedeutung der „hermeneutischen Spirale"

Wir machen uns jenen eben angedeuteten doppelten Zusammenhang an dem jetzigen Abschnitt dieses Kurses deutlich: Es geht uns darum zu verstehen, was Dilthey als das Spezifische der Geisteswissenschaften gegenüber den Naturwissenschaften betrachtete. Was Sie in diesem Zusammenhang als Leser tun, in dem Sie sich bemühen, die hier abgedruckten Ausführungen zu verstehen, und was ich als Autor früher und zum Zwecke dieser Darstellung erneut getan habe, um durch Lektüre von Dilthey-Texten und Sekundärliteratur zu verstehen, was Dilthey mit seinen Aussagen zu unserem Thema meint, ist im Grunde nur graduell voneinander unterschieden; deshalb können beide Aspekte im folgenden parallel betrachtet werden.

Zur ersten Beziehung: Ganzes und Teil(moment):

In diesem Abschnitt des Kurses geht es darum, acht Bestimmungen, Charakteristika der Geisteswissenschaften in der Sicht Diltheys verständlich zu machen, und zwar in ihrem Zusammenhang. Das ist nun nicht anders möglich als in einer schrittweisen Gedankenentwicklung, in der die einzelnen Bestimmungen nacheinander behandelt werden. Auf meiner Seite war bei der Vorbereitung ein entsprechender Prozeß abgelaufen: Mir sind in der Beschäftigung mit wissenschaftstheoretischen Texten Diltheys seine Überlegungen ebenfalls erst schrittweise klar geworden. Wichtig ist nun, daß damit sukzessiv der Gesamtzusammenhang dieser Bestimmungen deutlicher wird, also – um einen Teilaspekt herauszugreifen – wie etwa die Beziehung von Erkennendem und Erkenntnisgegenstand mit der Eigenart der Kategorien als „Lebenskategorien“ zusammenhängt. In diesem Prozeß, in dem schrittweise das Ganze von seinen Teilen (besser: Momenten) her deutlich wird, geschieht aber auch das Umgekehrte: Je besser man den Gesamtzusammenhang versteht, um so besser versteht man auch die einzelnen Momente. Von den jeweils späteren Bestimmungen aus fällt sozusagen jeweils neues Licht auf die schon früher behandelten Aspekte. Z. B. werden die ersten Aussagen über Verstehen als Erfassen von Bedeutungszusammenhängen in einem höheren Maße verständlich von den Aussagen über die Lebenskategorien oder über das Verhältnis von Besonderem und Allgemeinem her. Das bedeutet, generell formuliert: Der jeweils größere Bedeutungszusammenhang wirkt auf das Verständnis der einzelnen Momente zurück. Umgangssprachlich drücken wir das oft so aus, daß wir z. B. sagen: „Ach so, jetzt verstehe ich erst richtig, was vorher gemeint war“ oder „was alles darinnen steckte“ o. ä.

Wir können als Zwischenergebnis festhalten: Das Einzelne und das jeweilige Ganze – ein Satz, ein Text, eine Theorie, das Gesamtwerk eines Autors, eine Epoche, ein Institutionensystem, eine Gesellschaft – erhellen sich im geisteswissenschaftlichen Erkenntnisprozeß jeweils wechselseitig. Im Prinzip ist das ein unabschließbarer Prozeß. Denn es kann nie ausgeschlossen werden, daß ich in irgendeinem Gesamtzusammenhang einen neuen Aspekt, ein neues Moment entdecke, das dann auf das bisherige Verständnis der übrigen Einzelmomente verändernd zurückwirkt, und es kann ebensowenig jemals ausgeschlossen werden, daß ich ein bereits bisher erkanntes Einzelmoment bei weiterem Erkenntnisbemühen eines Tages anders als bisher sehe und daß sich dann auch der Gesamtzusammenhang wieder neu darstellt.

Aufgabe 2

Versuchen Sie bitte, sich diese letzte Aussage einmal an eigenen Erfahrungen zu verdeutlichen, vielleicht an einem Buch, daß Sie zunächst in einer bestimmten Weise verstanden hatten und dessen Verständnis sich dann von einem neu gesehenen Einzelaspekt aus veränderte; oder aber an dem umgekehrten Vorgang, daß ein neues Verständnis des Gesamtzusammenhanges Sie dazu veranlaßte, nun auch bestimmte Einzelheiten anders als vorher oder überhaupt erst zu verstehen. Entsprechendes könnte man anhand eines Films, eines politischen Problems, einer pädagogischen Frage usw. durchzuspielen versuchen.

Schon hier kann deutlich werden, warum der Begriff des „hermeneutischen Zirkels“ den gemeinten Zusammenhang in einem mißverständlichen Bilde faßt: Ich drehe mich in einem so gearteten geisteswissenschaftlichen Erkenntnis-(verstehens-)prozeß ja nicht im Kreise (in einem Zirkel), sondern im Durchlaufen jenes Wechselwirkungsverhältnisses zwischen den Teilen (Momenten), deren Zusammenhang ein Ganzes bildet, und diesem Ganzen, das immer schon seine Teile (Momente) prägt – in diesem Durchlaufen komme ich bei einem gelingenden Verstehensprozeß ja voran, ich dringe tiefer in den betreffenden Zusammenhang ein. Dieser Zusammenhang wird durch das Sprachbild „hermeneutische Spirale" besser getroffen.

Ein weiterer Aspekt der der „hermeneutischen Spirale"

Nun zum zweiten Aspekt, der mit dem Begriff des „hermeneutischen Zirkels" (der hermeneutischen Spirale) gemeint ist:

Als Sie den jetzigen Kursabschnitt über die Theorie der Geisteswissenschaften bei Dilthey zu lesen begannen, brachten Sie irgendein Vorverständnis bereits mit: eine Vorstellung, was Geisteswissenschaften „so etwa sind", wie sie arbeiten, ggf. auch kritische Fragen. Auch im Hinblick etwa auf Begriffe wie „Geist", „Verstehen", „Bedeutungs- oder Sinnzusammenhänge" usw. war bei Ihnen mit Sicherheit irgendein Vorverständnis, wie vage auch immer, vorhanden. Ohne ein solches Vorverständnis wäre es überhaupt nicht möglich, auch nur halbwegs irgendeinen Satz zu verstehen.

Vorverständnis als Voraussetzung für den Verstehensprozeß

Ein Vorverständnis ist also grundsätzlich unverzichtbar, und es hat selbstverständlich Einfluß auf den weiteren Verstehensprozeß. Aber es bleibt in einem Prozeß, der wirklich den Namen *Verstehens*prozeß verdient, nicht unverändert. Wenn mein/Ihr Erkenntnisbemühen wirklich irgendeinen Fortschritt erbringt, so muß sich mein/Ihr Vorverständnis im Laufe dieses Prozesses ändern.

Ein Beispiel:

Viele Leser haben die Begriffe „Bedeutung" und „Sinn" bisher in ihrem Sprachverständnis wahrscheinlich grundsätzlich mit einem positiven Wertakzent versehen. Mit diesem Vorverständnis sind Sie an diesen Kursabschnitt herangegangen. Wenn die hier vorgetragenen Aussagen hinreichend verständlich geworden sind, so müßte jetzt deutlich sein, daß dieses Vorverständnis im Hinblick auf Dilthey korrigiert werden muß. „Bedeutung", „Sinn" tragen bei Dilthey zunächst keinen eindeutig positiven Wertakzent, sie können von den Betroffenen oder dem Interpreten auch negativ gewertet werden.

Nehmen wir an, daß jenes Vorverständnis etlicher Leser dieses Kursabschnitts sich gewandelt hat. Es kann nun durchaus sein, daß gerade angesichts der vollzogenen Korrektur des ersten Vorverständnisses die Frage aufgeworfen wird: Wie wird Dilthey nun aber mit dem Wertungsproblem fertig? Heißt: sich in den Geisteswissenschaften darum zu bemühen, im Prinzip alle Vorgänge der geistig-geschichtlich-gesellschaftlichen Welt zu verstehen, alles so Verstandene nun auch zu rechtfertigen, gut zu heißen – oder sich jedes Werturteils zu enthalten?

Wenn eine solche Frage auf dem skizzierten Wege aufgetaucht sein sollte, so wäre das ein Beispiel dafür, daß das ursprüngliche Vorverständnis der betreffenden Leser einerseits im Verstehensprozeß verändert worden ist, jedenfalls im Hinblick auf Dilthey; andererseits würde sich aber auch zeigen, daß das Vorverständnis das neue Erkenntnisresultat durchaus mitgeprägt hat, indem an dieses Resultat (d. h. jetzt die im Sinne Diltheys verstandenen Begriffe „Bedeutung", „Sinn" usw.) nun eine kritisch-weiterführende Frage gerichtet wird. Das bedeutet: Es ist ein neues Vorverständnis aufgebaut worden, und es kann zur Voraussetzung für neue Verstehensprozesse werden.

Das Bild der Spirale als Modell des Verstehensprozesses

Wir können das an unserem Beispiel gewonnene Resultat generell formulieren: Der geisteswissenschaftliche Verstehensprozeß ist durch eine Wechselbeziehung zwischen dem jeweiligen Vorverständnis und dem Ergebnis des Verstehensprozesses gekennzeichnet: Das Vorverständnis wird im Verstehensprozeß verändert, aber es wirkt zugleich auf das Resultat des Verstehensprozesses ein. Jede neu gewonnene Stufe des Verstehens wirkt wieder als Vorverständnis für folgende Verstehensprozesse.

Auch hier liegt also – analog zum Verhältnis von Ganzem und Teilen (Momenten) – ein progressiver Wechselwirkungsprozeß vor. Und ein weiteres Mal zeigt sich, daß das Sprachbild des „hermeneutischen Zirkels" den Sachverhalt nicht angemessen trifft, insofern es sich auch hier nicht darum handelt, daß der Verstehensprozeß in sich selbst kreist, daß er nur „rotiert". Auch in dieser Hinsicht trifft das Bild der „hermeneutischen Spirale", das schon einige Autoren des 19. Jahrhunderts benutzten, das Gemeinte besser.

► **Literaturhinweis:**

Wer den Fragen der Hermeneutik auf der Ebene einer möglichst einfachen, einführenden Argumentation anhand pädagogischer Beispiele weiter nachgehen will, sei auf folgenden Text verwiesen: W. Klafki u. a.: Erziehungswissenschaft (Funkkolleg), Band 3 (Fischer-Taschenbuch 6108), Abschnitte „Hermeneutische Verfahren in der Erziehungswissenschaft", S. 126–154 (Klafki) und „Methodische Probleme erziehungsgeschichtlicher Untersuchungen", S. 154–171 (Lingelbach).

6 Wissenschaftstheoretische Prinzipien der Geisteswissenschaftlichen Pädagogik

6.1 Vorbemerkungen

6.1.1 Erste Vorbemerkung

Am Anfang dieses Abschnitts nehmen wir zunächst jene Aussage wieder auf, mit der der erste Studienbrief dieses Kurses begann:

Rückblick auf die erste Kurseinheit

- „Die GP … ist eine Richtung der Erziehungswissenschaft, die – im Anschluß an die sog. „Lebensphilosophie“ des Berliner Philosophen Wilhelm Dilthey (1833–1911) und seine Theorie der Geisteswissenschaften – vor allem im Zeitraum zwischen 1918 und 1933 entwickelt und nach 1945 wieder aufgenommen und fortgeführt wurde. Von der Mitte der 20-ger Jahre bis 1933 und von 1945 bis etwa 1960 war die GP die einflußreichste Teilrichtung der Erziehungswissenschaft in Deutschland bzw. in der Bundesrepublik“.

Wenn wir uns jetzt auf die GP in den genannten Zeiträumen konzentrieren, so geschieht das auf der Basis der vorangehenden Aussagen über den sozialgeschichtlichen Ort, von dem ausgehend die Begründer der GP dachten, und unserer Ausführungen über Diltheys Lebensphilosophie und Theorie der Geisteswissenschaften.

Die GP verstand sich als ein neuer Versuch, Pädagogik als Wissenschaft – wie noch genauer zu zeigen sein wird: als praxisbezogene Wissenschaft – zu entwickeln. Daß sie dabei auf eine große Tradition pädagogischen Denkens in Europa zurückgriff, die sich vor allem seit der Mitte des 18. Jahrhunderts entwickelt und auf die Dilthey in neuer Weise aufmerksam gemacht hatte, wird später noch einmal zur Sprache kommen.

Bestimmte wissenschaftliche Richtungen unterscheiden sich voneinander nicht *nur* und nicht *vorwiegend* durch die *Themen,* mit denen sie sich beschäftigen, son-

W. Klafki, *Geisteswissenschaftliche Pädagogik*, Neuere Geschichte der Pädagogik,
https://doi.org/10.1007/978-3-658-37172-2_8

dern zentral durch ihre ausdrücklichen oder unausdrücklichen Antworten auf folgende Grundfragestellungen:

- Welche Aufgaben stellen die betreffenden Richtungen „ihrer" Wissenschaft?
- Welche Voraussetzungen, auf denen „ihre" Wissenschaft beruht, machen sie implizit oder erörtern sie ausdrücklich?
- Welche allgemeinen Merkmale kennzeichnen die wissenschaftliche *Methode* bzw. die *Methoden,* mit denen die betreffenden Richtungen arbeiten?
- Welchen Geltungsanspruch verbinden die Vertreter der verschiedenen Positionen mit ihren wissenschaftlichen Aussagen?

Was heißt „Wissenschaftstheorie"?

Man bezeichnet solche Fragen, die sich auf die Grundlagen der betreffenden Wissenschaft bzw. Wissenschaftsauffassung beziehen, als *wissenschaftstheoretische* Fragen. „Wissenschaftstheorie" ist also „Wissenschaft von der Wissenschaft", Reflexion auf die Bedingungen und die Grundannahmen einer oder mehrerer Wissenschaften bzw. verschiedener Wissenschaftsauffassungen. Wissenschaftstheorie ist die Wissenschaft vom ausdrücklichen oder unausdrücklichen Selbstverständnis der Wissenschaften bzw. ihrer verschiedenen Richtungen, ist Reflexion bzw. Selbstreflexion über die Wissenschaften.[2]

Einige ausgewählte wissenschaftstheoretische Grundbestimmungen der GP

Im folgenden geht es darum, einige der wissenschaftstheoretischen Grundauffassungen der geisteswissenschaftlichen Pädagogik herauszuheben. Da das wissenschaftstheoretische Selbstverständnis dieser pädagogischen Richtung in der Zeit vor 1933 und nach 1945 keine grundsätzlichen Wandlungen erfuhr, brauchen wir in diesem Kapitel nicht durchgehend in chronologischer Ordnung vorzugehen, sondern können Texte der Weimarer Zeit und solche, die nach 1945 entstanden sind, parallel heranziehen.

Sofern sich im Detail begrenzte Änderungen des wissenschaftlichen Selbstverständnisses der geisteswissenschaftlichen Pädagogik zwischen früheren und späteren Arbeiten zeigen, werden wir darauf aufmerksam machen.

Die Beziehung zu Diltheys Auffassung von der Eigenart der Geisteswissenschaften wird im folgenden immer wieder erkennbar werden. Das bedeutet nicht, daß sich unsere Autoren in den hier berücksichtigten Texten auch ständig ausdrücklich auf Dilthey bezögen. Z. B. entwickelt der erste Text, auf den wir uns konzentrieren werden, Theodor Litts Abhandlung „Das Wesen des pädagogischen Denkens" (zuerst

2 Z. T. werden synonym mit „Wissenschaftstheorie bzw. „wissenschaftstheoretisch" auch die Begriffe „Methodologie" bzw. „methodologisch" verwendet. Häufig bezeichnen die Begriffe „Methodologie" bzw. „methodologisch" aber nur einen Teilaspekt der Wissenschaftstheorie, nämlich ausschließlich jene Überlegungen, die sich auf die Methoden der betreffenden wissenschaftlichen Disziplin bzw. auf Methoden verschiedener Disziplinen beziehen.

1921) einen fast ausschließlich *systematischen* Gedankengang, also ohne ausdrückliche Bezugnahme auf namentlich genannte Vertreter verwandter oder entgegengesetzter Auffassungen. Überdies bedeutet der vorher betonte Bezug zu Dilthey auch der Sache nach nicht, daß die Vertreter der GP seit der Weimarer Zeit sozusagen einfach bei Dilthey stehengeblieben wären.

6.1.2 Zweite Vorbemerkung, zugleich eine Studienanleitung

Am Anfang des folgenden Hauptabschnitts soll ein wichtiger Text der GP ausführlicher, als es später bei anderen Texten, auf die wir uns beziehen, möglich sein wird, vorgestellt werden. Gleichwohl kann es sich aus Raumgründen auch in diesem Falle nicht um eine ausführliche Textinterpretation, sondern nur um eine geraffte Wiedergabe handeln. Das Ziel ist, Sie zum einen anhand eines Beispiels zur Lektüre von Grundtexten der GP anzuregen, und ihnen zum anderen eine Interpretationshilfe zu geben. An diesem Beispiel soll deutlich werden, wie man den Gedankengang eines Textes, seine zentralen Aussagen herausarbeiten und sich das Verfahren des Autors klarmachen kann.

Literaturempfehlung:
Wir empfehlen, daß Sie sich das Buch von Theodor Litt „Führen oder Wachsen lassen" (10. Aufl. Stuttgart 1962 oder frühere Auflage), in dessen Anhang sich die Abhandlung „Das Wesen des pädagogischen Denkens" und ein ergänzender Aufsatz über „Die Bedeutung der pädagogischen Theorie für die Ausbildung des Lehrers" finden, mindestens ausleihen und gründlich durcharbeiten. – Der Beitrag „Das Wesen des pädagogischen Denkens" ist erneut in dem Sammelband „Erziehungswissenschaft und Erziehungswirklichkeit", hrsg. von Hermann Röhrs, Frankfurt/M. 1964, S. 58–82, Anmerkungen S. 420 abgedruckt worden.

▸ **Studierhinweis**
In ähnlicher Weise sollen Sie danach selbständig bzw. mit anderen Studierenden zusammen mindestens noch einen der später in diesen Studienbriefen empfohlenen Texte durcharbeiten.

Daß wir als Einstiegstext eine Abhandlung von Th. Litt wählen, hat mehrere Gründe:

1) Litt ist unter den Begründern der GP derjenige, in dessen Gesamtwerk – dem philosophischen wie dem pädagogischen – das wissenschaftstheoretische Interesse am deutlichsten ausgeprägt ist.
2) Litt ist nach 1918 der Autor unter den geisteswissenschaftlichen Pädagogen gewesen, der als erster, nämlich bereits in jener Abhandlung des Jahres 1921, eine generelle wissenschaftstheoretische Begründung der Pädagogik als Wissenschaft in ihrem Verhältnis zur pädagogischen Praxis zu geben versuchte.

Theodor Litt und seine Bedeutung für die GP

Diese Abhandlung erschien zuerst unter dem Titel „Die Methodik des pädagogischen Denkens" in einer der damals führenden philosophischen Fachzeitschriften, den „Kant-Studien". Litt hat sie dann 1927, leicht gekürzt, in den Anhang seines Buches „Führen oder wachsen lassen" wieder aufgenommen, jetzt unter dem Titel „Das Wesen des pädagogischen Denkens".

Das Buch „Führen oder Wachsenlassen" ist auch nach 1945 zusammen mit dieser und einer weiteren Abhandlung über „Die Bedeutung der pädagogischen Theorie für die Ausbildung des Lehrers" mehrfach wieder erschienen; man kann das als einen Hinweis auf die in wissenschaftstheoretischer Hinsicht vorhandene Kontinuität seiner Position betrachten.

► *Diese Kontinuität zeigt sich auch an dem zuerst 1946 gehaltenen Vortrag über „Die Bedeutung der pädagogischen Theorie für die Ausbildung des Lehrers". Die wesentlichen wissenschaftstheoretischen Aussagen dieses Aufsatzes stimmen mit denen der Abhandlung über „Das Wesen ..." überein.*

3) Der Abhandlung Litts vom Jahre 1921 darf man für die GP den Rang eines klassischen Textes zusprechen. Wilhelm Flitner z. B. hat in der Einleitung seiner „allgemeinen Pädagogik" aus dem Jahre 1950 (neubearbeitete Auflage seiner 1933 erschienenen „Systematischen Pädagogik", 13. Aufl., Stuttgart 1970) von Litts Abhandlung gesagt, mit ihr habe die Pädagogik „ihre philosophische Basis wiedergefunden". „Philosophisch" ist hier vermutlich im Sinne von „wissenschaftstheoretisch" zu verstehen, und der Ausdruck „wiedergefunden" ist wahrscheinlich auf vergleichbare Ansätze bei Johann Friedrich Herbart (1776–1841) und Friedrich D. E. Schleiermacher (1768–1834) sowie Dilthey bezogen.

6.2 Das Verhältnis von Theorie und Praxis in der Pädagogik und die Eigenart des pädagogischen Denkens

6.2.1 Aufriss des Gedankenganges der Abhandlung Litts über „Das Wesen des pädagogischen Denkens"[3]

Litt geht von dem Tatbestand aus, daß man „bis zum gegenwärtigen Augenblick ... fern von jeder Übereinstimmung darüber (ist), von welcher Art die Methodik des Denkens sei, die den wissenschaftlichen Charakter der Pädagogik ausmache" (S. 83). Zwar gebe es auch in anderen Disziplinen wissenschaftliche Differenzen, aber sie be-

3 Im folgenden wird der Litt-Text und der ergänzende Aufsatz vom Jahre 1946 immer nach der Ausgabe im Anhang des Buches von Theodor Litt: Führen oder Wachsenlassen. 10. Aufl., Stuttgart 1962, zitiert.

wegten sich doch „immer auf dem Boden gewisser anerkannter Voraussetzungen: Hingegen in dem pädagogischen Methodenstreit geht der Riß bis in die letzten Fundamente hinein. Die Verfahrensweisen, die gegenwärtig in Anwendung kommen, wo man sich um wissenschaftliche Klärung pädagogischer Fragen bemüht, sind vielfach so grundverschieden, daß die Vertreter der einen Forschungsrichtung denen der anderen geradezu die Wissenschaftlichkeit glauben abstreiten zu müssen" (S. 83).

▸ *Man könnte meinen, diese Aussage ziele auf die Gegenwart: Einige zeitgenössische Vertreter des „kritischen Rationalismus" in der Erziehungswissenschaft gestehen z. B. ausschließlich solchen Theorien oder Forschungsansätzen das Prädikat „wissenschaftlich" zu, die auf dem Boden jener wissenschaftstheoretischen Position stehen. Sowohl die GP als auch Ansätze zu „kritisch-emanzipatorischer Erziehungswissenschaft" sowie marxistische Positionen bezeichnen sie als ganz oder größtenteils „unwissenschaftlich" (vgl. etwa F. v. Cube: Erziehungswissenschaft – Möglichkeiten, Grenzen, politischer Mißbrauch. München 1977. – Umgekehrt findet sich bei manchen Autoren, die ihre Schriften als „marxistisch" verstehen, nicht selten das Urteil, alle Theorien, die sich nicht auf den Boden des Marxismus stellten, seien „unwissenschaftlich".*

Litt möchte in seiner Abhandlung die Voraussetzungen erziehungswissenschaftlichen Denkens klären, und im Zusammenhang dieses Bemühens muß er auch das vorwissenschaftliche pädagogische Denken in Betracht ziehen.

Methodologische Zwischenbemerkung:

Bevor wir dem weiteren Gedankengang Litts folgen, muß eine Zwischenbemerkung zu seiner Denk- und Argumentationsform eingeschaltet werden. Litt baut seine Theorie von der Eigenart des pädagogischen Denkens und von der Denkstruktur einer wissenschaftlichen Pädagogik schrittweise auf, indem er gängige Aussagen oder vorliegende Theorieansätze zu diesem Thema durchdenkt, so daß sich seine eigene Deutung erst gegen Ende der Abhandlung herausklärt. Dabei werden solche von Litt kritisch analysierten Positionen immer nur knapp hinsichtlich einiger systematischer Kernaussagen benannt, meistens ohne Nennung von Autoren oder Autorengruppen. – Ein solches methodisches Vorgehen ist weitgehend typisch für Litts wissenschaftlichen Denkstil.

Es ist entscheidend wichtig für das Verständnis seiner Argumentation, daß seine eigenen Aussagen in den Passagen, die der kritischen Auseinandersetzung mit vorliegenden oder denkbaren Auffassungen gewidmet sind, jeweils nur vorläufig gelten. Erst, indem man den zusammenfassenden Schluß der Abhandlung auf den ganzen durchlaufenen Argumentationszusammenhang bezieht, kann man die eigene Position Litts zu dem behandelten Problemkomplex verstehen. Litt bezeichnet eine solche Argumentationsform als dialektisch, d. h. hier: Die eigene Aussage wird gewonnen, indem der Gedankengang zunächst einander widersprechende, vorliegende oder mindestens denkbare Aussagen zu einem Problem durch-

läuft und kritisch die jeweils begrenzten Wahrheitsmomente der einzelnen Positionen von ihren Verabsolutierungen scheidet und so schrittweise zu einem komplexen, eigenen Aussagezusammenhang voranschreitet.

Sechs Argumentationsschritte

Wir kehren zum Inhalt des Litt-Textes zurück. Litt vollzieht seine Gedankenführung in sechs großen Argumentationsschritten; sie zielen zunächst auf die kritische Auseinandersetzung mit verbreiteten Auffassungen oder Hypothesen hinsichtlich der Eigenart des pädagogischen Denkens bzw. des Wissenschaftscharakters der Pädagogik.

Wir skizzieren zunächst im Überblick die Hauptschritte der Argumentation:

- *ERSTER ARGUMENTATIONSSCHRITT:*
  Erörterung der These, erzieherisches Denken und Handeln seien im Kern irrationale, aus der Intuition entspringende Akte, sie ließen sich durch Wissenschaft nicht beeinflussen oder gar normieren. Erziehung sei „eine Kunst", Erziehungswissenschaft, wenn überhaupt, so nur nach Analogie von Kunstwissenschaften möglich (S. 84–88).

- *ZWEITER ARGUMENTATIONSSCHRITT:*
  Erörterung der Frage: Ist Erziehung eine Art Technik, und kann Erziehungswissenschaft dementsprechend nach Analogie von angewandten Wissenschaften im Sinne der naturwissenschaftlichen Technologien betrieben werden (S. 88–96)?

- *DRITTER ARGUMENTATIONSSCHRITT:*
  Erörterung der These, Erziehung sei im wesentlichen ein Prozeß des Hütens und Pflegens sich entfaltender Kräfte und Möglichkeiten. Die Entwicklung des jungen Menschen müsse nach Analogie organischer Prozesse verstanden werden, und Erziehungswissenschaft dementsprechend in Analogie zu den Anwendungsdisziplinen von „Lebenswissenschaften" (z. B. Humanbiologie), also in Analogie zur Medizin oder zur Ernährungswissenschaft o. ä.

- *VIERTER ARGUMENTATIONSSCHRITT:*
  Hier nimmt Litt die vorher in zwei Formen durchgespielte Möglichkeit, im pädagogischen Problemzusammenhang eine Unterscheidung von Grundwissenschaften und „angewandten Wissenschaften" vorzunehmen, noch einmal grundsätzlich auf: Ist die oft gestellte Forderung realisierbar, die Pädagogik in irgendeinem Sinne als „angewandte Wissenschaft" zu entwickeln oder im Bereich der Pädagogik selbst die Unterscheidung von „Grundwissenschaften" und „angewandten Wissenschaften" vorzunehmen? – In diesem Zusammenhang stößt Litt auf das Verhältnis von Theorie und Praxis und auf das Verhältnis von Seins- und Sollensbestimmung, m. a. W.: von Wirklichkeitsanalyse und Zielproblem in der Pädagogik.

- *FÜNFTER ARGUMENTATIONSSCHRITT:*
  Hier erörtert Litt das Verhältnis von „Sein“ und „Sollen“, Wirklichkeitsanalyse und Zielsetzung in der Pädagogik.

- *SECHSTER ARGUMENTATIONSSCHRITT:*
  Zusammenfassung der Resultate der gesamten Abhandlung.

Im folgenden wenden wir uns den Argumentationsschritten im einzelnen zu.

ZUM ERSTEN ARGUMENTATIONSSCHRITT

Litt geht hier von zwei immer wieder erhobenen Einwänden gegen die Möglichkeit einer wissenschaftlichen Pädagogik aus.

> „Man beruft sich einmal auf die *Irrationalität* alles in vollem Sinne des Wortes erzieherischen Denkens und Wirkens, auf den *intuitiven* Charakter des Denkprozesses, in dem der Erzieher sich das Wesen des zu Erziehenden erschließe, auf das *persönliche* Moment, auf dem die Echtheit und Tiefe des erzieherischen Einflusses beruhe; in alledem handle es sich um eine Auswirkung des Lebens, die in ihrer unberechenbaren Einmaligkeit der wissenschaftlichen Methodik unzugänglich sei. Erziehung sei nun einmal, so heißt es dann mit Vorliebe, eine *Kunst,* und diese Kunst sei durch wissenschaftliche Belehrung nicht zu fördern, geschweige denn zu ersetzen. Auf der anderen Seite wird betont, daß an jeder pädagogischen Gedankenbildung ihre Abhängigkeit von der besonderen kulturellen Umwelt, ihre *historische* Bedingtheit unschwer nachzuweisen sei, und dieser Zusammenhang müßte den Aufstellungen des pädagogischen Denkens für immer den Geltungswert der Wissenschaft, … welche einer dem Augenblick überlegenen Wahrheit zustrebe, entziehen.“ (S. 84)

Aufgabe 3: Interpretationsaufgabe

Halten Sie bitte in Stichworten oder kurzen Sätzen fest, welche Hauptargumente innerhalb des Zitats gegen die Möglichkeit einer wissenschaftlichen Pädagogik angeführt werden.

Anregung zu einer ersten Stellungnahme:
Falls Sie sich bereits dazu in der Lage sehen, nehmen Sie bitte in Stichworten oder kurzen Sätzen zu jenen Argumenten Stellung. (Finden Sie sie überzeugend oder nicht? Teils – teils? Inwiefern? …)

Verhindert das Einmalige, Subjektive eines Erziehungsvorganges dessen wissenschaftliche Behandlung?

Litt gesteht im folgenden zu, daß in jenen Gegenargumenten jeweils etwas Zutreffendes steckt, so der Hinweis auf die Bedeutung des „persönlichen", „emotionalen" Momentes in der Praxis des Erziehers und auf die geschichtliche Bedingtheit jeglicher Erziehung. Aber er fragt: Sind diese richtigen Hinweise Einwände gegen die Möglichkeit einer wissenschaftlichen Behandlung von Erziehungsfragen? Seine Antwort lautet: Nein.

Denn es gibt andere Bereiche und Phänomene der geistigen Welt, die ebenfalls durch die Momente der „Irrationalität", des Individuellen, der geschichtlichen Bedingtheit gekennzeichnet sind und die doch längst Gegenstand anerkannter Wissenschaften geworden sind. Ein Beispiel bilden Künste bzw. die Kunstwissenschaften, etwa Literaturwissenschaft, Musikwissenschaft und Musikgeschichte, „Kunstgeschichte" i. e. S. d. W. (Wissenschaft von der bildenden Kunst).

Der Vergleich mit den Kunstwissenschaften

Nun macht Litt sich selbst sogleich folgenden Einwand: Man könnte sagen: Die Kunstwissenschaften wollen „lediglich die Kunst, sowie sie von ihnen in der kulturellen Erfahrung vorgefunden werde, … deuten und … verstehen". Sie beanspruchten nicht, die Kunst als Praxis „zu normieren, zu leiten", und die künstlerisch Produzierenden würden ja auch mit Recht einen solchen Anspruch einer Kunstwissenschaft zurückweisen. Wenn es auch in der Pädagogik nur um die Deutung und das Verstehen vorliegender pädagogischer Phänomene und Prozesse ginge, so wäre auch gegen die Möglichkeit einer Pädagogik als Wissenschaft nichts einzuwenden. In Wahrheit ginge es aber in der (damaligen) Diskussion um die Möglichkeit einer wissenschaftlichen Pädagogik immer um eine Disziplin, die durch Erkenntnis *in die Praxis hineinwirken* wolle. – Litt bezieht an dieser Stelle zum erstenmal eine eigene Position. Denn er unterstreicht, daß der letzte Hinweis zutrifft:

> „In der Tat trifft dieser Einwand den Nerv des pädagogischen Denkens. Zwar hat auch die Pädagogik einen bestimmten Kreis von vorgefundenen Tatsachen der Wirklichkeit zum Gegenstand, eben die Wirklichkeit … der Erziehung …, aber sie betrachtet diese Erscheinungen nicht lediglich, um sie so, wie sie hier vorliegen, zu verstehen und zu deuten, sondern um aus ihrer gedanklichen Verarbeitung Nutzen zu ziehen für die Praxis der Erziehung selbst. Sie will und soll sein die *Theorie eines Handelns.*" (S. 85/86)

Die Frage, warum denn wissenschaftliche Pädagogik „Theorie eines Handelns", die auf pädagogisches Handeln „irgendwie" einwirken wolle, sein solle oder müsse – diese Frage beantwortet Litt im vorliegenden Zusammenhang noch nicht. Seine Aussage von der Pädagogik als Theorie eines Handelns ist also zunächst eine *These.* Litt will sie in den folgenden Argumentationsschritten begründen.

Die weitere Erörterung geht von folgender Überlegung aus: Wenn pädagogische Praxis im strengen Sinne eine „Kunst" wäre, nämlich so „schöpferisch", „einmalig", „frei", „intuitiv", von individuellen Gestaltungsmotiven geprägt wie das künstlerische Schaffen, dann wäre in der Tat keine Theorie der Pädagogik möglich, die für die Praxis wesentliche Hilfen, Leitlinien, Handlungsanleitungen o. ä. hervorbringen könnte. Man muß also prüfen, ob die Analogie „Erziehung ist eine Kunst" zutrifft.

Bei einer sehr formalen Betrachtung scheint sich in der Tat eine Strukturähnlichkeit zu ergeben:

> „Beide haben, allgemein gesprochen, einen ‚Stoff' vor sich, den sie ‚bearbeiten' mit der Absicht, ihm eine gewisse ‚Form' zu geben." (S. 86)

Beide brauchen außerdem offenbar ein bestimmtes „Wissen" um die Eigenart ihres „Stoffes". – Wie ist dieses „Wissen" beim Künstler beschaffen? Litt antwortet:

> „Der Künstler bedarf desjenigen Wissens um die Beschaffenheit seines Stoffes, das ihm die *technischen* Möglichkeiten der Stoffbearbeitung erschließt: Innerhalb dieser gewußten Möglichkeiten aber ist sein Formwille frei und unbeschränkt. Der Marmorblock, die Leinwand, die Farbe, das Sprachmaterial usf. – alles dies schließt natürlich bestimmte unabänderliche Bedingungen des künstlerischen Schaffens in sich, mit denen der Produzierende vertraut sein muß; aber es enthält in seiner gegebenen Beschaffenheit keinen Hinweis auf die Form, die durch die künstlerische Tat an und in ihm sich realisieren wird." (S. 86)

An der zuletzt getroffenen Feststellung würde sich u. E. auch nichts Wesentliches ändern, wenn man Litts Ausführungen ergänzen und darauf hinweisen würde, daß der Künstler mehr noch als „technisches" Wissen um sein Material ein Wissen um Form- und Farbgesetzlichkeiten, um Stilprinzipien, Gattungsmerkmale, rhythmische und tonale Ordnungen usw. usw. benötigt.

Welches „Wissen" ist nun für pädagogisches Handeln notwendig?

> „Auch hier ist eine Kenntnis der Beschaffenheit des ‚Stoffes' im Hinblick auf die technischen Bedingungen notwendig, unter denen das pädagogische Handeln von außen her ansetzt"; (Man könnte hier etwa daran denken, daß der Lehrer der Grundschule z. B. wissen muß, daß die Feinmotorik der kindlichen Hand erst eine gewisse Ausbildung erfahren muß, bevor man mit dem Schreiblehrgang beginnen kann, usw.; W. Kl.); „aber diese Kenntnis würde nicht im entferntesten ausreichen, damit es überhaupt zu einem erzieherischen Handeln komme. Denn die *Form,* zu der das pädagogische Objekt durch das erzieherische Wirken geführt werden soll, wird nicht unabhängig von dessen realer Beschaffenheit rein von außen her bestimmt, sondern sie muß in ihm selbst zwar nicht gegeben, aber doch *angelegt* sein; die Disposition zu ihr gehört zu denjenigen Bestimmtheiten, die dem ‚Stoff' schon an sich, vor dem Einsetzen der erzieherischen Arbeit, zukommen, und nur durch Anknüpfen an diese inneren Bestimmtheiten kann das erzieherische Handeln die erstrebte Form realisieren". „Kenntnis des Stoffes und Bestimmung der Form sind hier ganz und gar aneinander gebunden, sie müssen sich recht eigentlich durchdringen. Also hat das Wissen um

die Eigenart des Stoffes auf der Seite des Erziehers einen ganz anderen Umfang und eine ganz andere Bedeutung als auf der Seite des Künstlers. Soll ihm die Formung seines Stoffes gelingen, so muß er mehr von der qualitativen Beschaffenheit dieses Stoffes wissen, muß er sich sorglicher dieser Beschaffenheit anpassen, als dem Künstler gegenüber seinem Stoff zugemutet wird. Eben deshalb hat auch die Rede von ‚Stoff', ‚Material', ‚Objekt', die ganz unanfechtbar ist, wo künstlerisches Schaffen in Frage steht, etwas Anstößiges, sobald sie auf erzieherisches Wirken angewandt wird: sie nimmt dem Gegenstand der Erziehungsarbeit das Eigenrecht, die innere Bestimmung, mit dem er dem erzieherischen Bemühen gegenübersteht, und gibt dem gestaltenden Willen des erziehenden Subjekts zu viel." (S. 87/88)

Aufgabe 4: Interpretationsaufgabe

Versuchen Sie, mit eigenen Worten den von Litt bezeichneten Unterschied *zwischen* dem Wissen, das der Künstler benötigt, um gestalten zu können, und dem Wissen, das der Erzieher braucht, um pädagogisch handeln zu können, zu formulieren. Arbeiten Sie dabei ruhig vorläufig mit den „anstößigen" Begriffen „Stoff" und „Form" (– wie verhalten sich der „Stoff" und die „Form" im einen und im anderen Falle zueinander? –) obgleich Litt mit Recht betont, daß beide Begriffe im pädagogischen Zusammenhang eigentlich unzutreffend sind.

Anregung:
Sofern Ihnen an Litts Aussagen zu diesem Punkt noch einiges unklar ist, sollten Sie Ihre Fragen zunächst formulieren, bevor Sie den weiteren Text lesen.

Zusammenfassendes Teilresultat

Als erstes Teilresultat der Argumentation Litts können wir festhalten: der Satz „Erziehung ist eine Kunst" trifft in einem strengeren, wissenschaftlichen Sinne nicht zu, die darin steckende Analogie ist falsch. Zwischen Kunst und Erziehung gibt es wesentliche, strukturelle Unterschiede. – Der Erzieher braucht mehr Wissen von seinem „Gegenstande" als der Künstler, mehr Theorie. Anders gesagt: Der Erzieher ist im Verhältnis zu seinem „Gegenstande", genauer: zu seinen „Gegenständen": einerseits dem jungen Menschen, andererseits der geistig-geschichtlich-gesellschaftlichen sowie der natürlichen Welt, mit der der junge Mensch sich, durch den Erzieher angeleitet, im Bildungsprozeß auseinandersetzen soll, weniger frei.

Das Verhältnis von pädagogischer Theorie zur Praxis

An dieser Stelle gibt Litt nun auch eine Antwort auf unsere oben aufgeworfene Frage, warum seiner Auffassung nach eine pädagogische Theorie nicht beim Beschreiben, Verstehen, Deuten der vorgefundenen Wirklichkeit der Erziehung stehenbleiben könne, sondern in eine andere Beziehung zur Praxis eintreten müsse:

„Pädagogik muß immer wieder danach streben, Theorie eines Handelns zu werden, weil das Stück Lebenspraxis, dem sie zugewandt ist, nach einer solchen Theorie verlangt ..." Wenn sie damit aber „weit über solche Fragestellungen hinausgeht, die denjenigen der ästhetischen Theorie vergleichbar wären, so gibt sie damit nicht einem unberechtigten Ausdehnungsbedürfnis Folge, sondern sie gehorcht den immanenten Notwendigkeiten *der* Wirklichkeitssphäre, die ihren Gegenstand bildet." (S. 88)

Also: Weil das Bedürfnis nach pädagogischer Theorie aus der pädagogischen Praxis entspringt, aus dem Bedürfnis des Praktikers, theoretische Hilfen zur besseren Ausübung seiner Praxis zu erhalten, *deshalb* kann eine pädagogische Theorie nicht in ausschließlich verstehender, deutender Haltung verharren, sondern muß den Bezug zur Praxis bewußt und reflektiert vollziehen.

► *Es ist sinnvoll, an dieser Stelle eine Ergänzung anzufügen, die über den Text der Abhandlung „Das Wesen des pädagogischen Denkens" hinausgeht, die aber Aussagen Litts in anderen Schriften durchaus entspricht: Jene praxisbezogene Theorie, zu der sich die Pädagogik nach Litts Auffassung entwickeln soll, muß auch wissen, wieweit sie als Wissenschaft der Praxis Hilfen anbieten kann, wo ihre Grenzen liegen. Sie muß solche Grenzen aber nicht nur praktisch kennen, sondern selbst wissenschaftlich bestimmen!*

Litt steht mit dieser Auffassung vom notwendigen Praxisbezug der wissenschaftlichen Pädagogik repräsentativ für die gesamte GP. Wir werden diese Aussage an späterer Stelle durch Zitate aus Schriften anderer Autoren belegen.

Der Übergang zum nächsten Hauptschritt der Argumentation ergibt sich aus folgender Überlegung: Wenn die Beziehung zur Praxis nach Litts Auffassung für die Pädagogik notwendig ist und nicht der Wissenschaftlichkeit dieser Disziplin zu widersprechen braucht, so ist nun erneut nach der genaueren Bestimmung dieses Verhältnisses zu fragen. Diese Frage führt zum zweiten Argumentationsschritt.

ZUM ZWEITEN ARGUMENTATIONSSCHRITT

Sucht man nach Möglichkeiten, das Verhältnis von pädagogischer Theorie und pädagogischer Praxis näher zu bestimmen, so liegt es nahe, zunächst eine Orientierung an anderen Wissenschaften zu versuchen, in denen eine Verknüpfung von Theorie und Praxis vorliegt. Es sind die sog. „angewandten Wissenschaften". Damit stellt sich die Frage:

Ist die wissenschaftliche Pädagogik eine „angewandte Wissenschaft"? In der Tat hat man sie nicht selten in diesem Sinne gedeutet, z. B. als „angewandte Psychologie" (Ernst Meumann), als „angewandte Philosophie" (bei einigen Neukantianern, etwa Paul Natorp), als „angewandte Ethik" u. ä. Entsprechend wird pädagogische Praxis dann als praktische Verwirklichung der durch die wissenschaftliche Pädagogik theoretisch erarbeiteten „Anwendung" der Psychologie, der Philosophie, der Ethik usw. verstanden.

Erziehung als Kunst ↔ Erziehung als angewandte Wissenschaft

Blickt man an dieser Stelle kurz auf den vorigen Abschnitt zurück, so kann man sich folgendes deutlich machen: Wenn man Erziehung als angewandte Wissenschaft deutet, so hat man in gewisser Weise eine Position bezogen, die der These von der Erziehung als Kunst diametral entgegengesetzt ist. Denn: Die Auslegung der Erziehung als Kunst betont ja den irrationalen, individuellen Charakter erzieherischen Handelns, lehnt daher eine Beeinflussung durch vorgängige Theorie ab oder hält sie für unmöglich. Dagegen erscheint das erzieherische Handeln, sofern man es als praktische Anwendung wissenschaftlicher Erkenntnis betrachtet, gerade als ein Tun, das streng durch eine vorgängige Theorie geleitet wird, das im wesentlichen Ausführung, Verwirklichung vorangehender Theorie ist.

Litt fragt nun genauer nach der Struktur „angewandter Wissenschaften". Sie sind in der präzisesten und erfolgreichsten Form im Bereich der Auseinandersetzung des Menschen mit der anorganischen Natur vertreten. Litt denkt folglich die Struktur und die Voraussetzungen der angewandten exakten Naturwissenschaften durch.

Das Verhältnis von Theorie und Praxis in den angewandten Naturwissenschaften

Überall, wo es angewandte Naturwissenschaften gibt, stoßen wir auf folgendes dreistufiges Verhältnis von Praxis und Theorie:

Wir finden einmal eine Praxis vor, die sich auf wissenschaftliche Erkenntnisse stützt. Eine solche Praxis wird hier Technik genannt (Maschinenbautechnik, Schiffbautechnik, Elektrotechnik usw.). Technik ist also die praktische Anwendung wissenschaftlicher Erkenntnisse.

Was für Erkenntnisse aber sind es, die solchen Techniken zugrundeliegen? Litt antwortet:

> „Jede einzelne Technik hat zur Grundlage einen Komplex von allgemeinen Sätzen, nach denen sich das praktische Vorgehen richtet: Die *Technologie* des fraglichen Gebiets." (S. 90)

▶ *Also: Dem Maschinenbau liegt die Technologie des Maschinenbaus zugrunde, der Produktion von Radioapparaten, Funkgeräten usf. die Hochfrequenztechnik usw., dem Bauwesen die Technologie des Hoch- und Tiefbaus usw.*

Aber diese Technologien stehen nicht auf sich selbst, sie sind selbst theoretische Anwendungen, *sind „angewandte Wissenschaften". Ihre Basis sind die sog. „reinen, exakten Naturwissenschaften. Sie erforschen bestimmte Bereiche oder Aspekte der Natur in rein theoretischer Fragehaltung. Ihr Ziel ist es, alle in ihrem Bereich beobachtbaren Naturerscheinungen oder -prozesse, seien sie nun unmittelbar beobachtbar oder selbst nur durch Experimente sichtbar zu machen, auf die strenge Form von Ursache-Wirkungs-Zusammenhängen zu bringen und solche Ursache-Wirkungs-Zusammenhänge möglichst in mathematischer Formelsprache als „Gesetze" auszudrücken. Das ist nur möglich, indem der Forscher die ursprünglichen, komplexen Gegebenheiten der Natur auflöst, in Elemente und Elementarerscheinungen zerlegt. Von hier fragt Litt zurück: Was tun Technologien? Was heißt: „Sie wenden theoretisch an"?*

Zunächst: Alle Ursache-Wirkungs-Zusammenhänge, wie sie die exakten Naturwissenschaften herausarbeiten, lassen sich umformulieren in Mittel-Zweck-Beziehungen.

Wenn ich weiß: Diese Ursache A – z. B. die Bewegung eines magnetischen Feldes – hat immer jene Wirkung B – die Erzeugung eines elektrischen Stromes unter der Bedingung, daß das Magnetfeld einen elektrischen Leiter schneidet –, so kann ich auch folgende umgekehrte Beziehung herstellen: Ich kann die Wirkung – Stromerzeugung in einem Leiter – aus irgendeinem Grunde für wünschenswert halten, dann wird sie zum Zweck. Wenn ich diesen Zweck erreichen will, muß ich jene Ursache – die Bewegung eines magnetischen Feldes, das einen Leiter schneidet oder die Bewegung eines Leiters in einem magnetischen Feld – ins Spiel bringen. Was naturwissenschaftlich gesehen „Ursache" war, wird, technologisch gesehen, zum „Mittel".

Eben dieses ist die theoretische Leistung der Technologien: Unter dem Gesichtspunkt bestimmter Zwecksetzungen formulieren sie Zweck-Mittel-Zusammenhänge.

Die Zwecke trägt der Mensch an die Natur heran, setzt sie der Natur gleichsam „auf". Zwecke setzen die Menschen sich nach ihren Bedürfnissen, Wünschen, Strebungen. (Heute würden wir stärker als Litt betonen: nach ökonomischen, gesellschaftlichen, politischen Interessen und Zielsetzungen.)

► *Litt spricht bildhaft davon, daß diese Zwecke dem „Inneren" des Menschen entstammen, während jene Gesetzmäßigkeiten, die dann als „Mittel" ins Spiel kommen, dem Außen, der Außenwelt angehören. Sicher ist diese Kennzeichnung nicht ganz glücklich; sie produziert das Mißverständnis einer naiven Erkenntnistheorie, so als wären Naturgesetze einfach wahrzunehmende Sachverhalte der „Außenwelt" und nicht selbst erst Ergebnis menschlichen Erkenntnisbemühens. – Litt war in Wahrheit von solchen Naivitäten frei, wie insbesondere seine Schriften zur Wissenschaftstheorie und speziell die über „Naturwissenschaft und Menschenbildung" (4. Aufl. Heidelberg 1963) zeigen.*

Zusammenfassend heißt es bei Litt:

> „Es scheiden sich demnach im Gesamtbereich der von uns überschauten Vorgänge voneinander: eine *feststellende* Betätigung des Menschen, d. i. die rein erkennende Forschung, eine *zwecksetzende* Betätigung, das ist die gedankliche Klärung seiner lebendigen Bedürfnisse, und, zwischen beiden in der Mitte stehend, eine mittelbestimmende Betätigung, d. i. die Anwendung des dort Festgestellten im Dienste des hier Erstrebten. Der Begriff „angewandte Wissenschaft" erfüllt sich hier durch die Tatsache, daß die Technologie wissenschaftliche Sätze, die unabhängig von den für sie leitenden Zwecksetzungen gewonnen sind, als fertige Ergebnisse übernimmt und kombinierend verwertet." (S. 92)

Auf der Basis dieser Erkenntnis von der Struktur angewandter Wissenschaften im Bereich der exakten Naturwissenschaften tritt Litt nun in die Prüfung der Frage ein, ob Pädagogik in einem analogen Sinne als Technologie zu verstehen oder aufzubauen sei.

► *Wie aktuell diese Problemstellung bis heute hin ist, ließe sich an vielen Beispielen zeigen, z. B. an solchen aus der sog. kybernetischen Pädagogik. Vgl. dazu z. B. H. Frank: Kybernetische Grundlagen der Pädagogik. 2. Aufl. Baden-Baden 1969.*

Zwei Gegenargumente gegen die Deutung der Pädagogik als angewandte Wissenschaft

Litt entwickelt im folgenden zwei Gegenargumente gegen den Versuch, Pädagogik im Sinne einer angewandten Wissenschaft verstehen zu wollen.

ERSTES GEGENARGUMENT:

Litt fragt: Ist die Vorstellung haltbar, der Erzieher sei ein Techniker und der Erziehungstheoretiker ein Technologe, die beide Zwecksetzungen, die ihnen von anderer Seite vorgegeben sind, übernehmen und die nun unter Rückgriff auf irgendwelche „reinen" Grundwissenschaften Systeme von Mitteln erfinden, erproben und untersuchen, die zur Verwirklichung jener vorausgesetzten Zwecke führen? Litt greift in seiner Antwort auf das Ergebnis des ersten Argumentationsschrittes zurück:

> „Dieselben inneren Formkräfte, die gegen die Gleichsetzung von Erziehung und Kunst Einspruch erhoben, weil der künstlerische Formwille allzu souverän mit seinem Stoff schaltet, lehnen sich auch gegen eine Bearbeitung im Dienste eines von außen herkommenden Zwecks auf; hier wie dort würde dem Eigenrecht des zu Erziehenden Gewalt angetan werden. Auch macht sich die Tatsache geltend, daß im Objekt selbst bestimmte Möglichkeiten angelegt sind, die in sich den Hinweis auf ‚Zwecke' enthalten; und die für die Praxis leitende Zwecksetzung kann nur dann als eine wahrhaft erzieherische gelten, wenn sie diese eigenen Zweckrichtungen im Objekt anerkennt und für sich zum wenigstens *mit*bestimmend sein läßt." (S. 93/94)

Aufgabe 5: Interpretationsaufgabe

Formulieren Sie selbständig, warum nach Litt (erstes Gegenargument) im pädagogischen Bereich die für die angewandten Wissenschaften (Technologien) und die Techniken charakteristische Trennung von Zwecksetzung und Mittelbestimmung *nicht* gelten kann.

Damit ergibt sich für Litt, daß das Schema, auf dem die „angewandten Wissenschaften" (Technologien) beruhen, für die Pädagogik nicht zutrifft.

Für die Erziehungsproblematik gelte vielmehr:

> Hier müssen „zwecksetzende und feststellende Betätigung in eine innere Verbindung treten, die dort (d. h.: in der Technik) nicht nur unnötig, sondern geradezu unmöglich war. Sobald der Akt der Zwecksetzung erfolgt nicht etwa lediglich aus den im Subjekt

(d. h. hier: dem Erzieher) selbst empfundenen Bedürfnissen heraus, sondern im Hinblick auf die im ‚Material' (d. h. hier: dem zu Erziehenden) selbst angelegten Zweckrichrichtungen, ist er (der Akt der Zwecksetzung) auch nicht mehr durchführbar in völliger Ablösung vom Akt der ‚Feststellung'. Denn nur eine solche (Feststellung) kann Aufschluß geben über das, was im Material selbst an inneren Gerichtetheiten enthalten ist" (S. 94).

ZWEITES GEGENARGUMENT:
Auf der Seite der angewandten Wissenschaften fand Litt folgendes Grundverfahren vor: Sie greifen auf die Ergebnisse der exakten Naturwissenschaften zurück; diese erreichen ihre Ergebnisse u. a. durch Zerlegung ursprünglich komplexer Phänomene oder Eindrücke in Elemente, und sie erforschen die Beziehungen zwischen solchen Elementen unter bestimmten, vom Menschen gesetzten Bedingungen. Die Technologien aber kombinieren unter dem Gesichtspunkt bestimmter Zwecke jene Elemente bzw. die ermittelten Beziehungen. Die Technologien finden also ihr „Material" als ein von den exakten Naturwissenschaften erstelltes Arsenal von Elementen und Beziehungen vor, besser: Sie können ihre eigentümliche Leistung erst vollbringen, wenn jene Vorleistungen der exakten Naturwissenschaften bereits erbracht sind.

Kann man die Struktur des Verhältnisses zwischen „Grundwissenschaften" und „angewandten Wissenschaften" (besser: anwendenden Wissenschaften) auf die Pädagogik übertragen? Litts Antwort lautet:

> „Sowohl die Theorie der Erziehung im allgemeinen als auch die Praxis der Erziehung im besonderen findet ihr Material nicht als ein Nebeneinander herausanalysierter letzter Elemente vor, deren Verbindung ihre Sache wäre, sondern ihr Material bietet sich selbst schon als Kombination, ja als äußerst komplexe Gesamterscheinung dar; die in ihr gegebene Zusammenordnung der ‚Elemente' bildet den Ausgangspunkt jedes erzieherischen Tuns. Der Mensch überhaupt, mit dem es eine allgemeine Theorie der Erziehung zu tun hat, der einzelne Mensch, dem die Praxis der Erziehung gegenübersteht, sie sind ja doch Gebilde von denkbarster Kompliziertheit des Gesamtaufbaus". „Und der … Komplexcharakter des pädagogischen Objekts ist es nun auch, der jene uneingeschränkte Willkür der Kombination ausschließt, die das Wesen des technologischen Denkens ausmacht." „Dem psychophysischen Lebewesen eignet (= ist eigentümlich) eine innere Einheit, Ganzheit, Geschlossenheit, die sich von jeder Art äußerlicher Zusammenfügung wesenhaft unterscheidet …" (S. 95)

Aufgabe 6: Interpretationsaufgabe

Formulieren Sie möglichst in eigenen Worten, warum nach Litt (zweites Gegenargument) pädagogische Theorie nicht im Sinne einer Technologie und pädagogische Praxis nicht als „Technik" verstanden werden können.

Resultat des zweiten Argumentationsschrittes

Litt zieht auf S. 96 das Fazit seines zweiten Argumentationsschrittes:

> „Zusammen mit einer selbständigen zwecksetzenden und einer selbständigen feststellenden Funktion schwindet auch eine selbständige mittelbestimmende Betätigung. Der Wirklichkeitszusammenhang, in den die Praxis der Erziehung hineingehört, den die Theorie der Erziehung erforscht, ist so strukturiert, daß er die dualistische Scheidung der Wirklichkeitssphären (Zwecksetzung und Mittelbestimmung) und die mit ihr korrelative Scheidung der gedanklichen Operationen, diese Scheidungen, auf denen die methodische Eigenart der Technologie beruht, in sich aufhebt." (S. 96)

ZUM DRITTEN ARGUMENTATIONSSCHRITT

Litt führt zu Beginn des dritten Argumentationsschrittes einen neuen Versuch, die Eigenart der Erziehung und der wissenschaftlichen Pädagogik zu deuten, als Hypothese ein; und zwar schließt er dabei an die Zwischenergebnisse der beiden ersten Argumentationsschritte an: Gegen die Analogie von Erziehung und Kunst bzw. Erziehungswissenschaft und Kunstwissenschaften und gegen die Analogie von Erziehung und Technik bzw. von Erziehungswissenschaft und Technologie war beide Male ein ähnliches Argument ins Feld geführt worden: In beiden Analogien erscheine der junge Mensch in unhaltbarer Weise als Objekt, als Material der sei es künstlerischen, sei es technischkonstruktiven Formung. In jenen Analogien kam aber nicht zur Sprache, daß in dem jungen Menschen selbst „Formkräfte", „Strebungen", „Interessen", „Ansprüche" lebendig seien, die nicht nur als Material der „Formung von außen" betrachtet werden können. Von diesem kritischen Befund aus könnte man nun, so sagt Litt, zu folgendem Schluß weiterschreiten:

> Jene „Formkräfte ... kommen dem Objekt der Erziehung deshalb zu, weil es ein *Lebendiges* ist. Als Grundlage für eine Theorie der Erziehung scheint brauchbar nur eine solche Wissenschaft, deren Gegenstand eben dieses Leben ist; nur ihr, so scheint es, kann die eigentümliche innere Einheit, die die Mannigfaltigkeit der am pädagogischen Objekt vorgefundenen Eigenschaften und Funktionen zur ‚Form' zusammenschließt, nur ihr die in dieser Form zutagetretende Zweckgerichtetheit sich offenbaren; nur sie scheint die ‚Feststellungen' zu versprechen, die nicht nur über die Beschaffenheit des Objekts, wie es ist, sondern auch über die Möglichkeiten zweckvoller Ausgestaltung Aufschluß geben". „... die jugendliche Seele ein organisches Lebewesen mit eigenen, angeborenen Werdetrieben, der Erzieher, der Pfleger, Gärtner, der Züchter, der berufen ist, der in diesem Lebewesen angelegten Form durch seine sorgende, schützende, entwickelnde Mühe zu einer möglichst vollkommenen Entfaltung zu verhelfen. Es ist eine Auffassung, die wie offensichtlich, jede dem inneren Lebenstrieb des Objekts widerstreitende Einwirkung von vornherein abweist." (S. 97)

► *Es ist dies eine der wenigen Stellen, an denen Litt auf eine bestimmte, geschichtliche, vieldiskutierte Erziehungskonzeption hinweist, der eben diese Vorstellung zugrundelag – oder vielleicht besser: in der dieses Denkmodell einmal theoretisch sehr konsequent „durchgespielt" worden ist. Es handelt sich um den Erziehungsroman „Emile" des Franzosen Jean-Jacques Rousseau (1712–1778). – In Ergänzung zu Litts Anmerkung kann man darauf hinweisen, daß diese erstmals von Rousseau vertretene Erziehungsauffassung zu Beginn unseres Jahrhunderts von einer Teilrichtung der Reformpädagogik, der „Pädagogik vom Kinde aus" (Ellen Key, Berthold Otto u. a.) erneut verfochten und z. T. in pädagogische Praxis umgesetzt worden ist. Eine ähnliche Auffassung spielte auch in der frühen Sowjetpädagogik (nach 1917) eine erhebliche Rolle; der große sowjetische Kollektiverzieher Makarenko hat sie später als „Pädologie" kritisiert. – Nach dem zweiten Weltkrieg tauchen ähnliche Leitvorstellungen z. B. bei dem englischen Erzieher Alexander S. Neill in seiner freien Internatsschule Summerhill, aber auch innerhalb der „antiautoritären Erziehungsbewegung" in der Bundesrepublik etwa ab 1967 wieder auf.*

Litt gesteht im Hinblick auf solche Analogien aus der organischen Welt zu, daß man sicherlich auch im Bereich der menschlichen Wirklichkeit in irgendeinem Sinne von einer „inneren Angelegenheit" sprechen darf. Allerdings zeigt sich sogleich, daß der Begriff der „Anlage" hier doch einen wesentlich anderen, nämlich *unpräziseren* Sinn erhält:

> Man müsse fragen, „wie sich auf jener und auf dieser Seite die ‚Anlage' zu dem verhält, was sich als ‚lebendige Form' späterhin aus ihr heraus entwickelt. Im Keimplasma ist die künftige Form des Organismus in allem Wesentlichen eindeutig vorgezeichnet; aus dem Samenkorn etwa wird, wo und wann auch immer es zum Keimen gebracht werden mag, nur ein Exemplar der morphologisch so und so bestimmten Gattung hervorgehen. Entsprechendes gilt auch für die *leibliche* Seite der Leibseeleneinheit Mensch – gilt es auch für die innere? Ist auch die Form des seelischen Seins ähnlich durch die Anlage vorher bestimmt? Man denke sich ein- und dasselbe Menschenwesen mit einer so und so gearteten „Anlage" in seiner Entwicklung hineingestellt in eine Mannigfaltigkeit von menschlichen, gesellschaftlichen, kulturellen Umwelten: es würde nie und nimmer in jedem der hier angenommenen Fälle zu einer und derselben Persönlichkeit heranwachsen. Denn das, was wir im weitesten Sinne ‚Umwelt' nennen, hat keineswegs für den biologischen und für den seelisch-geistigen Entwicklungsprozeß die *gleiche* Bedeutung. Für das Werden des Organismus liefert die Umwelt, abgesehen von rein äußerlichen Einwirkungen physikalischer Art, bloß die ‚Nahrung'. … Für die seelische Entwicklung hingegen bietet die Umwelt eine Reihe von ‚Stoffen', die gerade nur dann dem Entwicklungsprozeß dienen können, wenn sie als das, was *sie selbst an sich sind,* oder besser gesagt, *bedeuten,* erhalten bleiben und wirken: es sind sachliche Gehalte, ideelle Gültigkeiten, seien es nun solche wissenschaftlicher, künst-

lerischer, sittlicher, religiöser Art, die selbst schon ihre Form haben und nur durch ihre eigene Geformtheit für den Formungsprozeß der Seele bedeutsam werden. Die übliche Rede von der ‚geistigen Nahrung' ist irreführend, weil sie auf der Seite des seelischen Werdens dieselbe einseitige Assimilation durch den Lebensprozeß voraussetzt, wie sie auf der Seite des organischen Wachstums zweifellos vorliegt. Die Unzulässigkeit dieser Parallele erhellt (wird klar) aus dem Umstand, daß auf dem Boden der seelischen Wirklichkeit die Begriffe Stoff und Form unbedenklich ihre Stelle vertauschen können: Hier darf man ebensowohl bildlich sagen, daß die Seele die in sie einströmenden Gehalte forme, d. h. nach ihrem eigenen Wachstumsprinzip neu erzeuge, wie auch, daß sie durch diese geformt werden, d. h. ihre an sich gestaltlosen Werdetriebe an ihnen und durch sie kläre und vergegenständliche. Hier wirkt das, was im Innern angelegt ist, und das, was von außen her an das Ich herantritt, in einer Weise ineinander, für die es außerhalb dieser Dimension des Seins keinerlei Analogie gibt." (S. 98/99) – Bezeichnet man die Entwicklungsmöglichkeiten eines Individuums als „Disposition", so ist festzustellen: „zur Form kann sich diese Disposition erst durch ihr Zusammentreten mit den ideellen Gehalten entwickeln, die die kulturelle Umwelt an sie heranbringt". „In diesem Sinne ist … jede seelische Gesamtdisposition voll ‚unbegrenzter Möglichkeiten'; sie weiß nichts von jener Eindeutigkeit der Determination, die dem biologischen Keim eignet." (S. 99)

Aufgabe 7: Interpretationsaufgabe

Formulieren Sie die Hauptargumente, die Litt in den vorangehenden Zitaten über den Unterschied zwischen „organischen Wachstumsprozessen" und ihrer „Pflege" und „geistig-seelischen Entwicklungsvorgängen" und den auf sie einwirkenden Faktoren vorträgt.

Aufgabe 8: Vergleichsaufgabe

Vergleichen Sie, bevor Sie weiterlesen, wenigstens in Stichworten die Kernargumente Litts gegen die im ersten und zweiten Argumentationsschritt behandelten Positionen (Analogien) mit den im dritten Argumentationsschritt behandelten, und zwar unter dem Gesichtspunkt:

Inwiefern wird das Verhältnis zwischen „Erziehung" bzw. „Erziehern" und „Zu Erziehenden" in der ersten und zweiten Position nach Litts Auffassung nicht angemessen bestimmt, inwiefern in der dritten Position?

Vergleichen Sie Ihre Antwort bitte mit derjenigen, die Litt am Ende des dritten Argumentationsschrittes formuliert:

Die in der dritten Position (Erziehung als Wachstumspflege) benutzte Analogie sei „aus genau dem entgegengesetzten Grunde abzuweisen … wie die beiden zuerst behandelten. Gegen diese mußten wir Einspruch erheben, weil sie dem Gegenstand der

Erziehung zu wenig Eigenrecht ließen: Jene verbietet sich gerade deshalb, weil sie dem Gegenstand zu viel an Eigenbestimmtheit gibt und die erziehende Funktion allzu sehr auf bloßes Pflegen und Fördern immanenter Zweckrichtungen beschränkt. Der Erzieher hat weniger Freiheit der Gestaltung als der Künstler, weniger Willkür der Zusammenordnung als der Techniker – aber er hat mehr Spielraum der „Bildung" als der „Züchter." (S. 99)

ZUM VIERTEN ARGUMENTATIONSSCHRITT

Zur Möglichkeit wissenschaftlicher Pädagogik als angewandter Wissenschaft

Litt hält auch im vierten Argumentationsschritt die Frage, ob Pädagogik in irgendeinem Sinne als angewandte Wissenschaft verstanden werden kann, weiterhin fest. Denn mit den beiden erörterten Formen angewandter Wissenschaften – „angewandte exakte Naturwissenschaften" und „angewandte Lebenswissenschaften" – sind nicht alle denkbaren Möglichkeiten von Anwendungswissenschaften erschöpft. Litt selbst hatte eingangs z. B. erwähnt, daß man bisweilen gefordert habe, Pädagogik als „angewandte Ethik" oder „angewandte Psychologie" zu entwickeln; heute würde man vielleicht als weitere denkbare Möglichkeit hinzusetzen: als „angewandte Soziologie", „angewandte Politologie", „angewandte politische Ökonomie" o. ä. – Litt geht solche Möglichkeiten nun nicht im einzelnen weiter durch. Die bisher erörterten Beispiele genügen seiner Auffassung nach, um die Frage „Ist wissenschaftliche Pädagogik überhaupt als angewandte Wissenschaft möglich?" im vierten Argumentationsschritt grundsätzlich und abschließend zu beantworten.

Wir erinnern uns zunächst zweier Ergebnisse der bisherigen Erörterungen:

a) *Im zweiten Argumentationsschritt hatte sich folgendes ergeben: Angewandte Wissenschaften – z. B. Technologien, Ernährungs-, Agrar- oder Forstwissenschaft usw. – beruhen darauf, daß sie sich auf „rein theoretische" Grundwissenschaften stützen können, und die Praxis ist dann „Anwendung" des in den „angewandten Wissenschaften" Vorgedachten. Die drei Bereiche: „Reine Theorie" – „Theoretische Anwendung auf Praxis" – „Praxis als Ausführung" sind hier jeweils klar unterschieden. Anders formuliert besagt das: Die Grundwissenschaften untersuchen nicht etwa die Praxis selbst – Physik z. B. beschäftigt sich nicht mit der technischen „Praxis", mit bestimmten „Techniken", sondern nur mit den „Objekten", die in der technischen Praxis verwendet werden, also z. B. mit den Metallen, ihren Eigenschaften, ihren Veränderungen unter bestimmten Bedingungen, oder mit der Elektrizität oder mit optischen Erscheinungen usf.*
b) *Die zweite Einsicht, die sich sogleich als wesentlich erweisen wird, ergab sich am Ende des dritten Argumentationsschrittes: Der Prozeß der seelisch-geistigen Entwicklung des Kindes zum Erwachsensein kann nicht nach Analogie organischer Wachstumsprozesse verstanden werden. Das Insgesamt der Faktoren, die auf den*

jungen Menschen in diesem Prozeß einwirken, hat nicht nur die Funktion von „Nahrung", „Licht", „Wärme"; vielmehr haben die entscheidenden unter diesen Faktoren, die sozialen und kulturellen, einen eigenen Sinn und Wert, und sie prägen den jungen Menschen inhaltlich, genauer: in einer historisch bestimmten Weise.

An dieser Stelle setzt nun der weiterführende Gedankengang des vierten Argumentationsschrittes ein:

> „... jener von uns andeutungsweise geschilderte Vorgang, in dem seelisches Leben und sachliche Gehalte sich durchwirken, jener Vorgang, der so ganz und gar jedes Vergleiches mit dem biologischen Prozeß spottet, er ist ... der für das Kulturphänomen Erziehung fundamentale. Jene reinen Sachgehalte nämlich, an und in denen der Formungsprozeß der Seele sich vollzieht, sie treten ja nicht wie selbsttätig aus ihrer ideellen Sphäre heraus und an das sich entwickelnde Subjekt heran, sondern sie müssen durch einen Prozeß persönlicher Übertragung von Mensch zu Mensch immer von neuem aktualisiert werden, und dieser Prozeß der Übertragung heißt, sobald er mit einem Mindestmaß von Bewußtsein vollzogen wird – Erziehung." „Nur deshalb gibt es Erziehung, weil die Seele *nicht* eindeutig präformiert ist, sondern erst in der Auseinandersetzung mit ideellen Gehalten sich gestaltet, und nur darum gibt es *seelische* Entwicklung, weil es Erziehung, d.h. persönliche Übertragung ideeller Gehalte von Mensch zu Mensch gibt." (S. 100)

Kann es eine pädagogische Wissenschaft geben?

Was bedeuten diese Feststellungen angesichts der Frage, ob Erziehungswissenschaft als „angewandte Wissenschaft" verstanden oder entwickelt werden kann? Litts Antwort lautet: Eine solche angewandte Wissenschaft müßte sich auf eine „reine" Grundwissenschaft stützen können. Die gesuchte Grundwissenschaft müßte nun offenbar vor allem jenen Durchdringungsprozeß erforschen, in dem der junge Mensch sich unter dem erzieherischen Einfluß entwickelt, also indem er sich bestimmte Erkenntnisse, Verhaltensformen, Normen, Ideen, Wertungen usw. der geschichtlichen, sozio-kulturellen Wirklichkeit aneignet, durch den er lernt, sich mit diesen – wie Litt abkürzend sagt: „ideellen Gehalten" – auseinanderzusetzen. Das hieße aber: *Die geforderte Grundwissenschaft müßte die Erziehungspraxis selbst erforschen!* Das aber ist ein Sachverhalt, der im Bereich der bisher untersuchten Wissenschaften, die doch als Modelle herangezogen werden sollten, nicht auftrat: Dort trat der Bezug zur Praxis erst im Bereich der angewandten Wissenschaften auf, nicht schon in den Grundwissenschaften. Nun folgt jede pädagogische Praxis immer gewissen (sei es bewußten und reflektierten, sei es unreflektierten) Normen und Regeln. Während aber im Bereich der Wissenschaften von der anorganischen oder der organischen Natur in den dort anzutreffenden Grundwissenschaften hinsichtlich der zu untersuchenden Sachverhalte Normen oder Regeln als vom Menschen gesetzte Handlungsanweisungen überhaupt nicht vorkommen, sondern erst in den „angewandten Wissenschaften" (als Zwecke, an denen sie sich orientieren) eine Rolle spielen, müßten Normen und

Regeln in der gesuchten pädagogischen Grundwissenschaft bereits im Gegenstandsbereich auftreten, wenn auch zunächst nur als Tatsachen.

Angesichts dieser Überlegungen formuliert Litt sein abschließendes Ergebnis zur Frage: Ist Pädagogik als angewandte Wissenschaft möglich? **Ergebnis**

> „... Wie wir es auch wenden mögen, das ganze Verhältnis ‚Grundwissenschaft – angewandte Wissenschaft – Praxis' ist mit dem Tatbestand und der Aufgabe der Erziehung nicht zusammenzubringen. Sinnvollerweise hat diese Grundwissenschaft an dem *Objekt* der Praxis ihr Problem, nicht an der Praxis selbst; die angewandte Wissenschaft leitet aus der Kenntnis des Objekts, die sie der Grundwissenschaft entnimmt, die Regeln des Handelns ab, und die Praxis verfährt diesen Regeln gemäß. Weil dem Gegenstand der postulierten pädagogischen Grundwissenschaft der Tatbestand der Praxis gleichsam inhäriert (innewohnt; W. Kl.), und zwar nicht als äußere Zutat, sondern als wesentliches Moment ..., darum gibt es keine rein theoretische Grundwissenschaft der Pädagogik, deren Ergebnisse von einer angewandten Wissenschaft übernommen und zu Regeln des Handelns ausgemünzt werden könnten: vielmehr *erstreckt sich das Problem Erziehung durch alle Schichten der hier in Betracht kommenden Erwägungen und Untersuchungen* derart *hindurch*, daß die theoretische Auffassung des Tatbestandes ‚Erziehung' einerseits, die praktische Stellungnahme zu den Aufgaben der Erziehung andererseits gleichsam sekundäre Ausgestaltungen *einer* Grundeinstellung zum Problem ‚Erziehung' ... sind, die über dem Gegensatz von Theorie und Praxis, Tatsachenforschung und Zielsetzung steht. Hier baut sich nicht eines als Folgerung, Anwendung und dergleichen auf dem anderen auf, sondern alles entspringt aus demselben Zentralpunkt heraus." (S. 102)

Nun ist dieser Hinweis auf den gemeinsamen Ursprung von Theorie und Praxis in der Pädagogik offenbar hier nicht vorwiegend historisch gemeint, sondern systematisch. Nach Litts Auffassung kann sich die pädagogische Theorie in keinem Zeitpunkt ihrer Entwicklung von dieser Beziehung zur Praxis lösen, wenn sie ihren Gegenstand nicht verfehlen will.

Eine weitreichende Folge dieses Zusammenhangs erörtert Litt am Ende des vierten Abschnittes. Im Bereich der angewandten Wissenschaften waren Seinserfassung und Sollensbestimmung klar geschieden: „Seinserfassung" war hier die Aufgabe der Grundwissenschaften, „Sollensbestimmungen" (Zwecke) kamen „von außen", d.h. hier: waren nicht Ergebnis der grundwissenschaftlichen Forschung, sondern entstammten außerwissenschaftlichen Zielsetzungen.

Im Bereich der Erziehung ist es nach Litt aber so, daß – und darin zeige sich die unauflösbare Verknüpfung von Theorie und Praxis – „Seinserfassung" überhaupt nicht ohne gewisse „Sollensbestimmungen" möglich sei. Der Theoretiker müsse „auswählend, scheidend, abstufend in das Erlebnisganze der inneren Welt" (S. 103) eingreifen. D.h.: in die Fülle von Vorgängen und Einflüssen, die auf junge Menschen einwirken. Andernfalls müßte auch Werbung, *alle* Vorgänge der wechselseitigen Be- **Die Verknüpfung von Theorie und Praxis** einflussung zwischen Jugendlichen, jedes Gespräch zwischen Erwachsenen und Kindern, jeder Fernsehfilm, den Jugendliche sehen usw. usw. zur „Erziehung" zählen. M. a. W.: Schon in der Definition, durch die eine pädagogische Theorie ihren Gegenstandsbereich abgrenzt, stecken unvermeidlich „Sollensgesichtspunkte", „Wertkriterien".

„... Was Erziehung *ist*, kann nur der ‚feststellen', der schon eine gewisse Vorstellung davon hat, was Erziehung *soll*". (S. 103) Litt verdeutlicht diese These an seinen eigenen Ausführungen:

> „So haben auch wir, wenn wir in der Entwicklung innerer Form auf dem Wege der Durchdringung mit ideellen Gehalten das wesentlichste Moment jedes Erziehungsvorgangs fanden, bereits eine bestimmte Deutung des Sinns der Erziehung, eine bestimmte Auffassung der Erziehungsaufgabe zugrundegelegt, die weder die einzig vertretene noch die einzig mögliche ist." (S. 103)

Aufgabe 9: Interpretationsaufgabe

Versuchen Sie an Beispielen für die Aufgaben- bzw. Gegenstandsbestimmung der Erziehungswissenschaft, die Sie kennen oder die Sie sich ausdenken, die These Litts zu überprüfen. Gelingt es Ihnen ggf., eine Definition zu finden oder zu erfinden, die Ihnen sinnvoll erscheint und für die Litts These, in jeder Definition steckten schon irgendwelche Wertungsgesichtspunkte, *nicht* zutrifft?

Denkbar wären z. B. Definitionen wie folgende:

a) Untersuchungsgegenstand der Erziehungswissenschaft sind alle Einwirkungen, Vorgänge und Einrichtungen in einer Gesellschaft, die von der Mehrheit der Mitglieder dieser Gesellschaft als „Erziehung", „erzieherisch" oder „pädagogisch" bezeichnet werden.

b) Untersuchungsgegenstand der Erziehungswissenschaft sind alle Einwirkungen, Vorgänge und Einrichtungen, die darauf abzielen, jungen Menschen oder auch Erwachsenen zur Selbst- und Mitbestimmungsfähigkeit zu verhelfen, aber auch solche Einwirkungen, Vorgänge und Einrichtungen, die sie an der Entwicklung (dem Erlernen) dieser Fähigkeiten hindern und auf die sich dann pädagogische Gegenwirkungen richten müssen.

c) ...

Trifft auf solche Definitionen Litts Kriterium zu? Inwiefern bzw. inwiefern nicht?

Allerdings wehrt Litt das Mißverständnis ab, als bedeute die von ihm vertretene These, daß schon in jeder Gegenstandsbestimmung eines erziehungswissenschaftlichen Ansatzes Wertungskriterien eine Rolle spielen, eine Festlegung auf sehr konkrete Zielsetzungen.

> „Das Sein der Erziehung kann überhaupt erst im Ausblick auf ihr *Sollen* erfaßt werden. Das will nicht heißen, daß die Möglichkeit, Erziehung als Tatsache zu erfassen, gebun-

den sei an das Bekenntnis zu einem bestimmten, inhaltlich im einzelnen ausgeführten Ideal des erzieherischen Tuns – es besagt nur dies, daß eine gewisse allgemeine Grundauffassung vom kulturellen Beruf der Erziehung überhaupt, die für die Konkretisierung im einzelnen noch weiten Spielraum läßt, notwendige Voraussetzung für das Erfassen der Erziehung als Tatsache ist". (S. 103)

Weiterführende Interpretationsthese

Sofern Litts These der Überprüfung standhält, stellt sich die Frage: Wie kann verhindert werden, daß Wertsetzungen *unkontrolliert* in den Prozeß der Erkenntnisgewinnung einfließen und daß Tatsachenbehauptungen und Wertungen undurchschaubar vermischt werden? Litt gibt auf diese Frage in seiner Abhandlung keine Antwort.

► **Studierhinweis**

An dieser Stelle vor allem hat Rudolf Lochner, der die Forderung nach einer rein beschreibenden, wertfreien Erziehungswissenschaft vertrat, mit scharfer Kritik an Litt eingesetzt (vgl. R. Lochner: Deutsche Erziehungswissenschaft, Meisenheim 1963, bes. S. 169–191). Das gleiche Problem ist bis heute einer der zentralen Ansatzpunkte der Kritik aller jener erziehungswissenschaftlichen Richtungen, die sich an der Wissenschaftstheorie des „kritischen Rationalismus" orientieren, gegenüber der GP, aber auch gegenüber der „kritischen Erziehungswissenschaft" und marxistischen Denkansätzen. Interessenten werden auf folgende Autoren und Bücher verwiesen:

Wolfgang Brezinka: Von der Pädagogik zur Erziehungswissenschaft. 3. Aufl. Weinheim 1975.
Lutz Rössner: Erziehungswissenschaft und kritische Pädagogik. Stuttgart*.
Lutz Rössner: Rationalistische Pädagogik. Stuttgart**.
Felix von Cube: Erziehungswissenschaft – Möglichkeiten, Grenzen, politischer Mißbrauch. Stuttgart 1977.

Unseres Erachtens muß die Antwort auf die von Litt offengelassene Frage lauten: Die eigenen Wertungsvoraussetzungen des betreffenden Wissenschaftlers bzw. der betreffenden wissenschaftlichen Richtung müssen ausdrücklich benannt und begründet und damit der Diskussion zugänglich gemacht werden.

Litt formuliert als Ergebnis seines vierten Argumentationsschrittes,

„daß, wo immer der menschliche Geist es mit dem Problem der Erziehung zu tun hat, niemals eine Auffassung dessen, was ist, und eine Bestimmung dessen, was sein

---

* Hier fehlt die Angabe des Erscheinungsjahres. Die Erstauflage erschien 1974.
** Hier fehlt die Angabe des Erscheinungsjahres. Die Erstauflage erschien 1975.

soll, von außen zusammentreten und in den vermittelnden Sätzen einer ‚angewandten Wissenschaft' ihre Verbindung suchen, vielmehr Seinserfassung und Sollensbestimmung ganz unmittelbar aus einer Wurzel derart hervorwachsen, daß für das Vermittlungswerk einer ‚angewandten Wissenschaft' weder Bedürfnis noch Möglichkeit vorliegt. Sogar die Auffassung und Redeweise, die beide in ‚Wechselbeziehung' stehenläßt, ist noch zu äußerlich, weil sie doch immer noch die Annahme einer ursprünglichen, gleichsam substanziellen Scheidung und erst nachträglich eingetretenen Verbindung beider Seiten in sich schließt." (S. 104)

ZUM FÜNFTEN UND SECHSTEN ABSCHNITT DER ABHANDLUNG LITTS

Litt führt den Gedankengang im fünften Abschnitt (S. 104–108) nicht im Grundsätzlichen weiter, sondern versucht, das Zusammenspiel, die wechselseitige Bezogenheit von Seinsbestimmung und Sollensbestimmung in der Erziehung und in der wissenschaftlichen Pädagogik am Beispiel des Verhältnisses eines bestimmten Erziehers zu bestimmten jungen Menschen zu verdeutlichen. Aus Raumgründen verzichten wir darauf, diese Ausführungen im einzelnen nachzuzeichnen. Wenn man sich das Verständnis der ersten vier Argumentationsschritte erarbeitet hat, wird die Auslegung dieses vorletzten Abschnittes der Litt-Abhandlung keine größeren Schwierigkeiten bereiten. Allerdings gilt es, folgendes zu beachten: Litts Beispiel ist ein idealisiertes und zu methodischen Zwecken sozusagen „künstlich" isoliertes Denkmodell. Man muß sozusagen das gesamte Umfeld, in dem in der Wirklichkeit Erzieher und junge Menschen miteinander in Beziehung treten – in der Familie, in der Schule, im Kindergarten, in der außerschulischen Jugendarbeit usw. – immer mitdenken.

Der sechste Abschnitt faßt das Gesamtresultat der Abhandlung unter dem Gesichtspunkt der unauflösbaren Wechselbeziehung von Theorie und Praxis in der Erziehung knapp zusammen, er bedarf daher hier ebenfalls keiner Erläuterung.

ABSCHLIESSENDE BEMERKUNGEN ZUR INTERPRETATION DER ABHANDLUNG LITTS

Die Ergebnisse der Abhandlung Litts sind zunächst vorwiegend negativer Art: Es werden Versuche abgewiesen, in Anlehnung an andere Wissenschaften und mit Hilfe von Analogien aus verschiedenen Bereichen der natürlichen und der geschichtlich-gesellschaftlichen Welt den „Gegenstand" der wissenschaftlichen Pädagogik, das Erziehungsproblem und die Struktur wissenschaftlicher Pädagogik zu erfassen. Die irrigen Analogien brauchen hier nicht noch einmal wiederholt zu werden. Vergleichen Sie dazu die Resultate der ersten vier Argumentationsschritte der Abhandlung.

Konsequenzen der Abhandlung Litts

Positiv ergeben sich folgende Konsequenzen: Nach Litt muß die zu entwickelnde wissenschaftliche Pädagogik zwei Grundsachverhalte anerkennen und von ihnen ausgehen:

1) Wissenschaftliche Erkenntnisbemühung über pädagogische Probleme geht letztlich immer von der pädagogischen Praxis und ihren Fragen und Schwierigkeiten aus, und die Theorie bleibt immer an die Praxis zurückgebunden. Sie ist Wissenschaft *von* der pädagogischen Praxis *für* die pädagogische Praxis.
2) Wissenschaftliche Pädagogik enthält immer bestimmte (freilich: aufklärbare) Wertvoraussetzungen, und ihr Gegenstand, die pädagogische Praxis i. w. S. d. W., ist unabdingbar von Wertungsproblemen durchsetzt; dementsprechend stecken in den aus der Praxis aufspringenden Fragen, die der Ausgangs- und Bezugspunkt wissenschaftlicher Pädagogik sind, immer solche Wertvoraussetzungen. Aus diesen Gründen kann die gesuchte wissenschaftliche Pädagogik nicht wertfreie Wissenschaft sein, sie kann nicht von einer reinlichen Scheidung von Seinsproblemen und Sollensproblemen ausgehen oder eine solche reinliche Scheidung herausarbeiten wollen, sondern sie muß von der Verwobenheit von Sein und Sollen als einer Grundbestimmung jedes pädagogischen Problems ausgehen und jeweils diesen Zusammenhang von sog. „Tatsachen“ und „Werten“ aufzuklären versuchen, ihn also durchschaubar machen.

▶ **Weiterführender Lesehinweis:**
Es ist zweckmäßig, wenn Sie im Anschluß an die Interpretation der Abhandlung über „Das Wesen des pädagogischen Denkens“ den Aufsatz „Die Bedeutung der pädagogischen Theorie für die Ausbildung des Lehrers“ (Vortrag 1946, Abdruck ebenfalls im Anhang von Litts Schrift „Führen oder Wachsen lassen“, 10. Aufl. Stuttgart 1962, S. 110–126) durcharbeiten, vor allem unter den Fragestellungen:
a) Zeigen sich Parallelen zwischen beiden Abhandlungen Litts?
b) Tauchen in dem Aufsatz „Die Bedeutung der pädagogischen Theorie ...“ neue Gesichtspunkte zur Frage nach der Eigenart der Pädagogik als Wissenschaft in ihrem Verhältnis zur pädagogischen Praxis im Vergleich mit der Abhandlung „Das Wesen ...“ auf?

6.2.2 Das Verhältnis von Theorie und Praxis in der Pädagogik in der Sicht Wilhelm Flitners

Der Hinweis, daß die von Litt vertretene Auffassung über das Verhältnis von pädagogischer Praxis und pädagogischer Theorie für die gesamte GP charakteristisch ist, kann hier aus Raumgründen nicht mehr im einzelnen belegt werden. Im Hinblick auf Erich Weniger wird dieser Gesichtspunkt im folgenden Unterabschnitt weiter verfolgt und differenziert werden. Wenn Sie jene Aussage für Nohl und Spranger überprüfen wollen, sei auf folgende Texte bzw. Textstellen verwiesen:

▶ **Studierhinweis**

Nohls diesbezügliche Auffassung deutet sich seit seinen frühesten pädagogischen Aufsätzen (ab 1911) an. Systematisch zusammengefaßt findet sie sich in den entsprechenden Abschnitten seines pädagogischen Hauptwerkes „Die pädagogische Bewegung in Deutschland und ihre Theorie", das 1933 kurz vor der nationalsozialistischen Machtübernahme als erster Band eines fünfbändigen Handbuches, hrsg. von Nohl und Pallat erschien (zweite Aufl. Frankfurt/M. 1935, dritte Aufl. 1949). Der zweite Teil des Buches enthält Nohls systematische Pädagogik unter dem Titel „Theorie der Bildung". Innerhalb des Kapitels über „Die Möglichkeit einer allgemeingültigen Theorie" finden sich die für unseren Zusammenhang entscheidenden Aussagen in den Abschnitten „Die Erziehungswirklichkeit als Ausgangspunkt der Theorie" (S. 119–121) und „Das Verhältnis von Theorie und Praxis" (S. 121–123).

Sprangers Position wird vor allem in dem Aufsatz „Die Bedeutung der wissenschaftlichen Pädagogik für das Volksleben" (1928 – Wiederabdruck in: Erziehungswissenschaft und Erziehungswirklichkeit, hrsg. von H. Röhrs, Frankfurt/M. 1964, S. 9–23) deutlich.

Die Position W. Flitners

Aus Wilhelm Flitners zahlreichen ähnlichen Aussagen zitieren wir hier eine Stelle seiner Schrift „Das Selbstverständnis der Erziehungswissenschaft in der Gegenwart", zweite Aufl. Heidelberg 1958, S. 18. – Daß bei jedem der genannten Autoren – über die Gemeinsamkeit der Grundposition hinaus – immer auch spezifische, zusätzliche Akzente auftreten, darf nicht übersehen werden.

> Die „*Reflexion am Standort der Verantwortung des Denkenden* ist die Mitte dessen, was *im strengen Sinne pädagogische Wissenschaft* heißen darf … In diesem Sinne ist die pädagogische Wissenschaft durchaus réflexion engagée (engagierte Reflexion; W. Kl.). Ein verantwortliches Denken, das eine geistige Entscheidung bei sich hat, klärt sich auf, versteht sich aus seinen Voraussetzungen und prüft sich in diesem seinem Wollen und seinem Glauben. Es ist aber keineswegs voraussetzungslos, und objektiv nur im Sinne der Sachtreue und inneren Wahrhaftigkeit – aber nicht im Sinne eines standpunktlosen, uninteressierten Betrachters, der ein Objekt rein vor sich hat, als wolle er nichts von ihm. Die Erziehungswissenschaft ist ein Denken vom Standort verantwortlicher Erzieher aus. Ihre Objekte sind nicht eine tote Außenwelt. Sind es Kinder, Jugendliche, nachwachsende junge Leute, so sind sie für den Erziehenden gegeben nur als solche, die der Erziehung, Bildung, Ausbildung, seelsorgerlichen Beratung, Unterstützung ihrer Selbsterziehungskräfte bedürfen."

Aufgabe 10: Vergleichende Interpretationsaufgabe

Vergleichen Sie die Aussage Flitners mit den Zitaten und Interpretationen zu Litt: In welchen Punkten entsprechen die Aussagen Flitners denen Litts?

6.2.3 Das Verhältnis von Theorie und Praxis und die drei Grade (Stufen) pädagogischer Theoriebildung bei Erich Weniger

Auch für Weniger ist das Theorie-Praxis-Verhältnis das wissenschaftstheoretische Kardinalproblem der Begründung der wissenschaftlichen Pädagogik bzw. der Erziehungswissenschaft. Ihm ist es überdies gelungen, die Klärung dieses Problems in einer Hinsicht über Litt, Spranger, Nohl und Flitner hinauszutreiben. Der entscheidende Aufsatz vom Jahre 1929 trägt den Titel „Theorie und Praxis in der Erziehung"; die dort entwickelte Auffassung hat Weniger bis in seine letzten Arbeiten hinein festgehalten.

▶ **Literatur-/Studierhinweis**
Wir empfehlen Ihnen die Lektüre dieses Aufsatzes. Er ist in Wenigers Sammelband „Die Eigenständigkeit der Erziehung in Theorie und Praxis", Weinheim 1957, S. 7–22 und in der neueren Ausgabe der wichtigsten pädagogischen Schriften Wenigers, „Ausgewählte Schriften zur GP", hrsg. von W. Schonig, Weinheim 1975, S. 29–44 abgedruckt. Bei den Zitaten wird im folgenden zunächst jeweils die entsprechende Seitenzahl in dem Bande „Die Eigenständigkeit ...", nach dem Semikolon diejenige aus dem Band „Ausgewählte Schriften ..." genannt.

Arbeitsanweisung:
Methodisch sollten Sie ähnlich vorgehen, wie es in diesem Studienbrief bei der Interpretation der Abhandlung Litts geschah.

ERSTER ARGUMENTATIONSSCHRITT WENIGERS

Die Position E. Wenigers

Wenigers Beitrag vermag die Diskussion des Theorie-Praxis-Problems in der GP dadurch über Litt hinaus voranzutreiben, daß er zunächst den Begriff *„Praxis"* problematisiert. Was heißt eigentlich Praxis – hier: pädagogische Praxis –, wenn man vom Theorie-Praxis-Verhältnis spricht?

Problematisierung der Begriffe „pädagogische Praxis" und „pädagogische Erfahrung"

Weniger geht bei seiner Erörterung von jenen verbreiteten Einwänden aus, die pädagogische Praktiker gegenüber der pädagogischen Theorie zu erheben pflegen, und zwar unter Berufung auf ihre pädagogische *„Erfahrung"*.

▶ *Da heißt es z. B.: Diese oder jene pädagogische Theorie sei als solche ja durchaus einleuchtend, sie höre sich ganz gut an, aber man könne in der Praxis nichts damit anfangen. – Oder jemand sagt: Er sei als Student von dieser oder jener Theorie überzeugt gewesen und habe sich in der Praxis danach richten wollen, aber dann habe ihm seine Erfahrung gezeigt, daß in der Praxis alles ganz anders sei, daß die Theorie auf die konkreten Fälle nicht passe usw. – Man könnte solche Hinweise durch die häufige Erfahrung ergänzen, die junge Lehrer machen, wenn sie – von der Hochschule kommend – in Praktika oder in ihre zweite Ausbildungsphase eintreten. Da wird ihnen nicht selten von älteren Kollegen gesagt: „Nun vergessen Sie erst einmal, was Sie da in der Hochschule (sprich: in der Theorie) gelernt haben, in der Praxis sehen die Dinge doch ganz anders aus, das werden Sie bald erfahren."*

Weniger macht deutlich, daß in solchen Redeweisen immer die Vorstellung mitschwingt, Praxis, praktische pädagogische Erfahrung sei der Gegenpol zur Theorie, das Nicht-Theoretische, etwas Theoriefreies, sei etwas, dessen man, so scheint es, unmittelbar gewahr werde, wenn man in einem pädagogischen Feld zu handeln beginnt, mit Kindern umgeht usw.

Bei der Auseinandersetzung mit dieser Vorstellung greift Weniger auf Überlegungen zurück, die sich schon in der Pädagogik Johann Friedrich Herbarts (1776–1841) und Friedrich Daniel Schleiermachers (1768–1834) finden. Wir übergehen diese Bezugnahmen und stellen allein die systematisch wesentlichen Argumente Wenigers dar.

> „Erfahrung ist in Wahrheit immer das Ergebnis einer Fragestellung, also einer – wenn auch nicht ausdrücklichen – Theorie. Jeder Praktiker, der Erfahrungen macht, hat eine *Voreinstellung,* mit der er an das Tun, an den Vollzug des pädagogischen Aktes herangeht. Diese Voreinstellung wirkt wie die Versuchsanordnung bei einem Experiment. Jede Praxis, in unserem Falle also die erzieherische Einwirkung im ‚pädagogischen Akt', ist geladen mit Theorie, fließt heraus aus Theorie, wird gerechtfertigt durch Theorie – aber … durch die *Theorie des Praktikers,* über die er verfügt, die er gewonnen und sich erarbeitet hat, die ihm aus seiner Umgebung zufließt, aus der Überlieferung seines Standes, der Schule, seines Volkes usw. Der Praktiker handelt in Wahrheit ständig aus Theorien, und das kann auch gar nicht anders sein, es ist vollständig in der Ordnung." (S. 11/12; 33/34)

> „Das Leiden ist nur, daß dem Ausübenden so oft das Bewußtsein von seiner Theorie oder seinen Theorien fehlt, und daß sie unklar, verschwommen, aus heterogenen und z. T. trüben Quellen ohne Besonnenheit zusammengesetzt sind, ohne Wissen von ihren wahren Zusammenhängen und von ihrer Tragweite, daß schließlich überhaupt nicht mehr gewußt wird, daß man ‚in der Praxis' theoretische Auffassungen' versucht'. Die in der Praxis enthaltenen Theorien sind ferner vielfach nicht … Ausdruck der eigenen Persönlichkeit und des eigenen Werdeganges, sondern Massenware, bloße Überlieferung …" (S. 12–34)

Die Bedeutung der der Praxis innewohnenden Theorie

Dieser Tatbestand, daß die Theoriehaltigkeit der Praxis dem Praktiker oft nicht bewußt ist, daß er also auch nicht weiß, daß seine Erfahrungen *nicht* unvermittelt sind, sondern eben nur das sind, was er aus einer bestimmten Voreinstellung heraus wahrnimmt, erklärt nun, warum die sog. „Erfahrung" oft so steril ist, sich nicht weiterentwickelt. Das ist immer dann der Fall, wenn sich die Voreinstellung, die implizite

Theorie nicht verändert. Es ist dann im Grunde die ständig gleiche „Theorie", die ein solcher Praktiker ins Spiel bringt, in sein Handeln, in seine Wahrnehmung von Kindern und Jugendlichen einbringt; und wenn sich die übrigen Bedingungen – die Schulorganisation, das Jugendamt, die Kinder, der Lehrplan usw. – nicht entscheidend geändert haben, erfährt jener Praktiker in seiner Praxis eigentlich immer nur das Gleiche bzw. Variationen dessen, was er schon beim erstenmal erfuhr.

> Man kann sagen, daß „… sehr häufig die sog. Praxis nichts ist als die unaufhörliche Variation eines einmal, zu Anfang, in einer ganz bestimmten Situation, mit einer nachprüfbaren theoretischen Einstellung vorgenommenen Erziehungsversuchs. Besonders in den Fällen, in denen die Bildung des Erziehers in irgendeiner Richtung unvollkommen ist, etwa bei manchen Schülern der Seminare oder bei den Erziehern und Diakonen gewisser älterer Erziehungsanstalten, aber auch bei nur kurz pädagogisch geschulten Verwaltungsbeamten in der Jugendwohlfahrt. Auf der anderen Seite wiederum sehr häufig bei solchen Lehrern, die von Haus aus wissenschaftlich eingestellt sind und darum ihren Unterricht auf die Überlieferung ihres Wissensgutes einschränken … Viele – in allen Zweigen der Erziehung – machen also einmal zu Beginn ihre pädagogische Ausbildungszeit durch, ihre Probezeit; sie erhalten einen Mentor, der ihnen zeigt, ‚wie man es macht', wie man z.B. unterrichtet. Das bedeutet in dem ungünstigsten Fall, von dem hier die Rede ist: dieser Mentor gibt ein Schema des Unterrichts oder der jeweils in Frage stehenden Praxis einer Zöglingsbehandlung durch eigenes Beispiel, das er nachahmen läßt. Dieses Schema beruht aber auf ganz bestimmten Voraussetzungen, die gewöhnlich nicht mitgesagt werden, eben auf der Theorie dieses Mentors, die dann gewöhnlich in der Form von Erfahrungssätzen auftritt – etwa dieser Art: die Unterrichtsstunde gelingt nur, wenn Sie straffe Disziplin halten. Die erste Bedingung des Erfolges ist Wahrung der Lehrerautorität, die Jungen müssen gehorchen lernen; die Grammatik muß gepaukt werden, sonst lernen die Jungen nichts – oder für die Lektürestunde: erst wird wiederholt, dann müssen die Vokabeln abgefragt werden … usw. … – Es braucht kaum gesagt zu werden, daß das alles theoretische Sätze sind, daß, mit Schleiermacher zu sprechen, in ihnen eine bestimmte Einstellung mit bestimmten Erlebnissen kombiniert und nun als allgemeingültig hingestellt ist." (S. 12/13; 34/35)

Solche in der Praxis immer schon darinnensteckenden Theorien können in Wahrheit längst veraltet sein, sie sind z.B. durch veränderte Verhältnisse überholt (so etwa die Meinung, Mädchen müssen pädagogisch anders behandelt werden als Jungen, hinter der ggf. die Auffassung steht, daß Mädchen letztlich auf ihre Rolle als Hausfrau und Mutter vorbereitet werden müßten oder daß sie „von Natur aus" sensibler, anpassungsbereiter usw. seien); oder solche „Theorien" sind vielleicht durch wissenschaftliche Forschung als unhaltbar erwiesene (z.B. die Vorstellung, Latein und Mathematik schulten generell das sog. „logische Denken"). Da aber diese impliziten Theorien gar nicht als solche bewußt sind, können sie von denen, die sie vertreten und sie als Erfahrungstatsachen mißdeuten, auch gar nicht dadurch korrigiert werden, daß man neue Ergebnisse wissenschaftlicher Forschung zur Kenntnis nimmt.

Die Gefahr des „ideologischen Gebrauchs" von „Erfahrungstheorien"

Weniger macht aber noch auf eine weitere Folge aufmerksam, die das Nichtdurchschauen der impliziten Theoriehaltigkeit jeder Praxis haben kann und häufig hat. Er nennt diese Form den „ideologischen" Gebrauch von Theorien innerhalb der Praxis, wobei solche Theorien dann wiederum fälschlich als Erfahrungssätze auftreten:

> Vielleicht liegt nun …" die tiefste Schwierigkeit dieses Ineinanders von Theorie und Tat, aus dem sich die Praxis zusammensetzt, darin, daß nun die Theorie den Charakter eines ideologischen Überbaus annehmen kann, der das Sosein eines pädagogischen Aktes rechtfertigen oder verdecken soll, der in Wirklichkeit ganz anders aussieht. Im ungünstigen Fall also etwa: in Wirklichkeit ist der pädagogische Akt, diese Ohrfeige, dieses Anschreien zustandegekommen aus Machttrieb oder Geltungstrieb oder erotischen Bedürfnissen oder aus Bequemlichkeit, Ermüdung, Schwäche, Angst oder Unwissenheit. Aber es steht dann immer eine Theorie zur Verfügung, und sei es eine Bestimmung des Lehrplans oder der Anstaltsordnung oder ein Satz früherer Pädagogik, um dieses Tun zu rechtfertigen. ‚Die Erfahrung lehrt es so', sagt man. Das heißt aber weiter nichts als ‚ich vermag mich in diesem Falle auf diese oder jene Theorie, die als Erfahrungssatz auftritt, zu berufen'. Auch der schlechteste Lehrer und die schlechteste Stunde, die schlechteste Anstalt und das empörendste Verhalten finden so noch immer eine Rechtfertigung." (S. 15; 37)

Weniger faßt das Resultat des ersten Schrittes seiner Überlegungen noch einmal in folgendem Satz zusammen:

> „Von vorwärts und von rückwärts also ist der pädagogische Akt von Theorie umklammert und gestützt. Praxis enthält Theorie als Bedingung ihres Tuns und wird vollendet zur ‚Erfahrung' durch Theorie als Folge des Tuns." (S. 16; 38)

ZWEITER ARGUMENTATIONSSCHRITT WENIGERS

Der zweite Argumentationsschritt Wenigers erbringt eine Systematisierung und Differenzierung der im ersten Schritt gewonnenen Erkenntnisse. Weniger unterscheidet nämlich drei Grade (man könnte auch sagen: Stufen) pädagogischer Theoriebildung.

Theorie ersten Grades

Die *Theorie(n) ersten Grades,* so heißt es bei Weniger,

> ist … „die unausdrückliche Anschauung, in der die Wirklichkeit gegenständlich wird, die Voreinstellung, die unausgesprochene Fragestellung, die an die Wirklichkeit und die Aufgabe herangebracht wird, das Gerichtetsein auf Gegenstand und Aufgabe, die schon die erste Ordnung in ihnen vollzieht." (S. 16; 38)

Beispiele:

Mütter und Väter übernehmen von ihren Eltern bestimmte Erziehungseinstellungen, Lehrer von ihren eigenen einstigen Lehrern oder ihren Mentoren usw.

Theorie ersten Grades – das sind also internalisierte (verinnerlichte) Erziehungsvorstellungen, -meinungen, -regeln. Sie sind nicht reflektiert, nicht sprachlich expliziert, sind unerkannte „Theorie", die sich ihrer selbst gar nicht bewußt ist.

Theorie zweiten Grades

Theorie *zweiten* Grades

> „ist alles, was auf irgendeine Art formuliert im Besitz des Praktikers vorgefunden und von ihm benutzt wird, in Lehrsätzen, in Erfahrungssätzen, in Lebensregeln, in Schlagworten und Sprichwörtern … Dabei ist die Theorie zweiten Grades freilich nicht immer bewußt im Sinne der ausdrücklichen Verfügbarkeit in sprachlicher Prägnanz, sie ist also nicht immer gegenwärtig, obwohl sie gewußt wird. Es bedarf oft der Besinnung und des ausdrücklichen Bemühens, um sie hinter einem Tun wirkend nachzuweisen. Aber immer läßt sie sich dann in die Form eines Satzes prägen, mit dem Anspruch auf logische Gültigkeit und Verstehbarkeit bei Verwendung als Beweismittel." (S. 17; 39)

Solche *Theorie (bzw. Theorien) zweiten Grades* hat nun nicht nur der einzelne Erzieher oder eine Erziehergruppe. In den pädagogischen Institutionen und ihren Begründungen, in Schulordnungen, Heimordnungen, Programmen außerschulischer Jugendarbeit und der Erwachsenenbildung usw. stecken eine Fülle von Erfahrungssätzen, Annahmen über die Wirksamkeit von Methoden und Regelungen usw. Entsprechendes gilt etwa für Lehrpläne.

Halten wir an dieser Stelle einen Augenblick ein, so läßt sich als Zwischenresultat feststellen: In dem, was üblicherweise als pädagogische Praxis und als Erfahrung aus pädagogischer Praxis bezeichnet wird, stecken die beiden bisher genannten Grade der Theoriebildung immer schon darinnen: Die sog. Praxis ist von Elementen der Theorie ersten und zweiten Grades durchzogen. Die Theorien ersten und zweiten Grades sind die „Theorien des Praktikers".

Theorie dritten Grades in ihrem Verhältnis zu den Theorien ersten und zweiten Grades

Die Theorie *dritten Grades* nennt Weniger auch die „Theorie des Theoretikers" (S. 19; 41). Sobald die vorher skizzierte Theoriehaltigkeit jeglicher sog. pädagogischer Praxis und Erfahrung erkannt ist, ist im Ansatz bereits eine neue Stufe der Theoriebildung erreicht. Es muß nun gefragt werden: Welches sind die in der Praxis – besser: in den pädagogischen „Praktiken" – implizit gemachten Voraussetzungen und Einstellungen? (Theorien ersten Grades) Wie sind sie entstanden? Unter welchen historischen, gesellschaftlichen, kulturellen Bedingungen haben sie sich entwickelt? Wie wirken sich verschiedene Voreinstellungen aus? usw. Entsprechende Fragen sind auch hinsichtlich der Theorien zweiten Grades zu stellen: Unter welchen Bedingungen sind jene „Erfahrungssätze“ und „Erfahrungsregeln“ der zweiten Theoriestufe eigentlich zustandegekommen? Sind verschiedene solcher Erfahrungssätze, die man vielleicht innerhalb der gleichen Lehrergruppe, Heimerziehergruppe usw. antrifft, miteinander vereinbar? Welches ist die Erfahrungsbasis, auf der sie zustandekamen? Gibt es Möglichkeiten, jene verallgemeinerten Erfahrungssätze zu überprüfen?

Damit ist also die Stufe der *wissenschaftlichen* Theoriebildung erreicht. Aber man sieht sogleich, daß diese Stufe (dieser „Grad“) zunächst an die ersten beiden Theoriegrade zurückgebunden bleibt, da sie eine Klärung und Überprüfung der in der Praxis steckenden „Theorien“ ersten und zweiten Grades darstellt. Eine solche „Überprüfung“ aber braucht nicht sozusagen „von außen“ an die Theorien ersten und zweiten Grades herangetragen zu werden, sondern kann aus Fragen, die aus der Theorie zweiten Grades selbst entspringen, hervorgehen.

Sobald nämlich die naive Sicherheit aufgebrochen wird, die den Theorien ersten und zweiten Grades unter statischen historisch-gesellschaftlichen oder institutionellen Verhältnissen eigentümlich ist, sobald hier *verschiedene* Erfahrungen und Erfahrungssätze aufeinandertreffen, verschiedene, vielleicht einander widersprechende Programme, werden Fragen aufgeworfen, die auf der zweiten Theorieebene gar nicht gelöst werden können.

Beispiel:

Eine Gruppe von Erziehern sagt vielleicht: Kinder brauchen in der frühen Kindheit feste Regeln, Erwachsenenautorität, die ihnen Halt und Sicherheit gibt, nur so können sie allmählich ein stabiles Selbstbewußtsein und die Voraussetzung für die Entwicklung selbständiger Urteile, eigener Kritik gewinnen. – Andere Erziehergruppen widersprechen: Werden Kinder früh an feste Regeln, an die Anerkennung von Erzieherautorität usw. gewöhnt, dann führt das zu Scheinsicherheit, zur Verhinderung der Entwicklung von Ich-Stärke, zu Unselbständigkeit und Kritiklosigkeit, die später kaum noch überwunden werden können. Wer hat Recht?

Die Notwendigkeit einer wissenschaftlichen Theorie (= Theorie dritten Grades)

Wo solche Fragen auftauchen, wird aus den Schwierigkeiten der Theorie zweiten Grades, die noch unmittelbar in die pädagogische Praxis hineingebunden ist, die Notwendigkeit einer Theorie dritten Grades deutlich:

> „So verlangt ‚das Stück Lebenspraxis‘, das in der Erziehungswirklichkeit vorliegt, nach einer Theorie. Hier ist gegeben die Notwendigkeit einer Theorie … dritten Grades – wobei aber die Zahlen nur die Entfernung von dem unmittelbar Gegebenen und nicht etwa eine Rangordnung anzeigen –, die dieses Verhältnis von Theorie und Praxis in der Praxis aufklärt, das nicht in ihm selbstverständlich ist. Je komplizierter das Erziehungsgefüge ist, je mehr Voraussetzungen mitgegeben sind, je vielfältiger, je verschränkter das Material für die pädagogischen Entscheidungen wird, um so notwendiger ist eine strenge systematische Besinnung. Aber freilich, diese Theorie der

pädagogischen Wissenschaft setzt ganz einfach und schlicht die Praxis, ihrerseits mit Theorie geladen wie sie ist, voraus." (S. 19; 41)

Zwei Funktionen der Theorie dritten Grades: – die „rein analytische Funktion"

Weniger vertritt nun die Auffassung, daß diese Theorie dritten Grades zwei Funktionen haben kann. Die *eine* Funktion nennt er eine rein „analytische Funktion". Hier erfolgt die wissenschaftliche Untersuchung „um der Erkenntnis" willen. Weniger gesteht also zu, daß es ein solches Erkenntnisinteresse durchaus geben kann. Die Theorie fragt hier etwa: Wie ist es möglich, daß in der Praxis selbst so unterschiedliche Erfahrungen und Erfahrungssätze auftreten können? Welche Voraussetzungen liegen zugrunde? usw.

– die praxisbezogene Funktion

Für Weniger selbst ist aber eine andere Funktion, ein anderes Erkenntnisinteresse wichtiger, und er verstand seine gesamte erziehungswissenschaftliche Arbeit von diesem Interesse her: dem Interesse an der verantwortlichen Gestaltung der Praxis selbst bzw. an ihrer Veränderung unter dem Gesichtspunkt, der jungen Generation Mündigkeit und humane Lebensmöglichkeiten zu eröffnen. Eine so verstandene pädagogische Theorie und eine entsprechende Forschung hat nach Weniger ihren Ort „unmittelbar im Zusammenhang der Praxis selbst":

„Sie übernimmt die Funktion der Theorie innerhalb der Praxis als stellvertretende Besinnung, als Läuterung der in der Praxis angelegten Theorie, als bewußte Vorbesinnung und bewußte nachträgliche Klärung." Sie ist „innerlich an die Praxis gebunden … Sie dient der Praxis und gilt nur soweit, als sie der Praxis helfen, als der Praktiker etwas mit ihren Ergebnissen anfangen kann. Es gilt hier der *Primat der Praxis,* die mit Theorie geladen, doch an sich unabhängig ist von der Pädagogik als Wissenschaft." (S. 20; 42)

Weniger verweist hier auf Schleiermacher, der das Verhältnis von pädagogischer Theorie und Praxis bereits in diesem Sinne bestimmt habe. Den systematischen Zusammenhang erläutert er noch genauer:

„Bewußter und systematischer will die Theorie die Praxis machen, Rationalität und klare Einsicht vermitteln, die Zufälligkeit des Handelns ausschalten. Es ist also lediglich ein Vorgang von Arbeitsteilung, wenn es eine gesonderte Theorie gibt. Sie erweist sich als notwendig durch die zunehmende Kompliziertheit und Unübersichtlichkeit der erzieherischen Probleme, aus dem Mangel an Zeit, Ruhe und Übersicht, woran der Praktiker, der seinem Beruf treu ist, heute leiden muß, schließlich aus der Hintergründigkeit der Probleme. Aber das Ziel ist eine geläuterte Praxis für jeden Einzelnen." (S. 20/21; 42/43)

Nun könnte Wenigers Rede vom „Primat der Praxis" oder davon, daß der Theoretiker die Ziele der Praxis bejahen müsse (S. 21; 43) den Eindruck erwecken, als habe Theorie in diesem Verständnis letztlich immer nur eine reflexiv-aufklärende Funktion, als könne sie der Praxis immer nur aufklärend nachfolgen, aber ihr nicht auch produktiv vorangehen, ihr neue Perspektiven und Zielsetzungen vermitteln. Bis heute hält sich in der Sekundärliteratur zur GP diese Interpretation (so z. B. auch bei Dietrich Benner: Hauptströmungen der Erziehungswissenschaft, München 1973, u. a. S. 220/221). U. E. gilt diese Deutung weder für Litt oder Nohl noch für Weniger, obwohl nicht zu leugnen ist, daß sich auch bei Weniger bisweilen Formulierungen finden, die eine solche Auslegung nahelegen könnten. Im Prinzip aber ergibt sich aus der Verflochtenheit von Theorie und Praxis nach Weniger,

> „daß die Frage nach der Entstehung neuer Motive für das pädagogische Handeln und damit neuer ‚praktischer Erfahrungen' nicht ein für allemal beantwortet werden kann. Es können Zeiten kommen, in denen die so gebundene Theorie die eigentliche Last trägt ..., indem sie der Praxis i. e. S. voranschreitend neue Wege sucht. Dieser zeitweilige Primat der Theorie hat aber einen anderen Sinn als in einer normativen Theorie mit ihrem Anspruch auf absolute Gültigkeit und auf Beherrschung der Praxis. Gerade heute (1929!) ist innerhalb der pädagogischen Bewegung der Theorie vielleicht eine gewisse Führerrolle bestimmt, man erwartet von ihr die Befreiung von festgefahrenem Tun und Hilfe aus den zahlreichen Schwierigkeiten des Überganges, die der Praxis aus dem Wandel ihrer Theorien erwachsen sind. Die pädagogische Wissenschaft wird aber nur helfen können, wenn sie sich ganz bescheiden in den Dienst dieses Lebensanliegens stellt und die konkrete Verantwortung auf sich nimmt." (S. 21/22; 43/44)

Die Funktion einer wissenschaftlichen Erziehungstheorie für die Lehrer- und Erzieherausbildung

Darin sieht Weniger denn auch die zentrale Funktion der pädagogischen Theorie dritten Grades in der Ausbildung zukünftiger Erzieher (Lehrer, Sozialpädagogen usw.). Diese Ausbildung soll

> „in erster Linie den Nachwuchs lehren, *Erfahrungen zu machen* und soll ihm zu der Einstellung verhelfen, aus der Erfahrungen und die ‚Kritik der langen Mühen' erwachsen". „Theoretische Ausbildung soll also den Nachwuchs auf die Höhe der Erfahrung seiner Zeit bringen, damit er richtig einsetzt ..." (S. 22; 44)

D. h. aber nicht, daß die Theorie die Praxis und die pädagogische Erfahrung total vorwegnehmen oder normieren und reglementieren kann oder darf. Die theoretischen Entwürfe sind eine Art von Hypothesen, genauer: in pädagogischer Verantwortung entworfene Hypothesen, keine bindenden Normen. (Hier liegt der Unterschied der GP zu allen Formen i. e. S. d. W. „normativer Pädagogik", die der pädagogischen Praxis bindende Handlungsanweisungen glauben geben zu können.) Der Praktiker muß solche „Hypothesen", wenn er sich mit den in ihnen steckenden Zielvorstellungen identifizieren kann, in der Praxis verantwortlich erproben, d. h. sie einer bewußt fragenden Erprobung aussetzen. Damit nimmt Weniger am Schluß seines Aufsatzes noch einmal den Gedanken auf, den er schon an früherer Stelle betont hatte, dort nämlich, wo er von den gängigen Vorbehalten vieler Praktiker gegenüber der Theorie gesprochen hatte. Wenn sich Praktiker so oft von der pädagogischen Theorie enttäuscht zeigten, dann liege das häufig auch daran, daß sie eine falsche Erwartung an die Theorie richteten oder eine irrige Unterstellung machten. Es sei

> „ein grundsätzliches Mißverständnis der Funktion der Theorie durch den Praktiker ... wenn er glaubt, die Theorie könne und wolle ihm die Entscheidung in dem konkreten Fall vorschreiben oder abnehmen. Das müßte schon eine rationalistische Theorie sein, die das zu unternehmen wagte, so daß dann etwa das einzelne pädagogische Handeln lediglich die getreue Anwendung der Theorie wäre, eine Variation eines prinzipiell bereits Geschehenen. Die Entscheidung bleibt vielmehr eine unvorhersehbare, ganz persönliche Leistung, zu der die Theorie nur das Material bereitstellt." (S. 10; 32)

Aufgabe 11: Vergleichende Interpretationsaufgaben

1) Vergleichen Sie Wenigers Aussagen zum Theorie-Praxis-Problem mit den Aussagen Litts und Flitners, etwa unter folgenden Gesichtspunkten:
   - Wie entsteht wissenschaftliche Pädagogik (Erziehungswissenschaft, Theorie dritten Grades)?
   - Verhältnis der wissenschaftlichen Pädagogik zu den „Theorieelementen", die immer schon in pädagogischer Praxis stecken (Theorien ersten und zweiten Grades)
   - Pädagogik als wertfreie Wissenschaft?
   - Welche Funktionen soll wissenschaftliche Pädagogik für die Praxis haben?
2) Vergegenwärtigen Sie sich noch einmal die Passagen im ersten Studienbrief über „Diltheys Auffassung der Philosophie als Lebensphilosophie und ihre Bedeutung für die GP", Abschnitt „Zur ersten und zweiten Bestimmung", S. 98–101, und setzen Sie sie zu den Aussagen Litts, Flitners und Wenigers in Beziehung.

6.3 Die relative Eigenständigkeit (relative Autonomie) der Erziehung in Theorie und Praxis

Wenn wir uns nun einem weiteren wissenschaftstheoretischen Grundprinzip der GP zuwenden, so ist zunächst noch einmal daran zu erinnern, daß alle in diesem Studienbrief zu behandelnden wissenschaftstheoretischen Bestimmungen sich wechselseitig bedingen, so daß Überschneidungen mit bereits Gesagtem und Vorgriffe auf spätere Ausführungen nicht nur unvermeidlich, sondern der Sache nach notwendig sind, um jene wechselseitigen Beziehungen anzudeuten.

Was besagt jene bis heute besonders oft mißverstandene und umstrittene Bestimmung der GP, die Erziehungspraxis und die wissenschaftlichen Pädagogik seien „relativ eigenständig" oder sollten es sein?

► *Den Terminus „Eigenständigkeit" verwendet Weniger synonym mit der von Nohl und Litt bevorzugten Formel der „relativen Autonomie". Wenigers umfassende Aufsatzsammlung aus dem Jahre 1957 trägt den Titel „Die Eigenständigkeit der Erziehung in Theorie und Praxis".*

Diese Bestimmung hat eine historische und zugleich eine aktuell-systematische Bedeutung.

Die historische Bedeutung der relativen Eigenständigkeit (Autonomie) der Pädagogik

Historisch besagt die These, daß die Erziehungspraxis und die Theorie der Erziehung im Laufe eines Prozesses, der vor allem seit der Aufklärung des 18. Jahrhunderts wirksam wurde, teils tatsächlich, teils mindestens der Möglichkeit nach eine gewisse Selbständigkeit gewonnen hätten: die Erziehungs*praxis* vor allem gegenüber der direkten Abhängigkeit von den Kirchen und vom Staat, die Erziehungs*theorie* vor allem gegenüber der Theologie, der Philosophie und der Psychologie. Die Pädagogik habe in diesem Prozeß durch einige ihrer bahnbrechenden Vertreter und durch umfassendere „Erziehungsbewegungen" in Theorie und Praxis ein eigenes Prinzip, einen Orientierungsgesichtspunkt, ein grundlegendes Verständnis ihrer besonderen Aufgabe entwickelt oder „entdeckt": das „Eigenrecht" der Kinder und der Jugendlichen, d. h. die Anerkennung von Kindheit und Jugend als Lebensphasen von eigener Bedeutung (nicht nur als Vorstufen der vermeintlich „eigentlichen" Erwachsenenexistenz) und zugleich den Anspruch von Kindern und Jugendlichen auf pädagogische Zuwendung, auf „Bildungshilfe", die ihnen die Entwicklung zur Mündigkeit, zur Selbständigkeit in ihren späteren Lebensentscheidungen ermöglicht. (Damit ist zugleich der Kern des „Bildungsbegriffs" der GP bezeichnet.)

Die systematische Bedeutung der relativen Eigenständigkeit (Autonomie)

Dieses Prinzip aber sei – und damit kommen wir zur aktuell systematischen Bedeutung des Eigenständigkeitsprinzips – keineswegs ein bloß historisches Faktum, es sei auch weder früher noch in der Gegenwart etwa allgemein anerkannt oder verwirklicht, es bezeichne vielmehr eine ständige Aufgabe, die überdies unter jeweils neuen historischen Bedingungen produktiv ausgelegt und um deren Verwirklichung ständig gegen widerstrebende Kräfte und Interessen gekämpft werden müsse. Eben die Wahrnehmung dieser Aufgabe, die von keiner anderen kulturellen, gesellschaftlichen oder politischen Einrichtung (Kirchen, Weltanschauungen, Wirtschaft, Kunst, Wissenschaft, politische Parteien, staatliche Organe usw.) als deren Hauptfunktion betrachtet werde, *könne und solle* als die zentrale Sinnbestimmung der Erziehungspraxis und der Erziehungstheorie betrachtet werden. Um diese Aufgabe wahrnehmen zu können, brauche die Pädagogik „relative Eigenständigkeit" gegenüber allen anderen kulturellen, gesellschaftlichen, politischen Institutionen, Mächten, Interessen. Der Sinn des Begriffes „relativ" wird weiter unten erläutert werden.

Die historische Herleitung des Eigenständigkeitsgedankens der Erziehung in der GP

Nohl und Weniger haben immer wieder Rousseau (1712–1778) mit seiner Entdeckung des Eigenrechts des Kindes als den Begründer dieses pädagogischen Eigenständigkeitsgedankens benannt. Sie haben zugleich betont, daß dieser Gedanke eine notwendige Ergänzung der neuzeitlich-aufklärerischen Idee der Selbstbestimmung des Menschen und seines Rechts auf allseitige Entwicklung seiner Möglichkeiten sei.

Nohl und Weniger haben, an Dilthey anknüpfend, den geschichtlichen Zusammenhang weiterverfolgt, in dem der pädagogische Grundgedanke Rousseaus aufgenommen, weiterentwickelt und unter unterschiedlichen geschichtlichen Bedingungen modifiziert und konkretisiert worden ist. Für beide Autoren war dieser Prozeß eine wichtige Komponente eines umfassenderen geistesgeschichtlichen Vorganges, der sich vor allem im deutschen Sprachraum vollzog und den Nohl mit dem Begriff der *„Deutschen Bewegung“* bezeichnet hat.[4]

Die pädagogische Komponente dieser Bewegung entwickelte sich nach Nohl vor allem in drei großen Phasen:

- Eine *erste* Phase umfaßt die Entwicklung des pädagogischen Denkens vom Sturm und Drang bis zur Romantik und zu bürgerlichen Emanzipationsbestrebungen des Vormärz: Herder (1744–1803) und Pestalozzi (1746–1827), Goethe (1749–1832) und Schiller (1759–1805), Fichte (1762–1814) und Humboldt (1767–1835), Herbart (1776–1841) und Schleiermacher (1768–1834), Fröbel (1782–1852) und Diesterweg (1790–1866).

- Eine *zweite* Phase bildet die sog. Kulturkritik des ausgehenden 19. Jahrhunderts, vor allem Nietzsche (1844–1900), Lagarde (1827–1891) und Langbehn (1851–1907).

- Die *dritte* Phase setzt mit der Jugendbewegung vor und nach der Jahrhundertwende ein und umgreift das breite Spektrum pädagogischer Reformbestrebungen im außerschulischen und schulischen Bereich, die sich über das erste Drittel des 20. Jahrhunderts erstrecken: „Landerziehungsheimbewegung“ und „Kunsterziehungsbewegung“, „Pädagogik vom Kinde aus“ und „Erlebnis- und Spontaneitätspädagogik“, „Arbeitsschule“ und „Lebensgemeinschaftsschulbewegung“, „Volkshochschulbewegung“ und „sozialpädagogische Bewegung“ einschließlich einer grundlegenden Reform des Jugendstrafvollzugs. Nohl hat diese gesamte dritte Phase zusammenfassend als *„pädagogische Bewegung“* bezeichnet; darauf zielt auch der Titel seines pädagogischen Hauptwerks „Die pädagogische Bewegung und ihre Theorie“ (zuerst 1933). Dieser Titel kann noch ein weiteres verdeutlichen: Mindestens Nohl und Weniger legten die GP so aus, daß dieser erziehungswissenschaftliche Ansatz eben die Theorie dieser Bewegung wäre, d. h. der Versuch, die Zielsetzungen, die historischen Voraussetzungen, die weiteren Entwicklungsperspektiven dieser Bewegung durch wissenschaftliche Forschung und Reflexion kritisch zu klären. Spranger und Litt verbanden ihr erziehungswissenschaftliches Selbstverständnis allerdings nicht so direkt mit der „pädagogischen Bewegung“ des ersten Jahrhundertdrittels.

---

4 vgl. dazu H. Nohl: Die Deutsche Bewegung. Vorlesungen und Aufsätze zur Geistesgeschichte von 1770–1830, hrsg. von O. F. Bollnow und F. Rodi, Göttingen 1970. – H. J. Finckh: Der Begriff der ‚Deutschen Bewegung‘ und seine Bedeutung für die Pädagogik H. Nohls. Frankfurt/M./Bern 1977.

Die vorwiegende Bezugnahme der Vertreter der GP auf die neuzeitliche, allgemein-geistesgeschichtliche und pädagogische Entwicklung seit dem letzten Drittel des 18. Jahrhunderts schloß keineswegs aus, daß von diesem Zentrum der Selbstbegründung aus auch auf frühere geschichtliche Ansätze und Perioden positiv zurückgegriffen wurde. So spielt z. B. der Rückgriff auf die Anthropologie Platos in Nohls „Pädagogischer Menschenkunde" eine entscheidende Rolle.[5] – Für Spranger ist Sokrates (in der Darstellung Platos) die früheste Verkörperung jener Auffassung vom Lehren, die dem Lernenden zu eigener Einsicht und zu eigener, freier Entscheidung verhelfen will.[6] Flitner sieht die Entwicklung eines eigenen Aufgabenbewußtseins der Erziehung in Theorie und Praxis, eines eigenständigen „pädagogischen Grundgedankenganges" in den Gesamtzusammenhang der Geschichte des Abendlandes eingeordnet, die er als eine Geschichte „geistiger Befreiungskämpfe", von Kämpfen um die Durchsetzung von „Freiheiten", „Libertäten" versteht: um das rechtsstaatliche Prinzip, die Freiheit der Kirche vom Staat, die Glaubensfreiheit im Staat, die Freiheit von Forschung und Lehre, die Freiheit der Person gegenüber dem Zugriff des Staates und die Freiheit des Untertanen gegenüber der politischen Obrigkeit.[7]

Innerhalb jenes geistesgeschichtlichen Zusammenhanges der Deutschen Bewegung (im Sinne der Nohl'schen Sichtweise) vollzog sich nun in enger Wechselbeziehung zur Entwicklung eines eigenen Aufgabenbewußtseins in der pädagogischen Praxis (verantwortliche Wahrung des Eigenrechtes der Kinder und Jugendlichen und Hilfe zur Mündigkeit) auch ein allmählicher Verselbständigungsprozeß der pädagogischen *Theorie,* einer (relativ) selbständigen pädagogischen Wissenschaft. Die geisteswissenschaftlichen Pädagogen haben in diesem Zusammenhang häufig auf Johann Friedrich Herbart (1776–1842) und vor allem auf Friedrich Daniel Schleiermacher (1768–1834) als die Begründer einer eigenständigen Wissenschaft der Pädagogik hingewiesen und ihre eigene erziehungswissenschaftliche Arbeit, vermittelt über Dilthey, in diesen Zusammenhang gestellt.

Die vorangehenden Aussagen sollen zunächst durch einige charakteristische Zitate belegt werden:

5 H. Nohl: Charakter und Schicksal. – Eine pädagogische Menschenkunde. Frankfurt/M. 1938, 3. verm. Aufl. Frankfurt/M. 1947.

6 E. Spranger: „Sokrates" und „Das Rätsel Sokrates", in: Spranger: Vom pädagogischen Genius. Lebensbilder und Grundgedanken großer Erzieher. Heidelberg 1965, S. 7–38.

7 vgl. dazu W. Flitner: Die Geschichte der abendländischen Lebensformen. München 1967, bes. S. 61 ff.

NOHL

„Jede Kulturfunktion hat sich langsam aus den Bindungen von Kirche, Staat und Stand befreien und das Recht ihres eigenen Wesens erkämpfen müssen. Die Klarheit über den Selbstsinn eines geistigen Gebietes gibt dann erst das Mittel, seine Leistungen rein aus seinem eigenen Zentrum zu begründen, und ist meistens mit einem großartigen Aufschwung der Produktion verbunden. Das gilt für das Recht, die Wissenschaft oder die Kunst und vor allem auch für die Erziehung. Ihr ist diese Befreiung am spätesten gelungen, und sie muß auch heute noch um solche Anerkennung ihres eigenen Charakters und die Feststellung ihres Wesens ringen, ohne die sie doch hilflos dem Druck der anderen Mächte ausgeliefert ist, die sie alle für sich in Dienst nehmen wollen. Die Weltanschauungen oder eigentlich richtiger: ihre Organisationen möchten die Pädagogik nur als ausführendes Organ gelten lassen. Der Erzieher ist dann einseitig der subalterne Beauftragte der Kirche oder des Staates oder gar einer Partei. Angesichts des grausamen Kampfes dieser Mächte und der Weltanschauungen, die hinter ihnen stehen, kommt es heute mehr als je darauf an, daß die Pädagogik den Ort findet, der sie *in gewissem Sinne* unabhängig von ihnen macht, ihr eine Arbeit aus eigenem Recht erlaubt und damit Selbstbewußtsein, Würde, aber auch Zusammenhang und Fortschritt ermöglicht." (Die pädagogische Bewegung in Deutschland und ihre Theorie, zuerst 1933, 3. Aufl. Frankfurt/M. 1949, S. 124)

„Herbart hat einmal gesagt: Ohne die Einstellung von Locke und Rousseau auf das Individuell-Persönliche eines bestimmten Zöglings wäre das wahre Wesen der Erziehung nie zutage gekommen." (S. 126)

„In dieser eigentümlichen Umdrehung … liegt das Geheim des pädagogischen Verhaltens und sein eigenstes Ethos. Wenn Sokrates, statt Bücher zu schreiben, lieber in die lebendige jugendliche Seele schreiben und zugleich auch nur Hebammendienste an ihr leisten wollte, so war das echt pädagogisch, und die Entwicklung von Rousseau, Pestalozzi und Fröbel bis zu der heutigen Jugendkunde und Jugendbewegung, Berthold Otto und Montessori meint immer dasselbe. Diese Umdrehung hat damals die Welt des Kindes erst entdeckt, und von dieser Grundeinstellung her ergaben sich die wichtigsten pädagogischen Begriffe, wie die Entwicklung der Individualität, Selbsttätigkeit und Selbstverwaltung, der Selbstwert jedes Moments im Zusammenhang des fortschreitenden Lebens, die Ausbildung des ganzen Menschen. In dieser Einstellung auf das subjektive Leben des Zöglings liegt das pädagogische Kriterium: was immer an Ansprüchen aus der objektiven Kultur und den sozialen Bezügen an das Kind herantreten mag, es muß sich eine Umformung gefallen lassen, die aus der Frage hervorgeht: welchen Sinn bekommt diese Forderung im Zusammenhang des Lebens dieses Kindes für seinen Aufbau und die Steigerung seiner Kräfte, und welche Mittel hat dieses Kind, um sie zu bewältigen?" (S. 127)

WENIGER

„Die Autonomie der Pädagogik ist keine Setzung des Denkens oder der Vernunft des 18. Jahrhunderts, obwohl sie, wie alles einmal in einer bestimmten Epoche in die Geschichte eingetreten, im Zusammenhang mit der Autonomiebewegung der Vernunft im 18. Jahrhundert aufgetreten ist. Vielmehr hat sich die Autonomie der Pädagogik gebildet in der Selbsterfassung pädagogischen Verhaltens in der Wirklichkeit des Lebens und im Kampfe gegen nichtpädagogische Herrschaftsansprüche, Heteronomien also, denen gegenüber konkret diese Autonomie erkämpft werden mußte. Geistesgeschichtlich gesehen ist sie das letzte Glied in dem gewaltigen Prozeß der Autonomisierung der Kultur, wie er sich seit dem Ende des Mittelalters und als Kennzeichen der Neuzeit vollzogen hat, aber sie hat nun eine eigentümliche Funktion gewonnen, auf die Flitner hingewiesen hat: Sie ist entstanden als Antwort auf die Übergriffe der autonom gewordenen Kulturgebiete und relativiert durch ihr Auftreten alle übrigen Autonomien, wie die der Wissenschaft, des Staates, der Wirtschaft und der Technik, man könnte überspitzend sagen: sie ist im Bereich der Diesseitigkeit das äußerste Mittel, um die Freiheit und Würde des Menschen zu bewahren vor den absolutistischen Machtansprüchen der autonom gewordenen Kulturgebiete und vor dem Durcheinander ihrer gleichzeitigen Ansprüche an den Menschen. Sie relativiert sie, indem sie ihnen gegenüber einen eigenen Anspruch und einen eigenen Maßstab durchzusetzen versucht." (E. Weniger: Die Eigenständigkeit der Erziehung in Theorie und Praxis. a. a. O. S. 72 f.)

„Rousseau war es, der bekanntlich als erster radikal die Unabhängigkeit des erzieherischen Tuns von den Mächten des Erwachsenenlebens behauptet und gefordert hat. Seitdem gibt es in der Theorie und Praxis eine Autonomie der Pädagogik." (S. 79; S. 19)

„Das Problem der Autonomie zeigt sich auf drei Gebieten: im pädagogischen Verhalten selbst (hier ist der Kern), in den pädagogischen Institutionen und der Selbständigkeit des Erzieherstandes und schließlich auf dem Gebiet der wissenschaftlichen Pädagogik. Alle drei Gebiete stehen in einem inneren Zusammenhang, die Selbständigkeit der Pädagogik als Wissenschaft ist mitbedingt durch die Tatsache der Existenz einer Autonomie des erzieherischen Verhaltens."

„Die Pädagogik als Geisteswissenschaft hat eine doppelte Wurzel: Sie entstammt einerseits der Unzulänglichkeit der übrigen Wissenschaften, der Erziehungswirklichkeit genüge zu tun und ihre wahren Lebensverhältnisse zu treffen, andererseits der Ohnmacht der bloßen Praxis, die pädagogischen Aufgaben sach- und sinngemäß zu bewältigen; denn jede Praxis bedarf ja solcher theoretischen Sicherungen. Aber die Autonomie des pädagogischen Verhaltens ist nicht etwa abhängig von der Lage der Pädagogik als Wissenschaft, sie wird nur gefördert oder gehemmt durch sie." (S. 75/76; S. 15/16)

„In der Autonomie des pädagogischen Verhaltens liegt eine Parteinahme des Erziehers für den ihm anvertrauten Menschen, auch wenn dieser von überpersönlichen Gesichtspunkten aus unbrauchbar oder gar verloren ist, eine Verteidigung seines Rechts auf Existieren und Bei-sich-sein, auch wenn ein öffentliches Interesse an ihm nicht mehr zu erweisen ist. Ferner eine eigentümliche Unbedingtheit der Forderung auf Herstellung des pädagogischen Bezugs vor jeder anderen noch so berechtigten Forderung. Vielleicht kann man schließlich noch zwei Merkmale angeben: ein interesseloses Interesse des Erziehers, eine uninteressierte Liebe zu dem Menschen in seiner Einmaligkeit und Fragwürdigkeit, und eine tiefe Bescheidung auf eine vorläufige Arbeit gegenüber allen absoluten und zukünftigen Zielen, eine Freude am Gelingen der pädagogischen Bemühung in der kleinen momentanen Erfüllung." (S. 78; S. 18)

Das Theorem der „Eigenständigkeit" oder „Autonomie", das die GP vertrat, hat nun häufig das Mißverständnis hervorgerufen, als hielten seine Vertreter eine volle Verselbständigung der Erziehungspraxis und der Erziehungstheorie gegenüber allen politischen, gesellschaftlichen und kulturellen Zusammenhängen, den Aufbau einer autonomen „pädagogischen Provinz" für wünschenswert und als wollten sie in der Theorie die Beziehung der Erziehungswissenschaft zu anderen Wissenschaften lösen. Solche Deutungen und die Kritik, die sich auf solche Deutungen stützt, haben übersehen, daß die GP das Prinzip der Eigenständigkeit bzw. der Autonomie immer als *relativ* verstanden und ausgelegt hat. Was damit gemeint ist, zeigen die folgenden Zitate:

NOHL

Nohl spricht an einer zentralen Stelle seines Hauptwerkes „Die pädagogische Bewegung und ihre Theorie" von einer „Grundantinomie des pädagogischen Lebens" (meint damit jedoch nicht einen unlösbaren Gegensatz, sondern eine immer wieder neu zu bewältigende Grundspannung): „Hier ist das Ich, das sich aus sich und seinen Kräften entwickelt und sein Ziel zunächst in sich selbst hat, und dort sind die großen objektiven Inhalte, der Zusammenhang der Kultur und die sozialen Gemeinschaften, die dieses Individuum für sich in Anspruch nehmen und ihre eigenen Gesetze haben, die nicht nach Wille und Gesetz des Individuums fragen. Pädagogisch gewendet heißt das: das Kind ist nicht bloß Selbstzweck, sondern ist auch den objektiven Gehalten und Zielen verpflichtet, zu denen es hin erzogen wird, diese Gehalte sind nicht nur Bildungsmittel für die individuelle Gestalt, sondern haben einen eigenen Wert, und das Kind darf nicht bloß sich erzogen werden, sondern auch der Kulturarbeit, dem Beruf und der nationalen Gemeinschaft … Es bleibt aber dabei, daß das individuelle Moment, wie Schleiermacher das nennt, gegenüber dem universalen *für den Erzieher* den entscheidenden Ton zu tragen hat: er ist *verantwortlich für das Subjekt.*" (S. 127 f.)

WENIGER

„Die Autonomie der Pädagogik vermag kein reales Verhältnis der Erziehungswirklichkeit und des pädagogischen Denkens zu den geistigen Mächten, zu Kirche und Staat und dahin zu den letzten Stellungnahmen der Menschen von sich aus aufzuheben, wohl aber vermag sie dieses Verhältnis in eine neue, die pädagogische Beziehung zu setzen." (E. Weniger: Die Eigenständigkeit der Erziehung in Theorie und Praxis. a. a. O. S. 75)

LITT

Bei Litt heißt es im Schlußabschnitt des Aufsatzes „Die Bedeutung der pädagogischen Theorie für die Ausbildung des Lehrers": „Wir mußten, um den pädagogischen Vorgang vor einer unzulässigen Isolierung zu bewahren, von der Bedeutung der überpersönlichen Mächte handeln, die der geistigen Lage und damit auch jedem Akt des erzieherischen Lebens das Gepräge geben. Nunmehr, nachdem ihre Wirksamkeit nach Gebühr gewürdigt ist, ist eine Abwehr mit umgekehrter Front nötig. Jetzt heißt es der Auffassung begegnen, die umgekehrt den erzieherischen Vorgang zum bloßen Vollzugsorgan der überpersönlichen Werdezusammenhänge herabdrückt. Das kann leicht geschehen, wenn man das Kräfteverhältnis abschätzt, das zwischen dem geschichtlichen Gesamtprozeß und dem erzieherischen Einzelvorgang obwaltet. Ist nicht wirklich der Erzieher, wie man bisweilen gemeint hat, nichts weiter als der gehorsame Vollstrecker der Weisungen, die das überpersönliche Ganze, heiße es nun Volk, Staat oder Gesellschaft, an ihn ergehen läßt? Ist es nicht Vermessenheit, wenn er sich einbildet, mit seinen schwachen Kräften auf den großen Gang der Dinge irgendwelchen Einfluß ausüben zu können?" (Litt: Führen oder Wachsenlassen, S. 122)

„Erziehen heißt nicht das Gebot der überpersönlichen Mächte gehorsam ausführen: Es heißt aus eigener Einsicht und Verantwortung an dem Walten dieser Mächte teilnehmen … In der Stellung und Aufgabe des Erziehers offenbart sich mit besonderer Deutlichkeit das Grundverhältnis, das *jeden* einzelnen Menschen mit dem Fortgang der geschichtlichen Gesamtbewegung verbindet … In jedem vollsinnigen Menschen wird das geistige Ganze, dem er als Glied angehört, aus dem Zentrum des persönlichen Seins *neu erzeugt* und daher auch, unbeschadet seiner überlegenen Mächtigkeit und Inhaltsfülle, in eine Gestalt übergeführt, die es nur in diesem bestimmten Träger, nur unter dem Zugriff der ihm mitgegebenen Energien des Schaffens und Gestaltens annehmen kann." „In der Tätigkeit des Lehrers nimmt dies das ganze Menschenleben durchziehende Grundverhältnis deshalb eine besonders überzeugende Gestalt an, weil im erzieherischen Vorgang diese Neuerzeugung und Fortführung der geistigen Gesamtbewegung nicht bloß beiläufig, als Nebenertrag irgendeiner sachgerichteten Tätigkeit, bewerkstelligt wird, sondern recht eigentlich den Sinn und die leitende Absicht des ganzen Bestrebens ausmacht. Erziehung ist die Einwirkung der älteren auf die jüngere Generation, durch welche diese in den Zusammenhang der geschichtlich fortschreitenden Arbeit eingeführt und zur Erfüllung ihres Auftrages tüchtig gemacht wird. Deshalb ist der Erzieher der letzte, der sich die Überzeugung von der produktiven Aufgabe auch des Bescheidensten unter seinen Zöglingen durch die Doktrin von der zwingenden Übermacht des Gesamtprozesses nehmen lassen dürfte ... Indem wir uns von der Verantwortlichkeit und inneren Freiheit überzeugen, die dem Lehrer auch bei Anerkennung der überpersönlichen Mächte nicht abgestritten werden können, holen wir aus dem Begriff der ‚pädagogischen Autonomie' dasjenige hervor, was ihm an Wahrheitsgehalt innewohnt. Es ist, wie wir jetzt sagen dürfen, eine ‚relative Autonomie', mit der der Lehrer dem Lebensgehalt seiner Epoche und dem Bildungsgehalt seiner erzieherischen Tätigkeit gegenübersteht." (S. 123, 124, 125)

FLITNER

„Die Autonomiethese in der Pädagogik ... ist ... nicht gleichbedeutend mit der Behauptung, der Erzieher sei unabhängig von den Gehalten der erziehenden Mächte. Im Gegenteil setzt sie diesen Tatbestand der Abhängigkeit voraus und umschreibt innerhalb dieses Tatbestandes den Raum der selbständig handelnden Verantwortung des erzieherisch tätigen Einzelnen." (W. Flitner: Allgemeine Pädagogik. 13. Aufl. Stuttgart 1970, S. 114)

Aufgabe 12: Interpretationsaufgabe

Versuchen Sie, in einigen Sätzen zu formulieren, was Sie den vorangehenden Zitaten über den Sinn der Bestimmung „relativ" in der Formel von der „relativen Eigenständigkeit" (bzw. Autonomie) der Pädagogik in Theorie und Praxis entnehmen können.

(Worin besteht nach Auffassung der GP die gemeinte Relation – die Beziehung? Und worin besteht die *eigene,* eigenständige Aufgabe der Erziehungspraxis und der Erziehungstheorie angesichts *jener* Beziehung?)

weiterführende Anregung
Formulieren Sie ggf. eine oder einige Fragen, die für Sie angesichts der Zitate offen geblieben sind.

Auch wenn die Vertreter der GP mit dem Prinzip der „relativen Eigenständigkeit" keineswegs eine Loslösung und beziehungslose Verselbständigung der Pädagogik gegenüber dem politischen, gesellschaftlichen und kulturellen Gesamtzusammenhang propagierten, so bleibt doch kritisch zu fragen:

- Wieweit haben sie die Beziehungen zwischen jenem Gesamtzusammenhang und der Erziehung kritisch und realistisch untersucht?

- Haben sie andererseits die Bedingtheit der pädagogischen Praxis – der pädagogischen Institutionen, der offiziellen und inoffiziellen Zielsetzungen und der Wirkungen der Erziehung, der Tätigkeit der Erzieher und ihres Bewußtseins durch die jeweiligen politischen, wirtschaftlichen, gesellschaftlichen Verhältnisse, durch kulturelle Traditionen, durch die Sozialisationsbedingungen der Kinder und Jugendlichen einerseits und der Erzieher (Eltern, Lehrer, Kindergärtnerinnen, Heimerzieher, Erwachsenenbildungsdozenten usw.) gründlich genug erforscht?

- Haben sie die Bedingungen angemessen eingeschätzt, die gegeben sein oder geschaffen werden müßten, damit die pädagogische Praxis die Persönlichkeitsentwicklung aller Kinder und Jugendlichen tatsächlich optimal fördern könnte?

Damit ist einer der zentralen Punkte bezeichnet, an denen neuere, sozialwissenschaftlich orientierte Ansätze einer kritischen Erziehungswissenschaft einsetzen: Sie kritisieren an der älteren GP (u. E. zu Recht), daß sie die Verflechtungen zwischen Gesellschaft und Erziehung nicht oder nicht zulänglich untersucht und damit den pädagogischen Praktikern kein angemessenes Verständnis dieser Verflechtungen vermittelt habe. Ein Aspekt dieser Kritik ist die Frage, ob in das pädagogische Bewußtsein nicht nur der Erziehungspraktiker, sondern der geisteswissenschaftlichen Pädagogen selbst unerkannte gesellschaftliche Voraussetzungen eingegangen sind, nicht zuletzt Ausblendungen gesellschaftlicher Tatbestände, so daß diese pädagogische Theorie Elemente eines „falschen Bewußtseins" über gesellschaftliche Tatbestände (Herrschafts- und Abhängigkeitsverhältnisse) enthält, „Ideologie" im strengen Sinne des Wortes. Man denke hier etwa an das „nationale Moment" der GP oder an die mangelnde Berücksichtigung der tatsächlichen Gesellschaftsstrukturen, vor allem an die Lebenssituation der Arbeiterschaft (rund 50 % der Gesamtbevölkerung vor 1933 und nach 1945) und ihrer Kinder (vgl. dazu die 1. Kurseinheit S. 72/73 und S. 82/83). Solche Fragen werden bei einer Gruppe der heutigen Vertreter der Erziehungswissenschaft (denen sich der Verfasser dieses Studienbriefes selbst zuordnet) nicht in Abkehr von dem Prinzip der „relativen Eigenständigkeit" gestellt, sondern gerade in Zustimmung zu jenem Prinzip: Es kann nach der Auffassung dieser Erziehungswissenschaftler gar nicht allein in der pädagogischen Theorie und Praxis verwirklicht werden, sondern nur, wenn die Pädagogen die politisch-gesellschaftlich-wirtschaftlich-kulturellen Voraussetzungen pädagogischer Eigenständigkeit erkennen und ihre innerpädagogischen Reformbemühungen mit dem politischen Einsatz für die Verwirklichung jener Voraussetzungen – in Zusammenarbeit mit gleichgesinnten politischen Gruppen verbinden.[8]

---

8 vgl. dazu: Klafki, W.: Erziehungswissenschaft als kritisch-konstruktive Theorie. In: Klafki, W.: Aspekte kritisch-konstruktiver Erziehungswissenschaft. Weinheim 1977, S. 11–49.

▸ **Hinweis auf die Kurseinheit 3**

Im ersten Teil der Kurseinheit 3 wird die Darstellung wissenschaftstheoretischer Grundprinzipien der GP mit folgendem Kapitel fortgesetzt:

7. Das Prinzip der Geschichtlichkeit und die Frage nach dem Geltungsbereich erziehungswissenschaftlicher Aussagen.

Kurseinheit 3: Wissenschaftstheoretische Prinzipien der GP (Fortsetzung) und inhaltliche Grundprobleme der Erziehung in der Sicht der GP (erster Teil)

Inhaltsverzeichnis zur Kurseinheit 3

Literaturverzeichnis

Direkt auf die Ausführungen bezogene Literatur

Flitner, W.: Das Selbstverständnis der Erziehungswissenschaft in der Gegenwart. 2. Aufl. Heidelberg 1958, bes. S. 21–29.

Flitner, W.: Allgemeine Pädagogik. Erstfassung 1933. 14. Aufl. Stuttgart 1975, S. 13–23, S. 67–69.

Litt, Th.: Führen oder Wachsenlassen (1. A. 1927). 13. Aufl. Stuttgart 1967, S. 11–82, Anmerkungen S. 127–136.

Nohl, H.: Die pädagogische Bewegung in Deutschland und ihre Theorie (1. A. 1930). 3. Aufl. Frankfurt/M. 1949. Teil „Die Theorie der Bildung", Kapitel I.: Die Möglichkeit einer allgemeingültigen Theorie. S. 105–123.

Spranger, E.: Die Bedeutung der wissenschaftlichen Pädagogik für das Volksleben (1918). Jetzt in: Erziehungswissenschaft und Erziehungswirklichkeit, hrsg. v. Röhrs, H., Frankfurt/M. 1964, S. 9–23.

Spranger, E.: Grundstile der Erziehung. In: Spranger, E.: Pädagogische Perspektiven. 3. Aufl. Heidelberg 1955, S. 93–121.

Weiterführende Literatur

Klafki, W.: Die Stufen des pädagogischen Denkens (1954). Jetzt in: Erziehungswissenschaft und Erziehungswirklichkeit, hrsg. v. Röhrs, H., Frankfurt/M. 1964, S. 145–176.

Klafki, W.: Dialektisches Denken in der Pädagogik (1955). Jetzt in: Denkformen und Forschungsmethoden der Erziehungswissenschaft. Bd. I., hrsg. v. Oppolzer, S., München 1966, S. 159–182.

v. Renthe-Fink, L.: Geschichtlichkeit. Ihr terminologischer und begrifflicher Ursprung bei Hegel, Haym, Dilthey und Yorck. Göttingen 1964.

Roeder, P.M. und Klafki, W.: Kontroverse um die historisch-systematische Methode (1961/1962). Jetzt in: Pädagogische Kontroversen 2: Das Problem der Didaktik, hrsg. v. Faber, W., München 1973, S. 75–114.

Litt, Th.: Das Allgemeine im Aufbau der geisteswissenschaftlichen Erkenntnis (1. A. 1941). 2. Aufl. Groningen 1959.

Zum Unterkapitel 8.2

Direkt auf die Ausführungen bezogene Literatur

Flitner, W.: Allgemeine Pädagogik (1. A. 1950). 14. Aufl. Stuttgart 1975. Abschnitt „Vier Sichtweisen des Menschen und der Erziehung", S. 28–62.

Nohl, H.: Charakter und Schicksal. Eine pädagogische Menschenkunde (1. A. 1938). 3. verm. Aufl. Frankfurt/M. 1947, bes. S. 29–36.

Nohl, H.: Die pädagogische Bewegung und ihre Theorie. 3. Aufl. Frankfurt/M. 1949, S. 155–166.

Nohl, H.: Die Pädagogik der Verwahrlosten (1924). Jetzt in: Nohl, H.: Pädagogik aus dreißig Jahren. Frankfurt/M. 1949, S. 173–181.

Weiterführende und Sekundärliteratur

Bartels, K.: Die Pädagogik Hermann Nohls in ihrem Verhältnis zum Werk Wilhelm Diltheys und zur heutigen Erziehungswissenschaft. Weinheim 1968. Darin: Erster Hauptteil: Die pädagogische Menschenkunde Hermann Nohls, S. 33–104.

Bollnow, O. F.: Die anthropologische Betrachtungsweise in der Pädagogik. Essen 1965.

Flitner, A. (Hrsg.): Wege zur pädagogischen Anthropologie. Heidelberg 1963. Insbes. die Einführung von Andreas Flitner (S. 11–20) und seine abschließende Abhandlung „Die pädagogische Anthropologie inmitten der Wissenschaften vom Menschen", S. 218–268.

Pestalozzi, J. H.: Meine Nachforschungen über den Gang der Natur in der Entwicklung des Menschengeschlechts. Einzelausgabe, hrsg. v. Stenzel, H., Bad Heilbrunn/Obb. 1962 (Klinkhardts pädagogische Quellentexte).

Auszüge aus dieser nicht leicht lesbaren, anthropologisch-politisch-pädagogischen Schrift Pestalozzis finden sich auch in dem Textband:

Pestalozzi, J. H.: Ausgewählte Schriften, hrsg. v. Flitner, W., 2. Aufl., Düsseldorf/München 1954, S. 193–223.

Zur Interpretation dieses Pestalozzi-Textes:

Müller, K.: J. H. Pestalozzi. Stuttgart 1952, S. 107–125.

Rang, A.: Der politische Pestalozzi. Frankfurt 1967, S. 63–99.

Rückriem, G.: Der politische Pestalozzi – progressiv oder konservativ. In: Froese, L./ u. a.: Der politische Pestalozzi. Weinheim 1972, S. 21–61.

Spranger, E.: Pestalozzis „Nachforschungen". Eine Analyse (1935). Jetzt in: Spranger, E.: Pestalozzis Denkformen. Heidelberg 1959, S. 91–115.

Platon: Der Staat. Deutsch von Horneffer, A. Stuttgart (Kröner) 1949. Viertes Buch, bes. S. 134–148.

Roth, H.: Pädagogische Anthropologie. Bd. I: Bildsamkeit und Bestimmung. Hannover 1966. Bd. II: Entwicklung und Erziehung. Hannover 1971.

Spranger, E.: Psychologie des Jugendalters (1. A. 1924). 27. Aufl. Heidelberg 1964.

Spranger, E.: Lebensformen. Geisteswissenschaftliche Psychologie und Ethik der Persönlichkeit (Erstfassung 1914, 2., völlig neu bearb. Aufl. Leipzig 1921). 7. Aufl. Leipzig 1930.

Glossar

Anthropologie, anthropologisch
vgl. das Stichwort „Anthropologie“ im Glossar der zweiten Kurseinheit

apriori
vgl. das Stichwort „transzendental“ im Glossar zur ersten Kurseinheit

Begabung
bis vor 10 bis 15 Jahren ein Begriff, der in der Psychologie und der Pädagogik sowie in der Umgangssprache häufig im Sinne vererbter Anlagen körperlicher und geistiger Art verstanden wurde. Seitdem in der Bundesrepublik vor allem seit dem Ende der 50-ger Jahre erkannt wurde, wie stark das, was sich als „Fähigkeit“, „Interesse“, „Leistungsmöglichkeit“, „Ansprechbarkeit“ zu einem bestimmten Zeitpunkt bei einem Kinde oder Jugendlichen zeigt, von den Sozialisations- und Erziehungseinflüssen, die der Betreffende erfahren hat, abhängig ist, hat sich – mindestens an vielen Stellen in der pädagogischen Theorie – ein „dynamischer Begabungsbegriff“ durchgesetzt, demgemäß „Begabung“ als das jeweilige Entwicklungspotential eines Menschen verstanden wird, das selbst schon Ergebnis der Auseinandersetzung dieses Menschen mit ererbten Anlagen einerseits und mit Sozialisations- und Erziehungseinflüssen andererseits ist und das demgemäß auch durch neue Einwirkungen veränderbar ist (vgl. Roth, H.: Begabung und Lernen. 10. Aufl. Stuttgart 1976).

Bildsamkeit
oft synonym mit „Erziehbarkeit“ verwendet; ein in der GP häufig gebrauchter Begriff, der die Entwicklungsmöglichkeiten eines Menschen, insbesondere von Kindern und Jugendlichen bezeichnet, und zwar vorwiegend nicht biologisch oder anlagemäßig bedingte Möglichkeiten, sondern das, was der Betreffende unter pädagogischer Anregung und Unterstützung durch Selbsttätigkeit aus sich machen kann. „Bildsamkeit“ wird also durch geschichtlich-kulturelle Anregungen und in diesem Rahmen durch pädagogische Zuwendung im jungen Menschen „hervorgerufen“, „gestiftet“.

Denkmodell
eine gedankliche Konstruktion, mit deren Hilfe man Verhältnisse und Zusammenhänge in der Natur (z. B. Atommodell) oder in der geschichtlich-gesellschaftlichen Wirklichkeit (z. B. Modelle, die die Gesellschaft nach „Klassen“ oder „Schichten“ einteilen) zu erklären bzw. zu deuten versucht

emotional
vgl. das Glossar zur zweiten Kurseinheit

empirisch
erfahrungswissenschaftlich

Formalbildung, formale Bildung
vgl. die Anmerkung 1 auf S. 215 in dieser Kurseinheit

Freud, Sigmund
vgl. das Stichwort „Psychoanalyse“ im Glossar zur ersten Kurseinheit

Frustration, Frustrationserfahrungen
von lateinisch frustra = vergeblich. – Frustration – ein in der Psychologie und der Psychotherapie, insbesondere der Psychoanalyse (vgl. das entsprechende Stichwort im Glossar der ersten Kurseinheit) häufig verwendetes Fachwort, das die Erfahrung der „Versagung“ bzw. Nicht-Erfüllung (Nicht-Befriedigung) von Wünschen bzw. Bedürfnissen bezeichnet

Fürsorgeerziehung
Bezeichnung für Erziehungsmaßnahmen im Hinblick auf sog. „verwahrloste“ oder schwer gefährdete Kinder oder Jugendliche, die auf gerichtlichen Beschluß oder auf Antrag der Eltern in Erziehungsheime (Fürsorgeheime) eingewiesen werden

Hermeneutik, hermeneutische Spirale, hermeneutischer Zirkel
vgl. das Stichwort „Hermeneutik, hermeneutisch“ im Glossar der ersten Kurseinheit

Historismus
meistens gleichbedeutend mit „historischer Schule“ verwendet (vgl. die Erläuterungen im Abschnitt 6.3 der zweiten Kurseinheit)

Jaspers, Karl
deutscher Existenzphilosoph (1883–1969) (vgl. das Stichwort „Existenzphilosophie“ im Glossar der ersten Kurseinheit)

Jugendwohlfahrtsarbeit
eine vor allem in der Weimarer Zeit gebräuchliche Sammelbezeichnung für alle sozialpädagogischen, also außerhalb der Familie, der Schule und der beruflichen Ausbildung wahrzunehmenden pädagogischen Aufgaben gegenüber Kindern und Jugendlichen durch staatliche bzw. kommunale Jugendämter und/oder „freie“ Träger (Kirchen, Vereine u. ä.). Zu diesen Aufgaben gehören u. a.: der Schutz und die Vermittlung von Pflegekindern, die Mitwirkung im Vormundschaftswesen, bei der Erziehungsbeistandschaft für gefährdete Kinder und Jugendliche, bei der Einweisung in Heimerziehung (vgl. unter „Fürsorgeerziehung“), bei der Erziehungsberatung; Durchführung oder Unterstützung außerschulischer Jugendarbeit, von Kinder- und

Jugendfreizeiten usw. – Diese Aufgaben wurden zum erstenmal durch das Reichsjugendwohlfahrtsgesetz vom Jahr 1922 gesetzlich verankert. 1961 wurde in der Bundesrepublik ein neues Jugendwohlfahrtsgesetz erlassen.

kausal, kausales Erklären
ursächlich; Zusammenhänge zwischen zwei oder mehr Vorgängen als Verhältnis von „Ursache" und „Wirkung" erklären

kognitiv
vgl. das Glossar zur ersten Kurseinheit

Libido
die Energie, die nach psychoanalytischer Lehre in dem Grundantrieb des menschlichen Lebens, nämlich dem Wunsch nach Lusterfahrung (Sexualität i. w. S. d. W.) in seinen verschiedenen Formen (z. B. im Geschlechtstrieb) wirksam ist, aber auch in dessen „sublimierten", vergeistigten Formen, z. B. in der kulturellen Schaffensfreude

Objektivationen
Vergegenständlichungen

objektiver Charakter – subjektiver Charakter
vgl. S. 247 (Anmerkung 7) in dieser Kurseinheit

pädagogischer Bezug
gleichbedeutend mit „pädagogischem Verhältnis": die Beziehung zwischen Erziehern (Eltern, Lehrern, Heimerziehern, Volkshochschuldozenten usw.) und den Zu-Erziehenden bzw. Schülern oder allgemein: Lernenden

Phänomen
vgl. das Stichwort „Phänomenologie" im Glossar der ersten Kurseinheit

Plato
vgl. S. 231 in dieser Kurseinheit

Polarität, polar
vgl. die Erläuterung auf S. 221 dieser Kurseinheit

Pragmata
durch menschliches Handeln hervorzubringende oder zu beeinflussende Probleme bzw. Zusammenhänge (vgl. „pragmatisch")

pragmatisch
von griech. prattein = handeln (in menschlich-sozialen Zusammenhängen, im Unterschied von gegenstandsbezogenem Tun, z. B. handwerklicher Tätigkeit). „Pragmatisch" bedeutet also: auf Handeln bezogen.

Sozialordnungen
ein von Wilhelm Flitner häufig verwendeter Begriff, der alle Einrichtungen („Institutionen") und Lebensformen umfaßt, die in einer Gesellschaft bzw. einer Kultur von der Mehrzahl der Menschen im praktischen Lebensvollzug anerkannt werden, sei es, daß solche Einrichtungen und Lebensformen durch Rechtsbestimmungen abgesichert sind, sei es, daß sie dank Tradition und Gewohnheit „gelten": z. B. Ehe und Familie, Eigentumsordnungen, ständische Ordnungen, berufliche Ausbildungsformen wie der Weg vom Lehrling über den Gesellen zum Meister, Toleranz zwischen Religionsgruppen usw., Regelungen des Verhältnisses zwischen Erwachsenen und Kindern, allgemein anerkannte Erziehungsstile usw. usw.

Statistik
Lehre von der Sammlung und der Analyse von Daten, die mathematisch erfaßt und deren Verhältnisse zueinander mathematisch dargestellt werden können

Lernziele

Nach dem Studium dieser Kurseinheit sollten Sie in der Lage sein,

- einige Aussagen zum Begriff der Geschichtlichkeit im Sinne der GP zu machen,
- an einem in der Literatur ausgeführten oder von Ihnen konstruierten, hypothetischen Beispiel zu verdeutlichen, was mit dem „historisch-systematischen Verfahren" gemeint ist, d. h. wie eine Untersuchung im Sinne dieses Verfahrens angelegt ist oder angelegt werden könnte,
- an einem oder einigen Beispielen zu erläutern, was gemeint war, wenn die Vertreter der GP auch „allgemeingültige" bzw. „relativ allgemeingültige" Erkenntnisse (Aussagen) über pädagogische „Grundstrukturen" oder „Typen" für möglich hielten,
- den Begriff „pädagogische Anthropologie" im Sinne dieser Kurseinheit zu umschreiben,
- den Stellenwert von pädagogisch-anthropologischen Aussagen im Rahmen der Erziehungswissenschaft im Sinne der GP zu kennzeichnen,
- mindestens eines der beiden „pädagogisch-anthropologischen Modelle", die in dieser Kurseinheit behandelt werden, anhand von Stichworten darzustellen,
- zu formulieren, welche Ausführungen der Kurseinheit Ihnen unklar geblieben sind, wo Sie offene Fragen oder kritische Einwände haben, welche Erwartungen Sie an die folgende Kurseinheit richten, mit welchen Gesichtspunkten Sie sich, wenn Sie Zeit haben oder hätten und entsprechende Studierhinweise erhielten – gern eingehender auseinandersetzen würden.

7 Das Prinzip der Geschichtlichkeit und die Frage nach dem Geltungsbereich erziehungswissenschaftlicher Aussagen

7.1 Zum Begriff der Geschichtlichkeit im Verständnis der Geisteswissenschaftlichen Pädagogik

Bereits mehrfach ist in diesem Kurs der Gedanke der Geschichtlichkeit als ein Grundprinzip der GP betont worden. Diese Richtung der Pädagogik steht gerade in dieser Hinsicht direkt in der Nachfolge Diltheys.

> **Lesehinweis**
> Wir empfehlen Ihnen, zunächst noch einmal die entsprechenden Abschnitte über den Gedanken der Geschichtlichkeit und über das hermeneutische Verfahren im Kapitel über „Diltheys Theorie der Geisteswissenschaften" zu lesen (2. Kurseinheit).

Auch in den beiden vorangehenden Abschnitten dieser Kurseinheit über das Theorie-Praxis-Verhältnis in der Pädagogik und über das Eigenständigkeitsprinzip ist ausdrücklich und unausdrücklich bereits das Problem der Geschichtlichkeit angesprochen worden; dieser Gesichtspunkt wird hier also nicht neu eingeführt, sondern nur noch einmal besonders in den Blick gerückt.

Die Bedeutung von Geschichtlichkeit

„Geschichtlichkeit" bedeutet im Hinblick auf die pädagogische Praxis, daß alle Erziehungsziele, Erziehungsformen und Erziehungseinrichtungen, alle pädagogischen Programme und „Bewegungen" als Vorstellungen, Handlungen, Objektivationen von Menschen bzw. Menschengruppen verstanden werden müssen, die – unter bestimmten, von Menschen selbst geschaffenen Bedingungen wirtschaftlicher, sozialer, kultureller, politischer Art – Auffassungen darüber entwickeln oder übernehmen, *wozu und wie* auf Kinder und Jugendliche (und ggf. auf Erwachsene) eingewirkt werden müsse, damit sie jene Einstellungen, Kenntnisse bzw. Erkenntnisse und Fähigkeiten gewinnen, die sie zum „rechten Leben" benötigen; gleichzeitig entwickeln oder übernehmen sie Einrichtungen und Praktiken der Erziehung.

W. Klafki, *Geisteswissenschaftliche Pädagogik*, Neuere Geschichte der Pädagogik,
https://doi.org/10.1007/978-3-658-37172-2_9

Dabei können jene pädagogischen Vorstellungen über das „Wozu" (das „rechte Leben", die „Ziele") und das „Wie" (die Wege) der Erziehung und die entsprechenden praktischen Verfahrensweisen entweder – auf frühen Stufen der Entwicklung menschlicher Gruppen bzw. Gesellschaften – noch ganz in die übrige Lebenspraxis (Arbeit, religiöses Brauchtum usw.) eingebunden sein oder sich – wenn sich in Gesellschaften Arbeitsteilung entwickelt – schrittweise verselbständigen; meistens entstehen in diesem Prozeß gesonderte Erziehungseinrichtungen. Da und soweit sich nun jene wirtschaftlichen, sozialen, kulturellen, politischen Lebensbedingungen durch das Handeln der Menschen ändern, entsteht auch die Notwendigkeit und die Möglichkeit, daß sich die Erziehungsvorstellungen und die Erziehungspraktiken ändern, wobei sich mit zunehmender Verselbständigung von „Fachleuten" für Erziehung (z. B. Lehrern) und der Entwicklung besonderer Erziehungseinrichtungen (z. B. Schulen) auch die Möglichkeit ergibt, daß die für die Erziehung Verantwortlichen nicht nur die in anderen gesellschaftlichen Teilbereichen entwickelten Vorstellungen, wozu und wie die nachwachsende Generation in die betreffenden Gesellschaften „hineinerzogen" werden soll, übernehmen und in Praxis umsetzen, sondern daß sie nun eigene Erziehungsvorstellungen entwickeln und praktizieren.

Die historische Bedingtheit von Erziehungszielen, -formen und -einrichtungen

Jede Erziehungspraxis und jedes System von Erziehungseinrichtungen sind also „Produkte" (Hervorbringungen) geschichtlicher Entwicklung, in ihnen steckt – ob die pädagogisch Handelnden sich dessen nun bewußt sind oder nicht – Geschichte, und zwar in jenem vorher angedeuteten Sinne, daß die *spezielle* Geschichte *pädagogischer* Zielsetzungen, Einrichtungen, Verfahrensweisen jeweils auf den *umfassenderen* Zusammenhang der Geschichte von Gesellschaft, Kultur und Politik bezogen ist. Wer also pädagogische Zielsetzungen, Institutionen, Praktiken vorfindet und verstehen will, und wer mit Bewußtsein pädagogisch tätig werden will, der muß die Geschichte, die die jeweiligen gegenwärtigen Verhältnisse hervorgebracht hat, bis zu irgendeinem Grade durchschauen.

Die historische Bedingtheit pädagogischer Theorie

Soweit *pädagogische Theorie* auf einer der drei von Erich Weniger unterschiedenen Stufen (Grade) sich konkret auf Aufgaben, Möglichkeiten, Schwierigkeiten der pädagogischen Praxis bezieht, sind ihre Aussagen genauso wie die Praxis selbst dem geschichtlichen Wandel unterworfen. Eine der zentralen Aufgaben der pädagogischen Theorie dritten Grades ist es daher, eben dieses geschichtliche Bewußtsein zu entwickeln, d. h. den Theoretikern und den Praktikern deutlich zu machen, daß sie unter bestimmten historischen Bedingungen denken und handeln, daß in ihren Zielsetzungen und Verfahrensweisen historische Voraussetzungen stecken und daß sie historisch überholbar sind.

Im folgenden zitieren wir aus einer Fülle von entsprechenden Textstellen der GP einige prägnante Belege für die vorangehenden Aussagen:

FLITNER

Bei *Wilhelm Flitner* heißt es in seiner „Allgemeinen Pädagogik“: „Die Pädagogik kann nur … zu Resultaten gelangen, indem sie als eine pragmatische (d. h.: handlungsbezogene; W. Kl.) Geisteswissenschaft ihr historisches Material zum Ausgangspunkt nimmt. Die Existenz, in der wir uns befinden und als verantwortliche Personen gemeinsam mit anderen leben, kann nur geschichtlich aufgeklärt und in dialektischer Erörterung (d. h. hier: durch das rationale Gespräch zwischen verschiedenen Auffassungen bzw. durch argumentative Auseinandersetzung mit solchen Auffassungen; W. Kl.) ausgelegt werden.“ (a. a. O., S. 18)

LITT

Th. Litt formuliert in seinem Aufsatz „Die Bedeutung der pädagogischen Theorie für die Ausbildung des Lehrers“ (1946; jetzt im Anhang von Litts Buch „Führen oder Wachsenlassen“, 13. Aufl. Stuttgart 1967): „Erzieher und Zögling stehen einander niemals wie im luftleeren Raum gegenüber. Jede, auch die geringfügigste erzieherische Handlung ist durchwirkt von Beziehungen, die über die Grenzen dieses interpersonalen Verhältnisses hinausführen. Wir haben dieser Beziehungen bereits gedacht, als wir auf den Charakter von Geschichtlichkeit hinwiesen, der jeder erzieherischen Situation ihr besonderes Gepräge gibt. Der Anteil der geschichtlichen Lage an jeder erzieherischen Bemühung kann nicht mehr übersehen werden, seitdem der sog. „Historismus“ uns für Ausdehnung und Tiefenwirkung der geschichtlichen Mächte die Augen geöffnet hat. Er hat uns gelehrt, an jedem sinnvollen Verhalten und so auch an dem Tun des Erziehers die … Besonderung zu beachten, die ihm vermöge seiner geschichtlichen Ortsbestimmung zu eigen ist.“

„Ich wähle zur Bezeichnung der überpersönlichen Mächte den neutralen Ausdruck: *die geistige Lage*“. „Von der so verstandenen ‚geistigen Lage‘ gilt es also, daß sie je und je eine ‚*geschichtliche* Lage‘ ist. Ihr Gesamtgehalt ist durch eine geschichtliche Entwicklung das geworden, was er ist, sie trägt selbst das Gepräge geschichtlicher Einmaligkeit und treibt weitere geschichtliche Entwicklungen aus sich hervor. Durch die Geschichte in ihrem Wesen bestimmt sind Erzieher und Zögling. Aus der Geschichte erwachsen ist der ‚Geist‘, durch den beide ihr höheres Dasein haben und in eine sinnvolle Beziehung zu treten in den Stand gesetzt werden. Geschichtlich geformt sind die Werte, die Inhalte, die Ziele der Erziehung.“ (S. 117/118)

„So ist jeder pädagogische Vorgang eingebettet in das überpersonale Ganze einer einmaligen geistigen Lage.“ (S. 118) „Soll also die pädagogische Theorie dem Lehrer in seinem Tun eine wirkliche Stütze sein, dann muß sie die Konkretheit der Lage, in der er sein Werk verrichtet, mit in sich hineinnehmen und nicht eine Allgemeingültigkeit anstreben, durch die sie die Fühlung mit dieser Lage verlieren müßte. Umgekehrt soll sie ihm gerade zur Klarheit darüber verhelfen, wie sich sein erzieherisches Handeln in allen Einzelzügen mit den Voraussetzungen, den Forderungen und den Notwendigkeiten der geschichtlichen Stunde ineinanderfügt. Sie soll ihm den Sinn und die Bestimmung der von ihm herbeizuführenden Bildungsvorgänge klären, indem sie ihre Einordnung in das vielgestaltige Leben der Zeit sichtbar macht. Was sie dem Lehrer zu geben hat, das ist, wie man treffend gesagt hat, ein *geschichtliches Standortbewußtsein.*"

„Man wird ohne Übertreibung sagen dürfen, daß die Erhebung zum geschichtlichen Standortbewußtsein dem Lehrer kaum je so nötig gewesen ist wie in der Schicksalsstunde, die unser Volk gegenwärtig durchlebt (1946! W. Kl.). Es kann entbehrlich erscheinen in solchen Zeitläufen, deren Leben in den Bahnen einer unangefochtenen Kulturtradition fortschreitet … Ganz anders ist es dann, wenn geschichtliche Umwälzungen von grundstürzender Art nicht nur die äußeren Daseinsbedingungen, sondern auch die Fundamente der geistigen und sittlichen Welt zerstören und alles in Frage stellen, auf dessen Haltbarkeit man glaubte vertrauen zu dürfen. Dann gibt es schlechterdings nichts mehr, was durch seine Selbstverständlichkeit einen sicheren Halt und eine zuverlässige Wegweisung böte. Dann muß alles von Grund auf neu erworben und gesichtet werden." (S. 119) „Erziehung ist die Einwirkung der älteren auf die jüngere Generation, durch welche diese in den Zusammenhang der geschichtlich fortschreitenden Arbeit eingeführt und zur Erfüllung ihres Auftrages tüchtig gemacht wird." (S. 123)

NOHL

Bei H. Nohl heißt es in seinem Werk „Die pädagogische Bewegung und ihre Theorie" (zuerst 1933, 3. Aufl. Frankfurt/M. 1949) im Zusammenhang einer Auseinandersetzung mit Versuchen, die wissenschaftliche Pädagogik einseitig auf eine empirische Psychologie zu stützen, die allgemeine Gesetzmäßigkeiten der menschlichen Entwicklung (z.B. Stufen der Entwicklung der Erkenntnisfähigkeit) meint feststellen zu können:

„Wenn der wirkliche Mensch … immer der Mensch mit seiner Inhaltlichkeit ist, dann ist diese Inhaltlichkeit nicht ablösbar von dem Kulturkreis, in dem das Kind lebt. Alle Fähigkeiten der Seele sind überhaupt nur feststellbar von den Objekten aus, auf die sie sich richten. Diese Objekte sind aber historischer Natur, Sprache, Kunst, Wissenschaft, Recht, Religion, Sittlichkeit, und die Eigengesetzlichkeit ihrer Gehalte und Lebensformen ist eine unaufhebbare Grundlage des höheren geistigen Lebens. Das Kind ist auch hier nicht bloß ein Naturwesen, sondern seine geistige Wirklichkeit ist immer eine historisch bestimmte und alle Feststellungen, die ich an ihm vornehme, sind historisch relativ. Das Problem der Altersstufen, der verschiedenen Begabung der Geschlechter, der vorhandenen Interessen, selbst der Intelligenz ist überall abhängig von den Kulturinhalten und der Kulturhöhe der Erwachsenen, in deren Gesellschaft das Kind aufwächst. Und dieses historische Moment gilt auch für das pädagogische Verhältnis selbst. Der Schüler ist nicht bloß Versuchsperson in diesem Verhältnis, sondern Glied einer historischen Gemeinschaft ... Darum ist Erziehen keine Technik, sondern eine geschichtliche Kulturhandlung ..." (S. 116/117)

7.2 Das Problem der Erkenntnismöglichkeiten wissenschaftlicher Pädagogik und der Geltung wissenschaftlicher Aussagen angesichts des Prinzips der Geschichtlichkeit

Angesichts der Betonung des Prinzips der Geschichtlichkeit in der GP muß sich die Frage ergeben: Sind, wenn man jenes Prinzip so nachdrücklich betont, der Erziehungswissenschaft denn überhaupt noch andere als „rein geschichtliche" Aussagen möglich? D. h.: Können wissenschaftliche Aussagen dann nur noch über jeweils einmalige historische Zusammenhänge und Entwicklungen gemacht werden?

Eine zusammenhängende, systematisch durchgearbeitete Antwort auf die damit aufgeworfene Frage finden wir in der GP nicht. Faßt man die in verschiedenen Werken und bei verschiedenen Autoren auffindbaren Teilantworten zusammen und berücksichtigt man die konkreten wissenschaftlichen Untersuchungen aus dem Kreise der GP, so ergibt sich, daß diese erziehungswissenschaftliche Richtung – über zahlreiche historische Untersuchungen, die sie vorgelegt hat, hinaus – wissenschaftliche Aussagen auf zwei Verallgemeinerungsstufen für möglich hielt. Sie sollen im folgenden gekennzeichnet werden.

7.2.1 Das „historisch-systematische Verfahren" in der Geisteswissenschaftlichen Pädagogik und der Geltungsanspruch der auf diesem Wege erarbeiteten Erkenntnisse

Die vorangehenden Ausführungen ließen erkennen, warum innerhalb der GP der erziehungsgeschichtlichen Forschung eine zentrale Bedeutung zukommen mußte. Eine ihrer Aufgaben ist bereits an früherer Stelle erwähnt worden: das Herausarbeiten und die ständig erneuerte Vergegenwärtigung des eigenen Aufgabenbewußtseins der Pädagogik, das mit der Formel von der „relativen Eigenständigkeit" umschrieben wurde. – Der letzte Abschnitt machte eine weitere Aufgabe der geschichtlichen Erziehungsforschung deutlich: Die jeweils anstehenden Erziehungsprobleme – Lehrplanentscheidungsfragen, die Gestaltung des Kindergartens in einer bestimmten historischen Situation, die Lösung sozialpädagogischer Aufgaben, die Inangriffnahme der „staatsbürgerlichen Erziehung" in der Situation der Weimarer Republik bzw. der „politischen Bildung" in der Bundesrepublik nach 1949 usw. usw. – mußten als Probleme, die eine historische Dimension haben, aufgeschlüsselt werden, und zwar in einem doppelten Sinne:

Aufklärung der historischen Situation, Aufarbeiten der Problemgeschichte und aktuell-systematische Lösungsversuche

Einerseits mußte die historische Situation aufgehellt werden, in der sich die betreffenden Probleme stellten, andererseits mußte, sofern die betreffenden pädagogischen Probleme selbst bereits „eine Geschichte hatten", diese Geschichte aufgeklärt werden. Aus dem früher behandelten Prinzip der Mitverantwortung der pädagogischen Theorie für die pädagogische Praxis folgte jedoch für die GP, daß sie nicht bei der historischen Untersuchung stehenbleiben durfte; vielmehr mußte pädagogische Theorie – wo immer möglich – auf der Basis historischer Analysen bis zu aktuell-systematischen Entwürfen vorstoßen, die für die pädagogische Praxis zwar nicht verbindliche Handlungsanweisungen bieten, wohl aber Entscheidungs*möglichkeiten* und Entscheidungs*bedingungen* aufweisen sollten.

Nohl, Weniger und Flitner sowie ihre Schüler haben in dieser Hinsicht von einem *„historisch-systematischen Verfahren"* gesprochen, und sie haben etliche entsprechende Beiträge vorgelegt. Aber auch wesentliche Arbeiten Sprangers und Litts sowie ihres Schülerkreises können diesem Untersuchungstypus zugerechnet werden.

Ausgangspunkt solcher Forschungen sind Programme, Kontroversen, Problemstellungen, Fragen, Schwierigkeiten, Leitbegriffe, die die pädagogische Diskussion in der jeweiligen Gegenwart bewegen. So haben z. B.

- *H. Nohl „Die geistigen Energien der Jugendwohlfahrtsarbeit" (1926; jetzt in: Nohl: Pädagogik aus dreißig Jahren, Frankfurt/M. 1949, S. 133–142), und*
- *Georg Geissler das gerade in den ausgehenden 20-ger Jahren umstrittene Problem der pädagogischen Autonomie (1929*) zum Anlaß historisch-systematischer Untersuchungen genommen,*
- *Elisabeth Heimpel-Michel den Begriff der „Aufklärung" als pädagogisch-politischen Zielbegriff (Langensalza 1928**),*
- *Waltraut Neubert den in der Reformpädagogik immer wieder verwendeten Begriff des „Erlebnisses" (Langensalza 1928***),*
- *Helene Hertz die „Theorie des pädagogischen Bezuges" (Langensalza 1932),*
- *Erich Weniger die Frage der „Grundlagen des Geschichtsunterrichts" (Leipzig 1926), der Richtlinien- oder Lehrplangestaltung (Theorie der Bildungsinhalte und des Lehrplans, zuerst 1930, 6./8. Aufl. Weinheim 1965) und das Problem der politischen bzw. staatsbürgerlichen Erziehung (Politische Bildung und staatsbürgerliche Erziehung, Würzburg 1954),*
- *Theodor Litt die Kontroversen um „Das Bildungsideal der deutschen Klassik und die moderne Arbeitswelt" (1955, 8. Aufl. Bochum 1962), um „Naturwissenschaft und Menschenbildung" (Heidelberg 1952, 5. Aufl. 1968) und „Technisches Denken*

* Geißler, Georg: Die Autonomie der Pädagogik. Langensalza: Beltz 1929.

** Gemeint ist hier: Heimpel-Michel, Elisabeth: Die Aufklärung. Eine historisch-systematische Untersuchung. Langensalza: Beltz, 1928.

*** Gemeint ist hier vermutlich: Neubert, Waltraut: Das Erlebnis in der Pädagogik. Göttingen: Vandenhoeck & Ruprecht 1925.

und menschliche Bildung" (Heidelberg 1957, 3. Aufl. 1964) sowie über „Die politische Selbsterziehung des deutschen Volkes" (Bonn 1954, 5. Aufl. 1959),

- *Eduard Spranger das Verhältnis von „Grundlegender Bildung, Berufsbildung und Allgemeinbildung" (1918) in: Spranger: Kultur und Erziehung, 3. Aufl. Leipzig 1925, S. 159–177),*
- *Fritz Blättner die Frage nach den „Methoden des Unterrichts in der Jugendschule" (1963; neubearbeitete Aufl. eines 1937 erschienenen Buches) und das Problem einer Neukonzeption des Gymnasiums (Das Gymnasium. Heidelberg 1966),*
- *Hans-Dietrich Raapke „Das Problem des freien Raums im Jugendleben" (Weinheim 1959),*
- *Wolfgang Klafki die Diskussion um das exemplarische Lehren und Lernen, um die Problematik der Auswahl von Bildungsinhalten und um den Sinn des Bildungsbegriffs (Das pädagogische Problem des Elementaren und die Theorie der kategorialen Bildung. Weinheim 1959, 3./4. Aufl. 1964),*
- *Karl-Heinz Schwager „Wesen und Formen des Lehrgangs im Schulunterricht" (Weinheim 1958),*
- *Carl-Ludwig Furck „Das pädagogische Problem der Leistung in der Schule" (Weinheim 1961),*

untersucht, und auch Wilhelm Flitners Bücher über „Hochschulreife und Gymnasium" (Heidelberg 1959, 3. Aufl. 1967) sowie über „Die gymnasiale Oberstufe" (Heidelberg 1961) sind m. E. diesem Untersuchungstypus zuzurechnen, wenn in ihnen die Problemgeschichte der gymnasialen Oberstufe auch eher vorausgesetzt als dargestellt wird.

Die Klärung der aktuellen Problemlage

Meistens ist es in solchen Untersuchungen notwendig, die gegenwärtige Problemstellung selbst erst durch den Abbau von Mißverständnissen und begrifflichen Klärungen herauszuarbeiten, also etwa die gemeinsame Fragerichtung scheinbar unterschiedlicher Ansätze sichtbar zu machen oder gerade umgekehrt die Unterschiedlichkeit scheinbar übereinstimmender oder ähnlicher Positionen – etwa der verschiedenen Verwendung des gleichen Wortes, z. B.: „Aufklärung" oder „Emanzipation" oder „exemplarisches Lernen" herauszustellen.

Zwei Merkmale der aktuellen Fragestellung

Die in dieser Weise aufgenommene aktuelle Fragestellung wird nun als durch zwei Merkmale gekennzeichnet verstanden: einesteils wird erkannt oder vermutet, daß die betreffende Frage bereits „eine Geschichte hat" und daß sie in ihrer gegenwärtigen Gestalt durch diese ihre Geschichte mitbedingt ist. Zugleich wird aber vorausgesetzt, daß die Erörterung der in der Geschichte entwickelten Sinngebungen der Frage und der versuchten Antworten und Lösungen auch der Gegenwart noch Wesentliches zu sagen habe, nicht nur im Sinne einer historischen Standortbestimmung der Gegenwart (– also um zu verstehen, welche geschichtlichen Hintergründe, Motive und „Ablagerungen" in der eigenen Fragestellung oder in der zur Debatte stehenden Situation nachwirken –), sondern darüberhinaus im Sinne gültiger, d. h. zunächst: *heute* noch gültiger Einsichten, Prinzipien, Hilfen für die Lösung gegenwärtiger Aufgaben. Eben

Der Sinn historisch-systematischer pädagogischer Untersuchungen

dieses Festhalten gewisser Einsichten, denen über den historischen Moment hinaus, in dem sie gewonnen wurden, Geltung zugesprochen wird, und die Einordnung solcher Einsichten (z. B. über Bedingungen, unter denen Schullehrpläne oder Richtlinien zustandekommen) in einen zu entwerfenden Sinnzusammenhang, der das betreffende Problem durchschaubar macht und seiner praktischen Lösung dient, wird durch den Terminus „systematisch" in der Formel „historisch-systematisches Verfahren" bezeichnet. – In diesem Sinne wenden sich historisch-systematische Untersuchungen also der Geschichte (ihres Problems) „in systematischer Absicht" zu. Ihr Sinn erfüllt sich erst, wenn der Ertrag der Problemgeschichte als „systematischer" Zusammenhang von Aussagen formuliert wird, und zwar zugleich „in pragmatischer Absicht", d. h. um der hier und heute zu verantwortenden erzieherischen Entscheidungen willen. Sie bewegen sich also notwendig in einer „hermeneutischen Spirale" besonderer Art: Sie befragen die pädagogischen Theorien der Vergangenheit nicht, um sie im strengen Sinne des Wortes „historisch" zu verstehen, aus dem Ganzen der geschichtlichen und biographischen Voraussetzungen, Bedingungen und Abhängigkeiten einerseits, der Möglichkeiten und Ziele des betreffenden Denkers andererseits. Diese Bezüge können nur in Betracht gezogen werden und sie brauchen es nur, soweit sie einen einsichtigen Zusammenhang mit dem in systematisch-pragmatischer Absicht Erfragten haben.

Das zentrale methodologische Problem des historisch-systematischen Verfahrens ist zweifellos die Frage, inwiefern die Ergebnisse *historischer Analysen* in einen abschließenden, gegenwarts- und praxisbezogenen Aussagenzusammenhang eingebracht werden können. Wir machen uns den Sachverhalt an einem Beispiel deutlich:

Beispiel

In einer historisch-systematischen Untersuchung zum pädagogischen Problem des Spiels könnte u. a. Fröbels (1782–1852) Spieltheorie untersucht werden. Soweit nun unter Angabe von Gründen wahrscheinlich gemacht werden kann, daß Fröbels Aussagen – z. B. über die Bedeutung, die den begleitenden Gesprächen zwischen Mutter (oder Kindergärtnerin) und Kind für die Entwicklung der Spielfähigkeit des Kindes und der damit verbundenen Vermittlung von Erfahrungen, Erkenntnissen, Phantasie und kreativen Handlungsmöglichkeiten zukommt – nicht ausschließlich an die speziellen *historischen Bedingungen in der Zeit Fröbels gebunden sind, können die Aussagen dieses Pädagogen oder ihre Fortbildungen im weiteren historischen Prozeß der Problemerörterung im abschließenden, systematischen Teil einer solchen Untersuchung in eine neue, auf die jeweilige Gegenwart und die voraussehbare Zukunft bezogene Konzeption der Spielerziehung eingebracht werden.*

Unter welchen Bedingungen können früher gewonnene Erkenntnisse in späteren Aussagezusammenhängen gültig bleiben?

Die Möglichkeit, daß Theorien, Aussagen, Erkenntnisse, die zu einem früheren geschichtlichen Zeitpunkt gewonnen wurden, in ein pädagogisches Konzept, das auf einen späteren historischen Zeitraum bezogen ist, eingehen können, kann darauf beruhen, daß es zwischen der späteren und der früheren Situation einen geschichtlichen Wirkungszusammenhang gibt, daß also z. B. Elemente von Fröbels Spielauffassung, wenn auch ggf. unerkannt, noch in der gegenwärtigen Praxis der Spielerziehung darinnenstecken; oder sie können darauf beruhen, daß gewisse historische Bedingungen damals wie heute ähnlich sind – z. B. die Konstellation der Kleinfamilie, die Trennung von Arbeitsplatz und Wohnraum oder die außerfamiläre Betreuung von Kindern in eigens dafür geschaffenen Einrichtungen, eben in „Kindergärten". Die Frage, wieweit historisch ältere Aussagen bzw. Erkenntnisse jeweils auf veränderte Bedingungen oder Zielvorstellungen hin modifiziert werden müssen, ist in allen historisch-systematischen Untersuchungen eine Kernfrage. – Die Übertragbarkeit historisch gewonnener Erkenntnisse auf spätere Situationen kann schließlich auch darauf beruhen, daß es sich ggf. um Aussagen über grundlegende Voraussetzungen handelt, ohne die wir Erziehungsprobleme überhaupt nicht verstehen können: Sofern z. B. anerkannt wird, daß die Sprachfähigkeit und ihre Ausbildung eine konstitutive Bedingung für menschliche Existenz überhaupt ist (wobei unter „Sprache" hier alle bedeutungshaltigen Symbolsysteme verstanden werden), muß auch zugestanden werden, daß es grundsätzliche Erkenntnisse über das Problem der Sprachbildung geben kann, die nicht an die besonderen historischen Gegebenheiten gebunden sind, unter denen sie formuliert wurden, sofern sie gar nicht auf jene historisch *besondere* Situation bezogen sind.

Wenn nicht ausdrücklich weiterreichende Folgerungen gezogen und begründet werden, so reicht der Geltungsanspruch, den die systematischen Aussagen einer historisch-systematischen Untersuchung im Sinne der GP machen, genau soweit, wie der untersuchte problemgeschichtliche Zusammenhang und die darin aufgewiesenen Bedingungen in die Vergangenheit zurück- und in die vermutliche Zukunft hineinreichen.

Wilhelm Flitner hat das historisch-systematische Verfahren in der GP in seiner Schrift „Das Selbstverständnis der Erziehungswissenschaft in der Gegenwart" (2. Aufl. Heidelberg 1958, S. 27/28) folgendermaßen beschrieben:

> „So untersucht eine Studie den Begriff der ‚Formalbildung' (von Erich Lehmensick, 1926)[1], eine andere den des ‚Erlebnisses' in der pädagogischen Diskussion (Waltraut Neubert, 1932).

---

1 „Formalbildung" bezeichnet eine Auffassung, nach der es möglich erscheint, bestimmte menschliche „Kräfte" – z. B. „logisches Denken", „Phantasie", „Abstraktionsfähigkeit" usw. – an bestimmten Inhalten (z. B. Latein oder Mathematik) so auszubilden, daß derjenige, dessen geistige „Kräfte" auf diese Weise entwickelt worden sind, sie nun auch auf ganz andere Inhaltsbereiche (z. B. Geschichte, Politik, Literatur, Naturwissenschaften, das „praktische Leben" usw.) anzuwenden vermag.

Das Verfahren besteht darin, zunächst die Verwendung dieser Begriffe in der Praxis der Gegenwart aufzusuchen, in der sie eine, wenn auch vieldeutige, aber doch Wirklichkeit erschließende Funktion real ausüben – ‚real' im Raum menschlichen Handlungsgefüges; man dürfte ihn den der Pragmata (Handlungszusammenhänge; W. Kl.), abgekürzt den *pragmatischen Raum* nennen. Zum zweiten: diese Begriffe haben ihre Geschichte, und auch der pragmatische Raum um sie hat seine Vergangenheit, aus der sein Inhalt mit samt seinen Gegensätzen verständlich wird. Diesen *historischen Hintergrund aufzuklären* wird das zweite Anliegen solcher Untersuchungen sein. So wird der Begriff der Formalbildung bis auf Gedike, Fr. A. Wolf und Humboldt zurückverfolgt[2]; der des Erlebnisses bis auf Herders Polemik gegen die Aufklärung, … und daraus wieder ergeben sich Einsichten über den philosophischen und religiösen oder allgemein geistesgeschichtlichen Hintergrund dieser Begriffe. Die Aufhellung der Geschichte des pragmatischen Raumes, in dem die Begriffe ihre Funktion erhalten haben, ergibt Aufschlüsse über ihre ursprüngliche Bedeutung. So wird etwa verständlich, wie das Motiv der Formalbildung in dem Augenblick hervortrat, als der unmittelbare Nutzen lateinischer Sprachbeherrschung verlorenging, weil das Latein aufhörte, als Gelehrtensprache literarisch verwendet zu werden; … oder der des Erlebnisses im Streit mit einer Didaktik, die sich nur noch auf intellektuelle und technische Leistungen einengt. Ein dritter Schritt in der Untersuchung richtet sich dann darauf, in der geschichtlichen Bewegung die dauernde *Struktur* der Sphäre zu entdecken, die mit jenen Begriffen gemeint ist oder die *Phänomene* aufzudecken, die der Sache eigentümlich sind. So treten die Antinomien zutage, die zwischen dem Lehren durch klassische Gehalte und dem aus gegenwärtig-zukunftsbezogenen unmittelbaren Bedürfnissen in der Didaktik … bestehen, oder zwischen Erlebnis und Überlieferung, zwischen Formalbildung … einerseits und inhaltlicher Erfüllung andererseits usw. Ist dieser Weg durchlaufen, so ist eine *Klärung der pragmatisch gemeinten Diskussion* möglich. Vielleicht bringt die Untersuchung selbst keine Entscheidung der schwebenden Fragen, wohl aber eine *Aufhellung der Sphäre, in welcher die Entscheidungen zu treffen sind.* Der praktische Sinn solcher Forschungen ist demnach, zu wissen, was man tut, wenn man in der schwebenden Diskussion eine Entscheidung trifft. Es wird in manchen Fällen die Entscheidung selbst durch die pädagogische Forschung herbeigeführt werden können; ist das aber nicht möglich, so wird *das Niveau, auf dem die Entscheidung fällt, dadurch erhöht,* daß die Realität klarer erfaßt werden kann, in deren Felde zu handeln ist".

---

2 Friedrich Gedike (1754–1803) Gymnasialdirektor, Seminardirektor, Lehrplangestalter, der aufklärerische und neuhumanistische Ideen miteinander zu verbinden versuchte.
Friedrich August Wolf (1759–1824): Altphilologe und Gründer eines Gymnasiallehrerseminars an der Universität Halle; einer der Begründer des neuhumanistischen Bildungsverständnisses.
Wilhelm von Humboldt (1767–1835): Altertumsforscher, philosophischer Anthropologe, Sprachphilosoph und Sprachwissenschaftler, Bildungstheoretiker; 1809–1810 Leiter der „Sektion für den Kultus und öffentlichen Unterricht", des späteren preußischen Kultusministeriums; Begründer des sog. „Neuhumanistischen Gymnasiums" in Preußen und der Universität Berlin.

Aufgabe 1

Versuchen Sie bitte, Ihr Verständnis des letzten, gewiß recht schwierigen Abschnitts 7.2.1 zu überprüfen, indem Sie einige zusammenfassende Sätze (Thesen) unter der Fragestellung formulieren: *Was meinte die GP mit dem „historisch-systematischen Verfahren"?*

7.2.2 Die Entwicklung erziehungswissenschaftlicher Grundbegriffe (Kategorien) und die Erkenntnis genereller pädagogischer Strukturen

Daß auch im Bereich der Geisteswissenschaften Erkenntnis nur möglich ist mit Hilfe von Grundbegriffen (Kategorien), daß solche Kategorien aber nicht „a priori" („vor" aller Erfahrung) aus einer übergeschichtlichen menschlichen Vernunft stammen, sondern in der Auseinandersetzung mit der geschichtlichen Erfahrung und der Überlieferung erst entwickelt werden müssen – diesen Gedanken hatten wir bereits im zweiten Studienbrief als eine wissenschaftstheoretische Grundthese in Diltheys Theorie der Geisteswissenschaften kennengelernt (vgl. Kurseinheit 2, S. 132).

Die Vertreter der GP haben an der Entwicklung solcher Kategorien für die Erfassung ihres Problembereichs, der Erziehung, gearbeitet. Insbesondere dort, wo sie systematische Gesamtentwürfe vorlegten, geschah das mit einem gewissen Anspruch auf Vollständigkeit, so in Nohls Buch „Die pädagogische Bewegung in Deutschland und ihre Theorie" und in Flitners „Allgemeiner Pädagogik". Allerdings erscheint uns die Bemühung um terminologische Klarheit vielfach unzulänglich geblieben zu sein.

Die Notwendigkeit übergreifender pädagogischer Kategorien als analytisches Instrumentarium

Im Sinne Diltheys verstanden auch die Vertreter der GP die von ihnen benutzten oder entwickelten Grundbegriffe als Kategorien, die selbst historische Ursprünge haben, die also im geschichtlichen Prozeß der pädagogischen Theoriebildung erarbeitet werden; sie müssen daher immer wieder neu ausgelegt und weiterentwickelt werden und können folglich selbst historischem Wandel unterliegen. Gleichwohl betonten sie, daß diese Begriffe nur dann ihre Erkenntnisfunktion ausüben könnten, wenn sie jeweils so gefaßt würden, daß sie nicht nur zur Beschreibung und zum Verstehen gegenwärtiger pädagogischer Verhältnisse und Probleme geeignet sind, sondern im Prinzip immer die gesamte überschaubare Geschichte umgreifen. Gerade wer z.B. die Entwicklung und den Wandel, ggf. die Brüche im pädagogischen Denken verschiedener Zeiten erfassen oder wer verschiedene, gleichzeitig existierende Erziehungssysteme oder Erziehungstheorien miteinander vergleichen will, benötigt dazu übergreifende Kategorien, z.B. die des „Erziehungsziels".

So heißt es z.B. bei *Eduard Spranger* in seiner Abhandlung „Die Bedeutung der wissenschaftlichen Pädagogik für das Volksleben" (1918; jetzt in: Erziehungswissenschaft und Erziehungswirklichkeit, hrsg. von H. Röhrs, Frankfurt/M. 1964):

„In ihrem Grundaufbau" ist die pädagogische Wissenschaft „durch die Seiten bestimmt, die am Bildungsvorgang als einer eigentümlichen Kulturerscheinung unterschieden werden können. Sie ordnet daher die Mannigfaltigkeit der pädagogischen Erscheinungen in der geschichtlich-gesellschaftlichen Welt unter die vier Hauptgesichtspunkte: *„Bildungsideal, Bildsamkeit, Bildner und Bildungsgemeinschaft."* (S. 19)

Der Sinn dieser Grundbegriffe wird dann im weiteren Gang der Erörterung erläutert. Bei *W. Flitner* lesen wir in seiner „Allgemeinen Pädagogik":

„Die allgemeine Pädagogik soll die historischen Formen zu durchschauen suchen, soweit sie die erzieherische Seite der menschlichen Existenz betreffen. Sie soll das erzieherische Phänomen ... klären, sie soll die erzieherischen Grundgedanken, die einzelnen Seiten des Phänomens, seine ‚Kategorien' herauszuheben ... wissen. In diesem Versuch wird sie ... immer das Bewußtsein behalten, daß ihr Ausgangspunkt eine bestimmte geschichtliche Erziehungslage bleibt." (S. 23)

„Der Grundgedankengang, in dem sich alle erzieherischen Begriffe und Betrachtungen vereinen, ist im alltäglichen Sprechen bereits vorhanden. Diese Begriffe stammen aus früherer Erfahrung und Theorie, sie verdichten sich zu den Regelgefügen, Grundsätzen und Lehren, die den Praktiker in seiner Tätigkeit leiten, sie werden von der philosophierenden Theorie erörtert und kritisch geprüft ... Die allgemeine Pädagogik erhält die Aufgabe, die Kategorien des pädagogischen Denkens auszugliedern und sie kritisch bewußt zu machen ..." (S. 67)

In diesem Sinne umreißt Flitner dann das „Gefüge der pädagogischen Kategorien" zu Beginn des zweiten Hauptabschnittes seines Buches folgendermaßen:

1. „Wir unterscheiden nicht nur den Erzieher und den Zögling als den Handelnden und das Objekt seiner Tätigkeit, sondern gehen davon aus, daß beide in einem Wechselverhältnis stehen, daß ein gesittetes Verhältnis und ein geistiger Verkehr sie beide umfaßt, und gewinnen so als erste Kategorie die *Erziehungsgemeinschaft* (später wird synonym auch vom „pädagogischen Bezug" gesprochen; W. Kl.).
2. Als zweiter Grundbegriff erscheint dann der ‚Zögling', der nicht als Objekt erziehender Tätigkeit und keinesfalls als ihr ‚Material' betrachtet werden darf, sondern unter dem Gesichtspunkt der *Bildsamkeit*.
3. Als dritter erscheint das Material, dessen sich der Aufwachsende bemächtigt; nicht als der bloße Rohstoff für seine individuelle Formung, sondern als das geistige Leben, welches den *Sachgehalt der Bildung* hervorbringt, und als die *erziehende Sozialordnung* welche den Nachwuchs sich eingliedert und den Aufwachsenden formend umfängt.
4. *Bildung als Werk der Erziehung* ist viertens nicht nur das geplante und im Fall der gelungenen Erziehung das verstehbare Resultat bewußter Bemühungen um den

Aufwachsenden, sondern auch eines bildenden Geschehens, das sich der Planung und dem bewußten Eingriff entzieht. Das Geplante aber wird davon unterscheidbar und für sich erörtert als das Ziel der Erziehung.

5. *Das Verfahren des Erziehenden* (Flitner spricht an späterer Stelle des Textes auch von den „pädagogischen Methoden"; W. Kl.) *und der Bildungsprozeß* in dem Aufwachsenden bilden dann die abschließenden Kategorien, in ihrer Doppelung darauf nochmals hindeutend, daß der Vorgang im Inneren des Zöglings sich einer vollständigen Beherrschung oder Bekanntheit entzieht." (S. 69)

Ein ähnliches Kategoriengefüge, wie Flitner es benennt, hat auch *H. Nohl* im systematischen, zweiten Teil seines Werkes „Die pädagogische Bewegung und ihre Theorie" entwickelt (vgl. bes. die Abschnitte II–VI im Hauptabschnitt „Die Theorie der Bildung", a. a. O., S. 124–220).

Die Geltung solcher Kategorien reicht über jenen Bereich hinaus, den Aussagen historisch-systematischer Studien im Sinne des vorangehenden Abschnitts erreichen können. Diese Kategorien sind allgemeiner, damit freilich auch formaler als die auf der Ebene historisch-systematischer Studien erarbeiteten Erkenntnisse.

Charakteristisch für die GP ist es nun, daß diese erziehungswissenschaftliche Richtung auch über die Kategorienbildung hinaus noch weitere „allgemeingültige" Erkenntnisse für möglich hielt, und dieses unbeschadet ihrer These von der Geschichtlichkeit aller *konkreten* pädagogischen Sachverhalte, Ziele, Einrichtungen, Methoden usw. Gemeint sind allgemeine, formale Strukturen, typische Möglichkeiten und Beziehungen, die sich in der Geschichte der Erziehung in Theorie und Praxis zwar immer nur in ganz bestimmten, historischen Konkretisierungen zeigen, die in der Theorie aber in ihren allgemeinen Merkmalen bestimmt werden können. Erziehung kann z. B. – in sehr verschiedenen Zeiten und Kulturen – von seiten der erziehenden Generation eher streng, autoritativ, stark lenkend, fordernd, bestimmend, auf die Übermittlung der Werte und Inhalte einer bestimmten Kultur und einer Gesellschaft gerichtet oder eher an den Wünschen und Bedürfnissen der zu Erziehenden orientiert, nachgiebig, frei, eher unterstützend, helfend, die Eigenaktivität der jungen Generation betonend sein; das wären zwei typische Möglichkeiten, sozusagen Pole auf einer Skala, denen reale Erziehungssysteme oder erziehende Gruppen oder erziehende Einzelne mehr oder minder eindeutig entsprechen können. Bei *Nohl* heißt es:

Die Ermittlung formaler pädagogischer Strukturen und typischer Möglichkeiten

„Die systematische Untersuchung der Pädagogik geht aus von dem eigenen Sinn des pädagogischen Lebens und analysiert den Bildungsvorgang auf die in ihm enthaltenen Züge, in denen der Zögling und seine Bildsamkeit, der Erzieher oder die führende und bildende Kraft, ihre Bildungsgemeinschaft, ihr Bildungsideal und ihre Bildungsmittel zu einem dynamischen Zusammenhang miteinander verbunden sind. Diese Analyse kann vor sich gehen relativ unabhängig von dem gegenwärtigen Bildungsideal, wie von allen weltanschaulichen oder historischen Voraussetzungen. Indem dann aber die historische Wandelbarkeit der einzelnen Faktoren dieses Vorgangs sichtbar wird, zeigen sich seine typischen Möglichkeiten, die verschiedenen Formen, wie sie sich aus der historischen Bedingtheit und dem Vorherrschen des einen oder anderen seiner Momente ergeben. So ist eine allgemeingültige Theorie der Bildung möglich, die für alle Zeiten und alle Völker gilt, weil sie nur die in sich variable Struktur des Erziehungslebens aufzeigt, aus der sich dann alle ihre geschichtlichen Formen verständlich machen und herleiten lassen. … sie ist in gewissem Sinne nur ‚formal', aber nicht losgelöste, sondern notwendig auf die Inhalte hin sich konkretisierende Form, und sie besitzt in der Objektivität solchen klaren Durchdenkens der Erziehungswirklichkeit nach ihren Bezügen und ihrem Aufbau ein Mittel, die pädagogischen Ideale und Methoden zu erhellen, zu kritisieren und von subjektiven Schlacken zu reinigen." (S. 120/121)

Wenn Nohl erziehungswissenschaftlichen Aussagen dieser Art „Allgemeingültigkeit" zuspricht, so ist diese These wohl nicht so zu verstehen, daß jede hier formulierte Erkenntnis tatsächlich als nicht mehr korrigierbar, für alle Zeiten gültig anerkannt werden muß, sondern nur in dem Sinne, daß Aussagen auf dieser Erkenntnisebene *der Absicht nach* auf eine so allgemeine Geltung zielen. Das schließt ein, daß eine in dieser Absicht gemachte Aussage sich bei genauerer Prüfung an historisch-pädagogischem Material als irrig, als nur für begrenzte Zeiten und für ganz bestimmte historische Bedingungen gültig erweist oder daß sie mindestens teilweise korrigiert, präzisiert, verändert werden muß.

Die Bedeutung solcher Strukturerkenntnisse für praktisch-pädagogische Entscheidungen wird deutlich, wenn Nohl betont:

Beispiel für die Bedeutung von Strukturerkenntnissen

„Welche Entscheidung immer getroffen werden muß, sie wird nun gefällt angesichts der Systematik und der typischen pädagogischen Möglichkeiten wie vor einem Dominantensystem, an dem sie sich orientieren muß". (S. 121) – Nohl skizziert ein Beispiel: „Die Doppelseitigkeit des Verhältnisses von Erzieher und Zögling und ihre Spannung kann in keiner Pädagogik aufgehoben werden, denn sie liegt im Wesen der Sache, aber die Betonung der beiden Faktoren dieses Verhältnisses kann sehr verschieden sein, und die Geschichte der Erziehung zeigt, wie die Entwicklung von einer Erzieherpädagogik allmählich bis zu dem Extrem einer Zöglingspädagogik fortgeschritten ist. Geht diese Entwicklung in der Geschichte sozusagen blind vor sich, so erkennt die Theorie nun das Wesensgesetz dieses Verhältnisses, die Bedingungen, unter denen es sich verändert, und die Bedeutung dieser Veränderung. Damit wird es nicht endgültig festgelegt – die Labilität des Lebendigen bleibt, aber jede neue Formung geschieht nun mit dem Bewußtsein dieser Spannung, ihres Gehaltes und ihrer Folgen und begründet sich ihm gegenüber." (S. 122)

An diesem Beispiel wird ein Charakteristikum der Nohl'schen Theorie im Hinblick auf die hier erörterte Frage deutlich: Jene allgemeinen, typischen Strukturen sind in der Mehrzahl polar geordnete Beziehungen, „*Polaritäten*":

Polaritäten im Sinne Nohls

- Erzieher – junger Mensch (Zögling)
- Gruppe – Einzelner
- Anspruch auf Individualität, Freiheit, Selbstseinkönnen des jungen Menschen – Anspruch der Mitmenschen, Wahrung der Lebensbedingungen des gesellschaftlichen und kulturellen Systems
- Orientierung der Erziehungsarbeit an der Gegenwart des jungen Menschen – Berücksichtigung der Überlieferung (Tradition) – Offenheit für die Zukunft
- Hinwendung des Erziehers zum jungen Menschen in seiner gegenwärtigen Wirklichkeit – Verantwortung des Erziehers für die Förderung seiner potentiellen bzw. künftigen Möglichkeiten usw.

Nohls Polaritätsgedanke sei noch an einem weiteren Beispiel verdeutlicht:

> „Die Bildung geht auf Weckung und Gestaltung des Innern, aber sie bedarf dazu eines geistigen Inhalts, der nicht bloß Mittel ist, sondern Selbstwert hat, sie ist auf eine Form des geistigen Lebens gerichtet, aber diese Form kommt nur durch Assimilation eines Gehaltes zustande, sie will Entwicklung von Kräften, die doch nur an einer unbeugsamen Gegenständlichkeit sich wahrhaft entwickeln." (S. 143)

Auch in *Sprangers* pädagogischen Schriften stößt man an zentralen Stellen auf den Versuch, übergreifende „Typen" bzw. „typische Strukturen" herauszuarbeiten, die einerseits dazu dienen sollen, die Vielzahl historischer Erziehungsphänomene zu sichten und unter systematischen Kategorien vergleichen zu können, andererseits Aufklärung des praktischen Erziehers über seine eigenen Entscheidungsmöglichkeiten und -bedingungen zu leisten. Das gilt z. B. für Sprangers Abhandlung über „Grundstile der Erziehung" (jetzt in Spranger: Pädagogische Perspektiven. 3. Aufl. Heidelberg 1955, S. 93–123), in der er „Grundmöglichkeiten des pädagogischen Vorgehens" kennzeichnen will, Möglichkeiten, „zwischen denen man wählen kann, ohne daß man es von vornherein falsch macht." (S. 95).

„Idealtypen" im Sinne Sprangers

Spranger versteht solche Grundstile als „Idealtypen" (S. 95), d. h. als gedanklich konstruierte, „reine Fälle":

> „Idealtypen … sind noch halb anschaulich unterbaute Gedankenbildungen, die man aus der Formenfülle der Welt empirisch gewonnen hat, gleichsam als Niederschläge der Erfahrung, die das Formverwandte heraushebt und einander zuordnet. …; jedoch sind sie zugleich in Gedanken … entworfen. Sie dienen rein methodischen Zwecken und haben mit dem ethischen Ideal oder anderen Wertbeurteilungen … nichts zu tun. Sie sind ideal im Sinne von *gedanklicher Isolierung* und sie sind *konstruiert* als äußerste

reine Fälle, die nur als methodische Hilfsmittel zur schärferen Herausarbeitung wirklich vorkommender Fälle dienen." (S. 95)

In diesem Sinne unterscheidet Spranger einen „weltnahen" und einen „isolierenden", einen „freien" und einen „gebundenen", einen „individualitätsnahen" und einen „uniformen" Erziehungsstil sowie eine „vorgreifende" von einer „entwicklungstreuen Erziehung".

Dialektische Strukturen und dialektisches Denken bei Litt

Auch in *Litts* pädagogischen Untersuchungen nimmt die Erörterung solcher polarer Beziehungen, wie sie bei Nohl und Spranger betont werden, eine zentrale Stellung ein. Ein prägnantes Beispiel dafür bildet das Buch „Führen oder Wachsenlassen" (1. Aufl. Leipzig 1927, 13. Aufl. Stuttgart 1957), dessen Untertitel lautet: „Eine Erörterung des pädagogischen Grundproblems".

Begrifflich strenger als Nohl und Spranger, versteht Litt seine eigene Denkbewegung, die er in der Untersuchung der beiden Sprachbilder

- Erziehung müsse im Kern als ein Vorgang des Führens verstanden werden: der Erzieher führe den zu Erziehenden zu bestimmten Zielen;
- Erziehung müsse im Kern als „Wachsenlassen" des jungen Menschen verstanden werden, als Hilfe zur eigenen, selbsttätigen Entfaltung der Möglichkeiten des jungen Menschen.

vollzieht, als „dialektisch", d.h. hier: als eine Denkbewegung durch gegensätzliche Positionen hindurch, wobei die Auseinandersetzung die wechselseitigen Beziehungen der scheinbar absolut entgegengesetzten Positionen enthüllt und die begrenzten Wahrheitsmomente jeder Position abschließend in neuer Weise zueinander in Beziehung setzt.[3]

Für das Problem „Führen oder Wachsenlassen" kann das „Resultat" Litts in stark verkürzender Weise folgendermaßen angedeutet werden: Damit der junge Mensch seine Entwicklung zunehmend selbsttätiger in seiner Gegenwart und auf seine Zukunft hin bestimmen kann, bedarf er pädagogischer „Führung"; aber solche „Führung" wird nur der Entwicklung von freier Entscheidungsfähigkeit, Mündigkeit, Selbstbestimmung, produktiver Aneignung gesellschaftlich-kultureller Überlieferung dienen, sofern sie „wachsen läßt", d.h. die Selbsttätigkeit des jungen Menschen, seine eigenen Interessen, eigenen Versuche der Selbstbestimmung anregt und ihn auch gegenüber der pädagogischen „Führung" freisetzt.

Litt hat für solche Aussagen, die pädagogische Grundstrukturen herausarbeiten, ähnlich wie Nohl allgemeine Geltung beansprucht. Sehr präzis formuliert er diese These im Aufsatz über „Die Bedeutung der pädagogischen Theorie für die Ausbildung

3 vgl. zur Denkform Nohls und Litts: W. Klafki: Dialektisches Denken in der Pädagogik. In: Denkformen und Forschungsmethoden der Erziehungswissenschaft. Bd. I, hrsg. von S. Oppolzer, München 1966, S. 159–182.

des Lehrers", und zwar anhand eines Zusammenhanges, den wir im Abschnitt über „Die relative Eigenständigkeit der Erziehung in Theorie und Praxis" bereits einmal zitierten (vgl. Kurseinheit 2, Kap. 6.3). Es geht dort um das Verhältnis der Entwicklung der Individualität des jungen Menschen, seiner pädagogischen Möglichkeiten einerseits und das Gewicht des historisch gewordenen Gesellschafts- und Kulturzusammenhanges, in den der Einzelne durch seine (wie wir heute sagen würden) Sozialisation und durch Erziehung hineingeführt wird, andererseits:

> „In jedem vollsinnigen Menschen", so hatte Litt dort betont, werde „das geistige Ganze" (sprich: der gesellschaftlich-kulturelle Gesamtzusammenhang) gerade mit Hilfe der Erziehung „aus dem Zentrum des persönlichen Seins neu erzeugt." (a.a.O., S. 123). „So wird durch das Verhältnis Erzieher – Zögling eine Verantwortung gestiftet, die ihr vereintes Bemühen über jedes bloß angeordnete und ausführende Tun weit hinaushebt: In ihrer Begegnung tut der Geist einen – sei es auch nur kleinen – Schritt nach vorwärts."

Vom Inhalt dieser Thesen sagt Litt nun:

> „Man beachte wohl: was hier über den Inhalt und die Bedeutung des erzieherischen Tuns ausgesagt ist, das gilt, wann immer und wo immer erzogen werden mag. In ihm ist das Verhältnis zwischen dem Erzieher, dem Zögling und den überpersönlichen Mächten in einer streng allgemeingültigen Weise festgelegt." (S. 124)

Grenzen des Allgemeingültigkeitsanspruchs formaler Bestimmungen

Kritisch wird man gegenüber Litts Allgemeingültigkeits-Argument – Analoges gilt für Nohls diesbezügliche Aussagen – eine Eingrenzung vornehmen müssen: Der hier als „allgemeingültig" betonte Zusammenhang gilt doch wohl nur, soweit Selbstbestimmungsfähigkeit, Mündigkeit des jungen Menschen als pädagogisches Ziel anerkannt ist (wie unterschiedlich dieses Ziel im übrigen auch ausgelegt werden mag). Wo dagegen ausschließliche Einfügung in oder gar Unterwerfung unter vorgegebene Normen, gesellschaftliche Funktionen, kulturelle Traditionen als unausdrückliche oder ausdrückliche Ziele von Erziehung gelten, verliert u. E. Litts Aussage ihre Gültigkeit. M. a. W.: „Allgemein" gilt jene Argumentation nur im Rahmen bestimmter Bedingungen, die in größerem Maße erst seit der europäischen Aufklärung anerkannt werden und selbst heute noch weitgehend nur programmatisch verfochten werden. Das schließt nicht aus, daß man Vorläufer eines solchen Verständnisses der Erziehungsaufgabe bis in die Antike hinein zurückverfolgen kann.

8 Inhaltliche Grundprobleme der Erziehung in der Sicht der GP

8.1 Vorbemerkung zum 8. Kapitel

Nachdem in den ersten sieben Kapiteln dieses Teilkurses

- ein erster Umriß dessen, was unter „geisteswissenschaftlicher Pädagogik" zu verstehen ist, und eine sozialgeschichtliche Standortbestimmung der Begründer dieser erziehungswissenschaftlichen Richtung entwickelt (Einführungsteil und erste Kurseinheit, Kapitel 2–4),
- die Bedeutung der Lebensphilosophie (erste Kurseinheit, Kapitel 5.1 bis 5.3) und der Theorie der Geisteswissenschaften bei Wilhelm Dilthey für die GP aufgewiesen (zweite Kurseinheit, Kapitel 5.6) und,
- einige der wissenschaftstheoretischen Grundprinzipien der GP erörtert worden sind (zweite Kurseinheit, Kapitel 6.1–6.3; dritte Kurseinheit, Kapitel 7.–7.2.2), sollen im folgenden Kapitel, das sich auch über die vierte Kurseinheit erstrecken wird, einige *inhaltliche* Aussagezusammenhänge der GP zu pädagogischen Grundproblemen behandelt werden. Angesichts der erheblichen Anzahl von Beiträgen zu fast allen Problemen, die dieser Richtung der deutschen Erziehungswissenschaft in der Weimarer Zeit und in den ersten 1 1/2 Jahrzehnten nach 1945 überhaupt als pädagogische Grundprobleme bewußt geworden sind, und der noch größeren Zahl von Veröffentlichungen über Teilbereiche und Einzelfragen der pädagogischen Praxis und Theorie (Schultheorie, Didaktik und Methodik, fachdidaktische Fragen, frühkindliche Erziehung und Kindergartenpädagogik, Sozialpädagogik, Erwachsenenbildung, Berufspädagogik, Militärpädagogik, Lehrerbildung und Sozialpädagogenausbildung, Geschichte der pädagogischen Theorie und der pädagogischen Institutionen) ist es notwendig, die Darstellung unter Verzicht auf auch nur angenäherte Vollständigkeit auf wenige ausgewählte Kernprobleme zu konzentrieren. Bei der Erörterung solcher Grundprobleme wird dann mehrfach auf die Konsequenzen für die Stellungnahme der GP zu bestimmten Einzelfragen verwiesen werden.

W. Klafki, *Geisteswissenschaftliche Pädagogik*, Neuere Geschichte der Pädagogik,
https://doi.org/10.1007/978-3-658-37172-2_10

Vorankündigung

Folgende pädagogische Grundprobleme werden in diesem Kapitel erörtert werden!

- Pädagogisch-anthropologische Grundmodelle in der GP,
- das Problem der pädagogischen Zielsetzung, ein Fragenkreis, der von der GP häufig unter Verwendung des *Bildungsbegriffs* durchdacht worden ist („Bildung" als angestrebtes Ziel der Erziehung),
- die Struktur des Erziehungs- bzw. Bildungsvor*ganges* und
- das Problem des „pädagogischen Bezuges" zwischen Erziehenden und Zu-Erziehenden.

▸ **Hinweis zum Verständnis der folgenden Ausführungen:**
Für die Ausführungen in diesem Studienbrief gilt in besonderem Maße, was schon an früherer Stelle betont wurde: Die GP hat keine geschlossene pädagogische Theorie entwickelt, die von allen ihren Vertretern als verbindlicher Aussagezusammenhang anerkannt wäre. Vergleicht man die Theorieansätze der GP mit denen anderer erziehungswissenschaftlicher Teilrichtungen (vgl. Kurseinheit 1, S. 108–116), dann treten jene weitgehenden Gemeinsamkeiten jener Autoren, die unter der Bezeichnung „geisteswissenschaftliche Pädagogik" zusammengefaßt werden, heraus. Innerhalb dieser Gruppe jedoch gibt es z. T. durchaus wesentliche Unterschiede; insofern ist es unzulässig, von bestimmten, im folgenden dargestellten Theorien über einzelne pädagogische Grundprobleme direkt auf „die" GP zu schließen. Soweit der begrenzte Raum es zuläßt, werden wir im folgenden mehrfach Varianten geisteswissenschaftlicher Theoriebildung zum jeweils gleichen Problem vorführen.

8.2 Pädagogisch-anthropologische Grundmodelle in der GP

8.2.1 Einführende Vorüberlegungen zur Bedeutung pädagogisch-anthropologischer Aussagen im Gesamtzusammenhang pädagogischer Theoriebildung

Der systematische Stellenwert der pädagogischen Anthropologie innerhalb der GP

Wenn wir die Darstellung dieses Fragenkreises *vor* die Erörterung der Probleme der pädagogischen Zielsetzung (bzw. des Bildungsproblems), des pädagogischen Bezuges und des Erziehungs- bzw. Bildungsvorganges stellen, so muß sogleich ein Mißverständnis abgewehrt werden: Unter „Anthropologie" wird hier ein Zusammenhang von Aussagen über zentrale Merkmale menschlicher Existenz, unter „pädagogischer Anthropologie" ein Zusammenhang von Aussagen über den Menschen als ein erziehungsbedürftiges und erziehbares („bildbares", auf Erziehung bzw. Bildung ansprechbares) Wesen verstanden. Nun ist es aber nicht so, daß die übrigen inhaltlichen Aussagen der GP bzw. einzelner Vertreter etwa als „angewandte pädagogische Anthropologie" verstanden werden könnten, also in dem Sinne, daß die betreffenden

Autoren zunächst jeweils eine „pädagogische Anthropologie“ ausgearbeitet oder übernommen hätten, um daraus weitere Konsequenzen für die Zielsetzung der Erziehung, die Aufschlüsselung des Erziehungsprozesses usw. abzuleiten bzw. eine solche pädagogische Anthropologie auf jene pädagogischen Problemaspekte „anzuwenden“.

Aufgabe 2

Vergegenwärtigen Sie sich an dieser Stelle noch einmal Litts kritische Argumentation gegenüber allen Versuchen, Pädagogik als „angewandte Wissenschaft“ zu interpretieren (vgl. zweite Kurseinheit, Abschnitt 6.2.1).

Das Verhältnis der Aussagen pädagogisch-anthropologischer Art zu Aussagen über die pädagogische Zielproblematik, den Erziehungsprozeß, den pädagogischen Bezug usw. muß als ein *wechselseitiges Bedingungsverhältnis* verstanden werden. Das bedeutet: Wenn in pädagogisch-anthropologischen Aussagen allgemeine Argumente über die Bedingungen vorgetragen werden, die gegeben sein oder als gegeben angenommen werden müssen, damit Erziehung überhaupt *möglich* ist,

also Aussagen etwa über „Erziehbarkeit“ bzw. „Bildbarkeit“, über das Verhältnis der Befriedigung menschlicher Grundbedürfnisse zu der Möglichkeit, „höhere“ und differenziertere Fähigkeiten o. ä. –, „denken“, „erkennen“, „kritisch urteilen“, „sich in die Situation eines anderen hineinversetzen können“, „Handeln im Sinne von Grundsätzen, die man als gültig erkannt hat“ usw. – auszubilden,

dann können solche Argumente nicht *vor* der Auseinandersetzung z. B. mit Erziehungszielfragen oder Problemen des Erziehungsprozesses usw. gewonnen werden, sondern sie setzen immer schon voraus, daß solche pädagogischen Grundprobleme bis zu irgendeinem Grade durchdacht worden sind. Umgekehrt gilt aber auch, daß in jeder Aussage über das Verhältnis von Erziehenden und Zu-Erziehenden (über den „pädagogischen Bezug“ oder das „pädagogische Verhältnis“) mindestens implizit generelle Voraussetzungen pädagogisch-anthropologischer Art im oben skizzierten Sinne darinnenstecken. Sofern der betreffende Erziehungswissenschaftler sich solche pädagogisch-anthropologischen Grundprobleme bereits bewußt gemacht und sie bis zu irgendeinem Grade systematisch durchdacht hat, werden diese Reflexionen auch in seine Denkarbeit an der Klärung z. B. des Erziehungsziel-Problems oder der Struktur des Erziehungs-(Bildungs-)prozesses usw. eingehen.

Das wechselseitige Bedingungsverhältnis zwischen pädagogisch-anthropologischen und anderen pädagogischen Aussagen

Selbst wenn in einem pädagogischen Werk der GP pädagogisch-anthropologische Aussagen *vor* der Erörterung weiterer pädagogischer Grundprobleme stehen, so handelt es sich um eine Reihenfolge, die der Autor für die *Darstellung* als zweckmäßig betrachtet; es darf daraus aber nicht auf ein „Anwendungsverhältnis“ geschlossen werden.

Diese Hinweise zielen einmal auf das weiter unten genauer charakterisierte pädagogisch-anthropologische Modell Wilhelm Flitners, das er im ersten Teil seiner „Allgemeinen Pädagogik" entwickelt hat, zum anderen auf die Reihenfolge, nach der *wir* in diesem Studienbrief vorgehen.

Literaturhinweise auf explizite pädagogische Anthropologien in der GP

Argumentationen, die dem Aspekt einer pädagogischen Anthropologie zuzuordnen sind, finden sich bei fast allen Hauptvertretern der GP. In systematischem Zusammenhang haben Eduard Spranger in seiner „Psychologie des Jugendalters" (1. Aufl. 1924, 27. Aufl. Heidelberg 1964), H. Nohl in einigen Passagen seines Werkes „Die pädagogische Bewegung in Deutschland und ihre Theorie" (zuerst 1930, 3. Aufl. 1947) und dann ausführlicher in seinem Buch „Charakter und Schicksal" (1938, 3., verm. Aufl. 1947), das er im Untertitel als eine „Pädagogische Menschenkunde" bezeichnet hat, pädagogisch-anthropologische Theorien entwickelt, O. F. Bollnow in verschiedenen Schriften, besonders prägnant in dem kleinen Buch „Die anthropologische Betrachtungsweise in der Pädagogik" (Essen 1965), Andreas Flitner in seinen Beiträgen über „Wege zur pädagogischen Anthropologie" (Heidelberg 1963).

Der Begriff pädagogisch-anthropologisches „Modell" (Denkmodell) meint hier einen strukturierten theoretischen Entwurf, ein Interpretationsschema („Schema" ist hier nicht negativ wertend gemeint), mit dessen Hilfe bestimmte konkrete Handlungs- und Verhaltensweisen von Zu-Erziehenden, besonders Kindern und Jugendlichen, Schwierigkeiten und Probleme, die bei den zu erziehenden Subjekten im Erziehungsfeld auftreten, verstehbar gemacht werden können. Wir stellen im folgenden zunächst ein solches Modell als Kernstück der „pädagogischen Menschenkunde" H. Nohls und danach W. Flitners „Vier Sichtweisen des Menschen und der Erziehung" dar.

8.2.2 Nohls Wiederaufnahme der Platonischen Theorie von den drei Schichten der menschlichen Seele

► **Terminologische Anmerkung:**

Die Begriffe „Seele", „Psyche", „seelisch", „psychisch" werden in der GP mit unterschiedlichem Bedeutungsumfang verwendet, gewöhnlich, ohne daß im Einzelfall ausdrücklich darauf aufmerksam gemacht wird, welcher Geltungsbereich gemeint ist.

Einesteils werden jene Begriffe oft als allgemeine Umschreibungen *aller* Erfahrungs-, Ausdrucks- und Handlungsmöglichkeiten des Menschen verwendet, die nicht rein physiologischer, körperlicher Natur sind. In diesem Sinne umfaßt der Begriff „Seele" (bzw. „Psyche" oder die entsprechenden Adjektive) also nicht nur die emotionale Dimension menschlicher Existenz („Gefühl"), sondern auch die Dimension des Bewußtseins bzw. der Erkenntnis-, Denk- und Urteilsfähigkeit (die „kognitive" Dimension"). – Andernteils werden für die Bewußtseinsdimension auch die Begriffe „Geist" bzw. „geistig" verwendet; „seelisch" meint dann in Unterscheidung davon die emotionalen Phänomene.

Wird die eben gemachte Unterscheidung mitgedacht und soll vom gesamten Bereich der mehr als körperlichen Existenz des Menschen gesprochen werden, so trifft man häufig auf die Doppelformel „seelisch-geistig" oder „geistig-seelisch".

8.2.2.1 Das Charakteristische einer pädagogischen Menschenkunde im Sinne Nohls in Unterscheidung von der empirisch verfahrenden Psychologie

▶ **Terminologische Anmerkung:**
Für Nohl, aber auch für die übrigen Vertreter der GP ist die Bezeichnung „Pädagogische Menschenkunde" oder „Pädagogische Anthropologie" ein anderer Begriff für „Geisteswissenschaftliche pädagogische Psychologie".

Nohl hat in seinen Beiträgen zur pädagogischen Anthropologie häufig auf die zu seiner Zeit stark entfaltete und sich weiter entwickelnde empirische Psychologie, die mit größeren Stichproben, exakten Beobachtungen oder Experimenten und statistischer Auswertung arbeitet, verwiesen und ihre Sichtweise sowie ihre Ergebnisse ausdrücklich positiv in seine „pädagogische Menschenkunde", die er allerdings als die umfassendere Betrachtungsweise ansah, zu integrieren versucht.

„Verstehen" schließt „Erklären" ein

Das komplexe *Verstehen* des Aufwachsenden aus seinen Lebensumständen und -erfahrungen, seinen Motiven, Zielsetzungen und Schwierigkeiten heraus schloß das kausale *Erklären* einzelner psychologischer Zusammenhänge – z. B. die Entstehung einer Leistungshemmung aus Frustrationserfahrungen; die Gesetzmäßigkeit von Übungseffekten im Lernprozeß usw. – nach Nohls Verständnis nicht aus, sondern ein.

Es ist dieses ein Beispiel dafür, daß die GP bis etwa zu den 60-ger Jahren zwar kaum eigene empirisch-pädagogische Forschung betrieben hat, daß sie sich aber keineswegs generell negativ gegenüber empirischer Forschung abgrenzte, sondern ihr einen – wenn auch begrenzten – Stellenwert für die Erziehungswissenschaft durchaus zusprach.

Das Verhältnis von empirischer Psychologie und „verstehender" Psychologie als pädagogischer Anthropologie

An dieser Stelle lassen sich nun zwei zentrale Merkmale verdeutlichen, durch die sich pädagogische Anthropologie nach Nohls Auffassung von einer ausschließlich „empirisch" – Nohl sagt häufig: „naturwissenschaftlich" – arbeitenden pädagogischen Psychologie unterscheidet. Empirische Psychologie verfährt nach Nohl beschreibend und analysierend, ist auf psychologische Fakten, die zu einem bestimmten Zeitpunkt nachweisbar sind, also auf überprüfbare psychische „Realität" gerichtet. Solche Erkenntnis ist auch für eine pädagogische Anthropologie unverzichtbar. Aber damit ist nur die eine der beiden grundlegenden Sichtweisen auf die Wirklichkeit des Menschen, die für die Pädagogik notwendig sind, bezeichnet. Die andere Sichtweise richtet sich nicht nur auf die isolierend festgestellte Wirklichkeit des zu Erziehenden „hier und jetzt", sondern – unter Berücksichtigung solcher Fakten – auf die *Möglichkeiten*, die *Ziele*, die *Wünsche* des jungen Menschen; Nohl sagt auch: auf sein „Ideal".

„… da der Pädagoge das Kind nicht bloß ändern will nach seinen Zwecken, sondern es bilden will als ein lebendiges menschliches Wesen mit seinem Selbstzweck, für das die Form immer nur die Entfaltung seines eigenen Innern ist, so muß er dieses Innere nach seinen Möglichkeiten, Sehnsüchten und letzten produktiven Antrieben, nach seiner „Begabung" im weitesten Sinne des Wortes kennen, um diese Gegebenheiten einer Form zuzuführen, in der sie ihre Vollendung erfahren. – So gehört das, was wir „pädagogische Menschenkunde" nennen, in das große Gebiet der Menschenkenntnis überhaupt, aber es bekommt aus der pädagogischen Aufgabe seine besondere Zuspitzung auf die Frage der Bildsamkeit und der Begabung; und hat sie auch einen wesentlichen Zug von dem, was man mit einem besonderen Nachdruck „Menschenkenntnis" nennt, also von jenem Realismus, der hinter die Kulisse und die Maske sieht und sich nichts vormachen lassen will, so liegt doch in dem pädagogischen Verhältnis vor allem der ideale Zug, der auf die Wertmöglichkeiten im Kinde gerichtet ist und es nicht bloß bei seiner Triebbestimmtheit ertappen will, sondern das höhere Leben in ihm sucht, seine Idealform und seine Berufung." (Nohl: Charakter und Schicksal. 3. Aufl. Frankfurt/M. 1947, S. 15)

„*Die Grundeinstellung, mit der der Pädagoge dem Kind gegenübersteht, ist also eine eigentümliche Mischung von realistischem und idealem Sehen,* die sich ergibt aus der Einsicht in die Zweiseitigkeit im Wesen des Menschen." (S. 16)

„Das objektive Material unserer Anlagen ist immer hingeordnet auf eine Spitze, von der aus es erst seinen wahren Sinn bekommt, und dieses Ideal unserer Existenz gehört mit zu unserer Wirklichkeit. So deuten wir den Menschen immer zugleich von unten und von oben. Die Deutung von oben aber und ihr Gegenstand sind in gleicher Weise geschichtlich, bedingt vom Ideal der Zeit …" „Diese Geschichtlichkeit des Seelenlebens führt an die letzte Grenze der naturwissenschaftlichen Psychologie. Sie behandelt den Menschen auch darin wie ein Naturobjekt, da sie mit immer gleichen Elementen in ihm rechnet. Der Mensch ist aber bis ins Mark historisch: nicht bloß, daß kein Akt so wieder kommt, wie einst, weil die ganze seelische Vergangenheit immer mithandelt – das seelische Erlebnis entsteht immer aus der Totalität des Menschen auch in der Zeit und will aus ihr nach seinem Inhalt verstanden werden –, sondern weil die Feststellung des Wesens eines Menschen, wie wir gesehen haben, nie von seinem Ideal zu trennen ist." (S. 24)

Die „ganzheitliche" Betrachtungsweise als ein Charakteristikum der „verstehenden" Psychologie

Diese pädagogisch-anthropologische Sichtweise ist notwendigerweise eine „ganzheitliche". In ihr wird immer nach dem Zusammenhang einzelner Züge am Kind oder Jugendlichen – *dieses* speziellen Interesses, *dieser* Lernschwäche, *dieser* Angst usw. – mit der Gesamtpersönlichkeit und mit den zukünftigen Möglichkeiten des Kindes und Jugendlichen gefragt. Nohl betont folglich,

> „daß wir beim Verstehen des seelischen Lebens es nie bloß mit abstrakten Einzelzügen zu tun haben, sondern auch im einzelnen immer mit dem Ganzen. ‚In jedem Ausschnitt des geistigen Lebens sind, wenn auch in ungleicher Stärke, sämtliche geistigen Grundrichtungen enthalten. Jede geistige Totalität zeigt dem analysierenden Blick *alle* Seiten, in die sich der Geist überhaupt differenzieren kann'. (E. Spranger: Lebensformen. Geisteswissenschaftliche Psychologie und Ethik der Persönlichkeit. Erstfassung 1914, zweite völlig neu bearb. Aufl. Leipzig 1921, S. 31). Diese Voraussetzung „gilt für die seelischen Funktionen wie für die geistigen Akte. Jede Vorstellung hat eine Gefühls- und eine Willensseite, wie jedes Streben eine Zielvorstellung und einen Gefühlston enthält usw." (Nohl: Charakter und Schicksal, S. 22)

Um aber Einzelerscheinungen auf den psychischen (i. w. S. d. W.) Gesamtzusammenhang einer Person beziehen zu können, bedarf es eines Denkmodells dieses Ganzen. Im Sinne der im Abschnitt 7.2.2 erläuterten methodologischen Auffassung der GP, daß – unbeschadet der Geschichtlichkeit aller *konkreten* pädagogischen Sachverhalte – die Erkenntnis allgemeiner Strukturen möglich sei, die sich freilich real immer nur in historisch einmaliger Inhaltlichkeit konkretisieren, hat Nohl in der pädagogischen Anthropologie ein Strukturmodell vom Gesamtaufbau der menschlichen Seele (i. w. S. d. W.) vorgelegt. Dieses Modell erschöpft keineswegs das Insgesamt der pädagogischen Anthropologie Nohls; er sagt jedoch, daß das Verständnis des „Schichtenaufbaus der menschlichen Seele" „die wichtigste Grundlage für jede Menschenkunde ist." (Charakter und Schicksal, S. 26)

8.2.2.2 Ein Vier-Schichtenmodell des Aufbaus der menschlichen Seele

Nohl entlehnt die wichtigsten Grundzüge seines Modells einer Schichtentheorie, die der griechische Philosoph Plato (auch Platon; 427–347 v. Chr.) in seinem politisch-pädagogischen Hauptwerk „Der Staat" (Politeia) vertreten hatte. Nohl glaubte, in der späteren Geschichte des anthropologischen Denkens und auch in der Erziehungstheorie die platonischen Grundgedanken in zahlreichen Variationen und Modifikationen wieder erkennen zu können, insbesondere bei den Begründern der Pädagogik als Wissenschaft im beginnenden 19. Jahrhundert, vor allem bei Johann Friedrich Herbart (1776–1841) und Friedrich Daniel Ernst Schleiermacher (1768–1834), aber z. B. auch bei Johann Heinrich Pestalozzi (1746–1827).[4]

Plato unterschied drei Schichten der menschlichen Seele, d. h. Bereiche, aus denen die Antriebe, die Impulse, die Motive für menschliche Tätigkeit i. w. S. d. W. stammen können:

4 vgl. H. Nohl: Die pädagogische Bewegung in Deutschland und ihre Theorie. 3. Aufl. Frankfurt/M. 1949, S. 157–160.

Erste Schicht Die erste Schicht nennt er Triebschicht; Nohl spricht von der ‚biologischen Schicht der Begierden'. Gemeint sind die menschlichen Grundtriebe, die auf die Befriedigung elementarer Lebensbedürfnisse gerichtet sind: Hunger, Durst, Geschlechtstrieb, Lebensangst.

> „Platon spricht es ausdrücklich aus, daß diese Schicht in einem jeden ist, ‚eine heftige, wilde und gesetzlose Art von Begierden in einem jeden', und zwar ‚das meiste in der Seele eines jeden und das unersättlichste', und als Beweis dafür bringt er, wie heute die Psychoanalyse, den Traum bei, in dem diese Begierden ihre schamlose Befriedigung suchen." (Charakter und Schicksal, S. 29)

Zweite Schicht Die zweite Schicht bezeichnet Nohl im Anschluß an Plato als die des „Thymos" (Betonung auf der zweiten Silbe: Thymós). „Thymos" kann als „das Löwenartige", „das Mutartige", „Ehrliebende" übersetzt werden. Gemeint sind alle jene Antriebe, die auf Anerkennung des Menschen durch andere, auf Befriedigung des Ehrgeizes, auf die Lust, etwas leisten, bewältigen zu können, etwas zu gelten, auf den Sieg im Wettstreit mit anderen, auf die Lust an Wagnissen, daran, sich etwas zutrauen zu können, gerichtet sind.

> Dieser „streitlustige Wille zum ‚Machthaben, Siegen und Berühmtsein' (negativ gewendet = Unwille und Zorn), der falsch angespannt, zu Anmaßung und Unfreundlichkeit gegen andere führt, erschlafft und abgespannt aber zu Üppigkeit und Weichlichkeit, der durch Schmeichelei niederträchtig wird …" gehe „aber von Natur mit dem höheren Wert" und habe „sein Ziel in der Ehre." (S. 29)

> „Diese Abtrennung des Thymos, des Eifers von den Begierden und die Erkenntnis seiner höheren Schichtlage war ein tiefer Blick Platons in den Aufbau der Seele. Der Wille hat, ganz abgesehen von seinen Inhalten, gewisse formale Eigenschaften, wie Mut, Ausdauer, Energie und Geschlossenheit. Diese Eigenschaften sind, unabhängig von allen äußeren Reizen und Abhängigkeiten, in unserer eigenen Hand gelegen und mit einer gehobenen Gefühlslage, Kraft- und Sicherheitsgefühl verbunden … Bei ihrem Fehlen stellen sich Minderwertigkeitsgefühle ein. Hier liegt ein selbständiger Einsatz des seelischen Lebens, und wir haben in ihm ein Mittel, die tiefere Schicht zu beherrschen. Schon Tiere zeigen diesen Eifer und sind ‚begierig', den anderen zu übertreffen wegen keiner anderen Prämie als wegen des Sieges selbst' (Platon). Wir erleben diese Gefühle gehobenen Lebens in Spiel und Sport, in jeder fortschreitenden Arbeit … Vier Fünftel aller Literatur, die wir jungen Menschen geben, erwachsen aus dieser Krafterfahrung, Geschichten von Afrika- und Nordpolreisenden, Bergsteigererzählungen, selbst Kriminalromane. Auch der Film lebt wesentlich von ihr. Der Wetteifer ist die Form, in der sie vor allem zur Entfaltung kommt." (S. 30)

Die dritte Schicht ist „die eigentlich menschliche“, die Schicht des Nus (langgesprochenes U: nus, des Geistes, S. 30). Plato nennt sie auch die Schicht des Eros, wobei „Eros“ hier nicht auf die geschlechtliche Liebe bezogen ist, sondern auf die Liebe zum Geist, zur Erkenntnis, zum Leben aus als wahr erkannten Grundsätzen, zum „Wahren Schönen und Guten“. Diese Schicht meint

Dritte Schicht

> „das Lernbegierige und Philosophische im Menschen, ... allgemeiner ausgedrückt die ‚geistigen Grundrichtungen' oder ‚Interessen', die charakterisiert sind durch die uneigennützige Hinwendung zu der Sache“ (S. 30). – Beispiele für die gemeinten „Grundrichtungen“ wären die Liebe zum Wahren, zum Schönen und/oder zum Guten.

Nohl hat nun darauf hingewiesen, daß Plato an einigen Stellen seiner Schriften noch eine vierte Schicht angesprochen, allerdings begrifflich nicht klar von der dritten Schicht unterschieden habe.

Diese vierte Schicht bezeichnet Nohl u. a. als diejenige der „Einheit der Person“. Sie ist nicht durch eine neue Inhaltlichkeit im Vergleich zu den anderen Schichten gekennzeichnet, sondern bezeichnet die Möglichkeit und die Aufgabe des Menschen, sich unter verschiedenen seiner Möglichkeiten für bestimmte zu entscheiden, modern gesprochen: Ich-Identität zu entwickeln, einen begründeten Zusammenhang des Lebens, der Erfahrungen und Handlungen zustandezubringen, negativ gesprochen: nicht heute dieses und morgen das Entgegengesetzte zu wollen und zu tun.

Vierte Schicht

> „Die Kraft, im Bewußtsein festzuhalten, ist die Grundlage alles höheren Lebens, und Eltern freuen sich mit Recht, wenn der Säugling zum erstenmal etwas ‚ins Auge faßt', denn es ist der Beweis seiner geistigen Wachheit. Das Gewinnen immer stärkerer Konzentrationsfähigkeit bleibt dann eine der wichtigsten Aufgaben aller Erziehung in Kindergarten und Schule, ja bis ins reife Alter hinauf.“ (S. 33)

Diese Möglichkeit, sich willentlich zu konzentrieren, den Willen zur Konstanz im eigenen Leben aufzubringen, darf allerdings nicht mit rigoroser Starrheit, Unfähigkeit, sich gemäß eigener neuer Erkenntnis zu wandeln, gleichgesetzt werden.

Wir haben im vorangehenden die Grundzüge des an Plato anknüpfenden anthropologischen Vierschichtenmodells referiert. An einigen Stellen wurde bereits angedeutet, daß Nohl sich auch hinsichtlich der Frage nach der *pädagogischen* Bedeutung dieses Modells in erheblichem Maße platonischen Grundgedanken, die er wiederum bei Pestalozzi, Herbart, Schleiermacher und anderen Pädagogen wiedererkannte, anschloß. Dieser Tatbestand soll hier noch einmal zusammenfassend herausgehoben werden. In seinem Hauptwerk „Die pädagogische Bewegung und ihre Theorie“ sagt Nohl:

Die pädagogische Bedeutung des Vier-Schichten-Modells

„Was Plato ... mit aller Schärfe erkannt hat, ist, daß dieser vertikale Aufbau der Seele auch die Erziehung entscheidend bestimmt, und zwar wesentlich in dreifacher Hinsicht:

1) daß jede Schicht ihre eigene Erziehung finden muß. Er hat sie entwickelt für die Schicht des Thymos und für die Schicht des Nus in der Hinwendung zur Idee, aber nicht für die biologische Schicht, obwohl die wichtigsten Gedanken einer Diät und Gewöhnung für sie ausgesprochen sind;
2) daß in einer wohlgeordneten Seele jede Schicht ihr Recht bekommt, zugleich aber die richtige Rangordnung eingehalten werden muß, die richtige Verfassung der Seele, wo herrscht, was herrschen soll, und gehorcht, was gehorchen soll;
3) daß alle Verwahrlosung der Seele immer von oben nach unten geht, gesellschaftlich angesehen wie in der Einzelseele. Nicht die Begierden vergewaltigen die Seele, sondern die Schwäche des Zentrums ist immer der Grund für den Verfall." (S. 160)

Aufgabe 3

Versuchen Sie bitte, sich auf Erfahrungen mit sich selbst und/oder auf Beobachtungen an anderen Menschen (Kindern oder Erwachsenen) zu besinnen, und zwar unter der Fragestellung: *Finden Sie Beispiele, die Sie jeweils einer, ggf. auch mehreren Antriebsschichten menschlicher Aktivität zuordnen würden! – Notieren Sie ggf. Stichworte.*

► **Fiktives Beispiel:**
Gestern auf dem Kinderspielplatz ein etwa dreijähriges Mädchen beobachtet; es probierte, wie hoch es an einer Leiter zu klettern wagte. – Die Mutter strickte. – Ab der 3. Sprosse sichtliche Spannung des Mädchens; Zögern, dann neue „Anläufe". – Nachdem die 5. Sprosse erreicht war, lief es zur Mutter: „Hast du noch Kekse da? Ich hab' so'n Hunger." (Erste Schicht)

Mutter: „Nein, komm, wir gehn nach Hause, ich hab noch Obsttorte von gestern." Mädchen, freudig: „Au ja!" (Erste Schicht)

Dann, zur Leiter schauend: „Ach nein, noch ein bißchen klettern." –

Das Mädchen setzte dann das Klettern fort, bis zur 9. Sprosse. Bei jeder Steigerung deutlicher Ausdruck von Freude. (Motiv der Thymos-Schicht)

8.2.2.3 Ein Beispiel für die Bedeutung der Schichten-Theorie in einem konkreten pädagogischen Arbeitsfeld: Verwahrlostenpädagogik als sozialpädagogisches Problem

Nohl hat an vielen Stellen seiner Beiträge zu konkreten pädagogischen Problemen seiner Zeit auf die pädagogisch-anthropologische Vier-Schichten-Theorie zurückgegriffen, etwa in Aufsätzen über den Sinn der Strafe (1925), insbesondere im Zusammenhang des Jugendstrafvollzugs, oder über den Wetteifer in der Schule (1928/29). Hier soll die pädagogische Bedeutung der Schichtentheorie an einem Beitrag Nohls über „Die Pädagogik der Verwahrlosten" (1924; jetzt in H. Nohl: Pädagogik aus dreißig Jahren. Frankfurt/M. 1949, S. 173–181) verdeutlicht werden, einem seiner zahlreichen Aufsätze zur Sozialpädagogik. Nohl und seine Schüler haben sich seit den 20-ger Jahren entscheidende Verdienste um die Reform wichtiger Zweige des sozialpädagogischen Arbeitsbereichs – Kindergarten und Schulkindergarten, Jugendpflege (außerschulische Jugendarbeit) und Jugendfürsorge (öffentliche Ersatzerziehung), Pädagogisierung des Jugendstrafvollzugs u. ä. – erworben.

Nohl bezieht sich in jenem Aufsatz vor allem auf Kinder und Jugendliche, die wegen Erziehungsschwächen ihres Elternhauses oder wegen der Gefährdung, kriminell zu werden, in öffentliche oder von „privaten" Trägern (z. B. Kirchen) getragene Fürsorgeerziehung (Erziehungsheime) eingewiesen worden sind oder auf Jugendliche, die bereits straffällig geworden sind und sich in Jugendstrafanstalten befinden.

Wir lassen vorwiegend Nohl selbst in Form von Zitaten zu Wort kommen.

Nohl erinnert auf den ersten Seiten seines Aufsatzes an

> „das pädagogische Grundgesetz, wie es auch die platonische Pädagogik schon gesehen hat, daß jede Schicht zu ihrem Recht kommen, zugleich aber jede Schicht auch die ihr zukommende Rangstellung im ganzen behalten muß." (S. 176)

> „Die moderne Pädagogik hat aber immer deutlicher gesehen, wie wichtig gerade auch die erste Hälfte dieses platonischen Satzes ist, daß nämlich jede Schicht der Seele ‚das ihre tun' und ihr Recht bekommen soll, daß man einen Trieb nicht beseitigen oder unterdrücken kann, sondern daß man ihm gerecht werden muß. Eine ausreichende Pädagogik erfordert also die Kenntnis der Eigengesetzlichkeit dieser Schichten und die Berücksichtigung ihres Lebensrechtes innerhalb des seelischen Ganzen."

Pädagogik der Triebschicht

> „Die *Theorie und Pädagogik der Triebschicht* ist nun in den letzten Jahrzehnten vor allem von der Psychoanalyse entwickelt worden. Ich denke natürlich nicht nur an Freud und die Vertreter der Libido[5], sondern ebenso an Alfred Adler, an Jung … Man muß diese ganzen Arbeiten zusammennehmen, den einseitigen Einsatz der verschiedenen Schulen bei *einem* Trieb erkennen, um die ganze Bedeutung dieser Arbeiten zu schätzen … Erst der Blick für das *ganze* Triebsystem und seine inneren Beziehungen gibt die richtige allseitige Grundlage für eine wahre Behandlung dieser Schicht und das Verständnis der Fehlentwicklungen, die hier möglich sind." (S. 176/177)

5 Libido, Bezeichnung Freuds und anderer Psychoanalytiker für die Energie, die in dem Grundantrieb des menschlichen Lebens, nämlich dem Wunsch nach Lusterfahrung (Sexualität i. w. S. d. W.) in seinen verschiedenen Formen (z. B. im Geschlechtstrieb) wirksam ist, aber auch in dessen „sublimierten", vergeistigten Gestalten, z. B. der kulturellen Schaffenslust.

Pädagogik der Thymosschicht

„Eine Untersuchung der zweiten Schicht, des Thymos, ist noch nicht ausreichend durchgeführt ... Das Entscheidende ist ... hier, daß die Eigenschaften unseres aktiven Willens, Kraft, Mut, Geschlossenheit, Ausdauer, Sieg, in gehobenen Gefühlslagen erfahren werden, während sich die umgekehrten Eigenschaften durch Minderungsgefühle merkbar machen. In dem Erlebenlassen dieser gehobenen Gefühle, z. B. in Spiel und Sport, in jeder fortschreitenden Arbeit, in den Willensübungen aller Art, die den Jungen die beglückende Erfahrung des Überwindens, des Durchhaltens machen lassen, in der Steigerung dieser Gefühle gehobenen Lebens durch die Teilnahme am Erfolg und Sieg der Gemeinschaft ist das große Mittel gegeben, einem anderen als dem bloßen Triebwillen zur Herrschaft in der Seele zu verhelfen. Darin ist zweierlei gelegen: Erstens, daß der pädagogische Sinn dieser Mittel sich nur verwirklichen kann, wenn das Kind in ihnen diese Gefühle gehobenen Lebens zu schmecken bekommt, also daß die bloße Arbeit an der Turnübung an sich es nicht tut, sondern die Freude, die aus ihrem Fortschreiten, ihrem Wetteifer, ihrem Sieg entsteht, die Bedingung ihres Wirkungswertes ist. Vor allem muß eine Aufgabe den Kräften angemessen sein. Das zweite ist, daß von dieser Einsicht aus Spiel, Sport und alle frohe Tätigkeit nicht nur ‚Belohnung für gutes Verhalten' des Zöglings sind, sondern wesentliche Bestandteile seiner Erziehung und Willensbildung selbst." (S. 177/178)

Pädagogik der geistigen Grundrichtungen

„Die dritte Schicht ist dann die der *höheren geistigen Grundrichtungen.* Hier hat die Pädagogik am besten vorgearbeitet seit *Pestalozzi, Herbart und Schiller* mit ihrer Lehre von den geistigen Interessen. Wo es gelingt, ein solches höheres Interesse wachzurufen, da ist das egoistische Leben erweicht und jene eigentümliche Wendung zur Sache erfolgt, die die Grundlage alles höheren Daseins ist. Diese Interessen können nur ‚geweckt' werden, und vor allem: ihre Entwicklung geschieht nicht zunächst durch die Lehre, die immer sekundär ist, sondern durch das Leben in Tat und Gemeinschaft. Das gilt für das religiöse Interesse so gut wie für das wissenschaftliche oder künstlerische, berufliche oder soziale. Die Gemeinschaftserziehung ... kam aus dieser Einsicht. Entscheidender ist aber doch noch, daß überhaupt in der Fürsorgeerziehung das klare Bewußtsein vorhanden ist, daß es keine Förderung der Zöglinge gibt ohne eine solche Erweckung eines höheren Interesses in ihnen. Die alte religiöse Erziehung wollte das, aber sie ging auch hier zu unmittelbar und zu einseitig vor. Es wird darauf ankommen, hier so stark wie möglich zu individualisieren, um *das* Interesse zu finden, das in dem sterilen Boden gerade *dieses* Kindes am leichtesten zum Leben kommt." – „Das natürlichste Interesse für unsere Jungen wird aber das Berufsinteresse sein. Das ist die große Bedeutung der Werkstatterziehung, wie sie jetzt in der Fürsorge- und Gefängnispädagogik allgemein gesehen wird.

Aber auch hier kann die Führung gar nicht aufmerksam genug auf die Individualität des Zöglings, seine Begabung und seine Neigung sein, und der Glaube, den Verwahrlosten gerade mit der primitivsten Arbeit und den niedrigsten Berufen kurieren zu können, ist ein großer Irrtum. Man wird manchem sofort beikommen, wenn man ihm statt Feldarbeit kaufmännische Arbeit oder geistige Tätigkeit bringt. Der Gesichtspunkt der Ausnutzung der Arbeitskraft der Jungen für die Anstalt hat hier zu einseitig gewaltet und hat mit der Pädagogik überhaupt nur dann etwas zu tun, wenn es gelingt, dem Zögling das Gefühl zu geben, daß er etwas für das Leben der Gemeinschaft leistet. Dazu muß er aber erst wieder diese Gemeinschaft lieben, sonst hat er nur das Gefühl, von ihr ausgenutzt zu werden." (S. 178/179)

Pädagogik der Personschicht

„Die vierte Schicht ist die(se) *zentrale Einheit des Ich*. An sie hat die Fürsorgeerziehung immer zuerst appelliert. Und der ‚haltlose' Mensch ist hier fast das Kriterium für den Verwahrlosten überhaupt. Sie ist auch ohne Zweifel die letzte Instanz: Es gibt in uns einen festen Punkt, von dem aus wir ein geordnetes, geregeltes Leben aufbauen, von dem aus wir ja und nein sagen können, in dem unsere Freiheit gelegen ist, kurz das, was wir die ‚Person' in uns nennen. Aber diese Einheit ist nun zunächst etwas rein Formales. Sie setzt immer schon ein Leben in Trieben und geistigen Grundrichtungen und eine gesunde Willensenergie voraus, die sie nur regelt. Und das Gesetz, nach dem sie regelt, muß aus der Sache … stammen, darf nicht bloß von außen als äußere Regel, Disziplin, Ordnung und Schema aufgenötigt werden, sonst bleibt alles tot. Unsere alte Erziehung, besonders die Militärerziehung und von hier aus auch die Fürsorgeerziehung sah ihre Aufgabe vor allem an dieser Stelle: diesen formalen Halt stark zu machen. ‚Pflicht' und ‚Gewohnheit' waren ihre großen Kategorien. Aber es blieb nur Erziehung von außen. Der lebendige Kern dieser Schicht ist jedoch die Freiheit. Es ist der psychologische und moralische Widersinn fast in der ganzen Fürsorge- und Gefängnispädagogikliteratur und stammt aus einer mechanistischen Sehweise, daß sie meint, dem Jungen solche Ordnung und Disziplin durch Zwang und unerbittliche Gewöhnung ‚aufnötigen' zu können … Es kommt hier alles darauf an, dem Menschen einen *inhaltlichen* Halt zu geben, in dessen Dienst dann die formale Willenseinheit tritt … Verwahrlosung ist von hier aus gesehen das Fehlen solcher inneren Bindung, die das Leben reguliert, und Pädagoge ist derjenige, der einem bestimmten Individuum gegenüber den richtigen Weg findet, um ihm diese innere Bindung zu verschaffen. Dabei braucht der Weg zu dieser Bindung nicht immer über die Person des Erziehers zu gehen, manche Kinder finden ihn vielleicht direkt zu einem Wert. Schwächere Menschen aber, und um solche handelt es sich doch bei unseren Gefährdeten, wird der Erzieher zunächst an sich binden oder andere menschliche Bindungen für sie suchen, um sie da mit Hilfe dieser personalen Bindung … zu den überpersönlichen Werten zu führen. Ohne solche innere Bindung gibt es keinen Halt im Menschen und keinen Gehorsam. Und der Appell an den freien Willen hat nur einen Sinn, wo man den Willen eben als freien behandelt und wenn ihm aufgegangen ist, ‚wozu' er frei ist. Erst dann kann man ihn auch durch Vorsatz, Versprechen und Gelübde binden wollen, und erst dann hat auch das große pädagogische Werkzeug der Freiheitserziehung – das Wachrufen des Ich, indem ich es *verantwortlich mache* – seine wahre Anwendung. Denn dann erst macht sich der junge Mensch *selbst* verantwortlich, und nur, wo es gelungen ist, den Willen des Kindes so für es selbst zu binden, ist das pädagogische Ziel erreicht … d.h. aber umgekehrt: indem wir den jungen Menschen verantwortlich machen, haben wir ihn auch in diesem höchsten Sinn zu achten, das gehört wesensmäßig zusammen, und nur, indem *wir* ihn achten, entwickeln wir auch seine Selbstachtung. Es gibt kein größeres pädagogisches Unglück in der Entwicklung des Menschen, als wenn ihm diese Selbstachtung verlorengeht. Die alte Erziehung hat aber leider oft gemeint, sie müsse den Zögling erst moralisch niedertreten, statt diesen positiven Zug in ihm aufzurufen, indem sie ihn mit Achtung behandelt. Die meisten der Fürsorgezöglinge haben diesen Rang ihres Menschentums noch nie richtig gespürt, und die neue Erfahrung, daß sie auch ‚Menschen' sind, denen man eine Verantwortung zutraut, ist von großer moralischer Kraft." (S. 180/181)

Aufgabe 4

Es dürfte hilfreich sein, die wesentlichen Aussagen dieses letzten Abschnitts im Zusammenhang mit dem vorangehenden Abschnitt in einem übersichtlichen Schema stichwortartig festzuhalten, etwa nach dem Muster:

Wesentliche Charakteristika der vier Schichten	Pädagogische Maßnahmen insbesondere am Beispiel der Fürsorgeerziehung
1. Schicht	
2. Schicht	
3. Schicht	
4. Schicht	

8.2.3 „Die vier Sichtweisen des Menschen und der Erziehung" in der allgemeinen Pädagogik Wilhelm Flitners

8.2.3.1 Der anthropologische Aspekt in Flitners Pädagogik

Wenn Wilhelm Flitner seine Darstellung des pädagogisch-anthropologischen Aspekts in seiner „Allgemeinen Pädagogik" (1950, 13. Aufl. 1970; Erstfassung unter dem Titel „Systematische Pädagogik". Breslau 1933) unter die Überschrift „Vier *Sichtweisen* des Menschen und der Erziehung" stellt, so macht er damit nachdrücklicher als Nohl deutlich, daß jene Auffassungen vom Menschen bzw. vom zu erziehenden Menschen, die in jeder pädagogischen Praxis und jeder pädagogischen Theorie immer schon – reflektiert oder unreflektiert – darinnenstecken, *Interpretationen, Deutungen* sind, eben – *Sichtweisen,* nicht aber Aussagen über eine eindeutig vor Augen liegende

Realität. Flitner macht überdies auf zwei weitere entscheidende Gesichtspunkte aufmerksam:

Erstens: Solche „Sichtweisen" haben sich historisch entwickelt, sie sind immer der Ausdruck einer mehr oder minder bewußt aufgearbeiteten Geschichte der anthropologischen bzw. der pädagogisch-anthropologischen Selbstdeutung der Menschen oder bestimmter Menschengruppen eines bestimmten Kulturkreises, sind speziell Ausdruck der Selbstdeutung der Erzieher und der Erziehungstheoretiker und ihres Verständnisses von den Zu-Erziehenden.

Erläuterung der systematischen Bedeutung pädagogisch-anthropologischer Aussagen (Sichtweisen)

> „Der Mensch existiert, indem er sich selbst auffaßt. Wie er sich auffaßt, das eben entscheidet über ihn, und dadurch entscheidet er über sich selbst. Aber er ist sich kein Gegenstand, den er sich objektiv, für alle gleichgeltend, definieren könnte. Weil der Mensch die Auslegung seiner selbst schaffen muß, deshalb ist er kein feststellbares Objekt für sich selbst; seine Vieldeutigkeit ist die Voraussetzung seiner Freiheit, diese ist seine Existenz, seine Berufung." „An dieser Eigenart aller menschlichen Regionen hat auch die Erziehung teil; sie ist, was wir aus ihr machen, indem wir in ihr existieren." (S. 27)

Zweitens: In der abendländischen Geschichte der Selbstdeutung des Menschen, innerhalb derer die Auffassung des Menschen als des erziehungsfähigen und erziehungsbedürftigen Wesens ein wichtiges Moment bildet, sind mehrere „Sichtweisen" ausgebildet worden, die einerseits jeweils Teilwahrheiten zutage fördern, die aber andererseits als je einzelne nicht in der Lage sind, das Ganze der in der Geschichte bisher entwickelten Möglichkeiten des Menschen, sich und andere Menschen und dementsprechend auch die Erziehungsfähigkeit und Erziehungsbedürftigkeit des Menschen auszulegen, allein zu umfassen. Daraus folgt für Flitner auch im Hinblick auf die Erziehung:

> „Nur *mehrere Betrachtungsweisen* sind im Stande, dieses Geschehen wissenschaftlich aufzuklären, Betrachtungen, *die auf verschiedenen Graden der Abstraktion beruhen* und sich, je tiefer sie sind, dem Konkreten doch nur annähern." (S. 28)

Bevor wir uns der Kennzeichnung der vier von Flitner dargestellten Sichtweisen zuwenden, muß noch einmal an eine Einsicht erinnert werden, die schon in den Vorbemerkungen zu diesem Kapitel über „Pädagogisch-anthropologische Grundmodelle in der GP" betont wurde: Pädagogisch-anthropologische Aussagen sind nicht als „Anwendungen" oder „Ableitungen" aus einer vorgängigen „allgemeinen Anthropologie" auf Erziehungsphänomene zu verstehen. Vielmehr müssen Erfahrungen aus der geschichtlichen Erziehungspraxis und Reflexionen über solche pädagogischen Erfahrungen immer schon in anthropologische Überlegungen eingegangen sein, wenn diese für das Begreifen von Erziehungsproblemen hilfreich werden sollen. Die Erziehung ist also von vornherein eine der Quellen anthropologischer Erkenntnis.

Die vier anthropologischen Sichtweisen des abendländischen Kulturkreises nach Flitner

Flitner benennt vier anthropologische bzw. pädagogisch-anthropologische Sichtweisen, die nach seiner Auffassung in der Geschichte des Abendlandes seit der Antike herausgebildet worden sind. Wenn man Erziehungsprobleme auf dem Stande dieses historisch erarbeiteten Selbstverständnisses des Menschen – mindestens im abendländischen Kulturraum – unverkürzt verstehen wolle, und d. h. zugleich: wenn man dem Zu-Erziehenden nicht bestimmte, historisch erkennbar gewordene Möglichkeiten verschließen und bestimmte Bedingungen seiner Entwicklung nicht ignorieren wolle, dann müsse man den Gesamtzusammenhang dieser Sichtweisen (synonym: Betrachtungsweisen) durchschauen:

- die erste, „biologische" bzw. „anthropo-biologische Betrachtungsweise";
- die zweite, „geschichtlich-gesellschaftliche Betrachtungsweise"; (die dritte und vierte Sichtweise faßt Flitner als „Betrachtungsweisen des Eigentlich-Menschlichen" zusammen:)
- die dritte Betrachtungsweise, „Erziehung als geistige Erweckung", und
- die vierte, die „personale Betrachtungsweise".[6]

Wir erläutern im folgenden die vier Sichtweisen; dabei wird Flitner selbst so oft wie möglich zitiert werden.

8.2.3.1.1 Erste, „biologische" bzw. „anthropo-biologische Sichtweise" (Allgemeine Pädagogik, S. 28–33)

Der Mensch als Naturwesen

Unter diesem Aspekt wird der Mensch, insbesondere das Kind und der junge Mensch, als ein natürliches Lebewesen betrachtet, das bestimmte Bedürfnisse und Möglichkeiten hat und das sich nur unter bestimmten Bedingungen entwickeln sowie später am Leben erhalten und fortpflanzen kann. In anthropo-biologischer Sichtweise erscheint die Erziehung als der „Prozeß des Wachsens und Reifens der Jungen, verbunden mit den gesamten Vorgängen, durch welche die Erwachsenen jenen Prozeß schützen und unterstützen" (S. 30). Entscheidend ist jedoch, daß schon unter diesem Aspekt die spezifischen Wachstumsbedingungen des Lebewesens Mensch herausgearbeitet werden müssen: Flitner hebt hier vor allem zwei Gesichtspunkte hervor:

> Erstens: Der Mensch hat im Vergleich zum Tier eine ungleich geringere Ausstattung mit Instinkten, er ist weit mehr auf „Lernen" angewiesen, um lebensfähig zu werden. Er ist genötigt, schrittweise eine „Vorstellung von der Umwelt als einer in sich stehenden objektiven Welt auszubilden", um sich in ihr „im Handeln orientieren" zu können (S. 31).

6 Flitner dehnt seine Darstellung jeder der vier Sichtweisen z. T. relativ weit auf allgemeine anthropologische Zusammenhänge aus. Wir müssen unsere Darstellung jeweils auf die für die anthropologische Dimension der *Erziehungs*probleme wichtigen Aussagen eingrenzen.

> Zweitens „vollzieht sich die Jugendentwicklung des Menschen nach dem ersten Lebensjahr, wenn der aufrechte Gang und das Sprechenlernen das Kind erst eigentlich dem Erwachsenen analog geboren und lebensfähig werden läßt, nicht in schnellem geradem Aufstieg, wie bei den höheren Säugetieren. Sie besteht vielmehr in Entwicklungsstößen, die nicht mehr somatisch (körperlich; W. Kl.), sondern nur geistig und soziologisch erklärlich sind ... Das Individuum löst sich dadurch von seiner unmittelbaren Einordnung in die naturhaften Gattungszwecke los ..." (S. 31)

Die Konsequenzen für die Erziehung sind durch jene beiden Charakteristika der Kindheits- und Jugendentwicklung des Menschen bereits vorgezeichnet:

> „Durch diese Ablösung der menschlichen Handlungen vom Instinkt und seiner schematisierten Zuordnung an bestimmte Umweltreize lebt der Mensch zuletzt in einer Welt, die er als seinem Handeln neutral gegenüberstehend erfassen kann. Sie wird im Geist repräsentiert und durch die Sprache als eine gemeinsame aufgerichtet. Das Handeln läßt sich mit weiter Vorausschau instinktunabhängig durch Vernunft leiten. Geist und Sprache werden damit zu biologisch unentbehrlichen Fähigkeiten, die schon im anatomischen Bau des Menschen als Notwendigkeiten mitgesetzt sind." – „Über Brutpflege, Schutz der Jungen, Einübung und Anlernen hinaus kommt es dann auf zweierlei an, das eigentümlich menschlich ist: auf das Verstehen des Sinnhaften aus Zeichen, auf den Gebrauch der Symbole, vor allem auf das Erlernen der *Sprache* als des wichtigsten Zeichensystems. Zweitens auf die Ansprüche der bestimmten *Sozialordnungen:* die Jungen lernen, die Gesamttätigkeit des zusammenlebenden Volkes mitzutun und zu verstehen. – Dies erfordert eine weit größere Reihe von Spielen und spielender Vorübung, als sie im Tierreich auftritt, wobei wieder die Unbestimmtheit und Plastizität der möglichen Spiele auffällt gegenüber den scharf begrenzten Spielmöglichkeiten der Tiere. Außerdem wird eine Einübung im Verstehen und Gebrauch der Symbole nötig, die in ein geordnetes Lehren und Lernen ausmünden kann. Die Folge ist eine lange Jugendzeit ... Je reicher, verschränkter der Aufbau der Lebensverhältnisse in einer kulturellen Lage ist, um so länger wird dort auch die Jugendzeit dauern." (S. 31/32)

▸ **Hinweis zum Verständnis**

Es ist wichtig, sich klarzumachen, daß das Erlernen der Sprache und die Einführung in Sozialordnungen hier schon aus anthropo-biologischer Sicht heraus (und zunächst *nur* aus dieser Perspektive) als notwendig für die Lebenserhaltung des Menschen bzw. der Menschengattung betrachtet werden. Dieselben Phänomene tauchen in den später zu skizzierenden Sichtweisen wieder auf, dann aber mit neuen bzw. erweiterten Bedeutungen.

8.2.3.1.2 Zweite „geschichtlich-gesellschaftliche Sichtweise"

Der Mensch als Sozialwesen

In dieser zweiten Sichtweise wird der Mensch nicht nur als ein Lebewesen mit einer besonderen biologischen Ausstattung und besonderen Lebensbedingungen betrachtet, sondern als ein geschichtlich-gesellschaftliches Wesen. Der Mensch existiert in sozialen bzw. gesellschaftlichen Zusammenhängen und Einrichtungen (Institutionen) und wird durch sie geprägt (Flitner unterscheidet terminologisch nicht streng zwischen den Begriffen „sozial" und „gesellschaftlich"). Er muß den Zweck dieser Einrichtungen auffassen können und die Fähigkeiten ausbilden, um in sozialen Zusammenhängen mitarbeiten und mitleben zu können. Sofern Flitner in dieser Sichtweise von „Geist" spricht, der in den geschichtlich-gesellschaftlichen Einrichtungen und Ordnungen vergegenständlicht ist und den die Menschen als geschichtlich-gesellschaftliche Wesen ausbilden müssen, meint er immer „Zweckrationalität" bzw. zweckrationales Denken.

Pädagogisch folgt aus dieser Sichtweise:

> „Zwei Erscheinungen in diesem Bild sind pädagogisch bedeutungsvoll: einerseits die *Regeneration* der gesellschaftlich-geschichtlichen Gebilde, der Prozeß der *Überlieferung* also, in dem die Formen und ihr Geist den Nachwachsenden übergeben werden, während die jeweils gegenwärtigen Träger altern und sterben – die *Eingliederung* andererseits des aufwachsenden einzelnen Menschen in die Formen und den geistigen Inhalt der ihn empfangenden geschichtlichen, objektiv-geistigen Welt."

> „Hatte die erste Betrachtungsart als Erziehungswirklichkeit vor allem das Wachstum der Jugend gesehen, die Pflege und Unterstützung aus der Beachtung der Entwicklungsgesetzlichkeit gefordert – diese zweite Betrachtung sieht vor allem den *Tatbestand der Tradition und des Eingliederungsstrebens.* Sie sieht das erzieherische Verhältnis zwischen den Forderungen der geistig-geschichtlichen Gebilde und dem Nichteingegliederten, der einer Autorität unterstellt wird, einer Einordnung, einer Führung und einer Lehre bedarf. Aus den geschichtlichen Ordnungen und Gehalten stammen Zucht und Lehre. Durch die Eingliederung des einzelnen erneuern sich die Gemeinschaften. Es wird Gemeinschaft durch Gemeinschaft über diese Einzelbegegnungen hinüber erzogen. Die Erziehenden sind Diener und ‚Organe' der geschichtlichen Ordnungen, ihrer geistigen Überlieferungen und tragenden Korporationen (hier allgemein im Sinne von „Körperschaften", Gruppen u. ä. gemeint; W. Kl.), sie repräsentieren deren Anforderungen und machen sie wirksam." (S. 38)

> „In dieser Betrachtungsweise ist es nicht, wie in der ersten, notwendig, den erzieherischen Tatbestand auf die Erscheinungen der Jugendzeit zu begrenzen. Das Problem besteht offenbar nicht bloß zwischen den Generationen, wenn auch dieses Verhältnis das wichtigste ist. Die Aufgabe ist vielmehr auch da gestellt, wo kulturell verschiedene Schichten einander begegnen, und von der einen Seite das Streben nach Angleichung,

von der anderen der Wunsch zur Teilnahme an der Verständigungsgemeinschaft, der Wille zur Einordnung sich regt und beides sich trifft. Auch hier entstehen Verhältnisse und Lagen, die man mit einigen Einschränkungen als erzieherische Tatbestände bezeichnen kann. So wird die Eingliederung der Einwanderer in Nordamerika nicht nur als politisches, sondern auch als pädagogisches Problem gesehen." „Es eröffnen sich die Arbeitsfelder, die wir ... als solche der Volkserziehung und Erwachsenenbildung bezeichnen." „Die anbrechende Ära einer Weltzivilisation mit ihren Kulturberührungen und -durchdringungen wird noch eine Fülle solcher pädagogischer oder vielleicht eher andragogisch (= erwachsenenbildnerisch; W. Kl.) zu nennender Aufgaben hervorbringen, in denen die Frage der Jugenderziehung nur als ein Spezialfall der umfassenderen Vorgänge erscheinen wird: indem sich gesellschaftliche Schichten, Völker oder Zivilisationen geistig in Traditionen eingliedern müssen oder wollen, die ihnen bislang fremd gewesen sind." (S. 36/37)

„Allgemein läßt sich sagen: Eine erzieherische Situation kann überall entstehen, wo kulturell verschiedenartige Gruppen nebeneinanderleben und durch Schicksale dazu gedrängt werden, daß die eine Anschluß an die andere sucht oder kulturell in sie aufgehen möchte." (S. 37)

▸ **Zwischenbemerkung zur dritten und vierten Sichtweise**
Diese beiden Sichtweisen kennzeichnet Flitner zusammenfassend als „Betrachtungsweisen des Eigentlich-Menschlichen". Erst in diesen Betrachtungsweisen werden nämlich nach Flitner jene Möglichkeiten berücksichtigt, die wir mit dem Begriff „Freiheit" bezeichnen. Auch in der zweiten, der geschichtlich-gesellschaftlichen Sichtweise erscheint der Mensch ja nicht als Wesen mit eigenen, selbstbestimmten, freien Entscheidungsmöglichkeiten, sondern nur als von der jeweiligen geschichtlichen Gesellschaft geprägtes, sich an sie anpassendes und in ihr funktionsfähiges Wesen. – Worin sich die dritte und vierte Sichtweise und damit auch der Sinn des Begriffes „Freiheit" unterscheiden, wird im folgenden ausgeführt werden.

8.2.3.1.3 Dritte Sichtweise: Die Erziehung als geistige Erweckung

Der Mensch als geistig freies Wesen

Schon in der zweiten und z. T. bereits in der ersten, der anthropo-biologischen Sichtweise wird der Mensch als das Wesen angesprochen, das sich der Sprache bedient, das Wissenschaft und Technik benutzt, das in gesellschaftlichen und politischen Einrichtungen und Ordnungen lebt usw. Aber all diese über die Existenz des Tieres hinausgehenden Charakteristika sind in der ersten und zweiten Sichtweise bloße Notwendigkeiten, ohne die der Mensch nicht lebensfähig ist, oder faktische Vorgegebenheiten, durch die er geprägt wird, denen er sich anpaßt, in denen er sich „verhält". Sie werden in jenen beiden ersten Sichtweisen nicht als geschichtliche Leistungen des Menschen aufgefaßt, deren Entstehungsbedingungen man begreifen, die man verändern, mit

Hilfe derer der Mensch Neues hervorbringen, in denen er seine Individualität entwickeln und ausdrücken und allein bzw. im Austausch mit anderen neue Sinngebungen entwickeln kann.

Gerade diese eben angedeuteten Möglichkeiten bilden das neue Moment, das in der dritten Sichtweise zur Sprache gebracht wird. Der Mensch wird als jemand verstanden, der insofern frei sein kann, als er Traditionen, Einrichtungen, Werkzeuge, Sozialordnungen, Sprache usw. nicht nur übernimmt, sondern der nach dem *Sinn* von Traditionen und Entwicklungen fragen und sie kritisieren kann, der sich allein oder in Kommunikation mit anderen *neue* Ziele setzen kann, der Interesse an einem Problem um der Wahrheitserkenntnis willen, Freude an der Kunst als schöpferischer Gestaltung entwickeln, neue Sozialordnungen oder politische Regelungen um einer Zielsetzung wie der Gerechtigkeit oder der Humanität willen entwerfen kann usw.

Flitner, der hier wie an anderen Stellen seines Werkes häufig Wendungen und Sprachbilder aus dem Bereich der christlichen Religion verwendet, bezeichnet solche Möglichkeiten des Begreifens und Neuschaffens von Sinn, von Bedeutungen zusammenfassend als „Zuwendung zum Ideellen", als „Erweckung zum rechten Geiste" u. a. Es ist charakteristisch für Flitners eher bewahrende, konservative Grundeinstellung, daß er auch hier stärker die verstehende Aneignung und Fortbildung von Überlieferungen als etwa die Freiheit zur kritischen Distanz und zur Neugestaltung betont.

Unter dieser Perspektive entsteht:

> „ein erzieherisches Verhältnis ... zwischen den Menschen hinsichtlich ihrer Zuwendung zum Ideellen. Denn das, was von den Ideen bestimmt ist, soll Einfluß haben auf das Ideenlose, das geistig Unlebendige, und soll es sinngemäß ordnen und beleben. Es wird also derjenige zur erzieherischen Autorität und Kraft, der vom Ideellen einer Sache erfüllt ist, der Wert und Bedeutung einer Sozialordnung oder einer Geistestätigkeit kennt; und es wird derjenige erziehungsbedürftig, der in den Tätigkeiten bloß mechanisch oder bloß vital in toter Konvention mittut. Der geistig Lebendige, der für den inneren Sinn einer Ordnung oder geistiger Werke aufgeschlossen ist, wird die Tendenz und die Aufgabe haben, den, der geistig taub und blind bloß auf das Äußere der Ordnungen und Werke sieht, auch *wertsichtig und wertliebend* zu machen."

> „Die Erweckung zum rechten Geiste wird zum Hauptziel der Erziehung; das Erwachen zur Wertsicht und das Ergriffenwerden von dem Sinn einer guten Sache zum Kern des Erziehungsprozesses. Der Vorgang spielt sich zwischen mehreren Menschen ab, aber zuletzt immer im Geist des einzelnen. Denn worauf es ankommt, ist ein Selbstbildungsereignis. Daß im Zögling, im Schüler, im wissenden und handelnden Einzelnen die Sache mit ihrem reinen Sinn sich Geltung verschaffe, darauf kommt alles an. Überzeugen kann jeder nur sich selbst, von einem Wert ausgefüllt werden, einen Sinn treffen muß er allein. Wenn ein Erzieher seinem Jünger den rechten Geist übertragen will, so muß er das produktive Ich des anderen zu befreien suchen; dieses muß sich dann in der ganzen Person von innen her durchsetzen. In solcher Perspektive läuft

alle ‚Fremderziehung' auf ‚Selbsterziehung' hinaus und muß versuchen, sich selbst allmählich überflüssig zu machen. – Das Erziehungsverhältnis entsteht daher im *geistigen Verkehr zwischen den lebendigen Trägern der Tradition und denen, die in denselben Traditionen zwar mitleben, aber dem Sinngehalt ihrer Ordnungen und Werke nicht voll aufgeschlossen sind.* Der erzieherische Prozeß besteht darin, den Sinn zu wecken für den Geist, der jene Ordnungen oder Werke eigentlich erschaffen hat und beseelt, und dieser Geist wird auf seinen ideellen Punkt zu beziehen sein. Die Erziehung hat deshalb die Funktion, die *kulturelle Überlieferung* nicht nur mechanisch-vital fortzusetzen, sondern sie *geistig zu verlebendigen.*"

„Der Kern des pädagogischen Phänomens ist in dieser Betrachtungsweise: *die Selbstbildung am sichtbar gemachten Sinn; die Überlieferung durch geistige Erweckung.* Die Begegnungsform ist die des geistigen Verkehrs; das Ziel: die Hinführung des Menschen zur Sachlichkeit in allen Grundrichtungen, welche in der Sozialordnung und in den geistigen Tätigkeiten enthalten sind." (S. 44/45)

8.2.3.1.4 Vierte, „personale Sichtweise"

Der Mensch als verantwortliche „Person"

In der dritten Sichtweise ging es um die Entwicklung von geistigen Interessen, der Sinnerfassung und des produktiven Mitvollzugs von kulturellen und gesellschaftlich-politischen Aktivitäten, Einrichtungen, Ordnungen, um das „Verstehen des Sinnvollen der Sozialordnungen und der Geistesbeschäftigungen". Die *vierte* Sichtweise richtet sich auf eine weitere Dimension menschlicher Erfahrungen und Möglichkeiten, aber vor allem auch: von Ansprüchen an den Menschen. Der Mensch wird hier als *Person, als verantwortliches Ich* betrachtet, das für seine Handlungen, Entscheidungen, Versäumnisse und Verfehlungen vor seinen Mitmenschen und – wo immer Menschen sich nicht nur aus innerweltlichen Zusammenhängen und Erfahrungen heraus verstehen – vor „einem transzendenten, göttlichen Anspruch" (S. 47) verantwortlich ist.

„Das Entscheidende am Personbegriff ist, daß das Ich in seinen Zuständen sich identisch setzt, daß es auch den anderen Menschen als eine solche Person ansieht, daß es sich dem anderen verantwortlich weiß, und daß es diese Verantwortung einem transzendenten, göttlichen Anspruch gegenüber trägt." (S. 47)

Flitner betont, daß ein solches Verständnis des Menschen als verantwortlicher Person – verglichen mit der Gesamtentwicklungszeit der Menschheit – „ein junges Ergebnis der Geschichte" sei, daß es sich „erst in dem verhältnismäßig ... kurzen Zeitalter der Hochkulturen, einem Raum von fünf- bis sechstausend Jahren", gebildet habe (S. 47).

Flitners eigene Auslegung dieser Sichtweise des Menschen kann als „christlicher Humanismus" bezeichnet werden. In diesem Sinne muß auch der Begriff der

„Liebe“ verstanden werden. Er bezeichnet die bedeutsamste Grunderfahrung, in der dem Menschen die Möglichkeit und der Anspruch jener vierten Sichtweise aufgehen kann:

> „Die tiefste Erfüllung dieser Auffassung wird in der Liebe erfahren. Durch dieses höchste und zugleich einfachste aller geistigen Gefühle werden wir des unermeßlichen und ehrfurchterweckenden Wertes unseres Nächsten inne. Durch die Liebe erkennen wir tätig an, daß der andere ein personales Sein und daß jeder seiner Lebensmomente eine absolute Bedeutsamkeit hat …“ (S. 47/48)

> „In der christlichen Denkweise ist jeder, der uns begegnet, der Möglichkeit nach als ein Kind Gottes anzusehen; die Vermenschlichung Gottes kann auch ihm gelten, er ist durch Christus unser Bruder, dem Sünde vergeben werden kann; … die konkrete, hilfreiche Verbindung mit dem Nächsten wird um dieser Situation willen auch den Liebenden zum eigentlich menschlichen Leben, zum persönlichen Selbst erst erwecken.“ – Etwas später ergänzt Flitner den Begriff der „Liebe“ um den des „Vertrauens“, das der Mensch als Person zugleich zu schenken und zu erfahren vermag (S. 50).

> „Auch die nichtchristlichen Denkweisen haben diesen Personalitätsbegriff festgehalten … So hat Kant gelehrt, daß der Mensch niemals nur als Mittel zum Zweck, immer auch als Zweck in sich selbst angesehen werden müsse. Kant sah in der Gültigkeit des Sittengesetzes für die Person die Anerkennung ihrer möglichen Freiheit und ihres unendlichen Wertes. … Unter den heutigen Philosophen hat Karl Jaspers den Gedanken erneuert. Er sieht den Menschen gebunden an den anderen, weil er ein Mensch ist, „der doch mit sich selbst als dem Sein sich niemals abfinden kann, sondern über sich hinausdrängt“, der „die Kraft des Selbstseins“ „im Nichts der Glaubenslosigkeit“ in sich findet und durch sie „das innere Handeln im Aufschwung vor der Verborgenheit“ zu vollbringen vermag. Hier ist die gläubige Hingabe als philosophische Haltung verstanden …“ (S. 48)

Das Person-Sein des Menschen als das ihn „eigentlich“ Auszeichnende

Für Flitner macht diese vierte Sichtweise den Kern der menschlichen Existenz, ihre größten Möglichkeiten, aber auch ihre größten Gefährdungen erkennbar. Insofern die anderen Sichtweisen dieses Zentrum menschlicher Existenz noch nicht zur Sprache bringen, davon absehen (abstrahieren), kann er die vierte Betrachtungsweise als die *konkreteste* oder „als die Auffassungsweise, die erst das ‚Eigentlich-Menschliche‘“ erfaßt, bezeichnen (S. 50).

Von dieser Betrachtung der Personalität des Menschen – das will besagen: der Mensch kann und soll verantwortliche Person sein – aus ergibt sich folgerichtig auch eine neue Sichtweise der erzieherischen Aufgaben. Flitner bezeichnet alle christlichen oder nichtchristlichen Formen der Erziehung, die sich an einem solchen Verständnis des Menschen orientieren, als „humanistische“ i. w. S. d. W. (S. 49). In solcher Erziehung geht es um „die Erweckung des Gewissens“ bzw. „des Gewissens und Glaubens“ (S. 50).

> „Die pädagogische Situation“ entsteht in dieser Sichtweise „durch den wichtigsten Unterschied, der sich denken läßt: zwischen dem zur Person erwachten, zum wissenden Charakter gewordenen Menschen und denen, die entweder Personalität noch nicht errungen oder sie wieder eingebüßt haben. Es ist der Unterschied des entwickelten und des unerwachten Charakters: dessen, der wirklich in personaler Aufgeschlossenheit, Verantwortung und Gelöstheit leben kann, und dessen, der diese Erweckung noch nicht erfahren hat oder dem sie schuldhaft wieder verdeckt ist. Beide Zustände können in dem gleichen Menschen miteinander kämpfen – das ist sogar der gewöhnliche Sachverhalt. … Wir sind allesamt verantwortlich dafür, daß die uns anvertrauten Seelen, unsere eigene eingeschlossen, zur Aufgeschlossenheit ihrer personalen Existenz gelangen – daß wir ihnen unsere Hilfe auf diesem Wege bieten. Das Ziel der pädagogischen Begegnung ist …, den anderen zu ihm selbst zu führen:
> so daß er selbst über seinen objektiven Charakter[7] wachen kann, Selbstverantwortung auf sich nimmt und sich ein inneres Leben erschließt, daß er die Quellen des Vertrauens, der Hoffnung und der Liebe in sich freilegt.“ (S. 50/51)

In Entsprechung zu den beiden von Flitner unterschiedenen Grundformen der Deutung der Personalität des Menschen – der christlichen (die er nicht weiter, etwa nach evangelischer und katholischer Auslegung, differenziert) und einer nichtchristlichen (die konkret wiederum in zahlreichen Variationen auftrat und auftritt) – unterscheidet er nun auch im Erziehungsbereich zwei Grundauffassungen:

Personale Erziehung in christlicher Sicht

> „Für die religiöse handelt es sich in der pädagogischen Begegnung um die Erweckung der gläubig-tätigen Liebe. Die Aufgeschlossenheit des Gewissens, die Erkenntnis der Verschuldung und die Bitte um Vergebung bilden einen Zusammenhang mit der Weckung des Selbst. … In einer solchen erziehenden Begegnung wird ein pädagogisches Paradox erfahren … Die Erweckung des Selbst kann nur darin bestehen, daß in der Seele die Transzendenz selbst als eine sprechende Wirklichkeit vernommen wird – aber eben dies entzieht sich jedem Einfluß von außen. Gerade das, worauf es ankommt, ist der Macht des Erziehers wesenhaft entzogen.“ (S. 52)

7 Mit dem Begriff „objektiver Charakter“ nimmt Flitner die zuerst von Herbart eingeführte und dann von Nohl in seiner pädagogischen Menschenkunde wieder betonte Unterscheidung zwischen dem „subjektiven“ und dem „objektiven Charakter“ eines Menschen auf. „Subjektiver Charakter“ meint die Vorstellung, die sich ein Mensch von sich selbst macht, einschließlich seiner Zielsetzungen, wie er sein möchte und ggf. zu sein sich bemüht. „Objektiver Charakter“ meint dagegen das tatsächlich vorwaltende Handeln eines Menschen. „Subjektiver“ und „objektiver“ Charakter können auseinanderklaffen: Jemand hält sich z. B. selbst für tolerant und verständnisvoll (subjektiver Charakter), verhält sich tatsächlich (objektiver Charakter) aber so, daß seine Mitmenschen ihn als eher intolerant und ohne Bereitschaft, andere aus ihrer Situation heraus zu verstehen, empfinden.

Personale Erziehung in „humanistischer" Sicht (i. e. S.)

„Für die zweite Auffassung ist das Wirklichwerden der Person vor allem durch das sittliche Phänomen bestimmt, und die Hauptsorge der pädagogischen Begegnung liegt dann in der Erweckung des Gewissens. Die ethischen Forderungen werden aus dem ideellen Gehalt der menschlichen Ordnungen und Werke abgeleitet; das Selbst wird im wesentlichen auf die Erziehung zur Vernunft (gemeint ist: im Sinne Kants; W. Kl.) begründet." (S. 52)

8.2.3.2 Abschließende Bemerkungen über die spannungsreiche „Einheit der vierfachen Ansicht des Erzieherischen"

Abschließend muß noch einmal an einen Gesichtspunkt erinnert werden, der schon am Beginn des Abschnitts über Flitners anthropologisch-pädagogische Theorie betont wurde: Obwohl es für Flitner zweifellos eine Rangfolge der Sichtweisen von der ersten zur vierten hin in dem Sinne gibt, daß man in aufsteigender Reihenfolge immer mehr auf den Kern der menschlichen Existenz hingewiesen wird (S. 56), kann doch auf keine Sichtweise verzichtet werden. Jede einzelne Sichtweise ist zugleich notwendig und begrenzt, sie müssen sich daher wechselseitig ergänzen. Jede „höhere" Sichtweise baut überdies auf den vorangehenden als ihren notwendigen Voraussetzungen auf.

Im Hinblick auf die personale Sichtweise sagt Flitner:

> „Wem wir dazu verhelfen wollen, sein persönliches Selbst zu entwickeln, den müssen wir zuerst pflegen, sättigen, kleiden, in seinen Vitalbedürfnissen bejahen und in Ordnung bringen: dieses Gesetz hat Pestalozzi den Erziehern eingeschärft. Wir müssen ihm auch zu gesellschaftlicher Tüchtigkeit und Achtbarkeit verhelfen. Und wenn wir ihn lieben, so wollen wir ihm auch einen Inhalt geben, ihm das Verständnis kultureller Ordnungen und Werke eröffnen, ihm das Ideelle begreiflich machen. Aber auch umgekehrt gilt: daß wir niemanden wirklich in seiner Lebensnot oder seiner gesellschaftlichen Stellung oder in seiner Wertsicht gefördert haben, den wir nicht zugleich als ein werdendes Selbst betrachten und lieben." (S. 51)

Spannungen zwischen den pädagogischen Konsequenzen aus den vier Sichtweisen

Nach Flitners Auffassung können die vier Sichtweisen allerdings „nie in einem widerspruchsfreien System" dargestellt werden (S. 53), eine These, die er leider nicht ausführlicher begründet. Wahrscheinlich soll mit dieser Aussage darauf hingewiesen werden, daß in der konkreten Lebenserfahrung zwischen den Motiven, die sich aus den verschiedenen Sichtweisen ergeben, immer wieder Spannungen auftreten: Wo ist z. B. die Grenze zwischen „gesellschaftlicher Anpassung" (zweite Sichtweise) und etwaiger Kritik gegenüber gesellschaftlichen Anforderungen und Tendenzen aus Gewissensgründen (vierte Sichtweise)? Begrenzen nicht ständig Anforderungen „gesellschaftlicher Anpassung" – z. B. Arbeitszeit und Arbeitsverhältnisse, der frühe Eintritt vieler junger Menschen in die Berufswelt usw. usw. (zweite Sichtweise) – die Möglichkeiten, sie zu produktiver Aneignung des Sinnes verschiedener Kulturbereiche (z. B.

Kunst, Wissenschaft) zu befähigen (dritte Sichtweise) usw.? – Hätte Flitner solche Fragen konkret weiterverfolgt, so wäre er wahrscheinlich in neuer Perspektive auf den Zusammenhang zwischen Erziehung und Gesellschaft gestoßen, nämlich auf gesellschaftliche Bedingungen oder Grenzen gerade einer Erziehung unter den Betrachtungsweisen „des Eigentlich-Menschlichen" (dritte und vierte Sichtweise).

8.2.3.3 Abschliessende Zusammenfassung

Flitner hat nach der Erläuterung der einzelnen Sichtweisen seine Vier-Aspekte-Theorie noch einmal knapp zusammengefaßt. Sie können Ihr Verständnis der vorangehenden Ausführungen an dieser Zusammenfassung überprüfen:

> „Von außen und vom Einzelnen her gesehen ist Erziehung: mit dem Wachstumsprozeß verbundene Entfaltung des ‚Naturwesens' Mensch zur Anpassung an die Lebensbedingungen und zur Entfaltung seiner Lebensfülle.
>
> Von außen und vom Gemeinsamen her gesehen ist sie kultureller Einordnungsprozeß: die Übertragung des Kulturbesitzes an Neuaufwachsende oder in einen geschichtlichen Lebenskreis eintretende Neuankömmlinge bis zur sozialen Mündigkeit.
>
> Von innen und vom Gemeinsamen der geschichtlich-gesellschaftlichen Seite her gesehen ist sie geistiger Erweckungsprozeß als Höherführung des reifenden Menschen in der Begegnung und im geistigen Verkehr mit Gereifteren: die Einführung in das Verstehen der Ordnungen und Überlieferungen aus den Werten, den Ideen, dem Sinn der Sache selbst; die Hinleitung zur Produktivität in den geistigen Grundtätigkeiten, welche in allen Lebensordnungen und Lebensäußerungen enthalten sind.
>
> Von innen und von der personalen Existenz des Menschen her gesehen ist Erziehung schließlich der geistige Erweckungsprozeß eines sittlichen und vertrauenden Lebens; er entsteht im Verhältnis von Menschen, die um das persönliche Sein wissen und dem Glauben erschlossen sind, zu ihren Nächsten, die ihrer Hilfe bedürfen.
>
> Die Erziehungswirklichkeit ist alles, was sich auf diese Prozesse bezieht, zugleich." (S. 53)

Aufgabe 5

Vergleichen Sie Nohls Vier-Schichten-Modell des Aufbaus der menschlichen Seele (vgl. S. 56 ff.) mit Flitners Theorie der vier Sichtweisen des Menschen und der Erziehung.

Vielleicht kann das folgende Schema dafür eine Hilfe sein:

	Nohl		***Flitner***		
	Bezeichnung der Schichten	Pädagogische Aufgabe(n)	Bezeichnung der Sichtweisen	Pädagogische Aufgabe(n)	Ggf. Bemerkungen über Gemeinsamkeiten und Unterschiede
1					
2					
3					
4					

Kurseinheit 4: Inhaltliche Grundprobleme der Erziehung in der Sicht der GP (zweiter Teil)

Inhaltsverzeichnis zur Kurseinheit 4

Literaturverzeichnis zum Kapitel 9 zur systematischen Einführung in den Problemkreis „Pädagogische Zielsetzungen"

Brezinka, W.: Erziehungsziele, Erziehungsmittel, Erziehungserfolg. München/Basel 1976.

Klafki, W.: Normen und Ziele in der Erziehung. In: Klafki, W. u.a.: Erziehungswissenschaft (Funk-Kolleg). Bd. 2. Frankfurt/M. 1971 ff., S. 13–51.

Roth, H.: Pädagogische Anthropologie, Bd. 1. Berlin – Darmstadt – Dortmund 1966. Darin: Kap. IV „Die Abklärung pädagogischer Erziehungsziele und Bildungsideale von Herbart über Schleiermacher und Humboldt zu Pestalozzi und Litt" (S. 271–310) und Kap. V „Die Erziehungsziele in der Auseinandersetzung mit den Wissenschaften vom Menschen und im gegenwärtigen erziehungswissenschaftlichen Denken" (S. 311–360).

Roth, H.: Zur Zielproblematik in der Pädagogik (Texte), hrsg. von Benden, M., Bad Heilbrunn 1977.

Zu den Abschnitten 9.1 und 9.2

Flitner, W.: Erziehungsziele und Lebensformen (1954). In: Flitner, W.: Grundlegende Geistesbildung. Heidelberg 1965, S. 176–192.

Flitner, W.: „Vom Ziel der Erziehung". In: Flitner, W.: Allgemeine Pädagogik. 14. Aufl. Stuttgart 1975, S. 128–133.

Litt, Th.: Führen oder Wachsenlassen. 13. Aufl. Stuttgart 1967 und die im Anhang dieses Buches abgedruckten Abhandlungen „Das Wesen des pädagogischen Denkens" (zuerst 1921) und „Die Bedeutung der pädagogischen Theorie für die Ausbildung des Lehrers" (zuerst 1947). S. 83 ff. bzw. S. 110 ff., bes. S. 115 ff.

Nohl, H.: Die pädagogische Bewegung in Deutschland und ihre Theorie. 3. Aufl. Frankfurt/M. 1949, Teil „Die Theorie der Bildung", Kap. I „Die Möglichkeit einer allgemeingültigen Theorie" und Kap. II „Die Autonomie der Pädagogik", S. 105–145.

Spranger, E.: Die Bedeutung der wissenschaftlichen Pädagogik für das Volksleben. Jetzt in: Erziehungswissenschaft und Erziehungswirklichkeit, hrsg. von Röhrs, H. Frankfurt/M. 1964, S. 9–23, bes. S. 17–21.

Weniger, E.: Didaktik als Bildungslehre. Teil 1: Theorie der Bildungsinhalte und des Lehrplans. 6.–8. Aufl. Weinheim 1965, bes. Kap. III: Die erste Schicht des Lehrplans: Der Staat und die Bildungsmächte. – Das Bildungsideal. S. 62–76.

Beispiele für die Position inhaltlicher „Wertfreiheit" in der Erziehungswissenschaft

Brezinka, W.: Von der Pädagogik zur Erziehungswissenschaft. 2. Aufl. Weinheim 1972, S. 67–73.

Rössner, L.: Kritische Pädagogik und die Ziel-Problematik in der Erziehung. In: Rössner, L.: Erziehungswissenschaft und kritische Pädagogik. Stuttgart 1974, S. 24–46.

Zu den Abschnitten 9.3, 9.4, 9.4.1 und 9.4.2

Direkt auf die genannten Abschnitte bezogene Literatur

Flitner, W.: „Erziehung zur Freiheit" und „Erziehungsziele und Lebensformen". In: Flitner, W.: Grundlegende Geistesbildung. Heidelberg 1965, S. 146–165 und 176–192.

Flitner, W.: Allgemeine Pädagogik. 14. Aufl. Stuttgart 1975. Vor allem die Abschnitte „Die Bezeichnungen ‚Erziehung' und ‚Bildung'", S. 26–28; „Der Sachgehalt der Bildung – Die erziehende Sozialordnung", S. 103–116; „Bildung als Werk der Erziehung", S. 116–128; „Vom Ziel der Erziehung", S. 128–133.

Klafki, W.: Kategoriale Bildung. In: Klafki, W.: Studien zur Bildungstheorie und Didaktik. 10. Aufl. Weinheim 1975, S. 25–45.

Litt, Th.: Führen oder Wachsenlassen. 13. Aufl. Stuttgart 1975, und „Das Wesen des pädagogischen Denkens" (im Anhang des vorher genannten Buches), S. 83–109.

Litt, Th.: Das Bildungsideal der deutschen Klassik und die moderne Arbeitswelt. 3. Aufl. des Nachdrucks der verbesserten und erweiterten Aufl. 1959, Bochum o. J.

Litt, Th.: Berufsbildung, Fachbildung, Menschenbildung. 2. Aufl. Bonn 1960 (Schriftenreihe der Bundeszentrale für Heimatdienst, H. 35).

Nohl, H.: Die pädagogische Bewegung in Deutschland und ihre Theorie 3. Aufl. Frankfurt/M. 1949, bes. „Die Bildung als das pädagogische Werk" und „Das Bildungsideal und die Volksbildung", S. 140–151.

Nohl, H.: „Die Polarität in der Didaktik" (1930), „Bildung und Alltag" (1929), „Das Wesen der Erziehung" (1948). In: Nohl, H.: Pädagogik aus 30 Jahren. Frankfurt/M. 1949, S. 86–97, 124–132, 279–289.

Nohl, H.: Zur deutschen Bildung (4 Aufsätze). Göttingen 1926. Die Aufsätze sind wieder abgedruckt in dem Buch „Pädagogik aus 30 Jahren". Frankfurt/M. 1949.

Spranger, E.: Das deutsche Bildungsideal der Gegenwart in geschichtsphilosophischer Beleuchtung. In: Die Erziehung (Jahrgang 1, 1925, H. 1 und 4, Jahrgang 2, 1926, H. 3). – Als selbständige Schrift: Leipzig 1926.

Spranger, E.: Die Generationen und die Bedeutung des Klassischen in der Erziehung. In: Jugendführer und Jugendprobleme. Festschrift für Georg Kerschensteiner. München 1924, S. 307–332.

Spranger, E.: Grundlegende Bildung, Berufsbildung, Allgemeinbildung (4 Aufsätze: 1922, 1923, 1950, 1958), hrsg. und eingel. von Knoll, J. H., Heidelberg 1965. – vgl. bes. die Abhandlungen „Grundlegende Bildung, Berufsbildung, Allgemeinbildung", S. 8–23 und „Berufsbildung und Allgemeinbildung", S. 24–45.

Spranger, E.: „Über Erziehung zum deutschen Volksbewußtsein" (1924), „Probleme der politischen Volkserziehung" (1928), „Volkskenntnis, Volksbildung, Volkseinheit" (1930), „Recht und Grenzen des Staates in den Bildungsaufgaben der Gegenwart" (1931), „Gegenwart" (1932). In: Spranger, E.: Volk, Staat, Erziehung. Gesammelte Reden und Aufsätze. Berlin 1932.

Spranger, E.: Der geborene Erzieher. Heidelberg 1958, bes. Kap. IV „Erziehungsziel und Bildungsideale“, S. 53–79.

Weniger, E.: Bildung. Artikel im Sachwörterbuch der Deutschkunde, hrsg. von Peters, U. u. a., Leipzig 1930, S. 164–167.

Weniger, E.: Didaktik als Bildungslehre. Teil 1: Theorie der Bildungsinhalte und des Lehrplans. 6.–8. Aufl. Weinheim 1965, bes. Kap. III „Die erste Schicht des Lehrplans: Der Staat und die Bildungsmächte – Das Bildungsideal“, Kap. IV: „Die zweite Schicht des Lehrplans: Die geistigen Grundrichtungen und die Kunde“, Kap. VII: „Die existenzielle Konzentration“.

Weniger, E.: Zur Frage der staatsbürgerlichen Erziehung (1929). Neudruck Oldenburg 1951.

Weiterführende und Sekundärliteratur zu Flitner

Flitner, W.: Die abendländischen Vorbilder und das Ziel der Erziehung. Godesberg 1947.

Flitner, W.: Die Geschichte der abendländischen Lebensformen. München 1967.

Heinen, K.: Das Problem der Zielsetzung in der Pädagogik Wilhelm Flitners. Eine kritische Interpretation. Bern/Frankfurt/M. 1973.

Heyer, P.: über die Rolle des Konkreten in Wilhelm Flitners „Allgemeiner Pädagogik“. In: Neue Sammlung 1967, S. 10–19.

Schindler, I.: Die Umsetzung bildungstheoretischer Reformvorschläge in bildungspolitische Entscheidungen. Saarbrücken 1974, bes. Teil I: Das bildungstheoretische Konzept Wilhelm Flitners, S. 27–80.

Uhle, R.: Geisteswissenschaftliche Pädagogik und kritische Erziehungswissenschaft. München 1976, bes.: Abschnitt 3: W. Flitner, Hermeneutisch-pragmatische Bildungstheorie, S. 79–120.

Litt

Bracht, B.: Geschichtliches Verstehen und geschichtliche Bildung – ihr Wesen und ihre Aufgabe nach der Auffassung Th. Litts. Ratingen 1968.

Klafki, W.: Dialektisches Denken in der Pädagogik (exemplifiziert am Beispiel Litts und Nohls). Jetzt in: Denkformen und Forschungsmethoden der Erziehungswissenschaft, hrsg. von S. Oppolzer, Bd. I, München 1966, S. 159–182.

Klafki, W.: Theodor Litts Stellung zur Weimarer Republik und seine Auseinandersetzung mit dem Nationalsozialismus. Jetzt in: Klafki, W.: Aspekte kritisch-konstruktiver Erziehungswissenschaft. Weinheim 1976, S. 219–252.

Lassahn, R.: Das Selbstverständnis der Pädagogik Theodor Litts. Pädagogik als Geisteswissenschaft. Ratingen 1968, bes. Teil II und III, S. 55–135.

Lassahn, R.: Theodor Litt – Das Bildungsideal der deutschen Klassik und die moderne Arbeitswelt. Münster 1970.

Litt, Th.: Die Philosophie der Gegenwart und ihr Einfluß auf das Bildungsideal. Leipzig/Berlin 1928.

Litt, Th.: Möglichkeiten und Grenzen der Pädagogik. Abhandlungen zur gegenwärtigen Lage von Erziehung und Erziehungstheorie. Leipzig/Berlin 1926.

Litt, Th.: Wissenschaft, Bildung, Weltanschauung. Leipzig/Berlin 1928.

Litt, Th.: Pädagogik und Kultur. Kleine pädagogische Schriften 1918–1926, hrsg. v. Nicolin, F., Bad Heilbrunn 1965.

Schlemper, H. O.: Reflexion und Gestaltungswille. Bildungstheorie, Bildungskritik und Bildungspolitik im Werke von Th. Litt. Ratingen 1964.

Nohl und Nohl-Schüler

Bartels, K.: Die Pädagogik H. Nohls in ihrem Verhältnis zum Werk Wilhelm Diltheys und zur heutigen Erziehungswissenschaft. Weinheim 1968, bes. S. 144–151.

Döring, W.: Zur pädagogischen Problematik des Begriffs des Klassischen. Berlin/Leipzig 1934.

Finckh, H.-J.: Der Begriff der „Deutschen Bewegung" und seine Bedeutung für die Pädagogik Herman Nohls. Frankfurt/M./Bern 1977, bes. Teil „Nohls Bildungstheorie und Didaktik", S. 134–167.

Kiel, G.: Zum Verhältnis von Subjekt und Objekt in der Pädagogik Herman Nohls und Eduard Sprangers. In: Die Deutsche Schule. 1962, S. 321–333.

Lehmensick, E.: Die Theorie der formalen Bildung. Göttingen 1926.

Spranger

Kiel, G.: vgl. unter Nohl und Nohl-Schüler

Spranger, E.: Erziehung zur Menschlichkeit. In: Spranger, E.: Pädagogische Perspektiven. 3. Aufl. Heidelberg 1955, S. 93–121.

Zur Pädagogik Eduard Sprangers. in: „Pädagogische Rundschau" 1962, H. 7/8 (Aufsätze von Litt, Bergmann, Haag, Reble, Wenke, Oelrich, Nicolin, Englert). Eduard Spranger. Sein Werk und sein Leben, hrsg. von Bähr, H. W. und Wenke, H., Heidelberg 1964.

Weniger und Weniger-Schüler

Dahmer, I./Klafki, W. (Hrsg.): Geisteswissenschaftliche Pädagogik am Ausgang ihrer Epoche – Erich Weniger. Weinheim 1968. Darin besonders:

- Blankertz, H.: Bildungsbegriff. S. 103–113.
- Blankertz, H./Hoffmann, D.: Geschichtsunterricht und Politische Bildung. S. 175–194.
- Freyhoff, U.: Bildsamkeit. S. 115–135.
- Klafki, W.: Didaktik. S. 137–173.
- Schulenberg, W.: Pädagogische Theorie und Gesellschaftsbegriff. S. 209–221.

Gassen, H.: Geisteswissenschaftliche Pädagogik auf dem Wege zu kritischer Theorie. Studien zur Pädagogik Erich Wenigers. Weinheim 1978.

Klafki, W.: Das pädagogische Problem des Elementaren und die Theorie der kategorialen Bildung. 3./4. Aufl. Weinheim 1964.

Raapke, H.-D.: Das Problem des freien Raums im Jugendleben. Weinheim 1959.

Weniger, E.: Bildung und Persönlichkeit. In: Die Eigenständigkeit der Erziehung in Theorie und Praxis. Weinheim 1953, S. 123–140.

Weniger, E.: Bildsamkeit und Bildungserbe in unserer Zeit (1957). Jetzt in: Weniger, E.: Ausgewählte Schriften zur geisteswissenschaftlichen Pädagogik, hrsg. von Schonig, B., Weinheim 1975, S. 187–198.

Zum Abschnitt 9.4.3

Litt, Th.: Die politische Selbsterziehung des deutschen Volkes (zuerst 1954). Später unter dem Titel: Wesen und Aufgabe der politischen Erziehung, hrsg. von Nicolin, F., Heidelberg 1964. – Die Abhandlung wurde mit weiteren Aufsätzen Litts zum Thema in seiner Schrift „Die politische Selbsterziehung des deutschen Volkes", 7. Aufl., Bonn 1963 (Schriftenreihe der Bundeszentrale für Heimatdienst – später: Bundeszentrale für politische Bildung –, H. 1) wieder abgedruckt.

Literaturangaben über Litts Veröffentlichungen zur staatsbürgerlichen Erziehung vor 1933 vgl. S. 313 (Anmerkung 44) dieser Kurseinheit.

Literaturhinweise über weitere pädagogische Aufgabenbereiche, für die Vertreter der GP konkrete Zielvorstellungen entwickelt haben, finden sich im Text bzw. in den Anmerkungen des Abschnitts 9.4.3.1, S. 310–311 dieser Kurseinheit.

Weiterführende Literatur zum Abschnitt 9.4.3.2

Litt, Th.: Wissenschaft und Menschenbildung im Lichte des West-Ost-Gegensatzes. Heidelberg 1958.

Litt, Th.: Freiheit und Lebensordnung. Zur Philosophie und Pädagogik der Demokratie. Heidelberg 1962.

Glossar

Es werden nur solche Begriffe aufgeführt, die im Text der Kurseinheit nicht eingehender erläutert werden konnten.

Bildung, Bildungsideal, Bildungsziel
vgl. 4. Kurseinheit, S. 272–274

Dewey, John (1859–1952)
bedeutendster amerikanischer Erziehungstheoretiker und Schulreformer der ersten Hälfte unseres Jahrhunderts (und namhafter Philosoph). Seine an den Prinzipien der Demokratie, einer offenen Gesellschaft, einer evolutionär-humanitären Menschheitsentwicklung und der kreativen, denkend-handelnden, sowohl individuellen als auch kooperativen Problemlösungsfähigkeit orientierte Erziehungstheorie und Schulreformkonzeption hat seit dem Beginn unseres Jahrhunderts bis in die 40-er Jahre hinein nicht nur das amerikanische Erziehungsdenken und die Erziehungspraxis nachhaltig beeinflußt, sondern zeigte nach dem 1. Weltkrieg auch in vielen anderen Ländern der Erde starke Wirkungen. In Deutschland hat Dewey in der Weimarer Zeit die Arbeitsschulbewegung, besonders Georg Kerschensteiner, stark beeinflußt; nach dem 2. Weltkrieg sind in der Bundesrepublik zum einen von seiner Theorie demokratischer Erziehung, zum anderen von seinem Konzept des „Projektunterrichts" maßgebliche Anregungen ausgegangen.

Zur Einführung in seine Erziehungstheorie eignet sich sein Buch „Demokratie und Erziehung" (zuerst 1915, Braunschweig 1949), in seine Theorie des Lehr- und Lernprozesses vor allem „Wie wir denken" (zuerst 1910, deutsch Zürich 1951), in die „Projektmethode" das Buch von Dewey-Kilpatrick „Der Projektplan" (Weimar 1935). – Die beste deutsche Interpretation liegt vor bei Bohnsack, F.: Erziehung zur Demokratie. John Deweys Pädagogik und ihre Bedeutung für die Reform unserer Schule. Ravensburg 1976.

Didaktik, didaktisch
Beide Begriffe wurden in der Vergangenheit und werden in der Gegenwart in unterschiedlicher Bedeutung verwendet. Die seit dem 17. Jahrhundert, insbesondere aber seit dem 19. Jahrhundert in der pädagogischen Fachsprache gebräuchlichen Begriffe gehen auf das griechische Wort didaskein zurück; es kann „lehren", „unterrichten", „lernen", in seinen substantivischen Ableitungen „Lehre", „Unterricht", „Schule" bedeuten. – In der Mehrzahl der Fälle umfassen die Begriffe „Didaktik" bzw. „didaktisch" alle oder jeweils einen Teil der Fragen, die sich auf Ziele und Inhalte, Organisationsformen, Methoden und Medien des Lehrens und Lernens, und zwar meistens im Hinblick auf institutionalisiertes Lehren und Lernen in Schulen, Ausbildungsstätten (z. B. betrieblicher Lehrlingsausbildung), Kindergärten, Einrichtungen der Erwachsenenbildung, im Fernunterricht u. ä. beziehen.

Seit 1967 werden – in Anlehnung an den anglo-amerikanischen und weithin bereits internationalen Sprachgebrauch – in der deutschen pädagogischen Diskussion in zunehmendem Maße statt des Begriffes Didaktik oder im Zusammenhang mit ihm auch Wortverbindungen mit dem Kernbestandteil „Curriculum" (z. B. „Curriculumtheorie", „Curriculumplanung" usw.) verwendet. Eine Analyse des Sprachgebrauchs zeigt, daß die Begriffe „Curriculum" bzw. „Curriculumtheorie" usw. nicht einen inhaltlich oder methodisch vom Fragenkreis der Didaktik klar abgrenzbaren Problemzusammenhang, sondern eine bestimmte Akzentsetzung meinen: den Aspekt der mit wissenschaftlichen Hilfsmitteln durchgeführten oder mindestens unterstützten Planung und Überprüfung von Entscheidungen und Prozessen im Bereich institutionalisierten Lehrens und Lernens und der entsprechenden Vorbedingungen.

Unter dem Gesichtspunkt des unterschiedlichen Begriffsumfanges lassen sich die wichtigsten heute in der Bundesrepublik anzutreffenden Fassungen der Begriffe „Didaktik" bzw. „Curriculumtheorie" in folgenden Gruppen zusammenfassen; die einzelnen Positionen innerhalb einer Gruppe können dabei sehr unterschiedliche wissenschaftstheoretische Auffassungen vertreten.

1) Didaktik als Wissenschaft vom Lehren und Lernen in allen Formen und auf allen Stufen (J. Dolch, G. Hausmann).
2) Didaktik bzw. Curriculumtheorie als Wissenschaft vom Lehren und Lernen in pädagogischen Institutionen bzw. als Wissenschaft vom Unterricht oder Unterrichtstheorie, also unter Einschluß der Methodik (vgl. Glossarstichwort „Methodik"). Die wichtigsten gegenwärtigen Ansätze dieser Gruppe sind die sog. „Berliner Didaktik" (P. Heimann, W. Schulz, G. Otto u. a.; auch „lehrtheoretische" früher „lerntheoretische Didaktik" genannt), die „systemtheoretische Didaktik" (E. König und H. Riedel), die „strukturtheoretische Didaktik" (W. H. Peterssen). die „kommunikative Didaktik" (K.-H. Schäfer, K. Schaller) und die „kritisch-konstruktive Didaktik" (Klafki, seit 1972).
3) Didaktik i. e. S. als Theorie der Bildungsinhalte und des Lehrplans (E. Weniger) bzw. als Theorie der Lehr- und Lernziele und der ihnen zuzuordnenden Inhalte (W. Klafki bis 1972) oder als Theorie der Bildungskategorien (J. Derbolav). Hier wird die Unterscheidung (nicht Trennung!) der Ziel- und Inhaltsprobleme von den Methoden und die Abhängigkeit der letzteren von Ziel- und Inhaltsentscheidungen betont. – In der Curriculumtheorie gibt es eine Reihe von Ansätzen, die diesem engeren Didaktikbegriff im wesentlichen entsprechen (z. B. bei Johnson/Illinois, tendenziell auch bei S. B. Robinsohn).
4) Die vierte Gruppe von Begriffsbestimmungen klammert alle Fragen der Lernzielbestimmung und der thematischen Auswahl als außerwissenschaftliche Vorentscheidungen oder als vermeintlich durch Anthropologie und Einzelwissenschaften beantwortet aus und reduziert Didaktik auf die Erforschung und Planung der Steuerung von Lehr- und Lernprozessen im Sinne kybernetischer Modellvorstellungen („kybernetische Didaktik": H. Frank, F. v. Cube) oder einer

„Ökonomik der Vermittlung" (Th. Wilhelm). Im Sinne der vorher gekennzeichneten Begriffsbestimmungen handelt es sich hier also eigentlich um Methodentheorien.

vgl. Klafki, W.: Artikel „Curriculum-Didaktik". In: Wörterbuch der Erziehung, hrsg. von Wulf, Chr., 2. Aufl. München 1976, S. 117–128

Elementare, das, Fundamentale, das

Der Begriff des „Elementaren" tritt zuerst als didaktischer Begriff bei Pestalozzi auf, er ist dann – ergänzt um die in den gleichen Problemzusammenhang gehörigen Begriffe des Fundamentalen und des Exemplarischen – innerhalb der geisteswissenschaftlichen Didaktik, insbesondere nach dem 2. Weltkrieg wieder aufgegriffen worden. Hier kann nur das Problem umrissen werden, auf das die genannten Begriffe zielen: Es geht um die Frage, nach welchen Kriterien Inhalte der Erziehung und des Unterrichts zielorientiert ausgewählt und in welcher Strukturierung bzw. welchen Aufbau-Folgen sie im Erziehungs- bzw. Unterrichtsprozeß zur Geltung gebracht werden müssen, wenn der Lernende zu einer selbsttätigen, verstehenden, produktiven Aneignung und Auseinandersetzung befähigt werden soll. Im Verhältnis zur Kompliziertheit, Schwer-Durchschaubarkeit der meisten Probleme der modernen gesellschaftlich-kulturellen Wirklichkeit geht es jeweils um eine „produktive Reduktion", d.h. um das Zugänglich-Machen des jeweils Komplizierteren, der durch Oberflächenphänomene verdeckten oder verschleierten Grundstrukturen, der hinter dem scheinbar Selbstverständlichen verborgenen Probleme, der im scheinbar Bloß-Gegenwärtigen steckenden Geschichte vom jeweils „Einfacheren", den „Ursprungssituationen", den „exemplarischen Fällen" oder „exemplarischen Folgen" u.ä. her.

vgl. einführend Klafki, W.: Das Elementare, Fundamentale, Exemplarische. In: Neues Pädagogisches Lexikon, hrsg. von Groothoff, H.-H. und Stallmann, M., 5. Aufl. Stuttgart 1971, S. 251–256

Erziehung, Erziehungsziel

vgl. 4. Kurseinheit, S. 272–274

Foerster, Friedrich Wilhelm (1869–1966)

Ethiker, Religions- und Kulturphilosoph, Politik-Theoretiker und Pädagoge. Ab 1901 Dozent für Moralpädagogik am Polytechnikum Zürich, später Professor für Pädagogik an den Universitäten Wien (ab 1912) und (seit 1914) München. –

Als entschiedener Pazifist opponierte Foerster offen gegen die deutsche Kriegspolitik 1914–1918, gab 1920 seine Professur auf und lebte seitdem als freier Schriftsteller in der Schweiz, in Frankreich und den USA (1942–1964).

Seine Erziehungstheorie ist entscheidend durch eine überkonfessionell-christliche, wiewohl in vielen Punkten der katholischen Weltanschauung verwandte Moraltheorie mit universellem Geltungsanspruch gekennzeichnet; diese Grundposition prägte auch seine Auffassung von politischer Bildung, seine sexualpädagogischen Veröffentlichungen und seine Forderung nach „Selbstregierung" der Jugend in der Schule.

Kerschensteiner, Georg (1854–1932)
zunächst Volksschul-, dann Gymnasiallehrer (Mathematik/Physik), seit 1895 Stadtschulrat in München, seit 1918 zugleich Honorarprofessor an der Universität München.

K. war einer der führenden Vertreter der Reformpädagogik vom Ausgang des 19. Jahrhunderts bis 1933. Und zwar war er – neben Hugo Gaudig (1860–1923) – innerhalb der Reformpädagogik Begründer der „Arbeitsschulbewegung". „Arbeit" als pädagogisches Prinzip (vgl. Kerschensteiner: Der Begriff der Arbeitsschule, zuerst 1912, 15. Aufl. München 1964) meint bei K. zunächst gedanklich vorgeplante und dann streng sachgetreu ausgeführte sowie in ihren Resultaten am vorgefaßten Ziel überprüfte manuelle (handwerkliche, hauswirtschaftliche und elementar-landwirtschaftliche, vor allem gärtnerische) Arbeit als Bildungsverfahren und Bildungsmittel – sie sollte zum Zentrum der Volksschule und der Berufsschule, deren Entwicklung Kerschensteiner entscheidend vorangetrieben hat, werden (Einrichtung von Schul- bzw. Lehrwerkstätten, Schulküchen, Schulgärten u. ä.). Zum anderen bezeichnet „Arbeit" ein generelles pädagogisches Prinzip allen, also auch eines primär kognitiven Lernens (insbesondere in den Naturwissenschaften – unter Betonung des Schülerexperiments – und in den sprachlichen Fächern), nämlich ein Lernen, das als selbsttätiger, streng sachorientierter Problemlösungs- und Aneignungsprozeß organisiert bzw. vollzogen wird. – Das Arbeitsschulprinzip war für Kerschensteiner direkt verbunden mit dem Prinzip der Charakterbildung und der staatsbürgerlichen Erziehung (Kerschensteiner: Staatsbürgerliche Erziehung der deutschen Jugend, zuerst 1901, und: Der Begriff der staatsbürgerlichen Erziehung, zuerst 1909, 9. Aufl. München 1961). Kerschensteiners Leitidee des Kultur- und Rechtsstaates und dementsprechend seine Konzeption der staatsbürgerlichen Erziehung ist mit einer konservativen, ständisch-hierarchischen Gesellschaftsvorstellung verbunden.

Seit 1915 stand K. in engem fachlichem Kontakt zu E. Spranger. – In der Spätphase (ab etwa 1926) versuchte Kerschensteiner, seine zahlreichen Beiträge zu Teilbereichen der Erziehungstheorie und -praxis durch eine umfassende, auf einem System zeitlos gültiger Werte basierende „Theorie der Bildung" (1926, 2. Aufl. 1928) und – ergänzt um eine Theorie individueller Anlagen (Begabungs- und Interessentypen) – eine entsprechende „Theorie der Bildungsorganisation" (1933 aus dem Nachlaß herausgegeben) zu begründen.

(Sekundärliteratur: Wehle, Gerhard: Praxis und Theorie im Lebenswerk Georg Kerschensteiners. 2. neubearb. Aufl. Weinheim 1964. – Wilhelm, Theodor: Die Pädagogik Kerschensteiners. Stuttgart 1957).

Kritischer Rationalismus
vgl. das Glossar-Stichwort in der 1. Kurseinheit, S. 48 f.

Methodik, Methode
Der Begriff „Methodik“ bezeichnet alle Überlegungen bzw. wissenschaftlichen Forschungs- und Reflexionsbemühungen, die sich auf Verfahren des gezielten Erziehens bzw. des Lehrens und Lernens, also auf Erziehungs- und/oder Unterrichts-(Lehr- und Lern-)methoden bezieht. Das spezielle Verständnis der Aufgabe und der Struktur der „Methodik“ (als Bezeichnung für theoretische Bemühungen) hängt bei den einzelnen Autoren von ihrer wissenschaftstheoretischen Position und von ihrer Deutung des „Gegenstandes“ der Methodik, also der Erziehungs- bzw. der Unterrichtsmethoden, ab. Diese Deutung aber unterscheidet sich je nach der Auffassung vom Ziel (bzw. den Zielen) und der Struktur von Erziehungs- und Lehr- bzw. Lernprozessen. Gilt z. B. als Ziel der Erziehung und des Unterrichts die Entwicklung kritischer Selbst- und Mitbestimmungsfähigkeit der Lernenden und wird der Prozeß des „Erzogen-Werdens“ bzw. des Lernens primär als Vorgang selbsttätiger Aneignung und Auseinandersetzung verstanden, so werden die einzusetzenden bzw. zu entwickelnden Methoden andere sein als dort, wo als Ziel die unbefragte Übernahme von vorgegebenen Normen, Inhalten, Deutungen, Verhaltensweisen, Fertigkeiten gilt und der Lernprozeß als ein nach dem Reiz-Reaktions-Schema ablaufender Vorgang der Verhaltensprägung bzw. -veränderung gedeutet wird.

Lernziele

Nach dem Studium dieser Kurseinheit sollten Sie in der Lage sein,

- die Grundauffassung der Vertreter der GP zur Frage, ob Erziehungswissenschaft wertende Aussagen machen könne und solle, zu kennzeichnen und von anderen Positionen zu unterscheiden,
- einige Grundbestimmungen des Bildungsbegriffs (als pädagogischer Zielkategorie der GP) zu erläutern,
- den Begriff „Kategoriale Bildung“ im Verhältnis zu den Begriffen „formale“ und „materiale“ Bildung (und möglichst auch zu den Varianten dieser beiden Begriffe) zu bestimmen,
- zur politischen Problematik des Begriffs der „nationalen Bildung“ bzw. der „Volksbildung“ bei Vertretern der GP Stellung zu nehmen,
- den Sinn der Rede vom „Bildungsideal“ bei Weniger anzugeben und Ihre Einschätzung zu formulieren,
- ein Beispiel für eine konkrete Zielbestimmung aus dem Bereich der GP, etwa das in dieser Kurseinheit interpretierte Konzept politischer Bildung Theodor Litts oder eines, das Sie sich auf Grund der Literaturhinweise auf S. 311–312 selbst erarbeitet haben, zu skizzieren und dazu Stellung zu nehmen,
- zu formulieren, welche Ausführungen der Kurseinheit Ihnen unklar geblieben sind, wo Sie offene Fragen oder kritische Einwände haben, mit welchen Gesichtspunkten Sie sich, wenn Sie Zeit haben oder hätten und entsprechende Studienhinweise erhalten – gern eingehender auseinandersetzen würden.

9 Das Problem der pädagogischen Zielsetzungen in der GP

Für das Verständnis jeder pädagogischen Theorie oder Richtung sind zwei Fragen von zentraler Bedeutung:

- Welche pädagogischen Zielvorstellungen entwickelt die betreffende Theorie oder Richtung bzw. welche Zielvorstellungen setzt sie ausdrücklich als gültig voraus oder läßt sie als für sie selbst verbindlich erkennen?
- Nimmt die betreffende pädagogische Theorie oder Richtung ausdrücklich zu dem Problem Stellung, ob und in welcher Weise Erziehungswissenschaft überhaupt Aussagen zum Fragenkreis pädagogischer Zielsetzungen machen kann? Wir wenden uns zunächst der zweiten Frage zu.

9.1 Sind wertende Aussagen, z. B. zum Problemkreis der Erziehungsziele, in der Erziehungswissenschaft zulässig?

Die Position der „Wertfreiheit der Wissenschaft"

Wer die Position einer sog. „wertfreien" Wissenschaft vertritt, der wird auf diese Frage folgendermaßen antworten: Erziehungswissenschaft beruht *als Wissenschaft* nur auf einer einzigen Wertvoraussetzung, nämlich auf der Voraussetzung, daß es sinnvoll (wertvoll) ist, sich auch angesichts von Erziehungsvorgängen, -einrichtungen und -problemen um Wahrheitserkenntnis, d. h. um *überprüfbare* Erkenntnis zu bemühen. In diesem Sinne könne und müsse Erziehungswissenschaft sich dann auch mit Zielsetzungen und Wertungsproblemen, auf die sie in ihrem Gegenstandsbereich stoße, beschäftigen. Aber sie dürfe das ausschließlich in *beschreibender* und *analysierender* Weise (historisch oder gegenwartsbezogen), nicht jedoch in dem Sinne tun, daß sie *als Wissenschaft* selbst Werturteile aussprechen, Wertungen vollziehen und wissenschaftlich begründen könne.

W. Klafki, *Geisteswissenschaftliche Pädagogik*, Neuere Geschichte der Pädagogik,
https://doi.org/10.1007/978-3-658-37172-2_11

Nach dieser Auffassung kann oder muß Erziehungswissenschaft also pädagogische Theorien, Bewegungen und Einrichtungen in der Geschichte und in der Gegenwart auf ihre ausdrücklichen und unausdrücklichen pädagogischen Zielvorstellungen hin untersuchen, auf Herkunft, Begründung und Folgen bestimmter Zielvorstellungen, auf ihren geschichtlichen Wandel, auf die Stimmigkeit oder aber Widersprüchlichkeit verschiedener Zielbestimmungen innerhalb einer Theorie oder Bewegung oder Institution usw. Aber sie darf über die Lösung solcher Erkenntnisaufgaben hinaus nicht selbst wertend Stellung nehmen. Diese Auffassung wird heute von der Wissenschaftstheorie des kritischen Rationalismus vertreten.

Andere Positionen im „Werturteilsstreit"

An dieser Stelle kann das schwierige und bis heute umstrittene Problem „Wissenschaft und Werturteile" nicht ausführlich erörtert werden. Es muß genügen darauf hinzuweisen, daß es sowohl in der Weimarer Zeit wie nach 1945 und bis heute hin sowohl in der Erziehungswissenschaft als auch in weiteren Geistes- bzw. Sozialwissenschaften *andere* wissenschaftstheoretische Positionen gibt, die es *unter bestimmten Voraussetzungen* für durchaus möglich und zulässig halten, daß Wissenschaft Werturteile ausspricht. Die wichtigste dieser Voraussetzungen ist, daß die Kriterien solcher Werturteile, also die Maßstäbe, die den Werturteilen zugrundeliegen, *offengelegt,* also selbst überprüfbar und diskutierbar gemacht werden. Wer also z. B. angibt, *daß* und *warum* er im Hinblick auf das Bildungswesen in einer Gesellschaft, die sich als demokratische Gesellschaft versteht, das Prinzip gleicher Bildungschancen bzw. die Forderung nach Abbau von Chancenungleichheit für ein verbindliches Ziel hält, der kann im Sinne dieser Auffassung z. B. aus einer Untersuchung über verschiedene Schulsysteme – etwa solcher, die die Kinder früh nach verschiedenen Schulzweigen trennen, und solcher, die eine solche Trennung möglichst lange vermeiden – durchaus auch wertende Urteile ableiten, z. B. das Urteil, daß Schulsysteme ohne oder mit später äußerer Differenzierung sozial gerechter („demokratischer") seien als Schulsysteme mit früher äußerer Differenzierung. Solche Urteile kann ein Wissenschaftler also dieser Auffassung nach unter der Bedingung aussprechen, daß er den Zusammenhang zwischen seinen Untersuchungsergebnissen und dem Gesichtspunkt der Gleichheit der Bildungschancen mit Argumenten und d. h.: nachprüfbar deutlich macht.

Selbst dort, wo man unter dieser Voraussetzung der Offenlegung der Wertungsmaßstäbe Werturteile in der Wissenschaft für zulässig hält, gibt es dann allerdings wieder unterschiedliche Auffassungen darüber, ob die zugrundegelegten Maßstäbe selbst *wissenschaftlich* begründet werden können oder nicht bzw. ob Wissenschaft bis zu irgendeinem Grade die Geltung (oder die Ablehnung) eines Wertmaßstabes mitbegründen kann. In unserem Beispiel wäre das also die Frage, ob Wissenschaft begründen oder zur Begründung dafür beitragen kann, ob man das Prinzip der Gleichheit der Bildungschancen für alle Kinder (einer Gesellschaft) anerkennen müsse oder solle oder ob man sich mit ebenso guten Gründen (oder auch ohne Angabe von Gründen) auch dagegen entscheiden könne, weil die Geltung eines solchen Prinzips gar nicht von wissenschaftlichen Argumenten abhänge oder dadurch beeinflußbar sei.

Es muß hier genügen, solche unterschiedlichen Möglichkeiten, zum Verhältnis von Wissenschaft und Wertung (Werturteil) Stellung zu nehmen, zu skizzieren.

9.2 Das Werturteilsproblem in der Frage pädagogischer Zielsetzungen innerhalb der GP

Fragen wir danach, welche Position die GP zu diesem Problem eingenommen hat, so ist festzustellen: Ausführliche Erörterungen dieser Frage finden sich in den Texten der GP nicht. Aber zahlreiche Einzelaussagen und vor allem die häufigen Stellungnahmen zu pädagogischen Ziel- und Entscheidungsproblemen zeigen eindeutig, daß ihre Vertreter Werturteile innerhalb erziehungswissenschaftlicher Aussagen durchaus für zulässig, ja für notwendig hielten. Man kann den Texten m. E. auch entnehmen, daß die geisteswissenschaftlichen Pädagogen im Prinzip die Voraussetzung anerkannten, daß man den Maßstab bzw. die Maßstäbe solcher Urteile offenlegen müsse; das bedeutet allerdings nicht, daß diese Bedingung in allen konkreten Fällen auch tatsächlich hinreichend eingelöst worden wäre.

Die GP hielt Werturteile in der Erziehungswissenschaft für möglich und für notwendig

Die folgenden Zitate sollen es Ihnen ermöglichen zu überprüfen, ob die vorausgehende Aussage – daß maßgebliche Vertreter der GP Wertaussagen *innerhalb* der wissenschaftlichen Pädagogik für zulässig und notwendig hielten – zutrifft. Die Zitate geben jeweils einen etwas größeren Zusammenhang an, in dem die für unsere jetzige Fragestellung entscheidenden Stellen ihren Ort haben.

Aufgabe 1

Unterstreichen Sie in den nachfolgenden Textpassagen diejenigen Aussagen, die Sie als Belege für die vorangehende Interpretationsaussage für entscheidend halten.

Spranger

Eduard Spranger stellt in seinem Aufsatz „Die Bedeutung der wissenschaftlichen Pädagogik für das Volksleben" (1920. Jetzt in: Röhrs, H.: Erziehungswissenschaft und Erziehungswirklichkeit. Frankfurt/M. 1964) zunächst dar, daß Erziehung immer in den Gesamtprozeß, in das „Leben und Weben der Gesellschaft" (S. 9) verflochten ist; Spranger gebraucht synonym mit dem Begriff „Gesellschaft" in diesem Aufsatz meistens das Wort „Volksleben". In der geschichtlichen Entwicklung dieses „Volkslebens" in seinen verschiedenen Kulturbereichen – Wissenschaft, Kunst, ökonomische und technische Produktion, sozialer Arbeitsbereich (Sozialarbeit, Volksbildung u. ä.), Politik, Weltanschauungen – entstünden immer wieder praktische und theoretische Erziehungsprobleme. Jede neue Entwicklung in diesen Bereichen erfordere z. B. eine pädagogische Antwort, ggf. eine Veränderung bisheriger Zielsetzungen, Methoden, Einrichtungen. Vielfach schaffen sich einzelne der genannten Kulturbereiche selbst pädagogische Einrichtungen: Die Wirtschaft bildet z. B. ihren beruflichen Nachwuchs aus, der Staat betreibt politische Erziehung, die Kirchen religiöse Erziehung usw. In diesem Prozeß entstehen zwischen den verschiedenen Kulturbereichen und den Anforderungen, die von daher an die Familienerziehung und die „öffentliche Erziehung“ (vor allem in den Schulen) gerichtet werden, immer wieder Spannungen und Widersprüche. Daraus ergibt sich nach Spranger folgende Aufgabe:

„Der Antagonismus der geistigen Mächte, die aus dem Volksleben geboren werden, fordert eine ihnen überlegene, höhere geistige Macht, durch die sie alle ihrem Wert und Recht gemäß zur Geltung kommen. Aber gerade dieser produktive Ausgleich ist nicht möglich ohne die Kraft der Wissenschaft, und die Widersprüche des Lebens selbst treiben über die bloße Tatsächlichkeit hinaus zu der großen ordnenden, gestaltenden und versöhnenden Macht, die in der Theorie und Besinnung liegt. Einheit und Synthese, Durchleuchtung und Beherrschung der gesellschaftlichen Erziehungsmächte ist nicht erreichbar ohne eine wissenschaftliche Pädagogik.

Die Aufgabe der wissenschaftlichen Pädagogik liegt also darin, eine bereits gegebene Kulturwirklichkeit aufzufassen, unter ordnende Begriffe zu bringen und zuletzt durch Wertsetzungen und Normen zu gestalten. Sie beginnt mit der Beobachtung und Beschreibung all der mannigfaltigen Zusammenhänge, die wir soeben kurz angedeutet haben; sie sucht die funktionellen Abhängigkeitsverhältnisse auf, die zwischen Kultur und Erziehung bestehen; sie zergliedert die komplexen Strukturen der geistig-gesellschaftlichen Welt auf das eigentümlich pädagogische Moment hin. Aber schon diese Arbeit ist ohne leitende Begriffe und Gesichtspunkte nicht zu leisten: Ohne das Fächerwerk einer geistigen Auffassung gelingt auch die Beschreibung nicht. Unter ihrem Einfluß gestaltet sich das Rohmaterial zu einem gesetzlichen Ganzen. Durch ein isolierendes und idealisierendes Verfahren werden Typen von Erziehungsformen gebildet, in denen gleichsam die reinen Strukturen der Erziehungswirklichkeit bloßgelegt werden.[1]

Aber auch diese gedankliche Verarbeitung ist noch nicht das letzte: Die Wissenschaft hat auch das Recht, Werte zu setzen und Normen aufzustellen. Man hat ihr zwar neuerdings den Schritt in das Gebiet der Werturteile untersagen wollen. Und gewiß mit Recht, wenn man unter Werturteilen solche versteht, die aus der subjektiven Leidenschaft oder dem parteiischen Interesse hervorgehen. Alle Werturteile aber zu verbieten, heißt die Wissenschaft entmannen ... Auf der Grundlage eines wissenschaftlichen Bewußtseins, das sich über die Kulturzusammenhänge und die darin enthaltenen reinen Typen und Strukturen klar geworden ist, gestaltet sich auch das Wertedenken reiner und objektiver. Es wäre traurig, wenn alle in der Welt ein Urteil über das, was sein *soll* haben dürften, nur der Gelehrte nicht. Auch er darf Normen aufstellen, und nicht nur allgemeinste formale Prinzipien, sondern solche, die für die besondere inhaltliche Lage der Gegenwart gelten ... Und sollte selbst in seiner Ent-

1 vgl. Sie zu diesem Satz bitte noch einmal die Aussagen in der 3. Kurseinheit, Abschnitt 7.2.2, S. 217 ff. über „Die Entwicklung erziehungswissenschaftlicher Grundbegriffe/Kategorien und die Erkenntnis genereller pädagogischer Strukturen“.

scheidung ein persönlicher Faktor wirksam bleiben, so wäre auch dies kein Grund gegen die Entscheidung überhaupt: Denn ohne alle persönlichen Synthesen wäre die Wissenschaft eine Danaidenarbeit, unvollendbar und hoffungslos.[2]

Der Wille zur Objektivität kann nicht so weit getrieben werden, daß überhaupt keine formende und gestaltende Seele mehr übrigbleibt. Wir treiben Wissenschaft, um zu wachsen, nicht um uns zu verlieren. Die beiden ersten Stufen: das Beschreiben und Verstehen, bedeuten eine rein theoretische Einstellung: Aus ihr entsteht ein Kulturbewußtsein, in dem die sich durchkreuzenden Strömungen geklärt und geordnet sind. In der dritten Funktion aber, durch Ablehnung der einen, Bejahung der anderen, ersteht gleichsam wieder der lebendige Mensch, in dem sich der Wille zum Wert über das bloße Konstatieren und Registrieren erhebt.“ (S. 17/18)

Hermann Nohl hat an verschiedenen Stellen seiner Schriften zur Aufgabe der wissenschaftlichen Pädagogik hinsichtlich pädagogischer Zielfragen Stellung genommen. Eine der wichtigsten Aussagen knüpft an eine Passage an, die in diesem Kurs an früherer Stelle bereits zitiert und interpretiert wurde (vgl. dritte Kurseinheit, S. 219 f. „Die Entwicklung erziehungswissenschaftlicher Grundbegriffe/Kategorien und die Erkenntnis genereller pädagogischer Strukturen“): **Nohl**

„Die systematische Untersuchung der Pädagogik geht aus von dem eigenen Sinn des pädagogischen Lebens und analysiert den Bildungsvorgang auf die in ihm enthaltenen Züge, in denen der Zögling und seine Bildsamkeit, der Erzieher oder die führende und bildende Kraft, ihre Bildungsgemeinschaft, ihr Bildungsideal und ihre Bildungsmittel zu einem dynamischen Zusammenhang miteinander verbunden sind. Diese Analyse kann vor sich gehen relativ unabhängig von dem gegenwärtigen Bildungsideal ... Indem dann aber die historische Wandelbarkeit der einzelnen Faktoren dieses Vorgangs sichtbar wird, zeigen sich seine typischen Möglichkeiten, die verschiedenen Formen, wie sie sich aus der historischen Bedingtheit und dem Vorherrschen des einen oder anderen seiner Momente ergeben. So ist eine allgemeingültige Theorie der Bildung möglich, die für alle Zeiten und alle Völker gilt, weil sie nur die in sich variable Struktur des Erziehungslebens aufzeigt, aus der sich dann alle ihre geschichtlichen Formen verständlich machen und herleiten lassen ... Sie ist in gewissem Sinne nur ‚formal‘, aber nicht losgelöste, sondern notwendig auf die Inhalte hin sich konkretisierende Form, und sie besitzt in der Objektivität solchen klaren Durchdenkens der Erziehungswirklichkeit nach ihren Bezügen und ihrem Aufbau ein Mittel, die pädagogischen Ideale und Methoden zu erhellen, zu kritisieren und von subjektiven Schlacken zu reinigen.“ (Die pädagogische Bewegung in Deutschland und ihre Theorie. Frankfurt/M. 1949, S. 120/121)

---

2 Nach einer griechischen Sage 50 Töchter des Königs Danaos, die zur Strafe für den Mord an ihren Männern in der Unterwelt ständig Wasser in ein durchlöchertes Faß schöpfen mußten.

Aber damit sind nach Nohl Möglichkeiten und Aufgaben der Erziehungswissenschaft im Hinblick auf die pädagogische Zielproblematik nicht erschöpft. Wenige Abschnitte später heißt es nämlich:

> „Wie die geschichtliche Arbeit erst in der Gegenwart endet, so endet auch die systematische Arbeit erst in der Begründung der neuen Synthese. Soviel Persönliches dabei unterlaufen mag: ohne dieses lebendige Ziel wäre die Wissenschaft wirklich, wie Spranger einmal schön sagt, ‚eine Danaidenarbeit, unvollendbar und hoffnungslos' … Das Ideal der Theorie erhebt sich aus der Praxis, indem sie diese formuliert, begründet und in ihren Konsequenzen entwickelt. Weil aber in solcher Formulierung immer auch ein konstruktives Moment steckt, das die Mannigfaltigkeit des Gegebenen zur Lösung der Situation organisieren soll und doch nie völlig erfaßt, das Allgemeine die individuellen Anschauungen nie ganz aufzulösen vermag, und weil immer die Kluft besteht zwischen Vision und Wirklichkeit, so bleibt auch immer eine Spannung zwischen Theorie und Praxis, in der Pädagogik wie auf allen anderen Gebieten des schöpferischen Lebens." (Nohl a. a. O., S. 122/123)

Blickt man auf die Zitate aus den Texten Sprangers und Nohls zurück, so läßt sich u. a. feststellen, daß beide Autoren der Erziehungswissenschaft bzw. dem einzelnen Erziehungswissenschaftler durchaus die Möglichkeit zusprechen, aus der historischen und der systematischen Analyse der pädagogischen Problemlage in einer bestimmten geschichtlichen Situation heraus *produktive* Beiträge zur pädagogischen Zielbestimmung zu formulieren.

Flitner

Auch für Flitner sind Stellungnahmen zu Wertungsproblemen und nicht zuletzt zu pädagogischen Zielfragen aus der wissenschaftlichen Pädagogik gar nicht auszuschließen. Aber es kennzeichnet Flitners konservative Grundtendenz, daß er der Erziehungswissenschaft nur in sehr begrenztem Ausmaß die Möglichkeit und die Aufgabe zuspricht, auf den Prozeß der Entwicklung von Zielvorstellungen für die Erziehung mit eigenen, auf die Zukunft vorausgreifenden inhaltlichen Entwürfen Einfluß zu nehmen. Davon wird in einem späteren Abschnitt dieses Kapitels noch ausführlicher die Rede sein. Hier muß zunächst folgender Hinweis genügen: Nach Flitners Auffassung sind uns Ziele der Erziehung im wesentlichen „in der Tradition gegeben" (vgl. Flitner, W.: Erziehungsziele und Lebensformen. 1954. Jetzt in: Flitner, W.: Grundlegende Geistesbildung. Heidelberg 1965, S. 179); und sie sind pädagogisch wirksam und aussagefähig nicht als allgemeine Formeln („Menschlichkeit", „Christlichkeit", „der sozialistische Mensch", „Freiheit" o. ä.), sondern immer nur dort, wo Zielsetzungen in die Lebenspraxis und in das im konkreten Leben sich ausdrückende Selbstverständnis bestimmter Menschengruppen tatsächlich eingegangen sind.

„Erziehungsziele werden erst pädagogisch wirksam, wenn sie gesellschaftliche *Lebensformen* ergeben, in welchen die geistigen Traditionen zusammenlaufen und sich verlebendigen." (Flitner, a. a. O., S. 182)

Als historische Beispiele solcher „Lebensformen" nennt Flitner z. B. die Lebensform des hochmittelalterlichen Ritters, des „protestantischen Pfarrhauses" (im 18. und 19. Jahrhundert), des Handwerkers vom Spätmittelalter bis ins 19. und z. T. 20. Jahrhundert hinein. Auf die Problematik solcher Vorstellungen werden wir an späterer Stelle zurückkommen. Hier waren diese knappen Informationen notwendig, damit die folgenden Aussagen Flitners zu der uns an dieser Stelle interessierenden Frage nach dem Verhältnis von Erziehungswissenschaft und Wertungsproblemen, insbesondere Erziehungszielen, hinreichend verstanden werden können. (Einige der folgenden Thesen sind in unserem Zusammenhang bereits in der 2. Kurseinheit, S. 174 zitiert worden.)

Lesehinweis

Beachten Sie bitte folgendes: Die nachstehend zitierten Sätze enthalten wahrscheinlich einige Aussagen, die Sie zu Verständnisfragen oder Kritik herausfordern werden. Zunächst geht es an dieser Stelle unseres Gedankenganges ausschließlich um folgende Frage: Geben die Zitate Auskunft darüber, ob der Autor wertende Stellungnahmen im Rahmen erziehungswissenschaftlicher Aussagen für möglich oder notwendig hält? Bitte, unterstreichen Sie Worte oder Satzteile, die nach Ihrem Verständnis direkt auf dieses Problem bezogen sind!

Die „*Reflexion am Standort der Verantwortung des Denkenden* ist die Mitte dessen, was *im strengen Sinne pädagogische Wissenschaft* heißen darf ... In diesem Sinne ist die pädagogische Wissenschaft durchaus *réflexion engagée.* Ein verantwortliches Denken, das eine geistige Entscheidung bei sich hat, klärt sich auf, versteht sich aus seinen Voraussetzungen und prüft sich in diesem seinem Wollen und seinem Glauben. Es ist aber keineswegs voraussetzungslos, und objektiv nur im Sinne der Sachtreue und inneren Wahrhaftigkeit, – aber nicht im Sinne eines standpunktlosen, uninteressierten Betrachters, der ein Objekt rein vor sich hat, als wolle er nichts von ihm. Die Erziehungswissenschaft ist ein Denken vom Standort verantwortlicher Erzieher aus ..." (Flitner, W.: Das Selbstverständnis der Erziehungswissenschaft in der Gegenwart. 2. Aufl. Heidelberg 1958, S. 18)

„Wenn die Lebensformen die eigentlichen Erzieher sind, so wird die wissenschaftliche Theorie nicht in die übermütige Meinung verfallen, daß sie konkrete Erziehungsziele ersinnen müsse. Ihr Interesse sind vielmehr die Erziehungslehren konkreter Lebenskreise, in denen sich die praktische Weisheit niederschlägt ... Die Theorie deckt aber auch den Verfall und gänzlichen Mangel solcher Formen auf und bestreitet die Autorität von Praktiken, die aus überlebten solchen Formen ohne inneres Recht fortdauern.

Sie liefert historische Analysen, bringt Zusammenhänge ans Licht, klart den Blick für Sinnstrukturen, für Grundsätze, Werterfahrungen … Sie leistet den einzelnen Erziehungslehren Hilfsdienste und vermag daher die praktischen Erzieher zu *bilden*. Mehr kann man ihr im Gebiet der Zielsetzung nicht abverlangen." (Erziehungsziele und Lebensformen, a. a. O. S. 186)

Litt

Die Position Litts zur Frage „Erziehungswissenschaft und Werturteile" ist einer Passage seiner Abhandlung über „Das Wesen des pädagogischen Denkens" zu entnehmen. Da dieser Text bereits in der zweiten Kurseinheit ausführlich zitiert und interpretiert worden ist, braucht er hier nicht noch einmal angeführt zu werden.

Aufgabe 2

Lesen Sie bitte in der zweiten Kurseinheit noch einmal die Ausführungen zum vierten Argumentationsschritt der Litt'schen Abhandlung, S. 167 bis 172, besonders S. 169 bis 172.

Formulieren Sie in einigen Sätzen, wie Litt nach Ihrem Verständnis zum Problem „Erziehungswissenschaft und Werturteile" Stellung nimmt.

9.3 Terminologische Vorklärungen: „Erziehungsziel" – „Bildung" – „Bildungsideal"

Bevor im folgenden inhaltliche Erziehungsziel-Vorstellungen der GP behandelt werden können, sind einige begriffliche Vorklärungen notwendig: Welche Grundbegriffe verwenden die Vertreter der GP bei der Behandlung von pädagogischen Zielfragen?

„Bildung" – „Erziehung"

Zunächst muß hier auf die Begriffe „Bildung" und „Erziehung" zurückgegangen werden, mit denen wir im gesamten Kurs über die GP immer schon gearbeitet haben. Wahrscheinlich ist Ihnen aufgefallen, daß bisher keine trennscharfe begriffliche Unterscheidung zwischen diesen beiden Begriffen vorgenommen wurde. Das entspricht ganz dem Sprachgebrauch in der GP, in dem sich eine solche Unterscheidung in einer präzisen Form nicht findet, wahrscheinlich, weil ihre Vertreter terminologische Festlegungen dieser Art angesichts der Fülle unterschiedlicher Verwendungsweisen jener Worte in der pädagogischen Praxis und der pädagogischen Theorie nicht für sinnvoll hielten. Dem vorwaltenden Sprachgebrauch in der GP läßt sich nur so viel entnehmen:

„Erziehung"

Der Begriff „Erziehung" und entsprechende Wortverbindungen (wie „Erziehungsziel", „Erziehungsaufgabe", „Erziehungseinrichtungen" usw.) werden vorwiegend verwendet, wenn pädagogische Probleme *aus der Sicht der Erziehenden* angesprochen werden, vor allem, wenn das pädagogische Verhältnis als eine *personale Beziehung* hervorgehoben werden soll. –

„Bildung"

„Bildung" wird bevorzugt verwendet, wenn jener Vorgang und/oder das „Ergebnis" auf der Seite des Zu-Erziehenden gemeint sind, die durch erzieherische Einwirkungen bzw. Hilfen angeregt und unterstützt werden sollen. Und zwar gehen in die Verwendungsweise des Wortes vor allem einige Bedeutungsmomente ein, die geschichtlich aus jener Phase des pädagogischen Denkens stammen, in der „Bildung" erstmalig zu einem Grundbegriff der pädagogischen Theorie wurde, nämlich im Zeitraum etwa zwischen 1770 und 1830 („von Herder bis Hegel"); im Sinne Nohls und Wenigers war dieser Zeitraum die erste Phase der „Deutschen Bewegung".[3]

Welche Bedeutungsmomente damit gemeint sind, davon wird in späteren Abschnitten noch die Rede sein. Hier sei nur ein Moment hervorgehoben: Wenn in der GP von „Bildung" gesprochen wird, dann ist das damit Gemeinte entscheidend durch die *Selbsttätigkeit* des (jungen) Menschen charakterisiert. Erziehung ist in diesem Sinne primär Anregung und Hilfe zur Selbst-Bildung.

Die eben angedeutete Unterscheidung der Perspektiven, die bei der Verwendung der Begriffe „Erziehung" oder „Bildung" in der GP gewöhnlich vorwalten, gilt bereits *nicht* mehr mit hinreichender Klarheit für einige zusammengesetzte Begriffe mit dem Wort-Bestandteil „Bildung", etwa für „Bildungsziel", „Bildungsideal", „Bildungsarbeit", „Bildungsorganisation" u. ä.

Nach den einleitenden Bemerkungen wenden wir uns nun dem speziellen Thema dieses Kapitels, dem Sprachgebrauch der GP bei der Erörterung pädagogischer Zielprobleme zu.

Bildung als „Werk" oder „Ziel" der Erziehung

Die Akzentsetzungen, die (meistens) vorliegen, wenn in der GP die Begriffe „Erziehung" und „Bildung" verwendet werden, machen in erster Annäherung verständlich, was gemeint ist, wenn wir an zentralen Stellen in Texten der GP Formulierungen wie „Bildung als Werk der Erziehung" (Kapitelüberschrift in W. Flitners Allgemeiner Pädagogik. 14. Aufl. Stuttgart 1975, S. 116) oder „Die Bildung als das pädagogische Werk" (Kapitelüberschrift in H. Nohl: Die pädagogische Bewegung in Deutschland und ihre Theorie. 3. Aufl. Frankfurt/M. 1947, S. 140) antreffen. Wird das gleiche Problem nicht primär vom „Ergebnis" her (durch das Erziehung sich überflüssig gemacht hat, weil der Erzogene nun voll für sich selbst verantwortlich geworden ist) betrachtet, sondern vom erst beginnenden, jedenfalls noch nicht abgeschlossenen Erziehungsprozeß her, so treffen wir auf Formulierungen wie „Bildung als Ziel der Erziehung" bzw. „Bildung als Erziehungsziel" u. ä.

„Bildungsideal"

Mit Ausnahme Litts verwenden die Begründer der GP und manche ihrer Schüler und Nachfolger im Rahmen ihrer Aussagen zu pädagogischen Zielfragen auch den Begriff „Bildungsideal" in einem positiven Sinne. Wir werden darauf und auf Litts Kritik an diesem Begriff noch zurückkommen. Hier kann im Sinne einer vorläufigen Klärung zunächst folgender Hinweis genügen: Der Begriff „Bildungsideal" bzw. „Bildungsideale" wird in der GP – abgesehen von der Verwendung im Zusammenhang historischer Darstellungen – „das, Bildungsideal der Antike", „des Neuhumanismus" usw. – in systematischen bzw. auf die Gegenwart bezogenen Erörterungen von den Autoren gebraucht, die Bildung nur für möglich halten, wenn sich der damit gemeinte Prozeß an relativ anschaulichen, personal konkretisierten „Bildern" der selbstver-

3 vgl. 2. Kurseinheit, S. 183–186

antwortlichen Lebensmeisterung, der Selbstbildung von einzelnen und Gruppen orientiert oder wenn solche „Bilder“ dem Jungen bzw. dem sich bildenden Menschen als Möglichkeit der Auseinandersetzung vorgestellt werden. Solche „Bilder“ möglicher verantwortlicher Lebensmeisterung meint der Begriff „Bildungsideale“. Wir nennen einige Beispiele für diesen Sprachgebrauch:

Beispiele

H. Nohl überschreibt ein Kapitel seines Hauptwerkes mit dem Titel „Das Bildungsideal und die Volksbildung“ (a. a. O., S. 146 ff).

Eine seinerzeit vielbeachtete Aufsatzreihe Sprangers in der von ihm zusammen mit Nohl, Spranger, Fischer und Flitner herausgegebenen, führenden pädagogischen Zeitschrift der Weimarer Zeit „Die Erziehung“ trägt den Titel: „Das deutsche Bildungsideal der Gegenwart in geschichtsphilosophischer Beleuchtung“ (1925/26; als Buch 3. Aufl. Leipzig 1926)

E. Weniger bezeichnet in seiner Didaktik als Theorie der Bildungsinhalte und des Lehrplans (zuerst 1930, veränderte Neuauflage 1952, 9. Aufl. Weinheim 1971, S. 62 ff) die grundlegende Schicht des Lehrplans als die des Bildungsideals.

W. Flitner hält es – in Anlehnung an Litts Kritik – in seiner „allgemeinen Pädagogik“ zwar für eine verfehlte Auffassung, daß Erzieher oder Zu-Erziehende darauf angewiesen seien, „über ein rechtes Bildungsideal nachzugrübeln“, denn solche Ideale würden „weder bewußt konstruiert“ noch könne „ihre Gültigkeit wissenschaftlich nachgewiesen werden“ (S. 128). Aber in den „erziehenden Lebensformen“ („Sozialordnungen“), die nach Flitner Voraussetzung dafür sind, daß Erziehung überhaupt gelingen könne, stellen sich nach seiner Auffassung Bildungsideale anschaulich als bewährte Weisen der Lebensgestaltung dar, und eben darin liege ihre bildende Kraft.

9.4 Pädagogische Zielvorstellungen in der GP

9.4.1 Vorbemerkungen: Unterscheidung zweier Abstraktionsebenen

Zum Verständnis der folgenden Abschnitte sind einige Vorbemerkungen notwendig:

Ebenen der Abstraktion bzw. der Konkretisierung

Erstens: Pädagogische Zielprobleme können und müssen auf unterschiedlichen Stufen der Abstraktheit oder der Konkretisierung erörtert werden. Es macht einen Unterschied, ob jemand z. B. zu der Frage Stellung nimmt, welchen Grad an Verbindlichkeit seiner Auffassung nach Erziehungsziele, die Erwachsene formulieren oder für gültig halten, für die Zu-Erziehenden in ihrer Gegenwart und im Hinblick auf ihre Zukunft haben können, oder ob er z. B. Zielsetzungen für die Erziehung in einer bestimmten geschichtlichen Situation oder etwa für die gymnasiale Oberstufe in der Bundesrepublik zu Beginn der 70-er Jahre formuliert. Es leuchtet ein, daß die Aussagen im ersten Falle „allgemeiner“, „abstrakter“ ausfallen *müssen* als im zweiten Falle.

Im ersten Falle wird es sich eher um „strukturelle" (formale) Aussagen handeln, die einerseits beanspruchen, für eine größere Zahl von konkreten pädagogischen Zielsetzungen zu gelten, die aber andererseits auch nach einer solchen Konkretisierung verlangen. Auch in solchen Aussagen stecken zweifellos bereits Wertungen. Das würde sich zeigen, sobald ein Autor auf die oben formulierte Frage nach dem Verbindlichkeitsgrad von Erziehungszielen etwa antwortete, pädagogische Zielentscheidungen der Erwachsenen dürften immer nur als „Angebote" und „offene Vorgaben" vertreten werden, mit denen sich die junge Generation auseinandersetzen solle, um auf diesem Wege zu *eigenen* Entscheidungen zu kommen, während ein anderer vielleicht die Auffassung vertritt, daß pädagogische Zielvorstellungen so formuliert und begründet werden müßten, daß sie als verbindliche Normen für junge Menschen gelten könnten. – Auf der ersten Problemebene geht es also um Aussagen über die Möglichkeit pädagogischer Zielsetzungen und ihren Sinn.

Die Ebene „struktureller" Aussagen über pädagogische Zielprobleme

Auf der zweiten Ebene stehen dagegen konkrete Zielsetzungen und ihre Begründung zur Debatte.

Die Ebene konkreter Aussagen

Die Unterscheidung mindestens zweier Abstraktionsebenen von Aussagen zu pädagogischen Zielproblemen ist auch insofern notwendig, als es durchaus möglich ist, daß mehrere Autoren auf der Ebene struktureller Aussagen, also auch in den dort bereits vollzogenen Wertungen, übereinstimmen, daß sie aber in konkreten Zielfragen unterschiedliche Positionen vertreten.

Die GP hat Beiträge zur Erziehungsproblematik auf beiden Problemebenen geleistet. Allerdings gibt es trotz der erheblichen Zahl einschlägiger Veröffentlichungen keine umfassende Theorie der Erziehungszielproblematik auf der ersten Problemebene, und kein Autor dieser erziehungswissenschaftlichen Richtung hat – auf der zweiten Problemebene – einen ausführlichen, allgemeinen Aufriß inhaltlicher pädagogischer Zielbestimmungen und -begründungen für die Erziehung seiner Zeit, also für die Weimarer Republik oder für die Zeit nach 1945 vorgelegt, wahrscheinlich, weil sie einen solchen Versuch ohnehin nicht als eine Aufgabe betrachteten, die die Erziehungswissenschaft allein oder gar ein einzelner Erziehungswissenschaftler bewältigen könnte.

Die folgenden Abschnitte dieser Kurseinheit können in keinem Falle den Anspruch auf Vollständigkeit erheben, zumal die Zielproblematik in der GP in der Sekundärliteratur bisher nur für einzelne Autoren gründlicher untersucht worden ist.[4] Vor allem hinsichtlich der zweiten Problemebene, also der konkreten pädagogischen Zielsetzungen, müssen wir uns auf ein Beispiel beschränken.

Auf beiden Ebenen geht es darum,

- zum einen Gemeinsamkeiten und typische Unterschiede wichtiger Vertreter der GP herauszustellen,

4 vgl. in den Literaturangaben die Arbeiten von Klaus Heinen (Flitner), Ingrid Schindler (Flitner), Hans-Jürgen Finckh (Nohl), Hans-Otto Schlemper (Litt), Ilse Dahmer/Wolfgang Klafki (Weniger)

- zum anderen Entwicklungen in der GP von der Zeit der Weimarer Republik zur Phase nach 1945 aufzuweisen.

9.4.2 Strukturelle Bestimmungen der GP zur Problematik der Erziehungsziele bzw. des Bildungsbegriffs: Bildung als Werk bzw. Ziel der Erziehung (Erste Problemebene)

▸ **Lesehinweis**
Halten Sie bei der Lektüre der folgenden Ausführungen bitte fest, was im Abschnitt über „Terminologische Klärungen …“ zur Bedeutung der Begriffe „Erziehungsziel“, „Bildung“ und „Bildungsideal“ gesagt wurde.

Im folgenden sollen einige Charakteristika des Bildungsbegriffs im Verständnis der GP herausgearbeitet werden. Dabei ist einmal mehr zu beachten, daß solche Bestimmungen keine in der Wirklichkeit isolierbaren Elemente bezeichnen, sondern *Momente* im früher erläuterten Sinne[5], d. h. theoretisch herausgehobene Bestimmungen eines komplexen Gesamtzusammenhanges, die sich wechselseitig bedingen. Methodisch gehen wir im folgenden Abschnitt also ähnlich vor wie in den Abschnitten 5.2 und 5.3 (erste Kurseinheit) über Diltheys Begriff der Lebensphilosophie, 5.6 über seine Theorie der Geisteswissenschaften und 6 über die wissenschaftstheoretische Position der GP.

Die polare Struktur einiger Bestimmungen

Vorweg ist auf eine Eigentümlichkeit mehrerer der im folgenden zu entwickelnden Bestimmungen hinzuweisen: Es handelt sich oft nicht um einfache Merkmale, sondern um mehrgliedrige, polar strukturierte Beziehungen, um Spannungsfelder, innerhalb derer Bildung im Verständnis der GP verwirklicht werden muß: etwa das Spannungsfeld zwischen dem Subjekt und der objektiven, natürlichen und geschichtlich-gesellschaftlichen bzw. kulturellen Wirklichkeit, das Spannungsfeld zwischen der personalen Einheit und der allseitigen Entfaltung menschlicher Möglichkeiten, zwischen Aktivität und Reflexion usw.

9.4.2.1 Erste Bestimmung: Bildung als allseitige Entwicklung der je individuellen Möglichkeiten und als personale Einheit

Mit dieser Bestimmung führt die GP in mehrfacher Hinsicht die Tradition des „Bildungsbegriffs der deutschen Klassik“ (hier im weiten Sinne dieses Wortes für den Zeitraum etwa zwischen 1770 und 1830 gemeint) fort. „Bildung“ wird nicht etwa allein auf die intellektuelle Entwicklung („Formung“) des (jungen) Menschen bezogen („Geistesbildung“ i. e. S., Verstandesbildung, kognitive Bildung), nicht nur auf die

5 vgl. die Erläuterung des Begriffes „Moment“ in der zweiten Kurseinheit, S. 141 und im Glossar zur zweiten Kurseinheit, S. 125

Entfaltung der Erkenntnismöglichkeiten oder gar nur auf einen bestimmten Besitz an Kenntnissen und kognitiven Fähigkeiten und Fertigkeiten. Vielmehr zielt der Bildungsbegriff als Zielkategorie der GP auf *alle* Dimensionen der menschlichen Person. Blickt man auf Nohls Vier-Schichten-Theorie und auf Flitners vier Sichtweisen des Menschen und der Erziehung zurück, so bedeutet das, daß Bildung als Ziel der Erziehung eine Entwicklung bzw. Formung (letztlich im Sinne der Selbstformung verstanden) aller dort unterschiedenen Schichten bzw. Aspekte der menschlichen Existenzweise meint:

Bildung und Ganzheit der Person

- Für die *vierte* Schicht bzw. die vierte Sichtweise bedeutet Bildung die Fähigkeit des Individuums, immer neu die Einheit seiner Person zu entwickeln und zu bewahren, modern gesprochen: Ich-Identität zu gewinnen, d. h. aber zugleich, Verantwortung übernehmen, sich verantwortlich entscheiden und zu den eigenen Entscheidungen stehen zu können bzw. zu wollen.
- In der *dritten* Schicht bzw. Sichtweise bedeutet Bildung die Entfaltung aller Grundrichtungen geistiger Aktivität und Rezeptivität, der kognitiven Möglichkeiten so gut wie der ästhetisch-gestalterischen und ästhetisch-rezeptiven Fähigkeiten des Menschen oder, von der Seite der geschichtlichen Kultur her gesehen: Teilhabe und Verstehen von Erkenntniszusammenhängen, deren methodisch entwickeltste Form die Wissenschaften darstellen, und zwar in ihren Hauptrichtungen, der Naturerkenntnis und der Erkenntnis menschlich-geschichtlich-gesellschaftlicher Zusammenhänge, aber auch Teilhabe an Kunst, Gesellschaft, Politik, religiösen und weltanschaulichen Fragen.
- In der *zweiten* Schicht im Sinne *Nohls* zielt Bildung auf die Entfaltung von Selbstvertrauen, Leistungsfähigkeit, fairer Wettkampfgesinnung, körperlicher und emotionaler Tüchtigkeit; in Flitners zweiter Sichtweise, der geschichtlich-gesellschaftlichen, die nicht primär auf das einzelne Individuum, sondern auf sein Eingebundensein in soziale Zusammenhänge abzielt, meint Bildung die Ausstattung mit den für die gesellschaftliche Existenz notwendigen Kenntnissen und Fähigkeiten.
- Schließlich meint Bildung in der *ersten* Schicht im Sinne Nohls bzw. in der *ersten* Sichtweise Flitners die Ausbildung der psycho-physischen Gesundheit und der sinnlichen Empfindungs- und Aktionsfähigkeit.

Innerhalb jeder dieser Schichten oder Dimensionen und vor allem hinsichtlich der Beziehung *zwischen* ihnen umschreibt Bildung die Aufgabe bzw. die Lösung der Aufgabe, die Vielheit der Aspekte immer wieder neu zur individuellen Einheit der Person zu integrieren.

Polarität von „Allseitigkeit" bzw. „Vielseitigkeit" und individueller Einheit

Auch wo Autoren der GP sich nicht direkt auf die pädagogisch-anthropologischen Modelle Nohls oder Flitners bezogen oder wo diese beiden Autoren ihre eigenen Modelle nicht ausdrücklich heranzogen, stößt man in der GP immer wieder auf den Gedanken der Ganzheit bzw. der Polarität zwischen Allseitigkeit oder Vielseitigkeit einerseits und individueller Einheit andererseits. In diesem Sinne verweisen die Vertreter der GP auch immer wieder auf analoge Forderungen historischer Vorläufer: So wird z. B. häufig Pestalozzis Formel von der Einheit der Bildung von „Kopf, Herz und Hand“ zitiert; bei Pestalozzi ist damit die Entwicklung der Erkenntnisfähigkeit („Kopf“), der – vor allem mitmenschlich gemeinten – Empfindungs- und sittlichen Handlungsfähigkeit („Herz“) sowie Körperbildung und Entwicklung der Arbeitsfähigkeit („Hand“) gemeint. Ebenso oft wird in diesem Zusammenhang einer der Grundsätze der Bildungsvorstellung Humboldts genannt, nämlich die Beziehung zwischen der „Universalität“ im Sinne der allseitigen Ausbildung menschlicher Möglichkeiten, die aber jeweils in der personalen Einheit – Humboldt spricht von „Individualität“ und „Totalität“ (im Sinne von Ganzheitlichkeit) konzentriert werden müsse. – In ähnlichem Sinne beziehen sich die Vertreter der GP oft auch auf Herbarts Prinzip der „Vielseitigkeit des Interesses“, das auf die Einheit der Person, die Herbart als „Charakterstärke der Sittlichkeit“ bezeichnete, zurückbezogen werden müsse.

Historische Vorläufer: Pestalozzi

Humboldt

Herbart

Aus der Vielzahl möglicher Belege für dieses erste Charakteristikum des Bildungsbegriffs der GP zitieren wir wenige ausgewählte Beispiele:

Flitner

W. Flitner sagt in der „Allgemeinen Pädagogik“:

> „Wenn der Mensch nach unseren Voraussetzungen (vgl. Flitners vier Sichtweisen; W. Kl.) ein vielgeschichtetes Sein hat und dieses zur Ganzheit der Person integrieren muß, so wird auch die Bildung als eine vollkommene und wahre Gestalt in jeder dieser Schichten zugleich und vor allem in der Ganzheit der Person bestimmt werden müssen.“ (S. 117)

> „Gebildet ist, wer den Sachgehalt zur Verfügung hat, die Werte und Bedeutungen der Lebensbezüge richtig abschätzt, wer sinnvoll und sachgemäß wirken und schaffen kann. Dem Willen nach gebildet ist, wer die Leichtigkeit besitzt, das Rechte zu tun, wer seinen Leidenschaften und den Irrgängen der Triebe das Schickliche und Gute leicht abgewinnt. Dem sittlichen Kontakt nach gebildet ist, wer für den anderen Menschen Verständnis hat und Herzenswärme, die ihn zum Helfen und zum Verbundensein bewegt. Der Gebildete hat in seiner Macht, was zur menschlichen Bemeisterung der Lebensaufgaben und Situationen erforderlich ist. Jeder Aufgabe und Situation entsprechen Kräfte und Funktionen der Gesamtpersönlichkeit …“ (S. 119)

> „Damit der Mensch im vollen Sinn zum Menschen werde, muß er zu den wesentlichen Bereichen seines Daseins in einen inneren Kontakt kommen … wir streben an, daß ein jedes Kind, das uns anvertraut ist, in diesen universalen und totalen Kontakt komme. Wir wünschen ihm Vater, Mutter, Geschwister, Großeltern und Verwandte; wir streben nach seiner Gesundhaltung, nach seiner Stärke und Gewandtheit, wir versuchen, es Fertigkeiten und praktische Künste zu lehren, es soll in den Geistesbesitz eines Volkes

hineinwachsen und darin vielseitig sich versuchen; es soll in die Wahrheit selbst eingeführt, soll ein starker freier Charakter werden, ein gesitteter Mensch, im Notfall von heroischer Kraft, von frommem Gemüt. Angestrebt wird, wie es Wilhelm von Humboldt beschrieben hat, eine Universalität, die in alle Seinsbereiche des Menschlichen hineinreicht, eine Totalität, die keine Abspaltungen in der Seele duldet und der Einheit des Wahren entspricht ..." (S. 121)

Erich Weniger bezieht sich in einem Lexikonartikel zum Begriff „Bildung" vom Jahre 1930 (im Sachwörterbuch der Deutschkunde, hrsg. von U. Peters u. a., Leipzig 1930, S. 164 ff.) zunächst auf die allerorten beschworene Bildungskrise, d. h. die Unsicherheit und die Kontroversen darüber, was denn unter „Bildung" zu verstehen sei, und auf die skeptische Frage, ob es gelingen könne, zu einer weithin anerkannten Übereinstimmung über Ziele und Inhalte einer zeitgemäßen Bildung zu kommen. In diesem Zusammenhang grenzt Weniger sein Verständnis des Bildungsbegriffs nun gegen verbreitete Verengungen ab, indem er betont: **Weniger**

„Sicher ist uns heute nur, daß ‚Bildung nicht ein Wissen, sondern ein Sein' ist (Scheler)[6], damit ist gegeben die Front gegen die Gleichsetzung von Bildung und Wissenserwerb, wie sie das 19. Jahrhundert vornahm, die den Stoffenzyklopädismus, die Uferlosigkeit der Wissensanforderungen, die Überschätzung des Gedächtnisses, des Stoffes, der Gelehrsamkeit zur Folge hatte. Dieser ... Satz richtet sich aber auch gegen die weit verbreitete Auffassung, die Bildung von der Leistung und dem Können her bewertet und etwa mit Tüchtigkeit gleichsetzt. So berechtigt die hohe Einschätzung des Könnens und der Leistung in jedem Bildungszusammenhang ist, so gefährlich ist der Vorgang, der zur Veräußerlichung, Werkgerechtigkeit, Dressur und zu so grotesken Folgerungen führt, wie ‚gebildet ist, wer sich in zwei Sprachen ausdrücken kann', oder ‚gebildet ist, wer Fremdwörter versteht'. Die unheilvollen Folgen des Wissens- und des Leistungsgrundsatzes sind das Berechtigungswesen, der Bildungsdünkel, die Halbbildung und die Trennung des Volkes in die beiden Lager der ‚Gebildeten' und der ‚ungebildeten Masse' ..." (S. 165)

Etwas später heißt es dann: „Bildung ist die innere Form des Menschen ..., ist Entfaltung aller höheren geistigen und seelischen Kräfte in dem Menschen an den Gegebenheiten der Welt und des Lebens" (S. 166).[7]

Aus E. Sprangers zahlreichen Beiträgen zur Bildungsproblematik zitieren wir im vorliegenden Zusammenhang eine Stelle aus seinem Aufsatz „Grundbildung – Berufsbil- **Spranger**

6 vgl. Max Scheler: Bildung und Wissen. 3. Aufl., Frankfurt 1947

7 Aus dem Tatbestand, daß Weniger an dieser Stelle nur von „höheren geistigen und seelischen Kräften" spricht, darf, wie sich aus dem Gesamtwerk Wenigers zeigen läßt, nicht geschlossen werden, daß er aus dem Bildungsbegriff die Formung der Körperlichkeit oder der gesellschaftlichen Lebensfähigkeit und Tüchtigkeit ausschließen wollte.

dung – Allgemeinbildung“ (zuerst 1918. Jetzt in dem Heft von E. Spranger: Grundlegende Bildung, Berufsbildung, Allgemeinbildung. Heidelberg 1965, S. 8 ff.).

Spranger geht davon aus, daß der Bildungsbegriff bisweilen eingeengt werde „auf das, was einer in der Form des Wissens und der rein intellektuellen Fähigkeiten besitzt“ (S. 8). Demgegenüber betont er:

> „Wollte man sich mit diesen intellektualistischen Formen der Bildung begnügen, so wäre dies nicht anders, als ob man ein gezeichnetes Bildnis des Menschen als Ersatz für ein körperliches Standbild gelten lassen wollte. Kein Erzieher der Gegenwart würde seine Aufgabe für erfüllt halten, wenn er nur auf den Vorstellungskreis oder die intellektuellen Auffassungsformen seines Zöglings eingewirkt hätte. Auch die vielen, die in langen intellektualistischen Erziehungsepochen versucht haben, sich darauf zu beschränken, haben doch – an ihrer Spitze Herbart – sich bemüht, an die Erkenntnisseite mittelbar alles anzuheften, was die grundlegenden Lebensbeziehungen des Menschen zu seiner Umgebung ausmacht. Von ‚Allgemeinbildung‘ im vollen Sinne aber kann erst die Rede sein, wo man den werdenden Geist in seiner Totalität auffaßt und in der Bildungsarbeit über seine bloß erkennenden Funktionen hinausgeht ... Diesen großen Gedanken haben Pestalozzi, Fichte und vor allem Fröbel zu Ende gedacht. Sie blieben nicht an dem Menschen als einem Erkenntnisapparat haften, sondern stellten ihn mit ihrer Erziehung sofort in eine Lebenswirklichkeit hinein, die für technisches Gestalten und ästhetisches Erleben, für soziale Einordnung und religiöse Werte Raum genug bot. – Unsere neueste Pädagogik (– Spranger meint zweifellos die Reformpädagogik seit der Wende zum 20. Jahrhundert; W. Kl. –) hat bewußt an diese Grundsätze der klassischen deutschen Erziehungstheorie wieder angeknüpft. Und in der Tat: es muß eine unverlierbare Aufgabe bleiben, alle jene elementaren Akte des Auffassens, des Arbeitens und des Formens, des Liebens, des Gehorchens und der religiösen Andacht aufzusuchen, aus deren einfachen Motiven die Symphonie des geistigen Lebens zusammengewogen ist.“ (S. 9)

Daß Spranger für diese umfassende Bildung, sofern sie als Grundausstattung verstanden wird, die die Erziehung dem Kinde und dem jungen Menschen bis zum Abschluß seiner Schulzeit vermitteln solle, statt des üblichen Begriffes „Allgemeinbildung“ den Begriff „Grundbildung“ vorschlägt, während er unter „Allgemeinbildung“ eine spätere Stufe menschlicher Selbstbildung versteht, die erst dem erwachsenen Menschen, und zwar im Durchgang durch eine begrenzende Konzentration auf Berufsbildung und Berufsbewährung zugänglich sei, braucht an dieser Stelle nur in Kürze angedeutet zu werden.

Nohl, Litt

Entsprechende Belege finden sich bei Nohl und Litt und bei der ersten und zweiten Schülergeneration der Begründer der GP häufig. In späteren Zitaten aus Nohls und Litts Beiträgen zum Bildungsproblem werden analoge Bestimmungen immer wieder anklingen.

9.4.2.2 Zweite Bestimmung: Bildung als Form der Vermittlung von Subjekt und historisch-kultureller Objektivität – Bildung als „kategoriale Bildung"

Auch diese Bestimmung bezeichnet, wie die Überschrift andeutet, ein polares Beziehungsverhältnis zweier „Faktoren". Bildung meint, blickt man auf die damit bezeichnete „Gestaltung" eines Menschen, eine bestimmte, letztlich immer individuell akzentuierte Formung seiner personalen Möglichkeiten, seines Denkens, Empfindens und Wertens sowie seines Handelns. Aber solche – durch pädagogisch angeregte und unterstützte Eigenaktivität des Subjekts zu vollziehende – Formung kann nie direkt gewonnen werden, sondern nur durch Aneignung und Auseinandersetzung, m. a. W.: durch Vermittlung des Subjekts mit der jeweils geschichtlichen Wirklichkeit. Der Mensch kommt also zu sich selbst, zu seiner „Bildung" nur über die Vermittlung mit einer ihm zunächst vorgegebenen, oft widerständigen Welt, indem er sich in einen Grundbestand der bisher in einer Gesellschaft und Kultur erarbeiteten Erkenntnisse und Kenntnisse, Fähigkeiten und Fertigkeiten, Denk-, Wertungs- und Handlungsweisen einarbeitet, sie sich *aneignet.* (Der eben skizzierte Gesamtkomplex gesellschaftlich-kultureller Errungenschaften wird in den Texten der GP und in unseren eigenen Ausführungen im folgenden bisweilen im Begriff „kulturelle bzw. gesellschaftlich-kulturelle Inhalte" zusammengefaßt.)

Bildung – vermittelt über Aneignung und Auseinandersetzung mit dem „Objektiven"

Allerdings ist nun ein weiteres Moment für den Bildungsbegriff der GP nicht minder wichtig: Solches Sich-Einarbeiten in den objektiven Stand der geschichtlichen Kultur und Gesellschaft wird nur dann als „Bildung" bezeichnet, wenn es nicht bloße Übernahme des Vorgegebenen, Anpassung an das Überlieferte und Gegebene ist, sondern *produktive Aneignung,* ein Sich-zu-eigen-Machen, eine Wiederverlebendigung, eine Reaktivierung bedeutet, und d. h. zugleich immer auch: in geringerem oder größerem Maße eine Modifikation, Veränderung, Weiterentwicklung, vor allem aber eine auf diesem Wege gewonnene Freisetzung eigener Aktivität und Kreativität des (gebildeten) Subjekts. Diese Auslegung wird im folgenden wiederum durch einige Belege gestützt.

Produktive Aneignung, Reaktivierung des „Objektiven"

Bei Herman Nohl stoßen wir unter einer Vielzahl ähnlicher Formulierungen auf folgende prägnante Aussagen:

Nohl

> „Bildung ist die subjektive Seinsweise der Kultur, die innere Form und geistige Haltung der Seele, die alles, was von außen an sie herankommt, mit eigenen Kräften zu einheitlichem Leben in sich aufzunehmen und jede Äußerung und Handlung aus diesem einheitlichen Leben zu gestalten vermag." „Die Bildung geht auf Weckung und Gestaltung des Innern, aber sie bedarf dazu eines geistigen Inhalts, der nicht bloß Mittel ist, sondern Selbstwert hat, sie ist auf eine Form des geistigen Lebens gerichtet, aber diese Form kommt nur durch Assimilation eines Gehaltes zustande, sie will Entwicklung von Kräften, die doch nur an einer unbeugsamen Gegenständlichkeit

sich wahrhaft entwickeln." „... die innere Form des Subjekts ist nicht zu trennen von dem Gehalt, den sie birgt. Und umgekehrt: der Gehalt hat seinen lebendigen Sinn erst, wo er verinnerlichte Form eines Subjekts geworden ist." (H. Nohl: Die pädagogische Bewegung in Deutschland und ihre Theorie. 3. Aufl. Frankfurt/M. 1949, S. 140, 143, 144)

Nohl hat in diesem Zusammenhang mehrfach betont, daß mit dieser Auffassung die Überwindung, die „Aufhebung"[8] einer in der Bildungstheorie und in der Didaktik in Geschichte und Gegenwart immer wieder aufbrechenden Kontroverse geleistet sei, nämlich der Kontroverse zwischen sog. „formalen" Bildungstheorien, die das Moment der Entwicklung der *Kräfte des Subjekts* verabsolutieren, und sog. „materialen" Bildungstheorien, die Bildung als *Übernahme eines vorgegebenen Komplexes oder Zusammenhanges von gesellschaftlich-kulturellen Inhalten* interpretieren. Wir kommen auf diesen Gesichtspunkt später noch einmal zurück.

Weniger

Bei E. Weniger heißt es im Artikel „Bildung" im Sachwörterbuch der Deutschkunde, hrsg. von U. Peters u. a., Leipzig/Berlin 1930:

„Die Tatsache Bildung als eine Eigentümlichkeit, ein Zustand oder Verhalten des Menschen wächst aus einer Grundantinomie des pädagogischen Lebens[9], nämlich aus dem zugleich Gegebensein des Ichs und der Welt der objektiven Kultur (i. w. S. d. W.; W. Kl.). Das Ich ist inhaltlos ohne die Kultur, die Kultur kraftlos ohne das Ich. Bildung ... ist die Ordnung, die zwischen objektiven und subjektiven Faktoren in der Person gestiftet ist. Bildung ... ist die Anordnung von Subjektivem und Objektivem im Ich, die von uns, von einer Zeit, einem Volk, einer Menschengruppe gewünscht wird und sich als notwendig erweist gegenüber den Aufgaben, die diesen gestellt sind. Und zwar bezieht sich das Bildungsideal immer auf die menschliche Form, den Stil, die einheitliche Darstellung solcher Ordnung." (S. 165)

---

8 „Aufhebung" wird hier im Sinne des Sprachgebrauchs bei Hegel verwendet. Der Begriff umfaßt drei Bedeutungsmomente:
a) Eine bestimmte Theorie oder eine einzelne Aussage wird so, wie sie von sich aus gemeint ist, verneint, als nicht hinreichend bzw. als nicht voll gültig „aufgehoben" (in einem negativen Sinne), insofern sie als einseitig, begrenzt, aspektbedingt erwiesen werden kann.
b) In jener Theorie oder Aussage wird aber eine Teilwahrheit ermittelt, eine partiell gültige Erkenntnis. Diese Teilwahrheit muß festgehalten, „aufbewahrt", also in einem positiven Sinne d. W. „aufgehoben" werden.
c) Indem jene Teilwahrheit nun als Wahrheitsmoment in einen umfassenderen Erkenntniszusammenhang eingebracht und darin eingebunden wird, wird sie (in einem dritten Sinne d. W.) „aufgehoben", d. h. auf eine „höhere" Erkenntnisstufe heraufgehoben.

9 „Antinomie" ist bei Weniger hier nicht im Sinne eines unüberbrückbaren Gegensatzes, sondern eher im Nohl'schen Sinne als spannungsreiche Bezogenheit zweier Pole gemeint.

Auch Sprangers in den 20-er Jahren oft zitierte Umschreibungen des Bildungsbegriffs heben auf die Vermittlung – man darf wohl in einem nicht nur oberflächlichen Verständnis des Wortes sagen: auf die Dialektik – von Subjekt und geschichtlich vorgegebener Kultur und Gesellschaft ab. Sie lauten: **Spranger**

> „Bildung ist die durch Kultureinflüsse erworbene, einheitliche und gegliederte, entwicklungsfähige Wesensformung des Individuums, die es zu objektiv wertvollen Kulturleistungen befähigt und für objektive Kulturwerte erlebnisfähig (einsichtig) macht". – „Bildung ist die lebendig wachsende Aufnahme aller objektiven Werte, die zu der Anlage und dem Lebenskreise eines sich entwickelnden Geistes in Beziehung gesetzt werden können, in das Erleben, die Gesinnung und die Schaffenskräfte dieses Menschen, mit dem Ziele einer geschlossenen, objektiv leistungsfähigen und in sich selbst befriedigten Persönlichkeit." (E. Spranger: Berufsbildung und Allgemeinbildung. zuerst 1918. Jetzt in: Röhrs, H. (Hrsg.): Die Bildungsfrage in der modernen Arbeitswelt. Frankfurt/M. 1967, S. 17/18 bzw. S. 19)

Für Th. Litt, der sein Denken – in der Nachfolge Hegels – ausdrücklich als „dialektisch" bezeichnet hat[10] – ist die Vermittlung von Mensch und Welt, von Subjekt und natürlicher sowie geschichtlich-gesellschaftlicher Wirklichkeit eines der zentralen Themen nicht nur seiner pädagogischen, sondern auch seiner philosophischen Arbeiten.[11] **Litt**

Da dieser Aspekt in späteren Ausführungen über Litt noch mehrfach anklingen wird, beschränken wir uns an dieser Stelle auf eine von diesem Autor bewußt schlicht gehaltene Formulierung, die eher einführenden Charakter hat; sie läßt aber das uns *jetzt* beschäftigende Problem, die Subjekt-Welt-Beziehung als Charakteristikum des Bildungsbegriffs, als Zielkategorie der GP hinreichend deutlich werden.

Im einleitenden Abschnitt seines Buches „Naturwissenschaft und Menschenbildung" (zuerst Heidelberg 1952) sagt Litt:

> „Wenn wir einen Menschen ‚gebildet' nennen und ihm mit dieser Bezeichnung mehr bescheinigen wollen als die urkundlich bezeugte Absolvierung gewisser Lehrgänge, dann meinen wir doch wohl zumindest dies, daß es ihm gelungen sei, in dem Ganzen seiner Existenz, in der Mannigfaltigkeit der in ihm vereinigten Gaben, Möglichkeiten, Antriebe, Leistungen eine gewisse *Ordnung* herzustellen, die das eine zu dem anderen in das rechte Verhältnis setzt und sowohl die Überbetonung als auch die Unterdrückung des Besonderen verhütet. Nun aber kann der Mensch nie und nimmer in sich selbst Ordnung stiften, es sei denn, daß er auch seine Beziehungen zur *Welt* in an-

---

10 zur Dialektik bei Litt vgl. Klafki, W.: Dialektisches Denken in der Pädagogik. Jetzt in: Denkformen und Forschungsmethoden der Erziehungswissenschaft, hrsg. v. S. Oppolzer, Bd. I, München 1966, S. 159–182

11 vgl. besonders: Litt, Th.: Mensch und Welt. Grundlinien einer Philosophie des Geistes. Bonn 1948. – Ders.: Einleitung in die Philosophie. 2. Aufl. Stuttgart 1949

gemessener Weise geregelt habe. Nehmen wir das eine mit dem anderen zusammen, so dürfen wir als ‚Bildung' jene Verfassung des Menschen bezeichnen, die ihn in den Stand setzt, sowohl sich selbst als auch seine Beziehungen zur Welt in Ordnung zu bringen." (S. 11/12)

Flitner

Schließlich zitieren wir noch Wilhelm Flitner aus seiner „Allgemeinen Pädagogik": Dort heißt es zu dem uns hier interessierenden Aspekt:

„Die Bildung als innere Gestalt und Werk der Erziehung kann als eine *Form* der Funktionen, Akte und Verlaufsweisen des Lebens verstanden werden oder als eine *Struktur der Inhalte.* Die erste pflegt man als formale und die zweite als materiale Bildung zu bezeichnen." (Später spricht Flitner synonym mit ‚formaler' auch von ‚funktioneller' oder ‚Kräftebildung'.) Aber auch Flitner betont: „formale Bildung ist von materieller (gleichbedeutend mit ‚materialer', d. h. inhaltlicher; W. Kl.) … nicht wirklich abzutrennen" (Flitner: Allgemeine Pädagogik. 14. Aufl. Stuttgart 1975, S. 117).

Kategoriale Bildung

Die bisher gekennzeichneten Auslegungen der Bestimmung, daß Bildung als Form der Vermittlung des Subjekts mit der jeweils historischen Kultur und Gesellschaft (bzw. „Kultur" i. w. S. d. W., wie ihn die GP meistens verwendete) begriffen werden müsse – eine Vermittlung, in der sich das Person-Sein des Individuums, d. h. seine Möglichkeit, sich selbst bestimmen zu können, erst herausbildet – diese und ähnlich geartete Ansätze der GP hat der Verfasser dieses Kurses in einer Untersuchung mit dem Titel „Das pädagogische Problem des Elementaren und die Theorie der kategorialen Bildung" (1. Aufl. 1959, 3./4. überarb. Aufl. Weinheim 1964) fortzuführen und zu differenzieren versucht. Der systematische Ertrag dieser Untersuchung ist später in der Abhandlung „Kategoriale Bildung" (zuerst 1959. Jetzt in W. Klafki: Studien zur Bildungstheorie und Didaktik. 10. Aufl. Weinheim 1975, S. 25–45) zusammengefaßt worden.

W. Klafki

Beide Arbeiten setzen nicht allein auf der Ebene der Bildungstheorie an. Vielmehr gehen sie zunächst von einem damals wie m. E. noch heute aktuellen Komplex *didaktischer* Fragestellungen aus, die sich in einer Reihe von programmatischen Formeln niederschlagen:

- Überwindung der Stoffülle durch exemplarisches Lehren und Lernen,
- Konzentration auf das Wesentliche, Typische, Repräsentative, „Fruchtbarkeit des pädagogisch bzw. didaktisch Elementaren und Fundamentalen",
- „produktives Lehren und Lernen durch entwickelndes (genetisches) Aufschlüsseln komplexer Probleme von ihren historischen und systematischen Ursprungssituationen her" u. ä.

Der Rückgang in die Geschichte des pädagogischen Denkens ergab, daß diese in den 50-er Jahren und danach intensiv diskutierten Fragen im Grunde keineswegs neu waren, sondern bereits mindestens seit Pestalozzis didaktischem Ansatz ein pädagogisches Kernproblem darstellen. Pestalozzi faßte seine darauf gerichteten Bemühungen, die ihn seit den Jahren 1799/1800 bis in seine letzten Lebensjahre († 1827) beschäftigten, im Begriff der „Elementarmethode" zusammen.[12] Von Pestalozzi ausgehend, ließ sich ein problemgeschichtlicher Zusammenhang ermitteln, der über Herbart, Schleiermacher, Fröbel und die Pestalozzianer der ersten und zweiten Jahrhunderthälfte zu analogen Fragestellungen in der Reformpädagogik seit Beginn des 20. Jahrhunderts und schließlich zur didaktischen Diskussion nach 1945 führte. Auf den Gesamtzusammenhang dieser didaktischen Ziel-, Auswahl- und Strukturierungsprobleme zielt in der oben genannten Untersuchung des Verfassers der von Pestalozzi übernommene Begriff des Elementaren.

Problemgeschichtliche Hinweise

Pestalozzis Begriff der „Elementarmethode"

In den durch die Geschichte des pädagogischen Denkens im 19. und 20. Jahrhundert hindurchgehenden Bemühungen um die Entwicklung von Prinzipien für die Bestimmung der Zielsetzungen, der Auswahl und der Strukturierung der Themen und entsprechender Formen eines sinnvollen Lernens war nun – ausdrücklich oder unausdrücklich – immer auch eine Reflexion über den Begriff der Bildung enthalten, den alle Autoren, die in jener Problemgeschichte berücksichtigt worden sind, als pädagogischen Grundbegriff verwendeten. Jede konkrete Antwort auf die skizzierten didaktischen Fragen schließt nämlich in sich bestimmte Auffassungen über die Struktur der Bildung ein, also über jene Gesamtverfassung des Menschen, deren Entwicklung alle einzelnen Lernakte letztlich dienen sollen. Es ließ sich folgendes zeigen: In der didaktischen Diskussion seit Pestalozzi und im bildungstheoretischen Denken, das mit dieser Diskussion entweder in direktem Zusammenhang stand oder mindestens sinngemäß darauf bezogen werden kann, klärt sich – in verschiedenen Spielarten – diejenige Auffassung von der Struktur der Bildung heraus, die wir in der zweiten Bestimmung dieses Begriffs in der GP bereits herausgehoben haben: Bildung als Vermittlung zwischen dem werdenden Subjekt und der objektiven, historisch-gesellschaftlich-kulturellen Wirklichkeit. Die entsprechenden Aussagen der Gründergeneration der GP ließen sich aber noch weiter präzisieren. Das war dadurch möglich, daß die beiden bildungstheoretischen Deutungsversuche, die unter den Stichworten „materiale Bildungstheorien oder -auffassungen" und „formale Bildungstheorien oder -auffassungen" bereits erwähnt wurden und deren Einseitigkeit die GP mit ihrer Interpretation der Bildung als Vermittlung zwischen dem werdenden Subjekt und der historisch-gesellschaftlich-kulturellen Wirklichkeit zu überwinden vermochte, differenziert wurden.[13]

Der Bildungsbegriff innerhalb der Problemgeschichte der Didaktik seit Pestalozzi

„materiale" und „formale" Bildungstheorien (-auffassungen)

12 Der Begriff „Methode" bezieht sich im Sprachgebrauch Pestalozzis nicht nur auf das Unterrichts- und Erziehungsverfahren, sondern schließt die Frage nach der pädagogischen Zielsetzung und der inhaltlichen Auswahl und Strukturierung mit ein.

13 Die Unterscheidung von „Bildungstheorien" und „Bildungsauffassungen" hat folgenden Sinn: Mit Theorien sind ausdrücklich formulierte Aussagenzusammenhänge gemeint; „Auffassungen" sind so-

Aufgabe 3

Formulieren Sie vor dem Weiterlesen bitte noch einmal in eigenen Worten Ihr Verständnis der Begriffe „materiale" und „formale" Bildungstheorien.

Eine eingehende Analyse kann zunächst zeigen, daß jede der beiden entgegenstehenden bildungstheoretischen Positionen – die Gruppe der „materialen" und die der „formalen" Bildungstheorien – jeweils in zwei Varianten auftritt.

Zwei Grundformen „materialer" Bildungstheorien

1. Grundform: Objektivismus bzw. Scientismus

Zunächst zu den „materialen Bildungstheorien"[14]

Die *erste* Grundform, in der sie auftreten, kann als „bildungstheoretischer Objektivismus" bezeichnet werden: Die „Inhalte" (i. w. S. d. W.), die im Bildungsprozeß vermittelt werden (Erkenntnisse, Kenntnisse, Fähigkeiten, Einstellungen, Wertungsformen usw.), werden in dieser Sicht mit vorgegebenen Inhalten der betreffenden Gesellschaft und Kultur gleichgesetzt. „Bildung" ist in dieser Sicht der Prozeß bzw. das Ergebnis des Prozesses, in dem sog. „Kulturgüter", deren Sinn *vermeintlich* eindeutig festliegt – sittliche Werte, ästhetische Werke und Wertungsmaßstäbe, wissenschaftliche Erkenntnisse, politisch-gesellschaftliche Ordnungsvorstellungen usw. – vom Lernenden bzw. vom jungen Menschen aufgenommen werden, so daß sie dann den Bestand seines Denkens, Wertens, Handelns ausmachen. Wenn Kulturinhalte zum Inhalt von Bildungsbemühungen werden – also z. B. durch Lehrplan- oder Lehrerentscheidungen zum Thema des Lernens im Schulunterricht –, dann handelt es sich nach dieser Auffassung um eine direkte Übernahme. M. a. W.:

Es bedarf keiner Reflexion darüber, warum und *inwiefern* bestimmte Kulturinhalte für den Bildungsprozeß ausgewählt und unter welchen Fragestellungen sie erörtert werden sollen, ob es ggf. notwendig ist, die Bedeutung, die solche Inhalte innerhalb der gegebenen Gesellschaft oder der Kirche oder der Wissenschaft spielen, kritisch zu durchdenken usw.

> „Das Ergebnis des Bildungsprozesses ist hier das ‚auf der Höhe der Kultur Stehen', sei es auch nur in Teilbereichen verwirklicht. Die Aufgabe und Leistung des Erziehers besteht darin, daß er die so verstandene Aneignung von Kulturgütern vermittelt. Auch ihm ist nach dieser Auffassung der Kreis und die Struktur der Bildungsinhalte vorgegeben durch die tragenden Kräfte der Kultur, in die Erzieher und Zöglinge hineingestellt sind.

---

zusagen „verborgene" oder unreflektierte Theorien, deren sich ihre Vertreter ggf. gar nicht bewußt sind oder die nicht auf gezieltem Nachdenken über das Bildungsproblem beruhen, jedoch als impliziter Hintergrund von pädagogischen Stellungnahmen – z. B. zu Lehrplanfragen – erschlossen werden können.

14 Die Zitate in den folgenden Textpassagen stammen aus dem Aufsatz „Kategoriale Bildung". in: W. Klafki: Studien zur Bildungstheorie und Didaktik. 10. Aufl. Weinheim 1975, S. 25–45. Kleinere neue Zusätze sind in Klammern eingefügt worden.

In der Schulpädagogik – vor allem der höheren Schule – hat sich seit dem vorigen Jahrhundert eine Kultursphäre, die Wissenschaft, eine eindeutige Vorrangstellung erobert. Der bildungstheoretische Objektivismus hat daher hier die einseitige Form des ‚Scientismus', der Verwissenschaftlichung der Schule angenommen. Wissen im Sinne der Wissenschaft erscheint nun als der eigentliche Sinn der Bildung, jedenfalls der Schulbildung." (S. 28)

Aufgabe 4

Falls Sie kritische Fragen gegenüber der eben skizzierten Position des „bildungstheoretischen Objektivismus" haben, notieren Sie sie bitte vor dem Weiterlesen stichwortartig.

Kritik am „bildungstheoretischen Objektivismus" (Scientismus)

Die in der Bildungstheorie geübte pädagogische Kritik an diesem „Objektivismus" läßt sich in drei Hauptargumenten zusammenfassen:

„Erstens: Bewußt oder unbewußt verabsolutiert der Objektivismus die Kulturinhalte, löst sie aus ihrer Geschichtlichkeit, gibt ihnen den Anschein fragloser Gültigkeit und Werthaftigkeit.

Zweitens: In seiner am weitesten verbreiteten Erscheinungsform, dem Scientismus, der Gleichsetzung von Bildungs- und Wissensinhalten, verleugnet der Objektivismus entweder die Tatsache, daß jeder Wissenschaftsinhalt in strenger Korrelation zu einer bestimmten wissenschaftlichen Fragestellung und damit zum jeweiligen Stande der Forschung steht, daß man also die wissenschaftlichen Inhalte nur recht versteht, wenn man zuvor die Fragen verstanden hat, auf die sie Antwort zu geben versuchen; oder er macht die unreflektierte Voraussetzung, daß die … Fragestellungen (wie sie in den verschiedenen Einzelwissenschaften auf ihrem jeweiligen Forschungsstande auftreten), die einzig sinn- und wertvollen Fragestellungen für den sich bildenden Menschen seien …

Drittens: Der bildungstheoretische Objektivismus besitzt keine pädagogischen Auswahlkriterien. Im Grunde ist er *hilflos* der unerschöpflichen Fülle von Kulturinhalten ausgeliefert." (S. 29)

Aufgabe 5

Vergleichen Sie ggf. ihre kritischen Stichworte bzw. Fragen zum bildungstheoretischen Objektivismus mit den eben formulierten Einwänden.

2. Grundform: Bildungstheorie des Klassischen

Die *zweite Grundform,* in der „materiale Bildungstheorien" auftreten, wird als „Bildungstheorie des Klassischen" bezeichnet. Diese Variante ist schon innerhalb der „materialen Bildungstheorien" als Gegenposition zum „Objektivismus" zu verstehen. Während der bildungstheoretische Objektivismus nämlich überhaupt keine *pädagogisch* begründeten Auswahlkriterien besitzt, steht ein solches Kriterium im Zentrum der jetzt zu betrachtenden Auffassung. Dieses Kriterium wird als das „Klassische" bezeichnet, wobei dieser Begriff weder auf eine bestimmte historische Epoche zielt noch überhaupt vorwiegend auf die Vergangenheit gerichtet ist.

Dieser pädagogisch gemeinte Wertbegriff des Klassischen meint nicht primär die Inhaltlichkeit bestimmter sog. „Kulturgüter" – wissenschaftliche Erkenntnisse, künstlerische Werke, moralische Werte, politische Prinzipien usw. –, sondern

> „bestimmte menschliche Qualitäten, die in manchen, aber durchaus nicht in allen Kulturinhalten zum Ausdruck kommen. Als „klassisch" kann nur das gelten, was bestimmte menschliche Qualitäten überzeugend ... und zur Nachfolge auffordernd transparent werden läßt. In seinen „klassischen" Werken spiegelt sich (nach dieser Auffassung) das ideale Selbstverständnis eines Volkes, einer Kultur, eines Menschenkreises, eines Bildungswesens; im Klassischen verehrt, bewahrt und tradiert eine (kulturelle) Gemeinschaft (bzw. eine Gesellschaft) die Fundamente und die Leitbilder ihres ... geistigen Lebens." (S. 30) – Dieser Grundauffassung entsprechend erscheint „Bildung ... als der Vorgang bzw. als Ergebnis eines Vorganges, in dem sich der junge Mensch in der Begegnung mit dem Klassischen das ... geistige Leben, die Sinngebungen, Werte und Leitbilder seines Volkes oder Kulturkreises zu eigen macht und in diesen idealen Gehalten seine eigene geistige Existenz recht eigentlich erst gewinnt. Dabei ist der Begriff des Klassischen im pädagogischen Sinne nicht an eine bestimmte geschichtliche Epoche gebunden, etwa an das Altertum oder an die Blütezeit, und er kann sich ebenso auf *große* Kulturschöpfungen und eine *anspruchsvolle* Geistigkeit beziehen wie auf die überzeugende ... Verwirklichung schlichten Menschentums und die beispielhafte Bewältigung charakteristischer Lebenssituationen, in denen es (z.B.) um Treue oder Untreue, Wahrhaftigkeit oder Unwahrhaftigkeit, Mut oder Feigheit, (Hilfsbereitschaft oder Egoismus usw.) geht." (S. 30)

Unter den Vertretern der GP hat Eduard Spranger in den 20-er Jahren eine Position vertreten, die weitgehend der Bildungstheorie des Klassischen entsprach.[15]

Aufgabe 6

Auch hier wäre es sinnvoll, wenn Sie vor dem Weiterlesen zunächst etwaige eigene Fragen im Hinblick auf die Bildungstheorie des Klassischen stichwortartig formulieren würden.

Kritik an der Bildungstheorie des Klassischen

Die entscheidenden kritischen Argumente, die das Recht, aber auch die Grenzen der „Bildungstheorie des Klassischen" verdeutlichen, hat innerhalb der GP Erich Weniger in seiner „Theorie der Bildungsinhalte und des Lehrplans" (zuerst 1930, 6.–8. Aufl. Weinheim 1965) formuliert. Es sind vor allem zwei Überlegungen:

15 E. Spranger: Die Generationen und die Bedeutung des Klassischen in der Erziehung. In: Jugendführer und Jugendprobleme. Festschrift f. G. Kerschensteiner. München 1924, S. 307–332.

Bildung kann nur so weit als Aneignung des bzw. Auseinandersetzung mit dem Klassischen umschrieben werden, wie in einer Gesellschaft bzw. Kultur eine bestimmte, keineswegs selbstverständliche außerpädagogische Voraussetzung gegeben ist: nämlich die überwiegende Anerkennung gewisser Werke, Wertungen und menschlicher Leistungen als vorbildlich und verbindlich. Weniger hat demgegenüber betont, daß diese Voraussetzung mindestens seit der Mitte des 19. Jahrhunderts und zumal in der Zeit der Weimarer Republik und nach 1945 weithin nicht mehr gilt. Dann aber müsse gefragt werden:

„... welche Instanz stellt fest, was als klassisch zu gelten habe? Die Auffassung des Klassischen kann nicht selber – etwa vermittels einer allgemeingültigen Pädagogik – kanonische Geltung für sich beanspruchen, sondern entstammt entweder der historischen Überlieferung – und ist damit unter Umständen, beispielsweise heute, in deren Krisis einbezogen –, oder sie entspringt jeweils aus den lebendigen Bedürfnissen der Gegenwart. Jedes Bildungsideal entwickelt seine eigene Klassik ...“ „Es muß immer wieder um das Klassische und die Bezüge unter den klassischen Inhalten unserer Kultur gekämpft werden ... Jeder Versuch der Festsetzung eines Gültigen und Klassischen außerhalb der konkreten Situation und außerhalb des Lebensraumes, in dem die Bildung jeweils stattfindet, ist hoffnungslos, weil er eine metaphysische Einung voraussetzt, deren Fehlen alle unsere Überlegungen über die Auswahl und Konzentration der Bildungsinhalte gerade erst hervorgerufen hat.“ (Weniger, a.a.O., S. 52 f.)

„Das Klassische hat in der Bildungsarbeit einmal einen legitimen Ort, wo es um die anschauliche Vergegenwärtigung der großen geistigen Grundrichtungen in ihren ‚klassischen‘ Vertretern geht, um – wie Weniger es ausdrückt – die ‚ewigen Typen des Heiligen, des Helden, des Denkers‘ usw. (Weniger, a.a.O., S. 79); zum anderen dort, wo eine Gegenwartsaufgabe, der sich die Bildung verpflichtet weiß, eine geschichtliche Parallele hat, deren Lösung gelungen ist, so daß die menschliche Haltung, aus der heraus damals die Lösung gelang, in der Gegenwart den Rang des ‚Klassischen‘ Vorbildes erlangen kann. Aber damit ist dann auch die Grenze der pädagogischen Bedeutung des Klassischen gegeben, ‚denn für viele Aufgaben, die unserer Zeit gestellt sind, gibt es keine Klassik, weil die Aufgaben ganz neu sind, ohne Vorgang und ohne Grundlagen in irgendeiner Vergangenheit und ohne Anhalt an irgendeiner der bisherigen menschlichen Verhaltungsweisen und Lebensformen‘ (Weniger, a.a.O., S. 69); man denke hier etwa an die Probleme der politischen Erziehung – Erziehung zur Demokratie, Weckung des Willens zur Völkerverständigung usf. – oder an die dringende Aufgabe der heutigen Erziehung, dem jungen Menschen bei der Bewältigung der von Naturwissenschaft, Technik und industrieller Arbeitsorganisation geprägten gegenwärtigen Lebenssituation zu helfen, aber auch an die neuartige Situation der ästhetischen Erziehung.“ (Klafki, S. 32)

Aufgabe 7

Vergleichen Sie ggf. Ihre kritischen Stichworte bzw. Fragen zur „Bildungstheorie des Klassischen“ mit den eben formulierten Einwänden.

Zwei Grundformen „formaler Bildungstheorien“

Zu den „formalen Bildungstheorien“

Auch hier kann man zunächst zwei Grundformen unterscheiden.

1. Grundform: Die „Theorie der funktionalen Bildung“ (Kräftebildung)

Die *erste Grundform* ist die „Theorie der funktionalen Bildung“; man könnte sie auch, vielleicht noch treffender, als „dynamistische Bildungstheorie“ oder als „Theorie der Kräftebildung“ bezeichnen.

> „Man kann den Kern dieser Theorie, die im 19. Jahrhundert seit Humboldt die (dem Programm nach) beherrschende Bildungsauffassung der Gymnasialpädagogik war und die seit Beginn unseres Jahrhunderts in der Reformpädagogik der Volksschule eine große Rolle spielte, in wenigen Sätzen formulieren: Das Wesentliche der Bildung ist nicht Aufnahme und Aneignung von *Inhalten,* sondern Formung, Entwicklung, Reifung von körperlichen, seelischen und geistigen *Kräften.* Bildung als Werk ist der Inbegriff der in einer Person geeinten, bereitstehenden Kräfte des Beobachtens, Denkens und Urteilens, des ästhetischen Gefühls, des ethischen Wertens, Sich-Entschließens und Wollens usf., die dann an den Inhalten der Erwachsenenexistenz in ‚Funktion‘ treten können. Was der junge Mensch an einer Stelle als Kraft gewonnen habe, das werde er sinngemäß auf andere Inhalte und Situationen ‚übertragen‘. Dieser Begriff der ‚Übertragung‘ entspricht genau jenem Stichwort, unter dem das Problem der funktionalen Bildung (eine Zeitlang) in der anglo-amerikanischen Psychologie und Pädagogik diskutiert (wurde): dem Worte ‚transfer‘. Das pädagogische Auswahlproblem läßt sich dieser Auffassung zufolge so kennzeichnen: Welches sind die Inhalte, an denen jene Kräfte mit dem größten Erfolg entwickelt werden können?
>
> Die Theorie des Humanistischen Gymnasiums z. B. hatte bis zum Ende des 19. Jahrhunderts eine klare Antwort zur Hand: Die alten Sprachen und die Mathematik. Die (reformerische) Volksschulpädagogik des beginnenden 20. Jahrhunderts suchte die dem Volksschulkinde zugänglichen kraftbildenden Inhalte vor allem im Gebiet des musischen Ausdrucks: im Zeichnen und Malen, im Gesang und im Spiel, im Erzählen und im freien Aufsatz.“ (S. 33/34)

Aufgabe 8

Formulieren Sie stichwortartig Einschätzungen oder kritische Fragen im Hinblick auf die Theorie der „funktionalen Bildung.“

Kritik der „funktionalen Bildungstheorie"

Die verschiedenen Ansätze zur Kritik der funktionalen Bildung, wie sie im 19. Jahrhundert bei Herbart und seiner Schule, innerhalb der GP, in der Erziehungstheorie des amerikanischen Philosophen und Pädagogen John Dewey[16] oder in der neueren Lerntheorie, z. B. in Heinrich Roths „Pädagogischer Psychologie des Lehrens und Lernens"[17] formuliert worden sind, habe ich in der Abhandlung „Kategoriale Bildung" in zwei Hauptargumenten zusammengefaßt; ich halte sie in allen wesentlichen Punkten nach wie vor für gültig:

> „Die funktionale Bildungstheorie steht und fällt mit einer … anthropologischen Voraussetzung … Der zu bildende junge Mensch, ja der Mensch überhaupt erscheint in dieser Theorie als Einheit von Kräften, ‚Funktionen'. Diese Kräfte oder Funktionen – Vorstellen, Denken, Urteilen, Werten, Wollen, Phantasie usw. – werden, bewußt oder nicht bewußt, nach Analogie biologischer ‚Kräfte' gedacht, gleichsam als geistige Muskeln. Die Kräfte erscheinen als ‚Vermögen', die eine bestimmte und begrenzte ‚Funktion' als schlummernde Möglichkeit in sich vorgezeichnet enthalten. Bildung ist dann jener Prozeß bzw. das Ergebnis jenes Prozesses, in dem diese schlummernden Möglichkeiten durch Übung an geeigneten Stoffen zu wirklichen Kräften werden, zu ausgebildeten Instrumenten der Bewältigung mannigfacher Inhalte.
>
> Man muß dieser Grundvorstellung der funktionalen Bildungstheorie entgegenhalten, daß jene vorausgesetzten … ‚Vermögen' rein hypothetischer Natur (d. h.: bloße Vermutungen) sind.
>
> Was uns in der inneren Erfahrung oder im Verstehen anderer Menschen gegeben ist, das sind Gedanken, Gefühle, Wertungen, Entschließungen usw. Man verdoppelt diese Phänomene nun gewissermaßen hypothetisch, in dem man ihnen Kräfte substituiert (unterstellt), als deren ‚Wirkungen' jene Phänomene dann interpretiert werden …
>
> Aber jene Auffassung verzeichnet (die Struktur) des Geistes und der menschlichen Bildung völlig durch die Transposition in die Ebene biologistisch-dynamistischer Modellvorstellungen. Was der (Mensch) sei, welches seine Erscheinungsformen sind, in wieviel ‚Kräfte', sprich: Grundrichtungen er sich differenziert, das alles läßt sich … nur sagen im Blick auf die *geistige Wirklichkeit,* d. h. in der Analyse konkreter Begegnungen von Mensch und Welt, pädagogisch gesehen: in der Analyse wirklicher Auseinandersetzungen von Kind und konkreter Kultur … Das anfänglich noch ganz unbestimmte Potential menschlicher Möglichkeiten (gliedert sich) erst in der Begegnung mit den Inhalten einer bestimmten geistigen Umwelt, einer ‚Kultur' i. w. S. d. W., zu der mehr oder minder großen Fülle von Grundrichtungen, Betätigungs- oder Erscheinungsweisen, die von der Theorie der funktionalen Bildung hypothetisch zu vor-

16 Dewey, J.: Demokratie und Erziehung. (Deutsche Übersetzung). Braunschweig 1949, S. 88 ff, bes. S. 91 ff.

17 14. Aufl. Hannover 1973

gegebenen ‚Vermögen' bzw. ‚Kräften' substantialisiert (vergegenständlicht) werden. D. h. aber zugleich: Die Inhalte der Begegnung, also auch die Inhalte der Bildung sind nicht ‚Mittel' zur Auslösung und Übung von ‚Kräften'. Diese Bildungsinhalte selbst sind das, was man allenfalls, wenn sie in einer bestimmten Weise (vom Individuum angeeignet worden sind), in einem übertragenen Sinne ‚Kräfte' nennen könnte. Dem noch undifferenzierten Geiste eine Struktur, eine Gliederung zu geben, dazu wären sie nicht in der Lage, käme ihnen nicht als solchen Bedeutung zu.

Es gibt im Raum der Erziehung eine schlichte Erfahrung, die die pädagogische Unzulänglichkeit der funktionalen Bildungstheorie und ihre Voraussetzungen schlagend deutlich macht. Wir machen Tag für Tag die Beobachtung, daß z. B. ein Schüler, der in der Mathematik die Fähigkeit zu beziehendem Denken beweist, diese Fähigkeit im Raum etwa der Sprachen keineswegs besitzt, daß ein anderer, der sich im bildnerischen Gestalten durch große Phantasie auszeichnet, angesichts der Aufgabe, versuchsweise Hypothesen zur Deutung einfacher physikalischer Sachverhalte zu entwerfen, ausgesprochen phantasielos wirkt. Nehmen wir an, daß eine Theorie funktionaler Bildung unter die von ihr vorausgesetzten geistigen ‚Kräfte' auch ‚beziehendes Denken' und ‚Phantasie' zählte, so sähe sie sich angesichts der genannten Beispiele gezwungen, jede der beiden anfangs einheitlich gedachten Kräfte zu unterteilen: ‚Beziehendes Denken' in ‚mathematisch-beziehendes' und ‚sprachlich-beziehendes Denken'; ‚Phantasie' in ‚bildnerische' und ‚exakt-naturwissenschaftliche Phantasie'. Nun könnte man vielfach belegbare weitere Beispiele aufzählen, die in analoger Weise zu immer weiterer Differenzierung solcher ursprünglich als einfach vorausgesetzter ‚Kräfte' zwingen würden (etwa technische, politische, mathematische Phantasie usf.). Wir ersparen uns diese Mühe und ziehen stattdessen die allgemeine Folgerung: Was ‚Phantasie', ‚beziehendes Denken', ‚Beobachtungsfähigkeit' usw. sind, das ist offenbar abhängig von der Struktur der Inhalte, die gedacht, als Phantasievorstellungen entworfen, als ‚Gegenstände' beobachtet werden. Also nur in Bezug auf bestimmte Inhalte erhält der Begriff ‚Geist', nur im Blick auf die Begegnung von Kind und Inhalt gewinnt der Begriff ‚Bildung' einen angebbaren Sinn. Wenn das richtig ist, dann bricht mit ihren unausgesprochenen Voraussetzungen auch die ganze Theorie der funktionalen Bildung als selbständiger Deutungsansatz zusammen." (S. 35–36)

Aufgabe 9

Vergleichen Sie Ihre Einschätzungen bzw. Ihre kritischen Fragen im Hinblick auf die Theorie der funktionalen Bildung mit den eben formulierten Einwänden.

Das Wahrheitsmoment in der Theorie der funktionalen Bildung

Trotz der gegen die Theorie der funktionalen Bildung gerichteten Kritik muß anerkannt werden, daß dieser Ansatz – wenn auch in Form einer unhaltbaren Theorie – auf einen wichtigen Gesichtspunkt hinweist, der für den Bildungsbegriff der GP charakteristisch ist: darauf nämlich, daß Aneignung der objektiven, geschichtlich-gesellschaftlich-kulturellen Wirklichkeit und Auseinandersetzung mit ihr in die eigene

Aktivität des jungen Menschen übersetzt werden muß, in sein eigenes Denken, Urteilen, Werten, Handeln.

2. Grundform: Die „Theorie der methodischen Bildung"

Die *zweite Grundform* der Theorie der formalen Bildung kann, im Anschluß an den Nohl-Schüler Erich Lehmensick[18], *„Theorie der methodischen Bildung"* genannt werden. Diese Theorie, die in Deutschland vor allem innerhalb der reformpädagogischen Bewegung in der Arbeitsschulpädagogik Georg Kerschensteiners und Hugo Gaudigs, im Ausland etwa bei dem bereits erwähnten John Dewey entwickelt wurde, ist oft eng mit der funktionalen Bildungstheorie verquickt. Aber ihr liegt doch ein eigenes Prinzip zugrunde:

> „Bildung bedeutet hier: Gewinnung und Beherrschung der Denkweisen, Gefühlskategorien, Wertmaßstäbe, kurz: der ‚Methoden', mit Hilfe derer sich der junge Mensch die Fülle der Inhalte zu eigen machen kann, wenn die späteren Lebenssituationen es erfordern. Solche ‚methodische Bildung' beginnt etwa mit der Fähigkeit, Werkzeuge zu gebrauchen und Werktechniken zu beherrschen, ein Lexikon oder ein Wörterbuch benutzen zu können, die Zeichensprache des Atlasses zu verstehen, mathematische Lösungsmethoden zu kennen, und sie endet etwa mit der inneren Aneignung des kantischen kategorischen Imperativs als ‚methodisches' Kriterium sittlichen Handelns."[19] (S. 36)

Die Theorie der methodischen Bildung mag auf den ersten Blick deshalb überzeugend wirken, weil sie die Verwirklichung des Prinzips der Selbsttätigkeit des Schülers zu ermöglichen scheint, jener großen Forderung aller Bildungs- und Schulreformpläne seit Pestalozzi und Fröbel, die dann in der Reformbewegung der ersten Jahrzehnte unseres Jahrhunderts die Zielformel vieler pädagogischer Bemühungen darstellte. Hugo Gaudig hat den Grundgedanken dieses Ansatzes in die Formel gefaßt: „Der Schüler habe Methode!"

Aufgabe 10

Formulieren Sie stichwortartig Ihre Einschätzung, ggf. Fragen zu diesem Ansatz.

Kritik der „Theorie der methodischen Bildung"

Auch gegen die Theorie der methodischen Bildung sind kritische Einwände zu erheben. Sie laufen parallel mit jenen Argumenten, die gegen die funktionale Bildungstheorie erhoben werden muß.

18 Lehmensick, E.: Theorie der formalen Bildung. Göttingen 1926.

19 „Handle so, daß die Maxime deines Willens jederzeit zugleich als Prinzip einer allgemeinen Gesetzgebung gelten könne." Kant, Immanuel: Kritik der praktischen Vernunft. Reclam-Ausgabe, S. 36 („Maxime" hier im Sinne von „Motiv" oder „Richtschnur")

„So wenig es nämlich geistige ‚Kräfte' des Individuums ohne Inhalte gibt, ebensowenig gibt es Methoden *ohne* oder *vor* den Inhalten, deren Bewältigung sie dienen sollen. Die Struktur der Inhalte bestimmt das Wesen der pädagogischen Methoden und auch der Methoden, die man dem Lernenden vermitteln möchte. Der Versuch, den Schüler mit einer oder einigen Universalmethoden auszurüsten, um ihn so allen ihm künftig begegnenden Inhalten gewachsen zu machen, vergewaltigt die Fülle der Inhaltlichkeit. Gewöhnlich verabsolutiert man dabei die Methode eines Bereiches und unterwirft ihr dann alle Inhalte anderer Bereiche ... Eine andere Version der Theorie der methodischen Bildung entgeht einer solchen Übertragung einer in einem Bereiche gültigen Methode auf alle anderen Gebiete nur dadurch, daß die von ihr entwickelte ‚Methode', die der Schüler sich aneignen soll, so abstrakt und formal bestimmt wird, daß sie zwar tatsächlich für alle Bereiche gültig, dafür aber praktisch unbrauchbar ist, weil sie völlig offen läßt, wie im jeweiligen Falle die formalmethodischen Bestimmungen zu handhaben sind. Die Regel etwa, daß man in einem Erkenntnisvorgang eine vermutete Problemlösung auf ihre Gültigkeit überprüfen müsse, ist so lange praktisch ohne großen Wert, als man nicht weiß, wie z. B. im physikalischen, sprachlichen, ästhetischen Bereich eine solche Prüfung konkret durchzuführen sei."[20]

„Es gibt sich also, daß jede Methode und jedes Kriteriensystem nur in Korrelation zu den Inhalten, auf die sie zielen, verständlich sind. Man kann also Methoden nur in der Begegnung mit den Inhalten selbst entwerfen, erarbeiten, prüfen und sich zum festen Besitz machen. Pädagogische Richtungen, die diesen Tatbestand ignorieren, verwickeln sich – wie zu erheblichen Teilen die Gaudig-Schule ... – in die paradoxe Situation, daß sie um der Verwirklichung des Prinzips der Selbsttätigkeit willen und in (berechtigter) Ablehnung bloßer Vermittlung von Inhalten methodische Bildung fordern, daß sie die Methoden selbst aber – nicht vom Schüler erarbeiten lassen, sondern dogmatisch übermitteln: angesichts der Methoden verfährt man also in eben der Weise, die man angesichts der Inhalte bekämpfen wollte." (S. 37/38)

Aufgabe 11

Vergleichen Sie Ihre Einschätzung bzw. Ihre Fragen zur Theorie der methodischen Bildung mit der vorstehend formulierten Kritik.

Versuch der „aufhebenden Synthese" im Begriff „Kategoriale Bildung"

Auf der Grundlage der Analyse und Kritik der vier bildungstheoretischen Ansätze – Objektivismus bzw. Scientismus, Theorie des Klassischen, Theorie der funktionalen und der methodischen Bildung – ist in der Abhandlung „Kategoriale Bildung" ver-

20 Ein Musterbeispiel für eine solche abstrakt-formalistische Methodentheorie bietet Kerschensteiners berühmte vergleichende Analyse des Bildungswertes der alten Sprachen und der exakten Naturwissenschaften in seinem Buche „Wesen und Wert des naturwissenschaftlichen Unterrichts". 1. Aufl. München 1914, 4. Aufl. München/Düsseldorf 1952.

sucht worden, einen eigenen Deutungsversuch der Struktur dessen, was im Sinne der GP mit „Bildung“ gemeint war, zu formulieren. Jeder der vier genannten Ansätze hatte sich in seiner Verabsolutierung ja als unhaltbar erwiesen; aber in jedem Ansatz ließen sich doch auch Wahrheitsmomente aufzeigen, mindestens – wie in der Theorie der funktionalen Bildung – Hinweise auf wichtige Aspekte einer angemessenen theoretischen und praktischen Auslegung des Bildungsbegriffs. Will man diese Wahrheitsmomente nun in einen Deutungsversuch einbringen, der über die Verabsolutierung der einzelnen Momente hinauskommt, so ist das nicht im Sinne einer „Addition“ von Teilwahrheiten möglich; denn in diesem Falle unterstellte man nach wie vor, daß es z. B. doch so etwas wie „Ausbildung von Funktionen“ oder von „methodischen Fähigkeiten“ formaler, d. h. von den Inhalten ablösbarer Art gäbe, die dann nur äußerlich durch Wissensaneignung (im Sinne des bildungstheoretischen Objektivismus) und durch Aneignung „klassischer Inhalte“ ergänzt werden müßte. Gegenüber einer solchen additiven Vorstellung ist zu betonen:

> „Nur eine Bildungsauffassung, die von Anfang an jene in den besprochenen Theorien isolierten und verabsolutierten Ansätze als ‚Momente‘ im Sinne dialektischen Denkens begreift, d. h. als Bestimmungen, die nur im Ganzen und vom Ganzen *aller* auftretenden Bestimmungen her ihre Wahrheit offenbaren und die zugleich selbst dieses Ganze mitbedingen und erhellen – nur eine solche Bildungsauffassung … hat beim gegenwärtigen Stande der wissenschaftlichen pädagogischen Forschung Aussicht, das ‚Wesen der Bildung‘ – heute (1978) formuliere ich: die Struktur der Bildung im Sinne der GP – zureichend zu deuten und damit zugleich der Bildungspraxis, vor allem hinsichtlich der Auswahl und Bewertung der Bildungsinhalte und der ihnen adäquaten pädagogischen Methoden, zum rechten Selbstverständnis zu verhelfen.“ (S. 39)

Da ich jenen dialektischen Auslegungsversuch als eine notwendige, wenn auch nicht hinreichende Bestimmung des Bildungsbegriffs nach wie vor für gültig halte, und zwar nicht nur als Interpretation der GP, sondern zugleich für die heutige Erziehungstheorie und -praxis, formuliere ich sie im folgenden in Anlehnung an die Abhandlung aus dem Jahre 1959, aber unter Verzicht auf Aussageelemente, an denen ich heute nicht mehr festhalte, und mit einigen Ergänzungen:

Neuformulierung des Grundgedankens der Theorie der Kategorialen Bildung

Bildung bezeichnet eine dynamische und damit für weitere Entwicklung offene, in pädagogisch vermittelter Selbsttätigkeit erarbeitete Gestaltung der Person, die als Einheit objektiver (materialer) und subjektiver (formaler) Momente erfahren bzw. verstanden und ausgelegt wird. Hebt man das „objektive“ Moment heraus, so besteht Bildung darin, daß an jeweils exemplarischen Beispielen Grundstrukturen, Gesetzmäßigkeiten, Prozesse von – in irgendeinem Grade – genereller Bedeutung im Hinblick auf die naturhaft-gegenständliche und die gesellschaftlich-kulturelle Welt erkannt bzw. erfahren werden. Hebt man das „subjektive“ Moment heraus, so zeigt sich: Solche Erkenntnis des „Allgemeinen“ auf der objektiven Seite ist nur möglich, wenn das Subjekt sich in der Auseinandersetzung mit dem Objektiven „allgemeine“ Kategorien der Erkenntnis, der ästhetischen Wahrnehmung und des ästhetischen Urteils, der Erfahrung seiner Körperlichkeit, des sozialen und politischen Handelns usw. erarbeitet.

> „Der Versuch, die … Einheit der Bildung sprachlich auszudrücken, kann nur mit Hilfe dialektisch verschränkter Formulierungen gelingen: Bildung ist Erschlossensein einer (naturhaft-gegenständlichen und gesellschaftlich-kulturellen) Wirklichkeit für einen Menschen – das ist der objektive oder materiale Aspekt; aber d. h. zugleich: Erschlossensein dieses Menschen für diese seine Wirklichkeit – das ist der subjektive oder formale Aspekt zugleich im „funktionalen" wie im „methodischen" Sinne.
>
> Entsprechendes gilt für Bildung als Vorgang: Bildung (meint jene Vorgänge), in denen sich die Inhalte einer (naturhaft-gegenständlichen und gesellschaftlich-kulturellen) Wirklichkeit ‚erschließen', und dieser Vorgang ist – von der anderen Seite her gesehen – nichts anders als das Sich-Erschließen bzw. Erschlossenwerden eines Menschen für jene Inhalte und ihren Zusammenhang als Wirklichkeit.
>
> Diese doppelseitige Erschließung geschieht als (Erkennen und Erfahren) allgemeiner, kategorial erhellender Inhalte auf der objektiven Seite und als (Gewinnen) allgemeiner Einsichten, Erlebnisse, Erfahrungen auf der Seite des Subjekts. Anders formuliert: (Die Erkenntnis) von ‚allgemeinen Inhalten', von kategorialen Prinzipien im paradigmatischen ‚Stoff', also auf der Seite der ‚Wirklichkeit', ist nichts anderes als das Gewinnen von ‚Kategorien' auf der Seite des Subjekts. Jeder (in diesem Sinne) erkannte oder (erfahrene) Sachverhalt auf der objektiven Seite löst im Zögling nicht eine subjektive, ‚formale' Kraft aus oder ist Übungsmaterial solcher subjektiven Kräfte oder formal verstandener Methoden, sondern er *ist* – in einem übertragenen Sinne – selbst „Kraft", insofern – und *nur* insofern – er ein Stück Wirklichkeit erschließt und zugänglich macht – (in produktiver Erkenntnis, in der Ermöglichung eigener Aktivität, in der Übersetzung in eigenes Handeln)." (S. 43/44)

Wechselseitige kategoriale „Erschließung" von Subjekt und historischer Wirklichkeit

In den vorangehenden Aussagen wurde bereits jener Begriff verwendet, der geeignet erscheint, die skizzierte Bildungsauffassung formelhaft zu bezeichnen: der Begriff des *Kategorialen:* Bildung kann als *kategoriale Bildung* in dem Doppelsinn verstanden werden, daß sich der (junge) Mensch mit Hilfe pädagogischer Vermittlung eine Wirklichkeit „kategorial" erschlossen hat und daß eben damit er selbst – dank der selbstvollzogenen „kategorialen" Einsichten und Erfahrungen – für diese Wirklichkeit erschlossen worden ist.

Dieser wechselseitige Erschließungsprozeß muß im Prinzip als nicht abschließbar betrachtet werden.

Geschichtlichkeit als eine Bestimmung kategorialer Bildung

Akzeptiert man das Prinzip der Geschichtlichkeit der Gesellschaft und der Kultur und damit auch der Geschichtlichkeit gesellschaftlich und kulturell vermittelt existierender Menschen, so muß „kategoriale Bildung" *ebenfalls* als historische Bestimmung verstanden werden, als eine Befähigung zum aktiven Mitvollzug dieser Geschichtlichkeit im „objektiven" wie im „subjektiven" Sinn. Das bedeutet aber, daß auch die „Kategorien“ selbst geschichtlich veränderbar sind und diese Offenheit im Bildungsprozeß bzw. in seinen jeweiligen „Resultaten“ gewinnen bzw. behalten müssen.[21, 22]

▶ **Hier sind noch zwei Anmerkungen notwendig:**

1. Da wir uns hier auf der Ebene struktureller Bestimmungen bewegen, lassen sich an dieser Stelle weitere inhaltliche Präzisierungen „kategorialer Bildung“ nicht entwickeln. Sie können jeweils nur im Blick auf eine bestimmte historisch-gesellschaftlich-kulturelle Lage und im Vorblick auf entsprechende Zukunftsperspektiven begründet werden.
2. Auch die didaktischen Konsequenzen der „kategorialen Bildungsauffassung“ – z. B. für Rahmenrichtlinien – bzw. Lehrplanentscheidungen und für die Unterrichtsgestaltung – können hier nicht mehr entwickelt werden. Auf dem Stand meiner damaligen Einsicht sind solche Konsequenzen innerhalb der Abhandlung „Kategoriale Bildung“ in einigen knapp skizzierten Beispielen aus dem Physikunterricht (M. Wagenschein) und dem Geschichtsunterricht (a. a. O., S. 39–43), ausführlicher im 2. Teil des Buches „Das pädagogische Problem des Elementaren und die Theorie der kategorialen Bildung“ (a. a. O., S. 291–458) dargestellt worden.

9.4.2.3 Dritte Bestimmung: Die Beziehung zwischen der Bildung des Individuums und der „Nationalen“ bzw. „Volksbildung“

Zwar ist bei der Erläuterung der beiden ersten strukturellen Bestimmungen des Bildungsbegriffs der GP immer wieder von „Bildung“ als Gestaltung des Individuums gesprochen worden. Wenn jedoch betont wurde, daß solche Gestaltung nur in der produktiven Aneignung und Auseinandersetzung mit dem Objektiven, d. h.: der jeweiligen geschichtlichen Gesellschaft und Kultur erworben werden kann, dann deutete sich bereits an, daß der Bildungsbegriff der GP nicht individualistisch, also einseitig auf einzelne Individuen bezogen, verstanden werden kann. Dieser Gesichtspunkt soll im folgenden ausdrücklich hervorgehoben werden.

Immer wieder stößt man in den bildungstheoretischen Schriften der GP auf die These, daß die Bildung des Individuums in einem notwendigen Zusammenhang mit der Bildung aller Mitglieder der jeweils übergreifenden politisch-kulturellen Einheiten stehe. In der 1. Kurseinheit ist nun ausgeführt worden, daß die Gründergenera-

21 Das Verhältnis des hier verwendeten Begriffs „Kategorie“ zu der Bedeutung, die er in verschiedenen philosophischen Systemen hat (z. B. bei Kant), kann an dieser Stelle nicht ausführlicher erläutert werden. Vgl. dazu die Ausführungen über Kant und Dilthey in der zweiten Kurseinheit, S. 140–142.

22 Der Begriff „kategoriale Bildung“ ist bereits von dem Nohl-Schüler Erich Lehmensick (Die Theorie der formalen Bildung. Göttingen 1926) und von Josef Derbolav (Die pädagogische Ausbildung der Lehrer an höheren Schulen. Bonn 1956) verwendet worden, jeweils aber in einem begrenzteren Sinne als in meinen früheren Arbeiten und in diesem Kurs.

Die „nationale Kultur" als übergreifender Bildungshorizont

tion der GP in ihrem politischen, kultur-theoretischen und pädagogischen Denken nachhaltig vom Gedanken der nationalen Kultureinheit bestimmt war (vgl. bes. 1. Kurseinheit, S. 74 ff. und S. 82 f.) und daß dieses Prinzip, trotz mancher Veränderungen im einzelnen, im wesentlichen auch nach dem ersten Weltkrieg als ein wichtiges Merkmal ihres Denkens erhalten blieb; gleichzeitig wurde betont, daß dieses nationale Motiv nicht mit nationalistischer Einstellung verwechselt werden darf.[23] In den bildungstheoretischen Überlegungen der meisten Vertreter der Gründer- und der ersten Schülergeneration der GP wirkte sich dieser Grundgedanke dahingehend aus, daß die wichtigste übergreifende politisch-kulturelle Einheit, auf die die Bildung des Individuums bezogen wurde, mindestens bis zum Ende der Weimarer Zeit als die *Nation* – verstanden als geschichtlich gewordener und sich geschichtlich weiterentwickelnder politisch-kultureller Zusammenhang – bestimmt wurde. In diesem Sinne heißt es etwa bei Nohl:

> „Eine entscheidende Beziehung der Bildung wird ... erst sichtbar, wo sie auf das Ganze eines Volkes hin betrachtet wird, denn dann stellt sich heraus, daß ... *Individualbildung nicht unabhängig zu haben ist von der Form des nationalen Daseins.* Die Trennung: gebildet und ungebildet hatte seit dem 19. Jahrhundert die alten Standesgegensätze abgelöst, herauswachsend aus der gelehrten humanistischen Bildung, die den Gegensatz im Barbaren hatte ... in den Kämpfen von 1918 wurde deutlich, wie dieser Bildungsgegensatz auch von der Arbeiterschicht empfunden wurde, zugleich aber doch auch, wie die alte Form der ‚Bildung' in sich brüchig geworden war. Wo die alte Volksbildung[24] versucht hatte, den Besitz der oberen Schichten nach unten hin abzugeben, folgte diesem Bemühen die „Halbbildung" wie ein Schatten.
>
> Die neue Lösung kam auch hier von jenen Kulturkritikern[25], die zum erstenmal den wahren Begriff der Volksbildung fanden ...: Nicht *das* Volk ist gebildet, das die meisten Kulturleistungen aufzuweisen hat, sondern das, wie *Nietzsche* sagt, die Einheit des Stils in allen seinen Lebensäußerungen besitzt, seiner Sprache, seiner Kunstform und seiner Lebensweise, bis in die Kleinigkeiten seines Daseins hinein, wo die

---

23 Daß sich nach dem zweiten Weltkrieg deutliche Ansätze zur entschiedenen Relativierung des nationalen Prinzips im Denken der GP und zur Erweiterung des politisch-kulturellen Denkens in Richtung auf einen übernationalen, mindestens europäischen Horizont nachweisen lassen, kann hier nur angedeutet werden. Diese Entwicklung bedürfte gründlicher Untersuchung. Als Beispiele für die angedeutete Tendenz wird hier auf folgende Schriften hingewiesen:
Spranger, E.: Macht und Grenzen des Einflusses der Erziehung auf die Zukunft. In: Spranger, E.: Pädagogische Perspektiven. 3. Aufl. Heidelberg 1955, bes. S. 19 ff.
Flitner, W.: Abendländische Lebensformen. München 1967 (Neufassung des Buches „Europäische Gesittung". Zürich 1961)

24 Gemeint sind vor allem Bestrebungen der Erwachsenenbildung seit Mitte des 19. Jahrhunderts, die sich die Verbreitung wissenschaftlicher Erkenntnisse und das Bekanntmachen mit „anerkannter" Kunst in unteren Volksschichten zum Ziele setzten. Bis 1916 trug die bedeutendste, 1871 gegründete Vereinigung dieser Art den Namen „Gesellschaft für Verbreitung von Volksbildung".

25 Gemeint sind vor allem Nietzsche, Lagarde und Langbehn, nach Nohls Deutung die repräsentativen Vertreter der zweiten Phase der „Deutschen Bewegung" (vgl. 2. Kurseinheit, S. 185).

> verschiedenen Kulturzwecke sich nicht unabhängig voneinander und gegeneinander entwickeln, sondern eine solche innere Ganzheit besteht, aus der sich die einzelnen Leistungen dann erst herausheben ... Dann ergibt sich aber, daß die Bildung des Einzelnen schließlich nur wahrhaft gegründet ist in einer wahren Volksbildung. *Nur in einem gebildeten Volksleben kommt auch der Einzelne zur Einheit seiner Bildung und jener selbstverständlichen Form, die ihr Resultat ist.*" „*So löst sich der Gegensatz von Individual- und Sozialbildung durch einen tieferen Begriff von Volksbildung.*"
>
> (Nohl, H.: Die pädagogische Bewegung in Deutschland und ihre Theorie. 3. Aufl. Frankfurt/M. 1949, S. 149/150)

Eine ähnliche Grundauffassung wird in allen bildungstheoretischen Schriften bzw. Argumentationen Erich Wenigers erkennbar, besonders deutlich in einem Abschnitt seiner „Didaktik als Bildungslehre – Theorie der Bildungsinhalte und des Lehrplans", auf den wir weiter unten noch zu sprechen kommen; gemeint ist das Kapitel III unter dem Titel „Die erste Schicht des Lehrplans. Der Staat und die Bildungsmächte. Das „Bildungsideal" (6.–8. Aufl. Weinheim 1965, S. 62–76).

„nationale Bildung" als „Volksbildung"

Das Problem der „Volksbildung" – verstanden als Bildung aller Angehörigen der Nation und als unverzichtbarer Rahmen, innerhalb dessen individuelle Bildung überhaupt nur möglich bzw. als Recht des Einzelnen und als Anspruch an ihn begründbar erschien – hat die Vertreter der GP besonders in der Zeit der Weimarer Republik intensiv beschäftigt. Dabei sah sich die GP von Anfang an vor folgender Schwierigkeit: Im Gegensatz zu ihrer weitgehend unrealistischen Sichtweise der Vorweltkriegszeit erkannten die geisteswissenschaftlichen Pädagogen nach dem ersten Weltkrieg tiefgehende Spaltungen und Widersprüche im politischen, sozialen und kulturellen Leben Deutschlands (vgl. erste Kurseinheit, 4. Kapitel, bes. S. 82–84). Die „Einheit des gesamten Volkes", der „nationalen Kultur" bzw. die Entwicklung eines gemeinsamen Fundus politischer, sozialer, kultureller Vorstellungen und Leitprinzipien galt dementsprechend nicht mehr als Voraussetzung, von der man hätte ausgehen können, sondern als *Zielsetzung*, die durch Politik, soziale und kulturelle Aktivitäten und in diesem Zusammenhang auch durch Erziehung bzw. Bildungsarbeit neu entwickelt werden müßte. Die diesbezüglichen Leitvorstellungen der GP sind weder in den Originaltexten zusammenfassend und in hinreichender Klarheit dargestellt noch bisher in der Sekundärliteratur zusammenfassend untersucht worden.[26] Auf den heutigen Leser wirken die häufig auftretenden, aber fast immer sehr allgemein bleibenden Forderungen sicherlich ermüdend. Er wird sich überdies davor hüten müssen, in einige in diesem Zusammenhang oft auftretende Sprachformeln direkt jene Bedeutungen hineinzulesen, die der Nationalsozialismus ihnen später gegeben hat, nämlich Formeln wie „Wiedergewinnung" oder notwendige Entwicklung

26 Ansätze für einzelne Autoren vgl. in den Arbeiten, die in der Anmerkung 4 auf S. 275 genannt werden.

- eines „nationalen Kulturbewußtseins",
- der „Volkseinheit",
- einer „gesunden" bzw. „gegliederten Volksordnung",
- einer „Gemeinsamkeit aller Glieder des Volkes" jenseits des Streites der Parteien, der sozialen Gruppen, der Weltanschauungen und Konfessionen,
- einer die mannigfaltigen Spaltungen überwindenden Staats- und Kulturgesinnung,
- „echter Gemeinschaft",
- der Aktivierung von Führungsgruppen und Eliten, die in dieser Richtung beispielgebend wirken müßten u. ä.

Unterschiede innerhalb der GP

Im einzelnen deuten sich überdies bei den verschiedenen Autoren Unterschiede hinsichtlich des Verständnisses der erstrebten kulturellen und sozialen Einheit an:

Nohl, Weniger

Bei Nohl und Weniger überwiegt die Auffassung, daß jene Einheit im Anschluß an die „Deutsche Bewegung" und besonders auch in Fortführung ihrer sozialpolitischen Ansätze (z. B. des Selbstverwaltungsgedankens beim Freiherrn vom Stein, der „sozialen Bewegung" im Sinne progressiver bürgerlicher und sozialistischer Bestrebungen des 19. und 20. Jahrhunderts, der Frauenbewegung und bestimmter Gruppen der „Jugendbewegung") gesucht und gefunden werden könne.

Flitner

Bei Flitner setzt sich – gegenüber einem auch bei ihm aufweisbaren, eher demokratisch-emanzipatorischen Denkansatz – letztlich immer wieder eine Tendenz zu konservativ-harmonistischen Staats- und besonders Gesellschaftsvorstellungen im Sinne einer berufsständisch gegliederten, wenngleich für Übergänge zwischen den Ständen und Schichten offenen Gesellschaft durch[27], wobei Flitner die geistigen Fundamente einer solchen „Volksordnung" aus der Aneignung und Fortführung der abendländischen Tradition, der in ihr entwickelten „Lebensformen" und der gewonnenen „Freiheiten" (Rechtsgleichheit, Glaubensfreiheit, Freiheit im Rahmen der staatlichen Rechtsordnung u. ä.) zu gewinnen hoffte.

Litt

Litt hat in frühen Arbeiten der Jahre zwischen 1918 und 1921 in der Frage der nationalen Kultureinheit eine in wesentlichen Punkten ähnliche Position wie Nohl bezogen: Er ordnete in jenem Zeitraum die Pädagogik in den größeren Zusammenhang einer historisch-systematisch verfahrenden Kulturphilosophie ein.[28] Im Hinblick auf das pädagogische Zielproblem bezeichnete er zwei Aufgaben und Möglichkeiten einer solchen Kulturphilosophie: einerseits sollte sie in einer geistesgeschichtlichen Analyse die verschiedenen Strömungen und Ansätze, die in die geistige Entwicklung

Harmonistische Vorstellungen in Litts „kultur-pädagogischer Phase"

27 vgl. Heinen, K.: Das Problem der Zielsetzung in der Pädagogik Wilhelm Flitners. Eine kritische Interpretation. Bern/Frankfurt 1973

28 vgl. Litt, Th.: Eine Neugestaltung der Pädagogik (zuerst 1918). Jetzt in: Litt, Th.: Pädagogik und Kultur, hrsg. v. F. Nicolin. Bad Heilbrunn 1965, S. 7–11. – Litt, Th.: Pädagogik. In: Hinneberg, P. (Hrsg.): Die Kultur der Gegenwart. Teil 1. Abschnitt 6: Systematische Philosophie. 3. Aufl. Berlin/Leipzig 1921, S. 276–310. Gekürzt in: Litt, Th.: Pädagogik und Kultur. Bad Heilbrunn 1965, S. 12–25

in Deutschland im abendländisch-europäischen Zusammenhang eingegangen sind, historisch aufarbeiten und auch die Spannungen zwischen diesen Teilströmungen herausstellen – z. B. zwischen Christentum und Humanismus, zwischen Humanismus und der Entwicklung des naturwissenschaftlich-positivistischen Denkens usw.; andererseits sollte eine solche Kulturphilosophie und in ihrem Rahmen die Pädagogik, die von Litt zu jenem Zeitpunkt auch als „Kulturpädagogik" bezeichnet wird, diese verschiedenen Strömungen dann doch für die Gegenwart und die voraussehbare Zukunft zu einer Synthese zusammenführen, wie Litt sagt: „zusammenschauen", und damit Zielsetzungen für die weitere Kulturarbeit und für die Erziehung herausarbeiten: Der übergreifende nationale Kulturzusammenhang, auf den solche Zielsetzungen abzielen, wird von Litt in jenen ersten Jahren nach dem ersten Weltkrieg als „Kulturgemeinschaft" bezeichnet; er spricht auch von einer „zielgerichteten Einheitsbewegung", als die die Kulturphilosophie und die Kulturpädagogik die historische Gesamtbewegung in jener produktiven Zusammenschau begreifen müßten. „Individuelle Bildung" könne nur im Rahmen dieser übergreifenden Bildungseinheit der „Kulturgemeinschaft" ermöglicht bzw. gewonnen werden.

Litts spätere Ansätze zu einer Konflikttheorie

Litt hat jene harmonisierenden Vorstellungen, die diesen Begriff der „Kulturgemeinschaft" bestimmen, nach 1921 schrittweise aufgegeben und statt dessen in späteren Schriften – am entschiedensten nach 1945 – das Faktum von Widersprüchen, Konflikten, Wert- und Zielantinomien betont. Der Zusammenhang der verschiedenen Strömungen, Gruppen, Interessen und Zielsetzungen wird nun nicht mehr als letztlich harmonisierende Synthese betrachtet, sondern als „Einheit von Widersprüchen". Weniger hat diesen Litt'schen Lösungsversuch allerdings als pädagogisch unzulänglich kritisiert, als eine rein theoretische Lösung auf der Ebene der Reflexion, die für die Entwicklung von pädagogischen Zielvorstellungen für Kinder und junge Menschen keine zureichende Leitlinie abgeben könne.

Spranger

Eduard Sprangers Position während der gesamten Weimarer Zeit, zumal in ihren letzten Phasen, zu der uns jetzt beschäftigenden Frage nach dem Verhältnis von Individualbildung und allgemeiner Volksbildung i. w. S. d. W. bzw. nationaler Bildung muß m. E. als die problematischste innerhalb der GP beurteilt werden. Was soll dieses kritische Urteil besagen? Bei Spranger treffen wir in den Schriften der Weimarer Zeit wie auch später auf starke humanistische Elemente und auf die Anerkennung der Tatsache, daß die Vielfalt der gesellschaftlichen und kulturellen Strömungen im Deutschland der Zeit nach dem ersten Weltkrieg es verbiete, ein inhaltlich einheitliches Bildungsideal für alle Angehörigen der Kulturnation festlegen zu wollen; es könne nur noch „ein gewisser Grundstock der Gesinnung allen gemeinsam sein".[29]

Spranger verbindet solche Gedanken aber – und zwar im Laufe der Entwicklung bis 1933 in sich verstärkendem Maße – mit zivilisationskritischen Thesen – „Entseelung des Menschen in den Großstädten", Vermassung u. ä. – und mit ausgesprochen un- oder antidemokratischen Tendenzen. Es wäre m. E. falsch, sie als direkt prä-

29 E. Spranger: Die Bedeutung der wissenschaftlichen Pädagogik für das Volksleben. a. a. O., S. 10

problematische Leitvorstellungen von der „Volkseinheit"

faschistisch zu interpretieren, wie es in der pädagogischen Geschichtsschreibung der DDR mehrfach geschehen ist.[30] *Zutreffend* dürfte es dagegen sein, bei Spranger erstens Unverständnis für die Bedingungen und die Bedeutung von politischen Parteien und politischem Machtkampf innerhalb der Regelungen einer parlamentarischen Demokratie festzustellen und zweitens illusionäre und verschwommene Leitvorstellungen von einer „Volkseinheit", die durch eine oder einige starke, einheitsstiftende Führerpersönlichkeiten wieder – oder neu gewonnen werden könnte, zu konstatieren. Für Spranger waren solche Vorstellungen unabdingbar mit der Erhaltung der Rechtsstaatlichkeit, einer idealistischen Kulturgesinnung und jener im Laufe der abendländischen Geschichte gewonnenen Freiheiten im Sinne Flitners (etwa der Glaubensfreiheit, der Gewissensfreiheit usw.) verbunden. Und jene Vorstellung des großen politisch-ethisch-kulturellen Führers bzw. solcher Führungseliten, die die tiefen Spaltungen der Gesellschaft durch die Gestaltung einer neuen Volkseinheit überwinden könnten, war, wie man manchen Aussagen entnehmen kann, stark am Modell der platonischen Philosophenkönige orientiert.[31]

Aber die Verschwommenheit solcher Vorstellungen erweist sich darin, daß Spranger noch in Abhandlungen der Jahre 1930 bis 1932 keinerlei Einsicht darin erkennen läßt, daß die Leitformeln der Nationalsozialisten von der Wiederherstellung der nationalen Einheit, vom Führerstaat, von der Volksgemeinschaft usw. einen *anderen* Sinn als seine eigenen (gleichwohl problematischen) Leitvorstellungen hatten. Da sich Spranger, soweit ich sehe, vor 1933 nirgends ausdrücklich vom Nationalsozialismus distanzierte, konnte er bei oberflächlicher Rezeption seiner allgemeinpolitischen, kulturtheoretischen und erziehungs-politischen Aussagen aus den letzten Jahren der Weimarer Republik die Vorstellung erwecken, er nähme mindestens indirekt für die Nationalsozialisten Partei.[32]

---

30 Geschichte der Erziehung. Redaktion: Günther, K.-H., Hofmann, F., Hohendorf, G., König, H., Schuffenhauer, H. – 8. Aufl. Berlin-Ost 1967, S. 606

31 vgl. z. B. Spranger, E.: Probleme der politischen Volkserziehung. In: Spranger, E.: Volk, Staat, Erziehung. Leipzig 1932, S. 83 f. – Ders.: Gegenwart. a. a. O., S. 206

32 vgl. dazu bes. die Aufsätze „Über Erziehung zum deutschen Volksbewußtsein" (1924), „Probleme der politischen Volkserziehung" (1928), „Volkskenntnis, Volksbildung, Volkseinheit" (1930), „Recht und Grenzen des Staates in den Bildungsaufgaben der Gegenwart" (1931), „Gegenwart" (1932), alle abgedruckt in dem Sammelband E. Spranger: Volk, Staat, Erziehung, gesammelte Reden und Aufsätze, Leipzig 1932. – Nach der nationalsozialistischen Machtübernahme wurde die Unvereinbarkeit der Philosophie und Pädagogik Sprangers mit dem neuen Regime sehr schnell deutlich. Schon im April 1933 reichte Spranger ein Gesuch auf vorzeitige Emeritierung ein; das Preußische Kulturministerium einigte sich dann mit ihm auf einen – wie Spranger später sagte – „schlechten Kompromiß". Spranger behielt seine Professur, seine Publikationsfreiheit wurde aber erheblich eingeschränkt. 1944 wurde Spranger im Zusammenhang mit den Ereignissen des 20. Juli für 10 Wochen verhaftet, vor allem wegen seiner Mitgliedschaft in der sog. Berliner „Mittwochsgesellschaft", die zweifellos ein Oppositionskreis (als Teilgruppe des konservativen Widerstandes) war und der u. a. der 1944 hingerichtete Generaloberst Beck angehörte.

Blickt man auf das Spektrum von Varianten der Interpretation der Beziehung zwischen individueller Bildung und „Volksbildung" im Sinne der gemeinsamen Bildungssubstanz aller Mitglieder der – als politisch-kultureller Zusammenhang – verstandenen Nation zurück, so wird ein durchgehender Mangel aller diesbezüglichen Theorieansätze der GP bis 1933 erkennbar: das Fehlen einer kritisch-realistischen Analyse der ökonomischen, gesellschaftlichen und kulturellen Interessenunterschiede und Gegensätze, die sich u. a. in den Kämpfen und Koalitionen der politischen Parteien und weiterer, im politisch-gesellschaftlichen Felde wirkender Gruppen und Institutionen (z. B. auch der Kirchen) ausdrückten. Spuren bzw. Ansätze einer solchen Analyse, auf die man bei allen genannten Autoren stößt, sind nirgends gründlicher aufgenommen und weiterverfolgt worden.

Rückblick auf das Spektrum der Interpretationen des Begriffs der nationalen bzw. der Volkseinheit

Dem entspricht die Unklarheit der politischen Stellungnahme bei allen Begründern der GP vor 1933; in begrenztem Maße macht hier nur E. Weniger eine Ausnahme. Litt und Nohl wird man dem Typus der sog. „Vernunftrepublikaner" zurechnen können, also einer Einstellung, die – ohne daß ihre Vertreter sich ausdrücklich und aktiv *für* die politische Form der parlamentarischen Demokratie engagiert und sie gegen Angriffe verteidigt hätten – diese politische Form doch loyal respektierte. Für W. Flitner kann diese Zuordnung wohl kaum gelten, da er vor 1933 die Vorstellung einer „Volksordnung" vertrat, die stark romantisch-ständische Züge trug.[33]

Unklarheiten der politischen Position der Vertreter der GP vor 1933

Erich Weniger hat sich schon vor 1933 am deutlichsten dahingehend ausgesprochen, daß die Leitvorstellung eines sozialen und humanen Volks- und Rechtsstaates, der die seit der Neuzeit erkämpften und erstrebten Menschen- und Bürgerrechte einschließlich der „relativen Autonomie der Erziehung" sichert – eine Leitvorstellung, die er wie Nohl vertrat – nach dem ersten Weltkrieg nur in der Form der parlamentarischen Demokratie verwirklicht werden konnte.[34] Aber auch bei ihm fußte diese politische Stellungnahme nicht auf einer hinreichend differenzierten Analyse gesellschaftlich-politischer Verhältnisse und Machtkonstellationen.[35]

Das Problem des „Bildungsideals"

Auf die zuvor referierten Aussagen der GP über den Zusammenhang von individueller Bildung und Volksbildung bzw. „nationaler Bildung" lassen sich nun die Thesen dieser erziehungswissenschaftlichen Richtung über die Funktion von *Bildungsidealen* beziehen. Daß die einzelnen Vertreter der GP – hier wiederum repräsentiert durch die Gründergeneration – zu dieser Frage unterschiedliche Positionen bezogen haben,

---

33 vgl. K. Heinen: Das Problem der Zielsetzung in der Pädagogik Wilhelm Fltiners. Eine kritische Interpretation. Bern/Frankfurt/M. 1973

34 vgl. dazu E. Weniger: Zur Frage der staatsbürgerlichen Erziehung. (Zuerst 1929 in der Zeitschrift „Die Erziehung", mit einem Nachwort versehener Neudruck. Oldenburg 1951, 30 S.)

35 vgl. W. Schulenberg: Pädagogische Theorie und Gesellschaftsbegriff. In: I. Dahmer/W. Klafki (Hrsg.): Geisteswissenschaftliche Pädagogik am Ausgang ihrer Epoche – Erich Weniger. Weinheim 1968, S. 209–221

wurde schon im terminologischen Einleitungsabschnitt dieses Unterkapitels angedeutet (S. 43 f.); davon wird im folgenden noch zu sprechen sein.

Die Verwendung des Begriffes „Bildungsideal" in aktuell-programmatischem Sinn bei Nohl und Weniger

Für Nohl und Weniger war der Begriff „Bildungsideal" nicht nur für die Deutung früherer erziehungsgeschichtlicher Perioden – also etwa im Sinne der Rede vom Bildungsideal des antiken Redners oder des Hofmanns der Renaissance oder des Neuhumanismus – eine notwendige Kategorie der wissenschaftlichen Pädagogik, sondern auch im Hinblick auf die Gegenwartsaufgaben der Erziehung. Eine der entscheidenden Leistungen der Erziehungswissenschaft zur Bewältigung der pädagogischen Aufgaben der jeweiligen Gegenwart bestand nämlich nach ihrer Auffassung in der Hilfe zur Herausarbeitung einer übergreifenden, gemeinsamen Zielvorstellung für die Volks- bzw. die nationale Bildung. Der Begriff „Bildungsideal" bezieht sich also bei diesen Autoren vor allem auf den „kollektiven" Aspekt der pädagogischen Zielsetzung, nicht primär auf die Bildung des einzelnen.

Wenigers Deutung des Begriffs „Bildungsideal"

Die Problematik und ihre Komplikationen sollen hier am Beispiel Wenigers verdeutlicht werden. Die entsprechenden Passagen finden sich, wie bereits erwähnt, in Wenigers „Didaktik als Bildungslehre", die er im Untertitel „Theorie der Bildungsinhalte und des Lehrplans" nennt (Erstfassung 1930, Neufassung 1952, 6.–8. Aufl. Weinheim 1965). Weniger vertritt in diesem Text u. a. die Auffassung, daß Lehrpläne, die dem neueren Stand erziehungswissenschaftlicher Erkenntnis entsprechen sollen, drei Schichten enthalten müßten. Dieses Drei-Schichten-Modell muß kurz erläutert werden, bevor die Funktion des Begriffs „Bildungsideal" innerhalb des Modells verständlich gemacht werden kann.

Drei-Schichten-Modell des Lehrplans nach Weniger

In einer ersten Schicht müssen generelle pädagogische Zielsetzungen formuliert werden; und zwar ist das nach Wenigers Auffassung nur auf Grund einer Analyse der jeweiligen politisch-gesellschaftlich-kulturellen und in diesem Rahmen auch der pädagogischen Gegenwartssituation und der voraussehbaren Zukunft möglich. Die in der ersten Lehrplanschicht zu formulierenden pädagogischen Zielsetzungen müssen also im Hinblick auf die jeweilige Gegenwartslage und die voraussehbare Zukunft bestimmt werden. Weniger spricht auch von der hier notwendigen „existenziellen Konzentration", d. h. also von der Konzentration auf Gegenwarts- und Zukunftsaufgaben; heute könnte man etwa die Weiterentwicklung der Demokratie, die Realisierung der Gleichheit der Lebenschancen, die Sicherung des Weltfriedens u. ä. Beispiele nennen.

In einer zweiten Schicht – Weniger nennt sie die Schicht der geistigen Grundrichtungen und der Kunde – gehe es darum, Zielsetzungen und Inhalte zu benennen, die ein Gegengewicht gegen die ausschließliche Fixierung auf die jeweils erkennbaren Gegenwarts- und Zukunftsprobleme darstellen können. In dieser zweiten Schicht sollen „die geistigen Grundrichtungen" benannt werden, die im Laufe der Menschheitsgeschichte entwickelt und erkannt worden sind: z. B. die Grundmöglichkeit wissenschaftlichen Denkens im Sinne der Bemühung um überprüfbare Wahrheitserkenntnis, der Bereich der Kunst, die Auseinandersetzung mit Existenz- und Glaubensproblemen, die Dimension des Politischen usw. Wenn also in der ersten Lehrplanschicht z. B. nach 1945 in historisch-politischer Hinsicht die Auseinandersetzung mit dem Nationalsozialismus als eine der zentralen Gegenwarts- und Zukunftsauf-

gaben formuliert wurde oder mindestens hätte formuliert werden müssen, so ginge es in der zweiten Lehrplanschicht darum, den Horizont des jungen Menschen über diese aktuelle Aufgabe hinaus generell für die historisch-politische Grundrichtung des menschlichen Denkens und Handelns zu öffnen, also weitere historische und politische Zusammenhänge und Problemstellungen zugänglich zu machen.

Die dritte Schicht nennt Weniger diejenige der Kenntnisse und Fertigkeiten. Gemeint sind alle jene Wissenselemente und „Kulturtechniken" (vom Lesen, Schreiben und Rechnen bis etwa zur Kenntnis der wichtigsten Verkehrszeichen usw.), die für das alltägliche und das spätere berufliche und außerberufliche Leben der Kinder und Jugendlichen auf einer bestimmten historischen Entwicklungsstufe von Gesellschaft und Kultur unverzichtbar sind.[36]

Die erste Lehrplanschicht: Die Schicht des Bildungsideals

Uns interessiert im vorliegenden Zusammenhang nur die erste Lehrplanschicht. Weniger vertritt nämlich die Auffassung, daß die pädagogische Motivation der zu Erziehenden *dazu*, sich den jeweiligen Gegenwarts- und Zukunftsaufgaben zu stellen, sich darauf vorzubereiten, sie in Angriff zu nehmen und für sie Lösungen zu suchen, nur möglich sei, wenn es gelingt, eine anschauliche Vorstellung *jener* menschlichen Haltungen, Einstellungen und Fähigkeiten zu entwickeln, aus denen heraus und mit deren Hilfe jene Gegenwarts- und Zukunftsprobleme bewältigt werden können. Eine solche Leitvorstellung nennt Weniger „das Bildungsideal". In diesem Sinne bezeichnet er die erste Schicht des Lehrplans auch als die des Bildungsideals.[37]

Lehrpläne als Ergebnis des Kampfes gesellschaftlich-kultureller „Mächte"

Zum Verständnis der folgenden Zitate muß noch folgendes hinzugefügt werden: Als Ergebnis historischer Schul- und Lehrplananalysen ergab sich für Weniger, daß Lehrpläne *immer* das Ergebnis des Ringens gesellschaftlich-kultureller Mächte um Einfluß auf das Bildungswesen sind. Regulierender Faktor in diesem Ringen war seit der Neuzeit der Staat – ein Tatbestand, den Weniger auch für seine Gegenwart nach wie vor als die real einzig mögliche Lösung des Problems ansah. Allerdings setzte er für seine Gegenwart dabei immer einen demokratischen Rechtsstaat voraus, in dem jede der geschichtlich-gesellschaftlich-kulturellen „Mächte" – Wissenschaft, Kunst, Kirche usw. – eine relative Eigenständigkeit besitzt, zugleich einen Staat, der die relative Eigenständigkeit der Erziehung respektiert und schützt, der also gewährleistet, daß jeder Anspruch jener geistigen Mächte an das Bildungswesen und auch jeder Anspruch des Staates selbst von der Pädagogik in Theorie und Praxis an dem Maßstab gemessen wird, ob er der Entwicklung des jungen Menschen zu umfassender Ausbildung seiner Möglichkeiten und zur Mündigkeit dient. Genau diesen Kriterien sollte dann auch das Bildungsideal genügen, das nach Wenigers Auffassung allein Einheitlichkeit und klare Strukturierung eines Lehrplans gewährleisten konnte.

36 Zur Interpretation der Didaktik und Lehrplantheorie Wenigers vgl. W. Klafki: Didaktik. In: Geisteswissenschaftliche Pädagogik am Ausgang ihrer Epoche – Erich Weniger, hrsg. von I. Dahmer und W. Klafki, Weinheim 1968, S. 137–173.

37 vgl. E. Weniger: Didaktik als Bildungslehre. Theorie der Bildungsinhalte und des Lehrplans. 6.–8. Aufl. Weinheim 1965, Kap. III: Die erste Schicht des Lehrplans: Der Staat und die Bildungsmächte – Das Bildungsideal, S. 62–76

Bildungsideale als politisch-pädagogische Entscheidungen

Bildungsideale verstand Weniger im Hinblick auf seine Gegenwart vor 1933 und nach 1945 also als Ausdruck einer historischen, politisch-pädagogischen Entscheidung eines demokratischen Staates, der die relative Eigenständigkeit der Pädagogik als Anwalt des jungen Menschen und seines Anspruches auf Entwicklung zur Mündigkeit anerkannte. In diesem Sinne müssen die folgenden Zitate verstanden werden:

„Die Besinnung auf die lebendig bildenden Gehalte der Gegenwart ist nur möglich von der *Aufgabe* aus, die vor uns liegt. So wird der Lehrplan erst verständlich von den ausdrücklich ausgesprochenen oder stillschweigend angenommenen Aufgaben her, die dem Staate auf dem Felde der Erziehung aus seiner gegenwärtigen Lage und aus der mit ihr und seiner Existenz gegebenen Zielsetzung erwachsen." „Die allgemeinen Aufgaben von Volk und Staat werden ihrerseits bezogen auf die Bildung der kommenden Generation, auf deren Menschentum und geistige Haltung also." „Aber jede Besinnung auf Aufgaben enthält immer schon eine *Entscheidung.* Denn nicht nur steht man in jeder Gegenwart stets vor mehreren gegensätzlichen Aufgaben, jede Aufgabe läßt auch mehrere Möglichkeiten der Lösung zu ... Im Lehrplan liegt immer eine Entscheidung für bestimmte Lösungen vor, die gegenüber der Vielseitigkeit der Aufgaben und Lösungsversuche ... ein überhöhendes Gemeinsames angibt. Der Ausdruck dieser Entscheidung für ein Gemeinsames ist das *Bildungsideal,* das die Einheit angibt, unter der alle Gehalte begriffen werden. Von diesem Ideal aus wird der Zusammenhang der Kräfte in der Bildungsarbeit ständig geregelt. Die Gliederung der Bildungsmächte und als ihr äußeres Zeichen die Ordnung der Fächer und Stoffe im Unterricht erfolgt von diesem Ideal aus, das auf die Aufgabe bezogen ist." „Das Bildungsideal ist keine Abstraktion, es lebt nur in der Bezogenheit auf konkrete Aufgaben und auf die gegebene Wirklichkeit. ‚Abstrakte Ideale gibt es nicht ... Das Ideal ist nicht über den Dingen, sondern in den Dingen ... Das Ideal ist der Operationsplan für die gerade fälligen Pflichten ... und als Programm der Pflichten wechselt es von Jahr zu Jahr (Lagarde). Es enthält seinem Wesen nach in einem Bilde die anschauliche Vorwegnahme der Zukunft, wie sie gewünscht wird von den erfahrenen Aufgaben und von dem Bestand an Kräften und Strebungen in der Gegenwart aus."

„Das Bildungsideal bezieht sich ... auf die menschliche Haltung, die der erkannten Aufgabe gegenüber gefordert ist, und sucht diese Haltung anschaulich darzustellen, womöglich zu einem Symbol zu verdichten. Auf dieses Bild hin arbeitet dann die Erziehung." „Das an einer neuen Aufgabe gewonnene Bildungsideal ist also immer das Ideal eines neuen Menschen- und Volkstums und einer neuen Haltung zum Leben. ‚Der neue deutsche Mensch' wird gesucht, der diesen Aufgaben gewachsen ist, und nicht ein formales Vollkommenheitsideal ...[38] Die einzelnen Züge ergeben sich immer aus den bestimmten Teilaufgaben und der Vielseitigkeit des Ganzen gegenüber

38 Weniger verweist hier auf Nohls „grundlegende Darstellung" in dem Aufsatz: Die neue deutsche Bildung (1920). Jetzt in: Nohl, H.: Pädagogik aus 30 Jahren. Frankfurt/M. 1949, S. 9–20.

notwendigen oder wünschbaren Verhaltensweisen, und das konkrete Ideal ist niemals eine bloße Addition menschlicher Eigenschaften.“ (Weniger, a. a. O., S. 65, 66, 67)

In Fortführung dieser Überlegungen betont Weniger nun, welche Aufgabe dem Erzieher im Hinblick auf das Bildungsideal zukommt:

„Repräsentation“ des Bildungsideals durch die Erzieher

„Das Bildungsideal bezieht sich auf künftige Lebensaufgaben und Lebensformen der Jugend, diese soll zu ihm herangebildet werden, aber die Erzieher müssen es in sich verkörpern. Das ist verhältnismäßig einfach, wenn das Ideal aus der Gültigkeit eines Vergangenen in der Gegenwart gewonnen werden kann, wenn es aus der Kontinuität der befriedigten Existenz eines Volkes das Erbe der Väter plastisch ausdrückt. Immerhin ist auch da das persönliche Einstehen für das Ideal dem Erzieher oft schwer genug. Die eigentliche Schwierigkeit beginnt aber erst, wenn das Bildungsideal eine Gestaltung der Zukunft aus anderen Kräften oder aus anderer Ordnung der Kräfte erfordert als denen, denen die Gegenwart verdankt wird, wenn die gegenwärtige menschliche Form der Erwachsenen unzulänglich wird vor neuen Aufgaben, wenn nun in der Jugend gemäßere Formen herangebildet werden sollen. Dann müssen Lehrer und Erziehergemeinschaft schon aus dieser neuen Form heraus, also aus der Zukunft leben, über die sie noch nicht verfügen und für die sie selber noch nicht gebildet sind. Um dieses Bild der Zukunft anschaulich darzustellen, müssen sie sich gleichsam von ihrer eigenen Generation trennen und ins Lager der kommenden Generation übergehen.“ (a. a. O., S. 69/70) – Weniger dachte bei solchen Formulierungen zweifellos insbesondere an die Aufgaben der Erziehung in einem demokratischen Staat nach 1918 und später wieder nach 1945, für deren Bewältigung es in der vorangehenden deutschen Geschichte seiner Auffassung nach keine überzeugenden Leitbilder gab.

Die Kategorie der Vorwegnahme

Weniger bezeichnet den notwendigen Vorgriff auf die Zukunft, der im Bereich der Erziehung in Orientierung an einem Bildungsideal erfolgen müsse, durch die Kategorie der *Vorwegnahme*.

„Die *Vorwegnahme* … nimmt das Bild der Zukunft als Realität in das gegenwärtige Bildungsleben hinein und läßt es, mag es sonst noch nicht gelten, hier das Leben der Schule, die Formen der Begegnung und ihre Inhalte gestalten und so den Beweis des Geistes und der Kraft geben. Es gilt in der Bildung nicht ‚als ob‘, sondern es gilt wirklich; in dieser Gegenwart der bildenden Begegnung erweist es seine Echtheit und formt alle am Bildungsvorgang Beteiligten um. Die Gesinnung und Haltung, die das Bildungsideal fordert, muß in der erzieherischen Begegnung dargestellt werden, es müssen also Lebensformen als Formen der Bildung gefunden werden, in denen schon jetzt … das künftige Leben dargestellt und vorgelebt wird. Ein sozialistisches Ideal beispielsweise ist in der Bildung nicht abhängig von der politischen Möglichkeit künftiger sozialistischer Weltordnung (gemeint ist wahrscheinlich: davon, ob sich eine sozialistische Weltordnung vermutlich in unmittelbarer Zukunft politisch wird verwirklichen lassen;

> W. Kl.), sondern soll es gelten, so muß die Bildungsgemeinschaft schon jetzt getragen sein von der brüderlichen Gesinnung, dem Gemeinschaftsgefühl und der Verbundenheit, die die Grundlage des kommenden höheren Daseins geben soll, kurz von dem, was man sich unter Sozialismus vorstellt. Handelt es sich um das Ideal einer neuen Volksgemeinschaft, so muß die Schule schon diese Gemeinschaft vorleben. So geschieht in der Vorwegnahme immer ein Doppeltes: die Hereinnahme des Bildes der Zukunft in die Gegenwart und die Übertragung des Ideals, wenn es an sich beispielsweise ein politisches oder gesellschaftliches ist, in die Form der Bildung." (S. 72/73)

Vorwegnahme im Sinne Wenigers – der gleiche Gedanke taucht bei Nohl auf[39] – darf nun aber keineswegs als Festlegung der jungen Generation auf derzeitige Zielvorstellungen der erziehenden Erwachsenengeneration verstanden werden. Das Bildungsideal gilt im Verständnis Wenigers sozusagen „auf Probe", als „Angebot", als ernstzunehmende Möglichkeit, aber nicht als verbindliche Norm.

So heißt es bei Weniger:

Das Bildungsideal als „Angebot" zur Auseinandersetzung, nicht als verbindliche Norm

> „In dieser Vorwegnahme des Bildes der Zukunft erschöpft sich nun aber auch die Verantwortung des Erziehers für die Gestaltung der Zukunft. Ob die Zukunft so wird, wie es in dem Bildungsideal symbolisch dargestellt ist, ob die darin enthaltene Entscheidung sich als die rechte erweisen wird, ja ob überhaupt die Aufgabe richtig gesehen wurde, das wird ‚die Zukunft lehren'. Es ist anzunehmen, daß diese schon ein wenig anders sein wird, als die Erzieher heute es sich denken. Aber der persönliche Beitrag des Erziehers für die Gestaltung der Zukunft liegt eben in dieser Verwirklichung des konkreten Bildungsideals; ganz wird dieser Beitrag, wenn er echt war, gewiß nicht verlorengehen ... So ist die Vorwegnahme im Bildungsideal keine rationale Konstruktion der Zukunft, sondern im Einsatz gestaltender Kräfte ein Wagnis, schon deshalb, weil nicht der Erwachsene, sondern die Jugend die wirkliche Zukunft als beherrschbare Gegenwart zu leben haben wird, während das Bildungsideal das der Erwachsenen ist."
> Im Hinblick auf Lehrplan und Schule bedeutet das: „Diesem Zukunftswillen begegnet nun die Jugend mit ihrem meist noch ungestalteten Willen, ihren inneren Triebkräften und Neigungen. Aus der Berührung dieser beiden Willen in der durch den Lehrplan gegebenen Bildungssituation entsteht dann ein Neues, das weder geradliniges Ergebnis der Intentionen des Lehrplans ist, noch auch etwa bloße Wirkung des Willens der jungen Generation. Jeder Lehrplan gibt also an, wie die Jugend von dem in ihm vertretenen Bildungsideal aus werden soll. Er enthält die Vorstellung und das Ideal, das die Erwachsenen von der Jugend haben, und es wird in der lebendigen Auseinandersetzung der Schüler mit diesem Lehrplan sich zeigen, ob das Bild der Jugend, das die Erwachsenen sich machen und von dem aus sie die Inhalte der Bildung anordnen, richtig ist." (S. 73/74)

39 vgl. Nohl, H.: Die pädagogische Bewegung in Deutschland und ihre Theorie. 3. Aufl. Frankfurt/M. 1949, S. 151

Daraus folgt für die Lehrplangestaltung u. a. das Prinzip der

Das Prinzip der Selbstbegrenzung des Lehrplans

> „Selbstbegrenzung des Lehrplans, der Raum läßt für die eigene Entwicklung der Jugend, ihre schöpferischen Antriebe und ihre eigentümlichen Lebensformen, ihre Jugendbewegungen innerhalb und außerhalb der Schule.[40] Der Lehrplan kann nicht das ganze Leben der Jugend, auch nicht die Gesamtheit des Schullebens planend vorherbestimmen. Er soll helfen, die Jugend auf ihre eigene Verantwortung in freier Entscheidung vorzubereiten." (S. 74)

Litts Kritik an normativen Verwendungsweisen des Begriffs „Bildungsideal"

Angesichts dieser Bestimmungen über die Bedeutung des Bildungsideals im Bildungsprozeß wird deutlich, daß Weniger zunächst nicht von jener scharfen Kritik getroffen wird, die Theodor Litt innerhalb seines Buches „Führen oder Wachsenlassen" (zuerst 1927, 13. Aufl. Stuttgart 1967, S. 52–62) an bestimmten Auslegungen der Rede vom Bildungsideal geübt hat. An einer besonders prägnanten Stelle heißt es bei Litt:

> „Das ‚Bildungsideal' aber, verstanden als Entwurf eines durch die Erziehung zu verwirklichenden Menschentums, ist nichts anderes als der gesammelte Ausdruck des Unterfangens, lebendige Form als zu realisierenden ‚Zweck', als zu erreichendes ‚Ziel' vor dem Auge des Erziehers aufzurichten." (S. 57)

Litt hat ausdrücklich betont, daß Sprangers und Nohls Verwendung des Begriffes Bildungsideal[41] von dieser Kritik nicht betroffen würde. Diese Aussage kann sinngemäß auch für Weniger gelten.

Indessen sollte man, sofern man zu einer systematischen Erörterung des angeschnittenen Fragenkomplexes übergeht, sich nicht zu schnell mit dieser sozusagen friedlich-schiedlichen Lösung innerhalb der GP zufriedengeben. Wir gehen im folgenden über die Interpretation hinaus zu einer kurzen Kritik über.

Generelle Kritik der Verwendung des Begriffs „Bildungsideal"

Wir fragen: Sind Weniger, Nohl und die Nohl-Schule wirklich im Recht, wenn sie die Konzentration der Bildungsbemühungen auf gegenwärtige und voraussehbar zukünftige politisch-gesellschaftlich-kulturelle Aufgaben und Zielsetzungen – heute etwa auf die konsequente Verwirklichung von Humanität und demokratischen Prinzipien in allen Lebensbereichen, die Befähigung der Jugend zu Selbst- und Mitbestimmung, zugleich als subjektiver Anspruch und objektive Anforderung verstanden – an die Bedingungen der „Einheitlichkeit" solcher Zielsetzungen und an die anschauliche Verdichtung in einem „Bildungsideal" binden? Sofern der Begriff Bildungsideal wirklich eine Konkretisierung in anschaulichen Beispielen meint und nicht nur einen Komplex von Leitprinzipien, scheint mir ein Bildungsideal *keine* not-

40 vgl. dazu H. D. Raapke: Das Problem des freien Raums im Jugendleben. Weinheim 1959

41 Litt bezieht sich auf die Schrift Sprangers „Das deutsche Bildungsideal der Gegenwart in geschichtsphilosophischer Beleuchtung". Sonderdruck aus „Die Erziehung". 1925/26 und auf Nohls kleines Buch „Zur deutschen Bildung". Göttingen 1926.

wendige Bedingung der Konzentration der Bildungsarbeit, z. B. einer vor dem jungen Menschen, seiner Gegenwart und seiner Zukunft verantwortbaren Lehrplan- oder Richtliniengestaltung, zu sein. Es mag sein, daß Weniger und Nohl – mindestens in den 20-er Jahren – das Bildungsideal eines „neuen Menschentums" als aus der pädagogischen Reformbewegung erwachsene Zielvorstellung vor Augen stand, obgleich man auch für diese Zeit feststellen muß, daß alle entsprechenden Aussagen Wenigers und Nohls relativ allgemein geblieben sind und dem Leser keine konkreten Vorstellungen vermitteln. Aber selbst wenn sich solche konkretisierten Leitvorstellungen rekonstruieren ließen: Die Unverzichtbarkeit eines Bildungsideals im angedeuteten Sinne ist von beiden Autoren keineswegs differenziert begründet, sondern nur als These vertreten worden. Schon in einer früheren Darstellung der Didaktik Wenigers habe ich – im Hinblick auf die Frage der Lehrplangestaltung und der Bildungsarbeit in der Schule – folgende Gegenthese vertreten:

> „Sehr wohl kann und soll die Schule kulturelle, gesellschaftliche, politische, wissenschaftliche Aufgaben und Probleme der jeweiligen Gegenwart und der voraussehbaren Zukunft in elementarer, jugendgemäßer Form sichtbar machen, Möglichkeiten der Lösung ins Auge fassen und daraus erwachsende Forderungen an Haltung und Verhalten der jungen Generation verständlich werden lassen. Und auch dies dürfte nach wie vor gültig sein: Um den Zusammenhang und die Verbindlichkeit dieser Aufgaben, die mitmenschliche und die gesellschaftlich-politische Solidarität, die ihre Bewältigung erfordert, zur Geltung zu bringen, dazu bedarf es durchaus – wie Weniger betont – einer ‚neuen Form von allgemeiner Bildung' (S. 97); nicht aber bedarf es eines gemeinsamen Bildungsideals." Bildungsideale lassen sich „bestenfalls in überschaubaren sozio-kulturellen Verhältnissen oder Gruppen oder für kurze historische Epochen als tatsächlich wirksam erweisen, sie können aber keineswegs als notwendige Bedingung der Konzentration der Pläne und der Bildungsarbeit angesprochen werden …"[42]

9.4.3 Konkretere pädagogische Zielsetzungen der GP im Zeitraum nach 1945 (Zweite Problemebene)

9.4.3.1 Einleitende Bemerkungen

Die GP ist weder vor 1933 noch nach 1945 bei strukturellen Aussagen zur pädagogischen Zielproblematik in der Art, wie wir sie in den vorangehenden Abschnitten gekennzeichnet haben, stehengeblieben. Angesichts aktueller Zielprobleme der Erziehung in verschiedenen Erziehungsfeldern – von der vorschulischen Erziehung über

42 vgl. W. Klafki: Didaktik. In: Geisteswissenschaftliche Pädagogik am Ausgang ihrer Epoche – Erich Weniger, hrsg. von I. Dahmer und W. Klafki. Weinheim 1968, S. 163/164

die Schulerziehung in allgemeinbildenden und berufsbildenden Schulen bis zur Sozialpädagogik und der Erwachsenenbildung – haben Vertreter der GP häufig in die entsprechenden Diskussionen und Kontroversen eingegriffen. Als Vertreter der Allgemeinen Pädagogik haben sie sich dabei allerdings meistens auf relativ generelle Erörterungen konzentriert. Das gilt z. B. für die vieldiskutierten Schriften Litts zum Problemkreis „Naturwissenschaft – Technik – industrielle Arbeitswelt und Bildung", die in den 50-er Jahren erschienen und bis zur Mitte der 60-er Jahre jeweils mehrfach wieder aufgelegt und intensiv diskutiert wurden[43], und für seine ebenso bedeutsamen Schriften zum Fragenkreis der politischen Bildung, vor allem für die zentrale Abhandlung „Die politische Selbsterziehung des deutschen Volkes" (zuerst 1954), die im folgenden eingehender behandelt werden wird. Es gibt jedoch auch konkretere Zielkonzepte, die z. T. sogar bis zur Ebene von Lehrplan- bzw. Richtlinienentwürfen für bestimmte Fächer oder Fachbereiche bzw. Schulstufen durchgearbeitet worden sind. Arbeiten dieses Charakters zeigen sich in der GP nach 1945 in erheblich größerem Ausmaß als vor 1933. Wir nennen im folgenden einige Beispiele:

Beispiel

H. Nohl verstand seine kleine Sammlung von vier Vorträgen (zum Deutsch-, Geschichts- und Philosophieunterricht) aus den Jahren 1920–1923, die er 1926 unter dem Titel „Zur deutschen Bildung" (Göttingen 1926) herausgab, als Anregung zu einer konkreten Zieldiskussion für die genannten Fächer.

Wenn Elisabeth Blochmann, Erika Hoffmann und Henriette Klostermann 1931 und 1936 und dann wieder 1947 die Spielgaben Friedrich Fröbels (Ball, Kugel und mehre Würfel-Variationen) in drei Heften der von Nohl u. a. herausgegebenen Reihe „Kleine pädagogische Texte" (früher Langensalza, später Weinheim) veröffentlichten, so nicht primär im Sinne einer Edition historischer Texte, sondern als konkrete Hilfen für die Spielpflege in Kindergärten (3. bzw. 4. Aufl. Weinheim 1963, 66 und 67).

Für den Bereich der Geschichte hat Erich Weniger in seiner Schrift „Neue Wege im Geschichtsunterricht" (1949, 3. Aufl. Frankfurt/M. 1965), die die Diskussion über dieses Unterrichtsfach nach 1945 in Westdeutschland eröffnete, einen eigenen Richtlinienentwurf abgedruckt (S. 68 ff.), der durch zwei von Historikern formulierte Konkretisierungen (H. Heimpel für das Mittelalter, S. 81–90, und H. Körner für die Neuzeit, S. 91–106) ergänzt wird.

43 Naturwissenschaft und Menschenbildung, zuerst 1952, 4. Aufl. Heidelberg 1963. – Technisches Denken und menschliche Bildung. Heidelberg 1957. – Das Bildungsideal der deutschen Klassik und die moderne Arbeitswelt. zuerst Bonn 1955, 6. erw. und verb. Aufl. Bochum 1959. – Eine übersichtliche Interpretation dieser Texte hat Rudolf Lassahn in seiner Schrift „Theodor Litt – Das Bildungsideal der deutschen Klassik und die moderne Arbeitswelt". Münster 1970 (68 S.) gegeben.

Fritz Blättner stellte in seinen Büchern „Menschenbildung und Beruf“ (Hamburg 1947) und „Pädagogik der Berufsschule“ (Heidelberg 1958) „Grundlinien einer Berufsschuldidaktik“ (so der Untertitel des Buches vom Jahre 1947) zur Diskussion und legte 1960 in dem Buch „Das Gymnasium“ (Heidelberg 1960) ein Rahmenkonzept für die Gestaltung der höheren Schule vor.

Ein ähnlicher Anspruch wie bei Blättner im Hinblick auf Berufsschule und Gymnasium steht hinter Sprangers kleiner Schrift „Der Eigengeist der Volksschule“ (Heidelberg 1955).

Wilhelm Flitner entwickelte während der 50-er Jahre eine Konzeption der gymnasialen Oberstufe und legte sie in ausformulierter Form 1959 („Hochschulreife und Gymnasium“. Heidelberg 1959) und 1961 („Die gymnasiale Oberstufe“. Heidelberg 1961) vor.

Sie hat jene Oberstufenkonzeption stark beeinflußt, die unter dem Titel „Rahmenvereinbarung zur Ordnung des Unterrichts auf der Oberstufe der Gymnasien“ (sog. „Saarbrücker Rahmenvereinbarung“ der Kultusminister der Länder der Bundesrepublik) im September 1960 verabschiedet wurde und die bis zur Neuordnung des Jahres 1972 (Übergang zu einem System, in dem Wahlpflicht- und Wahlkurse eindeutig gegenüber einem nur noch sehr begrenzten Kanon an Pflichtkursen dominieren) in einer begrenzten Zahl von Varianten für die gymnasiale Oberstufe verbindlich war.

Im folgenden stellen wir, wie bereits angedeutet, ein Beispiel ausführlicher dar:

Gemeint ist Theodor Litts in den 50-er und 60-er Jahren viel beachtete Abhandlung „Die politische Selbsterziehung des deutschen Volkes“ (zuerst 1954), eine Schrift, die einen Markstein in der Entwicklung der Theorie der politischen Bildung in der Bundesrepublik darstellt.

9.4.3.2 Theodor Litts Konzept demokratischer politischer Erziehung nach 1945: „Die politische Selbsterziehung des Deutschen Volkes“

Vorbemerkungen

Wir schicken der kritischen Interpretation zwei Vorbemerkungen voraus:

- Probleme der politischen Bildung (hier synonym mit „politischer Erziehung“ verwendet) haben Litt – unter dem damals gängigen Begriff der „staatsbürgerlichen Erziehung“ – bereits in der Weimarer Zeit immer wieder beschäftigt. Litts damalige Auffassungen können hier aus Raumgründen nicht ausführlicher dargestellt werden. Es muß der generelle Hinweis genügen, daß Litt zu jener Zeit – in einer stark von Hegels Staatstheorie beeinflußten Auffassung – dem Staat eine allen gesellschaftlichen Gruppen und Interessen und auch allen politischen Parteien übergeordnete, wiewohl auf sie bezogene Geltung (als Garant nationaler Eigenständigkeit und einer gesicherten Rechtsordnung) zusprach und staatsbürgerliche Erziehung daher als Erziehung zu einer auf jener Erkenntnis basierenden Staatsgesinnung verstand. Die Erkenntnis der Notwendigkeit staatlicher Ordnungen und die positive Identifikation mit einer solchen Staatsidee sollte im Bereich der

Erziehung gleichsam „oberhalb“ der konkreten politischen Auseinandersetzungen vermittelt werden.[44] Insofern die demokratische Verfassung der Weimarer Republik nur als eine mögliche Realisierung dieser Staatsidee betrachtet und auch nicht-demokratische politische Ordnungen als mit diesem Staatsbegriff vereinbar betrachtet wurden, wenn nur das Rechtsprinzip gewährleistet blieb, handelte es sich noch nicht um eine entschieden demokratische Staatsauffassung und dementsprechend auch nicht um eine Konzeption demokratisch-staatsbürgerlicher bzw. -politischer Bildung (Erziehung).

- Litt hat nach 1945 in mehreren Abhandlungen zu Problemen der Staatstheorie und der politischen Bildung Stellung genommen. Der Kern seiner neuen Theorie politischer Bildung, die nun – auf dem Hintergrund der von diesem Autor auch nach 1933 aktiv geführten Auseinandersetzung mit dem Nationalsozialismus[45] – ein eindeutiges Bekenntnis zur Demokratie einschließt, wiewohl man einige Momente der Litt'schen Position der Weimarer Zeit darin wiedererkennen kann, ist in der 1954 zuerst erschienenen Abhandlung „Die politische Selbsterziehung des deutschen Volkes“ enthalten. Daher konzentrieren wir unsere Auslegung im folgenden auf diese Schrift.[46]

Die Grundgedanken der Schrift „Die politische Selbsterziehung des deutschen Volkes“

Schon die Formulierung des Titels macht auf einen eigentümlichen Sachverhalt aufmerksam, dem Litt den ersten Abschnitt des Textes widmet: Demokratische Erzie-

44 Litts Auffassung von staatsbürgerlicher Erziehung vor 1933 ist vor allem in drei Abhandlungen dokumentiert:
Nationale Erziehung und Internationalismus. Berlin 1920.
Die philosophischen Grundlagen der staatsbürgerlichen Erziehung (1924). wieder abgedruckt in Litt, Th.: Möglichkeiten und Grenzen der Pädagogik. Berlin/Leipzig 1926, S. 61–88.
Idee und Wirklichkeit des Staates in der staatsbürgerlichen Erziehung. zuerst in: „Die Erziehung“. 1931, S. 341–368, auch als selbständiger Sonderdruck, Leipzig 1931.
Eine eingehende Interpretation dieser und weiterer thematisch zugehöriger Texte liegt in der Literatur noch nicht vor. Die generelle politische Position Litts in der Weimarer Zeit habe ich in der Abhandlung „Theodor Litts Stellung zur Weimarer Republik und seine Auseinandersetzung mit dem Nationalsozialismus“. zuerst 1967. Jetzt in: Klafki, W.: Aspekte kritisch-konstruktiver Erziehungswissenschaft. Weinheim 1977, S. 219–252, bes. S. 220–232 darzustellen versucht.

45 vgl. meine in der vorangehenden Anmerkung genannte Analyse „Theodor Litts Stellung zur Weimarer Republik und seine Auseinandersetzung mit dem Nationalsozialismus“

46 Sie erschien zuerst 1954 in der Schriftenreihe der Bundeszentrale für Heimatdienst, Bonn (später: Bundeszentrale für politische Bildung). In der 7. Aufl. erhielt diese Abhandlung die neue Überschrift „Wesen und Aufgabe der politischen Erziehung“ und wurde mit drei weiteren Aufsätzen zum gleichen Themenkreis („Die Freiheit des Menschen und der Staat“, „Das Geistesleben und der Staat“ und „Erziehung und Bildung im geteilten Deutschland“) in einem Sammelheft zusammengefaßt, das nun insgesamt den Titel „Die politische Selbsterziehung des deutschen Volkes“ trug (hrsg. von der Bundeszentrale für politische Bildung, Bonn 1963). Wir zitieren die oben genannte Abhandlung nach dieser Ausgabe, S. 45–81. Ein Nachdruck dieser Schrift erschien Heidelberg 1963, hrsg. von F. Nicolin.

hung in Deutschland nach 1945 ist nicht möglich in dem *traditionellen* Sinne von „Erziehung“ bzw. „Bildung“, so nämlich, daß die ältere Generation die jüngere in einen Zusammenhang von Erkenntnissen, Haltungen und Einstellungen einführt, die ihr selbst vertraut sind. Vielmehr ist Demokratie für die Erwachsenengeneration nach 1945 selbst etwas durchaus Neues, Ungewohntes, Unbewältigtes, eine der deutschen Bevölkerung zunächst von außen, von den Siegermächten „verordnete“ Form des politischen Daseins. Hier liege ein fundamentaler Unterschied zwischen der Situation der politischen Erziehung in Deutschland nach 1945 und derjenigen in den westeuropäischen Staaten mit ihren längeren demokratischen Traditionen.

„Zweimal ist sie (die Demokratie; W. Kl.) zu uns gekommen auf einem Tiefpunkt unseres nationalen Schicksals, im Gefolge einer vernichtenden Niederlage, unter kräftiger und nicht immer geschickter Nachhilfe derer, die uns diese Niederlage bereitet hatten. Auf ihr liegt nicht der Glanz eines nationalen Aufschwungs, sondern der düstere Schatten einer zermalmenden Katastrophe. Die erste Aufgabe, die ihr gestellt ist, ist die Liquidation der Konkursmasse, die das durch sie abgelöste System hinterlassen hat – ist die Durchführung der Bußen und Verzichte, die der verlorene Krieg zur Folge hat.“ (S. 48)

Diese Situation macht es, so argumentiert Litt weiter, den Gegnern der Demokratie leicht, direkt oder indirekt den Aufbau demokratischen Bewußtseins zu behindern, etwa mit der Rede, wir Deutschen hätten „kein Talent zur Demokratie“ (S. 49). Demgegenüber betont Litt – in eindeutigem Unterschied zu seiner Position vor 1933:

„Wie die Dinge heute, im Zeitalter der Massen und der Riesen‚apparaturen‘ nun einmal liegen, stehen wir vor der unausweichlichen Alternative: entweder wir werden zu einem Volk, das imstande ist, in Form der Demokratie einen gemeinsamen Willen zu bilden und in Taten umzusetzen – oder wir werden abermals das Opfer einer mit mehr oder weniger Geschick getarnten Diktatur. Wer mit dem Gedanken einer dritten Möglichkeit spielt, der ist, er mag es wissen und wollen oder nicht, der Schrittmacher eines neuen Totalitarismus. Mag also immerhin die Demokratie, historisch gesehen, ihren Ursprung außerhalb der deutschen Welt haben, das ändert nichts daran, daß wir uns mit ihr zusammenfinden müssen, wollen wir einer Wiederholung des schon einmal Ausgestandenen entgehen.“ (S. 49/50)

Zugleich bedeutet das: Die erwachsene Generation muß hier zu einem Komplex von Einsichten und Haltungen erziehen, die ihr selbst noch neu sind, zu denen sie selbst sich erst „erziehen“ muß:

„Jener Prozeß der ‚Selbsterziehung‘, den man im allgemeinen nur als Möglichkeit und Bestimmung des einzelnen Menschen ins Auge zu fassen pflegt, überträgt sich auf ein ganzes Volk, das durch die Geschichte vor die Notwendigkeit gestellt ist, sich zu einer politischen Form durchzuringen, zu der es durch seine Vergangenheit nicht vorgebildet ist. Das Volk, ein Alt und Jung umfassendes Ganzes, erzieht sich selbst als eben solches Ganzes. Und nur dies eine bleibt als Vorzug der älteren Generation übrig, daß sie Wesen und Notwendigkeit dieser Selbsterziehung mit größerer Klarheit zu erfassen – zumindest die Möglichkeit hat.“ (S. 51)

► *Man könnte an dieser Stelle, über Litt hinaus, fragen, ob es nicht denkbar ist, daß diese Situation auch in anderen pädagogischen Aufgabenbereichen auftreten könnte, ja, daß sie die Grundsituation der Erziehung in einer sich ständig wandelnden Welt wäre: Das würde ein prinzipielles Umdenken hinsichtlich unserer üblichen Vorstellungen über das erzieherische Verhältnis und hinsichtlich seiner praktischen Gestaltung erfordern, u. a. auch ein prinzipielles Umdenken hinsichtlich des Problems der Autorität. Da Litt solche weiterreichenden Konsequenzen an keiner Stelle gezogen hat, müssen wir es hier beim Aufwerfen dieser Frage belassen.*

Aus der von Litt geschilderten Situation folgt noch eine weitere Konsequenz: Die beliebte Frage, ob es bei der politischen Erziehung mehr um praktische Einübung in bestimmte Verhaltensweisen oder mehr um Entwicklung von Erkenntnis und Einsicht gehen müßte, ist falsch gestellt. Selbst wenn es sich unter anderen Verhältnissen – vielleicht in einer traditionsreichen Demokratie – um eine sinnvolle Alternative handeln würde, mindestens im Sinne einer eindeutigen Schwerpunktbildung in dieser oder jener Richtung, selbst dann entfiele diese Frage in der deutschen Situation als erörterungswürdige Alternative. Wo Demokratie noch nicht als gleichsam „selbstverständliche“ politische Lebensform existiert, da kann man unmöglich ein einseitiges Schwergewicht auf praktische Einübung demokratischer Verhaltensweisen legen. D. h. nicht, daß man sich nicht um Entwicklung von Vorformen demokratischer Praxis im Erziehungsbereich bemühen sollte. Aber in der gegebenen Situation ist die Erziehung gehalten, solche Formen mit Bewußtsein, aus der rationalen Einsicht in ihre Notwendigkeit heraus erst mit jungen Menschen zusammen zu entwickeln.

Aber jene vermeintliche Alternative beruht ohnehin auf einer falschen Voraussetzung: Theorie und Praxis, Handeln und Besinnung, Übung bzw. Gewöhnung einerseits und Lehre andererseits gehören notwendig zusammen, bedingen sich nach Litts Auffassung gegenseitig:

„Wo der Mensch mit Menschlichem befaßt ist, da ist jedes Aufleuchten echter Einsicht schon ein Anderswerden in der Richtung auf das entsprechende Tun – da ist jeder Durchbruch echten Tuns das Aktuellwerden einer die Richtung weisenden Einsicht. Eine ‚Einsicht‘, die sich nicht in das zugehörige Tun hinein fortsetzt, ist nicht das, was dieser Name besagt, sondern ein unverbindliches Spiel des Intellekts – ein ‚Tun‘, das sich nicht aus der zugehörigen Einsicht herleitet, ist nicht das, was dieser Name besagt, sondern Abgleiten in leere Geschäftigkeit.“ (S. 54)

Man kann den gleichen Sachverhalt auch anders formulieren und damit den Gehalt des Abschnitts „Staat und Staatstheorien" der Litt'schen Abhandlung festhalten: Die Staatsauffassung, die ein Mensch oder eine Menschengruppe hat, ist nicht ein nur theoretisches Wissen, läßt die Wirklichkeit, auf die sich das Wissen bezieht, nicht unberührt, und zwar deshalb, weil der „Wissende" zu dieser Wirklichkeit „Staat" selbst hinzugehört. Auch dann, wenn er sich zufolge seiner Staatsauffassung zur Einflußlosigkeit verdammt sieht, auch dann, wenn ihm der Staat zufolge mangelnder Einsicht gleichgültig ist, beeinflußt er diese Wirklichkeit. Darum erscheint es Litt von größter Bedeutung, pädagogisch – also durch politische Bildung bzw. Erziehung – die Entwicklung politischen *Bewußtseins*, dessen Zentrum seiner Auffassung nach das Bewußtsein von der Struktur eines demokratischen Staates sein müsse, zu ermöglichen.

Der Staatsbegriff der Demokratie

Dazu ist es notwendig, die Frage zu beantworten, was denn der Begriff „Staat" meine, insbesondere: ob und inwiefern die Demokratie eine bestimmte Staatsauffassung einschließt.

Aufgabe 12

Formulieren Sie vor dem Weiterlesen bitte in Stichworten oder knappen Sätzen, welche Zielvorstellungen (Leitbegriffe, Grundsätze) Sie selbst mit den Begriffen „Demokratie" bzw. „demokratischer Staat" verbinden.

Auseinandersetzung mit Theorien der staatsbürgerlichen bzw. politischen Erziehung bzw. mit Theorien der Politik vor 1933 und nach 1945

Litt geht diese Frage nicht direkt an. Er fragt vielmehr zunächst nach den Staatsauffassungen, die in neueren, repräsentativen Theorien der staatsbürgerlichen Erziehung bzw. der politischen Bildung und Erziehung oder in Staatstheorien vor 1933 und nach 1945 vertreten worden sind. Für die 20-er Jahre bezieht er sich auf Georg Kerschensteiners Auffassung, die vor allem in seinem Buch „Der Begriff der Staatsbürgerlichen Erziehung" (zuerst 1909, 6. Aufl. 1929, 7. Aufl. 1950) niedergelegt worden ist, auf Friedrich Wilhelm Foerster und sein Buch „Politische Ethik und politische Pädagogik" (zuerst 1919, jetzt in veränderter Form unter dem Titel „Politische Erziehung", Freiburg 1958), weiterhin, als Vorläufer einer autoritären Staatsauffassung, auf Carl Schmitts „Begriff des Politischen" (zuerst 1927). Für die Zeit nach 1945 steht Friedrich Oetingers (Pseudonym für Theodor Wilhelm) vielbeachtetes Buch „Wendepunkt der politischen Erziehung" (1951), dessen Untertitel „Partnerschaft als pädagogische Aufgabe" lautete, im Mittelpunkt der Analyse und Kritik Litts.

Kriterium des von Litt durchgeführten Vergleichs ist immer die Frage, wie die betreffenden Autoren das Phänomen der politischen Macht und des Ringens um die Macht deuten. Damit wird an jene Texte zur politischen Erziehung nicht ein fremdes Kriterium angelegt, vielmehr erweist sich dieser Betrachtungsgesichtspunkt auch bei immanenter Interpretation der Autoren als ein, wenn nicht *das* Zentralproblem.

Die sehr geraffte Sichtung durch Litt ergibt folgendes:

Kerschensteiner versteht staatsbürgerliche Erziehung ausdrücklich als Erziehung auf ein Staatsideal hin, nämlich den „Kultur- und Rechtsstaat" im Sinne Kants, den

Staat der „Gerechtigkeit und Brüderlichkeit", den „Vernunftstaat"; in idealer Verwirklichung sind es „Gemeinsinn" und „Gerechtigkeit", die diese Staatsvorstellung bestimmen, so daß er „keiner Zwangsgewalt mehr bedarf"; und dieses deshalb, weil „die Staatsinteressen sich mit den ausgeglichenen Interessen aller decken". In diesem Sinne sollen bestimmte Formen des innerschulischen Lebens, insbesondere die „Arbeitsgemeinschaft" und die „Schüler-Selbstverwaltung" zur praktischen Vorschule des staatsbürgerlichen Bewußtseins und staatsbürgerlichen Verhaltens werden (S. 58 f.).

Friedrich Wilhelm Foersters „Politische Ethik und politische Pädagogik" (zuerst 1919)

Friedrich Wilhelm Foerster hat der Theorie Kerschensteiners gegenüber mit Recht eingewendet, daß die Konzeption eigentlich eine Theorie der *sozialen* Erziehung, nicht primär eine der *politischen* Erziehung sei, daß die genannten Tugenden solche des sozialen Zusammenlebens, nicht eigentlich der Bewältigung der politischen Wirklichkeit seien. Litt weist nun aber nach, daß Foersters eigener Entwurf keineswegs zu einer angemessenen Berücksichtigung der politischen Realität vorstößt. Denn als Ziel politischer Erziehung erscheint nun die „Überwindung des Egoismus". Und wenn Foerster die Tatsache und die Notwendigkeit der staatlichen Macht auch nicht leugnet, so hat Litt doch zweifellos Recht, wenn er Kernsätze dieses Autors wie den folgenden als mindestens vieldeutig erklärt: „Das eigentliche Wesen und Fundament des Staates, das Bindemittel seines Zusammenhalts, ist geradezu das Gegenteil von Macht, nämlich Recht, Ordnung, sittliche Gemeinschaft zwischen entgegengesetzten Interessen." (S. 59 f.) – So gehören Kerschensteiner und Foerster in Wahrheit viel enger zusammen, als es auf den ersten Blick und im Selbstverständnis Foersters den Anschein hatte.

Carl Schmitts „Begriff des Politischen" (zuerst 1927)

In diametralem Gegensatz zur Position Kerschensteiners und Foersters steht die des Staatsrechtlers Carl Schmitt, der schon in der Weimarer Republik eine explizit antidemokratische und anti-parlamentarische Rechtfertigungstheorie autoritärer politischer Systeme vertrat. Schmitts Position wird prägnant in seiner 1927 veröffentlichten Schrift „Der Begriff des Politischen" deutlich; auf diese Schrift bezieht sich Litt in seiner Auseinandersetzung.

Schmitt sieht das Wesen des Politischen und damit des Staates in dem, was er die „Freund-Feind-Setzung" nennt. Politisch wird ein Handeln nach Schmitt dort, wo eine Gruppe eine andere zum Feind erklärt und damit potentiell zum Kampf gegen ihn bereit ist. Kampf und Krieg seien zwar nicht Ziel der Politik, aber die reale Möglichkeit des politischen Kampfes und des Krieges sei dasjenige, was ein Handeln „politisch" macht. Jene Freund-Feind-Setzung darf im Sinne Schmitts nicht moralisch verstanden werden, sie ist vielmehr „existenziell" zu verstehen. Sie tritt ein, wenn eine Gruppe sich in ihrer Existenz oder in ihren vermeintlichen Ansprüchen an Ausdehnung ihres Lebensraumes durch eine andere bedroht oder gehemmt sieht. „Kampf" im Sinne Schmitts ist immer potentieller Daseinskampf, der die Vernichtung des Gegners als Möglichkeit miteinbezieht. Solche „Setzungen" von „Feinden" erfolgen nach Schmitt nun nicht nur außenpolitisch, sondern auch innenpolitisch. Ein Staat bestimmt, wer der „innere Feind" ist. Um das zu können, muß er totale Machtfülle auf sich vereinigen. Aus dieser Auffassung heraus kommt Schmitt konsequenterweise zur Ablehnung parlamentarischer Systeme, die er als „liberal" abqualifiziert; in außenpolitischer Hinsicht wendet er sich gegen alle Ideen, die auf die Herbeiführung des Weltfriedens oder gar auf die Vorstellung einer „Weltregierung" abzielen.

► *Es leuchtet ein, daß diese Position vom Nationalsozialismus begeistert aufgegriffen wurde; dementsprechend ist Schmitts Schrift nach 1933 ein kanonischer Text der nationalsozialistischen Staatstheorie geworden.*

Friedrich Oetingers (Theodor Wilhelms) Partnerschaftsprinzip

Die letzte Position, die Litt zur Sprache bringt, ist diejenige Friedrich Oetingers (Theodor Wilhelms). Sein Buch „Wendepunkt der politischen Erziehung – Partnerschaft als pädagogische Aufgabe" (Stuttgart 1951, 2., teilweise überarb. Aufl. 1953) brachte die Diskussion um politische Bildung bzw. Erziehung in der Bundesrepublik erstmalig in größerem Maße in Bewegung.

Die zentrale These Oetingers/Wilhelms kommt schon in dem wichtigsten Begriff des Untertitels – „Partnerschaft" – zum Ausdruck. Dieses Ziel der politischen Erziehung versucht Oetinger aus der politischen Erfahrung der Weimarer Zeit und des Nationalsozialismus, insbesondere auch aus den Erfahrungen der staatsbürgerlichen Erziehung in der Weimarer Republik und der nationalpolitischen Erziehung im Nationalsozialismus herzuleiten; zugleich bezieht er sich ausdrücklich auf die amerikanischen Bemühungen um eduaction for citizenship und auf John Dewey.

Litt deutet Oetinger durchaus sachgerecht, wenn er von dieser Konzeption sagt:

> „Neben dem Begriff der ‚Partnerschaft' ist es vor allem der der ‚Kooperation', der das Wesen der durch die politische Erziehung zu erzeugenden ‚Haltung' bezeichnet. Hinzu treten weiterhin das ‚soziale Wohlwollen', die ‚nachbarschaftliche Solidarität', die ‚Genossenschaftlichkeit', schließlich die ‚Menschlichkeit'. Kein Wunder, daß angesichts der inhaltlichen Bereicherung, die dem Begriff des ‚Politischen' damit widerfährt, das im engeren und eigentlichen Sinne ‚Politische' zum ‚*Bloß*staatlichen' verblaßt und daß der Mißerfolg der bisherigen Versuche politischer Erziehung dem ‚monotonen Hinstarren auf den Staat' zu Lasten geschrieben wird. Dem deutschen Bürger wird es zum Vorwurf gemacht, daß er unter dem Einfluß dieser ‚Staatsmetaphysik' ‚zu seinem Staat in einem unmittelbaren Verhältnis gestanden habe' … Daher der Appell:
>
> ‚Weg von den Staatsbildern und hin zur praktischen Lebensführung!' ‚Demokratie *nicht* als Staatsform, sondern als Lebensform!'" (S. 63/64)

Die Treffsicherheit der Litt'schen Charakteristik ließe sich an vielfältig variierten Formulierungen des gleichen Grundprinzips bei Oetinger zeigen. Hier sei nur auf die praktischen Vorschläge dieses Autors zur Verwirklichung der Partnerschaftserziehung hingewiesen: Gestaltung des Schullebens, Entwicklung von Formen jugendlicher Geselligkeit, Betonung der Jugendgruppe, Pflege des Sports: „Das klassische Gelände für die Erziehung zur Partnerschaft ist der Sportplatz" (Oetinger, S. 169).

Litt formuliert, in Übereinstimmung mit Weniger[47], gegenüber der ersten Auflage des Partnerschaftsbuches den zentralen Einwand: Das Problem der politischen Macht und der Machtausübung sowie das Phänomen des politischen Machtkampfes blieben in dieser Theorie weitgehend unberücksichtigt. Litt betont, daß Oetinger in der zweiten Auflage seines Buches versucht habe, diesem Einwand Rechnung zu tragen. Indessen blieben die neuen Formulierungen im Verhältnis zur alten Substanz des Buches eigenartig additiv, veränderten die Gesamtkonzeption nicht, würden durch die Breite und Betonung der unverändert erhaltenen alten Hauptteile in den Hintergrund gedrängt. Insofern kann Litt feststellen:

> „Auf die Einwände seiner Kritiker eingehend, stellt Oetinger nicht in Abrede, daß zum Wesen der Politik der *Kampf* gehöre. Aber indem dann der politische Kampf *den* Formen der Auseinandersetzung nebengereiht wird, die ‚den meisten sozialen Situationen anhaften', geht der Wert dieses Zugestandnisses verloren. Das zeigt sich darin, daß die ‚Änderung des Kampfstils', die der politischen Erziehung zur Aufgabe gesetzt wird, in nichts anderem besteht als darin, daß durch Unterordnung unter die Idee der ‚Partnerschaft' der Austrag des politischen Kampfes den Weisen des Sichverständigens angeglichen wird, durch die im Bereich der sozialen Beziehungen die Eintracht der zunächst Uneinigen sich herstellt. Wenn man, wie Oetinger das tut, ‚in allen sozialen Gebilden ein gewisses Maß von Macht, Autorität, Überordnung' meint finden zu sollen, dann hat man eine Klimax aufgestellt, durch welche die Auflösung des Politischen ins Soziale beträchtlich erleichtert wird." (Litt, S. 64/65)

Litts eigene Konzeption

Damit ist der Ansatzpunkt für Litts eigene Konzeption gewonnen. Es ist typisch für diesen Autor, daß die eigene Konzeption nur in ihrem Grundprinzip bzw. ihren Grundprinzipien entwickelt wird, daß aber die Übersetzung ins Praktisch-Pädagogische fehlt, daß auch kein didaktischer Aufriß entfaltet wird, ja nicht einmal Beispiele geboten werden. – Die Grundgedanken Litts lassen sich knapp nachzeichnen:

Unterscheidung zwischen dem „Politischen" und dem „Sozialen"

Litts Kernthese lautet: Eine Konzeption der politischen Bildung muß von der Unterscheidung des Politischen und des Sozialen ausgehen. Litt bezieht dabei den Begriff des Politischen im herkömmlichen Sinne auf den Staat. Den Begriff des Sozialen setzt er mehrfach mit dem Begriff der „Gesellschaft" bzw. des „Gesellschaftlichen" gleich, leider, ohne beide Begriffe genauer zu erläutern. Man kann jedoch dem Kontext entnehmen, daß die Begriffe „Das Soziale" oder „Die Gesellschaft" alle *innerhalb* eines Staates vorfindlichen Interessengruppen, wirtschaftlichen Gruppierungen, weltanschaulichen Vereinigungen usw. sowie ihre Beziehungen zueinander umfassen; un-

47 Weniger, E.: Politische und mitbürgerliche Erziehung. In: Die Sammlung. 1952, S. 304–317 – vgl. Weniger, E.: Politische und staatsbürgerliche Erziehung. Würzburg 1954, bes. S. 23 ff.

ter „sozialen" oder „gesellschaftlichen" Prozessen werden alle Vorgänge, Aktionen, Auseinandersetzungen gefaßt, die sich zwischen solchen Gruppen abspielen.

Die Ordnungsfunktion des Staates

Litts weiterführendes Argument lautet nun: Die Auseinandersetzungen zwischen jenen Gruppen sind nur dann innerhalb bestimmter Spielräume, nur dann in geregelten Formen möglich, wenn es eine Instanz gibt, die über die Einhaltung dieser Formen wacht, die z. B. verhindert, daß solche Auseinandersetzungen mit Waffengewalt und mit dem Ziel der physischen Vernichtung des Gegners ausgefochten werden. Diese Instanz aber ist – *der Staat*. Um jene Funktion wahrnehmen zu können, muß der Staat mit übergeordneten Machtmitteln ausgestattet sein. Nur weil und sofern diese Voraussetzung gegeben ist, sind die gesellschaftlichen (sozialen) Gruppen davon entlastet, die gleichen Machtmittel, zuletzt: physische Gewaltanwendung anzuwenden bzw. bereitzuhalten.

- *Diese von Litt getroffene Unterscheidung zwischen staatlichen Institutionen und Funktionen und gesellschaftlichen bzw. sozialen Institutionen und Prozessen dürfte auch angesichts des neueren Standes politologischer Einsicht als notwendig und faktisch anerkannt belegbar sein: Alle „gesellschaftlichen" Prozesse und Auseinandersetzungen setzen auf dem neuzeitlichen Stande der Entwicklung die Existenz einer bestimmten, staatlich garantierten Ordnung voraus.*

Grenzen der Litt'schen Verhältnisbestimmung von „Staat und „Gesellschaft"

- *Die Schwächen und Grenzen der Ausführungen Litts seien bereits hier angedeutet: Sie liegen darin, daß die Notwendigkeit der Unterscheidung staatlicher Rechtssicherungs- und Ordnungsfunktionen einerseits und der innerhalb dieses Rahmens möglichen gesellschaftlichen Prozesse und Auseinandersetzungen andererseits zwar auf einer abstrakten Ebene verdeutlicht wird, daß aber der komplizierte Zusammenhang, die Wechselwirkungen zwischen Staat und Gesellschaft, nicht analysiert werden. Litt provoziert in seinen Ausführungen die Vorstellung, als wäre nicht nur eine klare Unterscheidung von „staatlichen" und „gesellschaftlichen" Institutionen möglich, sondern auch von „staatlichen" und „gesellschaftlichen" Funktionen! Der entscheidende Sachverhalt, daß gesellschaftliche Interessengruppen, Klassen, Organisationen auf die staatlichen Entscheidungen Einfluß nehmen und daß die Möglichkeit solcher Einflußnahme je nach dem ökonomischen und politischen Gewicht der einzelnen gesellschaftlichen Gruppen, Klassen, Organisationen sehr unterschiedlich sein kann, kommt bei Litt nicht zur Sprache.*

Zunächst ergibt sich aus Litts Argumentation im Gegenzug zu Oetinger folgende Konsequenz: Politische Bildung, besonders in Deutschland, muß sich mit Entschiedenheit *direkt* dem Staat zuwenden:

> „Wir Deutschen können und werden mit dem Staat nicht zurecht kommen ohne eine wirkliche *Einsicht* in sein Wesen – eine Einsicht, die uns davor bewahrt, ihn entweder zu einer gesellschaftlichen Veranstaltung zu verharmlosen oder zum Herd eines permanenten Kriegszustandes zu verteufeln. Und diese Einsicht kann uns nicht durch

> gutwilliges Einleben in engere Lebenskreise ‚vermittelt' werden; sie kann nur in direktem Blick auf diese ohnegleichen dastehende Schöpfung des geschichtlichen Menschen gewonnen werden. Diese direkte Zuwendung ist umso unerläßlicher, als wir in unserer gegenwärtigen Lage wahrlich nicht die Zeit für einen Lehrkursus haben, der uns im Durchgang durch unterstaatliche Lebenskreise schrittweise zu einem erst zuletzt in Sicht tretenden Staat durchdringen ließe." (S. 65/66)

Politik als Kampf um die Durchsetzung unterschiedlicher Ordnungskonzeptionen

Hier schließt sich ein weiteres Kernargument Litts an: Die Rede von der „staatlichen Ordnung" ist als solche noch ganz abstrakt. In der Realität geht es immer um *bestimmte* Ordnungen bzw. um die Durchsetzung und die Verwirklichung einer bestimmten Ordnungskonzeption, neben der es *andere* Konzeptionen gibt, die in der politischen Auseinandersetzung verfochten werden. Bevor also eine bestimmte Ordnung, in der sich dann das soziale bzw. gesellschaftliche Geschehen in geregelten Formen abspielen kann, etabliert ist, sind immer Auseinandersetzungen (Kämpfe) zwischen den Anhängern verschiedener politischer Ordnungskonzeptionen vorausgegangen. In solchen Auseinandersetzungen wird um politische *Macht* gekämpft, d. h. um die Befugnis, die notwendig ist, damit der Gewinner *seine* Ordnungsvorstellungen verwirklichen kann.

> „Dies (ist) die Verwicklung, auf der es beruht, daß vom Wesen des Politischen das Moment des Kampfes nicht abzutrennen ist … Alle Versuche, den Kampf aus dem politischen Leben zu verbannen, verraten ihr Ungenügen in der Unfähigkeit, der Macht im Gefüge des Menschlichen den rechten Platz anzuweisen." „Es ist demnach nicht der Staat, der erst den Kampf in ein Leben hineinbrächte, daß ohne sein Auftreten kampflos sein würde. Es ist der Kampf, der durch die in ihm fallende Entscheidung den Staat erst möglich macht und der auch die seine weitere Fortbildung bestimmenden Entscheidungen herbeiführt. Die Rechtfertigung dieses Kampfes und dessen, was bei ihm herauskommt, liegt darin, daß nur durch die ihm zu verdankende Ordnung jene Vereinigungen möglich werden, die es ihrerseits nicht nötig haben, sich in gleich rauhen Formen zu bilden und zu festigen. Von diesem Gesichtspunkt aus betrachtet erscheint das, was dem gesellschaftlichen Leben von seiten des Staates zuteil wird, geradezu als das Geschenk einer *Entlastung*. Die diesem Leben entspringenden Vereinigungen können und dürfen ‚friedlich' sein, weil der Staat den aus dem gemeinsamen Menschenleben nicht auszuscheidenden Unfrieden in sich konzentriert und durch sich verarbeitet. Staat und Gesellschaft stehen nicht als Spielarten menschlicher Verbandsbildung äußerlich nebeneinander. Sie stehen in einem funktionalen Zusammenhang, der so geartet ist, daß jener auf sich nimmt, was dieser untersagt, damit aber auch erspart bleibt." (S. 68/69)

Aufgabe 13

Formulieren Sie vor dem Weiterlesen bitte in wenigen Thesen Litts Auffassung vom Verhältnis zwischen „Staat“ und „Gesellschaft“ und von der Notwendigkeit und der Funktion staatlicher Macht.

Die Regelung des politischen Kampfes in der Demokratie

Das Kennzeichen der Demokratie ist es nach Litt nun gerade nicht – wie es nach Oetinger den Anschein haben könnte –, daß sie den politischen Kampf auszuschalten oder zunehmend zu vermindern versucht, sondern gerade umgekehrt, daß sie politische Auseinandersetzung dauernd möglich macht. Dazu aber bedarf es der Regelung dieses Kampfes. D. h.: Die demokratische Staatsform will verhindern, daß eine einzige politische Ordnungsvorstellung sich dauernd fixiert, daß der Kampf um mögliche *andere* Ordnungsvorstellungen ausgeschaltet wird:

> Demokratie „ist gerade insofern die eigentliche Gegenspielerin des Totalitarismus, als sie in dem Streit der Ordnungsideen und der sich ihnen unterstellenden Menschengruppen nicht einen leidigen Mißstand, sondern das Lebensprinzip erblickt, in dessen immer erneuter Realisierung sich der Staat je und je seine Gestalt gibt.
>
> Sie ist deshalb so ferne davon, *einer* bestimmten Ordnungsidee das Privileg der Vertretungswürdigkeit zuzusprechen, daß sie ihre Gegenspielerin nicht nur zum Kampf zuläßt, sondern geradezu zum Widerstand einlädt.
>
> Sie ist die permanente Aufforderung zur kämpferischen Auseinandersetzung der in ihrem Schoße vereinigten Gegensätze. Denn sie hat zur Grundlage die Überzeugung, daß das Widereinander der Prinzipien und Gruppen dem Staat und den im Staate lebenden Menschen nicht nur keinen Schaden bringt, sondern, richtig ins Spiel gesetzt, zum Heile gereicht. Demokratie kommt der Absage an jede staatlich monopolisierte Heilslehre gleich.“ (S. 70/71)

Folgen von Theorien, die die Notwendigkeit des politischen Kampfes ignorieren

Von dieser Einsicht aus wird deutlich, welche verheerenden Folgen eine politische Theorie bzw. eine Theorie der politischen Erziehung haben kann, die das Faktum des politischen Kampfes im angedeuteten Sinne ignoriert oder dieses Faktum und seine Notwendigkeit jungen Menschen nicht verständlich macht bzw. die in ihnen die Vorstellung erweckt, als sei der politische Kampf etwas negativ zu Bewertendes, etwas nach Möglichkeit zu Überwindendes. Wer einer solchen Auffassung anhängt, wird entweder der politischen Realität den Rücken kehren, etwa mit der beliebten Schein-Rechtfertigung: „Politik verdirbt den Charakter“. Oder er wird mit der Absicht, den politischen Kampf *auszuschalten,* in das politische Geschehen einzugreifen versuchen. Das ist gar nicht anders möglich, als daß er selbst eine *bestimmte* politische Ordnungsvorstellung verfolgt. Diese Leitvorstellung erscheint ihm dann als „die gute“, „die gerechte politische Ordnung“ schlechthin. Wenn nun doch auch einer solchen Konzeption in der politischen Auseinandersetzung Gegnerschaft erwächst, so können die Vertreter jener vermeintlich endgültigen „Befriedungskonzeption“ gar nicht anders, als im Gegner nicht den Vertreter einer *anderen* Konzeption, sondern den Ruhestörer, denjenigen, der das vermeintlich leidige Faktum des Kampfes eigentlich verschuldet, zu sehen. Es liegt nahe, daß aus dieser Sichtweise heraus das Motiv erwacht, jenen anderen, den vermeintlich „bösen" Gegner, moralisch zu disqualifizieren und ihn gänzlich auszuschalten. Das bedeutet nach Litt aber: Um der vermeintlich endgültigen Befriedigung willen radikalisiert man den Streit um politische Konzeptionen zur existenziellen Auseinandersetzung im Sinne Carl Schmitts. Litt hat darauf hingewiesen, daß solche Neigungen überall dort stark zu sein pflegen, wo sich politische Parteien als „Weltanschauungsparteien" verstehen. Politische Erziehung, die in diesem Sinne zur Überwindung des Kampfes beitragen will, schlägt so – ggf. ungewollt – in ihr Gegenteil um, wird zu einem Hilfsmittel der Radikalisierung und macht junge Menschen anfällig für totalitäres politisches Denken.

Der Umschlag in die Radikalisierung des politischen Kampfes

Demgegenüber ist die Anerkennung des politischen Kampfes gleichbedeutend mit dem Verzicht auf die Festlegung einer für alle Menschen eines Staates, besonders auch für die Jugend, verbindlichen politischen Ordnungsvorstellung, die über die Sicherung der Möglichkeit unterschiedlicher politischer Zielvorstellungen hinausgeht. Wenn Litt selbst noch Ende der 20-er Jahre gemeint hatte, in der inhaltlich verbindenden „Idee des Staates" den Orientierungspunkt der staatsbürgerlichen Erziehung finden zu können – jetzt erteilt er dem Suchen nach einer in diesem Sinne einigenden politischen Idee eine scharfe Absage. Die Kritiker der Demokratie, so Litt, pflegten nicht selten im Fehlen einer verbindenden politischen Idee die Schwäche der Demokratie, auch und gerade der politischen Erziehung in der Demokratie, zu sehen, und nicht selten höre man dann den Hinweis, daß – was immer gegen totalitäre Systeme einzuwenden sein möge – sie doch den Vorzug hätten, insbesondere die Jugend für eine gemeinsame politische Idee zu begeistern. Die Folgerung laute dann oft: Auch die demokratische Erziehung müsse sich um die Entwicklung einer solchen einenden Idee bemühen.

Die Notwendigkeit, in der Demokratie auf die inhaltliche Festlegung einer einzigen politischen Ordnungsvorstellung zu verzichten

Demgegenüber heißt es bei Litt:

> „Wenn die Machthaber im totalitären Staat die eine und einzige Idee als Prinzip einer politischen Ersatzreligion für allverbindlich erklären und gegen die ihr nicht Gefügigen mit Feuer und Schwert einschreiten, so tun sie dies in der wohl begründeten Überzeugung, daß auf der von uns erreichten Stufe der kulturellen Entwicklung eine Uniformität nicht so sehr der Gesinnungen wie der Bekenntnisse nur durch einen alle Mittel zum Einsatz bringenden Gewissenszwang und einen keine Schonung kennenden Terror erreichbar sei. Wenn umgekehrt die Demokratie auf Anerkennung einer allverbindlichen „Idee" hinzuarbeiten *unterläßt,* so tut sie es nicht in resignierendem Verzicht auf ein an sich höchst Wünschens- und Erstrebenswertes, sondern in der Einsicht, daß … das kostbare Gut der Freiheit *nur* in einem Staatswesen erhalten bleiben kann, das die Mehrheit vorhandener Überzeugungen nicht nur zu nivellieren sich verbietet, nicht nur ungehindert gewähren läßt, sondern mit vollem Bewußtsein und planmäßig als Momente seines eigenen Lebensprozesses zum Einsatz bringt. Ist die

Kritik an der Forderung nach einer „verbindenden politischen Idee"

> Alternative Uniformität – Freiheit in ihrer Unausweichlichkeit erkannt, dann wird man aufhören, ein Gebrechen der Demokratie darin finden zu wollen, daß es ihr an einer allseits bejahten ‚Idee' mangele. Zumal die Jugend, der es gar so schwer fällt, sich mit der Demokratie zu befreunden, wird einsehen lernen, daß das, was man mit gutem Grunde die ‚Idee' der Demokratie nennen könnte, in nichts anderem als darin besteht, daß sie *eine* inhaltlich bestimmte Idee von Staats wegen zu kanonisieren sich versagt." (S. 72)

Man muß betonen: Der Verzicht auf eine inhaltlich konkretisierte, einheitliche politische „Idee" bzw. die Anerkennung des Kampfes der politischen Meinungen und Konzeptionen, wird von Litt nicht als Ausdruck eines menschlichen Mangels, sondern als Ausdruck der menschlichen Freiheit, der Freiheit zum Entwurf immer neuer politischer Konzeptionen, der Offenheit im Hinblick auf die jeweilige Zukunft gedeutet.

Das begrenzte Recht der Forderungen Oetingers

Nur auf dem Hintergrund der vorher skizzierten Einsichten vermag Litt nun den Grundintentionen Oetingers (Wilhelms) ein begrenztes Recht zuzusprechen. Es wurde bereits deutlich: Das Plädoyer Litts für die Anerkennung des politischen Machtkampfes war gerade nicht ein Eintreten für die Beliebigkeit der Kampf*formen:* Ziel der politischen Konzeptionen, um die gekämpft werden soll, müssen einerseits jeweils bestimmte Rechts- und Friedensordnungen (im innen- und außenpolitischen Sinne) sein; zum anderen müssen diese Ordnungen die demokratische Grundbedingung erfüllen, daß das Auftreten neuer, anderer Ordnungsvorstellungen nicht unterbunden, sondern ständig offengehalten wird. Es müssen also Bedingungen des politischen Kampfes festgelegt werden, vor allem muß die Ausübung der vom jeweiligen politischen Wahlsieger gewonnenen Legitimation zur Verwirklichung seiner konkreten politischen Ordnungsvorstellungen kontrolliert werden und seine Abwahl durch Wählermehrheiten in bestimmten Zeitabständen möglich sein.

Wenn demnach jedem Teilnehmer am politischen Geschehen in der Demokratie eine prinzipielle Relativierung der eigenen Position zugemutet werden muß, so bedeutet das zugleich: Der politische Gegner darf nicht als „Feind" (im Sinne Carl Schmitts) betrachtet werden, sondern als Kontrahent, als Person bzw. als gesellschaftliche Gruppe, mit der man sich innerhalb einer gemeinsamen politischen Grundordnung auseinandersetzen muß. Angesichts dieser Notwendigkeit spricht Litt Oetingers Forderungen nach einer Humanisierung des politischen Kampfstils, nach menschlicher Fairness, Anerkennung des Gegners usf. durchaus ein begrenztes Recht zu. Aber solche Forderungen dürfen die Unabdingbarkeit und die strukturelle Eigenart des politischen Kampfes im Unterschied zu allen anderen gesellschaftlichen Auseinandersetzungen nicht verschleiern.

Die Entfaltung der Grundgedanken der Litt'schen Konzeption ist damit abgeschlossen: Litt hat mehrfach betont, daß es nun Aufgabe weiterer didaktischer Überlegungen sein müßte, den entwickelten Aufriß von Prinzipien soweit zu elementarisieren und durch einfache Beispiele zu belegen, daß er mit Schülern verschiedener

Altersstufen erarbeitet werden könnte; seiner Auffassung nach war das nicht mehr Sache des Vertreters der allgemeinen Erziehungswissenschaft, sondern eine Aufgabe der Didaktik politischer Bildung.

Die von Litt nicht in Angriff genommene Aufgabe einer Didaktik politischer Bildung in der Demokratie

Litt macht abschließend auf einen aufschlußreichen Zusammenhang aufmerksam: den engen Zusammenhang, das Solidaritätsverhältnis zwischen Demokratie und bewußter, geplanter Erziehung. Litts Abhandlung läßt ja keinen Zweifel darüber, daß die darin dargelegte politische Grundauffassung als Basis eines Konzepts demokratisch-politischer Bildung zwar didaktisch elementarisiert werden müßte, daß der Kern politischer Bildung aber nicht die Einübung und Eingewöhnung in irgendwelche vorpolitischen oder elementar-demokratischen *Verhaltensweisen* sein könnte, sondern eben die Vermittlung bzw. die Erarbeitung politischer Strukturerkenntnisse. Demokratie gehorche, so heißt es bei Litt, ihrem „ureigensten Lebensprinzip" wenn sie der Erziehung zu *einsichtiger* Lebensbemeisterung alle erdenkliche Förderung angedeihen läßt:

> „Echte Demokratie steht und fällt mit der Urteilsklarheit der Staatsbürger, die ihren jeweiligen Kurs zu bestimmen haben. Echte Demokratie ist deshalb auch in unauflösbarem Bunde mit jener dem Namen ‚Erziehung' genugtuenden Einwirkung auf werdende Menschen, die in der Erweckung zu solcher Urteilsklarheit einen wesentlichen Teil ihres Auftrages erblickt." (S. 80)

Aufgabe 14

Formulieren Sie vor dem Weiterlesen bitte etwaige Fragen bzw. kritische Argumente im Hinblick auf Litts Grundgedanken zur politischen Bildung.

Thesen zur Würdigung und Kritik

Wir formulieren abschließend drei kritische Thesen zur historischen und zur systematischen Bedeutung der Litt'schen Theorie politischer Bildung:

1) Innerhalb der pädagogisch-politischen Theorieentwicklung der Bundesrepublik war Litt der erste Autor, der den Konflikt als Grundprinzip ins Zentrum eines Konzepts politischer Bildung stellte. Insofern besteht ein problemgeschichtlicher Zusammenhang der Litt'schen Theorie mit neueren Positionen, wie sie etwa von Lingelbach, Schmiederer, Giesecke, Hilligen, Negt u. a. seit etwa 10 Jahren vertreten wurden bzw. werden.[48]

---

48 Lingelbach, K. Chr.: Zum Verhältnis der „allgemeinen" zur „besonderen" Didaktik. Dargestellt am Beispiel der politischen Bildung. In: Klafki, W.: Erziehungswissenschaft (Funk-Kolleg). Frankfurt/M. 1970 ff., Bd. 2, S. 93–126, bes. S. 110–118
Giesecke, H.: Didaktik der politischen Bildung. 7. Aufl. München 1972
Hilligen, W.: Zur Didaktik des politischen Unterrichts. I + II. Opladen 1975 und 1976, bes. Bd. I, S. 299–308

Allerdings müssen nun sogleich auch die Grenzen des Litt'schen Ansatzes und die Unterschiede zu den neueren Beiträgen angedeutet werden:

2) Zunächst ist festzustellen:
   Litts Unterscheidung zwischen „Staat" und „Gesellschaft" bringt zwar auf der einen Seite ein richtiges Erkenntnismoment zur Geltung, ist aber in ihrer Abstraktheit gleichzeitig höchst problematisch. Die Art und Weise, in der Litt die Unterscheidung vornimmt, legt nämlich – obwohl sie nicht so gemeint sein dürfte – eine schematische Scheidung zwischen „Staat" und „Gesellschaft" nahe und droht damit die komplizierten Wechselwirkungen zwischen beiden „Bereichen" zu verschleiern. Es sind ja vor allem *gesellschaftliche* Interessengruppen, die um die politische Macht im Staate kämpfen, und es sind vor allem *gesellschaftliche* Interessen, die in den unterschiedlichen politischen „Ordnungsvorstellungen" ihren Ausdruck finden. In Litts Theorie kommt weder dieser *grundsätzliche* Sachverhalt hinreichend klar zur Sprache, noch bietet sie Anhaltspunkte für eine konkretere Analyse der jeweils miteinander ringenden politischen Ordnungsvorstellungen und der dahinterstehenden gesellschaftlichen Gruppen und Interessen. Es ist bezeichnend, daß Litt den Kampf, der in einer Demokratie um unterschiedliche politische Konzepte ausgetragen wird, oft als *„Meinungsstreit"* oder als Kampf um *„Ordnungsvorstellungen"* bezeichnet, nicht aber als *Interessenkampf*.

   Genau an der eben kritisch bezeichneten Grenze der politischen Konflikttheorie Litts setzten seit der Mitte der 60-er Jahre jene neueren Konzepte der politischen Bildung und ihrer Didaktik an, die als das Charakteristikum der Politik ebenfalls den Konflikt, nun aber als *Konflikt gesellschaftlicher Interessengruppen im Kampf um die politische Macht,* ansehen.
3) Litt spricht den politischen Handlungen den Charakter des Machtkampfes und der – wiewohl auf das Ziel der Einrichtung einer bestimmten Rechts- und Friedensordnung gerichteten und an das Prinzip demokratischer Kontrolle gebundenen – Machtausübung zu. Für *diejenigen* Prozesse und Auseinandersetzungen dagegen, die er als „soziale" oder „gesellschaftliche" bezeichnet, akzeptiert er grundsätzlich das Oetinger'sche Partnerschaftsprinzip, den Gedanken der Kooperation und der „friedlichen" Auseinandersetzung. Auch hier wird eine charakteristische Grenze der Litt'schen Analyse und zugleich die Gefahr einer folgenreichen Problemverkürzung erkennbar: Litt beschwört die Möglichkeit herauf, daß die Härte gesellschaftlicher Interessengegensätze, die sich innerhalb des staatlichen Regelungsrahmens abspielen, und das vielfach nachweisbare Herrschafts- und Machtelement gesellschaftlicher Positionen – vor allem auf Grund wirtschaftlicher Besitzpositionen – verharmlost oder gar bewußt oder unbewußt verschleiert wird. Sicherlich war das nicht Litts Absicht, aber es ist eine seiner

Negt, O.: Soziologische Phantasie und exemplarisches Lernen. 6. Aufl. Frankfurt/M. 1971
Schmiederer, R.: Zwischen Affirmation und Reformismus. Frankfurt/M. 1972

Theorie immanente Möglichkeit. Auch hier war es notwendig, daß jüngere Konzepte der politischen Bildung über Litt zu einer realistisch-kritischen Analyse innerstaatlicher gesellschaftlicher Konflikte vorstießen.

Aufgabe 15

Vergleichen Sie Ihre Fragen bzw. Ihre kritischen Argumente zur Aufgabe 14 bitte mit den drei kritischen Argumentationen gegenüber Litt, die auf den letzten Seiten dieser Kurseinheit entwickelt wurden.

Aufgabe: Weiterführende Aufgabe

Es wäre zweckmäßig, wenn Sie am Ende dieses Kurses Ihre Fähigkeit überprüfen bzw. erproben würden, Texte der GP, die in den vier Kurseinheiten nicht behandelt wurden, zu verstehen, d. h. in einfacher Weise zu interpretieren (einschließlich der Formulierung weiterführender bzw. offener oder kritischer Fragen). Dafür eignen sich u. a. je eine oder mehrere der im Abschnitt 9.4.3.1., S. 310 f. genannten Veröffentlichungen.

Kurseinheit 5: Schulpädagogisch-didaktische Aspekte der GP

Inhaltsverzeichnis zur Kurseinheit 5

Literaturverzeichnis (Kapitel 10)

Vorbemerkungen

1) Die Originaltexte der Vertreter der GP zum Thema „Schultheorie" bzw. „Theorie der Schule" sind großenteils anspruchsvoll. Sie stellen an die Konzentrationsbereitschaft des Lesers hohe Anforderungen – Eine *ausführliche* Schultheorie hat keiner der Autoren der GP vorgelegt.
2) Beachten Sie bitte bei der Lektüre folgenden Tatbestand, der in Abschnitt 10.1 ausführlich erläutert wird: *„Schultheorie"* und *„Didaktik"* hängen eng miteinander zusammen, sie überlappen sich in erheblichem Maße. Daher werden Sie in Beiträgen der GP zum Problem der Schultheorie öfters auf Aussagen treffen, die im Kapitel 11, also unter dem Titel „Didaktik", erneut auftauchen.
3) Im folgenden werden zentrale Texte der GP zur Schultheorie in der Reihenfolge aufgeführt, in der die Autoren im Text des Kapitels 10 behandelt werden.

Wilhelm Dilthey

Originaltexte

Dilthey, W.: Schriften zur Pädagogik, hrsg. von Groothoff, H.-H. und Herrmann, U., Paderborn 1971

Darin vor allem Hauptabschnitt A, Unterabschnitt IV (Schriften zur Organisation und Reform des Erziehungs- und Bildungswesens. S. 119–133) mit den Texten: „Schulreform und Schulstuben" (S. 119–125), „Schulreform" (S. 125–128) und „Die Frage des höheren Unterrichts und die pädagogische Wissenschaft" (S. 128–133).

Sekundärliteratur

Herrmann, U.: Die Pädagogik Wilhelm Diltheys. Göttingen 1971. Darin III. Teil: Grundlinien geisteswissenschaftlicher Pädagogik bei Wilhelm Dilthey. S. 97 ff., Abschnitt 3, Unterabschnitt C: Erziehung und Gesellschaft, S. 185–210.

Groothoff, H.-H.: Wilhelm Dilthey – Zur Erneuerung der Bildung und des Bildungswesens. Hannover 1981. Darin Kapitel V: Diltheys Entwurf einer Pädagogik: Der Zusammenhang der Theorie der Erziehung als einer Hilfe an der Bildung, der Theorie der Schule als einer Bildungsanstalt und der Theorie der Lehrerbildung als einer allgemeinen und zugleich pädagogischen Ausbildung. S. 154–172); insbesondere die Unterabschnitte 3 (Zur näheren Bestimmung der Erziehung und des Unterrichts als einer Hilfe an der Bildung der Jugend. S. 162–169) und 5 (Zur Theorie des professionellen Lehrers und der Lehrerbildung. S. 169–172).

Herman Nohl

Originaltext

Nohl, H.: Die Pädagogische Bewegung in Deutschland und ihre Theorie. 3 Aufl. Frankfurt/M. 1949, S. 197–218.

Sekundärliteratur

Gebhardt, J.: Der Sinn der Schule. Göttingen 1923.

Theodor Litt

Originaltexte

Litt, Th.: Das Recht und die Grenzen der Schule (Leitsätze zu einem Vortrag) (1926). Jetzt in: Theodor Litt: Pädagogik und Kultur. Kleine Pädagogische Schriften 1918–1926, hrsg. von Fr. Nicolin, Bad Heilbrunn 1965 (Klinkhardts Pädagogische Quellentexte), S. 56–57.

Litt, Th.: Die gegenwärtige Lage der Pädagogik und ihre Forderungen (zuerst 1926, Wiederabdruck 1931). Jetzt in: Theodor Litt: Pädagogik und Kultur. Kleine Pädagogische Schriften 1918–1926, hrsg. von Fr. Nicolin, Bad Heilbrunn 1965 (Klinkhardts Pädagogische Quellentexte), S. 58–98.

Sekundärliteratur

Klafki, W.: Die Pädagogik Theodor Litts. Eine kritische Vergegenwärtigung. Königstein 1982. Darin vor allem Kapitel VI: Die Aufgaben der Schule und das Verhältnis der Pädagogik zu den „Kulturellen Mächten": Litt und die Reformpädagogik. S. 160–176.

Enduard Spranger

Originaltext

Spranger, E.: Die wissenschaftlichen Grundlagen der Schulverfassungslehre und Schulpolitik (1928). – Wiederabdruck in dem gleichnamigen Quellentext, hrsg. von Englert, L. und Mursch, S., Bad Heilbrunn 1963 und in Spranger, E. Gesammelte Schriften. Bd. I, „Geist der Erziehung", Heidelberg 1969, S. 90–161.

Erich Weniger

Vorbemerkung: Für Erich Weniger gilt in besonderem Maße, daß er an zahlreichen Stellen seiner Bücher und Aufsätze Probleme der Schultheorie angesprochen, aber – bis auf einen sehr kompakten Lexikonartikel – nie eine zusammenfassende, umfangreichere Darstellung seiner schultheoretischen Auffassungen veröffentlicht hat. Auf schultheoretisch wesentliche Aussagen stößt man bei ihm häufig im Zusammenhang mit *allgemeinpädagogischen* Beiträgen (z. B. zur relativen Eigenständigkeit der Erziehung in Theorie und Praxis), in Arbeiten über *didaktische Probleme* und über *Aufgaben der Lehrerinnen und Lehrer* sowie über *Lehrerbildung.* – Hier kann, über den erwähnten Lexikon-Artikel hinaus, nur auf wenige Beiträge Wenigers hingewiesen werden, in denen er schultheoretisch wichtige Fragen im Zusammenhang mit anderen Schwerpunktthemen erörtert:

Weniger, E.: Schule und Schulerziehung. In: Lexikon der Pädagogik, hrsg. von Rombach, H., IV. Band, Freiburg 1955, Sp. 71–76. – Schulreform, Kulturkritik und pädagogische Bewegung (1932). Nachdruck in: Weniger, E.: Die Eigenständigkeit der Erziehung in Theorie und Praxis. Weinheim 1953, S. 59–70. – Der Lehrer als Staatsbeamter (1951). In: Die Eigenständigkeit der Erziehung in Theorie und Praxis. Weinheim 1953, S. 521–527. – Die Hilfe der pädagogischen Theorie im Streit um die Schulreform (1952). In: Die Eigenständigkeit der Erziehung in Theorie und Praxis. Weinheim 1953, S. 528–538. – Der Erzieher und die gesellschaftlichen Mächte. In: Westermanns Pädagogische Beiträge 1953, H. 1., S. 1–6.

Sekundärliteratur

Wehle, G: Schule, Lehrer und gesellschaftliche Mächte. In: Dahmer, I., Klafki, W. (Hrsg.): Geisteswissenschaftliche Pädagogik am Ausgang ihrer Epoche – Erich Weniger. Weinheim 1968, S. 231–243.

Klafki, W.: Von Dilthey bis Weniger – schultheorische Ansätze in der geisteswissenschaftlichen Pädagogik. In: Tillmann, K.-J. (Hrsg.): Schultheorien. Hamburg 1987 (8. Aufl. 1994), S. 21–45.

Ergänzende Literaturempfehlungen zum Thema „Schultheorie"

A. In allen schultheorischen Ansätzen der GP (und auch in etlichen Beiträgen anderer Richtungen der Erziehungswissenschaft zur Schultheorie) werden u. a. zwei Gesichtspunkte nachdrücklich hervorgehoben: Zum einen ist die Schule ein *geschichtliches* Phänomen, man muß diese Institution also als geschichtlich hervorgebrachte, weiterhin entwicklungsfähige und entwicklungsbedürftige Einrichtung begreifen; zugleich gilt: man muß Schule und Schulsysteme in ihrem *Zusammen-*

hang mit übergreifenden kulturellen, gesellschaftlichen, ökonomischen, politischen Prozessen untersuchen. – Nun haben Autoren der GP eine Reihe von größeren und kleineren Beiträgen zur Schulgeschichte vorgelegt, sie sind für historisch interessierte Leser nach wie vor informativ, aber doch durch die nachfolgende Schulgeschichtsforschung, vor allem hinsichtlich der sozialgeschichtlichen Aspekte, weitgehend überholt.

Als Einführung in den *heutigen* Entwicklungsstand der *Schulgeschichte* in Deutschland, konzentriert auf den Zeitraum seit 1800, ist nachdrücklich zu empfehlen:

Herrlitz, H.-G., Hopf, W., Titze, H.: Deutsche Schulgeschichte von 1800 bis zur Gegenwart – Eine Einführung. 1. Aufl. 1981, 2. erweiterte Neufassung Weinheim/München 1993 (254 S.)

B. Den besten einführenden Überblick über unterschiedliche *systematische* Ansätze der Schultheorie in der gegenwärtigen deutschen Erziehungswissenschaft (z. T. unter Einbeziehung amerikanischer Ansätze) enthält folgender Sammelband:

Tillmann, K.-J. (Hrsg.): Schultheorien. 8. Aufl. Hamburg 1994 (129 S.)

Glossar

„Bund Entschiedener Schulreformer“
war eine im Jahre 1919 von dem Berliner Gymnasiallehrer Paul Oestreich (1878–1959) gegründete Vereinigung republikanisch-sozialistisch orientierter Pädagogen. Zunächst auf Lehrer höherer Schulen begrenzt, öffnete er sich ab 1920 für Lehrkräfte aller Schularten und für Sozialpädagogen. – Dem Bund schloß sich eine Reihe der konsequentesten Reformpädagogen der 20er Jahre an, so Adolf Grimme (später preußischer Kultusminister, 1930–1933), Franz Hilker, Fritz Karsen, Siegfried Kawerau, Wilhelm Paulsen, Elisabeth Rotten, Anna Siemsen, Olga Essig u. a. Obwohl der Bund nie eine große Mitgliederzahl erreichte, fand er in der Weimarer Republik durch Kongresse, breite Vortragstätigkeit, zahlreiche Veröffentlichungen, Aufrufe, Eingaben an Behörden und weitere Aktivitäten sowie durch seine Zeitschrift „Die Neue Erziehung“, insbesondere bis zur Mitte der 20er Jahre, erhebliche Resonanz, erfuhr aber auch scharfe Kritik. Die treibende Kraft war Paul Oestreich, eine höchst dynamische, in seinem Leitungsstil tendenziell autoritative und daher auch innerhalb des Bundes scharfe Kontroversen auslösende Persönlichkeit. Sein schrittweise entwickeltes Modell der „Elastischen Einheitsschule“ war ein konsequent am Gedanken der Chancengleichheit für alle Kinder und Jugendlichen orientiertes Modell: An die 4jährige allgemeine Grundschule sollte ein Gesamtschulsystem anschließen: die Sekundarstufe I mit begrenzter Kursdifferenzierung und dann eine Sekundarstufe II, für die ein verbindlicher Kernunterricht für alle Schülerinnen und Schüler, die Ergänzung von fächerübergreifendem Gesamtunterricht und Fachunterricht und eine schrittweise stärkere Wahldifferenzierung charakteristisch sein sollten. Kennzeichnende Merkmale der inhaltlichen pädagogischen Orientierung waren die Idee eines „freien Volksstaates“, m. a. W. eines freiheitlichen Sozialismus, Antimilitarismus und Anti-Rassismus sowie das Prinzip der Völkerverständigung. – Als Zukunftsvorstellung vertraten die Entschiedenen Schulreformer die Idee einer „Produktionsschule“, in der „allgemeinbildender“ Unterricht mit berufsvorbildender Arbeitserziehung und landwirtschaftlicher, handwerklicher und elementarindustrieller Produktion verbunden werden sollten.

In methodischer Hinsicht nahm das Schulprogramm der Entschiedenen Schulreformer Elemente anderer reformpädagogischer Richtungen in sich auf, vor allem das „Arbeitsschulprinzip“ im Sinne des Selbsttätigkeitsgedankens, die Trias von sozialem Lernen und Gruppenunterricht, Einzelarbeit und Unterricht im Klassenverband mit besonderer Betonung des Unterrichtsgesprächs, weiterhin konsequente Koedukation einschließlich der Sexualpädagogik sowie weitgehende Schülermitbestimmung.

Unter dem Nationalsozialismus wurde der Bund sofort verboten, seine Mitglieder wurden großenteils aus ihren pädagogischen Berufstätigkeiten entlassen oder zur Emigration gezwungen. Oestreich wurde im März 1933 verhaftet. – Nach 1945 fanden einige in der sowjetisch besetzten Zone und z. T. später in der DDR oder in der Bundesrepublik Wirkungsmöglichkeiten im Erziehungsbereich.

Aus den Beiträgen der Sekundärliteratur zu den Entschiedenen Schulreformern können hier nur folgende genannt werden:

Winfried Böhm: Kulturpolitik und Pädagogik Paul Oestreichs. Bad Heilbrunn 1973. – Ingrid Neuner: Der Bund Entschiedener Schulreformer. Bad Heilbrunn 1980. – Armin Bernhard/Jürgen Eierdanz (Hrsg.): Der Bund der Entschiedenen Schulreformer. Eine verdrängte Tradition demokratischer Pädagogik und Bildungspolitik. Frankfurt 1991.

Deiters, Heinrich (1897–1966)
nach dem Studium zunächst Gymnasiallehrer, 1918–1922 Mitglied des Bundes Entschiedener Schulreformer, dann aktive Mitwirkung im linksdemokratischen „Deutschen republikanischen Lehrerbund". 1933 von den Nationalsozialisten entlassen. Nach 1945 in der sowjetisch besetzten Zone Wiederaufnahme der Lehrertätigkeit, dann Berufung auf eine Professur für Pädagogik an der Humboldt-Universität im damaligen Ost-Berlin. Als Antifaschist, aufgrund seiner demokratisch-sozialistischen Einstellung sowie seiner Bejahung der programmatischen Zielsetzungen in der Phase des Wiederaufbaus in der sowjetisch besetzten Zone und, nach 1949, in der DDR wurde er auch dort zunächst als progressiver Pädagoge anerkannt. Jedoch erstrebte und erlangte er in der dogmatisch-parteioffiziellen Pädagogik der DDR keinen entscheidenden bildungspolitischen Einfluß. 1958 wurde er faktisch zwangsemeritiert. Seine wichtigsten Schriften aus der Zeit vor 1933 und nach 1945 sind in seinem Sammelband „Pädagogische Aufsätze und Reden", Berlin (DDR) 1957, zugänglich.

Deutsch- und Kulturkunde-Bewegung
Innerhalb der pädagogischen Strömungen der Weimarer Epoche haben zwei eng miteinander verbundene Bewegungen insofern besondere Bedeutung gewonnen, als sie – im Unterschied zu den eher bei Methoden- und Unterrichtsorganisationsfragen ansetzenden Reformimpulsen wie etwa der Arbeitsschulbewegung oder der Gesamtunterrichtsbewegung – *inhaltliche* Bildungskonzepte in den Mittelpunkt ihrer Bestrebungen stellten: die Kulturkunde- und die Deutschkunde-Bewegung. Eine trennscharfe Unterscheidung beider Ansätze, die ihre Leitgedanken auch mit den Formeln „kulturkundliches" bzw. „deutschkundliches Unterrichtsprinzip" bezeichneten, ist nicht möglich; im Grunde handelt es sich um zwei Varianten des gleichen Kerngedankens. Besonderen Widerhall fanden diese Bestrebungen zum einen bei Theoretikern und Praktikern des Deutschunterrichts, dann aber auch des Geschichts-, Erdkunde-, Religions-, Musik- und Kunstunterrichts sowie der Grundschul-Heimatkunde (oft zusammenfassend als „deutschkundliche Fächer" bezeichnet), zum anderen im Bereich des neusprachlichen Unterrichts. Die Kulturkunde- bzw. Deutschkunde-Bewegung vertrat eine betont nationale Bildung, die Konzentration der Bildungsarbeit auf die Verlebendigung, die Entwicklung des Bewußtseins und die

Identifikation mit der eigenen, der „deutschen Kultur" durch das Erleben und Verstehen der nationalen und den Vergleich mit fremden Kulturschöpfungen. Das Erfahren und Verstehen fremder Kulturen, insbesondere der französischen und der englischen Kultur, diente letztlich der bewußteren Erfassung der nationalen Eigenart, des „deutschen Wesens". Diesem Konzept liegt die Annahme zugrunde, daß die einzelnen „Werke" und „Leistungen" einer Kultur (Sprache, Kunstwerke, politisches Bewußtsein, Lebensanschauung, Sitte und Sittlichkeit) als Konkretisierungen eines jeweils spezifischen, nationalen „Wesens", d. h. eines Sinnzusammenhanges charakteristischer Grundmerkmale und Wertprinzipien zu verstehen seien. Allerdings trifft man hinsichtlich der Frage, ob man diese „Wesensstruktur" als ein geschichtlich gewordenes und sich weiter entwickelndes Phänomen oder aber als „rassisch" bzw. „völkisch" bedingte, also im Grunde übergeschichtliche „Anlage" verstehen müsse, bei einzelnen Vertretern des „kulturkundlichen" bzw. „deutschkundlichen" Prinzips auf deutliche Unterschiede; das Spektrum reicht von „humanistischen" über gemäßigt-nationale (andere Nationen als gleichwertig anerkennende) bis zu ausgesprochen nationalistischen Varianten. – Die geschichtlichen Wurzeln beider Teilströmungen reichen bis in das letzte Drittel des 19. Jahrhunderts zurück, insbesondere zu Rudolf Hildebrand (vgl. das entsprechende Glossarstichwort) und zu Diltheys ganzheitlich-strukturtheoretischer Interpretationsweise historischer Personen, Gruppen, Epochen, Kulturen. Hildebrand und Dilthey können aber keineswegs für nationalistische Fehldeutungen ihrer Auffassungen verantwortlich gemacht werden.

Die Kultur- und Deutschkunde-Bewegung hatte in der Weimarer Republik weitgehende Wirkungen bis in die Lehrplan- und Unterrichtsgestaltung in den Schulen hinein sowie, in ihrer nationalistischen Auslegung, auf die Richtlinien im Nationalsozialismus. – Die scharfsinnigste Kritik an der Deutsch- und Kulturkundebewegung hat Th. Litt in einem Aufsatz aus dem Jahre 1925 mit dem Titel „Gedanken zum ‚kulturkundlichen' Unterrichtsprinzip" geleistet; deren Kern ist der Aufweis der letztlich unhistorischen Denkweise der damals dominierenden Gruppen der Deutsch- und Kulturkundler. Litt hat den Aufsatz 1926 in seinen Sammelband „Möglichkeiten und Grenzen der Pädagogik" aufgenommen (Leipzig 1926, S. 132–174).

vgl. die ausführliche Interpretation der Argumentation Litts in: W. Klafki: Die Pädagogik Theodor Litts – Eine kritische Vergegenwärtigung. Königstein/Ts., S. 255–268

Deutscher Ausschuß für das Erziehungs- und Bildungswesen (1953–1965) und Deutscher Bildungsrat (1965–1975)

Der Deutsche Ausschuß für das Erziehungs- und Bildungswesen wurde 1953 nach Absprachen zwischen dem Bundesinnenministerium und den Bundesländern (unter Betonung ihrer Kulturhoheit) eingerichtet. Dieses Gremium, in das 20 unabhängige Persönlichkeiten (nicht als Vertreter von bestimmten Interessenverbänden, sondern als Sachverständige; u. a. Erich Weniger) berufen wurden, sollte Empfehlungen zur Entwicklung des Erziehungs- und Bildungswesens der Bundesrepublik ausarbeiten. Die konkrete Umsetzung oblag der Eigenverantwortung der Länder, ggf. mit Unterstützung des Bundes, der aber gemäß Grundgesetz nur begrenzte Kompetenzen im Bildungsbereich hatte und hat. Der Deutsche Ausschuß verabschiedete bis zu seiner Auflösung im Jahre 1965 eine erhebliche Anzahl von generellen und speziellen Empfehlungen. Die wichtigste war der „Rahmenplan zur Umgestaltung und Vereinheitlichung des allgemeinbildenden öffentlichen Schulwesens" vom Jahre 1959; sie wurde in den Folgejahren durch einige Empfehlungen zu einzelnen Elementen des Rahmenplans ergänzt, z. B. durch eine Empfehlung zur Entwicklung der Hauptschule (1964). Der „Rahmenplan" enthielt, aus der Sicht einzelner reformorientierter Pädagogengruppen und aus internationaler Perspektive gesehen, begrenzte (und z. T. inkonsequente, weil auf Kompromissen zwischen verschiedenen Auffassungen im Ausschuß beruhende) Reformvorschlage: die Einrichtung einer zweijährigen gemeinsamen „Förderstufe" (5./6. Schuljahr) für 90 bis 95 % aller 11- bis 12-Jährigen im Anschluß an die Grundschule (mit begrenzter Niveaudifferenzierung in den Fächern Mathematik und Englisch und ggf. Deutsch, sofern erforderlich, von Klasse 6 ab), den Aufbau einer dreijährigen „Hauptschule" mit Betonung einer elementaren theoretischen und praktischen Einführung in die industrielle Arbeitswelt, eine fünfjährige Realschule mit verbesserten Übergangsmöglichkeiten auf gymnasiale Oberstufen, ein siebenjähriges Gymnasium mit begrenzten, schrittweise anzubietenden Schwerpunktbildungen und, von Klasse 5 ab, eine „Studienschule" für früh erkennbare, hochbegabte Schüler (etwa 5 bis 10 % aller 11-Jährigen), mit Latein und ggf. Griechisch neben Englisch und ggf. Französisch als neuen Fremdsprachen. – Die hitzigen Debatten, besonders um die gesellschaftstheoretischen Begründungselemente, die Förderstufe und die „Verkürzung" des Gymnasiums auf 7 Jahre führte dazu, daß nur einige Bundesländer einzelne Elemente des Vorschlages verwirklichten. Das Mandat des Ausschusses endete 1965.

Literatur: Empfehlungen und Gutachten des deutschen Ausschusses für das Erziehungs- und Bildungswesen, Folge 3: Rahmenplan zur Umgestaltung und Vereinheitlichung des allgemeinbildenden öffentlichen Schulwesens. Stuttgart 1959. – Ders.: Empfehlungen und Gutachten des Deutschen Ausschusses ... 1953–1965, Gesamtausgabe, hrsg. von H. Bohnenkamp, W. Dirks und D. Knab, Stuttgart 1966. – Sekundärliteratur: Für und wider den Rahmenplan. Eine Dokumentation, hrsg. von A. O. Schorb. Stuttgart 1960.

Der **„Deutsche Bildungsrat"** war ein 1965 einberufenes, in erheblich größerem Maßstab angelegtes Beratungsgremium mit weitaus besserer personeller und finanzieller Ausstattung als der Deutsche Ausschuß; er versuchte, die begrenzten Ansätze des Ausschusses konsequent fortzuführen. Das Wirken des Bildungsrates in seinen zwei Amtsperioden (1965–1975) wurde einerseits seit 1969 durch die politische Wende (SPD-FDP-Koalitionsregierung) und eine breite, öffentliche Bildungsreformdebatte gefördert, andererseits brachten die Empfehlungen des Rates maßgebliche Impulse in diese nach wie vor höchst kontrovers geführte bildungspolitische Debatte ein. Die anlaufende Verwirklichung mindestens eines Teils der Empfehlungen (verbindliche zweijährige Orientierungsstufe im Anschluß an die vierjährige Grundschule, Gesamtschulentwicklung, Reform der gymnasialen Oberstufe u. a.) wurde in einigen Bundesländern bereits ab 1971 durch Finanzkrisen zunehmend gebremst. In der Situation wachsender ökonomischer Schwierigkeiten in Bund und Ländern und eines deutlich nachlassenden Interesses großer Teile der Öffentlichkeit an Bildungsreformfragen gaben dann wohl die 1973 veröffentlichten, weitreichenden Vorschläge des Bildungsrates „zur Reform von Organisation und Verwaltung im Bildungswesen", deren Teil I weitreichende Empfehlungen zur „Verstärkten Selbständigkeit der Schule und Partizipation der Lehrer, Schüler und Eltern" enthielt, den Ausschlag dafür, daß der Bund und die Bundesländer-Mehrheit nicht mehr bereit waren, den Auftrag des Bildungsrates, der insgesamt 18 Empfehlungen formuliert und mehr als 50 z. T. umfangreiche Gutachten in Auftrag gegeben und veröffentlicht hat, nicht über das Jahr 1975 hinaus zu verlängern.

Literatur: Deutscher Bildungsrat – Empfehlungen der Bildungskommission: Strukturplan für das Bildungswesen. Stuttgart 1970.

Fichte, Johann Gottlieb (1762–1814)
Philosoph; seit 1910 an der von Humboldt gegründeten Universität Berlin tätig. Er vertrat – in Zuspitzung einiger Elemente der Philosophie Kants – eine in Stil und Anspruch „radikal" idealistische, ethisch-handlungsorientierte Vernunft-Philosophie. In pädagogischer Hinsicht wurden insbesondere seine „Reden an die deutsche Nation" nach der Niederlage Preußens gegen Napoleon (1807/08) bedeutsam (Neuauflage München 1970). In dieser Schrift forderte Fichte u. a. eine radikale Reform des Erziehungswesens im Sinne einer ethisch-politischen Selbstbefreiung, einer umfassenden Menschenbildung, deren Kern ethisch-charakterliche Willensbildung sein sollte. Angesichts der Unzulänglichkeiten der gegebenen Gesellschaft verfocht er die Gründung von kleinen „Erziehungsstaaten", d. h. aus der gegebenen Gesellschaft ausgegliederter, staatlich getragener und sich auch ökonomisch weitgehend durch produktive Arbeit selbst erhaltender „Erziehungs- und Lebensgemeinschaften" mit einer entsprechenden, „vernunftgemäßen" Verfassung.

Literatur: J. G. Fichte: Reden an die deutsche Nation. München 1970. – O. F. Bollnow: J. G. Fichte. In: Bollnow: Die Pädagogik der deutschen Romantik. Stuttgart 1952, S. 74–91. – R. Lassahn: Studien zur Wirkungsgeschichte Fichtes als Pädagoge. Heidelberg 1970.

Grundtvig, Nikolaj Frederik Severin
dänischer evangelischer Theologe (seit 1861 Bischof), Historiker, Schriftsteller und Pädagoge (1783–1872). Er strebte für Dänemark eine umfassende religiöse, national-„volkstümliche" kulturelle Erneuerung und eine entsprechende Volksbildung an. Seine Vorstellungen sind deutlich antirationalistisch und kulturkritisch geprägt. Er gründete 1844 die erste dänische Volkshochschule, die zum Modell der ungewöhnlich breiten dänischen Volkshochschulentwicklung wurde.

In der Diskussion um die Entwicklung der Erwachsenenbildung in Deutschland in der Weimarer Republik haben Grundtvigs Ideen bei *den* Gruppen der Volkshochschulbewegung eine wesentliche Rolle gespielt, die die einseitig auf Wissensvermittlung abzielenden Konzepte des ausgehenden 19. und des beginnenden 20. Jahrhunderts kritisierten und durch eine umfassende, primär bei der Besinnung auf Lebenserfahrungen der Teilnehmer und dadurch ermöglichte Orientierungshilfen ablösen wollten („Aufklärung über das gelebte Leben"; „Volkbildung durch Volksbildung"). Solche Ideen haben wohl vor allem im Bereich der Heimvolkshochschulen praktische Wirkungen gehabt.

Literatur: N. F. S. Grundtvig: Schriften zur Volkserziehung und Volkheit. 2 Bände, Jena 1925.

Hildebrand, Rudolf (1814–1894)
Germanist und Mitarbeiter am Grimm'schen Wörterbuch; veröffentlichte 1867 sein Buch „Vom deutschen Sprachunterricht in der Schule", dessen Titel er in späteren Auflagen um den Zusatz „und von deutscher Erziehung und Bildung überhaupt" ergänzte. Das Buch, das von Wilhelm von Humboldts Sprachtheorie („Sprache als Gefäß einer Weltansicht") beeinflußt ist, übte starke Wirkungen nicht nur auf Reformbestrebungen des Deutschunterrichts und auf die „Deutschkunde-" bzw. „Kulturkunde-Bewegung" der Weimarer Zeit und nach 1945 auf die Sprachdidaktik aus (27. Aufl. Bad Heilbrunn 1962). Hildebrand kritisierte den vielfach formalistischen, durch Grammatik- und Stil-Lehre geprägten Deutschunterricht seiner Zeit und setzte dem die Forderung entgegen, Sprachunterricht solle „mit der Sprache zugleich den Inhalt der Sprache, ihren Lebensgehalt voll und frisch und warm" verlebendigen und „nichts lehren, was die Schüler selbst aus sich" – wo notwendig, mit behutsamer Hilfestellung des Lehrers – „finden können". Das Schwergewicht sollte auf die *gesprochene* Sprache gelegt und das Hochdeutsch nicht „wie ein anderes Latein", sondern „im engsten Anschluß an die in der Klasse vorfindliche Volkssprache oder Haussprache" gelehrt werden. Hildebrand betonte im skizzierten Rahmen auch die emotionale und ästhetische Dimension der Sprache und ihre personale und soziale Ausdrucksfunktion, die im Unterricht nachdrücklich zur Geltung kommen müßten. Er wirkte dadurch auch auf die Kunsterziehungsbewegung ein.

Literatur: R. Hildebrand: Vom deutschen Sprachunterricht in der Schule und von deutscher Erziehung und Bildung überhaupt. 27. Aufl. Bad Heilbrunn 1962.

Humboldt, Wilhelm von (1767–1835)
Nach dem juristischen Studium und kurzer Tätigkeit im preußischen Staatsdienst widmete Humboldt sich als wohlhabender Privatgelehrter vor allem altsprachlichen, kulturhistorischen und philosophischen, besonders anthropologischen und staatsphilosophischen Studien, später (seit 1820) in besonderem Maße der Sprachphilosophie und der vergleichenden Sprachwissenschaft. – Ab 1802 wurde er diplomatischer Vertreter Preußens beim Vatikan in Rom, danach übernahm er 1809 auf Vorschlag

des Freiherrn vom Stein, des führenden Kopfes der politischen und kulturellen Reformbewegung in Preußen nach der Niederlage gegen Napoleon, die Leitung der neu eingerichteten „Sektion für Kultus und Unterricht" im preußischen Innenministerium. (Er gab diesen Posten allerdings bereits 1810 wieder auf, weil seine Forderungen nach größerer Selbständigkeit innerhalb des Ministeriums nicht erfüllt wurden, und kehrte in den diplomatischen Dienst zurück.) In den 14 Monaten seines Wirkens als Sektionschef entwickelte er in Zusammenarbeit mit seinem Staatsrat, Johann Wilhelm Süvern (s. u.), ein Rahmen- und Reformkonzept für die organisatorische und inhaltliche Neugestaltung des allgemeinbildenden Schulwesens mit der Forderung nach einer allgemein verbindlichen, mindestens 4jährigen Grundschule für alle Kinder und einem darauf aufbauenden Gymnasium, das schrittweise Schwerpunktbildungen im sprachlichen, mathematischen und realwissenschaftlichen Bereich (Naturlehre, Geschichte, Geographie) ermöglichen sollte. „Krönung" des Bildungswesens bildete bei Humboldt eine neue, liberal-humanistische Universitätskonzeption. In diesem Sinne gelang es ihm im Zusammenwirken mit ähnlich gesonnenen Mitstreitern (u. a. Fichte und Schleiermacher), 1810 die Universität Berlin zu gründen. – Die Anfänge der von Humboldt initiierten Bildungsreform wurden nach dem Sieg der Koalitionsmächte Preußen, Österreich und Rußland über Napoleon (endgültig 1815) im Zuge der obrigkeitsstaatlich orientierten, anti-liberalen, soziale, politische, ökonomische und kulturelle Ungleichheitsverhältnisse stabilisierenden „Restaurationsbewegung" weitgehend zurückgenommen, u. a. auch die Leitvorstellung einer allgemeinen Grundschule.

Literatur: Die pädagogisch wichtigsten, oft fragmentarischen Texte Humboldts sind in dem Band „Humboldt Anthropologie und Bildungslehre", hrsg. von Andreas Flitner, Düsseldorf 1956 zusammengefaßt. – Aus der reichen Sekundärliteratur sei folgender Text genannt: Dietrich Benner: Wilhelm von Humboldts Bildungstheorie. Weinheim/München 1990.

Lagarde, Paul de (1827–1891)
war zunächst Gymnasiallehrer, dann Professor für Orientalistik an der Universität Göttingen und darüber hinaus Naturphilosoph. Er trat als Kultur- und Bildungskritiker für eine geistige und zugleich politische „Erneuerung" Deutschlands ein und forderte eine Erziehung der deutschen Jugend, auf deren Reformpotentiale er vertraute, zu freien Einzelmenschen auf sozialer und religiöser Grundlage. Im Rahmen seiner „theologisch-politischen Traktate", die er in zwei Bänden zusammenfaßte, erlangte seine Abhandlung „Über die Klage, daß der deutschen Jugend der Idealismus fehle" (1895), in der Pädagogischen Diskussion der Folgezeit besondere Bedeutung. Die antisemitischen Tendenzen Lagardes, die er nicht rassentheoretisch begründete, sind von deutsch-nationalen politischen Gruppen später aufgegriffen worden. Nohl und andere Vertreter der „Göttinger Richtung" der Geisteswissenschaftlichen Pädagogik zählten Lagarde (wie Langbehn und Hildebrand) zu den Vorläufern der kulturkritisch orientierten pädagogischen Reformbewegungen seit dem ausgehenden 19. Jahr-

hundert. Die antisemitischen Tendenzen Lagardes sind von Nohl und seiner „Schule“ entweder verkannt oder übergangen worden, jedenfalls haben sie sich von ihnen nicht ausdrücklich distanziert.

Literatur: Paul de Lagarde: Deutsche Schriften. 2 Bde., 1878–1881.

Langbehn, Julius (1851–1907)
war Kunsthistoriker und kulturkritischer Schriftsteller. Nach seinem 1890 anonym erschienenen Buch „Rembrandt als Erzieher“ wurde er der „Rembrandtdeutsche“ genannt. In seinen kulturkritischen Schriften wandte er sich gegen „Materialismus“ und „Intellektualismus“, die er als kulturelle Verfallserscheinungen betrachtete. Er rief zu einem neuen „Idealismus“, zur „Verinnerlichung“, zu einer ganzheitlichen Welt- und Lebensbetrachtung, zur Überwindung der Trennung von Intellektuellen und „Volk“ und zu einer schöpferisch-künstlerischen, aus emotionalen Kräften gespeisten nationalen, „volkstümlichen“ Kultur- und Bildungsbewegung auf, zur Erziehung jedes Menschen zu ausgeprägter „Individualität“.

Literatur: Von einem Deutschen (Pseudonym für J. Langbehn): Rembrandt als Erzieher. Leipzig 1892 (zahlreiche Neuauflagen).

Nietzsche, Friedrich Wilhelm (1844–1900)
war klassischer Philologe (1869–1879 Professor in Basel) und Philosoph. Eine nie eindeutig identifizierte psychophysische Erkrankung (seit 1879) führte in den letzten 11 Lebensjahren Nietzsches zur geistigen Umnachtung.

Seine meistens essayistischen, aphoristischen, oft in halb-poetischer Sprache und aggressiv-zuspitzendem Stil abgefaßten Schriften waren überwiegend zeit-, kunst- und kulturkritischen Inhalts. Das gilt auch für seine bildungstheoretisch relevanten frühen Schriften, u. a. „Über die Zukunft unserer Bildungsanstalten“ (1872), und die bildungstheoretisch akzentuierten Teile in seinen „Unzeitgemäßen Betrachtungen“ (1773–1776). – Die oft schwer interpretierbaren Texte sind nicht selten in sich bzw. im Vergleich miteinander bzw. in den verschiedenen Epochen seines Schaffens widersprüchlich oder erscheinen doch so: Nietzsche wendet sich u. a. gegen die überwiegend positivistischen Tendenzen in den Wissenschaften seiner Zeit, auch und besonders in der Geschichtswissenschaft und im vorwaltenden Geschichtsbewußtsein, kritisiert die steril-elitär-klassizistische Auffassung von „höherer Bildung“, aber auch die Verflachungstendenzen in den Bemühungen um „Massenbildung“ („Demokratismus“) unter dem Einfluß dominant ökonomischer Denkweisen und entsprechender lebenspraktischer Orientierungen. In seinen frühen Arbeiten wendet er sich scharf gegen die obrigkeitsstaatliche Praxis der nach 1848 und 1871 siegreichen politischen und kulturellen Restauration und ihrer Ideologie; gleichwohl schlagen später bei ihm selbst elitäre Tendenzen durch, in besonderem Maße in seiner späten Utopie des „Übermenschen“ und seiner „Herrenmoral“, die er nicht zuletzt dem christlich oder säkular begründeten Liebes-Ethos entgegensetzt. – Gegenüber Bildungsvorstellungen, die sich einseitig an einem „apollinischen“, harmonischen

Schönheitsideal der deutschen Klassik und einer entsprechenden Deutung der Antike orientierten, betont er die Bedeutung des „Dionysischen", d.h. des Dunklen, Irrationalen, Tragischen, Triebhaften in Kunst und Lebensgestaltung und die unaufhebbare Spannung zwischen „Leben" und „Geist" bzw. „Bewußtsein"; dabei spricht er im Zuge seiner Denkentwicklung dem „Leben" gegenüber dem „Geist" ein immer größeres Gewicht zu. Hier zeigen sich erhebliche Parallelen zur Psychoanalyse Freuds.

In einigen Richtungen der Reformpädagogik sind vor allem seine kultur- und erziehungskritischen Ideen – meist in sehr vereinfachter oder auch mißverstandener Form – aufgenommen worden, so nicht zuletzt seine anti-intellektualistischen Tendenzen und seine Betonung der schöpferischen, emotionalen Kräfte des Menschen sowie der Notwendigkeit, sie von Kindheit an zu fördern.

Literatur: Fr. Nietzsche: Über die Zukunft unserer Bildungsanstalten. (4 Vorträge). In: Nietzsche: Die Selbstkonstitution des Menschen, hrsg. v. E. Braun (Schöninghs Sammlung Pädagogischer Schriften), Paderborn 1981, S. 15–34.

Oestreich, Paul – siehe „Bund Entschiedener Schulreformer"

Paulsen, Friedrich (1846–1908)
war nach dem Studium der Theologie, besonders aber der Philosophie und Nationalökonomie und nach Promotion und Habilitation sowie Lehrtätigkeit an einer privaten höheren Töchterschule Privatdozent für Philosophie an der Universität Berlin und bot mit großem Erfolg außer philosophischen Vorlesungen und Seminaren auch pädagogische Veranstaltungen an. Bis 1896 war er dort Extraordinarius, seither Ordinarius für Philosophie (einschließlich der Pädagogik).

Innerhalb seiner großen Zahl pädagogischer Aufsätze und Bücher zur systematischen und historischen Pädagogik, u.a. einer erst nach seinem Tode von W. Kabitz vervollständigten „Pädagogik" (1. Aufl. Stuttgart 1911, 7. Aufl. 1921) ist seine 1885 in 1. Auflage erschienene „Geschichte des Gelehrten Unterrichts", die 1896 zu einem zweibändigen Werk erweitert und 1916 bzw. 1921 noch einmal von R. Lehmann ergänzt wurde, bis heute hin als Standardwerk der Geschichte des Höheren Schulwesens und der Universitäten in Deutschland seit dem 15. Jahrhundert bis zum beginnenden 20. Jahrhundert zu werten (photomechanischer Nachdruck beider Bände Berlin 1960).

Sekundärliteratur: Georg Laule: Friedrich Paulsens Pädagogik und ihre Bedeutung für die Gegenwart. Bühl/Baden 1958.

Schleiermacher, Friedrich Daniel Ernst (1768–1834)
Als Sohn eines reformierten Feldpredigers in Schlesien aufgewachsen, besuchte er ab 1783 eine Internatsschule und danach die theologische Hochschule der herrnhutischen Brüdergemeinde, wechselte 1787–1789 aber an die liberalere, stark von der Aufklärung beeinflußte Universität Halle und studierte dort neben der Theologie

aufklärerische Philosophie und antike Literatur und vertiefte seine Kenntnis neuer Fremdsprachen. Nach Tätigkeiten als Hauslehrer und als Hilfsprediger übernahm er eine Predigerstelle in Berlin, pflegte engeren Kontakt zu liberalen Kreisen, u. a. der philosophisch-literarischen Frühromantik, und veröffentlichte anti-orthodoxe religiöse Schriften. 1804 wurde er auf eine theologische Professur an der Universität Halle berufen, 1809 kehrte er nach Berlin als Prediger an die Dreifaltigkeitskirche zurück. Er wirkte an der durch Humboldt initiierten Gründung der Universität Berlin maßgeblich mit, wurde erster Dekan der dortigen Theologischen Fakultät, lehrte neben der Theologie auch Philosophie und hielt pädagogische Vorlesungen. – Im Rahmen, der von Humboldt begründeten Reformaktivitäten im Bildungswesen war er 1810–1815, also bis zum Ende der Reformperiode (vgl. das Glossarstichwort „Wilhelm von Humboldt"), Mitglied der von Humboldt geleiteten „Sektion des Kultus und öffentlichen Unterrichts" im preußischen Innenministerium und 1810/11 Direktor einer der drei neu geschaffenen „Deputationen für den öffentlichen Unterricht"; das waren Beratungsgremien, die die Arbeit der Sektion durch Diskussion ihrer Planungen und Maßnahmen und durch eigene Vorschläge unterstützten.

Seine anspruchsvolle pädagogische Theorie, die vor allem in seinen drei pädagogischen Vorlesungen aus den Jahren 1813/14, 1820/21 und 1826 ihren Niederschlag fand, zählt bis heute zu den klassischen Werken der neuzeitlichen Pädagogik bzw. Erziehungswissenschaft. Diese Theorie hat die Entwicklung der Geisteswissenschaftlichen Pädagogik seit Dilthey stark beeinflußt und auch noch der Weiterentwicklung und Revision dieser Richtung zu einer „Kritischen Erziehungswissenschaft" in den letzten Jahrzehnten wesentliche Impulse vermittelt.

Literatur: Friedrich Schleiermacher: Pädagogische Schriften. 2 Bde., hrsg. von E. Weniger und Th. Schulze, Düsseldorf/München 1957. – Schieiermacher: Ausgewählte Pädagogische Schriften, hrsg. von E. Lichtenstein, 3. Aufl. Paderborn 1959. – Sekundärliteratur: Günther R. Schmidt: Friedrich Schleiermacher. In: Klassiker der Pädagogik I, hrsg. von H. Scheuerl, München 1979, S. 217–233.

Stein, Freiherr vom und zum (1757–1831)
Ab 1780 im preußischen Staatsdienst, seit 1804 Finanz- und Wirtschaftsminister, 1807 nach dem Frieden von Tilsit (im Gefolge der Niederlage Preußens gegen Napoleon) leitender Minister der preußischen Regierung unter Friedrich-Wilhelm III. Stein setzte grundlegende Reformen durch. Ihm ist vor allem die „Bauernbefreiung" (Entlassung der leibeigenen Bauern aus der völligen Abhängigkeit von Gutsbesitzern) und die gesetzlich gesicherte „Selbstverwaltung der Städte" zu verdanken. Überdies unterstützte er die Bildungsreformbestrebungen des von ihm berufenen Wilhelm von Humboldt und seiner Mitstreiter. – Weiterführende Reformen wie die Einführung der Selbstverwaltung der ländlichen Gemeinden und einer ständischen Volksvertretung konnte er nicht mehr verwirklichen. 1812 ging er, um der drohenden Verhaftung durch Napoleon im Zuge seiner Vorbereitungen des Feldzuges gegen Rußland zu entgehen, als Berater des Zaren Alexander I. nach Petersburg. 1815 zog er sich nach dem

Wiener Kongreß angesichts der beginnenden Restauration in Preußen, Österreich und Rußland ins Privatleben zurück und widmete sich historischen Studien.

Süvern, Johann Wilhelm (1775–1829)
Gymnasiallehrer und -direktor, Neuhumanist, Professor für Philologie an der Universität Königsberg. Als Staatsrat seit 1809 engster Mitarbeiter Wilhelm von Humboldts (vgl. das Glossarstichwort „Humboldt“) in der „Sektion des Kultus und öffentlichen Unterrichts“, der Vorläufer-Institution des später selbständigen preußischen Kultusministeriums. Er wirkte vor allem intensiv an der preußischen Bildungsreform in der kurzen Ära zwischen 1809–1815 mit, speziell für den Gymnasialbereich und hier wiederum vor allem durch seinen Lehrplanentwurf für die Neugestaltung der Gymnasien in Preußen vom Jahre 1812. Auch in der Restaurationsperiode bemühte er sich, Intentionen des humboldtschen Reformansatzes soweit wie möglich weiterzuführen.

Sekundärliteratur: W. Süvern: Johann Wilhelm Süvern: Preußens Schulreformer nach dem Tilsiter Frieden. Berlin/Leipzig 1929.

Synodalverfassung
Der Begriff stammt aus dem Kirchenrecht. Synode bedeutet im Griechischen Versammlung, im Lateinischen entspricht dem das concilium (Konzil). – Wenigers Hinweis auf „Synodalverfassungen“ als mögliche Modelle für eine Neuordnung des Schulrechts im Sinne einer weitgehenden Selbstverwaltung des Schulwesens durch die direkt Betroffenen ist offensichtlich an den Regelungen im Bereich der protestantischen Kirche orientiert: Synoden sind im Protestantismus (und ähnlich in den orthodoxen Ostkirchen) die „gesetzgebenden“ Organe in Kirchenfragen. Sie bestehen aus gewählten Personen, den „Synodalen“. – Synoden gibt es auf verschiedenen Ebenen, als Landessynoden, Provinzialsynoden und Kreis- bzw. Stadt-Synoden. – In ähnlicher Weise dachte Weniger sich nach 1945 eine prinzipielle Neuordnung der schulrechtlichen Regelungen in der damaligen Bundesrepublik im Sinne des Demokratisierungs- bzw. Selbstverwaltungsprinzips.

Lernziele (Kapitel 10)

Nach dem Studium des Kapitels 10 dieser Kurseinheit sollten Sie in der Lage sein,

- zum einen die *Unterscheidung,* zum anderen die *Beziehung* zwischen den Fragenkomplexen *„Schultheorie"* und *„Didaktik"* im Verständnis der in dieser KE behandelten Autoren der GP kurz zu erläutern,
- einige der *Aufgaben* bzw. *Fragestellungen* zu benennen, die nach der Auffassung einzelner oder mehrerer Autoren der GP von der Schultheorie bearbeitet werden müssen,
- einige charakteristische *Merkmale der Institution Schule* seit der Neuzeit im Verständnis der GP zu erläutern,
- anzugeben, wie Vertreter der GP das *Verhältnis von Staat und Schule* bestimmen,
- *begrenzte* oder (Ihrer Auffassung nach) *erhebliche Unterschiede* zwischen den Aufgabenbestimmungen der Schule durch einzelne Vertreter der GP zu skizzieren und anzugeben, inwiefern Sie etwaige Unterschiede für begrenzt oder für erheblich halten,
- anzugeben, inwiefern sich bei E. Weniger in seiner Auffassung vom Verhältnis zwischen Staat und Schule in seinen Beiträgen *bis* 1933 und *nach* 1945 *Änderungen* ergeben haben,
- ggf. *offene Fragen* zum Problemkreis „Schultheorie" schriftlich zu skizzieren – Unklarheiten im Text, Schwierigkeiten, kritische Einwände –, offene Fragen also, die sich Ihnen während oder nach der Bearbeitung des Kapitels 10 aufgedrängt haben. Dabei sollte Ihnen folgendes bewußt bleiben:

Von Ihnen festgestellte/empfundene Mängel, Grenzen, Schwächen dieses Kapitels *können* darauf beruhen, daß sie

- den behandelten *Autoren* zugeschrieben werden müssen oder
- dem *Kursautor,* seiner Auswahl von einschlägigen Texten der Vertreter der GP, seiner Interpretation usw. oder aber
- *Ihrem* bisher erreichten Textverständnis.

10 Ansätze zur Schultheorie in der Geisteswissenschaftlichen Pädagogik

10.1 Vorbemerkung zum Begriff „Schultheorie" und zum Verhältnis von „Schultheorie" und „Didaktik"

Die Überschrift macht deutlich, daß es sich in diesem einleitenden Abschnitt um eine *terminologische,* d. h. um eine auf begriffliche Klärung abzielende Vorbemerkung handelt. Weiterhin betone ich: Diese Vorbemerkung ist noch nicht *direkt* auf die GP bezogen, schließt die von ihr entwickelten Ansätze zur Schultheorie aber mit ein.

Unter dem Begriff „Schultheorie" oder synonym (sinngleich) damit „Theorie der Schule" versteht man in der Pädagogik Aussagenzusammenhänge, die darauf abzielen,

- *erstens* charakteristische Merkmale der Institution Schule bzw. von Schulsystemen als gesellschaftlich-kulturellen Einrichtungen zu benennen, Einrichtungen, die dem Zweck dienen, geregeltes, kontinuierliches Lehren und Lernen, m. a. W. Unterricht (und ggf. die Gestaltung eines über den Unterricht hinausreichenden „Schullebens") zu ermöglichen,
- *zweitens* die angestrebten und ggf. auch die tatsächlichen Wirkungen zu erläutern, die durch Schulen/Schulsysteme erreicht werden sollen und ggf. wirklich erreicht werden sowie
- *drittens* (ggf.) die unbeabsichtigten Wirkungen zu beschreiben, die Schulen/Schulsysteme haben oder mindestens haben können.

Der Zusatz „ggf.", den ich eben mehrfach benutzt habe, bedeutet, daß die mit dieser Formel gekennzeichneten Teilaussagen *nicht* für alle Schultheorien, auf die man in der pädagogischen Literatur trifft, gelten.

Für alle Schultheorien gilt aber, daß sie von ihren Autorinnen oder Autoren als argumentativ begründete und damit prüfbare Aussagen verstanden werden. In der Diskussion zwischen verschiedenen Schultheoretikern/-theoretikerinnen kann

W. Klafki, *Geisteswissenschaftliche Pädagogik*, Neuere Geschichte der Pädagogik,
https://doi.org/10.1007/978-3-658-37172-2_12

es dann aber durchaus Kontroversen darüber geben, ob bestimmte Aussagen, die von einem Autor/einer Autorin (oder von Autorengruppen) vertreten werden, hinreichend begründet und wirklich prüfbar sind oder nicht. Die Kontroversen beruhen dann oft darauf, daß bei den Kontrahenten verschiedene Auffassungen darüber im Spiel sind, was denn bündige, „argumentative" Begründungen sind und was die Streitenden jeweils unter „Prüfbarkeit" verstehen. Oft spiegeln sich in solchen Auseinandersetzungen unterschiedliche *wissenschaftstheoretische* Positionen wider, also unterschiedliche Auffassungen darüber, was die Kontrahenten unter „Wissenschaft" bzw. „Wissenschaftlichkeit" verstehen: Soll Wissenschaft nur beschreiben und analysieren oder darf sie auch normative, d.h. zielsetzende bzw. handlungsorientierende Aussagen machen? Mit welchen Methoden kommt man zu überprüfbaren Aussagen? usw.

▶ **Lesehinweis**
Vergleichen Sie zum Begriff „Wissenschaftstheorie" die Kurseinheit 2, S. 127 und S. 138. Im Vorblick auf das Kapitel 11 dieser Kurseinheit weise ich schon hier auf den engen Zusammenhang zwischen „Schultheorie" und „Didaktik" hin.

„Didaktik" bezeichnet die Erforschung und Theoriebildung im Hinblick auf Lehren und Lernen in Form von Unterricht. Meistens (aber nicht ausschließlich) bezieht man den Begriff „Didaktik" auf den Unterricht in Schulen oder in schulähnlichen Einrichtungen, wie z.B. Kindergärten, Volkshochschulen, Ausbildungsgängen bzw. Lehrgängen in der betrieblichen oder außerbetrieblichen Berufsbildung oder -fortbildung, Universitäten, auch in „Fahrschulen", „Mütter-" *oder* „-Elternschulen" usw.

Nachdrücklich muß aber darauf hingewiesen werden, daß es seit längerem auch in Bereichen, die nicht oder nur in begrenztem Umfang als „schulähnlich" bezeichnet werden können (wie z.B. der Freizeit- bzw. Touristik-Bereich oder die „Außerschulische Jugendbildung"), ausdrückliche Didaktiken gibt, z.B. die „Freizeitdidaktik".

Im Hinblick auf die Beziehung von „Schultheorie" und (schulbezogener) „Didaktik" ist festzustellen: Es handelt sich um zwei einander ergänzende und sich in erheblichem Maße überschneidende Disziplinen, die wechselseitig aufeinander verweisen, die also nicht trennscharf voneinander abgegrenzt werden können, will man nicht die sachlichen Beziehungen zwischen beiden Bereichen vernachlässigen:

- Schultheorie verweist auf Unterricht (und „Schulleben") als die Prozesse, die Schule ermöglichen soll, und damit auf Didaktik als Theorie des Unterrichts;
- Unterricht und Didaktik als Theorie des Unterrichts verweisen auf Schule als den institutionellen Rahmen für Unterricht (und Schulleben) und damit auf Schultheorie als Theorie der Institution Schule.

Aufgabe 1: Interpretationsaufgabe

Versuchen Sie, jeweils in einem oder wenigen Sätzen zu formulieren,
a) welche Bedeutung nach den Ausführungen dieses Abschnitts die Begriffe „Schultheorie" (bzw. Theorie der Schule) und „Didaktik" haben und
b) wie der Zusammenhang beider Begriffe zu verstehen ist.

10.2 Schultheoretische Ansätze in der GP

Eine umfassende „Theorie der Schule" ist von der GP nicht vorgelegt worden, ja es gibt – von der Ausnahme Georg Reichweins abgesehen, eines weithin unbekannt gebliebenen Autors[1], (der nicht mit dem Pädagogen, Wirtschaftswissenschaftler und Widerstandskämpfer Adolf Reichwein verwechselt werden darf!) – nicht einmal Abhandlungen oder Buchkapitel, die diesen oder einen terminologisch entsprechenden Titel tragen. Man kann also nur von „Ansatzen" oder „Elementen" zu einer Theorie der Schule aus der Sicht der GP sprechen.

Im folgenden geht es, ohne Vollständigkeitsanspruch, um die Frage, *welche Aspekte* des historischen Phänomens Schule *in welcher Weise* von der GP zur Sprache gebracht worden sind. Rein oder vorwiegend *schulgeschichtliche* Beiträge werden dabei allenfalls am Rande erwähnt werden können[2].

▸ **Lesehinweis**
Es wäre sicherlich zweckmäßig, wenn Sie sich vor dem Weiterlesen zunächst noch einmal einige der grundlegenden wissenschaftstheoretischen Prinzipien der GP vergegenwärtigen würden, wie sie in der Kurseinheit 2, Kapitel 6, und in der Kurseinheit 3, Kapitel 7 dargestellt wurden.

10.2.1 Wilhelm Dilthey

Bei Dilthey finden sich Ansätze zu einer Theorie der Schule bzw. des Schulsystems an verschiedenen Stellen innerhalb seiner meist fragmentarisch gebliebenen schulgeschichtlichen Arbeiten und in kleineren, z. T. erst nach seinem Tode veröffentlich-

1 Georg Reichwein: Kritische Umrisse einer geisteswissenschaftlichen Bildungstheorie, hrsg. v. G. Hausmann, Bad Heilbrunn 1963. Vier der fünf Beiträge dieses Bandes sind schultheoretischer Art, u. a. der Aufsatz „Grundlinien einer Theorie der Schule", S. 89–101.

2 Wenn Wilhelm Flitner im folgenden nicht ausführlicher zur Sprache kommt, so geschieht das zum einen mit Rücksicht auf den Umfang dieses Beitrages, zum anderen, weil bei Flitner schultheoretische Probleme vorwiegend indirekt angesprochen werden, nämlich im Rahmen seiner schulgeschichtlichen und vor allem seiner zahlreichen didaktischen Untersuchungen und Konzepte.

ten Aufsätzen[3]. Geisteswissenschaften waren für Dilthey die „Wissenschaften von den Systemen der Gesellschaft und der Kultur"[4], von der Wirtschaftswissenschaft über Politikwissenschaft, „Politische Ökonomie" und Soziologie, Geschichtswissenschaft, Sprach- und Literaturwissenschaften bis zur Psychologie und zur Pädagogik. Erziehung begriff er als im historischen Prozeß sich entfaltende und wandelnde „Funktion der Gesellschaft" (S. 45) und Pädagogik als eine Theorie, die diese spezifische „Funktion der Gesellschaft" untersucht und darstellt. In diesem Zusammenhang bestimmte er die „Schule" bzw. das „Unterrichtswesen" (S. 19) als Komplex von Einrichtungen, der innerhalb der abendländischen Geschichte im Prozeß der „Arbeitsteilung in der Gesellschaft" (S. 49) entstand, genauer: entstehen *mußte,* seitdem junge Menschen jene Fähigkeiten, die sie zum Leben in der Gesellschaft benötigten, nicht mehr allein in der Familie und im direkten Mitvollzug der gesellschaftlichen Tätigkeiten erwerben konnten. Der Prozeß der Arbeitsteilung aber bewirkte eine „Differenzierung der Berufsarten in der Gesellschaft" und ihr entsprechend die Differenzierung der Schulen (S. 49). Diese Entwicklung sei aber bis in das 18. Jahrhundert gleichsam „anarchisch", d. h. hier: ohne irgendeinen Gesamtplan verlaufen. Schulen entstehen bis zu diesem Zeitpunkt „unmittelbar oder mittelbar aus dem Interesse irgendeines Teiles der Gesellschaft" (S. 20). Demgemäß war die Ausbildung des Unterrichtswesens „eng verbunden mit dem Fortgang des wirtschaftlichen Lebens", und die verschiedenen Schularten, aber auch das Fehlen von Schulen für große Bevölkerungsgruppen spiegelte „die Unterschiede des Besitzes der Familien" (S. 22), „der sozialen Gliederung der Stände und der Berufsarten" (S. 18) bzw. der „Klassenbildung in der Gesellschaft" (S. 22) wider.

Eine neue Qualität der Schulentwicklung, die Dilthey als einen historischen Fortschritt betrachtete, der bewahrt und ausgebaut werden müsse, sei dann in jenem Vorgang erreicht worden, in dem der Staat die Verantwortung für die Gestaltung des Schulwesens übernommen, die Schulpflicht eingeführt (S. 48) und den gesellschaftlichen Teilsystemen „Familie", politisch-ökonomische „Gemeinde" und „Kirche" ihre jeweils begrenzten Wirkungsmöglichkeiten bei der Schulgestaltung angewiesen habe, orientiert an der Leitvorstellung vom „Gleichgewicht dieser Herrschaftskräfte" (S. 49).

Für Dilthey war die Schulpolitik des preußischen Staates seit der Regierungszeit Friedrichs II., des „Großen" (1740–1786), insbesondere aber seit der Schulreform der Ära des Freiherrn vom Stein, Humboldts, Süverns, Schleiermachers, Fichtes (etwa 1808/09 bis 1815; vgl. die Glossarstichworte zu den genannten Personen) exemplarisch für diesen Prozeß, als dessen Fortsetzung er – m. E. irrigerweise – im wesentlichen auch die preußische Schulpolitik und Schulentwicklung seiner Zeit, also der Wil-

3 Da alle schultheoretisch wichtigen Texte Diltheys in dem Sammelband Wilhelm Dilthey Schriften zur Pädagogik, hrsg. v. H. H. Groothoff und U. Herrmann, Paderborn 1971 enthalten sind, zitiere ich im folgenden, wenn keine anderen Hinweise erfolgen, nach dieser Ausgabe.

4 Hans-Hermann Groothoff: Wilhelm Dilthey – Zur Erneuerung der Theorie der Bildung und des Bildungswesens. Hannover 1981, S. 14 – s. auch Ulrich Herrmann: Die Pädagogik Wilhelm Diltheys. Göttingen 1971.

helminischen Epoche betrachtete. Dies wird nur verständlich, wenn man sich klar macht, daß Dilthey die Entwicklung des preußischen Staates bzw. – seit 1871 – des Deutschen Reiches letztlich als Prozeß der Herausbildung eines Rechts- und Kulturstaates deutete, der in zunehmendem Maße „den Eigenwert der Person und ihr Recht auf ihre freie Entwicklung" anerkannte und ermöglichte (S. 22), und zwar nicht zuletzt als ein Recht, das auch als ein in der Erziehung, in der Zuwendung zu Kindern und Jugendlichen anzuerkennendes und zu forderndes Recht (S. 52, 23) verwirklicht werden müsse.

In dieser optimistischen Geschichtsinterpretation konnte Dilthey darüber hinaus sagen, daß der Vorgang der Arbeitsteilung, durch den auch die Entwicklung der Wissenschaften und ihre Rückwirkung auf den ökonomisch-technischen und den sozialen sowie den pädagogischen Fortschritt ermöglicht worden sei, die ständische Gesellschaftsgliederung schrittweise aufgelöst und die „Gesellschaft ... zu einer freieren Beweglichkeit" vorangebracht habe (S. 23). Allerdings gestand er dann doch kritisch zu: Die Öffnung aller Bildungsmöglichkeiten für jeden Begabten sei weitgehend erst ein formelles Recht, dessen tatsächliche Einlösung schulpolitisch-schulorganisatorisch weithin erst noch geleistet werden müsse. Die Bewältigung dieses Problems aber würde zugleich „ein Beispiel zur Lösung der sozialen Frage sein". Denn

> „der Druck, der auf den körperlich hart arbeitenden Klassen lastet, würde am ehesten gemindert durch die Hoffnungen, welche ihnen gestatten, den Kindern jeden ihren Anlagen entsprechenden Beruf nicht nur in abstracto rechtlich offen, sondern tatsächlich zugänglich zu sehen." (S. 52).

Dilthey war allerdings keineswegs Demokrat, vielmehr ein Kritiker politischer Gleichheitsforderungen (S. 126), Befürworter einer konstitutionellen (verfassungsmäßigen), national-liberalen Monarchie (S. 128) und eines nach moralischen und intellektuellen Qualitäten abgestuften Systems politischer Mitwirkungsrechte und Funktionen. Schulpolitisch schlagen sich solche Auffassungen u. a. darin nieder, daß Dilthey das alleinige Recht des humanistischen, stark durch altsprachlichen Unterricht charakterisierten Gymnasiums auf Erteilung der vollen Universitätsreife – gegen die Ansprüche der Realgymnasien und der Oberrealschulen und der hinter ihnen stehenden gesellschaftlichen Interessengruppen auf Gleichwertigkeit der Schulabschlüsse – verfocht. Denn das humanistische Gymnasium war für ihn *die* Bildungseinrichtung, aus der der Nachwuchs der deutschen Beamtenschaft hervorgehen müsse (S. 126 f.)[5].

Diese schulpolitische Position und die dahinterstehenden gesamtpolitischen Leitvorstellungen scheinen unvereinbar mit den im vorigen Abschnitt skizzierten Aussagen Diltheys. Für ihn aber bestand hier kein Widerspruch, weil er ausdrücklich

5 vgl. bes. die Aufsätze „Schulreform" und „Die Frage des höheren Unterrichts und die pädagogische Wissenschaft", beide in: W. Dilthey: Schriften zur Pädagogik (vgl. Anm. 3), S. 125–128 und 128–133, außerdem einen Brief Diltheys an Graf York, auszugsweise abgedruckt ebda., S. 311 f.

eine harmonistische Grundvoraussetzung unterstellte. Die Erziehung, insbesondere auch die Schule bzw. das Unterrichtswesen, solle und könne zwei Aufgaben zugleich lösen: zum einen „die Entfaltung und Entwicklung eines einheitlichen, individualen, in sich wertvollen Seelenlebens" und zugleich „die Erhaltung und Steigerung der Leistungskraft der Gesellschaft in ihren verschiedenen Organen" (S. 50), die im Staat zur politischen, rechtlichen und kulturellen Einheit zusammengefaßt seien.

Die schulorganisatorisch nicht gelöste Aufgabe seiner Zeit sah Dilthey darin, ein wirkliches „Schulsystem" zu schaffen, eine „Ordnung der Schulen", die es ermögliche, auf den unteren Stufen „die individuellen Anlagen zu erkennen" und die Schüler dann in die ihren Anlagen entsprechenden weiterführenden Schulstufen überzuleiten; zwischen diesen Schularten aber müßten auch zu späteren Zeitpunkten immer wieder Übergänge möglich sein (S. 51, 49/50, 23).

So sehr Dilthey die Notwendigkeit staatlicher Aktivität hinsichtlich der Gestaltung eines (nach seiner Deutung) zeitgemäßen und für Weiterentwicklungen offenen Schulsystems betonte, so nachdrücklich hat er zugleich unterstrichen, daß damit nur Rahmenbedingungen für die zentrale pädagogische Aufgabe, die *innere Schulreform*, geschaffen werden könnten: „Wirkliche Reformen werden nur durch eine stetige schwere pädagogische Arbeit in den Schulstuben vollbracht. Reglements können nur die Wege zu ihr ebnen." (S. 121) In diesem Sinne hat Dilthey die didaktisch-methodischen Reformen insbesondere seit der Zeit der „Großen Didaktiker" des 17. Jahrhunderts (Comenius und Ratke) über Pestalozzi, Herbart und Fröbel bis zu den reformpädagogischen Ansätzen seiner Zeit, als eine Geschichte von „Entdeckungen" und „Erfindungen" interpretiert, deren kulturelle Bedeutung prinzipiell nicht geringer einzuschätzen sei als die Bedeutung wissenschaftlicher Entdeckungen oder künstlerischer Schöpfungen (S. 53–57). Auch für seine Zeit forderte er mit Nachdruck den Mut und die Freiheit zur Einrichtung „pädagogischer Versuchsstationen" („mit ausnahmsweise ausgedehnter Berechtigung", S. 124) und zu pädagogischen „Experimenten", durch die insbesondere auch die „höheren Lehranstalten" zu „Stätten produktiver freudiger pädagogischer Arbeit" werden sollten (S. 125).

Über die strukturell nach wie vor gültige Bestimmung des Verhältnisses von organisatorischer Schulreform und ihrer politisch-rechtlichen Absicherung einerseits und „innerer Schulreform" andererseits hinaus erscheint ein weiterer Gedanke Diltheys bis heute richtungweisend. Die von ihm bejahte, ja geforderte schulpolitische Aktivität des Staates verstand er, an Schleiermacher anknüpfend, offenbar als eine Art Vorreiterfunktion, um die pädagogische Eigenaktivität von Eltern, Berufserziehern und Öffentlichkeit zu ermöglichen und herauszufordern. Diesen Prozeß nachdrücklich zu fördern, war nach Diltheys Deutung schon der Sinn jener kultur- und bildungspolitischen Beratungsgremien, die Wilhelm von Humboldt unter der Bezeichnung „wissenschaftliche Deputationen" 1810 in Preußen eingerichtet hatte. Humboldt war 1809 bis 1810 der für das Kultur- und Bildungswesen zuständige Abteilungsleiter im preußischen Innenministerium, also während jener kurzen Reformphase Preußens nach seiner Niederlage gegen das napoleonische Frankreich (1806/07), einer

Phase, die schon bald nach dem Wiener Kongreß (1815) endete. Die nun folgende Restaurationsphase führte u. a. zur Auflösung jener Deputationen. – Dilthey empfahl nun für die Zukunft die Neugründung ähnlicher Einrichtungen, die er für ein wichtiges Element der s. E. notwendigen Entwicklung einer zunehmend liberaleren Schulverfassung hielt, „höherer freierer Formen der Organisation des Unterrichtswesens“ (S. 22).

10.2.2 Herman Nohl

Nohls wichtigster Beitrag zu einer geisteswissenschaftlichen Theorie der Schule findet sich konzentriert im 2. Teil seines pädagogischen Hauptwerkes „Die Pädagogische Bewegung und ihre Theorie“, das, in der Spätphase der Weimarer Republik verfaßt, 1933 in 1. und 1949 in 3. Auflage erschien[6]. In die schultheoretisch wesentlichen Passagen jenes Buches sind Gedanken einer Reihe thematisch zugehöriger Aufsätze Nohls aus den 20er Jahren eingegangen. Nach 1945 hat er einige neue Akzente gesetzt und die Aufgaben nüchterner als im Hauptwerk umrissen, ohne jedoch sein Grundkonzept entscheidend zu ändern.

Nohls schultheoretische Aussagen beruhen in hohem Maß auf seiner Bildungstheorie.

▶ **Lesehinweis**
Vergleichen Sie dazu die Darstellung von Elementen der Bildungstheorie Nohls, nicht zuletzt die dort angeführten Nohl-Zitate in den Hauptabschnitten 9.3. und 9.4. der 4. Kurseinheit.

Zum einen beruht auch Nohls Schultheorie auf dem Gedanken der *relativen pädagogischen Autonomie,* die Schule und Lehrer verpflichtet, ihre Arbeit im Sinne der spezifisch pädagogischen Verantwortlichkeit für die optimale Entwicklung des Kindes und des jungen Menschen zur Entfaltung seiner Möglichkeiten zu leisten.

▶ **Lesehinweis**
Es ist zweckmäßig, wenn Sie sich vor dem Weiterlesen noch einmal den Unterabschnitt 6.3. in der Kurseinheit 2 (S. 183 ff.) in Erinnerung rufen. Die Aussagen jenes Abschnitts bilden eine wichtige Verständnisbasis für Nohls schultheoretische Überlegungen.

---

6 Herman Nohl: Die Pädagogische Bewegung und ihre Theorie. 1. Aufl. 1933 (als Band I des fünfbändigen, von Herman Nohl und Ludwig Pallat herausgegebenen „Handbuchs der Pädagogik“); 2. Aufl. (als selbständiges Buch) 1935, mit einem neuen Vorwort versehen, sonst unverändert, 3. Aufl. 1949 (mit einem „Nachwort“), 4. Aufl. 1957. – Die Grundthesen der Schultheorie Nohls findet man bereits in der unter seiner Betreuung verfaßten Dissertation von Julius Gebhard: Der Sinn der Schule. Göttingen 1923 (Göttinger Studien zur Pädagogik, hrsg. v. H. Nohl, Heft 1).

Zum anderen sind die fünf von Nohl formulierten Grundfunktionen der Schule das konzentrierte Ergebnis seiner Auseinandersetzung mit der Tradition pädagogischen Nachdenkens über die Schule seit der frühen Neuzeit, insbesondere aber mit den schulreformerischen Ideen und Versuchen der Reformpädagogik seit dem ausgehenden 19. Jahrhundert und vor allem in den ersten drei Jahrzehnten des 20. Jahrhunderts. Wie Nohl sein gesamtes Werk nicht zuletzt als systematische Klärung der Fülle pädagogischer Anregungen der Reformbewegung verstand, so insbesondere auch seine schultheoretischen Aussagen Dabei handelt es sich bei den Formulierungen der fünf Hauptfunktionen der Schule, die Nohl herausstellt, nicht um empirisch-beschreibende Aussagen, sondern um *Aufgabenbestimmungen*, die er auf historisch-systematischem Wege gewann. Die Reihenfolge, in der Nohl jene fünf Grundfunktionen der Schule benennt, ist nicht als Wert-Rangfolge gemeint, vielmehr müssen die „Funktionen als sich wechselseitig bedingende Momente" eines Zusammenhanges verstanden werden.

Die *erste* Funktion formuliert Nohl folgendermaßen:

> „Die Schule hat die große Aufgabe, das Kind aus der Gebundenheit in der Familie hinüberzuführen in die Willensform des öffentlichen Lebens und die Kräfte in ihm zu entwickeln, die alle Organisationen tragen" (S. 197),

wobei mit „Organisationen" hier – wie ähnlich schon bei Schleiermacher und Dilthey – historische Gesellschafts- und Kultursysteme wie die Wissenschaft, die Religion, die Wirtschaft, die sozialen bzw. geselligen Bezüge, Kunst, Recht, und – übergreifend – der Staat gemeint sind. Diese Funktion wird nach Nohl vor allem durch pädagogische Bestrebungen erfüllt, „die man unter dem Titel ‚Schulgemeinde', ‚Selbstverwaltung der Schüler' kennt". Der pädagogische Sinn dieser Einrichtungen liege

> „in der tätigen Teilnahme (der Schüler) an den gemeinsamen Angelegenheiten und ihrer Regelung, die mit Stolz und Freude erfüllt, weil sie Pflichten auferlegt, welche zugleich Rechte sind" (S. 197).

Nach dem II. Weltkrieg ergänzte Nohl diese Funktionsbestimmung mindestens im Hinblick auf große Teile der Nachkriegskinder um den *sozialpädagogischen Auftrag* der Schule, der nur durch die Errichtung von zahlreichen *Tagesheimschulen* zu erfüllen sei[7].

Die *zweite* Funktion der Schule ist die „Übung". Schule ist in diesem Sinne „ein Übergang" von der Dominanz des Spiels in der frühen Kindheit zum Ernst der Arbeit der späteren Erwachsenenexistenz (S. 201), allerdings so, daß auch das Spielelement in der Schule sein Recht behält. Schule sei

7 Herman Nohl: Die pädagogische Aufgabe der Gegenwart (1947). In: H. Nohl: Pädagogik aus dreißig Jahren. Frankfurt/M. 1949, S. 295 ff.

„Spielplatz zugleich und Stätte der Arbeit, wo das Kind einen neuen Inhalt und eine neue Form des Lebens in sich aufnimmt, nämlich die Form der planvollen, von der augenblicklichen Neigung unabhängigen, durch einen Zweck gebundenen Tätigkeit".

Diese „Form" soll nach Nohl allerdings nicht fremdgesetzter Zwang sein, sondern sie soll gestaltet und erfahren werden als „sinnvolle Aufgabe", die Anstrengung kostet, die die Beobachtung des eigenen Fortschritts, „des Wachsens" erlaubt und die „im Werk oder im Können gipfelt" (S. 201). Unter diesem Aspekt gesehen, müsse Schule „Arbeitsschule" sein, und zwar – wie Nohl unter ausdrücklicher Berufung auch auf sozialistische Arbeitsschulkonzepte betont – als Erfahrungsraum jugendgemäßer Arbeitsaufgaben, die im Sinne von „Solidarität und Disziplin im Dienst und zum Nutzen der sozialen Arbeitsgemeinschaft" bewältigt werden (S. 202). „Arbeit" muß hier also im weiten Sinne verstanden werden; der Begriff umfaßt im Sinne Nohls (und der meisten Vertreter der „Arbeitsschulbewegung") kognitive und praktische (u. a. handwerkliche, agrarische, elementartechnische) sowie soziale und organisatorische Tätigkeiten.

Damit wird schon auf die *dritte* Funktion der Schule verwiesen:

„Wer in die Schule geht, erfährt die Gewalt (im Sinne von: produktiver Potenz; W. Kl.) der Methode und lernt gleichzeitig, ‚daß in Ordnung und Regel die Kraft des Menschen liegt, daß es nur so viel Sicherheit in der Anwendung der Kräfte gibt, als es Ordnung und Regel gibt' (Schleiermacher)." (S. 203)

In polarer Spannung zu den drei bisher genannten Funktionen steht die *vierte* Funktion der Schule. Schule sei *auch* (bzw. solle sein)

„der zweckfreie Ort, in dem der Mensch das höhere geistige Leben erfährt und ohne Rücksicht auf die Bedürfnisse des Alltags die freie Kraft des Geistes entfaltet." (S. 205) „Im ästhetischen Gestalten und Rezipieren und in der Erfahrung des Bemühens um Wahrheit, Wahrhaftigkeit und Gerechtigkeit." (S. 206)

In diesem Zusammenhang kann Nohl sagen:

„Das letzte Ziel des Unterrichts und der Schule bis zur Universität sind nicht die einzelnen Kenntnisse als Resultate, auch nicht die Methodenbeherrschung als Mittel, sondern das Leben in einer Welt der Wahrheit, das einen Zusammenhang von Wahrheiten erarbeitet mit Hilfe der Zucht des Denkens. Die Wahrhaftigkeit ist darum die ethische Seele jeder wahrhaften Schule." (S. 206)

Wie wenig man diese *vierte* Funktion im Sinne Nohls als Beleg für ein sich letztlich doch durchsetzendes, elitäres Bildungsverständnis und ein lebensfernes Schulideal betrachten darf, wird besonders deutlich, wenn man Aufsätze Nohls aus den Jahren

1927 bis 1929 hinzuzieht[8]. Darin argumentiert er mit großem Nachdruck gegen ein verbreitetes Verständnis von Bildung (und Schulbildung), ein Verständnis, das Bildung ihrer „existentiellen Bedeutung" (S. 115) beraubt, den Zusammenhang mit der alltäglichen Lebensrealität auflöst und sie damit zu einer ‚schönen Fassade vor dem Hinterhaus der Wirklichkeit' werden läßt, „die ... als Alltag, seelenlos und geistlos, aber ungeheuer aktiv und erregend und alle Kräfte des Menschen fordernd ihr Wesen treibt" (S. 114). Die „entscheidende Wendung" zur Wiederherstellung des Zusammenhanges von Bildung und Alltag, die Nohl fordert (S. 117), bedeutet aber nicht bloße Anpassung der Bildung an die jeweils vorgegebene Alltagswirklichkeit. Vielmehr müsse dieser Zusammenhang von Bildung und Alltag in der Schule als *polare Spannung von Alltagserfahrung und „Besinnung" auf solche Erfahrung* fruchtbar gemacht werden. Allerdings fehlt u. E. auch an dieser Stelle die konsequente Fortführung des Gedankens. Sie hätte zum Aufweis der Notwendigkeit geführt, daß Schule aus pädagogischer Verantwortung heraus zur *kritischen* Durchdringung der Alltagsrealität mit ihren Zwängen, ihren Momenten von „Seelenlosigkeit" und „Geistlosigkeit" und zur Frage nach den Gründen für solche fragwürdigen, problematischen, veränderungsbedürftigen Sachverhalte vorstoßen müsse.

Die eben verdeutlichte Grenze der Argumentation Nohls kennzeichnet dann auch seine Auslegung der *fünften* Funktion der Schule, die er aus einer Analyse des Zusammenhanges zwischen der Persönlichkeitsentwicklung des jungen Menschen und den geschichtlich entwickelten „geistigen Grundrichtungen" einer Kultur mit ihren Vergegenständlichungen in Wissenschaft, Technik, Kunst, politischem System usw. heraus entfaltet: Die Schule dürfe nicht bei der Einführung in diese Grundrichtungen in ihren bisherigen Ausprägungen stehen bleiben, sondern müsse im Anschluß an vorwärtsweisende Kulturbewegungen, wie Nohl sie in der Jugendbewegung und der Volksbildungsbewegung seit der Jahrhundertwende, in „sozialer und nationaler Bewegung" (womit nicht etwa der Nationalsozialismus gemeint war) gegeben zu sein schienen, einen zukunftsorientierten Zusammenhang herstellen: Schule als „der Ort, an dem die Mannigfaltigkeit der Kultur zusammengefaßt wird zu der finalen Energie der Paideia" (griechisch; hier im Sinn von „Bildung"; S. 217). So verstanden hinkt Schule „nicht nur hinter der Kultur her ..., sondern von ihrem eigenen Blickpunkt greift sie mit in die Zukunft und ist ein selbständiges Organ" des vorwärtsgerichteten Kulturwillens (S. 217). Für Nohl war, wie für Dilthey, nicht zuletzt in dieser Hinsicht die historische Durchsetzung der öffentlichen Staatsschule ein Fortschritt, für dessen Verteidigung er sich u. a. gegen Versuche der Rekonfessionalisierung des Schulwesens am Ende der 20er Jahre einsetzte[9].

---

8 vgl. Herman Nohl: „Die Jugend und der Alltag" (1927), „Schule und Alltag" (1929), „Bildung und Alltag" (1929). Alle drei Aufsätze wurden wieder abgedruckt in: Nohl: Pädagogik aus dreißig Jahren. Frankfurt/M 1949, S. 98–132. Die folgenden Zitate stammen aus diesem Sammelband.

9 Herman Nohl: „Der Reichsschulgesetzentwurf" (1928) und „Konfessionalität und Erziehung" (1931). Wiederabdruck in: H. Nohl: Pädagogik aus dreißig Jahren. Frankfurt/M. 1949, S. 222–232 und 233–236.

Man hätte vermuten können, daß für Nohl von dieser Position aus die Schulorganisationsproblematik im Ganzen zu einem Zentralproblem geworden wäre. Sieht man von der entschiedenen Bejahung der allgemeinen, vierjährigen Grundschule, die in Deutschland erst 1920 eingeführt worden ist, und Stellungnahmen zu Teilaspekten ab, so bestätigt sich jene Vermutung *nicht*. Eine nachdrückliche und differenzierte Position etwa zu Einheitsschulbestrebungen, wie sie die „Entschiedenen Schulreformer" um Paul Oestreich (vgl. das Glossarstichwort „Oestreich") vertraten, findet sich bei Nohl so wenig wie bei Flitner und Weniger, allerdings auch keine klare Gegenposition zu den Entschiedenen Schulreformern wie bei Spranger und Litt.

Aufgabe 2: Interpretationsaufgabe

Versuchen Sie, die fünf Grundfunktionen der Schule im Sinne Nohls in eigener Formulierung in einem oder wenigen Sätzen wiederzugeben. Natürlich können Sie dabei von Nohl gebrauchte Ausdrücke benutzen. Sie sollten aber nicht einfach einzelne Sätze Nohls wiederholen, sondern sich weitgehend um eigene Formulierungen bemühen.

Vielleicht ist es für Sie eine Hilfe, in folgenden drei Schritten vorzugehen:

a) Lesen Sie die Passage über Nohl, besonders vom 3. Absatz an, noch einmal durch und notieren Sie sich jeweils Stichworte zu den einzelnen Funktionen.
b) Versuchen Sie, mit Hilfe Ihrer Stichworte über jede der fünf Funktionen einen Satz oder einige Sätze zu formulieren. Dabei sollten Sie bei *diesem* Schritt Ihre Formulierungen nicht ständig mit den entsprechenden Textstücken in der Kurseinheit vergleichen. Das sollten Sie erst im nächsten Arbeitsschritt tun.
   Sie können die Reihenfolge der fünf Funktionen durchaus umändern, also z. B. *die* Funktionen, deren Formulierung Ihnen leicht fällt, zuerst benennen und erst danach die Formulierung der Ihnen schwieriger erscheinenden Funktionen in Angriff nehmen.
c) Vergleichen Sie *Ihre* Sätze mit den Aussagen des Textes in der Kurseinheit und nehmen Sie ggf. Änderungen Ihrer ersten Textfassung vor.

Selbstverständlich können Sie die Lösung dieser Aufgabe aber auch anders, nach Ihrem persönlichen Arbeitsstil in Angriff nehmen.

10.2.3 Theodor Litt

Der Vergleich der schultheoretisch wesentlichen Beiträge Litts mit denen Nohls bietet ein plastisches Beispiel für die Spannweite *unterschiedlicher* Auffassungen, die innerhalb grundlegender Gemeinsamkeiten der GP möglich waren: Während Nohl aus historisch-systematischer Interpretation weniger der Realgeschichte der neuzeitlichen Schule als vielmehr der Programmgeschichte reformerischer Schulentwürfe heraus, ein anspruchsvolles, optimistisches, inhaltlich zukunftsorientiertes Schulkonzept vertrat, allerdings ohne die schulorganisatorischen Konsequenzen eingehend zu verfolgen, griff Litt – einer Grundtendenz seines gesamten pädagogischen

Werkes, mindestens bis zum Ende der Weimarer Republik entsprechend – auch in die schultheoretisch-schulkonzeptionellen Debatten seiner Zeit eher als kritisch-nüchterner Analytiker ein. Er warnte oft vor Schulentwürfen, die seiner Auffassung nach unrealistisch waren, häufig in Enttäuschungen umschlügen und andere, nicht weniger illusionäre Konzepte hervorriefen. Litt zielte damit grundsätzlich auf Kritik an jeder Überschätzung dessen, was Schule im geschichtlich-gesellschaftlichen Gesamtprozeß leisten könne.[10]

Die schultheoretischen Grundgedanken Litts finden sich konzentriert in zwei Aufsätzen: 1925 formulierte er „Leitsätze" zu einem Vortrag über „Das Recht und die Grenzen der Schule"[11]; in diese Thesen sind in verallgemeinerter Form Grundgedanken einer Reihe von frühen Aufsätzen Litts zu gymnasialpädagogischen und schulpolitischen Fragen eingegangen. – 1926 erweiterte er die „Leitsätze" in einem Vortrag auf einem pädagogischen Kongreß in Weimar unter dem Titel „Die gegenwärtige Lage der Pädagogik und ihre Forderungen" zu einer *generellen* Bestimmung des Verhältnisses von Erziehung und Kultur bzw. Gesellschaft[12]; „Schule" gilt hier als eine Konkretisierung dieser Verhältnisbestimmung. Beide Texte verstand Litt zugleich als Auseinandersetzungen mit wesentlichen Teilströmungen der Reformpädagogik, der er – im Unterschied zu Nohl, Weniger, Flitner und der Nohl-Schule – eher kritisch gegenüberstand.

Bevor die Kernargumente der beiden genannten Aufsätze zur Sprache kommen können, muß betont werden, daß Litt darin eine kultur- bzw. gesellschaftsgeschichtliche Auffassung über den Ursprung der Schule voraussetzt, die er bereits in früheren Veröffentlichungen herausgestellt hatte. In sachlicher Analogie zu Dilthey sieht Litt den Ursprung der Schule im Zusammenhang mit dem historischen Prozeß der Kultur- und Gesellschaftsentwicklung, und zwar der in ihr sich durchsetzenden Arbeitsteilung und zunehmenden Planung, Rationalisierung und Methodisierung gesellschaftlicher Teilfunktionen: Erziehung bzw. Bildung der nachwachsenden Generation (zunächst: bestimmter Teilgruppen) lassen sich nicht mehr voll im „normalen" Lebensvollzug, als Teilnahme der Jüngeren am Leben der Älteren mitleisten, sondern bedürfen mindestens für bestimmte Zeitphasen der Ausgliederung als spezielle Funktionen und in besonderen Institutionen. Daraus folgt die Einsicht:

---

10 vgl. hier und zum folgenden: W. Klafki: Die Pädagogik Theodor Litts. Eine kritische Vergegenwärtigung. Königstein/Ts. 1982.

11 Wiederabdruck in dem Band: Th. Litt: Pädagogik und Kultur. Kleine Pädagogische Schriften 1918–1926, hrsg. v. F Nicolin, Bad Heilbrunn 1965, S. 56/57.

12 vgl. Anm. 10, S. 58–98 – Zitierungen der beiden Aufsätze Litts erfolgen nach dem Abdruck in dem in Anm. 11 genannten Sammelband – Ausführlicher entfaltete Litt die dialektische Argumentation des Weimarer Vortrages, der schon während des Kongresses und danach in Zeitschriftenbeiträgen heftig diskutiert wurde, in seinem Buch „Führen oder Wachsenlassen". (1. Aufl. Leipzig/Berlin 1927, 13. Aufl. Stuttgart 1967. vgl. dazu mein in Anm. 10 genanntes Buch, S. 160–162)

„Zu allen Zeiten sind Formen, Einrichtungen, Ziele der Jugendbildung und Erziehung nicht selbständige, in sich ruhende Geistesschöpfungen gewesen, sondern Ausgestaltung und Reflex der in dem lebendigen Ganzen des Kulturkreises jeweils sich auswirkenden, zielsetzenden Tendenzen, zu deren Dienst das heranwachsende Geschlecht fähig und willig zu machen, war ihre Bestimmung".[13]

Litt vertrat allerdings wie alle Vertreter der Geisteswissenschaftlichen Pädagogik die Auffassung, daß sich im historischen Prozeß der Neuzeit trotz dieser unauflösbaren Einbindung der Erziehung und der Schule in den kulturellen Gesamtzusammenhang jene *„relative Autonomie (Eigenständigkeit)"* der Pädagogik in Theorie und Praxis als Wirklichkeit und als legitimer Anspruch herausgebildet habe, die immer wieder gegen Vereinnahmungsversuche durch andere „kulturelle Mächte" (Wirtschaft, Kirche usw.) verteidigt werden müsse.

In den „Leitsätzen" geht Litt von zwei Grundpositionen aus, die er – typisierend – hinter den schulpolitisch-schulkonzeptionellen Kontroversen der 20er Jahre ausmacht.

1. „Die Schule ist die ‚abhängige Variable' gegenüber Gesellschaft, Kultur, Leben und soll daher aufhören, sich vom ‚Leben' abzusondern, vielmehr sich von ihm ihre Bewegung vorschreiben lassen."

2. „Die Schule ist Geburtsstätte einer neuen und besseren Welt und soll daher, sich absondernd von dem Treiben der Zeit, sich zu einer ‚Lebensstätte der Jugend' ausbauen, in der die Kräfte der Neugestaltung heranreifen." (S. 56)

Im Fortgang seiner Argumentation arbeitet Litt in jeder der beiden einander widersprechenden Kernthesen begrenzte Wahrheitsmomente, m. a. W. Teilwahrheiten heraus, zugleich aber jeweils auch den Fehler, diese Teilwahrheiten unkritisch zum Ganzen zu verabsolutieren. Im Zuge dieser Erörterung formuliert Litt dann selbst zwei „Grundfunktionen" der Schule. – Ich skizziere nun seinen Gedankengang:

Der ersten Position hält er im Rückgriff auf den historischen Ursprung der Schule folgendes Argument entgegen: Schon der Ursprung der kulturellen Institution Schule – gemeint ist wahrscheinlich nicht nur ihr Ursprung in der griechisch-römischen Antike und in der Geschichte des christlichen Abendlandes, sondern auch in der Geschichte anderer Kulturen – zeige die Notwendigkeit einer gewissen Distanz dieser Institution zum gesellschaftlich-politisch-kulturellen Erwachsenenleben. Damit werde eine „erste Grundfunktion der Schule" deutlich:

13 Th. Litt: Eine Neugestaltung der Pädagogik (1918). Wiederabdruck in dem in Anm. 11 genannten Band, Zitat S. 7.

> „sie soll nicht bloß Lebensstätte der Jugend als solcher, sondern die Stätte sein, an der die Jugend in der ihrer geistigen Verfassung angemessenen Form mit dem in Verbindung gebracht wird, was mehr und ein anderes ist als Jugend: mit der objektiven Kultur. Sie gibt im ‚lebensfernen' Schulraum der Jugend ein didaktisch vereinfachtes und geordnetes Modell der Kulturwirklichkeit, in die sie demnächst eintreten soll. Ihre ‚Absonderung' vom Leben bereitet also gerade die Einigung mit ihm vor." (S. 56)

Diese Einführung und „Überleitung" der jungen Generation in die „objektive Kultur" (i. w. S. d. W., d. h. unter Einschluß von Wirtschaft, Gesellschaft und Politik) dürfe aber nicht als „Unterwerfung unter sie" verstanden und praktiziert werden. Damit nimmt Litt ein Wahrheitsmoment der zweiten Position auf, modifiziert und präzisiert jene Position aber und leitet damit zur Formulierung einer „*zweiten* Grundfunktion der Schule" über: Keinesfalls also darf die nachwachsende Generation der vorgegebenen Kulturwirklichkeit, in die sie eingeführt werden muß, ‚unterworfen' werden.

> „Im Gegenteil: Nur durch eine wohlbedachte Einführung wird dem werdenden Menschen die Möglichkeit erhalten, gegenüber dem Vorhandenen einen eigenen Standpunkt zu gewinnen – gerade bei dem Wegfall dieser ‚künstlichen' Überleitung würde er am wehrlosesten der Übergewalt des Vorhandenen, das er nicht geistig beherrschen gelernt hat, zum Opfer fallen. Insofern werden durch die Schule gerade die Kräfte in ihm geschützt und gepflegt, deren die Zukunft bedarf." (S. 56/57)

Schließt sich Litt mit dieser These nun der zweiten, oben genannten Position ohne Einschränkung an? Keineswegs! Die von Litt geforderte Befähigung des jungen Menschen zur Mündigkeit durch eine relativ eigenständige, d.h unter *dieser* Aufgabenstellung auf Kultur und Gesellschaft bezogene Schule, ist seiner Auffassung nach gerade *nicht* vereinbar mit dem in der zweiten Kontroversposition erhobenen Anspruch, die Schule solle „Geburtsstätte einer neuen und besseren Welt" sein, jedenfalls dann nicht, wenn damit gemeint ist, daß die inhaltliche Gestalt jener „neuen und besseren Welt" bereits *vorwegbestimmt* werden solle:

> „... dieselben Rücksichten, die es der Schule verbieten, der Jugend die kritiklose Unterwerfung unter die vorgefundene Gestalt der Dinge zu suggerieren, stehen auch dem Unternehmen im Wege, sie auf ein zu realisierendes Zukunftsprogramm im bildsamsten Alter festzulegen. Das Recht der in ihr beschlossenen Zukunft würde in diesem Falle nicht weniger vergewaltigt werden als in jenem." (S. 57)

Konkret richtete sich diese Argumentation Litts gegen das Schulprogramm der Entschiedenen Schulreformer unter Leitung Paul Oestreichs (vgl. das Glossar dieser Kurseinheit 5, Stichwort „Entschiedene Schulreformer"). Der Sache nach schließt Litts Auffassung aber auch einen deutlichen Unterschied zu Nohls These von der Zukunftsorientierung der Schule ein und damit zugleich zu einer Auffassung, die sich – auf der Ebene der Didaktik formuliert – insbesondere auch bei E. Weniger unter den Termini *„existentielle Konzentration des Lehrplans“* und *„Vorwegnahme“* wiederfindet (vgl. dazu auch das folgende Kapitel 11).

Allerdings wenden sich auch Nohl und Weniger gegen jede *Festlegung* der Jugend auf ein vorausgreifend durchgezeichnetes Bild einer anzustrebenden Zukunft. Gleichwohl erschien ihnen eine ausdrückliche Auseinandersetzung mit konkretisierten *Möglichkeiten* zukünftiger Gestaltung der individuellen und der gesamtgesellschaftlichen, kulturellen und politischen Zukunft aus pädagogischen Gründen nicht nur als legitim, sondern als *notwendig*, um den Zukunftswillen und die produktive Phantasie der jungen Generation herauszufordern. *„Vorwegnahmen“* in diesem Sinne hatten einen sozusagen „experimentellen“, „hypothetischen“ didaktischen Sinn, sollten den Aufweis von *Möglichkeiten*, nicht von verbindlichen Verpflichtungen leisten. Litt hingegen vertrat in seinen „Leitsätzen“ wie in verschiedenen anderen pädagogischen Beiträgen der Weimarer Zeit die Auffassung, die Befähigung der nachwachsenden Generation zu späteren eigenen Entscheidungen könne erreicht werden, indem man jene „Werte“, an denen sich politisch-gesellschaftlich-kulturelles Handeln orientiere (– man wird etwa an „vorurteilsfreie Wahrheitssuche“, „Toleranz“, „Meinungsfreiheit“, „soziale Gerechtigkeit“ u. ä. denken dürfen –), im Bereich der Schule „in einer Höhenlage aufsuche“, die „*oberhalb* der Sorgen und Anliegen des Tages und seiner vergänglichen Entwürfe liegt“, um so die „geistigen und sittlichen Kräfte in der Jugend mobil zu machen, auf die *jede* Gesellschaft und Kultur angewiesen ist“ (S. 57).

Hier kann nur stichwortartig auf die entscheidenden Schwächen dieser Position Litts hingewiesen werden; sie ist übrigens mit erkenntnistheoretischen und pädagogischen Grundeinsichten m. E. unvereinbar, die Litt in *anderen* philosophischen und pädagogischen Veröffentlichungen früher und später selbst herausgearbeitet hat: mit der Erkenntnis von der Geschichtlichkeit menschlicher Wertorientierungen und der Einsicht in motivationale Voraussetzungen des Lernens. Darüber hinaus liegt jenem „Höhenlagen-Theorem“ eine nicht begründete *Transfer*-Erwartung zugrunde: die Erwartung nämlich, junge Menschen würden *die* Haltungen und Einsichten, die sie an jenen ausdrücklich der Gegenwart *enthobenen* Bildungsgegenständen gewinnen, *von sich aus* später auf analoge, aktuelle Probleme ihres Lebens übersetzen.

Nun hat Litt nach 1945 in bildungstheoretischer Hinsicht entscheidende Schritte über seine pädagogischen Positionen der Weimarer Zeit hinaus getan und damit die Weiterentwicklung der deutschen Erziehungswissenschaft maßgeblich beeinflußt, nicht zuletzt durch seine Theorieskizze zur „demokratischen Selbsterziehung des deutschen Volkes“[14], seine Auseinandersetzung mit dem „Bildungsideal der deutschen Klassik“[15], seine Begründung der Bildungsbedeutung von Naturwissenschaf-

14 Th. Litt: Die politische Selbsterziehung des deutschen Volkes (1954). 8. Aufl. Bochum 1967.

15 Th. Litt: Das Bildungsideal der deutschen Klassik und die moderne Arbeitsweit (1955). 3. Aufl. der Lizenzausgabe, Bochum 1964.

ten, Technik und moderner Arbeitswelt[16] und seine Forderung nach Überwindung der irrigen Trennung von „Allgemeinbildung“ und „Berufsbildung“[17].

Implizit bergen diese Neuansätze auch Konsequenzen für eine Neufassung seiner schultheoretischen Position in sich. Litt hat solche Folgerungen aber nicht explizit entwickelt. Ebenso lassen die Spätschriften – von Teilaspekten (z. B. der Forderung nach dem Ausbau „Zweiter Bildungswege“ und nach der Neukonzeption eines realistischen Hauptzweiges im höheren Schulwesen)[18] abgesehen – kaum darauf schließen, daß er seine konservative Position hinsichtlich der *organisatorischen* Gesamtstruktur des Schulsystems (Verteidigung der Dreigliedrigkeit oberhalb der Grundschule, Forderung nach strenger Selektion usw.) wesentlich geändert hätte.

Aufgabe 3: Vergleichsaufgabe

Vergleichen Sie Nohls und Litts zentrale Aussagen zur Schultheorie.

1) Finden Sie völlige oder weitgehende *Übereinstimmung* bzw. *Übereinstimmungen* zwischen schultheoretisch wichtigen Aussagen beider Autoren?
   Wenn ja, kennzeichnen Sie diese Übereinstimmung/diese Übereinstimmungen stichwort- oder stichsatzartig.
2) Wenn es nach Ihrem Verständnis einen *wesentlichen Unterschied* oder *mehrere Unterschiede* zwischen schultheoretisch wichtigen Aussagen beider Autoren gibt, kennzeichnen Sie diesen Unterschied/diese Unterschiede stichwort- oder stichsatzartig.

10.2.4 Eduard Spranger

Bei Dilthey, Nohl und Litt stießen wir einerseits auf sehr allgemeine, *historisch-strukturelle* Aussagen über den Zusammenhang zwischen gesamtgesellschaftlich-gesamtkulturellen Prozessen und der Entwicklung der Schule, andererseits auf generelle *Aufgabenbestimmungen* (Funktionen) der Schule. Systematische Erörterungen über die Frage, in welcher Form der Zusammenhang zwischen Gesellschaft bzw. Gesellschaftsentwicklung und Schule organisatorisch und administrativ erfolgen kann oder erfolgen soll und die Erfüllung jener „Funktionen der Schule“ verwirklicht, ermöglicht oder mindestens angestrebt werden kann oder soll, also Erörterungen über die *institutionelle* Dimension der Schule, kamen bei jenen Autoren fast gar nicht zur Geltung, und das gleiche gilt, vorweggreifend gesagt, im wesentlichen auch für Weniger. Hier liegt nun der originale Beitrag Eduard Sprangers zum schultheoretischen

16 Th. Litt: Naturwissenschaft und Menschenbildung. Heidelberg 1952, 3. Aufl. 1959. – Ders.: Technisches Denken und menschliche Bildung. Heidelberg 1957, 2. Aufl. 1960.

17 Th. Litt: Der Erste und der Zweite Bildungsweg. In: Zweiter Bildungsweg, hrsg. v. M. Hirsch und F. Rudolph, Weinheim 1958, S. 29–40.

18 Th. Litt: Leitsätze zur Begründung eines realistischen höheren Schulwesens. In: Bildung und Erziehung. 1952, S 241–244.

Problemkomplex, wenn auch nicht in Gestalt einer ausgearbeiteten Theorie, so doch als ausführlicher Aufriß eines wissenschaftlichen Programms. Die zentrale Schrift trägt den Titel „Die wissenschaftlichen Grundlagen der Schulverfassungslehre und Schulpolitik“ (1928)[19]. In früheren und späteren, primär historischen Arbeiten[20] hat Spranger einzelne Aspekte jener Programmschrift konkretisiert. In der Schrift „Die wissenschaftlichen Grundlagen der Schulverfassungslehre und Schulpolitik“ geht es Spranger um Vorüberlegungen historischer und wissenschaftstheoretischer Art zu einer Schulpolitik- und Schulverfassungstheorie. Erste Vorstöße in dieser Richtung erkannte Spranger vor allem bei Karl Mager (1810–1858) in dessen Werk „Deutsche Scholastik“ (1848) und vor allem bei dem Verfassungs- und Verwaltungshistoriker und -theoretiker Lorenz von Stein (1815–1890) innerhalb seiner großen „Verwaltungslehre“ (in verschiedenen Fassungen zwischen 1846 und 1888).

Spranger gibt in seinem Text *zunächst* einen *historischen* Aufriß des Gegenstandes einer Schulpolitik- und Schulverfassungstheorie, also eine Skizze zur Entstehungsgeschichte staatlicher Schulpolitik seit der frühen Neuzeit, wie sie sich in der Schulgesetzgebung, der Schulorganisation, den Rahmenerlassen für Schulordnungen und der Organisation der Schulaufsicht niederschlägt. *Zweitens* bietet er eine Skizze theoretischer Versuche, diesen historischen Problemkomplex „Schulpolitik/Schulgesetzgebung/Schulorganisation“ theoretisch zu erfassen. *Drittens* verdeutlicht er die Notwendigkeit, einige Grundbegriffe, mit denen eine umfassende Theorie arbeiten müßte, zu präzisieren. *Viertens* stellt er wissenschaftstheoretische Überlegungen darüber zur Diskussion, unter welchen Voraussetzungen und mit welchem Geltungsanspruch die gesuchte Wissenschaft entwickelt werden könnte und in welchem Verhältnis sie zur *Praxis* der Schulpolitik, Schulverfassung und Schulverwaltung stehen kann.

> „Unter den unbestimmten Namen der Schulverfassungslehre, Schulverwaltungslehre, Theorie der Schulorganisation oder ganz allgemein Schulpolitik bestehen (gemeint ist: bisher nur erste; W. Kl.) Ansätze zu einer Wissenschaft, über deren Grundsätze noch völlige Unklarheit herrscht.“ (S. 91)

Wie Spranger seine gesamte Pädagogik im Zusammenhang mit allgemeinen kulturphilosophischen Reflexionen entwickelte, so enthält auch die Argumentation der genannten Schrift zentrale kulturphilosophische Passagen. Die Unverzichtbarkeit solcher kulturphilosophischer, insbesondere kultur*ethischer* Reflexionen für die Be-

19 Zuerst 1928. Wiederabdruck in dem Quellentext „Die wissenschaftlichen Grundlagen der Schulverfassungslehre und Schulpolitik“, hrsg. v. E. Englert und S. Mursch, Bad Heilbrunn 1963 und in: E. Spranger: Gesammelte Schriften. Bd. I, hrsg. v. G. Brauer und A. Flitner, Heidelberg 1969, S. 90–161 (Gesamtherausgeber: H.W. Bahr und O.F. Bollnow). Zitierungen erfolgen nach der zuletzt genannten Ausgabe.

20 vgl. die Aufsätze in: E. Spranger: Gesammelte Schriften. (s. Anm. 19), Bd. III: Schule und Leben, hrsg. v. L. Englert, Heidelberg 1970 und E. Spranger: Wilhelm von Humboldt und die Reform des Bildungswesens. Berlin 1910.

gründung der gesuchten Wissenschaft ergibt sich für Spranger vor allem aus folgender Grundüberzeugung, modern gesprochen: aus seinem *Erkenntnisinteresse:* Wissenschaftliche Pädagogik im ganzen und auch eine Teildisziplin wie die geforderte geisteswissenschaftliche Schulpolitik- und Schulverfassungstheorie greift über den „positivistischen Wissenschaftstypus", der „eigentlich nur eine technische Funktion der Wissenschaft (nämlich die Rationalisierung der Mittelwahl) kennt", hinaus (S. 91), indem sie auch jene „Wertsetzungsfragen" einbezieht, die in jeglicher Schulpolitik („als *des* Teils der praktischen Politik, der auf die Stellung der Schule oder allgemeiner: des Bildungswesens im Staate gerichtet ist"), immer schon enthalten ist, mag diese Politik nun von „verantwortlichen Staatsmännern oder von Gruppen im Staat oder von einzelnen Staatsbürgern gemacht" werden (S. 107). Spranger hält es zwar nicht für möglich, Ziele der Schulpolitik und der durch sie bedingten Schulverfassung, d. h. der durch rechtliche Bestimmungen abgesicherten Gestaltung des Schulwesens und der Organisation der Schulverwaltung, restlos durch intersubjektiv gültige wissenschaftliche Erkenntnis zu begründen; Wissenschaft könne auch im Hinblick auf Schulpolitik „gleichsam immer nur an den Moment der sittlichen Entscheidung" heranführen. Aber die

> „tatsächlich vorfindbaren und miteinander kämpfenden Weltanschauungen und ihre schulpolitische Auswirkung lassen sich betrachtend darstellen, beschreiben, auf ihre innere (typische) Struktur und werthafte Konsequenz hin verstehend analysieren." „Was aber werden soll, ist nicht auf dem Wege der Betrachtung allein zu gewinnen, sondern nur durch verantwortliche Entscheidung und freie Tat. In diese Gewissensentscheidung treten jene Wissensmomente klärend und orientierend mit ein, aber das Wissen allein macht kein Gewissen." (S. 130)

Die Schulpolitik- und Schulverfassungswissenschaft soll also die ausdrücklich formulierten Voraussetzungen und die impliziten, also bewußt verschwiegenen oder unreflektierten Annahmen, die schulpolitischen Wertentscheidungen zugrunde liegen, wissenschaftlich aufklären und damit die Rationalität solcher Entscheidungen, d. h. ihre selbstkritische Bewußtheit sowie die Versachlichung der schulpolitischen Diskussion fördern. Damit wendet Spranger sich auch gegen die Auffassung, das „Wissenschaftliche" an einer möglichen Schulverfassungs- und Schulverwaltungslehre könne nur in einer „Dogmatik" des *jeweils geltenden* Schulverfassungs- und Schulverwaltungsrechts bestehen, also in einer rein immanenten Auslegung des *bestehenden* Schulrechts (S. 108, 145 ff.). Vielmehr solle die gesuchte Wissenschaft auch zu *normativer Kritik* (S. 111) und damit zum Aufweis begründbarer Änderungen vorstoßen. M. a. W.: Durch die auf die Gegenwart und die voraussehbare Zukunft hin orientierte historische Analyse schulpolitischer Normsetzungen und Vorstellungen könne Wissenschaft zur Begründung und zur Einigung auf gemeinsame Zielsetzungen der Schulpolitik (und damit der Schulverfassungs- und Schulverwaltungs-Gestaltung) im Gesamtprozeß jeder staatlich verfaßten nationalen Kulturentwicklung beitragen.

Zusammenfassend charakterisiert Spranger sein Programm für den Aufbau der gesuchten Disziplin durch vier Aufgabenkomplexe:

> „1. Analyse des pädagogischen Lebens und des allgemeinen Geisteslebens einer Zeit in ihren gegenseitigen sinnvollen Beziehungen;
> 2. speziell: Darstellung der gegebenen Schulorganisationsformen und der zugehörigen Organe in ihrer Bestimmtheit durch den spezifischen Wertgehalt des pädagogischen Zweckes;
> 3. noch spezieller: Heraushebung des Ganzen, für das Gebiet der Schule bedeutsamen geltenden Rechtes, das in unserer Epoche bis auf verschwindende Ausnahmen staatlich gesetztes … Recht ist;
> 4. Erfassung der auf diesen Grundlagen ruhenden Forderungen an die Gestaltung des Verhältnisses von Staat und Schule, zuerst nur im Sinne einer beschreibenden Feststellung, dann im Sinne einer normativen Kritik." (S. 110 f.)

Da es sich bei der Erörterung dieser Aufgaben und ihres Zusammenhanges nicht um die Konstruktion eines deduktiven Systems handele, also nicht darum, aus allgemeinen Prinzipien (oder gar einem einzigen Prinzip) Folgerungen für konkretere Problemebenen abzuleiten, vielmehr um ein *Gefüge sich wechselseitig bedingender Momente,* könne man mit jedem der vier genannten Aufgabenkomplexe anfangen. Spranger betont, daß die Schwierigkeit der Aufgabe darin liege, daß es sich bei allen vier Problemkomplexen um höchst spannungsreiche, von kontroversen Interessen und Bestrebungen gekennzeichnete Zusammenhänge handele. Überdies war er sich klar darüber, daß die Ergebnisse der gesuchten Wissenschaft immer nur für bestimmte historisch-kulturell-politische Lagen Gültigkeit haben könnten, daß sie also ständig neuer historisch-kritischer Prüfung auf ihre Geltung ausgesetzt werden müssen (S. 114 f.). Ein erheblicher Teil der Ausführungen Sprangers ist folglich der kritischen Auseinandersetzung mit verschiedenen Varianten dessen gewidmet, was er den „naturrechtlichen Typus des Denkens" (S. 114) nennt, hier bezogen auf den zur Diskussion stehenden Problemzusammenhang, insbesondere das Verhältnis von Staat und Schule. Gemeint ist ein Denken, das von der Voraussetzung ausgeht, es müßten sich zeitlos-allgemeingültige, in einer vermeintlich überhistorischen „Natur" des Staates, der Schule, des Menschen bzw. der Erziehung begründete Normen und Ziele auffinden und ihnen entsprechend Schulpolitik, Schulverfassung, Schulrecht, Schulverwaltung normieren lassen, etwa der absolute Vorrang der Privat- bzw. Familienerziehung vor aller öffentlichen Erziehung o. ä.

Gegenüber solchen „abstrakten" Theorien verficht Spranger, hier in besonderem Maße als Dilthey-Nachfolger und im Einklang mit allen anderen Vertretern der Geisteswissenschaftlichen Pädagogik, die Notwendigkeit *historischen* Denkens und der Aufklärung auch der normativen Fragen in den jeweiligen historischen Zusammenhängen. Er zeigt diese Notwendigkeit an einigen Beispielen auf. So weist er etwa nach, daß vermeintlich eindeutige, mit dem Anspruch zeitloser Gültigkeit auftretende Begriffe und Formeln wie „Staatsmonopol auf das Bildungswesen", „Unterrichtsfreiheit" (liberté d'enseignment) oder „Nationalerziehung" in Wahrheit immer eine *spezifische geschichtliche* Bedeutung haben, daß sie von bestimmten Mächten oder Gruppen gemäß ihren Leitvorstellungen oder Interessen in der schulpolitischen Auseinandersetzung gegen bestehende Regelungen oder gegen andere Programme verfochten werden. Wissenschaft kann und soll die historischen Varianten und Wandlungen solcher und vergleichbarer Begriffe (z. B. auch des Begriffs „Einheitsschule") zwar „auf gewisse Haupttypen ..." bringen, aber sie dürfe sie „niemals ganz von der konkreten geschichtlichen Umgebung loslösen" (S. 119).

> „Die Aufgabe der Wissenschaft liegt darin, von der jeweils erreichten Stufe aus in historischer Überschau die strukturellen Verhältnisse oder Aufbaugesetzlichkeiten zu ergründen, die allgemeines Geistesleben, Erziehung, Schulorganisation und Staat zu einem sinnbestimmten, also verständlichen Ganzen verknüpfen. Es kommt nicht nur darauf an, die singulären Gebilde hier und dort aus allgemeinen Sinnrichtungen zu verstehen, sondern auch darauf, Struktur**typen** zu bilden, mit ihrer Hilfe die verschiedenen Kulturindividualitäten zu vergleichen und durch diese **Vergleichung** endlich die Besonderheit der hier und dort gegebenen Gestaltungen noch tiefer zu verstehen. Die typenbildende und vergleichende Arbeit auf dem Gebiet der Schulverfassungsformen und der Beziehungen von Staat und Schule ist noch ganz in den Anfängen." (S. 161)

Das zentrale Problem der Schulpolitik lag für Spranger in ihrem möglichen Beitrag zur Begründung *aktueller* Entscheidungen. Anspruch und Schwierigkeit des hier zu Leistenden werden deutlich, wenn man sich die drei Hauptaspekte vergegenwärtigt, die Spranger nennt und deren ‚durchgängige Wechselbeziehung' und „gegenseitige Durchdringung" er betont (S. 132):

> 1. **„Die sogenannten allgemeinen Kulturfaktoren ...** Dahin gehören u. a.: die nationale Wirtschaftslage und ihre Gesamtstruktur, die der allgemeinen Weltlage eingegliedert ist; die gesellschaftliche Richtung und Gliederung des Staatsvolkes; der Staat und seine außenpolitische wie innenpolitische Bestimmtheit; der Stand der Wissenschaft; das literarisch-ästhetische Geistesleben und die in ihm zu Tage tretende eigentümlich-nationale Geistesart; schließlich die letzten religiösen und weltanschaulichen Motive, die in all den genannten Gebieten als Agentien (gemeint sind: beeinflussende Faktoren; W. Kl.) wirken und in deren Kampf sich zuletzt die gegensätzlichen Bewegungen der Volkskultur zusammendrängen. Als Kirchen organisiert wirken sie auch direkt in die politische Machtverteilung hinein, wie das gleiche von allen anderen Verbänden mit einem kulturell wichtigen Wertgehalt gilt. – Dies alles ist nur auf historischer Basis tiefer zu verstehen.
> 2. **Die spezifisch pädagogische Gesamtlage.** Hierhin gehören der Stand der Familienerziehung und Schulerziehung; die Gliederung des Schulwesens in viele Zweige mit

> sehr verschiedener pädagogischer Bestimmung; die Lehrer und Lehrerbildung, ihre Standesorganisationen und ihr Standesbewußtsein. Die herrschenden Methoden der Erziehung und des Unterrichts. Die innere Technik und Organisation des Schulbetriebes. Zuletzt die lebendig wirksamen Bildungsideale, in deren Kampf sich, wie bei den Weltanschauungen, wiederum das Gesamtleben dieses Gebietes zusammendrängt.
> **3. Das geltende Schul- und Erziehungsrecht.** Es ist in seiner Geltung und in seinen Grundlinien im Ganzen der Staatsverfassung bestimmt; zugleich aber wirken alle Zweige der Gesetzgebung, des öffentlichen wie des bürgerlichen Rechtes, irgendwie in die Erziehungssphäre hinein. Das grundlegende Schul- und Erziehungsrecht (Schulverfassungsrecht) grenzt zunächst die Rechte der verschiedenen Erziehungsträger gegeneinander ab. Es regelt die verwickelte Konkurrenz zwischen den staatlichen Organen (den zentralen wie den untergeordneten einschließlich der Selbstverwaltungskörper), den Religionsgesellschaften bzw. Weltanschauungsgruppen, den Eltern bzw. den Erziehungsberechtigten überhaupt, den Lehrern als Beamten wie als sittlich-freien Persönlichkeiten. Es läßt vielleicht der Schule aller Stufen, mindestens aber der wissenschaftlichen Stufe, irgendein Maß von Eigenwirkungsrecht, von Schulautonomie. Endlich arbeitet sich in der neuesten Zeit immer deutlicher eine Eigensphäre für das Kindesrecht selbst, für die ‚Menschenrechte des Kindes', heraus. Das Recht auf Erzogenwerden und seine eigentümliche Gestaltung tritt neben die Pflicht und das Recht zum Erziehen." (S. 132 f.)

Ausführlich legt Spranger bei der weiteren Erörterung dar, daß in diesem Problemaufriß eine bestimmte, ihrerseits historische Entwicklung vorausgesetzt wird: Die Anerkennung des ‚Erziehungsgebietes' basiere letztlich auf der Anerkennung der sittlichen Aufgabe der Erziehung, „die freie und innere Zustimmung des Zöglings" zu den ihm im Erziehungsprozeß „nahegebrachten Wertgehalten" zu ermöglichen (S. 39). Daher sei es notwendig, diese spezifische Eigenverantwortlichkeit der Schule, die auch Spranger mit dem Begriff „Autonomie"[21] bezeichnet, selbst wiederum schulrechtlich gegen die Gefahr direkter staatlicher Eingriffe abzusichern (S. 140).

Den *dritten* Aspekt seines Problemaufrisses, die wissenschaftliche Aufklärung von Schul- und Erziehungsrechtsfragen, verdeutlicht Spranger, indem er die seit 1927 erneut heftig umstrittene Frage der Konfessionsschule (im Volksschulbereich) im Beziehungsfeld zwischen den Artikeln der Deutschen Reichsverfassung von 1919 und einigen Bestimmungen des Reichsschulgesetzentwurfes von 1927 (mit ihren Rekonfessionalisierungstendenzen) beleuchtet. Er macht selbst keinen eigenen Vorschlag, sondern verdeutlicht die zugrundeliegenden Schwierigkeiten, deren Erkenntnis Bedingung für jede konkrete Untersuchung und jeden Lösungsversuch sei, der nicht hinter den geschichtlich bereits erarbeiteten wissenschaftlichen Bewußtseinsstand

21 Was Spranger meint, wenn er diese Autonomie als „sekundäre Autonomie" bezeichnet, ist mir (W. Kl.) aus seinem Text nicht klar geworden.

zurückfällt (S. 145 ff.). Er stellt dabei zwei zentrale Erkenntnisse heraus: Erstens: Sofern der deutsche Staat als politisch-kulturelle Einheit trotz der Vielfalt und der Kontroversen der in ihm vertretenen Religionen und Weltanschauungen bejaht wird, kommt ihm das Recht und die Verpflichtung zur Festlegung von Gestaltungsprinzipien des Schulwesens zu, die jene Einheit gewährleisten; sie müssen u. a. an der historisch entwickelten „Idee von sozialer Gerechtigkeit im Bildungsrecht" (S. 146) orientiert sein, einem jener für den modernen Staat grundlegenden säkularen Werte, „die sich seit der Aufklärung herausgearbeitet haben" (S. 149). – Zweitens: Sofern Erziehung als ein Prozeß der „Erweckung" des individuellen sittlichen Gewissens und der freien Verantwortungsfähigkeit anerkannt wird und solange im Staat unterschiedliche religiös-weltanschauliche Gruppen vereint sind, kann die staatliche Schulgesetzgebung diesen Tatbestand des Pluralismus von Überzeugungen nicht übergehen. Ohne seine übergreifende, einheitstiftende Funktion aufgeben zu dürfen, muß er doch „den Weltanschauungen (i. w. S. d. W.; W. Kl.) in der Schulerziehung Rechnung tragen" (S. 152). Und zwar hätten *jene* Weltanschauungen, vor allem die religiösen Bekenntnisse – abgesehen von der begrenzten Möglichkeit der Gründung von Privatschulen – besonderen Anspruch auf Berücksichtigung im staatlichen Schulwesen, die, als „historische Mächte", den Staat

> „selbst geformt haben und deren Geist in ihm noch heute verweltlicht, aber lebendig weiterwirkt. Im demokratisch gebildeten Staatswillen selbst also lebt die dialektische Spannung verschieden gerichteter Weltanschauungen, und diese Spannung ist aus ihm nicht fortzubringen, solange rein weltliche und christlich-religiöse Weltanschauungen im allgemeinen Geistesleben unserer Zeit miteinander ringen." (S. 152)

Ob und wieweit Spranger es über diesen Problemaufriß hinaus für möglich hielt, bei eingehender Erörterung konkrete Entscheidungsalternativen, ihre Voraussetzungen und vermutlichen Folgen herauszuarbeiten oder sogar Empfehlungen für eine in der gegebenen Situation optimale schulpolitisch-schulrechtliche Lösung auszusprechen, bleibt in jenem Text offen.

In vergleichbarer Weise hat Spranger den mit der Frage „Staatsschulwesen und Weltanschauungen" eng zusammenhängenden Problemkomplex des Elternrechts, der Mitwirkungsrechte der „Erziehungsberechtigten" im öffentlichen Schulwesen, der „Gesinnungs- und Wissensfreiheit" aller „Erziehungsverpflichteten" (also auch der Berufserzieher einschließlich der Lehrer) als Bedingung wahrhaftiger Erziehung und als Problem entsprechender erziehungs- und schulrechtlicher Regelungen sowie als ein weiteres wichtiges Forschungsgebiet der Schulpolitik- und Schulverfassungstheorie gekennzeichnet (S. 152–160).

Spranger hat seinen originalen Entwurf später leider nicht systematisch fortgeführt, und bis heute gibt es in der deutschen Erziehungswissenschaft keine ausgearbeitete Konzeption ähnlich umfassender Art, wie sie ihm vorschwebte. Wenngleich solche Versuche heute auf einem weiterentwickelten Stand wissenschaftlicher

Erkenntnis über die *unterschiedlichen* Einflußmöglichkeiten erfolgen müßten, die den verschiedenen ökonomisch-gesellschaftlich-politisch-kulturellen Gruppen und Institutionen zur Verfügung stehen, die auf Schulpolitik, Schulrecht, Schulverfassung einwirken, so enthält Sprangers Grundriß (in der Sprache seiner Zeit) doch überraschend differenzierte und nach wie vor aktuelle Fragestellungen und Gesichtspunkte.

Aufgabe 4: Interpretations- und Vergleichsaufgabe

Vorbemerkung zu dieser Aufgabe:

In der **Aufgabe 3** ging es um einen Vergleich zwischen Nohls und Litts zentralen Aussagen zur Schultheorie.

Zwar setzt Spranger in dem im Abschnitt 10.2.4. behandelten Text aus dem Jahre 1928 den Akzent auf Schulpolitik, Schulrecht, Schulverfassung und Schulverwaltung, während es bei Nohl und Litt (in ihren unter 10.2.2. und 10.2.3. behandelten Beiträgen) primär um generelle Aufgaben und Funktionen der Schule ging. Aber auch bei Spranger kommen übergreifende pädagogische Kriterien der Gestaltung der Schule als Institution zur Sprache, die nach seiner Auffassung im historischen Entwicklungsprozeß gewonnen worden sind und die bei neuen schulpolitischen Entscheidungen über Schulrecht, Schulverfassung und Schulverwaltung berücksichtigt werden müßten. Daher kann man die Fragen der Vergleichsaufgabe nun im Hinblick auf Spranger in folgender Weise formulieren:

Wenn Sie bei der Lösung der Frage 1 in der Aufgabe 3 beim Vergleich zwischen Nohl und Litt eine Übereinstimmung oder mehrere Übereinstimmungen gefunden haben, prüfen Sie jetzt, ob Sie auch bei Spranger sinnentsprechende Aussagen finden und kennzeichnen Sie solche Aussagen ggf. stichwortartig hier und am Rande des Spranger-Abschnitts.

Unabhängig davon, ob Sie bei der Lösung der Frage 2 in der Aufgabe 3 zwischen Nohl und Litt einen oder mehrere Ihrer Auffassung nach wesentliche inhaltliche Unterschiede gefunden haben oder nicht, prüfen Sie bitte, ob Sie Unterschiede zwischen Spranger und Nohl und/oder Spranger und Litt feststellen können.

10.2.5 Erich Weniger

Wenigers Ansätze zu einer „Schultheorie", die er nirgends zusammenhängend dargestellt hat, die sich aber aus einer Reihe von Aufsätzen und einigen Elementen seiner „Theorie der Bildungsinhalte und des Lehrplans"[22] rekonstruieren lassen, sind 1968 von Gerhard Wehle in einer m. E. nach wie vor gültigen Studie herausgearbeitet worden[23]. Ich folge daher im wesentlichen der Darstellung Wehles, konzentriert auf die wichtigsten Momente.

Nicht nur aus seinen erziehungswissenschaftlichen Studien, sondern auch als Zeitzeuge der schulpolitischen Kämpfe der Weimarer Zeit, die um das in der Weimarer Verfassung geforderte, aber nie zustande gekommene Reichsschulgesetz geführt wurden, wußte Weniger, daß Schule „ein Politikum aller ersten Ranges, ein gesellschaftliches Phänomen"[24] ist. Ähnlich Dilthey, Nohl und Spranger sah er, daß die Entwicklung der Schule im europäischen Raum, deren frühmittelalterlichen Ursprüngen er eine spezielle historische Studie gewidmet hat[25], zunächst im Zusammenhang mit der Differenzierung der Ämter und Stände stand, später mit der schrittweisen Verselbständigung einzelner Kulturgebiete, nicht zuletzt der Wissenschaften gegenüber der Kirche, schließlich mit dem Aufkommen des modernen Macht- und Verwaltungsstaates. Dieser moderne Staat erklärte das Schulwesen im wesentlichen seit dem 18. Jahrhundert (in einigen Territorien schon im 17. Jahrhundert) zu seiner „Angelegenheit". Er konnte damit aber weder die Kirche noch die anderen „gesellschaftlichen Mächte" mit ihren schulpolitischen Interessen einfach in seinen Dienst stellen.

Weniger hob in diesem Zusammenhang zum einen hervor, daß der Schulentwicklungsprozeß sich gesellschaftlich „von oben nach unten" vollzogen habe, also zunächst nur die Jugend der höheren Klassen und Schichten („Stände"), später der mittleren und erst zuletzt auch der unteren Sozialschichten betraf. Zum anderen machte er deutlich, daß die Gestaltungselemente der Schule, die verschiedenen historischen Epochen und Impulsen entstammten, sich einerseits in den Unterschieden der einzelnen Schulformen, andererseits auch *innerhalb* einzelner Schulen, nämlich in ihrem oft spannungsreichen Ziel- und Fächergefüge, niederschlugen. Schule sei allerdings von Anfang an durch drei gemeinsame, formale Momente gekennzeichnet gewesen:

---

22 E. Weniger: Didaktik als Bildungslehre. Teil 1: Theorie der Bildungsinhalte und des Lehrplans (zuerst 1930). 9. Aufl. Weinheim 1971.

23 Gerhard Wehle: Schule, Lehrer und gesellschaftliche Mächte. In: I. Dahmer, W. Klafki (Hrsg.): Geisteswissenschaftliche Pädagogik am Ausgang ihrer Epoche – Erich Weniger. Weinheim 1968, S. 231–243.

24 Protokoll der Tagung des Instituts für Erziehung und Unterricht in Göttingen 1954. Kann die Begabung Kriterien für die Organisation der Schule liefern? Maschinenschr. Göttingen 1954, S. 89.

25 Das deutsche Bildungswesen im Frühmittelalter. In: Historische Vierteljahresschrift, 1936, S. 446–492.

durch „eine besondere methodische Bemühung, einen besonderen Träger der Erziehung als Lehrer oder Meister und eine räumlich-zeitliche Ausgliederung bestimmter Erziehungsvorgänge aus dem gewöhnlichen Umgang der Generationen“[26]. Zusammenfassend stellt er fest: „Schule ... war also ursprünglich keineswegs ‚eigenständig‘, sondern dem gelebten Leben und seinen Erfordernissen nachfolgend und sie ergänzend“, „partikular hinsichtlich ihrer Inhalte und im Hinblick auf den Kreis ihrer Besucher.“[27]

Mit dem Stichwort *„Eigenständigkeit“* ist nun eines der auch für Weniger zentralen Bestimmungsmomente der Schulproblematik in seiner Wirkungszeit, also in der Weimarer Republik und in den ersten zwölf Jahren der Bundesrepublik, benannt.

▸ **Lesehinweis**
Vergegenwärtigen Sie sich, wenn Sie es für notwendig halten, noch einmal die genauere Kennzeichnung dieses gemeinsamen Theorieelements aller Vertreter der GP in der Kurseinheit 2 dieses Kurses, Kapitel 6.3.: „Die relative Eigenständigkeit (relative Autonomie) der Erziehung in Theorie und Praxis“.

Seit der Herausbildung des pädagogischen Eigenständigkeitsprinzips in einem Prozeß, der vor allem durch Rousseaus pädagogische Ideen ausgelöst worden ist, insbesondere aber seit der mindestens partiellen Anerkennung dieses Prinzips in der Weimarer Verfassung, ist das Schulproblem durch eine spannungsreiche Grundbeziehung gekennzeichnet: Schule ist und bleibt, so betont auch Weniger, auf die Ansprüche der „gesellschaftlichen Mächte“ bezogen, weil die Aufwachsenden auf das Leben im Einflußfeld dieser Mächte schrittweise vorbereitet werden müssen und weil eben dies nur durch Erkenntnis und Auseinandersetzung mit den von jenen „Mächten“ vertretenen Inhalten, Formen, Fähigkeiten möglich ist. Aber diese Ansprüche der „gesellschaftlichen Mächte“, die insofern legitim sind, müssen, seitdem es das Bewußtsein von der eigenständigen Aufgabe der Erziehung in Verantwortung *für* den und *vor* dem jungen Menschen gibt, geprüft, transformiert, ggf. auch abgewiesen werden angesichts der Frage, ob und inwiefern sie dem Prozeß des Mündigwerdens, der Selbstbestimmungsfähigkeit dienen können. Die Wahrnehmung dieses eigenständigen, pädagogischen Auftrags werde allerdings, soweit er überhaupt schon durchgesetzt worden sei, immer wieder durch Tendenzen jener Mächte gefährdet, die ihre Interessen oft „ungefiltert“ in der Schule durchzusetzen versuchen[28]. Hier stellt sich die schwierige Frage, wer denn die relative Eigenständigkeit der Schule gegen solche Zugriffe und Eingriffe schützen solle. Wenigers Antwort ist bis 1933 an sei-

26 Zur Geistesgeschichte und Soziologie der pädagogischen Fragestellung (1936). Nachdruck in: Erziehungswissenschaft und Erziehungswirklichkeit, hrsg. v. H. Röhrs, Frankfurt/M. 1964, S. 353.

27 vgl. G. Wehle (s. Anm. 23), S. 232 f.

28 vgl. besonders E. Weniger: Die Autonomie der Pädagogik (1929). Jetzt in: E. Weniger. Ausgewählte Schriften zur Geisteswissenschaftlichen Pädagogik, hrsg. v. B. Schonig, Weinheim 1975, S. 11–27.

ne Auffassung vom Staat als einem Rechts-, Volks-, Kultur- und Erziehungsstaat gebunden, eine Auffassung, deren historische Vorläufer er in den Staatsvorstellungen der kurzen preußischen Reformzeit um 1810 sah. Die Weimarer Republik schien ihm, jedenfalls in ihrer Verfassung, diesem Staatsverständnis im Prinzip zu entsprechen.

Weniger rückte dabei die eigentümliche Doppelfunktion des Staates ins Zentrum seiner Argumentation[29]: einerseits sei er „Macht" neben anderen gesellschaftlichen „Mächten" und beanspruche daher die Berücksichtigung seiner Interessen insbesondere in den *Inhalten* des Schulunterrichts. *Insofern* müsse er es sich – aus pädagogischer Sicht gesehen – aber gefallen lassen, daß seine Forderungen an die Schule genauso wie die aller anderen gesellschaftlichen Mächte unter dem pädagogischen Kriterium der möglichen Übersetzung in bildungsgerechte Formen im Sinne des pädagogischen Eigenständigkeitsprinzips geprüft werden. – *Andererseits* könne nur der Staat – als moderner, republikanischer Verfassungsstaat, der seinen Bürgern ein Leben in Freiheit und Verantwortung und der nachwachsenden Generation eine entsprechende Erziehung ermöglichen soll und ermöglichen will – eben jene Freiheit der Schule zur Wahrnehmung ihres eigenständigen Auftrages gewährleisten, eine Freiheit, durch die der Staat sich selbst in seinem Einfluß auf die Schule Grenzen auferlege.

Weniger sah, daß seine Position mindestens in dreifacher Hinsicht weitreichende Konsequenzen haben mußte, m. a. W. Reformen erforderte, nämlich im Hinblick

- auf die *Lehrplangestaltung,*
- auf die Gestaltung des vom Staate selbst getragenen *Schulrechts,* der *Schulverwaltung* und der *Schulaufsicht* und
- im Hinblick auf die *Lehrerausbildung,* die grundsätzlich als akademische Ausbildung erfolgen müsse, weil nur dadurch allen Lehrern ein Bewußtseinsniveau ermöglicht werde, das sie zur Wahrnehmung ihres eigenständigen öffentlichen Amtes befähige[30].

In welchen *organisatorischen* Formen allerdings die Sicherung der pädagogischen Freiheit im Bereich der Lehrplangestaltung und in der Schulverwaltung sowie der Schulaufsicht erfolgen könne, dazu finden sich bei Weniger kaum konkrete Aussagen.

Nach 1945 revidierte Weniger sein bis 1933 ungebrochenes Vertrauen in die Selbstbegrenzungsbereitschaft eines demokratisch verfaßten Staates: Er stellte nun, wenngleich nur auf einer sehr allgemeinen Ebene der Erörterung, die Möglichkeit zur Diskussion,

29 E. Weniger: Theorie der Bildungsinhalte. a. a. O., S. 33 ff., S. 62 f.

30 Es ist hier nicht der Ort, um darzulegen, warum Weniger es wie fast alle anderen Vertreter der GP für zweckmäßig hielt, an der Differenzierung zwischen der Lehrerausbildung für höhere Schulen und für Volksschulen (Grundschule und Volksschuloberstufe bzw. später Hauptschule) festzuhalten, die Volksschullehrerbildung also nicht der Universität einzugliedern, sondern sie selbständigen pädagogischen Akademien (nach 1945: Pädagogischen Hochschulen) zuzuweisen.

> „den Ausgleich (gemeint ist zwischen den konkurrierenden Ansprüchen gesellschaftlicher Mächte an Erziehung und Schule; W. Kl.) **auf dem Felde der Erziehung selbst** durch eine **genossenschaftliche,** sich **weitgehend selbstverwaltende, kooperative Ordnung des Erziehungswesens** so zu ermöglichen, daß deren Eigenständigkeit gerade in der Vielfalt der Machtansprüche gewahrt bleibt." [31]

Ihm schwebte eine Art „Synodalverfassung des Erziehungswesens" vor (vgl. das Glossar-Stichwort „Synodalverfassung"), durch die

> „der Ausgleich zwischen den Rechten der Eltern, dem selbständigen Recht des Kindes, dem aus seiner pädagogischen Verantwortung erwachsenen Recht des Erziehers und Lehrers und den Rechten der Bildungsmächte gesucht werde." [32]

Leider hat Weniger die damit angesprochene Perspektive später nicht weiter verfolgt und konkretisiert. Auch solche „genossenschaftliche Selbstverwaltung" der Schule kann natürlich politisch wiederum nur durch den Staat abgesichert werden. Insofern berührte die Vorstellung von einer genossenschaftlichen Schulverfassung nicht den von Weniger als historische Errungenschaft verteidigten Beamtenstatus des Lehrers, einen Status, der Lehrerinnen und Lehrer aus der Abhängigkeit gegenüber partikularen Mächten (der Kirche, der politischen Gemeinde u. ä.) löste. Gleichzeitig sah Weniger aber, daß bis in seine Gegenwart hinein eine nicht minder fragwürdige Gestaltung dieses staatlichen Beamtenstatus des Lehrers nachwirkte, die aus dem Absolutismus stammte: die direkte Weisungsgebundenheit des Lehrers an den Staat bzw. die ihn jeweils bestimmten Inhaber der staatlichen Macht bzw. die ausführenden Organe im Bereich der *Schulaufsicht.* Demgegenüber forderte Weniger, den Lehrerberuf aus der übrigen Beamtenhierarchie auszugliedern und ihm als Amtsträger besonderer Art einen freien pädagogischen Entscheidungsspielraum zu sichern, weil das Amt des Lehrers zentral durch eine „unmittelbare erzieherische Verantwortung gegenüber dem Kind als Person und gegenüber der Würde und Freiheit des Menschen überhaupt" bestimmt sei[33].

Zwischenbemerkung – ein weiterführender Hinweis:

An dieser Stelle ist eine aktualisierende Zwischenbemerkung am Platze. Hinsichtlich seiner Überlegungen zu einer „genossenschaftlichen", sich weitgehend selbst verwaltenden, „kooperativen Ordnung des Erziehungswesens", vor allem des Schulwesens, kann Weniger der

31 E. Weniger: Der Erzieher und die gesellschaftlichen Mächte. Westermanns Päd. Beiträge 1953, S. 5, vgl. S. 6.

32 vgl. G. Wehle, a. a. O., S. 237.

33 E. Weniger: Der Lehrer als Staatsbeamter (1951). Wieder abgedruckt in: Ders.: Die Eigenständigkeit der Erziehung in Theorie und Praxis. Weinheim 1953, S. 526 ff.

Sache nach als ein Vorläufer einer Entwicklungstendenz betrachtet werden, die seit etwa zehn Jahren in der Schultheorie und der praktischen Schulentwicklung wachsende Bedeutung gewonnen hat. Gemeint ist ein neues Konzept von *„Schulentwicklung“*, dessen zentrales Element – internationalen Beispielen (etwa der Niederlande und Dänemarks) folgend – in der *Verlagerung erheblicher Entscheidungs- und Gestaltungskompetenzen auf die Ebene der Einzelschule* und *neu organisierter lokaler* (gemeindlicher und regionaler) *Schulausschüsse* besteht. Die zugespitzten Programmformeln lauten: „Die Einzelschule als Basis der Schulreform bzw. der Schulentwicklung“, „Autonomie bzw. Teilautonomie der Schule“ o.ä., und sie sind inzwischen durch exemplarisch erprobte neue Verfahren zur Planung, Durchführung, Qualitätssteigerung, Schulprogramm-Entwicklung, Selbstüberprüfung von Schulen konkretisiert worden. Das variable Konzept und seine Verwirklichung auf der Ebene einer zunehmenden Zahl von Schulen bzw. Schulbezirken und auf der Ebene einer weitgehenden Reform der Schulgesetze in einzelnen Bundesländern ist in den letzten Jahren erstaunlich weit vorangetrieben worden, so vor allem in Bremen, Hamburg, Hessen, Sachsen-Anhalt, z.T. auch in Nordrhein-Westfalen und Rheinland-Pfalz. Wenigers knapp skizzierter Vorschlag aus dem Jahre 1953 ist in diesem Zusammenhang m.E. nie erwähnt worden. Weitgehend scheint auch ein 1981 veröffentlichtes, weitaus detaillierteres Konzept, das von einem Ausschuß des Deutschen Juristentages vorgelegt worden ist, in Vergessenheit geraten zu sein. – Diese Hinweise sollen jedoch die Leistungen der erheblichen Zahl von Konzeptentwicklern und Praktikern nicht schmälern. Sie haben den Grundgedanken der „Basisorientierung“ auf der Prozeßebene weit über die älteren Vorschläge hinaus in praktikable Konzepte übersetzt und sie erprobt. Wenn diese Ansätze nicht durch Gegenbewegungen, etwa eine erneute Verstärkung und Verschärfung externer, „flächendeckender“ Leistungsüberprüfungen im Auftrag der staatlichen Schuladministration unterlaufen werden, könnte die konsequente Fortsetzung basisnaher Schulentwicklung der Beginn einer neuen Phase in der Geschichte der Pädagogisierung und Demokratisierung unseres Schulwesens werden[34].

► **Literaturhinweis**

Sofern Sie sich im Hinblick auf aktuelle Fragen bzw. neue Konzepte eingehender mit Fragen des Schulrechts bzw. der Schulverfassung, der Schulverwaltung und der Schulpolitik in Deutschland beschäftigen wollen, vor allem mit Vorschlägen, die bis heute nur in begrenzten Ansätzen verwirklicht worden sind, ist auf folgende Texte hinzuweisen:

34 Aus der inzwischen umfangreichen Buch- und Zeitschriftenliteratur zum Thema nenne ich hier nur zwei Titel von Hans-Günter Rolff, dem Leiter des Instituts für Schulentwicklungsforschung an der Universität Dortmund; er ist der wohl maßgeblichste Initiator und Förderer des „Schulentwicklungs-“ansatzes in Deutschland: H.-G. Rolff: Wandel durch Selbstorganisation. Weinheim 1993. – Ders. mit Koautoren: Manual Schulentwicklung. Weinheim 1998.

Deutscher Bildungsrat – Empfehlungen der Bildungskommission: Zur Reform von Organisation und Verwaltung im Bildungswesen. Teil I: Verstärkte Selbständigkeit der Schule und Partizipation der Lehrer, Schüler und Eltern. Bonn 1973. – Teil II: Bericht der Bildungskommission zur Reform von Organisation und Verwaltung: Fragen einer ziel- und programmorientierten Schulverwaltung unter besonderer Berücksichtigung des Ministerialbereichs. Bonn 1974.

Deutscher Juristentag: Schule im Rechtsstaat. Bd. I: Entwurf für ein Landesschulgesetz. Kommission Schulrecht des Deutschen Juristentages. München 1981.

Bildungskommission Nordrhein-Westfalen: Zukunft der Bildung – Schule der Zukunft. Denkschrift der Kommission „Zukunft der Bildung – Schule der Zukunft" beim Ministerpräsidenten des Landes Nordrhein-Westfalen. Neuwied 1985, Kapitel IV.2. „Verantwortung und Steuerung im öffentlichen Schulwesen", S. 151–215 und IV.6. „Strukturen und Koordination des Bildungsangebotes", S. 275–299.

Nach dieser Zwischenbemerkung kehre ich in den Zusammenhang der Ausführungen Wenigers über den Sinn des Prinzips der Eigenständigkeit im Hinblick auf die Schule zurück. Wie für Dilthey und Spranger, so galten auch für Weniger die notwendigen politischen, rechtlichen und institutionellen Regelungen und die geforderten Reformen im Bereich der Schulverwaltung und der Schulaufsicht als Bedingungen für den seiner Auffassung nach entscheidenden schulpädagogischen Auftrag, die *innere* Schulreform.

Die Schul*organisations*problematik kommt in Wenigers schultheoretischen Beiträgen erst in der Spätzeit in nennenswertem Maße, wenngleich wiederum nur begrenzt zur Sprache, und zwar vorwiegend im Zusammenhang mit seiner engagierten Mitarbeit im „Deutschen Ausschuß für das Erziehungs- und Bildungswesen" (seit 1953, vgl. das Glossar-Stichwort). Der 1959 verabschiedete „Rahmenplan" dieses Ausschusses „zur Umgestaltung und Vereinheitlichung des allgemeinbildenden öffentlichen Schulwesens"[35] ist von Weniger entscheidend mitgestaltet worden. Zu den wichtigsten, nach der Veröffentlichung des Gesamtvorschlages heftig umstrittenen schulorganisatorischen Vorschlägen gehörte die Empfehlung, daß der größte Teil der 11- bis 12-Jährigen nach der Grundschule eine zweijährige *„Förderstufe"* (mit möglichst begrenzter Kursdifferenzierung in wenigen Fächern ab Klasse 6) durchlaufen sollte. Erst danach sollte die Aufgliederung in „Hauptschule" (Klassen 7 bis 9), „Realschule" (Klassen 7 bis 10) und „Gymnasium" (Klassen 7 bis 13) erfolgen. Die Ausschußmehrheit setzte allerdings nach langen Debatten durch, daß für einen kleinen Teil der 11- bis 12-Jährigen (schätzungsweise 5 bis 10 %), die sich in der Grundschule als theoretisch überdurchschnittlich „begabt" erweisen würden, schon vom 5. Schuljahr an der Übergang in eine gesonderte *„Studienschule"* möglich sein sollte. Eine

35 Empfehlungen und Gutachten des Deutschen Ausschusses für das Erziehungs- und Bildungswesen. Folge 3: Rahmenplan zur Umgestaltung und Vereinheitlichung des allgemein-bildenden öffentlichen Schulwesens. Stuttgart 1959.

der entscheidenden Grundlagen des Förderstufenvorschlags war ein *„dynamischer Begabungsbegriff"*, wie ihn damals besonders der pädagogische Psychologe Heinrich Roth vertrat[36]. Weniger hatte diese Position schon auf einer von ihm angeregten Tagung zum Thema „Kann die Begabung Kriterien für die Organisation der Schule liefern?" (1954) befürwortet[37]. Ob Weniger auch zu jenen Mitgliedern des Deutsches Ausschusses gehört hat, die in einem Minderheitenvotum *gegen* die Mehrheitsentscheidung für die Einrichtung der „Studienschule" plädierten, müßte durch Quellenstudien geklärt werden.

10.2.6 Zusammenfassung: Kernaussagen und Grenzen geisteswissenschaftlicher Ansätze zur Schultheorie

Abschließend soll versucht werden, die Leistung der Ansätze zu einer geisteswissenschaftlichen Schultheorie, soweit sie in diesem Kapitel dargestellt werden konnten, thesenartig zusammenzufassen, zugleich aber die Grenzen zu markieren, über die die weitere Entwicklung der Schultheorie hinausgehen mußte bzw. hinausgehen muß.

1) Die GP sah die Entwicklung der Schule in ihrer Bedingtheit, aber auch als mitwirkendes Moment im umfassenden historischen Zusammenhang der ökonomisch-sozialen, politischen und kulturellen Entwicklung. Insbesondere hat sie drei Teilmomente in ihrer Bedeutung für diesen historischen Prozeß der Schulentwicklung betont:
   - die zunehmende Arbeitsteilung;
   - den gesellschaftlichen Ausbreitungsprozeß, m. a. W.: die zunehmende „Vergesellschaftung" erheblicher Teile der Erziehung in der Form der Schulerziehung „von oben nach unten";
   - die Entwicklung des modernen Staates, der seit dem 17. und besonders dem ausgehenden 18. Jahrhundert zunehmend gezielter und umfassender das Schulwesen zu seiner Angelegenheit machte und es damit schrittweise aus der zuvor völligen Abhängigkeit von „partikularen" Interessen der Kirchen, einzelner gesellschaftlicher Gruppen, Klassen, Schichten löste.
2) Die insgesamt überwiegend positive Deutung jenes neuzeitlichen Vorganges, in dem der Staat zum dominierenden Träger des Schulwesens wird, ist für die Geisteswissenschaftliche Pädagogik untrennbar mit dem Gedanken der *„relativen Autonomie" (Eigenständigkeit)* der Pädagogik in Theorie und Praxis verbunden. In dem Maße, in dem es gelingt, diesem Prinzip Geltung zu verschaffen, begrenzt der

36 H. Roth: „Wir müssen Intelligenz und Begabung unterscheiden" (1957) und „Die notwendigen Voraussetzungen zur Entfaltung einer Begabung" (1952), beide Ansätze in: H. Roth: Pädagogische Psychologie des Lehrens und Lernens. Hannover 1957, 16. Aufl. 1983, S. 139–158 bzw. 159–169.
37 vgl. Anm. 24

Staat nach dieser Deutung selbst seine Verfügungsmacht über die Schule, sichert ihr den Raum pädagogisch verantwortlicher Arbeit. – Die ursprünglich dominant optimistische Interpretation des Staates wird von einigen Vertretern der GP schon in der Spätphase der Weimarer Republik, insbesondere aber nach 1945 durch den Gedanken einer basisdemokratisch-„genossenschaftlichen" Schulverfassung relativiert; allerdings ist dieser Vorschlag von keinem Vertreter der GP detailliert entfaltet worden.

3) Daß der Staat selbst Ausdruck gesellschaftlicher, nicht zuletzt ökonomisch mitbedingter Machtverhältnisse ist, klingt – etwa bei Nohl und Weniger – als Einsicht mehrfach an. Dieser Tatbestand wird aber in seiner Bedeutung für die Schule und ihre *tatsächlichen* „Funktionen" in der Gesellschaft – etwa ihre Auslesefunktion, ihre über das Berechtigungswesen vermittelte Chancenzuteilungs-Funktion, ihre Integrationsfunktion in bestehende Verhältnisse – nicht deutlich herausgearbeitet. Hier setzten später gesellschaftskritische Schulanalysen und Schultheorie-Konzepte an.

4) Der unter 3 gekennzeichneten Erkenntnisgrenze der schultheoretischen Ansätze in der GP entspricht es, daß sie die Bedeutung des Schul*systems* (der „Schulorganisation") mit ihrer für Deutschland bzw. für die Bundesrepublik typischen Trennung zwischen dem allgemeinbildenden und dem berufsbildenden Schulwesen und innerhalb des ersteren der sozialselektiven Dreigliedrigkeit bzw., wenn man die Sonderschulen berücksichtigt, Viergliedrigkeit allenfalls in Ansätzen erfaßt hat. Sie hat folglich zwar historische Einzelstudien, aber keine kritischen Analysen oder Reformkonzepte vorgelegt, eine begrenzte Ausnahme bildet hier Weniger. – Sprangers originaler Entwurf einer umfassenden Schulpolitik- und Schulverfassungsforschung und -theorie wäre hier, wenigstens unter historischem und vergleichendem Aspekt, geeignet gewesen, Neuland zu erschließen, wenn Sprangers eigene, politisch/schulpolitisch konservative Auffassungen auch keine gesellschaftskritisch-demokratischen Konsequenzen hätten erwarten lassen.

   Die GP hat auf genereller Ebene das Wechselverhältnis von *„äußerer"* (organisatorischer) und *„innerer Schulreform"* erkannt. Sie entschärfte diese Erkenntnis aber dann doch dadurch, daß sie der *inneren Schulreform* eindeutig die größere Bedeutung zusprach.

5) Dem entspricht der geringe Stellenwert, den die *Binnenanalyse der Schule als Institution* in den schultheoretischen Ansätzen der GP hatte: etwa die meistens hierarchische Form der Schulleitung, die Ausklammerung der Möglichkeit kollegialer Schulleitung, die Fragwürdigkeit der 45-Minuten-Schulstunde als vorherrschender zeitlicher Organisationsform mit ständigem Fächerwechsel, die Fragwürdigkeit der Zensierungspraxis, der Mangel an Teambildung innerhalb der Kollegien usw.

Trotz der aufgewiesenen Grenzen der schultheoretischen Beiträge der GP bleibt – über die Formulierung nach wie vor gültiger Fragestellungen und die Entwicklung einzelner Erkenntniszusammenhänge hinaus – ihr Grundgedanke richtungweisend, daß eine erziehungswissenschaftlich begründbare Schultheorie nur von einem „eigenständigen" historisch-pädagogischen Aufgabenbewußtsein aus entfaltet werden kann.

Aufgabe 10: Abschließende Aufgabe zum Kapitel 10

Gesamtvergleich der schultheoretischen Beiträge der Hauptvertreter der GP: Weitgehende Übereinstimmungen und wesentliche Unterschiede dieser Pädagogen hinsichtlich der Aufgaben und der gesellschaftlichen Funktionen der Schule.

Beurteilen Sie die 6 in der linken Spalte der S. 381/382 aufgeführten Standpunkte unter den Gesichtspunkten, die in den beiden Spalten auf der rechten Hälfte genannt werden. Beachten Sie bitte die vorstehende „Empfehlung zur Beantwortung der Aufgabe!" Tragen Sie jeweils einen oder mehrere Namen der Hauptvertreter der GP in eine der beiden Antwortspalten ein bzw. lassen Sie sie frei.

Für den gleichen Pädagogen können mehrere der 6 aufgeführten Standpunkte zutreffen; es ist auch möglich, daß für den gleichen Autor nach Ihrer Einschätzung gilt, daß Sie seine Auffassung zu mehreren der 6 Gesichtspunkte nicht mit hinreichender Sicherheit einschätzen können.

Lesehinweis:
Lesen Sie bitte zunächst die in der linken Spalte des folgenden Schemas genannten Gesichtspunkte 1–6, dann die beiden vorgegebenen Antwortmöglichkeiten, die in den beiden Textspalten rechts stehen.

Empfehlung zur Beantwortung der Aufgabe:
Es ist zweckmäßig, wenn Sie zunächst Ihre Antworten auf die 6 Fragen auf einem gesonderten Blatt vorläufig, ohne noch einmal in den Kurstext zu schauen, notieren. Erst danach sollten Sie Ihre vorläufigen Antwortversuche am Kontext überprüfen, ggf. ändern oder ergänzen und sie dann in die Spalten der Kurseinheit übertragen.

	Diese Auffassung vertritt folgender Autor/vertreten folgende Autoren der in dieser Kurseinheit behandelten Pädagogen der GP. (ggf. mit Zusätzen wie „bis 1933", „nach 1945" o. ä.)	Für folgenden Autor/folgende Autoren läßt sich die Frage anhand des Kurstextes m. E. nicht mit hinreichender Sicherheit beantworten.
1. Die Schule ist eine Funktion (ein Funktionsträger) der jeweiligen Gesellschaft und Kultur und der vorgegebenen staatlichen Ordnung. Sie soll die nachwachsende Generation in diese objektiven Zusammenhänge einführen und eingliedern.		
2. Der Schule muß im Hinblick auf die Aufgabe, die Entwicklung zur „Mündigkeit", zur Selbständigkeit und Eigenverantwortlichkeit jedes jungen Menschen zu fördern, eine relative pädagogische Eigenständigkeit (relative pädagogische Autonomie) zuerkannt werden, obwohl die Schule auch auf gesellschaftliche und politische Verhältnisse, kulturelle Traditionen und Anforderungen der Berufs- bzw. Arbeitswelt bezogen bleiben muß.		
3. Schule soll ausschließlich als Ort des Unterrichts (des Lehrens und des durch Lehre angeleiteten Lernens) gestaltet werden. Spiel, außerunterrichtliches sogen. „Schulleben", Ermöglichung sozialer Kontakte und ähnliche Aufgaben/Aktivitäten sind zwar wesentliche Erfahrungs- und Lernformen für die kindliche/jugendliche Gesamtentwicklung, aber sie haben ihren Ort nicht in der Schule. In der Schule können diese Erfahrungsformen allenfalls am Rande eine Rolle spielen.		
4. Schule soll sich auf die Einführung in die historisch überlieferte Kultur und Gesellschaft konzentrieren, aber so, daß sie die Kinder und Jugendlichen nicht auf das historisch Vorgegebene, auf die jeweilige Gegenwart festlegt, sondern ihnen zukünftige Entscheidungsmöglichkeiten offenläßt. Jedoch gehören Vorgriffe auf zukünftige, vermeintlich bessere Möglichkeiten nicht zu den Aufgaben der Schule, selbst dann nicht, wenn sie *ohne* die Absicht erfolgen, Kinder und Jugendliche auf solche Zukunftsziele bzw. -perspektiven festzulegen.		
5. Schule sollte ein Ort sein, an dem Kinder und Jugendliche die Möglichkeit erhalten, sich möglichst unbeeinflußt von den oft fragwürdigen gesellschaftlichen, politischen, kulturellen Traditionen und gegenwärtigen Verhältnissen aus eigenem Antrieb ihre eigenen, individuellen, alters- und gruppenspezifischen Interessen und Fähigkeiten zu entwickeln. Darin sollte Schule sie unterstützen. Einflüsse aus der außerschulischen Wirklichkeit sollten auf das unbedingt Notwendige bzw. Unvermeidliche reduziert werden.		

	Diese Auffassung vertritt folgender Autor/vertreten folgende Autoren der in dieser Kurseinheit behandelten Pädagogen der GP. (ggf. mit Zusätzen wie „bis 1933", „nach 1945" o. ä.)	Für folgenden Autor/folgende Autoren läßt sich die Frage anhand des Kurstextes m. E. nicht mit hinreichender Sicherheit beantworten.
6. Schule soll – über die Einführung in die gegebenen gesellschaftlichen, politischen, kulturellen Verhältnisse und ihre historischen Wurzeln hinaus – in der Form der „Vorwegnahme" auch mögliche und wünschenswerte Veränderungen in Kultur, Gesellschaft, Staat zur Sprache bringen, ohne die Kinder und Jugendlichen dabei auf bestimmte Zukunftsvorstellungen festzulegen.		

Literaturverzeichnis (Kapitel 11)

I. Primärliteratur

1. Haupttexte Wenigers zur Didaktik

Didaktik als Bildungslehre. Teil 1: Theorie der Bildungsinhalte und des Lehrplans. 1. Aufl. Weinheim 1952, 9. Aufl. 1971.

Wiederabdruck in: E. Weniger: Ausgewählte Schriften. Zur Geisteswissenschaftlichen Pädagogik. Ausgewählt und mit einer editorischen Notiz versehen von Bruno Schonig. Weinheim 1990, S. 199–294.

Bei dem eben genannten Text handelt es sich um die überarbeitete und erweiterte Fassung einer Erstveröffentlichung unter dem Titel „Die Theorie des Bildungsinhalts", die im Band III des „Handbuchs der Pädagogik", hrsg. von H. Nohl und L. Pallat, Langensalza 1930, S. 3–55 erschien.

Didaktische Voraussetzungen der Methoden in der Schule. Didaktik als Bildungslehre. Teil 2. – Wiederabdruck in: E. Weniger: Ausgewählte Schriften, hrsg. von B. Schonig, s. vorher, S. 295–366.

Unter den Beiträgen, die die beiden vorher genannten didaktischen Hauptschriften Wenigers ergänzen und z. T. Ansätze zu Veränderungen enthalten, seien hier folgende genannt:

Bildung und Persönlichkeit: In: Die Sammlung, 6. Jg. 1951, S. 216–229. – Wiederabdruck in: E. Weniger: Die Eigenständigkeit der Erziehung in Theorie und Praxis. Weinheim 1953, S. 123–140.

Der Erzieher und die gesellschaftlichen Mächte. In: Westermanns Pädagogische Beiträge, 5. Jg. 1953, H. 1, S. 1–6. – Wiederabdruck in: E. Weniger: Erziehung, Politik, Geschichte. Politik, Gesellschaft, Erziehung in der Geisteswissenschaftlichen Pädagogik. Ausgewählt und kommentiert von Helmut Gassen. Weinheim/Basel 1990, S. 94–105.

Bildsamkeit und Bildungserbe in unserer Zeit. In: Erziehung zur Menschlichkeit. Die Bildung im Umbruch der Zeit. (Festschrift zu E. Sprangers 75. Geburtstag) Tübingen 1957, S. 325–338. – Wiederabdruck in: E. Weniger: Ausgewählte Schriften. Zur Geisteswissenschaftlichen Pädagogik. Ausgewählt und mit einer editorischen Notiz versehen von B. Schonig. Weinheim 1990, S. 187–198.

Der Rahmenplan des Deutschen Ausschusses für das Erziehungs- und Bildungswesen. Zur Umgestaltung und Vereinheitlichung des allgemeinbildenden öffentlichen Schulwesens. In: Zeitschrift für Pädagogik, 5. Jg. 1959, S. 337–352.

2. Beiträge Wenigers zur Bereichs- und Fachdidaktik: Geschichtsunterricht und politische politische bzw. staatsbürgerliche) Bildung

Neue Wege im Geschichtsunterricht. Mit Beiträgen von Hermann Heimpel und Hermann Körner, Frankfurt/M. 1949, 2. Aufl. 1957.

Didaktik. Literaturbericht. In: Geschichte in Wissenschaft und Unterricht, 5. Jg., H. 9/ 1954, S. 559–562.

Zur Frage der staatsbürgerlichen Erziehung. (Erstdruck 1929), 2., durch ein Nachwort erweiterte Auflage, Oldenburg 1952.

Politische und mitbürgerliche Erziehung. In: Die Sammlung, 7. Jg. 1952, S. 304–317.

Politische Bildung und staatsbürgerliche Erziehung. Zwei Denkschriften. In der Reihe „Weltbild und Erziehung", Nr. 7, Würzburg 1954.

Die Forderungen der Pädagogik an die politische Bildung. In: Beiträge zur Wochenzeitung „Das Parlament", Bd. XXVII 1955, 14. Sept., S. 557–561.

Die Notwendigkeit der politischen Erziehung. In: Erziehung wozu? Eine Vortragsreihe. Stuttgart 1956, S. 125–134.

II. Sekundärliteratur

Das Kapitel 11 dieses Studienbriefes enthält die ausführlichste Interpretation der Didaktik Wenigers, die bisher vorgelegt worden ist. Diese Darstellung beruht – ergänzt, überarbeitet und fernstudiendidaktisch gestaltet – auf meinem Beitrag „Didaktik" zur Auslegung der Hauptbereiche des pädagogischen Werkes Erich Wenigers, die 1959 von einem Kreis seiner akademischen Schülerinnen und Schüler veröffentlicht wurde:

Geisteswissenschaftliche Pädagogik am Ausgang ihrer Epoche – Erich Weniger, hrsg. von Ilse Dahmer und Wolfgang Klafki, Weinheim 1968: Darin: Klafki: Didaktik. S. 137–173.

III. Ergänzende Hinweise auf Beiträge anderer Vertreter der Geisteswissenschaftlichen Pädagogik zur Didaktik (einschließlich ihrer bildungstheoretischen Grundlegung)

Herman Nohl

Die pädagogische Bewegung und ihre Theorie. 3 und 4. Aufl. Frankfurt/M. 1949 bzw. 1957, Hauptabschnitt VI: Bildungsgehalte und Bildungsformen, S. 180–218.

Die Polarität in der Didaktik (1931). Wiederabdruck in: H. Nohl: Pädagogik aus 30 Jahren. Frankfurt/M. 1949, S. 86–97.

Der Bildungswert fremder Kulturen (1928). wie vorher, S. 112–123.

Die Geschichte in der Schule (1923). wie vorher, S. 62–74.
Die Philosophie in der Schule (1922). wie vorher, S. 75–85.
Schule und Alltag (1930). wie vorher, S. 112–123.
Bildung und Alltag (1929). wie vorher, S. 124–132.

Wilhelm Flitner

vgl. die Literaturhinweise auf S. 390 f. dieses Kapitels

Eduard Spranger

Grundlegende Bildung – Berufsbildung – Allgemeinbildung, hrsg. v. J. H. Knoll, Heidelberg 1965.
Pädagogische Perspektiven (1950). 6., seit der 3. (1955) erweiterte Auflage, Heidelberg 1960. Darin: „Innere Schulreform" (S. 58–71) und „Die Fruchtbarkeit des Elementaren" (S. 87–92).

Theodor Litt

Geschichte und Leben – Probleme und Ziele kulturwissenschaftlicher Bildung (zuerst 1917), 3., nochmals überarbeitete Aufl. Leipzig/Berlin 1925.
Möglichkeiten und Grenzen der Pädagogik. Leipzig/Berlin 1926. Darin: Die philosophischen Grundlagen der staatsbürgerlichen Erziehung (1924). Lehrfach und Lehrerpersönlichkeit (1918). Wissenschaft und höhere Schule (1921). Gedanken zum „kulturkundlichen" Unterrichtsprinzip (1925).
Das Bildungsideal der deutschen Klassik und die moderne Arbeitswelt (1955). 6. erw. Aufl. 1959. Ab 1959 Bochum, dort 3. Aufl. 1964.
Naturwissenschaft und Menschenbildung (1952). 4. erw. Aufl. Heidelberg 1963.
Technisches Denken und menschliche Bildung. Heidelberg 1957, 3. verb. Aufl. 1960.

Zu den genannten Arbeiten vgl. die entsprechenden Kapitel bzw. Abschnitte in:

W. Klafki: Die Pädagogik Theodor Litts – Eine kritische Vergegenwärtigung. Königstein 1982.

Fritz Blättner

Die Methoden des Unterrichts in der Jugendschule. 2. überarbeitete Aufl. (der 1. Aufl. 1937), Weinheim 1963

Georg Geißler

Das Problem der Unterrichtsmethode in der pädagogischen Bewegung, bearbeitet und eingeleitet von G. Geißler, zuerst 1952, 8. Aufl., Weinheim 1970.

Friedrich Copei

Der fruchtbare Moment im Bildungsprozeß (1930). 9. Aufl. Heidelberg 1969.

Gottfried Hausmann

Didaktik als Dramaturgie des Unterrichts. Heidelberg 1959.

Lernziele (Kapitel 11)

Nach der Lektüre des Kapitels 11 sollten Sie in der Lage sein, zu folgenden Fragen Stellung zu nehmen:

- Wie bestimmt Weniger den Unterschied zwischen den Begriffen „Didaktik im weiteren Sinne" und „Didaktik im engeren Sinne"
- und wie bestimmt er das Verhältnis von „Didaktik im engeren Sinne" und „Methodik"?

Sie sollten

- Aussagen darüber machen können, wie Weniger das Verhältnis von Lehrenden und Lernenden im schulischen Unterricht kennzeichnet,
- angeben, ob für Sie nach der Beschäftigung mit dem Kapitel 11 Fragen hinsichtlich des Verhältnisses von Lehrenden und Lernenden im schulischen Unterricht offengeblieben sind,
- einige der (nach Wenigers Auffassung) zentralen Bestimmungen der Didaktik i. e. S. nennen können, m. a. W. zur Frage Stellung nehmen, welches der „Gegenstand", das Aufgabengebiet der Didaktik i. e. S. nach Weniger ist und welche Aufgabe die Didaktik im Hinblick auf die Tätigkeiten von Lehrenden und Lernenden hat,
- *die* oder einige der nach Weniger auf den Inhalt von Lehrplänen einwirkenden „Mächte" nennen und angeben können,
- welches nach Weniger die Aufgabe der Didaktik i. e. S. bei der Lehrplangestaltung angesichts der Forderungen bzw. Erwartungen jener „Mächte" ist, überdies
- die doppelte Funktion des Staates im Prozeß der Formulierung von Lehrplänen und ihrer In-Kraft-Setzung kennzeichnen.
- Ggf. sollten Sie abschließend formulieren, wo Sie nach Ihrer Beschäftigung mit diesem Kapitel Grenzen, nicht erörterte Probleme oder Unklarheiten bei Weniger bzw. in meiner Darstellung (als Kursautor) sehen.

11 Das Problem der Didaktik in der GP am Beispiel der Didaktik Erich Wenigers

11.1 Einführende Bemerkungen

Versteht man unter Didaktik die Erforschung und Theoriebildung im Hinblick auf Lehren und Lernen in der Form des Unterrichts in Schulen oder in schulähnlichen Einrichtungen, in denen unterrichtet wird, so ist zunächst festzustellen, daß alle Hauptvertreter der GP, die in diesem Kurs ausführlich zur Sprache kommen, darüber hinaus aber viele ihrer akademischen Schülerinnen und Schüler, die innerhalb dieses Kurses nicht oder nur kurz erwähnt werden können, sich zu didaktischen Problemen mehr oder minder ausführlich geäußert und kleinere oder größere Veröffentlichungen dazu vorgelegt haben. Des engen Zusammenhanges zwischen Schultheorie und Didaktik wegen, tauchen Aussagen über Fragen der Didaktik besonders oft dort auf, wo Vertreter der GP zu Aufgaben, Problemen, Reformansätzen im Bereich der Schule Stellung genommen haben, aber z.B auch im Rahmen von Erörterungen zur Erwachsenenbildung.

▶ **Lesehinweis**
Vergegenwärtigen Sie sich gegebenenfalls vor dem Weiterlesen noch einmal die knappen Ausführungen über „Schultheorie“ und „Didaktik“ im vorangehenden Kapitel 10, Abschnitt 10.1, S. 349–350.

Zu einem der deutlich erkennbaren *Schwerpunkte* im Rahmen ihres Gesamtwerkes ist das Problemfeld „Didaktik“ nur bei zwei Begründern der GP geworden: bei Erich Weniger und Wilhelm Flitner.

Der in diesem Studienkurs zur Verfügung stehende Raum erlaubt es nicht, *beide* Autoren unter dem Gesichtspunkt der Didaktik relativ ausführlich darzustellen. Ich habe mich für Weniger entschieden, weil er den Versuch gemacht hat, Grundzüge einer *Allgemeinen Didaktik,* m. a. W.: einer *Theorie der Didaktik* zu entwerfen. Diese Theorie hat lange Zeit eine erhebliche Rolle in der deutschen Didaktik-Diskussion, vor allem nach 1945, gespielt.

W. Klafki, *Geisteswissenschaftliche Pädagogik*, Neuere Geschichte der Pädagogik,
https://doi.org/10.1007/978-3-658-37172-2_13

Flitners Interesse richtete sich im Bereich der Didaktik im Unterschied (aber nicht im Kontrast!) zu Weniger vor allem auf zwei Dimensionen:

- zum einen auf das Methodenproblem, und zwar im Rahmen der umfassenden, über die Probleme der *Unterrichtsmethoden* hinausgreifenden Frage nach den „Pädagogischen Wegen" im Gesamtbereich der Erziehung;
- zum anderen auf den Entwurf konkreter, meistens Schulart- oder schulstufenspezifischer Lehrplankonzepte für bestimmte Schularten, wobei er jeweils die Einbettung solcher Entwürfe in die abendländische Geistesgeschichte betonte, und zwar im Sinne einer reformorientieren Aneignung der aus der abendländischen Tradition stammenden großen Impulse: Antike, Christentum, Aufklärung, deutsche Klassik und Romantik, Kulturkritik seit dem ausgehenden 19. Jahrhundert, internationale Reformpädagogik der ersten Jahrzehnte des 20. Jahrhunderts. Dabei ging es Flitner immer um die produktive Weiter- und Umbildung der Impulse jener abendländischen Quellen im Hinblick auf die jeweilige Gegenwart und sich abzeichnende zukünftige Aufgaben.

Zur *ersten* Dimension: Flitners wichtigste Schrift zum pädagogischen Methodenproblem, auf die Weniger mehrfach als Pendant zu seiner Didaktik verwiesen hat, ist seine „Theorie des pädagogischen Wegs und der Methode". Die Erstfassung dieses Textes erschien 1928 innerhalb des von Nohl und Pallat herausgegebenen „Handbuchs der Pädagogik", Bd. III, unter dem Titel „Theorie des pädagogischen Weges und Methodenlehre" (Langensalza 1928, S. 59–118) und in überarbeiteter Form unter dem Titel „Theorie des pädagogischen Wegs und der Methode", Weinheim 1950, seit der 4. Auflage (1958) unter dem gekürzten Titel „Theorie des pädagogischen Weges" (in 8. Aufl. 1968).

► **Hinweis:**
Flitners Schrift habe ich ausführlich innerhalb eines zweiten Fernstudienkurses zur GP dargestellt. Er erschien, in vier Kurseinheiten gegliedert, 1982 bzw. 1984 unter dem Titel „Der Erziehungs-/Bildungsprozeß und das Problem der pädagogischen Methoden in der Sicht der GP", Kurseinheiten 1 und 2, Hagen 1982, Kurseinheiten 3 und 4, Hagen 1984.

Zur *zweiten* Dimension: Die wichtigsten Lernplankonzepte Flitners sowie Veröffentlichungen über ihre geistesgeschichtlichen Grundlagen und über einzelne Fächer bzw. Fächergruppen findet man in folgenden Publikationen:

- Die Geschichte der abendländischen Lebensformen. München 1967. (Eine frühere Fassung dieses Buches publizierte Flitner unter dem Titel „Europäische Gesittung". Zürich/Stuttgart 1961.)
- Die vier Quellen des Volksschulgedankens. Hamburg 1949.

- Hochschulreife und Gymnasium. Heidelberg 1959.
- Die gymnasiale Oberstufe. Heidelberg 1961.

Weitere Beiträge enthalten die Aufsatzsammlungen:

- Grund- und Zeitfragen der Erziehung und Bildung. Stuttgart 1954 und
- Grundlegende Geistesbildung. Heidelberg 1965.

Im ausführlicheren Literaturverzeichnis am Anfang dieser Kurseinheit 5 finden Sie weitere Hinweise auf Beiträge zur Didaktik von Autoren, die der GP zuzurechnen sind, in diesem Kurs aber nicht ausdrücklich berücksichtigt werden können.

Biographisch gesehen hat Weniger vor allem über Untersuchungen zur Didaktik des Geschichtsunterrichts den Zugang zur wissenschaftlichen Pädagogik gewonnen: Es war die Göttinger Habilitationsschrift „Die Grundlagen des Geschichtsunterrichts" vom Jahre 1926, die Weniger zuerst als *Erziehungswissenschaftler* auswies; die *Didaktik des Geschichtsunterrichts* und die verwandte *Problematik der politischen Bildung* sind unter den *Fachdidaktiken* dann auch weiterhin diejenigen geblieben, denen Weniger das stärkste Interesse widmete. Schon der Untertitel der Habilitationsschrift – „Untersuchungen zu einer geisteswissenschaftlichen Didaktik" – enthielt aber einen deutlichen Hinweis auf die grundsätzlichere Frage einer *Allgemeinen Didaktik.*

Dieses Problem nahm Weniger dann auf, als Herman Nohl ihn bat, für den 3. Band des von Nohl und Pallat in Angriff genommenen „Handbuchs der Pädagogik", der die „Allgemeine Didaktik und Erziehungslehre" einschließlich der „Didaktik der geistigen Grundrichtungen" umfassen sollte, den einleitenden, grundlegenden Beitrag zu schreiben, die „Theorie des Bildungsinhalts". Der dritte Handbuch-Band erschien 1930. – 1952 veröffentlichte Weniger eine überarbeitete und wesentlich erweiterte Fassung seines Handbuch-Beitrages als selbständiges Buch, nun mit dem Untertitel „Teil 1: Theorie der Bildungsinhalte und des Lehrplans". Dieser Text erreichte dann bis 1971 neun Auflagen und wurde 1990 noch einmal im letzten Band einer Ausgabe „Ausgewählte Schriften" Wenigers abgedruckt[38]. – Als Teil 2 der „Didaktik als Bildungslehre" legte Weniger 1960 eine Broschüre mit drei thematisch verknüpften, jedoch jeweils selbständigen Abhandlungen unter dem Titel „Didaktische Voraussetzungen der Methode in der Schule" vor[39].

38 E. Weniger: Didaktik als Bildungslehre. Teil 1: Theorie der Bildungsinhalte und des Lehrplans. 1. Aufl. Weinheim 1952, 9. Aufl. 1971. – Nach dieser Ausgabe wird, wenn keine anderen Angaben erfolgen, im weiteren zitiert (mit Angabe der Seitenziffern im laufenden Text). – Wiederabdruck in: E. Weniger: Ausgewählte Schriften. Zur Geisteswissenschaftlichen Pädagogik. Ausgewählt und mit einer editorischen Notiz versehen von Bruno Schonig, Weinheim 1990, S. 199–294.

39 E. Weniger: Didaktische Voraussetzungen der Methode in der Schule. (Didaktik als Bildungslehre, Teil 2). Weinheim 1959. – Wiederabdruck in: E. Weniger. Ausgewählte Schriften. vgl. Anm. 38, S. 295–366.

Weniger hat in den Einleitungen zur neuen Fassung seiner „Theorie der Bildungsinhalte und des Lehrplans" nachdrücklich sein erziehungswissenschaftliches Selbstverständnis zum Ausdruck gebracht.

> „In dem Zusammenhang der pädagogischen Bewegung und der erneuerten Wissenschaftstheorie ist es … angelegt, daß eine solche Didaktik [gemeint ist: eine Didaktik auf dem Erkenntnisniveau der neueren Erziehungswissenschaft, d. Verf.] nur eine geisteswissenschaftliche sein kann." (S. 5)

Zwei Begründungsmomente sind es also, auf denen diese Didaktik im Sinne der GP basiert „die Pädagogische Bewegung" und die „erneuerte Wissenschaftstheorie".

Die „Pädagogische Bewegung" hat Weniger innerhalb der Didaktik und in zahlreichen anderen Arbeiten, insbesondere der Jahre zwischen 1923 und 1933, im Sinne Herman Nohls gedeutet. Er meinte damit zunächst den Zusammenhang der zahlreichen Strömungen und Gruppen, die etwa seit der Jahrhundertwende im öffentlichen und privaten Schulwesen, als sozialpädagogische Initiativen, in der freien Jugendarbeit und in der Erwachsenenbildung auf eine mehr oder minder radikale Veränderung der herkömmlichen Erziehungs- und Bildungspraxis drängte[40]. Nohl und Weniger deuteten diese pädagogische Reformbewegung als die dritte Phase einer großen geistesgeschichtlichen Strömung, die sie als *„Deutsche Bewegung"* bezeichneten[41]. Als die erste Phase der „Deutschen Bewegung" sehen Nohl und Weniger einen geistesgeschichtlichen Zusammenhang an, der – in den letzten Jahrzehnten des 18. Jahrhunderts einsetzend – vom „Sturm und Drang" über den Deutschen Idealismus zur Romantik reicht, und zwar in Dichtung und Philosophie einerseits, politischer Theorie sowie pädagogischer Praxis und Reflexion andererseits. Die Kulturkritik Nietzsches und Lagardes, Langbehns und Rudolf Hildebrands wird als die *zweite Phase* gedeutet (vgl. die Glossar-Stichworte zu den genannten Autoren). Bei Langbehn und Hildebrand habe die Kulturkritik bereits jene Wendung ins Pädagogische erhalten, die dann das gemeinsame Motiv aller Teilströmungen der *dritten* Phase, der Reformpädagogik im ersten Drittel des 20. Jahrhunderts gewesen ist.

---

40 H. Nohl: Die pädagogische Bewegung und ihre Theorie. 1. Aufl. innerhalb des „Handbuchs der Pädagogik" (5 Bände), hrsg. von H. Nohl und L. Pallat. Langensalza 1928–1933 (Nachdruck Weinheim 1966), dort in Bd. 1, S. 3–80 und 302–374. – 2. durchgesehene und mit einem Vorwort versehene Auflage Langensalza 1935; 3, mit einem weiteren Nachwort versehene Auflage Frankfurt/M. 1948, 4. unveränderte Auflage 1957.

41 H. Nohl: Die Deutsche Bewegung. Vorlesungen und Aufsätze zur Geistesgeschichte von 1770 bis 1830, hrsg. von O. F. Bollnow und F. Rodi. Göttingen 1970.

▶ **Lesehinweis**
Ggf. sollten Sie sich hier noch einmal die etwas ausführlicheren Informationen über den Zusammenhang von GP und „Pädagogischer Bewegung“ bzw. „Reformpädagogik“ in der Kurseinheit 1 dieses Kurses im Abschnitt 4.2. (S. 84–87) vergegenwärtigen.

Das *zweite* Element, das Weniger als Voraussetzung der von ihm in Angriff genommenen Allgemeinen Didaktik ansieht, bezeichnet er etwas unscharf als „die erneuerte Wissenschaftstheorie“. Faßt man den Zusammenhang der Schrift ins Auge und zieht man zur Deutung wissenschaftstheoretische Aussagen aus anderen Arbeiten Wenigers zurate, so kann kein Zweifel darüber bestehen, daß hier die Rezeption und Fortbildung der von Dilthey begründeten Theorie der Geisteswissenschaften gemeint ist, wie sie sich vor und nach dem Ersten Weltkrieg in der Geschichtswissenschaft und der Germanistik, z. T. auch in der Kunstwissenschaft und der Soziologie, nicht zuletzt aber innerhalb der Philosophie (Troeltsch, Spranger, Misch u. a.) und vor allem in der Pädagogik (Spranger, Litt, Nohl u. a.) vollzog.

▶ **Lesehinweis**
Es wäre zweckmäßig, wenn Sie sich vor dem Weiterlesen noch einmal die wichtigsten Merkmale der Auffassung Diltheys vom besonderen Wissenschaftscharakter der Geisteswissenschaften in Erinnerung rufen würden (vgl. dazu den Abschnitt 5.6.3 (S. 133 ff.) in der Kurseinheit 2 dieses Studienkurses).

11.2 Wenigers Hauptthesen zur wissenschaftstheoretischen Kennzeichnung seiner Didaktik

Für Nohls wie für Wenigers Selbstverständnis als Erziehungswissenschaftler (und somit für Wenigers Didaktik) ist es charakteristisch, daß beide die pädagogische Reformbewegung und die in der Nachfolge Diltheys sich entfaltende Methodologie der Geisteswissenschaften in eine innige Verbindung brachten. Erst diese Begründung der Geisteswissenschaften ermöglichte ihrer Auffassung nach eine pädagogische Theorie (und in ihrem Rahmen eine Didaktik), die ihrem „Gegenstande“, der geschichtlichen Erziehungswirklichkeit, gerecht werden kann. Diese Theorie sollte nicht nur die geschichtlich gewordene Erziehungswirklichkeit bis zu ihrer gegenwärtigen Ausprägung verständlich machen, also die gestaltenden Motive und die Objektivierungen und Institutionen mit Hilfe hermeneutischer Methoden beschreiben und deuten. Zugleich sollte sie den in der Gegenwart in pädagogischen Verantwortungen und Ämtern stehenden einzelnen Menschen und Gruppen zur Klärung ihrer Motive, ihrer Situation, ihrer Handlungsmöglichkeiten und Wirkungsgrenzen verhelfen. Als Voraussetzung einer angemessenen pädagogischen Theorie – hier: einer den Zusammenhang von Lehre und Lernen erfassenden *didaktischen* Theorie – galt Weniger, in sachlicher Übereinstimmung mit Nohl,

> „das Eintreten der Theorie in die konkrete lebendige Fragestellung der Praxis, die Teilnahme der Theorie an dem pädagogischen Tun ...“ (S. 16) „Die Theorie ist hier ... ein Bestandteil der Praxis, und zwar nicht nur so, daß sie in ihrer Fragestellung auf die Erziehungswirklichkeit bezogen ist, sondern auch in ihrem Willen, die Praxis vorwärtszutreiben, in ihrer finalen Energie, wie Nohl das genannt hat.“ (S. 16)

An dieser Stelle schalte ich einen aktualisierenden Hinweis ein: Eben diese Zielsetzung der Didaktik Wenigers, „engagierte Theorie“ zu sein, „hermeneutisch-pragmatisch“ zu verfahren, wie Wilhelm Flitner es später formulierte[42], ist einer der strittigen Punkte in der gegenwärtigen Diskussion des Didaktik-Problems wie der Diskussion um die Weiterentwicklung der Erziehungswissenschaft überhaupt. Das Motiv der seit den 70er Jahren oft gestellten skeptischen Frage, ob Wenigers Deutung der Didaktik auch für die heutige Pädagogik noch maßgeblich sein kann, ist die Bemühung um einen höheren Grad an Rationalität, an exakter, u. a. durch empirische Forschung überprüfbarer Sicherung der Ergebnisse didaktischer Forschung; einer solchen „Ergebniskontrolle“ aber scheint das betont praktisch-pädagogische Engagement der Erziehungswissenschaft und innerhalb ihrer auch der Didaktik Wenigers unüberwindliche Schwierigkeiten in den Weg zu legen.

Es ist hier nicht der Ort, diese bis heute zwischen verschiedenen Richtungen der Erziehungswissenschaft kontrovers diskutierte Problematik systematisch weiterzuverfolgen. Unzutreffend ist jedenfalls die Meinung, bei Weniger (wie in der GP überhaupt) läge bloße Begriffsverwirrung, ein grundsätzlicher Mangel an methodologischem Bewußtsein, eine unreflektierte Vermischung von Wissenschaft und praktisch-pädagogischen Intentionen vor. *Soviel* ist eindeutig nachweisbar: Weniger war der *reflektierten* Überzeugung, mit anderen Worten: es war ein Ergebnis seiner *wissenschaftstheoretischen* Überlegungen, daß pädagogische Theorie und Praxis in der skizzierten Weise verbunden sein mußten, mindestens sein *durften*, ohne daß die Theorie damit den Anspruch aufgeben müßte, „Wissenschaft“ zu sein, d.h rational diskutierbar und insofern im Prinzip überprüfbar zu sein.

Für Weniger ergaben sich im Hinblick auf das Unternehmen einer wissenschaftlichen Didaktik aus den genannten wissenschaftstheoretischen Voraussetzungen *sieben fundamentale Folgerungen:*

42 W. Flitner: Das Selbstverständnis der Erziehungswissenschaft in der Gegenwart. 2. ergänzte Aufl., vgl. bes. S. 22 ff.

Erstens: Der *Ausgangspunkt* einer geisteswissenschaftlichen Didaktik

> „liegt in der Gegebenheit des Lehrgefüges, in der Bildungssituation, wie sie in der Erziehungswirklichkeit jeweils vorgefunden wird, und nicht in der Theorie selbst oder in Prinzipien." (S. 6)

Der letzte Teilsatz („… und nicht …") will sagen: Diese Theorie kann nicht auf außerhalb der zu untersuchenden Wirklichkeit liegende Axiome, Sätze, „Grundwahrheiten" o. ä. zurückgreifen – etwa auf ein theologisch oder wertphilosophisch oder in einer bestimmten Weltanschauung begründetes System dessen, was zu lehren und zu lernen sei, z. B. auf ein hierarchisches System der zu vermittelnden Werte oder Wahrheiten oder auf eine außerhalb der Erziehungswirklichkeit gefundene anthropologische Theorie darüber, was „der Mensch" lernen müsse, „um Mensch sein zu können" usw. Von solchen „normativen" Systemen der Pädagogik setzte sich Weniger wie die GP im ganzen immer wieder mit großer Entschiedenheit ab.

Am Beispiel des Geschichtsunterrichts zeigt Weniger konkret, was es heißt, die Erziehungswirklichkeit zum Ausgangspunkt didaktischer Forschung und didaktischer Theoriebildung – wohlgemerkt: zum *Ausgangspunkt* – zu machen:

> „Wir fragen … zuerst: Was geht da vor, was ereignet sich, wenn hier und da und dort Geschichte unterrichtet wird, wie kommt dieser Unterricht zustande, welche Ziele hat er, unter welchen Voraussetzungen steht er, welche Faktoren sind an ihm beteiligt, welche Bedingungen für sein Zustandekommen und Gelingen lassen sich aufzeigen?" (S. 6)

Eine *zweite* Grundthese, die den Ansatz der Didaktik Wenigers kennzeichnet (und die, wie die vorhergehende und alle folgenden, ein verallgemeinertes Ergebnis durchgeführter didaktischer Einzelforschungen ist), lautet,

> daß „der Bedeutungs- und Wirkungszusammenhang, den die Didaktik zu erfassen sucht … ein geschichtlicher ist". Das heißt: „Er ist nicht nur aus der Oberfläche seiner jeweiligen Form zu verstehen" – also nicht als bloß hinzunehmendes, zu beschreibendes Faktum, z. B. der Praxis des gängigen Geschichts- oder Religions- oder Physikunterrichts oder des Wortlauts entsprechender Lehrpläne oder Schulbücher oder Reformprojekte –, sondern nur, wenn man die in solcher Praxis und in solchen Verlautbarungen verborgenen Motive und Ziele, die sie tragenden Menschen oder Gruppen, die Gegner, die Hemmnisse oder Chancen der gegebenen Situation usf. untersucht. Dann aber zeige sich immer wieder: Der „Gegenstand" der Didaktik „wandelt sich in der Zeit, im ganzen und in jedem seiner einzelnen Momente." (S. 6)

Diese These schlüsselt Weniger weiter auf, und zwar unter drei Aspekten:

> Erstens: „Mit der These der Geschichtlichkeit des Gegenstandes der Didaktik ist dreierlei gemeint: 1. daß das Ganze der geistig-geschichtlichen Welt immer auch in … seine Bestandteile [deren einer das unterrichtliche Geschehen in der Schule als der wichtigste Gegenstand der Didaktik ist; W. Kl.] hineinwirkt und sie an seinem Wandel teilnehmen läßt." (S. 9)

So hat Weniger in seiner späteren Schrift „Neue Wege im Geschichtsunterricht" (1949) etwa dargestellt, in welcher Weise die jüngeren Erfahrungen der deutschen Geschichte in der ersten Hälfte des 20. Jahrhunderts, insbesondere der Nationalsozialismus und die Folgen des durch ihn ausgelösten Zweiten Weltkrieges, eine tiefgreifende Änderung des geschichtlichen Selbstbewußtseins der Deutschen ausgelöst hatten beziehungsweise auslösen müßten, eine Wandlung, die insbesondere im Geschichtsunterricht zu einer Revision der ihm bislang, auch der ihn bis 1933 bestimmenden historischen Kategorien – zum Beispiel der Kategorie des „Nationalen" – zwänge.

Zweitens meint die These von der Geschichtlichkeit des Gegenstandes der Didaktik,

> „daß der Zusammenhang des Bildungsgefüges als ein eigener Bedeutungs- und Sinnzusammenhang, eine nur aus seinen Voraussetzungen zu verstehende Entwicklung, einen Fortgang in seiner eigenen Struktur hat, in die dann die Betrachtung eindringen muß." (S. 9)

Diese, durch die folgenden Abschnitte noch eingehender zu charakterisierende Feststellung weist darauf hin, daß jenes Geflecht von Faktoren, die am unterrichtlichen Geschehen beteiligt sind – Lehrer und Schüler, Inhalte („Stoffe") und übergreifende Zielsetzungen, Verfahren, Hilfsmittel usw. – doch nicht *nur* (wiewohl *auch*) ein vom Gesamtzusammenhang der geistig-geschichtlich-gesellschaftlichen Welt beeinflußter Teilkomplex ist, sondern daß es auch eine *eigene* Geschichte hat: Mit dem Wandel seiner Faktoren – z. B. einer Veränderung der Bildsamkeit der Jugend, dem Aufkommen neuer Bildungsziele, der Erkenntnis von Möglichkeiten exemplarischer Lehre, der Erfindung neuer Methoden usw. – ändern sich auch dieses Gefüge und die auf diese Sachverhalte gerichtete pädagogische Reflexion.

Drittens besagt die These von der Geschichtlichkeit des Gegenstandes der Didaktik,

> „daß von diesem geschichtlich fortschreitenden Strukturzusammenhang, wie von jedem Teilgebiet der geistig-geschichtlichen Wirklichkeit, Rückwirkungen auf den Gesamtzusammenhang ausgehen, Umwandlungen der allgemeinen Struktur des Lebens." (S. 9)

Man kann hier Wenigers Beiträge zur staatsbürgerlichen Erziehung vor 1933 und zur politischen Bildung nach 1945 als Beispiele nennen, spricht er doch u. a. immer wieder die Hoffnung aus, daß, sofern in der Schule politische Bildung im Sinne der Demokratie gelinge, von dieser Stelle aus, nämlich durch die so Gebildeten, später Wandlungen des öffentlichen Bewußtseins ausgehen könnten.

Eine *dritte*, von Weniger schon in der Einleitung der „Theorie der Bildungsinhalte und des Lehrplans" betonte Eigenart des Gegenstandes der Didaktik ist sein komplexer Charakter.

> „Ob wir … nach einem einzelnen Fach oder nach der Gesamtheit der Fächer im Lehrgefüge einer Schule oder nach einem einzelnen Bildungsvorgang innerhalb des Faches fragen, immer ergibt sich, daß es sich auch bei den einfachsten Lehrvorgängen um ein sehr komplexes Gebilde handelt, das nicht von einem der in ihm wirkenden Faktoren aus allein verstanden und gedeutet werden kann, sondern in seiner Vielseitigkeit und in mehreren Schichten seiner Gegebenheit erfaßt werden muß." (S. 6)

Es ist also nicht möglich, eine zulängliche Didaktik etwa *allein* von einer Jugendpsychologie oder Jugendkunde her abzuleiten, obwohl damit ein unverzichtbarer Gesichtspunkt für didaktische Überlegungen und Entscheidungen benannt ist, *ein* Gesichtspunkt neben anderen. – Ebensowenig kann eine Theorie der Sachinhalte der Schulfächer, z. B. des Deutschunterrichts oder des Geschichtsunterrichts, des Mathematik- oder Physikunterrichts usw. und ihres Zusammenhanges genügen, weil die Auswahl der Inhalte dieser Unterrichtsbereiche immer *auch* von der Situation und den Aufgaben der zu bildenden Jugend abhängig ist. Nicht weniger unzulänglich (obwohl als Teilmoment wiederum notwendig) wäre eine Typologie des Lehrers, weil er *als Lehrer* durch seine Beziehung zu konkreten Inhalten und zu den zu unterrichtenden Schülern bestimmt ist, aber auch, weil sie oder er als einzelne Lehrerin bzw. als einzelner Lehrer zwar größere oder geringere Entscheidungsfreiheit besitzt, zugleich aber immer in irgendeinem Grade Repräsentant der „erziehenden Generation" ist.

Da es nun im Verhältnis der genannten und weiterer Faktoren zueinander keine eindeutige *Über- oder Unterordnung* gibt, gibt es auch keine ein für allemal gültige *Reihenfolge*, in der die einzelnen Faktoren bei einer bestimmten didaktischen Untersuchung oder bei der Unterrichtsplanung zur Sprache kommen müßten. Weniger selbst gibt im Gedankengang seiner Didaktik ein prägnantes Beispiel für diesen Sachverhalt, wenn er an einer Stelle betont, daß er in seinem eigenen Text bei der Analyse des Problems der Didaktik zwar von dem Zweifel am „objektiven Zusammenhang der Inhalte in einem System der Bildung" ausgegangen sei, daß er aber ebensogut z. B. beim „Widerstand der zu Bildenden gegen bestimmte Inhalte und Ziele der Bildungsbemühungen" hätte beginnen können (S. 45; vgl. S. 10 f.).

Die *vierte* methodologische Eigentümlichkeit einer wissenschaftlichen Didaktik im Sinne Wenigers ergibt sich konsequent aus dem zuvor gekennzeichneten Charakteristikum: Da die von der Didaktik zu untersuchenden Phänomene des Lehrens und Lernens ein komplexes Gefüge darstellen, bedarf es zur Beschreibung und Analyse einer spezifischen Terminologie, jener „einheimischen Begriffe", die schon Herbart (1806) für die Pädagogik gefordert hatte. Wenigers These, die über Herbart hinausgeht und Diltheys Auffassung von der Eigenart geisteswissenschaftlicher Begriffsbildung für die Pädagogik konkretisiert, lautet nun: Die didaktische Terminologie muß nicht nur streng auf die Eigenart ihres Problembereiches bezogen sein, sie muß auch aus „den in ihrer Wirklichkeit vorgefundenen Begriffen und Kategorien" (S. 10) heraus entwickelt werden. Hinter dieser Forderung steht zweifellos Wenigers Konzept von den drei Stufen pädagogischer Theoriebildung.

▸ **Lesehinweis**

Ggf. sollten Sie an dieser Stelle noch einmal die ausführlichere, mit Beispielen angereicherte Darstellung der 3-Stufen-Theorie Wenigers lesen beziehungsweise sich in kursorischem Überblick in Erinnerung rufen, die ich in der Kurseinheit 2 dieses Kurses (im Kapitel 6.2.3, S. 175 ff.) gegeben habe.

Nach Weniger setzt die erziehungswissenschaftliche Theorie die in jeder pädagogischen Praxis immer schon enthaltenen, sei es auch unreflektierten Ansätze der Besinnung (Theorie ersten Grades) und die aus solchen Überlegungen immer wieder neu entspringenden Deutungsversuche pädagogischer Erfahrungen durch die Praktiker (Theorie zweiten Grades) auf einer dritten Stufe (Theorie dritten Grades) reflektiert und kritisch fort. Sie benutzt dabei die in der Theorie zweiten Grades gebildeten Begriffe (z. B. „fleißige" und „faule" Schüler, „Lehrerfragen" und „Schülerantworten" usw.) mindestens als Ausgangsmaterial, um der Wirklichkeit nahe zu bleiben. Allerdings ist es eine der Aufgaben der Theorie dritten Grades, jene oft unscharfen Begriffe der Theorie zweiten Grades – z. B. die Begriffe „schöpferisches Tun des Kindes", „pädagogische Arbeit", „Ganzheit", „Klassengemeinschaft" usw. – kritisch zu überprüfen und zu präzisieren oder sie gegebenenfalls durch andere, treffendere zu ersetzen. *Ausgeschlossen* erschien es Weniger jedoch, daß die Theorie dritten Grades mit einer vielleicht absichtlich verfremdenden Terminologie einsetzt, einer wissenschaftlichen Kunstsprache also, die ihren Rückhalt *nicht* in der Reflexion des praktizierenden Pädagogen beziehungsweise schulreformerischer Gruppen (Theorie zweiten Grades) hat.

Andererseits ist bereits gezeigt worden, daß Weniger nicht den naiven „Realismus" vieler pädagogischer Praktiker teilte, die davon überzeugt sind, sie hätten dank ihrer „Erfahrung" ein zulängliches Bewußtsein dessen, was „pädagogische Wirklichkeit" sei, und sie hätten damit einen Maßstab zur Beurteilung der „Brauchbarkeit" pädagogischer Theorien.

Legt man die Dialektik von „pädagogischer Erfahrung" und „pädagogischem Bewußtsein", die Weniger selbst mehrfach angesprochen hat[43], präziser aus, so wird deutlich: Jene zuvor ausgesprochene Warnung Wenigers, pädagogische Theorie und pädagogische Praxis dürften sich einander nicht entfremden, darf die erkenntnistheoretischen Probleme, die im Begriff „pädagogische Wirklichkeit" stecken, nicht verschleiern. Denn: Was als „Wirklichkeit" erfahren und erfaßt wird und wieviel Theorie der Praktiker in Praxis umzusetzen vermag, das hängt selbst u. a. vom Niveau seines pädagogischen Bewußtseins ab. Die Beziehung von Theorie und Wirklichkeitserfahrung ist also kein statisches Verhältnis, sondern ein Prozeß; das aber heißt zugleich: Die fruchtbare Wechselwirkung kann und muß *erlernt* werden! – Damit ist ein nach wie vor zentrales, keineswegs schon befriedigend gelöstes Problem der Ausbildung für alle pädagogischen Berufe, nicht zuletzt auch für die Lehrerbildung benannt.

Fünftens: Das Problem der didaktischen Terminologie hat in Wenigers Sicht noch einen weiteren Aspekt, der auch für die heutige Didaktik-Diskussion bedeutsam ist.

> „Mit dem geschichtlichen Wandel des Lehrgefüges wandelt sich auch die Sprache, in der die Didaktik ihre Aussagen macht ...; auch sie ist verpflichtet einer echten Zeitgemäßheit, gebunden an die in der geschichtlichen Arbeit der Bildung immer wieder sich wandelnden und neu gewonnenen Begriffe." (S. 17)

Auch hier ist es die Aufgabe der Theorie dritten Grades – in unserem Zusammenhang: der Didaktik als Wissenschaft – nicht einfach dem Wandel der Sprache im Bereich der „Theorie der Praktiker" (an dieser Stelle meint Weniger damit die Theorie zweiten Grades) zu folgen, weil diese nicht selten in gewisse Modetendenzen verfällt oder zu Übersteigerungen neigt. *Eine* Funktion der wissenschaftlichen Didaktik ist es vielmehr, ständig zu überprüfen, ob neue Begriffe der pädagogischen Praxis das von ihr Gemeinte wirklich treffen, zugleich aber, ob die Praxis (einschließlich der Lehrpläne) möglicherweise traditionelle Begriffe mitschleppt, die „überhaupt nicht mehr inhaltlich gefüllt werden können" (S. 17), etwa pädagogische Zielbegriffe wie „Persönlichkeit, Vollendung, Harmonie, Totalität" (S. 17), weil die Situation, auf die sich solche Begriffe einst bezogen, vielleicht gar nicht mehr gegeben ist.

Sechstens: Der historische Wandel der didaktischen Terminologie, von dem eben die Rede war, ist ein Beispiel für die Geschichtlichkeit der didaktischen Theorie im ganzen, ihrer Fragestellungen, Aussagen und Lösungsversuche. Nach Wenigers Auffassung kann es innerhalb der Didaktik keine dem geschichtlichen Wandel überhobe-

43 Am ausführlichsten und bis heute grundlegend in Wenigers Aufsatz „Theorie und Praxis in der Erziehung", zuerst 1929, Wiederabdruck in: E. Weniger: Die Eigenständigkeit der Erziehung in Theorie und Praxis. Weinheim 1953, S 7–22. Nachdruck in der Edition von B. Schonig, vgl. Anm. 38, S. 29–44.

nen Aussagen geben; der *Geschichtlichkeit des Gegenstandes* der didaktischen Theorie läuft die *Geschichtlichkeit dieser Theorie selbst* also parallel.

Siebtens: Insofern sich Didaktik im Sinne Wenigers als eine pädagogische Teildisziplin versteht, die von der pädagogischen Verantwortung ausgeht und immer erneut produktiv-kritisch auf die Praxis zurückbezogen werden muß, ist die Frage zu stellen, welche Bedeutung sie konkret für den Praktiker, also die Lehrerin beziehungsweise den Lehrer, haben kann und haben soll. Wenigers Antwort lautet in strenger Entsprechung zu seiner *generellen* Auffassung vom Verhältnis zwischen Erziehungswissenschaft und pädagogischer Praxis: Didaktik ist keine normative, d. h. hier: das Tun des Lehrers/der Lehrerin streng normierende Disziplin. Ihre Sätze sind keine „Anweisungen" für den Praktiker, kein „Reglement". Es geht der Didaktik vielmehr darum,

> die „Echtheit der persönlichen Entscheidung [des Praktikers] zu ermöglichen, die Mittel zur Entscheidung umfassend zur Verfügung zu stellen und damit den wahren Ort der pädagogischen Freiheit des Lehrers zu bestimmen." (S. 14)

Das ist aber nur möglich, sofern die Didaktik dem Lehrer die „Fülle von Vorentscheidungen" (S. 13) sichtbar macht, die immer schon – im Lehrplan, in der Schulorganisation, in der Beamtenfunktion des Lehrers, im Verhältnis von Schule und Gemeinde usw. – vorliegen, wenn der Praktiker seine Arbeit beginnt, sofern die Didaktik die Beziehungen aufspürt, in die das Amt des Lehrers/der Lehrerin, seine/ihre Lehrtätigkeit und besonders die Bestimmung dessen, *was* er/sie lehrt, *was* Kinder lernen *sollen* und lernen *können* usf., verflochten ist. Nur indem jene „Mächte", Forderungen, Tatbestände, Aufgaben zur Sprache gebracht werden, die die Freiheit des lehrenden Erwachsenen – sei es nur faktisch, sei es legitimerweise – einschränken, können auch die *Freiheitsspielräume* und *Änderungsmöglichkeiten* sichtbar werden. Das ist nach Weniger insbesondere deshalb notwendig, weil nur auf diese Weise auch der Freiheitsraum der Schülerin/des Schülers bestimmt werden kann; solche Freiheitsräume für Schüler zu schaffen und offenzuhalten, gehört zur Verantwortung der Lehrerinnen und Lehrer. Die Konsequenz dieser Erwägungen für die Lehrerbildung lautet folgerichtig:

> „Gerade weil heute der Raum verantwortlicher freier Entscheidung im Bildungsvorgang für den einzelnen so groß ist, darum muß ein Mindestmaß didaktischer Besinnung, Besinnung auf das gesamte Gefüge des Lehrvorganges von jedem Lehrer gefordert werden." (S. 14)

Diese Besinnung kann nicht nur der in der Praxis selbst aufspringenden Reflexion (Theorie zweiten Grades) überlassen werden.

Aufgabe 11: Aufgabe zum Textverständnis

Formulieren Sie die im Abschnitt 11.2 dargestellten sieben wissenschaftstheoretischen Merkmale einer geisteswissenschaftlichen Didaktik (GD) im Sinne Wenigers in knapper Thesenform (je Merkmal vielleicht in ein bis drei Sätzen).

Sie können dabei die Reihenfolge, in der ich die sieben in diesem Textabschnitt aufgeführten Bestimmungen Wenigers aufgeführt und interpretiert habe, durchaus ändern, ganz im Sinne Wenigers, der seine Didaktik-Theorie ausdrücklich nicht als ein starres System verstanden wissen wollte.

11.3 Wenigers Fassung des Begriffs „Didaktik" im *weiteren* und im *engeren* Sinn und seine These vom „Primat der Didaktik" (i. e. S.) im Verhältnis zur Methodik

Ich gliedere diesen Abschnitt in drei Darstellungsschritte (I–III).

I

Erst auf dem Hintergrund der bisher erörterten wissenschaftstheoretischen Auffassung Wenigers wird der Sinn seiner Bestimmung und Abgrenzung des „Gegenstandes" der Didaktik hinreichend verständlich. Didaktik ist nach Weniger

> „zunächst und für den gewöhnlichen Sprachgebrauch Lehre vom Lehren und Lernen, Lehre vom Unterricht. Die Didaktik unterwirft die Gesamtheit des unterrichtlichen Geschehens ihrer Betrachtung. Wir nennen diesen strukturierten Zusammenhang des unterrichtlichen Geschehens, in dem … Lehre und Überlieferung an eine nachwachsende Generation vor sich geht, das Lehrgefüge." (S. 5)

„Lehrgefüge" ist also eine Bezeichnung Wenigers für den Problembereich, auf den sich „Didaktik" richtet. Präziser wäre es allerdings gewesen, wenn Weniger vom „Lehr- und Lerngefüge" gesprochen hätte.

Die vorher zitierten Sätze machen deutlich, daß Weniger mit einem *weiten* Begriff von Didaktik einsetzt, der zunächst *alle* Momente umgreift, die sich auf „Unterricht" beziehen oder beziehen können. Hier nimmt Weniger also noch keine Unterscheidung von „Didaktik" und „Methodik" vor. Was immer zum *besonderen* Problembereich einer Methodik gehören mag, in der *weiten* Fassung des Begriffes „Didaktik", den Weniger eingangs benutzt, gehört „Methodik" als *Teildisziplin* zur „Didaktik". Es ist also ein Irrtum, wenn in der Diskussion um das Didaktik-Problem, insbesondere um eine den zu untersuchenden Fragen angemessene weitere oder engere Fassung des Begriffes „Didaktik", Wenigers Position nicht selten so dargestellt wird, als schränke sie den Blickwinkel *von vornherein* auf die Lehrplanproblematik ein. Demgegenüber gilt es, sich zunächst die *weite* Fassung des Didaktik-Begriffs, von der Weniger ausgeht, bewußt zu halten. Erst in ihrem Rahmen hat Weniger dann eine Eingrenzung seiner Fragestellung vorgenommen; sie kommt u. a. im Titel „Theorie der Bildungsinhalte und des Lehrplans" zum Ausdruck. Leider hat Weniger diese Präzisierung und die damit implizit ausgesprochene Differenzierung nicht durch die hilfreiche terminologische Unterscheidung *„Didaktik im engeren Sinne"* und *„Didaktik im weiteren Sinne"* ausdrücklich sichtbar gemacht; man muß folglich dem jeweiligen Zusammenhang, in dem er den Begriff „Didaktik" benutzt, entnehmen, ob die engere oder die weitere Fassung gemeint ist.

Aus Wenigers einleitenden Bestimmungen des Didaktikbegriffes ist noch ein weiteres Moment hervorzuheben; es kam im vorangehenden Abschnitt dieser Kurseinheit 11.3 bereits unter dem Stichwort Komplexität" (als 3. Bestimmung des Gegenstandes der Didaktik) zur Sprache. Weniger versteht das Problem der Didaktik nicht nur als gleichsam „innerpädagogische" Frage, sondern er rückt von Anfang an und mit Nachdruck den konstitutiven Zusammenhang des „Lehrgefüges" (Lehr-/Lern-Gefüges) mit dem *Gesamtkomplex* des geschichtlichen, kulturellen, gesellschaftlichen, politischen Lebens und mit dem Verhältnis zwischen erwachsener und heranwachsender Generation – und nicht etwa nur zwischen „Lehrern" und „Schülern" – in den Blick.

> „Lehrgefüge ist ... der konkrete Zusammenhang von Faktoren und Momenten, in dem die bildende Berührung zwischen dem Heranwachsenden oder sonst irgendwie Lernenden, Aufnehmenden, sich Formenden und der Welt der Werte (– Weniger hätte, wie sich später zeigt, das Wort „Werte" in Anführungsstriche setzen sollen –), des objektiven Geistes, der Gesellschaft, der Generation der Erwachsenen zustande kommt, und zwar gehört zum Begriff des Lehrgefüges der bewußte, dieses Lehrgefüge gestaltende Wille." (S. 5)

In dem Ausdruck „bildende Berührung" – meistens spricht Weniger von bildender „Begegnung" (z. B. 10 f.) – klingt die zentrale Kategorie an, mit der er den gemeinsamen Sinn aller gestaltenden Eingriffe in das Lehrgefüge, sofern sie nicht hinter die Einsichten und Intentionen der „pädagogischen Bewegung" zurückfallen, zu erfassen versucht: der Begriff *Bildung.* Auf diesen Zentralbegriff weist programmatisch bereits der Obertitel der beiden Hauptschriften Wenigers zur „Allgemeinen Didaktik" hin: „Didaktik als Bildungslehre".

Weniger hat den Begriff „Bildung" nun keineswegs unkritisch aus der pädagogischen Tradition übernommen, sondern ihn schon in der frühen Auflage (1930) der „Theorie der Bildungsinhalte" in mehreren Ansätzen kritisch reflektiert und damit seine spätere Abhandlung „Bildung und Persönlichkeit" (1948) vorbereitet[44]. Wenn

44 In: E. Weniger: Bildung und Persönlichkeit. In: „Die Eigenständigkeit ..." (vgl. Anm. 43), S 23–140.

heute nach der Bedeutung der didaktischen Theorie Wenigers gefragt wird, so muß zweifellos der in diese Didaktik verwobene Bildungsbegriff in die kritische Prüfung miteinbezogen werden. Indessen wäre es ein Kurzschluß, Wenigers Didaktik schon deshalb als überholt zu betrachten, weil sie den Bildungsbegriff verwendet.

► **Lesehinweis**
Es wäre für Sie hilfreich, sich vor dem Weiterlesen die Ausführungen über das Bildungsverständnis der GP und darin besonders die Weniger-Zitate in den Hauptlinien noch einmal zu vergegenwärtigen. Sie sind in der Kurseinheit 4 im Unterkapitel 9.3 dargestellt und kritisch kommentiert worden sowie in folgenden Unterabschnitten:

- 9.4.2.1 (Erste Bestimmung: Bildung als allseitige Entwicklung der je individuellen Möglichkeiten und als personale Einheit);
- 9.4.2.2 (Zweite Bestimmung: Bildung als Form der Vermittlung von Subjekt und historisch-kultureller Objektivität) und
- 9.4.2.3 (Dritte Bestimmung: Die Beziehung zwischen der Bildung des Individuums und der „nationalen" beziehungsweise „Volksbildung").

Zwischenbemerkung

Da ich als Weniger- und Litt-Schüler u. a. an der didaktischen Diskussion seit den ausgehenden fünfziger Jahren beteiligt bin, halte ich an dieser Stelle eine längere persönliche Anmerkung für gerechtfertigt: Meine eigenen allgemein-erziehungswissenschaftlichen Arbeiten und in besonderem Maße meine Beiträge zur Didaktik beruhen auf der argumentativ begründeten Überzeugung, daß der Bildungsbegriff für jede Didaktik, die die wichtigen Traditionslinien neuzeitlichen pädagogischen Denkens nicht einfach abbrechen, sondern in ständig erneuerter Auseinandersetzung weiterentwickeln will, nach wie vor unverzichtbar ist, gerade auch dann, wenn es sich um eine *gesellschaftskritisch reflektierte Didaktik* handelt[45]. – Nach einer Phase, in der etliche Pädagogen infolge mangelnder Kenntnis jener bildungstheoretischen Denktradition den Bildungsbegriff für eine zeitgemäße und zukunftsoffene Pädagogik meinten ablehnen zu müssen, weil sie ihn als Ausdruck elitärer, unkritisch traditionsverhafteter oder subjektivistischer Leitvorstellungen betrachteten, die mit Prinzipien einer Pädagogik, die an Demokratie, Selbstbestimmungsfähigkeit aller, sozialer Gerechtigkeit u. a. orientiert ist, unvereinbar wäre, zeichnet sich seit etwa zwei Jahrzehnten bei einer wachsenden Zahl von Pädagoginnen und Pädagogen eine Wiederbesinnung auf das Bildungsverständnis der „klassischen" Bildungskonzeptionen des Zeitraums etwa zwischen 1770 und 1840 in seinen verschiedenen Vari-

45 vgl. u. a. W. Klafki: Neue Studien zur Bildungstheorie und Didaktik. Zeitgemäße Allgemeinbildung und kritisch-konstruktive Didaktik. 5. Aufl. Weinheim 1996. (Überarbeitete und erweiterte Aufl. erscheint 2000)

anten (bei Kant, Herder, Pestalozzi, Goethe, Schiller, Herbart, Humboldt, Schleiermacher, Diesterweg, Fröbel, Hegel, dem jungen Marx) ab; es ist eine Wiederbesinnung, die auch an die kritische Rezeption jener eben stichwortartig skizzierten Traditionslinie bei Adorno, Horkheimer, Heydorn, Habermas, Blankertz und weiteren Autoren anschließt. Die Bemühungen, diese Ansätze fortzuführen, müssen, wenn sie nicht steril und traditionsverhaftet bleiben wollen, kritisch und konstruktiv, zukunfts- und handlungsbezogen weiter vorangetrieben werden[46].

II

Weniger hat seine didaktische Theorie im wesentlichen als eine Theorie des Lehrplans entwickelt. Dabei betont er ausdrücklich, daß der Lehrplan keineswegs der einzige Gegenstand der Didaktik sei (S. 21), ein Sachverhalt, der in den Bestimmungen des Abschnitts 11.3 bereits eindeutig zur Sprache kam. Jedoch schien Weniger der Lehrplan ein besonders prägnanter, die Probleme gleichsam bündelnder und zu „objektiver", d. h. hier: sprachlich fixierter Darstellung bringender Gegenstand der Didaktik zu sein. Der Lehrplan stellt, so könnte man sagen, nach seiner Auffassung ein „exemplum", einen für die Forschung besonders günstigen „Einstieg" in das umfassende Problemgebiet der Didaktik dar.

Das wissenschaftliche Verfahren, mit dessen Hilfe Weniger die didaktische Problematik zu erhellen versuchte, ist die „Analyse solcher in Begriffen gegebenen Darstellung des Lehrgefüges", einer Analyse auf seine geschichtlich-gesellschaftlichen Voraussetzungen, die in ihm verborgenen Entscheidungen, die an seinem Zustandekommen beteiligten Mächte usw. hin. Ein zweiter Schritt ist dann die „Gegenüberstellung" der Ergebnisse solcher Analysen mit der *„Erziehungswirklichkeit"*, d. h. hier mit der Wirklichkeit des Lehrens und Lernens in den Institutionen des Unterrichts, insbesondere der Schule (S. 21).

In der Kritik an der „geisteswissenschaftlichen Didaktik" ist die Tatsache, daß Weniger auf jenen Vergleich von Lehrplänen mit der erzieherischen bzw. unterrichtlichen *Wirklichkeit* abzielte, bisher selten angemessen beachtet worden. Weil die Didaktik Wenigers und anderer Autoren nicht selbst bis zur Entwicklung empirischer Forschungsmethoden, die heutigen wissenschaftlichen Ansprüchen genügen könnten, vorgedrungen ist, unterstellt man nicht selten, ihre Vertreter hätten empirisch-pädagogische Forschung *grundsätzlich* abgelehnt; geisteswissenschaftliche Denkansätze, so scheint es dann, seien *prinzipiell* unvereinbar mit empirischen Verfahren. – Demgegenüber kann man aus jener oben zitierten Forderung Wenigers den Schluß ziehen, daß er der Zielsetzung nach durchaus mit Bestrebungen einer „realistischen Pädagogik", d. h. hier: einer die empirische Unterrichtsforschung mit

46 vgl. dazu die erste Abhandlung „Die Bedeutung der klassischen Bildungstheorien für ein zeitgemäßes Konzept allgemeiner Bildung" in meinem in Anm. 45 genannten Buch.

einbeziehenden Didaktik, übereinstimmte. Allerdings vertraute Weniger – wie fast alle Erziehungswissenschaftler in der Dilthey-Nachfolge – noch auf die Schlüssigkeit und Zuverlässigkeit zweier Formen zur Erfassung der Erziehungs- beziehungsweise Unterrichtswirklichkeit, die man heute nur als erste Zugänge, nicht aber als wissenschaftlich hinreichende Methoden einschätzen kann: *„Erinnerung"* (gemeint ist: Erinnerung an erfahrenen Unterricht, sei es als Schüler, sei es als Lehrer) und *„Anschauung"* (unmittelbare Beobachtung von Unterricht; vgl. S. 21).

Den Schritt zur ausdrücklichen, differenzierten Erörterung des von ihm *implizit* angedeuteten Problemkomplexes hat Weniger nicht getan: den Schritt nämlich zur Auseinandersetzung mit der Frage nach der Notwendigkeit, den Möglichkeiten und den Grenzen empirischer Forschung in der Erziehungswissenschaft und damit danach, ob Erziehungswissenschaft und innerhalb ihrer Didaktik nicht auch *eigene* Methoden erfahrungswissenschaftlicher Forschung im Sinne *ihrer* Fragestellungen entwickeln bzw. empirische Verfahren anderer Wissenschaften unter diesem Gesichtspunkt modifizieren und kombinieren müsse. Das hätte bedeutet, über jene Berücksichtigung erfahrungswissenschaftlich gewonnener Ergebnisse anderer Wissenschaftsdisziplinen, besonders der Psychologie, innerhalb pädagogischer Argumentationen hinauszugehen, die vor allem Herman Nohl (z. B. in seiner „pädagogischen Menschenkunde") oder einige seiner Schüler (z. B. Lehmensick in Untersuchungen über „formale Bildung" oder Zeugner über „Das Problem der Gewöhnung") schon in den 20er und 30er Jahren praktiziert hatten[47].

Erst in der Spätphase der GP seit der Mitte der 50er Jahre gibt es Belege dafür, daß Vertreter der Gründergeneration, insbesondere Flitner, Bollnow und Weniger, die Notwendigkeit einer spezifisch *pädagogischen* empirischen Forschung und damit die Entwicklung entsprechender Methoden erziehungswissenschaftlicher Empirie mindestens in Ansätzen erkannt und entsprechende Bemühungen im Kreis ihrer akademischen Schülerinnen und Schüler gefördert haben. So hat z. B. Weniger, wie ich aus Gesprächen mit ihm weiß, unter diesem Gesichtspunkt die Berufung Heinrich Roths, eines der frühen Vertreter pädagogisch-psychologischer empirischer Forschung, auf den 1961 neu eingerichteten 2. pädagogischen Lehrstuhl an der Universität Göttingen nachdrücklich und mit Erfolg betrieben. Ein weiteres Beispiel ist der Tatbestand, daß einer der später namhaften akademischen Schüler Wenigers, Wolfgang Schulenberg, bereits 1956 als Dissertation eine von Weniger und dem (seit 1952) an der Göttinger Universität lehrenden Philosophen und Soziologen Helmuth Plessner betreute Untersuchung vorlegte, die zu den ersten bedeutenden empirischen Studien im Bereich der Erwachsenenbildung gehörte[48]. An der umfangreichen Fort-

47 vgl. H. Nohl: Charakter und Schicksal – Eine pädagogische Menschenkunde. Frankfurt/M. 1938. 3. verm. Auflage 1947, 5. unveränderte Auflage 1951 – E. Lehmensick: Die Theorie der formalen Bildung. Göttinger Studien zur Pädagogik, hrsg. von H. Nohl, Göttingen 1926. – F. Zeugner: Das Problem der Gewöhnung. Göttinger Studien. wie vorher, Berlin/Leipzig 1931.

48 W. Schulenberg: Ansatz und Wirksamkeit der Erwachsenenbildung. Eine Untersuchung im Grenzgebiet zwischen Pädagogik und Soziologie. Stuttgart 1957.

setzungsuntersuchung der Schulenberg-Studie war dann maßgeblich auch ein weiterer akademischer Schüler Wenigers, Dietrich Raapke, beteiligt[49]. – Auf methodologischer Ebene zeigen Veröffentlichungen Wilhelm Flitners[50] und Bollnows[51] aus den späten 50er und den 60er Jahren, daß auch sie nun die Unverzichtbarkeit betonten, die Forschungsperspektiven der Erziehungswissenschaft u. a. um empirische Methoden zu erweitern, die wechselseitige Ergänzungsbedürftigkeit hermeneutischer und empirischer Verfahren zu erkennen und entsprechende Kooperations- und Integrationsformen zu entwickeln.

III

Während Wenigers umfassender Didaktik-Begriff die Fragen des Bildungsprozesses beziehungsweise des Unterrichtsverfahrens notwendigerweise mitumspannt, hat er im Anschluß an die Differenzierung des Problemfeldes und den dabei sich ergebenden *engeren* Didaktik-Begriff (als Theorie der Bildungsinhalte und des Lehrplans) die Unterscheidung von Didaktik i. e. S. und Methodik vorgeschlagen. In der häufig anzutreffenden Verwechslung oder Vermischung beider Begriffe und der damit gemeinten pädagogischen Probleme sah er einen für die Erziehungswissenschaft wie für die pädagogische Praxis gleich verhängnisvollen Mangel. Wie wenig damit eine *Abwertung* der Methodik als pädagogischen bzw. erziehungswissenschaftlichen Problems gemeint war, wird an folgendem, an früherer Stelle bereits erwähnten Sachverhalt besonders deutlich: 1960 veröffentlichte Weniger als „Teil 2" seiner „Didaktik als Bildungslehre" eine Broschüre mit dem Titel „Didaktische Voraussetzungen der Methode in der Schule". Die Schrift, eine „Einführung in die Methodenlehre" (so der Untertitel), enthält drei einander ergänzende Abhandlungen zum Thema.

▶ **Hinweis**
Eine eingehendere Erörterung des Problemkomplexes „pädagogische Methoden" und in diesem Rahmen der „Unterrichtsmethoden" in der Sicht der GP erfolgt in den fünf Einheiten *dieses* Studienkurses nicht. Dieser Fragenkreis wird jedoch ausführlich in einem weiteren, vier Studieneinheiten umfassenden Fernstudien-

49 W. Strzelewicz, H. D. Raapke, W. Schulenberg: Bildung und gesellschaftliches Bewußtsein. Eine mehrstufige soziologische Untersuchung in Westdeutschland. Stuttgart 1966 – Gekürzte Taschenbuch-Ausgabe, ebda. Stuttgart 1973.

50 W. Flitner: Das Selbstverständnis der Erziehungswissenschaft in der Gegenwart. (vgl. Anm. 42, bes. S. 11 ff. und W. Flitner: Der Standort der Erziehungswissenschaft. Hannover 1964)

51 O. F. Bollnow: Pädagogische Anthropologie auf empirisch-hermeneutischer Grundlage. Zu: Heinrich Roth: Pädagogische Anthropologie. In: Zeitschrift für Pädagogik 1967, S. 575–596. – O. F. Bollnow: Der Erfahrungsbegriff in der Pädagogik. In: Zeitschrift für Pädagogik 1968, S. 221–252. – Ders.: Empirische Wissenschaft und Hermeneutische Pädagogik. Bewertungen zu Wolfgang Brezinka: Von der Pädagogik zur Erziehungswissenschaft. In: Zeitschrift für Pädagogik 1971, S. 683–708.

Kurs behandelt: „Der Erziehungs-/Bildungsprozeß und das Problem der pädagogischen Methoden in der Sicht der GP. Autor: W. Klafki: Vier Kurseinheiten, Fernuniversität Hagen. Kurseinheiten 1 und 2 1982, Kurseinheiten 3 und 4 1984.

„*Methodik*", so definiert Weniger, ist „die Lehre von den im Unterricht anzuwendenden Methoden" (S. 18). Weil nun alle methodischen Erwägungen de facto immer durch die Einbettung in den Gesamtkomplex der Didaktik *im weiteren Sinne* mitbestimmt sind, können

> „methodische Anordnungen immer erst getroffen, Regeln erst empfohlen werden, wenn die didaktischen Voraussetzungen geklärt und die didaktischen Fragen [– hier ist offensichtlich der engere Sinn von Didaktik gemeint –] entschieden sind. So ist die Methode immer etwas Zweites und nur relativ, unter ganz bestimmten Bedingungen Gültiges. … Die Methode kann darum immer nur mit ihren didaktischen Voraussetzungen beschrieben und gelehrt werden." (S. 19)

Geschieht das nicht, dann wird die Frage nach der Sach- und Situationsgemäßheit der Methoden ausgeblendet, es kommt zur „Erstarrung der Methodik", zur „Entleerung der Formen von geistigen Gehalten", damit aber verliert auch der Lehrer die Freiheit sinnvoller Methodenwahl (S. 19).

Weniger hat die eben beschriebene Beziehung von „*Didaktik i. e. S.*" und „*Methodik*" in der Formel vom „*Primat der Didaktik*" *im Verhältnis zur Methodik* verdichtet. Diese Formel wird bis heute hin oft als *Abwertung* der Bedeutung der Methodenfragen mißverstanden. Wenigers These meint aber keineswegs „Zweitrangigkeit" der Methodenproblematik. Er wollte mit jener Formel eine *Verhältnisbestimmung* ins Bewußtsein heben, das Verhältnis von pädagogischen *Zielen* bzw. *zielorientierten Inhaltsentscheidungen* zu den *Wegen* der Aneignung, der Auseinandersetzung mit solchen zielorientierten Inhaltsentscheidungen: Wenn *Methoden* im ursprünglichen Sinne des griechischen Wortes „methodos" *Wege* sind, dann kann man über den Sinn und die Zweckmäßigkeit von Wegen nur nachdenken, gegebenenfalls streiten und dann entscheiden, wenn man eine mindestens hinreichende Vorstellung vom Ziel beziehungsweise von den Zielen beziehungsweise den zielbestimmten „Inhalten" hat, zu denen Wege gesucht, zu denen die Wege führen sollen. An dieser Beziehung ändert sich im Prinzip auch nichts, wenn man durch Erfahrungen oder neue Erkenntnisse, die man beim Verfolgen eines Weges macht, dazu veranlaßt wird, das ursprünglich ins Auge gefaßte Ziel beziehungsweise die zielorientierte Bestimmung des Inhalts vorübergehend oder generell zu ändern, einen anderen Weg zum *alten* Ziel zu suchen und zu erproben oder einen *neuen* Weg zu einem *neuen* Ziel oder einem *neu* bestimmten Inhalt zu erproben.

Gegen die These vom „Primat der Didaktik i. e. S.", also der Ziel- und Inhaltsprobleme im Verhältnis zu den Methoden- und Medienproblemen, ist in den letzten Jahren bisweilen auch folgende Argumentation ins Feld geführt worden: Angesichts der Tatsache, daß moderne Gesellschaften in immer stärkerem Maße zu „Lerngesellschaften" werden, daß die berufliche und die darüber hinausgehende selbständige Lebensgestaltung sowie die politischen Orientierungs- und Mitbestimmungschancen in dieser sich schnell wandelnden Welt *„lebenslanges Lernen"* erfordern, muß nicht zuletzt die Schule Kinder und Jugendliche frühzeitig und systematisch dazu anregen und sie dazu anleiten, das „*Lernen* zu lernen", sich Fähigkeiten des Selber-Lernens anzueignen. Ist im Hinblick auf diese Sachlage und die schlüssig begründete Notwendigkeit, „das Lernen zu lernen", der Satz vom „Primat der Didaktik i. e. S." im Verhältnis zur Methodik nicht hinfällig? Muß er nicht mindestens eingeschränkt werden?

Aufgabe 12

Versuchen Sie, *vor* dem Weiterlesen auf diese Frage – entsprechend Ihrem *jetzigen* Erkenntnisstand – in einem oder wenigen Sätzen zu antworten.

Meine Antwort auf jene Frage lautet: Auch der Hinweis auf jene zweifellos überaus wichtige Aufgabe einer gegenwarts- und zukunftsorientierten Schule, den Heranwachsenden zur Bereitschaft und zur Fähigkeit zu verhelfen, selbständig zu lernen und ständig weiterlernen zu können, ändert nichts an der Gültigkeit des Satzes vom Primat der Didaktik i. e. S. im Verhältnis zur Methodik des Unterrichts, des Lehrens und Lernens. Denn die Bereitschaft und die Fähigkeit, selbständig, sinnvoll und ertragreich lernen zu können, wird damit zu einem der wesentlichen *Ziele* beziehungsweise *Inhalte,* m. a. W. zu einem neuen Themen- beziehungsweise Gegenstandsfeld schulischen Lernens. Nur, wenn die Strukturen, die Voraussetzungen, die Schwierigkeiten, die Teilfähigkeiten – soweit wie möglich unter Beteiligung der Lernenden selbst – geklärt sind, die selbständiges und sinnvolles „Lernen des Lernens" im politischen, im sozialen, im sportlichen, im kommunikativen, im naturwissenschaftlichen, im fremdsprachlichen Bereich usw. jeweils kennzeichnen, nur dann kann auch begründet darüber entschieden, praktisch erprobt und – so setze ich, Weniger ergänzend, hinzu – empirisch überprüft werden, welche *Methoden,* welche *Lernwege* zur Aneignung solcher Lern-Fähigkeiten jeweils geeignet erscheinen und sich im Vollzug bewähren.

11.4 Exkurs über eine konstruktiv bewältigte Kontroverse in der Didaktik-Diskussion seit der Mitte der 60er Jahre

▸ **Hinweis**
Wenn Sie die Komplexität des Kapitels 11 dieser Kurseinheit jetzt bereits als hoch empfinden, können Sie die Lektüre des folgenden Abschnitts überspringen oder ans Ende Ihrer Beschäftigung mit dem Kapitel 11 verlagern.

Um den Satz vom „Primat der Didaktik i. e. S." hat es zwischen 1965 und den beginnenden 70er Jahren inhaltlich kontroverse, in der Form jedoch fast ausnahmslos faire Diskussionen zwischen Verfechtern jenes Satzes in der Weniger-Nachfolge, u. a. mir, und Kritikern jenes Satzes gegeben, insbesondere etlichen Schülern des Berliner Didaktikers Paul Heimann (1901–1967), vor allem Wolfgang Schulz (1929–1993) und Gunter Otto (1927–1999)[52]. Diese – wie sich zeigen sollte – fruchtbare Kontroverse kann hier nicht im einzelnen nachgezeichnet werden. Ihr Kern und ihr Resultat läßt sich jedoch m. E. relativ knapp wie folgt kennzeichnen.

Schulz und Otto erhoben wie ihr Lehrer Heimann gegen den Satz vom Primat der Didaktik vor allem zwei Einwände:

Erster Einwand: Die mit jenem Satz verbundene Unterscheidung Wenigers zwischen „Didaktik im engeren Sinne" und „Methodik" sei verfehlt oder mindestens unzweckmäßig beziehungsweise mißverständlich. Die Berliner Kritiker traten demgegenüber für einen *weiten* Didaktik-Begriff ein, der sechs Dimensionen einschließt. Diese sechs Dimensionen gliedern sie in zwei Hauptgruppen. Die *erste Gruppe umfaßt*

- vier *Entscheidungsdimensionen,* d. h. Dimensionen, in denen jede Lehrerin/jeder Lehrer, die/der Unterricht plane und durchführe, konkrete Entscheidungen treffen müsse, nämlich Entscheidungen über
  1) *Intentionen* (d. h. Ziele des geplanten Unterrichts),
  2) *Thematik* (d. h. die konkreten Themen des jeweiligen Unterrichts, oft „Inhalte" oder „Gegenstände" des Unterrichts genannt),
  3) *Methodik* (d. h. die Verfahrensweise des Unterrichts, und zwar auf Lehrerseite wie auf Schülerseite),
  4) die *Medienwahl* (im weiten Sinne des Wortes „Medien").

  Diese Entscheidungen müßten in der unterrichtsbezogenen Reflexion der Lehrenden, wenn sie sachgemäß und aussichtsreich sein sollen, immer unter Berücksichtigung

52 vgl. bes. die vielbeachtete Programmschrift der sogenannten „Berliner Didaktik": P. Heimann, G. Otto, W. Schulz: Unterricht – Analyse und Planung. 1. Aufl. Hannover 1965, 10. Aufl. 1979.

- zweier *„Bedingungsfelder"* erfolgen, sie bilden die *fünfte* und *sechste* Dimension:
  5) *Die fünfte* Dimension umfaßt alle *„anthropogenen Faktoren"*, die die Lehrenden und die Lernenden sozusagen in den jeweiligen Unterricht mitbringen: ihre „Begabungen", „Interessen", „Schwierigkeiten", „Schwächen", ihren „Grad an Belastbarkeit", ihre „vorgängige Lebens- und Lerngeschichte".
  6) Ein weiteres *„Bedingungsfeld"*, m. a. W.: die *sechste* Dimension des didaktischen Problemkomplexes umfaßt die *„sozial-kulturellen Voraussetzungen"* des Unterrichts; das sind *zum einen* jene sozial bzw. kulturell bedingten, oft sehr unterschiedlich ausgeprägten Faktoren, unter deren Einfluß Lernende und Lehrende in ihrem außerschulischen Leben stehen, die sie in die Schule „mitbringen" und die ihr schulisches Verhalten und Handeln beeinflussen, *zum zweiten* jene Bedingungen, die sie in der Institution Schule vorfinden, etwa die Klassenstärken, die Größe und die Ausstattung der Schulräume usw. usw., *zum dritten situative* Bedingungen wie außergewöhnliche Ereignisse, ein bevorstehendes Fest, Unglücksfälle usw.

Die Vertreter der Berliner Didaktik berücksichtigten hinsichtlich der beiden „Bedingungsfelder" durchaus die Wechselwirkungen zwischen „anthropogenen" und „sozio-kulturellen" Voraussetzungen.

Dieses 6 Dimensionen umfassende Strukturkonzept des didaktischen Problemfeldes ist zwar später von Otto und Schulz in einigen Aspekten weiter ausdifferenziert und modifiziert worden, blieb aber im Prinzip das formal-strukturelle Orientierungsmuster auch der Weiterentwicklungen der „Berliner Didaktik".

Zweiter Einwand: Das Berliner Konzept, das von seinen Autoren und weiteren Bereichs- und Fachdidaktikern (vgl. Anmerkung 53) durch konkrete Planungsbeispiele veranschaulicht wurde und in der Referendarausbildung mehrerer Bundesländer weite Verbreitung fand, beruhte in seiner ursprünglichen Fassung auf einer wichtigen *Vorentscheidung:* Heimann und seine Schüler verfolgten mit der Erstfassung ihres Kategoriensystems eine *rein beschreibend-analytische* Absicht. Das Konzept enthielt als solches folglich bewußt *keine* von den Autoren selbst verfochtenen, übergreifenden Zielsetzungen, keinen orientierenden Bildungsbegriff (wie die Didaktik Wenigers), auch keine anderen, etwa kritisch-emanzipatorischen Leitvorstellungen. Prinzipiell konnte das Berliner Kategoriensystem also von Praktikern oder auch von Unterrichtsforschem mit den unterschiedlichsten pädagogischen Zielsetzungen benutzt bzw. verbunden werden. Dieses Prinzip der *Wertneutralität* haben Schulz, Otto und andere direkte und indirekte Heimann-Schülerinnen und Schüler dann spätestens seit 1971/72 aufgegeben und das ursprüngliche „Berliner Modell" insofern *wesentlich* verändert, als sie es nun auf *kritisch-emanzipative pädagogische Zielperspektiven* bezogen. Diese Orientierung kommt in Begriffen wie *Mündigkeit bzw. Selbstbestimmungsfähigkeit der Subjekte, Autonomie, Demokratisierung* und *Partizipationsfähigkeit, soziale Interaktionsfähigkeit u. ä.* zum Ausdruck. Diese substanzielle Änderung bedeutete nicht, daß die strukturell-analytischen Differenzierungen des

Berliner Modells hätten aufgegeben werden müssen, es blieb – mit einigen im Laufe der Zeit erarbeiteten weiteren Differenzierungen – im neuen Entwurf erhalten. – Da Gunter Otto (seit 1971) und Wolfgang Schulz (seit 1976) an die Hamburger Universität wechselten, kennzeichnete Schulz das revidierte Didaktik-Konzept später durch den Begriff „Hamburger Didaktik"[53].

Auf der anderen Seite, also innerhalb der „Weniger-Schule", hat die Kritik Heimanns und der Heimann-Schüler am engeren Didaktik-Begriff Wenigers u. a. bei mir seit den ausgehenden 60er Jahren zur Übernahme des *weiten* Didaktik-Begriffs geführt, darüber hinaus aber zur Präzisierung des Weniger-Theorems vom *Primat der Didaktik i. e. S.:* Ich betone seither den Primat der *Ziel*-Dimension im Verhältnis zu *allen* weiteren Entscheidungs- und Bedingungsfaktoren des didaktischen Problemfeldes, also den Inhalts-, den Methoden- und Medienentscheidungen, aber auch der Einschätzung der personalen Voraussetzungen der Lernenden und der Lehrenden wie auch der sozio-kulturellen Einflußfaktoren einschließlich der institutionellen Bedingungen schulischen Lehrens und Lernens auf die unterrichtlichen Interaktionen.

Das Ergebnis der fruchtbaren Diskussionen zwischen Vertretern der einstigen „Berliner Didaktik" und Autoren, die ihren erziehungswissenschaftlichen Entwicklungsweg im Hinblick auf didaktische Probleme unter starkem Einfluß der Didaktik Wenigers begannen, war eine immer deutlichere Annäherung beider Gruppen, aus meiner Sicht: eine im Diskurs gewonnene Übereinstimmung in allen wesentlichen Punkten. Dieser Tatbestand spiegelt sich nicht zuletzt darin wider, daß Wolfgang Schulz, Gunter Otto und ich seither in verschiedenen Sachbereichen und Buchprojekten zusammengearbeitet haben[54].

53 vgl. zu dieser Entwicklung: W. Schulz: Unterricht zwischen Funktionalisierung und Emanzipationshilfe – Zwischenbilanz auf dem Wege zu einer kritischen Didaktik. In: H. Ruprecht, H.-K. Beckmann, F. v. Cube, W. Schulz: Modelle grundlegender didaktischer Theorien. Hannover 1972, 3. Aufl. 1976 S. 155–184. – W. Schulz: Von der lehrtheoretischen Didaktik zu einer kritisch-konstruktiven Unterrichtswissenschaft. In: W. Born/G. Otto (Hrsg.): Didaktische Trends. München 1978, S. 85–115 (Parallel dazu im gleichen Band W. Klafki: Von der bildungstheoretischen Didaktik zu einem kritischkonstruktiven Bildungsbegriff, ebda. S. 49–83). – W. Schulz: Unterrichtsplanung. Mit Materialien aus Unterrichtsfächern. München 1980, 3. erw. Aufl. 1981. – Ders: Didaktische Einblicke – „Das Gesicht der Schule gestalten". – (Posthum) hrsg. von Gunter Otto und Gerda Luscher-Schulz. Weinheim/Basel 1995.

54 Zwei Beispiele: W. Klafki, G. Otto, W. Schulz: Didaktik und Praxis. Weinheim 1977, 2. Aufl. 1979 – W. Klafki, W. Schulz, F. Kaufmann: Arbeitslehre in der Gesamtschule. Weinheim 1968, 5. Aufl. 1971.

11.5 Die *inhaltlich* zentralen Aussagen der Didaktik Wenigers

Vor dem Hintergrund der vorangehenden wissenschaftstheoretischen und terminologischen Klärungen ist es nun möglich, Wenigers Ansatz einer Allgemeinen Didaktik in den Hauptlinien nachzuzeichnen und kritisch zu reflektieren. Das soll im folgenden in drei Hauptabschnitten erfolgen.

11.5.1 Welches sind die den Lehrplan gestaltenden Kräfte?

Eines der Kapitel der „Didaktik als Bildungslehre" ist auf die Leitfrage bezogen: Welches sind die den Lehrplan gestaltenden Kräfte? Wie kommt ein Lehrplan zustande, und wer setzt ihn in Geltung? Damit ist die Einengung der Problemstellung auf „Unterrichtsstoffe", „Stoffanordnung" oder „Schulfächer" von vornherein vermieden. Wenigers erste Antwort auf jene Fragen lautet: Lehrpläne sind Ergebnisse des Kampfes „geistiger Mächte" – der Kirchen, der Wissenschaften, der Wirtschaft, des Staates –, und sie bleiben auch nach der Festlegung eines Lehrplans Thema der Auseinandersetzungen zwischen solchen „Mächten" (S. 22).

> „Der Lehrplan gibt an, was im Unterricht gelten soll, und so muß jeder Faktor des geistigen Lebens, jede Gruppe der Gesellschaft, jede Anschauung, die dauernd und in der Breite auf die Jugend innerhalb von Lehre und Schule wirken will, versuchen, Anerkennung und Stellung in den geltenden Lehrplänen zu gewinnen." (S. 22)

Diese Feststellung Wenigers wirft jedoch die weitere Frage auf, wer denn in diesem „Kampf geistiger Mächte um Berücksichtigung im Lehrplan entscheidet, welche Ansprüche anerkannt, welche abgewiesen werden. Anders formuliert: Welches ist der „regulierende Faktor"?" (S. 26)

Verschiedene, im 19ten Jahrhundert, in den 20er Jahren unseres Jahrhunderts und auch heute immer wieder auftretende Antworten auf diese Frage erweisen sich nach Wenigers Auffassung als unzulänglich, Antworten, hinter denen selbst oft schon bestimmte Entscheidungen, Ansprüche, Interessen stehen:

„Die Wissenschaft" hat nicht, wie so oft vermutet, jene Regulierungsfunktion inne; keineswegs besteht ja eine eindeutige Zuordnung von Schulfächern und Wissenschaften, viele Wissenschaften haben gar keine Vertretung im Bereich allgemeinbildender Schulen, und innerhalb der Wissenschaften gibt es den Streit verschiedener Richtungen. Schließlich bestreitet nach Wenigers Darstellung (S. 25 f.) mindestens *eine* der am Lehrplan interessierten Mächte, die Kirche, im Hinblick auf den Religionsunterricht die ausschließliche Kompetenz der Wissenschaft, in diesem Falle der Theologie. Aber auch für den Geschichtsunterricht stellt sich folgendes heraus: „Gehen wir in die Geschichte des Geschichtsunterrichts zurück, so ergibt sich die zunächst überraschende Tatsache, daß zu keiner Zeit die Geschichtswissenschaft der beherrschende Faktor für die Gestaltung des Geschichtslehrplans und -unterrichts gewesen ist." (S. 26 f.)[55] Wo es aber in irgendeiner Phase der Schulgeschichte einmal eine gewisse Kongruenz von Wissenschaften und Schulfächern gegeben hat, wie bei den alten Sprachen im frühen Neuhumanismus an der Wende vom ausgehenden 18ten zum 19ten Jahrhundert, da ist diese Entsprechung durch die große Entfaltung der Wissenschaften im 19ten Jahrhundert unwiederbringlich aufgelöst worden, nicht zuletzt dadurch, daß die historisch forschenden Altertumswissenschaften selbst die Geltung der Antike als ideales Leitbild erschütterten (S. 27).

Noch eindeutiger aber ist die Unzulänglichkeit der Auffassung, „die Wissenschaft" sei der regulierende Faktor bei der Lehrplangestaltung oder sie könnte oder sollte es doch sein, sobald man nach dem „Zusammenhang der Fächer im Ganzen der Schule" fragt. Weder läßt sich ein System der Wissenschaften einfach auf den Lehrplan von Schulen abbilden, noch gibt es ein solches anerkanntes System der Wissenschaften überhaupt.

Nicht anders muß nach Wenigers Auffassung der Versuch mißlingen, „die Kirche", die es ja seit der Neuzeit nur im Plural gibt, „den Beruf beziehungsweise ein System der Berufe, „die Philosophie" oder ein auf *einheitlichen weltanschaulichen Grundlagen* basierendes Bildungsideal zum ausschlaggebenden Faktor zu erklären. Diese Argumentation führt schließlich zu dem entscheidenden Satz: „Träger des Lehrplans und regulierender Faktor ist, seit es Lehrpläne im modernen Sinne gibt und bis zur Gegenwart hin, der Staat" (S. 33). Unmittelbar davor hat Weniger in der Neuauflage seines Buches (1952) die Folgerung aus dieser These bereits vorweggenommen, und zwar in einer Formulierung, die er aus der ersten Auflage seiner „Theorie der Bildungsinhalte" (1930) übernommen hat:

> „Sieht man die Aufgabe heute darin, wieder ein einheitliches Bildungsideal zu gewinnen, in dem die bisherigen Gegensätze wieder Variationen werden, dann wird auch dazu erforderlich sein, daß sich der eigentlich beherrschende Faktor [nämlich der Staat] mit ihm [dem Bildungsideal] innerlich gleichsetzen kann." (S. 33)

Weniger hat auch nach 1945 – jedenfalls bis 1953 – die nicht nur historisch gemeinte, sondern nach wie vor für gültig gehaltene Zentralthese von der entscheidenden Regulierungsfunktion des Staates in der Lehrplanfrage aufrechterhalten und weitgehend in den gleichen Formulierungen wie um 1930 zu begründen versucht. Diesen Ausführungen muß hier ausführlicher nachgegangen werden. In diesem Zusammenhang wird später auch das im vorangehenden Zitat angesprochene Problem des „Bildungsideals" erörtert werden.

55 vgl. dazu auch E. Weniger: Die Grundlagen des Geschichtsunterrichts. Untersuchungen zur geisteswissenschaftlichen Didaktik. Leipzig/Berlin 1926. – Ders., mit Beiträgen von H. Heimpel und H. Körner. Neue Wege im Geschichtsunterricht. Frankfurt/M. 1949.

Wie begründet Weniger seine Behauptung von der zentralen Stellung des Staates im Hinblick auf das Problem der Lehrplangestaltung? Die Antwort liegt im spezifischen Staatsbegriff Wenigers beschlossen. Er hat diesen Staatsbegriff nirgends in größerem Zusammenhang dargelegt, man muß ihn aus einzelnen Passagen und rückschließend aus gewissen Folgerungen ermitteln, die wir in der Allgemeinen Didaktik nicht weniger als in seinen Beiträgen zum Geschichtsunterricht, zur politischen Bildung und zur Schul- und Kulturpolitik vorfinden.

Schon in dem ersten der beiden für diesen Zusammenhang entscheidenden Abschnitte der „Theorie der Bildungsinhalte und des Lehrplans" (I, 3; S. 33 ff.) weist die mehrfache Nennung Schleiermachers und Süverns (vgl. die entsprechenden Glossar-Stichworte) auf die historischen Wurzeln des Staatsbegriffes Wenigers hin: auf die preußische Reformbewegung am Anfang des 19ten Jahrhunderts. Blickt man über die Theorie der Bildungsinhalte hinaus, so wird das besondere Interesse Wenigers an dieser Phase der deutschen Geistes- und Politikgeschichte immer wieder bestätigt[56].

Die Eigenart des sich in jener Bewegung herausbildenden Staatsbegriffs, insbesondere der Deutung des Verhältnisses zwischen Staat, Volk, Kultur und Bildung, kann hier nicht im einzelnen untersucht werden; es muß genügen, wenige Grundzüge der Auslegung Wenigers, die für seine didaktische Theorie bedeutsam sind, zu kennzeichnen, und zwar jene, mit denen Weniger sich offenbar identifizierte und die er für die eigene Lösung der didaktischen Kernfrage nach dem in der Lehrplangestaltung „regulierenden Faktor" heranzieht. Dabei ist entscheidend, daß Weniger jenes Verständnis des Staates beim Freiherrn vom Stein, Schleiermacher, Humboldt (seit 1808), Süvern, auch der preußischen Heeresreformer Scharnhorst und Gneisenau sowie weiterer, reformorientierter liberaler Gruppen mindestens in einigen wesentlichen Zügen als eine Vorwegnahme wesentlicher geistiger Grundlagen der Weimarer Demokratie ansah[57]; diese Grundlagen erschienen ihm später in wichtigen Punkten auch als fundamental für den demokratischen Neuaufbau Deutschlands nach dem Zweiten Weltkrieg.

In dieser Deutung des Staates, die in der kurzen preußischen Reformbewegung (1806/07–1815) nach der Niederlage Preußens gegen Napoleon entwickelt wurde, wird der Staat nach Wenigers Interpretation nicht nur als Rechtsstaat, sondern auch als Volks- und Kulturstaat in einem spezifischen Sinne verstanden: als „Volksstaat" insofern, als er es sich zur Aufgabe setzt, die Gesamtheit seiner Bürger zur produktiven Mitarbeit am politischen Leben des Staates heranzuziehen und sie zu solcher

56 vgl. u. a. folgende Aufsätze Wenigers: Über den Freiherr vom Stein (zuerst 1935), Wiederabdruck in: Die Sammlung, 12. Jg. 1957, S. 1–13. – Goethe und die Generäle (zuerst 1942, 2. Aufl. 1943), 3. erw. Aufl. Stuttgart 1959 unter dem Titel „Goethe und die Generäle der Freiheitskriege – Geist, Bildung, Soldatentum".

57 vgl. u. a. folgende Aufsätze Wenigers: Schulreform, Kulturkritik und pädagogische Bewegung. zuerst 1932, wieder abgedruckt in: E. Weniger: Die Eigenständigkeit … (vgl. Anm. 43), S. 59–70, bes. S. 64 und S. 70 – Rede zur Eröffnung der Pädagogischen Hochschule Göttingen (am 8. Februar 1946 in der Aula der Universität), in: wie vorher, S. 308–322, bes. S. 311 f., S. 316.

verantwortlichen Teilhabe zu befähigen; als „Kulturstaat“ nicht in dem Sinne, daß der Staat die Kultur hervorbringen sollte oder könnte oder berechtigt wäre, sie zu reglementieren, wohl aber so, daß er die *Ermöglichung* kulturellen Schaffens zu seinen zentralen Aufgaben zählt und daß er sich mit den produktiven kulturellen Kräften identifiziert, wobei es wiederum zu den entscheidenden politischen Aufgaben zählt, die Gesamtheit des „Volkes“ am kulturellen Leben teilhaben zu lassen und zur Mitgestaltung der Kultur zu befähigen.

Wenn aber die Aufgabe, politische und kulturelle Mündigkeit großen Schichten und Gruppen des Volkes überhaupt erst zu ermöglichen, zu den grundlegenden Zielen gerechnet wird, so bedeutet das nach Weniger: Der Staat wird hier auch als „Erziehungsstaat“ (S. 72) verstanden. Das bedeutet wiederum nicht, daß die inhaltliche Ermöglichung von Erziehung beziehungsweise Bildung von „politischen“ Maßnahmen im engeren Sinne des Wortes erwartet wird, sondern daß der Staat die Erziehung beziehungsweise die Bildung im Rahmen der genannten Gesamtzielsetzung freisetzt, daß er die Möglichkeit zu erzieherischer Wirksamkeit durch Lehrerbildung, Schulaufbau, Schulverfassung usw. schafft und sich darüber hinaus mit den auf diese Weise ermöglichten freien pädagogischen Initiativen solidarisch erklärt.

Weniger nennt – allerdings als ein nicht wiederholbares Beispiel – die Tatsache, daß sich in einer kurzen Phase um 1810 der Staat, d. h. die den Staat oder wenigstens die staatliche Kulturpolitik bestimmenden Menschengruppen mit dem neuhumanistischen Bildungsideal „völlig zu identifizieren vermochten“ (S. 33). Im Sinne dieser Staatsauffassung, die trotz aller historischer Veränderungen für Weniger nach wie vor im Prinzip Geltung beanspruchen durfte, sind Aussagen Wenigers wie die folgende zu verstehen:

> „Der Staat hat inhaltliche Beziehungen zu allen Lebensgebieten, die heute die Existenz des Volkes, seine Kultur und seine gesellschaftliche Ordnung ausmachen, er ist nicht nur regelnd und schlichtend an ihm beteiligt, sondern in seinem Dasein unauflöslich verbunden mit allen lebendigen Mächten unseres geistigen Lebens, er soll ‚eine Vereinigung der lebendigen, mannigfachen Kräfte‘ der Nation (Schleiermacher) sein.“ (S. 34 f.)[58]

Daß solche Aussagen selbst für die Zeit der preußischen Reform am Beginn des 19ten Jahrhunderts keine Beschreibung schon verwirklichter Verhältnisse enthielten, sondern ein *Programm,* das im Bewußtsein geistig führender und politisch aktiver Menschen lebendig, aber noch keineswegs in der Breite verwirklicht war, wußte Weniger

58 Primär dient der Lehrplan dem Staat dazu, ‚einen tätigen Anteil an der Erziehung des Volkes zu nehmen, wenn es darauf ankommt, eine höhere Potenz der Gemeinschaft und des Bewusstseins derselben zu stiften‘ (Schleiermacher) (Weniger, S. 34) – In Anlehnung an Lorenz von Stein heißt es bei Weniger weiter: „Der Staat versucht also, seine innere Form innerhalb des Kultursystems von Schule und Bildung zur Darstellung zu bringen, und der begriffliche Niederschlag davon, Ausdruck und Anweisung zugleich, ist der Lehrplan“ (S. 34).

selbstverständlich. Und er betonte, daß zwar die preußische Schulreform in der Zeit der Weimarer Republik von den gleichen Absichten getragen „gewesen sei, daß aber die Bedingungen zur ‚Verwirklichung' ... mittlerweile ungeheuer kompliziert geworden" waren (S. 35). Denn

> „der moderne Staat hat nicht mehr die überlegene Stellung gegenüber den Werten, Weltanschauungen und den sie verkörpernden Parteien und gesellschaftlichen Gruppen. ... Er ist selbst Gegenstand des Ringens der Weltanschauungen und sozialen Gruppen geworden ..., ein ständig sich wandelnder Ausdruck der Kräfteverteilung innerhalb des Volkes und der Spannungsverhältnisse der Mächte ..., die im Leben der Nation wirksam sind." (S. 35)

Die schwierige Frage, die man angesichts der Darlegungen Wenigers wird stellen müssen, ist, ob innerhalb eines demokratischen Staates, dessen Grundgesetz den Meinungsstreit, die Freiheit der Auseinandersetzung, den Kampf der Interessen, den Wandel der dominierenden Überzeugungen sichert und der von sich aus die Freiheit nur da einschränken will, wo ihm jene Sicherung der Auseinandersetzung gefährdet erscheint, die These vom Staat als dem regulierenden Faktor der Lehrplangestaltung aufrecht erhalten werden kann. Weniger bejaht diese Frage, da auch und gerade in der Situation der Weimarer Republik und der Bundesrepublik nach dem Zweiten Weltkrieg „der Rückgang auf eine der anderen Bildungsmächte, Wissenschaft, Kirche, Wirtschaft oder Beruf" versperrt sei (S. 36f.).

> „So mächtig diese auch sind, es besteht doch bei keiner von ihnen die Möglichkeit, ihre Überlegenheit gegenüber den anderen Bildungsmächten zur Geltung zu bringen, geschweige denn sie als entscheidende Instanz auch über den Staat zu setzen." (S. 37)

Diese Überzeugung hat Weniger in der Neuauflage der Theorie der Bildungsinhalte (1952) durch die Einfügung eines großen Abschnitts (I, 4, S. 37ff.) gegenüber anderen theoretischen Konzeptionen abzusichern versucht, insbesondere gegenüber Versuchen, an Stelle des Staates als regulierenden Faktor „die Gesellschaft" zu setzen. In ihrer „marxistischen" Form, für die Weniger im Hinblick auf die damalige DDR Heinrich Deiters (vgl. das entsprechende Glossarstichwort) nennt, setze diese „gesellschaftliche Theorie der Bildung" im Grunde nur überall da, wo er (Weniger) „den umfassenden Begriff der Geschichtlichkeit" verwende, „den Begriff der Gesellschaft" ein (S. 39). Aber gerade die Praxis kommunistischer Staaten zeige, daß das Resultat der sozialistischen Revolution „keineswegs die Vergesellschaftung, sondern die Verstaatlichung" sei (S. 40). „Faktische Herrschaft auch über den Lehrplan ... hat ein neuer totaler Staat" (S. 41). Weniger berücksichtigt allerdings an dieser Stelle nicht die – freilich problematische – Selbstdeutung der kommunistischen Regime, daß sie sich erst in einer Übergangsphase auf dem Wege zur klassenlosen und staatslosen Gesellschaft befänden.

Mag man die Auseinandersetzung mit der Grundposition der damaligen kommunistischen Staaten bei aller Skizzenhaftigkeit noch als im ganzen einleuchtend betrachten, so fällt die Kennzeichnung der gesellschaftlichen Problematik der Bundesrepublik in den 50er Jahren allzu summarisch aus. Hier offenbart sich jene Schwäche der Theorie Wenigers, die Wolfgang Schulenberg, ein akademischer Schüler Wenigers, ausführlich beleuchtet hat: Es finde sich bei Weniger kein differenziert begründeter Gesellschaftsbegriff, und folglich bleibe das komplizierte Verhältnis von Gesellschaft und Staat bei Weniger im Grunde ungeklärt, obwohl er in vielen Einzelfragen ein höchst waches Gesellschaftsbewußtsein und einen scharfen Blick für gesellschaftliche Probleme bewies[59]. So richtig es sein dürfte, daß weder „die Gesellschaft" infolge ihres Pluralismus noch die Wirtschaft infolge ihrer „zweifellosen Parteilichkeit" (S. 43) noch die Technik infolge ihres wertneutralen Mittel-Charakters (S. 43 f.) in der Lehrplanfrage eine dominierende Entscheidungsbefugnis beanspruchen können, so unbefriedigend, weil missverständlich, waren m. E. schon damals Sätze wie die folgenden:

> „So ist nirgends zu sehen, daß die Gesellschaft aus sich heraus ein Bildungsideal, einen Bildungsgehalt hervorbringen könnte. Sie bedarf ihrerseits dringend der Hilfe, politischer vom Staat her, geistiger von der Bildung her. Das Problem ist heute ‚Bildung und Masse', als welche sich das durcheinandergewürfelte Volk und die durcheinandergeratene Gesellschaft vielfach darstellen. Die Masse wieder mit Hilfe von Politik und Bildung in gesellschaftliche Ordnungen zu überführen, die dem einzelnen sein Recht geben und allen ein gesundes Miteinanderleben ermöglichen, ist die Aufgabe. Bildung und Politik müssen die Gesellschaft erst wieder Wirklichkeit werden lassen. Der Weg der Bildung von der Masse zur Gesellschaft und zum Volk führt über die Individualisierung, d. h. über die Person, so schwer die Aufgabe uns heute erscheinen mag." (S. 42)

Diese Sätze provozieren, so scheint mir, eine vereinfachende, weil Eindeutigkeit suggerierende Vorstellung sowohl von der Politik beziehungsweise dem Staate als auch von der Macht und der vermeintlichen „Eindeutigkeit" der Bildung. Hier ging Weniger hinter seine an früherer Stelle zitierte Einsicht zurück, daß der demokratische Staat, mindestens seiner Idee nach, selbst nur aus dem beständigen Ringen der in ihm enthaltenen Kräfte Gestalt und Macht gewinne.

Daß Weniger die gedanklichen Spannungen und die Widersprüche seiner verschieden akzentuierten Aussagen über das Verhältnis von Staat, gesellschaftlich-kulturellen Mächten und Bildung weder in der Neubearbeitung des Jahres 1952 noch in späteren Auflagen seiner „Theorie der Bildungsinhalte und des Lehrplans" zu über-

59 vgl. W. Schulenberg: Pädagogische Theorie und Gesellschaftsbegriff. In: I. Dahmer und W. Klafki (Hrsg.): Geisteswissenschaftliche Pädagogik am Ausgang ihrer Epoche – Erich Weniger. Weinheim/Berlin 1968, S. 209–221.

winden versuchte, erstaunt umso mehr, als er an anderer Stelle ausdrücklich zu diesem Problem Stellung bezog. In einem Aufsatz des Jahres 1953 unter dem Titel „Der Erzieher und die gesellschaftlichen Mächte" heißt es nämlich:

> „Die Bildungsmächte bedürfen in der gegenwärtigen Situation geradezu selbst der ‚Eigenständigkeit der Erziehung', weil sie mit einer Mehrheit von Bildungsansprüchen zu rechnen haben. … In früheren Zeiten griff hier der Staat ein, er war der regulierende Faktor im Lehrplan und der Schulorganisation. … In meiner 1929 geschriebenen ersten Fassung der ‚Theorie der Bildungsinhalte' habe ich noch geglaubt, dem Staat diese beherrschende Stellung im Lehrplan weiter erhalten zu können. Sowohl der Mißbrauch dieser Möglichkeit durch den totalen Staat nach 1933 wie jetzt [also 1953; W. Kl.] noch in der Ostzone als auch der Charakter unseres heutigen Staatswesens als Parteien- und Länderstaat lassen es doch einigermaßen zweifelhaft erscheinen, ob er diesen seinen Auftrag, über die rechtliche und bloß organisatorische Ordnung hinaus inhaltlich auszugleichen, heute noch nach alter Weise erfüllen kann. Starke Tendenzen gehen doch dahin, einen solchen Ausgleich auf dem Felde der Erziehung selber durch eine genossenschaftliche, selbstverwaltende, kooperative Ordnung des Erziehungswesens so zu ermöglichen, daß die Eigenständigkeit gerade in der Vielfalt der Machtansprüche gewahrt bleibt."[60]

Eine entsprechende, mindestens in der Distanzierung von seinem früheren „Staatsoptimismus" eindeutige Aussage findet sich in der Neubearbeitung der „Theorie der Bildungsinhalte" vom Jahre 1952 (und in den späteren, unveränderten Auflagen) nirgends. Es bleibt dort jene vorher gekennzeichnete, gewisse Widersprüchlichkeit der Aussagen. Ich werde an späterer Stelle dieses Kapitels noch einmal die Frage aufwerfen, ob diese Unklarheit den weiteren Gang der Problementfaltung in Wenigers „Theorie der Bildungsinhalte und des Lehrplans" beeinflußt hat.

11.5.2 Was meint der Begriff „Bildungsinhalt"? Wenigers Kritik bisheriger Bestimmungsversuche

Erst nachdem Weniger die Einbettung der Lehrplanproblematik in die übergreifenden Zusammenhänge der gesellschaftlich-geschichtlich-geistigen „Mächte" einschließlich des Staates in der entwickelten Weise vorgenommen hat, wendet er sich der Frage zu, wie das Problem der Bildungsinhalte und des Lehrplans im *inner-pädagogischen Raum,* in der pädagogischen Theorie oder genauer: in der Theorie der Bildungsinhalte bisher behandelt worden ist.

60 E. Weniger: Der Erzieher und die gesellschaftlichen Mächte. In: Westermanns Pädagogische Beiträge, 5. Jg. 1953, S. 1–6.

Die „Theorie der Bildsamkeit" in der bei Georg Kerschensteiner („Das Grundaxiom des Bildungsprozesses"[61]; vgl. das Glossarstichwort „Kerschensteiner" in der Kurseinheit 4) vertretenen Form reduziert das Problem der Bildungsinhalte auf eine psychologische Theorie der Interessen- und Begabungstypen. Die unbewiesene Voraussetzung dieser Theorie war die Annahme, daß den großen Richtungen des geistigen Lebens und der Kultur (z. B. der naturwissenschaftlichen Erkenntnis, den technologischen Anwendungsbereichen, der geisteswissenschaftlichen Erkenntnis, dem künstlerischen Schaffen usw.) gleichsam a priori (vgl. das Glossarstichwort „transzendental" in der Kurseinheit 1) bestimmte Begabungen entsprechen. Den Inhalten widerfuhr dadurch jedoch eine Subjektivierung und damit eine unhaltbare Lösung aus objektiven, nicht zuletzt historischen Zusammenhängen, z. B. wären danach Naturwissenschaften in Lehrplänen vertreten, weil es „naturwissenschaftliche Begabung" gäbe, nicht, weil Naturwissenschaft für den einzelnen und die Gesamtheit heute eine Lebensbedingung und eine Einführung in ein mindestens elementares Verständnis für das Zustandekommen naturwissenschaftlicher Erkenntnis und ihre Bedeutung für die moderne Welt ein unverzichtbares Element eines zeitgemäßen Wirklichkeitsverständnisses ist. Entsprechendes gilt für alle anderen Bildungsdimensionen, die geschichtliche, die politische, die sprachliche, die ästhetische Bildung usw. Gewiß müsse, so Weniger, eine zulängliche Theorie der Bildungsinhalte eine Theorie der Bildsamkeit junger Menschen als eines ihrer Momente einschließen. Keinesfalls aber könne eine „Theorie der Bildsamkeit" eine *zureichende* Begründung beziehungsweise eine Erklärung für Entscheidungen über Bildungsinhalte leisten. Die gesamte spätere Entwicklung der Theorie der Bildsamkeit, zu der Weniger selbst 1957 noch einmal mit der Abhandlung „Bildsamkeit und Bildungserbe in unserer Zeit"[62] beitrug, hat diese frühe Erkenntnis Wenigers bestätigt[63].

Ein weiterer Ansatz zur Klärung des Problems der Bildungsinhalte aus der Zeit der Weimarer Republik, nämlich die „Theorie der Bildungsgüter", gewinnt für Weniger nicht einmal die Bedeutung eines begrenzten Wahrheitsmomentes (wie die Theorie der Bildsamkeit), sondern dient eigentlich nur dazu, am Gegenbilde die wahre Bedeutung dessen, was nach Weniger sinnvoll „Bildungsinhalt" genannt werden kann, herauszuarbeiten. Der entscheidende unter mehreren Einwänden Wenigers gegen die Theorie der „Bildungsgüter" ist, daß der Begriff des „Bildungsgutes" die damit gemeinten Inhalte, Erkenntnisse, Erfahrungen, Kunstwerke usw. in fataler Weise verdinglicht, die Vorstellung zu erwerbender oder zu benutzender, verfügbarer „Sachen" hervorruft (S. 48 f.). Damit aber würden sowohl der geschichtliche Sinn- und Bedeu-

61 G. Kerschensteiner: Das Grundaxiom des Bildungsprozesses. 1. Aufl. Berlin 1917, 2. erw. u. verbess. Aufl. 1924. 8. Aufl. München/Düsseldorf 1953, 10. Aufl. ebda. u. Stuttgart 1964.

62 E. Weniger: Bildsamkeit und Bildungserbe in unserer Zeit. In: Erziehung zur Menschlichkeit. Festschrift für Eduard Spranger. Tübingen 1957, S. 325–338.

63 vgl. z. B. M. J. Langeveld: Studien zur Anthropologie des Kindes. Tübingen 1956, S. 17 ff., bes. S. 22. – H. Roth: Pädagogische Psychologie des Lehrens und Lernens. 7. Aufl. Hannover 1963, bes. S. 139 ff. und 159 ff.

tungswandel der Inhalte wie die offenen Fragen des Bildungsvorganges völlig verzeichnet. Im Gegenzug zu solchen statischen Vorstellungen bestimmt Weniger *seinen* Begriff der Bildungsinhalte und des Bildungsvorganges folgendermaßen:

> „In Wahrheit handelt es sich zunächst nicht um einen geistigen (Bildungs-)Güterverkehr, sondern den Bildenden und den zu Bildenden stehen höchst lebendige Wirklichkeiten gegenüber, und sie werden zugleich von ihnen umschlossen ... In solchen Zusammenhängen kann dann die Rede vom Bildungsgut, wenn man sie einmal als übliche Verdeutlichung beibehalten will, nur heißen, daß der Redende in der Berührung mit einem geistigen Gehalt, mit einem Bestandteil und Ausschnitt der Kultur, mit einer Dichtung, einem Gemälde, einer Musik, einer Staatsauffassung, einer geschichtlichen oder religiösen Persönlichkeit bildende Eindrücke erfahren hat." ... „Nun erfährt er, daß auch andere die bildende Kraft dieser Inhalte erlebt haben, etwa die Gruppe des gleichen Bildungsganges oder des gleichen Bildungsinteresses, des gleichen Berufes und der gleichen gesellschaftlichen Schicht, der gleichen Landschaft oder des gleichen Stammes. So gewöhnt man sich daran, Bildungsgut das zu nennen, was von größeren Gruppen durchgängig gemeinsam als bildend erlebt wird ..." (S. 49 f.)

Fragwürdig ist m. E. an dieser Begriffsbestimmung Wenigers nur folgendes: Weniger distanziert sich hier nicht deutlich von den problematischen Implikationen, die in der faktisch gewiß zutreffenden Feststellung liegen, daß es oft bestimmte, begrenzte soziale Gruppen sind, in denen sich ein solches Einverständnis über das entwickelt, was „Bildungsgut" genannt oder als Bildungsgut betrachtet wird. Weniger war gewiß fern davon, dieses Faktum unreflektiert oder bewußt zur Norm zu erheben; denn er wies mit Nachdruck die naive Annahme als traditionalistisch zurück, das, was der Erwachsenengeneration zum „Bildungsgut" geworden sei, müsse vermeintlich „selbstverständlich" auch von der jüngeren Generation als bildend erfahren und für sie als verbindlich erklärt werden (S. 50 f.). Indessen: Das Faktum des Einflusses sozialer Faktoren – Fixierungen, Begünstigungen, Barrieren, Vorurteile, Status-Interessen – auf die Bildungsmöglichkeiten, den Schulaufbau, die Lehrplangestaltung usf. gewann im Denken Wenigers nicht jenes hohe Gewicht, daß man diesen problematischen Sozialisationsmomenten aufgrund ständig zunehmender Ergebnisse soziologisch-pädagogischer Forschung der letzten 30 bis 40 Jahre zuerkennen muß. Diese Grenze Wenigers ergibt sich gewiß nicht nur daraus, daß es bis etwa 1950 an einschlägigen Forschungen gefehlt hätte – Ansätze dazu gab es bereits –, sondern doch auch und vielleicht vor allem deshalb, weil Weniger den aus den 20er Jahren stammenden Gedanken einer „gegliederten Volksordnung" nie ganz aufgegeben hat[64], einen Gedanken, der bei ihm zweifellos nicht restaurativ gemeint war, aber doch in nicht

64 vgl. dazu auch H.-D. Raapke: Erwachsenenbildung als Volksbildung. In: I. Dahmer und W. Klafki (Hrsg.): Geisteswissenschaftliche Pädagogik am Ausgang ihrer Epoche – Erich Weniger. Weinheim 1968, S. 269–289.

zu leugnender Spannung zur Mobilität der modernen Gesellschaft und zum Prinzip der Chancengleichheit steht. Überdies findet man bei Weniger nirgends eine genauere Erläuterung, wie man diesen Begriff „gegliederte Volksordnung" konkret verstehen solle.

Was ich hier kritisch *gegen* Weniger ins Feld führe, ist nichts anderes als eine Konsequenz, die sich aufdrängt, sobald man die *von ihm selbst* vollzogene Dynamisierung des Begriffes „Bildungsinhalt" ernst nimmt und weiterdenkt: Der Grund für diese Dynamisierung liegt doch im historischen Wandel kultureller, gesellschaftlicher, politischer Verhältnisse und damit auch im Wandel des *pädagogischen* Bewußtseins, auch und gerade, seitdem pädagogisches Denken und pädagogische Praxis, wie die GP betonte, eine *relative Eigenständigkeit* zu entwickeln begannen.

Schon bei Weniger betrifft jene Dynamisierung nun nicht nur den Begriff „Bildungsinhalt"; sie erstreckt sich vielmehr, wie im folgenden zu zeigen sein wird, auf das gesamte Gefüge didaktischer Begriffe und Beziehungen.

11.5.3 Wenigers Konzept einer Strukturtheorie des Lehrplans: Die drei Schichten des Lehrplans und die polare Spannung zwischen der „Umwelt als Lebenswelt der Jugend" und der „Schule als selbständiger Bildungsmacht" mit ihrem dreifach geschichteten Lehrplan

Wenigers sehr konzentrierter Aufriß einer Allgemeinen Didaktik besteht im wesentlichen aus zwei Elementen:

- erstens seinem Konzept der „drei Schichten" des Lehrplans und ihrer Ausrichtung auf ein sinngebendes Zentrum, die „existenzielle Konzentration" in Orientierung an einem „Bildungsideal";
- zweitens der Kennzeichnung der polaren Spannung zwischen der „Umwelt als Lebenswelt der Jugend" und der „Schule als selbständiger Bildungsmacht".

Diese Hinweise deuten bereits an, daß es im Folgenden um die Darstellung komplexer Zusammenhänge und eine Einschätzung der bleibenden Bedeutung sowie der Grenzen der von Weniger entwickelten Überlegungen geht.

Ich gliedere diesen Teil in *sechs* Darstellungs- und Argumentationsschritte und kennzeichne diese Schritte durch Großbuchstaben und Zwischenüberschriften.

A. Einleitende Bemerkungen zur Terminologie und zur Verknüpfung von strukturanalytischen und pädagogisch-normativen Aussagen Wenigers

Vorweg müssen drei Tatbestände betont werden:

Erstens ist die von Weniger bevorzugte Redeweise vom „Lehrplan", also im Singular, als theoretische Verallgemeinerung zu verstehen. Gemeint sind die verallgemeinerbaren Strukturmomente von Lehrplänen verschiedener Schulformen beziehungsweise Schulstufen, und zwar in der historischen Epoche, die Weniger als seine Gegenwart (einschließlich vermutbarer zukünftiger Entwicklungen und Aufgaben) betrachtete. Die meisten Aussagen seiner Schrift beziehen sich auf Lehrplanprobleme *allgemeinbildender* Schulen.

Zweitens hielt Weniger es für wissenschaftlich zulässig, nicht nur strukturanalytische Aussagen zu machen, sondern auf der Grundlage seiner pädagogisch-historischen Situationseinschätzungen auch *normative* Aussagen zum Lehrplanproblem zu machen.

Die in Wenigers Argumentationen häufig auftauchenden Ausdrücke *„Bildungsmacht"*, *„bildende Mächte"* u. ä. würden mißverstanden, wenn man dabei generell die Vorstellung von „Gewaltförmigkeit" beziehungsweise „Zwang" assoziieren würde. *„Macht"* muß in der Redeweise Wenigers (wie mancher anderer Autoren seiner Zeit) als Begriff verstanden werden, der einen *Wirkfaktor* beziehungsweise eine *wirkende Institution* bezeichnet.

B. Zur Unterscheidung dreier Lehrplanschichten und ihrem Verhältnis zueinander

Der Sinn des Begriffes „Schicht" läßt sich im vorliegenden Zusammenhang nicht leicht ausmachen, zumal Weniger ihn nirgends ausdrücklich erläutert hat, abgesehen von der Bemerkung, diese Unterscheidung von Lehrplanschichten meine nicht etwa „eine Aufteilung von Bildungsaufgaben und -inhalten auf verschiedene Fächer oder Stufen", sondern beziehe sich auf die „inneren Bezüge" (S. 86) der Bildungsaufgaben. Das Bild des geschichteten Aufbaus meint offenbar zunächst eine Ordnung des zu Lernenden, der Bildungsaufgaben, nach größerer oder geringerer Komplexheit und Historizität, d.h. der Bezogenheit auf bestimmte geschichtlich-gesellschaftlich-kulturelle Situationen und Standorte.

In der *ersten Schicht* geht es um die Ansprüche des Staates und der Bildungsmächte in ihrer pädagogischen Verantwortung vor der jungen Generation, die nach Weniger in einem „Bildungsideal" konzentriert werden. Ein solches Ideal und die darauf bezogenen Bildungsaufgaben und -inhalte werden aus einer besonderen historischen Situation und angesichts einmaliger historischer Aufgaben formuliert.

Die *zweite Schicht*, die die „geistigen Grundrichtungen" und die „Kunde" umfaßt, ist zwar in ihren Aufgaben und Inhalten nicht übergeschichtlich, aber doch auf das breite Feld jener geistigen Möglichkeiten bezogen, die sich in der langen Geschichte unserer Kultur als eigengesetzliche Sinnbezirke herausgebildet haben; sie stehen als

Möglichkeiten offen und sind zugleich zum Verständnis dieser Kultur notwendig: *„das Religiöse"* und *„das Ästhetische"*, die *geschichtliche Erinnerung* und *das mathematische Denken, „das Politische"* und *„das Technische"* usw.

Voraussetzung für den Zugang zu den beiden zuerst genannten Schichten ist eine *dritte:* sie umfaßt einen Grundbestand an Kenntnissen und Fertigkeiten – von Schreiben, Lesen und Rechnen bis zu geographischen und historischen Kenntnissen, einem Minimum an *„Glaubenslehre"* usw. Obwohl diese Inhalte der *dritten* Lehrplanschicht sachliche Voraussetzung zur Erfüllung der in der zweiten und der ersten Schicht formulierten Ziele und Inhalte sind, strukturiert sich das Gesamtgefüge eines Lehrplans nach Wenigers Auffassung doch allein von den der ersten Schicht zugehörigen Entscheidungen aus, in Orientierung an der dort zur vollziehenden *„existenziellen Konzentration"*. Erst von diesem Gesichtspunkt her ließen sich der Sinn der zweiten Lehrplanschicht und die notwendigen Kenntnisse und Fertigkeiten (als Inhalte der dritten Schicht) bestimmen.

C. Die erste Lehrplanschicht: Das „Bildungsideal" als Orientierungsmaßstab für die „existenzielle Konzentration"

Bei der Erörterung der *ersten* Lehrplanschicht, die Weniger auch durch die Formel „Der Staat und die Bildungsmächte – das Bildungsideal" (S. 62 ff.) kennzeichnet, setzt er an der Stelle ein, bis zu der die Problementfaltung des ersten Kapitels (S. 21–44) führt: Auch für die Gegenwart, so hatte Weniger dort betont, gibt es keine andere „ausgleichende Instanz", keinen anderen „regulierenden Faktor" (S. 43) angesichts des Problems der Lehrplangestaltung als den Staat. In meiner Interpretation war bereits auf die unausgeglichenen gedanklichen Spannungen hingewiesen worden, die zwischen solchen Textpartien bestehen, die Weniger unverändert aus der ersten Auflage seiner Schrift übernommen hatte, und neu hinzugefügten Abschnitten sowie einem thematisch einschlägigen Aufsatz Wenigers aus dem Jahre 1953. Auch in den jetzt zu erörternden Textpassagen löst er diese Spannungen nicht, da er die Fassung des Jahres 1930 fast unverändert übernahm, so daß die 1953 ausgesprochene kritische Distanzierung gegenüber seinem eigenen „Staatsoptimismus" nicht zur Geltung kam. Gewiß betonte Weniger mit Recht, daß es ein völliges Mißverständnis seiner Theorie bedeuten würde, wenn man sie als Befürwortung einer „allmächtigen Staatspädagogik" verstünde. Zweifellos beruhte seine Didaktik – nach 1945 noch entschiedener als bereits 1930 – auf einer demokratischen Grundhaltung. Auch darin hat Weniger m. E. nach wie vor Recht, daß „die Autonomie der Pädagogik, die Sicherung des pädagogischen Verhaltens und die Freiheit der pädagogischen Arbeit letztlich nur durch den Staat gewährleistet werden kann" (S. 62). Aber die von ihm betonte permanente Gefahr einer „allmächtigen Staatspädagogik" oder, wie man ergänzen könnte, des möglicherweise dominierenden Einflusses bestimmter gesellschaftlicher Kräfte auf den Staat im Sinne ihrer partiellen Interessen, droht in manchen Formulierungen Wenigers in Vergessenheit zu geraten, wenn es etwa heißt:

> „Alle anderen Mächte müssen sich, um Bildungsmächte zu werden, eine Transposition ihrer Ziele und Gehalte in die Form der zweckfreien Bildung gefallen lassen, der Staat selbst ist diese zweckfreie Form der Bildung in der Begegnung der Bildungsmächte und der Generationen im Lebensraum der Schule." (S. 62)

Die eigentümliche Schwierigkeit dieser wie mancher ähnlicher Aussagen Wenigers besteht darin, daß sie wahrscheinlich nur als Kennzeichnung eines Staats*ideals,* einer Zielvorstellung gemeint sind, die jedoch in der Art von Strukturaussagen oder Tatsachenfeststellungen formuliert werden. Daß Weniger sich einer solchen Unterscheidung zwischen dem empirischen Staat und dem Staatsideal durchaus bewußt war, kommt leider nur an wenigen Stellen unmißverständlich zum Ausdruck, so etwa dort, wo von der „inneren Form" (S. 63) oder der „Idee" des Staates (S. 35) die Rede ist. Noch einmal muß unterstrichen werden: *Alle* Aussagen Wenigers über das Verhältnis des Staates zur Lehrplangestaltung setzen einen Staat voraus, der die Eigenständigkeit der Pädagogik in Theorie und Praxis anerkennt und sie zu schützen gewillt ist; auf die Frage jedoch, wie diese Eigenständigkeit rechtlich und institutionell gesichert werden kann und muß, gibt Wenigers Didaktik keine differenzierte Antwort.

Ich kehre interpretierend zum Argumentationszusammenhang Wenigers zurück. Der „lebendigen Freiheit", die der Staat der Erziehung lassen soll, muß auf der Seite der Lehrer und Erzieher eine Verbindung von pädagogischer und politischer Verantwortlichkeit entsprechen. Garanten der „inneren Form" des Staates sind

> „niemals die Institutionen und Lehrpläne an sich, deren Sinn verfehlt oder auch sabotiert werden kann, sondern lebendige Menschen, die sich für den Staat und die Erziehung zugleich verantwortlich fühlen." (S. 63)

Wer dem Staat in diesem Sinne „wirklich dienen und zugleich wirklich sinnvoll erziehen will, muß sich in dieses objektive Gefüge einordnen" (S. 63), nämlich in das Gefüge von Staat, geistig-gesellschaftlichen Mächten und einer nur in der Bezogenheit auf sie möglichen „eigenständigen Erziehung".

Nur von den eben gekennzeichneten Voraussetzungen aus ist nun auch die Aussage Wenigers verständlich, daß der Staat in der Schule gleichsam zweimal, und zwar in unterschiedlicher Funktion, vorkomme: einmal „als Macht neben anderen Mächten, die um Wirkung und Nachwuchs ringen" (S. 62) – Geschichte und politische Bildung sind die bevorzugten Orte der Berücksichtigung dieses Anspruches –, und zwar so, daß sich der Staat (wie auch die Kirche, die Wissenschaft und weitere kulturelle „Mächte") die Umsetzung ihrer Ansprüche in „bildungsgerechte Formen" (S. 63) gefallen lassen müssen, d. h. die Übersetzung in eine Gestalt der Inhalte und in Vermittlungsformen, die auf die geistigen Möglichkeiten junger Menschen und auf das Ziel der eigenen, mündigen Urteilsbildung und Entscheidung gerichtet sind. – Wer aber könnte, so fragt Weniger, den Staat zwingen, sich so dem Urteil einer eigenständigen Pädagogik unterzuordnen? Nur *der Staat selbst*, indem *er* die Freisetzung einer solchen pädagogischen Instanz vollzieht und sichert, m. a. W.: indem er sich selbst in seinen Machtbefugnissen beschränkt. Diese Identifikation des Staates mit einer ihm selbst gegenüber relativ freien pädagogischen Verantwortung ist der Sinnzusammenhang, den Weniger in seinem Begriff *„Erziehungsstaat"* (S. 63) zum Ausdruck bringt.

Wenn der Lehrplan nun angemessen die Lagerung der geistigen Kräfte in einem Volk beziehungsweise in einem Staat zum Ausdruck bringen soll, so dürfen in ihm auch die „Gegensätze, die Staat und Kultur in ständiger Spannung und Bewegung erhalten und ihre Lebendigkeit ausmachen" (S. 64), nicht durch einseitige Machtansprüche oder verharmlosende, wirklichkeitsfremde Harmonisierungen überdeckt werden; sie müssen offen zur Geltung kommen. Wie aber kann verhindert werden, daß damit der Lehrplan und die Arbeit der Schulen in eine Fülle auseinanderdriftender, den jungen Menschen verwirrender und von ihm nicht zu bewältigender Tendenzen und Aussagen auseinanderfallen? Wir finden bei Weniger drei Antworten auf diese Frage.

Die *erste* Antwort bringt eine Voraussetzung zur Sprache: Trotz aller Gegensätze gibt es, so unterstellt Weniger, eine Gemeinsamkeit in gewissen Grundüberzeugungen, in der Anerkennung gewisser Aufgaben eines Gemeinwesens, eines Volkes oder einer Kulturgruppe (S. 64); man wird ergänzen dürfen: nur solange es solche Gemeinsamkeiten gibt, ist ein Lehrplan überhaupt möglich.

In der *zweiten* Antwort Wenigers liegt ein überaus hoher Anspruch an den Lehrer und die „Erziehungsgemeinschaft" von Lehrern und Schülern beschlossen:

> „... wie der Staat die immer wechselnde Einheit der Gegensätze im Leben repräsentiert, so der Lehrer in der Schule." (S. 64) „Im Lehrer und in der Erziehungsgemeinschaft der Schule stellt sich dem Schüler die geistige Einheit der Zeit trotz aller Gegensätze und dahinter die Einheit des geistigen Lebens überhaupt dar, an dieser entwickelt er [der Schüler beziehungsweise die Schülerin] sich, indem er [beziehungsweise sie] sich mit ihr in der Person des Lehrers auseinandersetzt ..." (S. 64)

Sicherlich deutet man Weniger richtig, wenn man den Singular „der Lehrer" hier als Generalisierung versteht; soll nämlich jener Anspruch an *„den* Lehrer" beziehungsweise *„die Lehrerin"* nicht als utopisch übersteigert erscheinen, so wird man nur erwarten dürfen – und das bleibt immer noch eine höchst anspruchsvolle Folgerung, daß jede Lehrerin und jeder Lehrer *bestimmte* Spannungen und Probleme in ihrem/seinem Umgang mit jungen Menschen zu repräsentieren und die Möglichkeit einer individuellen Lösung sichtbar zu machen vermag: etwa das Ringen der Konfessionen und die Auslegung der biblischen Botschaft und der christlichen Überlieferung oder die Spannungen zwischen Christlichkeit und Säkularisierung (– heute müßte man das Spektrum der möglichen religiösen Positionen zweifellos auch auf andere Religionen als die christliche und darüber hinaus auf a-religiöse Weltanschauungen erweitern –), das Ringen politischer Überzeugungen um die Gestaltung von Staat und Politik oder die Auseinandersetzung über die Beurteilung der nationalen Geschichte usw.

Schließlich zur *dritten* Antwort Wenigers auf die Frage nach einer trotz aller Gegensätze zu sichernden, hinreichenden Einheit des Lehrplans, der Schule und ihrer Bildungsbemühungen: Aus dem historisch-dynamischen Staatsbegriff Wenigers, aus seiner Auffassung von der Geschichtlichkeit der Erziehung und aus der Überzeugung, daß die pädagogische Verantwortung sich zugleich auf die Gegenwart des jungen Menschen *und* auf seine Zukunft bezieht, ergibt sich, daß auch der Lehrplan produktiv auf Gegenwart und Zukunft hin entworfen werden muß. Der Lehrplan darf nicht nur einen historischen Kulturbesitz festschreiben und überliefern wollen, und der Bildungsauftrag kann deshalb nicht zulänglich als „Tradition des Kulturgutes" (S. 70) bestimmt werden. Vielmehr betont Weniger:

> „Die Besinnung auf die lebendig bildenden Gehalte der Gegenwart ist nur möglich von der Aufgabe aus, die vor uns liegt." (S. 65) „Der Lehrplan sucht die Entwicklung der Zukunft vorwegzunehmen und drückt im Bilde der Zukunft die Einheit aus, die in jedem Lehrer über seine sonstige Einseitigkeit hinaus vorausgesetzt wird." (S. 65)

In diesen Sätzen deutet sich bereits die Auffassung Wenigers an, daß es weder genüge, die „in dem Moment der Entstehung des Lehrplans erreichte Lagerung der Kräfte" (S. 65) anzugeben, noch, die „allgemeinen Aufgaben von Volk und Staat" (S. 65) der jungen Generation durch die Lehrplangestaltung sichtbar zu machen; denn Aufgaben lassen immer *mehrere* Lösungen und Verhaltensweisen zu. Es bedarf also über den Aufweis der Aufgaben hinaus nach Wenigers Überzeugung einer „Entscheidung" (S. 66) für *bestimmte* Möglichkeiten zur Lösung, womit andere ausgeschlossen werden; es gehe nicht ohne die konkrete Angabe der Einheit, unter der alle Aufgaben und Inhalte im Lehrplan stehen sollen (S. 64f). Diese Einheit erscheint nun nicht etwa als ein hierarchisches System von objektiven Zielangaben, sondern sie wird erst dadurch für den jungen Menschen verstehbar, fordert ihn nur dadurch zur Auseinandersetzung auf, daß sie als „das Ideal eines neuen Menschen- und Volkstums und einer neuen Haltung zum Leben" (S. 67) im Lehrplan zum Ausdruck kommt und in der erzieherischen Begegnung mit dem Lehrer erfahren wird. Ein solches Leitbild nennt Weniger das *„Bildungsideal"*.

> „Es enthält ... in einem Bilde die anschauliche Vorwegnahme der Zukunft, wie sie gewünscht wird von den erfahrenen Aufgaben und von dem Bestand an Kräften und Strebungen in der Gegenwart aus." (S. 66)

Den gleichen Gedanken greift Weniger im Schlußkapitel seiner „Didaktik" unter der Kategorie der *„existenziellen Konzentration"* erneut auf:

> „Das Problem der Auswahl und Konzentration der Bildungsinhalte stellen, heißt … sich besinnen auf die **existenzielle Konzentration,** in der uns in unserem Lebenszusammenhang die geistig-geschichtliche Welt gegeben ist, und zwar von den Aufgaben aus, die sich in unserer konkreten Situation jeweils vorfinden." (S. 96)

Nun können auch alle anderen Bildungsmächte ein eigenes Bildungsideal entwickeln. Soll der Staat seine „regulierende Funktion" ausüben können, so muß *sein* Bildungsideal ein gemeinsames und die anderen überhöhendes sein (S. 75). Jedoch soll der Staat allen Bildungsaufgaben und Bildungsidealen der anderen geistig-gesellschaftlichen Mächte, sofern sie zu seinen übergreifenden Zielen nicht in Widerspruch stehen, den Raum zu ihrer Entfaltung sichern.

Wo, in welchen Zusammenhängen entsteht ein neues Ideal? Die Antwort lautet:

> „Das Bildungsideal kann in jedem Lebensgebiet entstehen, es formt sich in der Erfahrung von Lebensnöten und Lebensaufgaben. In der Politik, in der Wirtschaft, in der Kunst, in den Zusammenhängen des gesellschaftlichen Lebens kann die Notwendigkeit eines neuen Ideals zuerst aufgehen, das dann auch … für die anderen Lebensgebiete gültig wird und schließlich Eingang in die Erziehung findet." (S. 95)

Auch das Unterrichtswesen kann nun Ursprungsort eines neuen Ideals sein, und eben das sei – Weniger schließt sich hier ausdrücklich der Deutung Nohls an – in der *pädagogischen Bewegung* des ausgehenden 19ten und des beginnenden 20ten Jahrhunderts der Fall gewesen; jene „pädagogische Bewegung" habe ein Ideal entwickelt,

> „das ihr in der Arbeit an der Erneuerung und Umgestaltung der Schule aufgegangen ist" und mit dessen Herausbildung sie „dem Leben, d. h. den anderen Mächten" vorangegangen sei (S. 95).

Zugleich habe die *pädagogische Bewegung* damit aber einen historischen Zusammenhang neu entdeckt – man könnte sagen: ihre eigene Klassik –, nämlich die „Deutsche Bewegung um 1800"; damit habe die „Schularbeit einen großen Gegenstand, an dem sie konzentriert werden und aus dem sie geschichtliche Tiefe gewinnen kann" (S. 95). In der Neubearbeitung des Textes aus dem Jahre 1952 fügte Weniger diesem Satz die distanzierende Bemerkung hinzu:

> „Doch sind wir heute vielleicht der idealistischen Bewegung gegenüber kritischer, und jedenfalls meldet sich die christliche Tradition stärker als in den Jahrzehnten vorher." (S. 95/96)[65]

---

65 vgl. die Aussage: „Die christliche Überlieferung und die deutsche Bewegung enthalten alle produktiven Lebensantriebe, die aus unserer Vergangenheit in unsere Zukunft hinüberreichen" (S. 98).

Man wird *kritisch* fragen müssen, ob Weniger mit solchen Aussagen wirklich die Aufgaben unserer Zeit, aber auch im Hinblick auf den Erkenntnisstand der frühen 50er Jahre zulänglich beschrieben beziehungsweise gedeutet hat, ob der Horizont der uns heute aufgegebenen historischen Besinnung damit hinreichend ausgeschöpft ist, ob Weniger nicht in anderen Schriften, etwa denen zum Geschichtsunterricht und zur politischen Bildung[66], mindestens im Ansatz eine *weiter gefaßte* und *differenziertere* Betrachtungsweise unserer Geschichte und unserer Zukunftsaufgaben entwickelte. Eine solche Betrachtungsweise wird immerhin an zwei Stellen der „Theorie der Bildungsinhalte ..." angedeutet. Im Rückblick auf die Aufgaben des Geschichtsunterrichts in der ersten Lehrplanschicht heißt es einmal,

> „die Konzentration des Unterrichts" im Sinne „der Gestaltung der Zukunft, der persönlichen Verantwortung des handelnden Menschen" sei möglich durch die „Beschränkung auf die Geschichte der Bewegungen, in deren Zug die Aufgabe liegt, der Deutschen Bewegung, der politischen Einheitsbewegung, der europäischen Auseinandersetzungen, der kapitalistischen Entwicklung und proletarischen Bewegung ..." (S. 80)

An späterer Stelle wird davon gesprochen, daß wir uns in den Zusammenhang der Deutschen Bewegung stellen dürften,

> „der freilich die neuen geistigen Wirklichkeiten unserer jüngsten Schicksale in sich aufnehmen muß." (S. 84)

In der Richtung solcher Hinweise wird man kritisch weiterdenken müssen; die moderne verwissenschaftliche Welt, die Verwirklichung des demokratischen Prinzips in Politik und Gesellschaft, die Industriekultur, auch jene Aufgabe, die Weniger in z. T. problematischer Wortwahl „Herstellung der Volksordnung in einem europäischen Gesamtgefüge" (S. 98) nennt, all das sind Gegenwarts- und Zukunftsprobleme, die gewiß auch angesichts der christlichen Überlieferung, aber kaum *aus* ihren „spezifischen Lebensantrieben" heraus bewältigt werden können, noch weniger aber aus denen der sogenannten „Deutschen Bewegung", sofern sie, wie mehrfach bei Nohl, u. a. als „Überwindung" der Aufklärung gekennzeichnet wird[67] oder sofern man ihr

66 vgl. aus der erheblichen Zahl entsprechender Veröffentlichungen Wenigers folgende: Für die Zeit bis 1933: Die Grundlagen des Geschichtsunterrichts. Untersuchungen zur geisteswissenschaftlichen Didaktik. Leipzig/Berlin 1926. – Zur Frage der staatsbürgerlichen Erziehung. In: Die Erziehung, 4. Jg. 1929, S. 536–540. (Wiederabdruck Oldenburg 1951, mit neuem Nachwort. Für die Zeit nach 1945: Neue Wege im Geschichtsunterricht. Mit Beiträgen von H. Heimpel und H. Körner, Frankfurt/M. 1949. 2. Aufl. 1957 – Politische Bildung und mitbürgerliche Erziehung. In: Die Sammlung, 7. Jg. 1952, S. 314–317. – Die Notwendigkeit der politischen Erziehung. In: Erziehung wozu? Eine Vortragsreihe. Stuttgart 1956, S. 125–134.

67 vgl. H. Nohl: Die Deutsche Bewegung und die idealistischen Systeme (1911). In: Pädagogik aus 30 Jahren. Frankfurt/M. 1949, S. 39 ff. – Die geistige Welt Pestalozzis (1926). Nachdruck in: H. Nohl: Erzie-

etwa Paul de Lagarde ohne kritische Differenzierung innerhalb seines Werkes zurechnet, eines Werkes, das stark nationalistische, antisemitische und irrationalistische Züge trägt, die von Nohl und Weniger nicht erwähnt werden. Zweifellos ist gerade die Aufklärung einer der historischen Quellgründe der modernen Entwicklung in Kultur, Gesellschaft und Staat. Viele der die Aufklärung bestimmenden Motive bedürften folglich einer Verlebendigung oder Vergegenwärtigung; das ist ein Aspekt, der bei Weniger wie bei Nohl nicht oder nicht hinreichend deutlich und vor allem nicht differenziert zur Geltung kommt. Darüber hinaus kann man gerade im vorliegenden Zusammenhang *mit* Weniger *gegen* Weniger argumentieren. Mehr Wahrheit als der Satz, christliche Überlieferung und Deutsche Bewegung enthielten „alle positiven Lebensantriebe", die aus unserer Vergangenheit in unsere Zukunft hinüberführen, barg schon für die Phase der 50er Jahre, in deren Beginn Weniger die Neufassung seiner „Theorie der Bildungsinhalte und des Lehrplans" formulierte, vollends aber für die Folgezeit und unsere heutige Situation an der Wende vom 20sten zum 21sten Jahrhundert eine andere Aussage Wenigers im gleichen Text in sich, die Feststellung nämlich, daß es

> „für viele Aufgaben, die unserer Zeit gestellt sind, keine Klassik (gibt), weil die Aufgaben ganz neu sind …" (S. 69)

Die Kritik an bestimmten Momenten der Theorie Wenigers muß aber noch weiter vorangetrieben werden. Wenigers Auffassung, daß ein „Bildungsideal" die notwendige Voraussetzung für die Gestaltung eines Lehrplans und für eine verantwortliche Bildungsarbeit sei, wird m. E. von jener scharfen Kritik getroffen, die Theodor Litt schon 1927 in seinem Buche „Führen oder Wachsenlassen" in allgemeiner Form vorgetragen hatte. Diese Kritik besagt, daß die Formulierung von Bildungsidealen nachträgliche historische Deutungen der Zielvorstellungen pädagogischer Epochen oder Bewegungen oder einzelner Menschen sind. Jede bildhafte Fixierung von Bildungszielen in einem Ideal sei jedoch ein pädagogisch unzulässiger Vorgriff auf die Zukunft, als Fixierung des jungen Menschen, eine – gewollte oder unbeabsichtigte – Be-

---

hergestalten. Göttingen 1958, S. 12. – Die Pädagogische Bewegung in Deutschland und ihre Theorie. 6. Aufl. Frankfurt/M. 1963, S. 12, S. 94. – In Nohls Entwicklung läßt sich allerdings auch eine gedankliche Gegenbewegung feststellen, die ihn von den stark nationalistisch geprägten Anfängen seiner pädagogischen Theoriebildung kontinuierlich zu größerer Wertschätzung der Aufklärung führte. vgl. dazu vor allem folgende Aufsätze: Die Polarität in der Didaktik (1930). Wiederabdruck in: Nohl: Pädagogik aus 30 Jahren. s. o., S. 86 ff. – Christian Gotthilf Salzmann (1940). Nachdruck in: Nohl Erziehergestalten (1958). s. o., S. 9 ff. – Die Bildung des Erziehers. wie vorher, bes. S. 77. – vgl. darüber hinaus die seit 1928 bei Nohl geschriebenen Dissertationen von Elisabeth Heimpel-Michel (Die Aufklärung, 1928), Kurt Iven (Die Industriepädagogik des 18. Jahrhunderts, 1929), Elisabeth Siegel (Das Wesen der Revolutionspädagogik, 1930), Ilse Beddin (Volkskunde und Volksideal bei Christian Gotthilf Salzmann, 1937), Olga von Hippel (Die pädagogische Dorfutopie der Aufklärung, 1939), Klaus Hubrig (Die patriotischen Gesellschaften des 18. Jahrhunderts, 1954); alle Dissertationen erschienen in den von Nohl herausgegebenen „Göttinger Studien zur Pädagogik".

schränkung seiner zukünftigen freien Entscheidungsmöglichkeiten[68]. – Nun lag eine solche Fixierung, wie ich bereits zeigte, Weniger völlig fern. Er betonte mit Nachdruck, es dürfe nicht vergessen werden, daß das Bildungsideal keine unumstößliche Setzung, sondern eine in der Begegnung mit der Jugend zu bewährende, stets änderungsfähige Leitvorsteilung der Erwachsenen sei, die die freie Entscheidung der Jugend im Hinblick auf ihre Zukunft nicht verhindern, sondern im spezifischen Sinne des pädagogischen Begriffs der *„Vorwegnahme"* geradezu *herausfordern* sollte.

> „In der Vorwegnahme des Bildes der Zukunft erschöpft sich ... die Verantwortung des Erziehers für die Gestaltung der Zukunft. Ob die Zukunft so wird, wie es in dem Bildungsideal symbolisch dargestellt ist, ob die darin enthaltene Entscheidung sich als die rechte erweisen wird, ja ob überhaupt die Aufgabe richtig gesehen wurde, das ‚wird die Zukunft lehren'. Es ist anzunehmen, daß diese [die Zukunft] schon ein wenig anders sein wird, als die Erzieher heute es sich denken." (S. 73)

Hinzu kommt, daß die „existenzielle Konzentration", die im Bildungsideal vorliegt, von Weniger zwar einerseits als verantwortliche Bindung an *gemeinsame* Aufgaben verstanden wird, andererseits aber doch die *Individualisierung* nicht nur frei läßt, sondern geradezu herausfordern soll:

> „die anschauliche Beziehung zu dem persönlichen Leben jedes einzelnen Zöglings, zu seiner individuellen Lage, seinem Lebensraum und seiner Lebensaufgabe." (S. 76)

Und doch wird man Litts Kritik, obwohl er Nohl (und sinngemäß auch dessen Schule) ausdrücklich davon ausnahm[69], m. E. nur mit begrenztem Recht, der Sache nach auch auf Weniger beziehen müssen: Ist Weniger wirklich im Recht, wenn er die zweifellos notwendige Konzentration des Lehrplans und damit eine sinnvolle pädagogische Arbeit in der Schule von der Bedingung der „Einheitlichkeit" der Zielsetzung im Sinne der Orientierung an einem „Bildungsideal" abhängig macht?[70] Mochte

68 Th. Litt: Führen oder Wachsenlassen. 1. Aufl. 1927, 13. Aufl. Stuttgart 1967, S. 48–62.
69 ebda., S. 61
70 Die naheliegende Vermutung, es handle sich bei diesen Aussagen über das Bildungsideal in den Neuauflagen der „Didaktik als Bildungslehre" nach 1945 um den nicht getilgten Überhang eines Theorems, das nur dem pädagogischen Optimismus der zwanziger Jahre entstammte, bestätigt sich bei genauer Überprüfung nicht. Zwar zeigen der 1947 entstandene Aufsatz „Die Erziehung im Zusammenbruch unserer Lebensordnungen" und die Abhandlung „Die Pädagogik in ihrem Selbstverständnis heute", dass Weniger pädagogische Grenz- und Notsituationen anerkannte und zu jener Zeit als gegeben ansah, in denen der Erzieher auf die bewußte Vergegenwärtigung seines „Ideals" im Erziehungsvorgang verzichtet („Die Eigenständigkeit", S. 123 ff.), damit schien er den Bemühungen um ein Bildungsideal eine endgültige Absage zu erteilen. Aber diese und weitere Texte bestätigen in anderen Passagen, daß Weniger für normale Erziehungs- und Bildungssituationen an dem Gedanken der Möglichkeit und Notwendigkeit eines Bildungsideals – im Sinne eines geschichtlich wandlungsfähigen, die Jugend nicht fixierenden, sondern ihr gleichsam zur Erprobung gebotenen Leitbild – durchaus festhielt (vgl. z. B. „Die Eigenständigkeit", S. 161 f., 165 f., S. 363–365).

Weniger – mindestens in den 20er Jahren – ein solches Ideal eines „neuen Menschentums“ als eine aus der pädagogischen Reformbewegung erwachsene Zielvorstellung für die heranwachsende Generation vor Augen stehen – eine *konstitutive, strukturell notwendige Bedingung* für eine pädagogische, d. h. vor dem jungen Menschen, seiner Gegenwart und seiner Zukunft verantwortbare Lehrplangestaltung ist die Vorstellung und Vergegenwärtigung eines Bildungsideals m. E. *nicht.* Sehr wohl kann und soll die Schule kulturelle, gesellschaftliche, politische, wissenschaftliche Aufgaben und Probleme der jeweiligen Gegenwart und der voraussehbaren Zukunft in elementarer, jugendgemäßer Form sichtbar machen, Möglichkeiten der Lösung ins Auge fassen und daraus erwachsende Forderungen an Haltung und Verhalten der jungen Generation verständlich werden lassen. Und auch dies dürfte nach wie vor gültig sein: Um den Zusammenhang und die Verbindlichkeit dieser Aufgaben, die mitmenschliche und die gesellschaftlich-politische Solidarität, die ihre Bewältigung erfordert, zur Geltung zu bringen, dazu bedarf es durchaus, wie Weniger betont, einer „neuen Form von ‚allgemeiner Bildung‘“ (S. 97); *nicht aber* bedarf es eines gemeinsamen *Bildungsideals.*

Man kann an dieser Stelle ein weiteres Mal mit Weniger selbst argumentieren: In seinem Aufsatz „Bildung und Persönlichkeit“ aus dem Jahre 1948 distanziert sich Weniger überzeugend von der dem Neuhumanismus des 19ten und dem Neuidealismus des beginnenden 20sten Jahrhunderts entstammenden Vorstellung, daß das Ziel der Bildungsbemühungen die „Persönlichkeit“ sei[71]. Man kann diese Kritik Wenigers nun auf seine eigene Theorie des Bildungsideals anwenden. Wie die Forderung, Ziel der Bildung solle die „Persönlichkeit“ sein, sich in der Kritik am Neuhumanismus bei Weniger als Überforderung der Schule, als ein verfehlter Vorgriff auf eine allenfalls in der Lebensbewährung des Erwachsenen zu gewinnende Qualität der Person erwies, so lassen sich Bildungsideale bestenfalls in überschaubaren sozio-kulturellen Verhältnissen oder Gruppen oder für kurze historische Epochen als tatsächlich wirksam erweisen, sie können aber keineswegs als *notwendige* Bedingungen der Konzentration von Lehrplänen und der Bildungsarbeit angesprochen werden. Heute ein „Bildungsideal“ im Sinne einer normativ-inhaltlich bestimmbaren, überindividuellen Qualität der Angehörigen einer nationalen Kulturgemeinschaft zu fordern, dürfte mindestens ein unrealisierbares Postulat sein, wenn es nicht sogar angesichts des Selbstverständnisses, das wir aus den jüngsten geschichtlichen Erfahrungen und dank der modernen Anthropologie, Soziologie, Theologie und Pädagogik gewinnen können, als Anachronismus gekennzeichnet werden muß.

---

71 E. Weniger: Bildung und Persönlichkeit (1951). Wiederabdruck in: E. Weniger: „Die Eigenständigkeit...“ (s. Anm. 43), S. 123–140.

Aufgabe 13

1) Lesen Sie den Abschnitt 11.5.3 C „Die erste Lehrplanschicht ..." S. 423 ff. noch einmal und notieren Sie dabei Stichworte zur Frage: Welche „Merkmale" (charakteristische Bestimmungen) kennzeichnen Wenigers Begriff „Bildungsideal"?
2) Welche Begründung bzw. welche Begründungen nennt Weniger, um seine These zu stützen, dass ein Bildungsideal als Orientierungsmaßstab für die Gestaltung eines Lehrplans unverzichtbar ist?
3) Welches ist der zentrale Einwand Litts bzw. welches sind seine Einwände gegen die Orientierung der Erziehung bzw. eines Lehrplans an einem Bildungsideal, sofern damit ein konkret ausgeführtes Leitbild gemeint ist?
4) Sehen Sie sich bereits zu einer bestimmten persönlichen Stellungnahme in der Frage „Für oder gegen Bildungsideale als Leitprinzipien der Erziehung bzw. der Gestaltung von Lehrplänen" in der Lage?
Wenn nein: Worin liegen für Sie Schwierigkeiten, zu dieser Frage bereits eine persönliche Position zu beziehen?

D. Die Kategorien der „Vorwegnahme" und des „Klassischen" in ihrer Bedeutung für die erste und die zweite Lehrplanschicht

Die Einwände, die ich gegenüber Wenigers Theorie des Bildungsideals vorbrachte, lassen zwei zentrale didaktische Überlegungen seiner „Theorie der Bildungsinhalte" im Kern unberührt. Unter dem Gesichtspunkt einer immanenten Interpretation dieser Theorie kann im folgenden ihr Zusammenhang mit dem Begriff des Bildungsideals nicht ignoriert werden, unter dem Aspekt der Kritik an Wenigers Postulat eines Bildungsideals dagegen kann diese Verknüpfung im folgenden gleichsam „überlesen", ausgeklammert werden, indem man bei den Zitaten den Begriff „Bildungsideal" durch „Bildungsaufgabe" oder „Gefüge von Bildungsaufgaben" ersetzt.

Wie soll ein Bildungsideal – im Sinne unserer Kritik: eine Bildungsaufgabe – und die in ihr beschlossene „existenzielle Konzentration" im Bildungsprozeß der Schule wirksam werden? Weniger antwortet auf diese Frage zweifach: einerseits mit der Auslegung seines Begriffs der pädagogischen *„Vorwegnahme"* (im Unterschied zu falschen Verfrühungen und zu pädagogischen Utopien), andererseits mit der didaktischen Ortsbestimmung des *„Klassischen"*.

> „Die Vorwegnahme ... nimmt das Bild der Zukunft als Realität in das gegenwärtige Bildungsleben hinein und läßt es, mag es sonst noch nicht gelten, hier das Leben der Schule, die Formen der Begegnung und ihre Inhalte gestalten und so den Beweis des Geistes und der Kraft geben." (S. 72 f.) „Die Gesinnung und Haltung, die das Bildungsideal (– die Bildungsaufgabe; W. Kl. –) fordert, muß in der erzieherischen Begegnung dargestellt werden, es müssen also Lebensformen als Formen der Bildung gefunden werden, in denen schon jetzt ... das künftige Leben dargestellt und vorgelebt wird." (S. 73)

In den Schriften zur politischen Bildung[72] hat Weniger das Gemeinte am Beispiel eines demokratischen Umgangsstils zwischen Lehrern eines Kollegiums, zwischen Lehrern und Schülern und zwischen den Schülern untereinander im Schulleben und im Unterricht verdeutlicht: Hier können bereits jene menschliche Fairness, jenes Ernstnehmen der Auffassung anderer, jenes Abstecken der Freiheitsspielräume und der Grenzen, jene sachliche Schärfe der Auseinandersetzung bei Wahrung der menschlichen Solidarität usw. wirksam werden, die „draußen", außerhalb der Schule noch nicht oder nicht im notwendigen Umfang gelten.

Mit diesen Thesen wird entschieden der Standpunkt Friedrich Paulsens (vgl. das Glossarstichwort) verlassen, demgemäß die Schule notwendigerweise der Kulturentwicklung, und zwar im Abstand etwa einer Generation, nachfolge[73]. Weniger vertrat zwar nicht die optimistische Auffassung, man könne oder solle durch die Schule eine *neue* Kultur, eine *neue* Gesellschaft, einen *neuen* Staat hervorbringen. Aber er sprach der Pädagogik in Theorie und Praxis das Recht und die Aufgabe zu, aus engem Kontakt mit der allgemeinen sozial-kulturell-politischen Entwicklung heraus Urteile über das um der Jugend und ihrer Zukunftsmöglichkeiten willen Förderungswürdige zu äußern und zukünftige Möglichkeiten, die in der Erwachsenenwelt vielleicht erst von kleinen Gruppen erfaßt oder verwirklicht worden sind, in der Schule *„vorwegzunehmen"* und auf der elementaren Stufe jugendlichen Verständnisses und jugendlicher Handlungsmöglichkeiten zu erproben.

Vom Gesichtspunkt der *„Vorwegnahme"* aus erhält nun auch die Beziehung der Erziehung zur Vergangenheit eine charakteristische Gestalt. An diesem Punkte, wo es um den „Zusammenhang von Bildungsideal und Aufgabe, bezogen ... auf die konkrete Bildungssituation" (S. 68) geht, gewinnt eine weitere didaktische Kategorie Bedeutung, die zunächst der Kulturpädagogik beziehungsweise der wertphilosophischen Pädagogik (vgl. die entsprechenden Glossarstichworte) entstammte und im Zusammenhang aller Theorien, die die Bildungsaufgabe als *Überlieferung* zu deuten pflegen, beheimatet ist: die Kategorie des *„Klassischen"*. Im Gegensatz aber zur herkömmlichen Deutung dieses Begriffes, die das Klassische als das in der Geschichte Bewährte, wenn nicht gar als das überzeitlich Gültige versteht und die in der Konzentration auf das so verstandene „Klassische" die Lösung der Lehrplanproblematik sieht, erkennt Weniger die *Geschichtlichkeit* auch jedes „klassischen Gehaltes":

> „Jeder Versuch einer Festsetzung eines Gültigen und Klassischen außerhalb der konkreten Situation und außerhalb des Lebensraumes, in dem die Bildung jeweils stattfindet, ist hoffnungslos ..." „Jedes Bildungsideal entwickelt eine eigene Klassik." (S. 52)[74]

72 vgl. Anm. 66

73 Fr. Paulsen: Das deutsche Bildungswesen in seiner geschichtlichen Entwicklung. 3. Aufl. Leipzig 1919, hrsg. von R. Lehmann (photomechanischer Nachdruck 1960).

74 Formulierungen wie die in Wenigers Aufsatz „Bildung und Persönlichkeit" (1948; Wiederabdruck in: „Die Eigenständigkeit ...", S. 123–140; dort S. 138), daß die Bildungsarbeit sich damit bescheide,

Nur in dieser Auslegung kann das „Klassische" nun eine Bedeutung in Wenigers Theorie erhalten; an späterer Stelle wird noch eine zweite Funktion des Klassischen zur Sprache kommen. Im vorliegenden Zusammenhang sagt Weniger:

> Es wird „**das** als das Klassische für die gegenwärtige Bildungsaufgabe ausgewählt, in dem aus der ... menschlichen Haltung heraus die der unseren verwandte Aufgabe wirklich bewältigt wird, in einem vollendeten Wert, in einer geschlossenen, in sich ruhenden Form." (S. 68 f.)

So ist es – Weniger selbst nennt keine Beispiele – denkbar, daß die Gründung der USA für die Entwicklung eines demokratischen Systems und der ein solches System tragenden geistigen Haltung den Rang einer „klassischen" Epoche zugesprochen erhält. Daran würde sich zeigen, daß „das Klassische nicht eigentlich im Rückgang gewonnen" wird, daß es sich vielmehr „als inhaltlicher Bestandteil unseres Ideals, unserer Aufgabe und unserer Mittel" erweist. Indessen: damit ist dann zugleich auch seine Grenze bezeichnet:

> „denn für viele Aufgaben, die unserer Zeit gestellt sind, gibt es keine Klassik, weil die Aufgaben ganz neu sind, ohne Vorgang und ohne Grundlagen in irgendeiner Vergangenheit und ohne Anhalt an irgendeiner der bisherigen menschlichen Verhaltensweisen und Lebensformen." (S. 69)

Man könnte hier, Weniger ergänzend, etwa die moderne Situation des einzelnen Menschen in der sogenannten „Massengesellschaft" oder die menschliche Bewältigung der Technik oder die Problematik der globalen Umweltzerstörung oder des immer noch rapiden Anwachsens der Weltbevölkerung oder die Entwicklung eines „transnationalen", nämlich eines europäischen und darüber hinaus eines globalen menschlichen Verantwortungsbewußtseins als Beispiele nennen.

„den Menschen an den großen, erwiesenen Gehalten des Lebens reifen zu lassen", wollte er zweifellos nur auf dem Hintergrund der oben entwickelten Argumentation verstanden wissen. – In konkreten Fällen hat er allerdings auch in späteren Schriften noch Positionen bezogen, die im Widerspruch oder mindestens in starker Spannung zu jener prinzipiellen Einschränkung der Bildungsbedeutung des Klassischen stehen. Vor allem überrascht das noch 1957 ausgesprochene einseitige Plädoyer für die „überlieferte", bereits als „gültig" erwiesene Dichtung als verbindlicher Inhalt des Literaturunterrichts in der Schule, wohingegen „die Begegnung mit der zeitgenössischen Dichtung dem freien Bildungserwerb" angehöre und nur nach freier Entscheidung des einzelnen Lehrers gelegentlich Thema des Schulunterrichtes werden solle. „Bildsamkeit und Bildungserbe in unserer Zeit". In: Erziehung zur Menschlichkeit. vgl. Anm. 62, S. 325–338, hier S. 330/331. Dem steht dann wieder die positive Stellungnahme zum Problem der Zeitgeschichte im Geschichtsunterricht der Schule gegenüber. In: Neue Wege im Geschichtsunterricht. Frankfurt/M. 1949, S. 15 f., S. 23 f.

Aufgabe 14: Zwei Verständnis- und Interpretationsaufgaben

1) Versuchen Sie den Begriff „Vorwegnahme“ im Sinne Wenigers in einigen Sätzen zu erläutern.
2) Nehmen Sie kurz – gegebenenfalls nur mit den Urteilen „ja“ oder „nein“, besser mit einer kurzen Begründung – zur Frage Stellung, ob Sie persönlich das von Weniger mit dem Begriff „Vorwegnahme“ Gemeinte für pädagogisch
   - zulässig
   - sinnvoll
   - notwendig
   - sehr problematisch

   halten.

E. Die zweite Lehrplanschicht: „Die geistigen Grundrichtungen und die Kunde“

Die *zweite* Schicht des Lehrplans bezeichnet Weniger durch die Formel „die geistigen Grundrichtungen und die Kunde“ (S. 77 ff.). Die Eigenart der didaktischen Probleme dieser Schicht ergibt sich einerseits daraus, daß ihre Inhalte in gewisser Weise nur von *den* Erscheinungen aus, die für die Inhalte und Aufgaben der *ersten* Lehrplanschicht getroffen werden, bestimmbar sind, daß sie aber zugleich in einer polaren Spannung zu den Inhalten und Aufgaben der ersten Lehrplanschicht stehen. Ging es dort um die Konzentration auf die drängenden Aufgaben der Gegenwart und der Zukunft, so muß die darin liegende Anspannung und die unvermeidbare Einseitigkeit in der zweiten Lehrplanschicht durch einen Kreis von Bildungsinhalten ausgeglichen werden, in dem „die Fülle und Vielseitigkeit des Lebens“ (S. 78) zur Geltung kommt, mit anderen Worten: in dem die „wesentlichen Lebensbezüge“, die „geistigen Grundrichtungen, in denen das menschliche Dasein sich erfüllt“ (S. 87), vertreten sind: „*das* religiöse Verhalten überhaupt“, „*das* geschichtliche Verständnis“, „*das* naturwissenschaftliche Denken“, *die* wissenschaftliche Einstellung, *die* philosophische Fragestellung, *die* ästhetische Betrachtung …“ (S. 79)

Über die Aufgabe der *Ergänzung* hinaus hat diese zweite Schicht von Lehrplaninhalten zugleich eine indirekte Beziehung zu den durch aktuelle und voraussehbar zukünftige Aufgaben bestimmten Inhalten der *ersten* Schicht: Neuen Aufgaben gegenüber sollte der junge Mensch auf ein größeres Potential an Möglichkeiten zurückgreifen können, als sie in der ersten Schicht vertreten sind. Und diese Funktion gilt auch gegenüber der individuellen Konzentration der Bildung und einer wie auch immer gearteten Begabungsdifferenzierung in der Schule:

> „Jedem muß nach Möglichkeit die Vielseitigkeit der Betrachtungs- und Verhaltensweisen zugänglich gemacht werden, auch wenn im übrigen seine spezifische Begabung die persönliche Konzentration auf ein besonderes Gebiet fordert“, „die Begabungs-

differenzierung muß ... innerhalb des gemeinsamen Bildungszusammenhanges erfolgen." (S. 78)

Weniger bezeichnet die Aufgabe einer solchen „Didaktik der geistigen Grundrichtungen" allgemein wie folgt: Es geht darum,

„die Zuordnung der einzelnen Fächer zu bestimmten Grundrichtungen und die Beziehung aller Fächer auf jede Grundrichtung, dann auch [um] die Bestimmung der jeder Konzentration gegenüber ihre Selbständigkeit behauptenden Grundrichtungen, also besonders der den Naturwissenschaften zugeordneten und der künstlerischen." (S. 78)

Weniger hat die damit angedeuteten Einzelfragen nicht in systematischer Vollständigkeit erörtert, sondern einige übergreifende Gesichtspunkte und Kategorien der Didaktik für diese Lehrplanschicht benannt.

Zunächst spricht er dem Prinzip des *„Klassischen"*, das schon in der ersten Lehrplanschicht eine bestimmte didaktische Bedeutung gewann, nun für die *zweite* Schicht des Lehrplans eine *neue* Funktion zu: die großen menschlichen Persönlichkeiten erscheinen in der Betrachtungsweise dieser Schicht

als „große Gestalten", als „Typen des Heiligen, des Helden, des Denkers, als ... die großen Naturwissenschaftler usw., und die einzelnen großen Werke als vollendeter Ausdruck der philosophischen, ästhetischen oder religiösen Geisteshaltung, so [z. B.] Platos Dialoge für das Philosophieren." (S. 79)

Eine *weitere* übergreifende Aufgabe dieser Lehrplanschicht liegt in der „Besinnung auf die Geschichtlichkeit unseres Daseins", und zwar nun in einem neuen Sinne des Begriffes „Geschichtlichkeit". Meinte dieser Begriff im Hinblick auf die *erste* Schicht den zur Entscheidung drängenden, unausweichliche Aufgaben stellenden Charakter bestimmter Situationen, so zielt er hier auf „die Aufrechterhaltung der Kontinuität des geistlich-geschichtlichen Lebens und des geistig-seelischen Zusammenhanges der Geschlechterfolge" (S. 79). Stellte sich in der *ersten* Lehrplanschicht die Aufgabe der *„Vorwegnahme"* im Hinblick auf die gegenwärtige und zukünftige ethische Verantwortung, so geht es hier um *„Erinnerung"* durch *„Kunde"* und um die *„Aufklärung über das gelebte Leben"*, wie Weniger in Anlehnung an den dänischen Volkserzieher Grundtvig (vgl. Glossarstichwort) sagt[75]. Der Tendenz der GP der 20er Jahre zur häufigen Verwendung sehr hochgegriffener, oft emotional getönter Formulierungen entsprechend scheut Weniger sich nicht, jene Haltung, auf die seiner Auffassung nach „Erinnerung" und „Kunde" zielen, „Ehrfurcht" (S. 79) zu nennen. Der Frage nach der

---

75 vgl. die Abhandlung „Grundtvig und der Begriff der historischen Aufklärung" (1929). Wiederabdruck in: Weniger: Die Eigenständigkeit ... S. 172–215 und, kritisch differenzierend: H.-D. Raapke: Erwachsenbildung als Volksbildung. vgl. Anm. 64.

„aktuellen Geschichte" in der *ersten* Schicht tritt hier die Frage nach dem „erlebten Leben" des Volkes und des Einzelnen zur Seite. Hier werde „das gemeinsame und persönliche Schicksal bewahrt", und darin liege zugleich „eine innere Befreiung von den Banden der Gegenwart" (S. 80). Aber diese Erinnerung konserviert keineswegs *antiquarische* Geschichte! „Nichts kann erinnert werden, was nicht schon auf irgendeine Weise in unserem Leben enthalten ist, ..." (S. 81). Die hier erstrebte „Kunde" redet „von der unmittelbaren Gegenwart in unserem Dasein ..." (S. 82). Dieser Satz wird konkret verständlich, wenn man sich vergegenwärtigt, daß „Erinnerung" in der didaktischen Form der „Kunde" im Sinne Wenigers nicht nur den Geschichtsunterricht umfaßt, sondern nicht weniger die Sprache, die Dichtung und Literatur, Werke der Musik und der bildenden Kunst als „die noch lebendigen, geistigen Schöpfungen, die Form gewordenen Gehalte vergangenen Menschentums" (S. 81). „Kunde" soll hier *nicht* im Sinne der Deutschkunde- oder Kulturkundebewegung der 20er Jahre verstanden werden, also nicht dahingehend, daß an den im Unterricht zu behandelnden Werken „der Geist" oder „das Wesen" von Völkern, Epochen, geistesgeschichtlichen „Richtungen" sichtbar gemacht werden; in solchen Bestrebungen liege die ständige Gefahr der Überinterpretation und der Entwertung einzelner Werke oder einzelner Künstler zu bloßen „Beispielen"[76]. Vielmehr geht es darum, daß möglichst alle Jugendlichen einige prägnante Werke intensiv kennenlernen. Dieser These entspricht Wenigers Skepsis gegenüber Versuchen, in den Prozeß der bildenden Auseinandersetzung im Sinne der „Kunde" in größerem Umfang „wissenschaftliche Analysen und Begriffe" einzubauen. Vielmehr müßten „die Dinge ... in sich selbst zum Reden gebracht werden" (S. 85).

In diesem Punkte erscheint uns kritische Distanzierung unausweichlich. Die Frage nämlich, ob die „Erinnerung" und die „Auseinandersetzung" vielleicht nur *scheinbar* „unmittelbar" geschehen, ob sie nicht in Wahrheit immer schon *vermittelt* sind, ob in solcher Vermittlung nicht vielleicht fragwürdige Vorurteile – so auch in der Sprache, im Sprichwort, in den gängigen Vorstellungen über Dichtung, Musik, bildende Kunst, in der Überlieferung der Geschichte – ins Spiel kommen, wird von Weniger nicht gestellt. So rational und reflektiert er im konkreten Falle pädagogische Probleme zu erörtern pflegte, gerade im Zusammenhang der eigenen Theoriebildung ergriff er nicht selten, und so im vorliegenden Zusammenhang, für die *Irrationalität des Lebens* Partei (S. 85 f.). Gewiß ist es ein (noch allzu oft beschrittener) Irrweg, Germanistik, Kunst- oder Musikwissenschaft, wissenschaftliche Geschichtsforschung, theologische Systeme, wissenschaftliche Mathematik usw. *ohne didaktische Umsetzung* in den Unterricht zu verpflanzen. Aber der Unterricht kann heute auf die Abklärung durch Formen distanzierter Rationalität im Sinne der Wissenschaftsorientierung nicht verzichten, und die Didaktiken der Fächer beziehungsweise der

76 Weniger stimmt hier der Sache nach mit jener Kritik der Übersteigerungen der Kulturkundebewegung überein, die Theodor Litt in seinen „Gedanken zum ‚kulturkundlichen' Unterrichtsprinzip" (in seinem Buch „Möglichkeiten und Grenzen der Pädagogik". Leipzig/Berlin 1926) vorgetragen hatte.

geistigen Grundrichtungen bedürfen der ständigen Kontrolle *durch* die Wissenschaften und des Kontaktes *mit* ihnen, obgleich Didaktiken nicht aus den Wissenschaften *ableitbar* sind!

Das Auswahlproblem stellt sich nach Weniger nun auch in der *zweiten* Lehrplanschicht: *Was* ist noch lebendige Überlieferung, *was* soll erinnert werden? Eine „objektive", wertneutrale Entscheidung gibt es hier nicht. *Heute* – so sagt Weniger, auf seine Wirkungszeit bezogen – ist „nicht einmal die erziehende Generation selbst der Gemeinsamkeit ihrer Erinnerungen so sicher, daß von da aus die Bildungsinhalte eindeutig bestimmt werden könnten" (S. 83). Wenn aber solche Entscheidungen, etwa hinsichtlich der Auswahl der Dichtung, doch gefällt werden müssen, so dürfte es nur im Sinne von *Empfehlungen* und als Hinweis auf *Möglichkeiten* geschehen, die dem einzelnen Lehrer, der einzelnen Lehrerin Raum zur eigenen Initiative lassen. Aber auch er bzw. sie darf *seine/ihre* Entscheidungen nicht als für die Jugend bindende Normen ansehen, sondern als im Unterricht zu erprobende Versuche, ob die Jugend zu *den* Werken, die *ihm/ihr* „lebendige Erinnerung" bedeuten, noch einen Zugang findet. „Die Auswahl des zu Erinnernden kann im strengen Sinne nur in der Begegnung selbst vollzogen werden" (S. 83).

F. Die dritte Lehrplanschicht: Kenntnisse und Fertigkeiten

Die *dritte* Schicht des Lehrplans umfaßt „Kenntnisse und Fertigkeiten" (S. 87 f.). Obwohl Weniger selbst betont, daß die Inhalte dieser Schicht im Lehrplan und in der Unterrichtspraxis gewöhnlich den größten Raum einnehmen, hat er die hier auftretenden didaktischen Fragen nur in äußerster Raffung angesprochen.

Als Grundproblem erscheint ihm folgender Sachverhalt: Kenntnisse und Fertigkeiten scheinen in der Schule oft nur propädeutischen Charakter zu haben, ihr Sinn erfüllt sich oft erst später, bisweilen erst *jenseits* der Schulzeit. Sie sind oft

> „bezogen auf außerschulische Ziele, außerschulische Mächte und auf gewisse praktische Notwendigkeiten, der Berufe, der Wirtschaft, der Kirche …"; sie zielen auf „Schulung, Gewöhnung, Stoffbeherrschung, auf verfügbare Techniken und gesicherte Wissensbestände." (S. 87 f.)

Wie aber kann verhindert werden, daß die Schule bei der Bewältigung dieser zweifellos notwendigen und zeitraubenden Aufgaben in Stoffvermittlung und Fertigkeitstraining erstarrt? Weniger antwortet:

> „Wenn die Erfahrung der großen Klassiker der Pädagogik nicht trügt, so liegt die Lösung des Problems in dem ganz praktischen Hinweis, daß Kenntnisse und Fertigkeiten ohne die bildende Gestaltung des Unterrichts, also ohne den geistigen Hintergrund, wie er durch die Arbeit in den beiden ersten Schichten der Erziehung hergestellt wird, nicht tragen …" (S. 88)

11.5.3.1 „Die Umwelt als Lebenswelt der Jugend und die Schule als selbständige Bildungsmacht"

Bei der Erörterung der Lehrplanschichten – gleichsam der vertikalen Dimension des didaktischen Problems – klang bereits die zweite, gleichsam horizontale Grundbeziehung an, in die Weniger das Lehrproblem eingelagert sieht: in das Verhältnis zwischen der „Umwelt als Lebenswelt der Jugend und der Schule als selbständiger Bildungsmacht". Hier erweist sich die weite Fassung des Begriffes „Didaktik", mit der Weniger in der „Theorie der Bildungsinhalte" einsetzte, erneut als fruchtbar: nicht nur die geistigen Mächte, die sich der erziehenden Generation als gegenwärtige Kräfte und in ihrem Zukunftswillen darstellen, bestimmen die Lehrplangestaltung; „zu den Bildungsmächten, die an den bildenden Begegnungen beteiligt sind …, gehören auch die Umwelt als Lebenswelt der Jugend und die Schule selbst" (S. 89).

Über diese „Umwelt" der Jugend hat Weniger sich nur auf knappem Raum geäußert. Die Bedeutung dieses Erfahrungsraums hat er jedoch unmißverständlich hervorgehoben; bereits in der Einleitung seiner „Theorie der Bildungsinhalte" hatte er erklärt, daß es durchaus möglich wäre, von *diesem* Gesichtspunkt aus in die Analyse des didaktischen Gesamtproblems einzutreten (S. 10). Dieser Tatbestand muß vor allem deshalb betont werden, weil es ein verbreitetes Mißverständnis gibt, demzufolge Wenigers Didaktik als einseitig auf den *internen* Raum der Schule zentriert erscheint. Weniger betont dagegen, daß eine Didaktik, die von der „Macht" und der Lebendigkeit der Umwelt des jungen Menschen nichts weiß oder sie nur als „Milieu" oder als Anschauungsmaterial oder Anknüpfungspunkt einschätzt, den Sinn der Bildungsaufgabe geradezu verfehlt.

> „Elternhaus, Heimat, Natur, Jugendgemeinschaft, die Anfänge des Erwerbslebens sind die eigentlichen Machthaber" in dieser Umwelt der Jugend, „fast alle Lebensmächte …, Staat, Kirche, Partei, Wirtschaft, Technik, Verkehr, Zeitung und schließlich die Mächte des Genusses finden sich in ihr nicht in die Form der Bildung übersetzt und geläutert, sondern in ihrer alltäglichen Erscheinung und vielleicht grausamen Realität, aber eben darum auch formend." (S. 90)

Es handelt sich bei diesen ‚formenden' Einflüssen keineswegs nur um „funktionale" Prägung, vielmehr treten auch in dieser Sphäre einige „Mächte" mit dem bewußten Willen auf, Einfluß auf die Jugend zu üben. Aber gerade wenn die Didaktik die darin liegende Einschränkung der schulischen Wirkungsmöglichkeiten beachtet und sich produktiv darauf einzustellen versucht, vermag sie um so klarer zu zeigen, daß auch die Schule „eine selbständige Bildungsmacht" ist oder sein kann.

Printed by Printforce, the Netherlands